Kapitalmarktorientierte Rechnungslegung

Manfred Kühnberger

Kapitalmarktorientierte Rechnungslegung

Konzeptionelle Grundlagen
und empirische Befunde aus
Immobilienunternehmen

 Springer Gabler

Manfred Kühnberger
FB 3, Betriebswirtschaft
Hochschule für Technik und Wirtschaft Berlin
Berlin, Deutschland

ISBN 978-3-658-13204-0   ISBN 978-3-658-13205-7   (eBook)
DOI 10.1007/978-3-658-13205-7

Die Deutsche Nationalbibliothek verzeichnet diese Publikation in der Deutschen Nationalbibliografie; detaillierte bibliografische Daten sind im Internet über http://dnb.d-nb.de abrufbar.

Springer Gabler
© Springer Fachmedien Wiesbaden GmbH 2017

Gedruckt auf säurefreiem und chlorfrei gebleichtem Papier

Springer Gabler ist Teil von Springer Nature
Die eingetragene Gesellschaft ist Springer Fachmedien Wiesbaden GmbH
Die Anschrift der Gesellschaft ist: Abraham-Lincoln-Str. 46, 65189 Wiesbaden, Germany

Vorwort

Für eine globalisierte Welt ist ein einheitlicher Satz von Rechnungslegungsregeln wie die IFRS auf den ersten Blick zweckmäßig, erlaubt er doch unternehmensexternen und -internen Entscheidungsträgern auf vergleichbare Informationen zurückzugreifen. Dabei stellen die IFRS primär auf entscheidungsnützliche Informationen für Investoren ab. Der IASB strebt damit nicht nur positive Kapitalmarkteffekte an, sondern ganze Volkswirtschaften sollen Nutznießer sein. Allerdings sind die transnationalen IFRS in Ländern mit sehr unterschiedlichen rechtlichen und ökonomischen Randbedingungen anzuwenden und nur wenig ausdifferenziert bezüglich unterschiedlicher Geschäftsmodelle. Der Ansatz „one size fits all", kann durchaus zu unerwünschten ökonomischen Folgen führen.

Obwohl die IFRS einer starken Änderungsdynamik unterliegen, sind die technischen Anwendungsprobleme in Kommentaren, Handbüchern von Wirtschaftsprüfungsgesellschaften etc. sehr umfassend und aktuell aufgearbeitet. Dies gilt nicht für die beabsichtigten und unbeabsichtigten ökonomischen Folgen der Rechnungslegung. Die sogenannte kapitalmarktorientierte Rechnungslegungsforschung befasst sich genau mit diesen Aspekten. Auch der IASB selbst favorisiert eine evidenzbasierte Forschung, die für die Entwicklung der Standards wesentlich ist. Damit rücken empirische Arbeiten in den Vordergrund, die aus den Gebieten Rechnungslegung, Finanzierung, Gesellschafts- und Kapitalmarktrecht und Corporate Governance Aspekte aufgreifen.

Diese Forschungsrichtung ist damit extrem facetten- und umfangreich und weist oftmals keine eindeutigen und vor allen Dingen auch nur wenige verallgemeinerbare Befunde auf. Diese finden sich vor allem in internationalen und zunehmend auch deutschen Fachzeitschriften sowie Dissertationen, sodass sie eher (akademischen) Spezialisten zugänglich sind, während Lehrbücher und Monografien meines Wissens hierzulande fehlen.

Das vorliegende Buch soll diese Lücke schließen und sowohl konzeptionelle Grundlagen als auch wesentliche Forschungsschwerpunkte und -ergebnisse vorstellen. Angesichts der Fülle an Arbeiten ist die Darstellung naturgemäß nicht vollständig. Gleichwohl wird angestrebt, sowohl die zentralen Diskussionsthemen als auch die relevanten Messprobleme (zum Beispiel für die Qualität der Rechnungslegung) vorzustellen. Für die Branche Immobilienunternehmen werden exemplarisch vertiefte Ergebnisse präsentiert.

Das Buch wendet sich an fortgeschrittene Studierende und Akademiker sowie interessierte Praktiker. Für Letztere ist bedeutsam, dass der IASB genau diese empirisch fundierte Denkweise adaptiert hat und sie deshalb auch für die praktische Umsetzung und Beurteilung der IFRS wichtig ist. Dies ändert nichts daran, dass die (traditionelle) normative Rechnungslegungsforschung weiterhin notwendig bleibt.

Berlin, Deutschland   Professor Dr. Manfred Kühnberger
im November 2016

Inhaltsverzeichnis

1 **Konzeptionelle Grundlagen der externen Rechnungslegung** 1
  1.1 Ziele der Internationalen Rechnungslegung: Informations- und/oder
       Koordinationsfunktion? 2
       1.1.1 Grundsatz der Entscheidungsnützlichkeit für Investoren 2
       1.1.2 Koordinationsfunktion als ergänzende Aufgabe 7
  1.2 Qualitative Anforderungen des Rahmenkonzeptes:
       Entscheidungsrelevanz, Glaubwürdigkeit und Vergleichbarkeit 14
       1.2.1 Qualitative Anforderung der Relevanz von Informationen 14
       1.2.2 Qualitative Anforderung der Glaubwürdigkeit 17
       1.2.3 Qualitative Anforderung der Vergleichbarkeit. 19
  1.3 Besonderer Status des Vorsichtsprinzips. 26
       1.3.1 Begriffsvarianten von Vorsicht und Rechtfertigungsgründe
              für Vorsicht 27
       1.3.2 Vorsicht und Gläubigerinteressen 31
       1.3.3 Vorsichtsprinzip und Investitionsanreize. 33
       1.3.4 Vorsicht und Financial Debt Covenants 35
       1.3.5 Vorsicht und die Informationsfunktion der Rechnungslegung 38
       1.3.6 Vorsicht als Corporate Governance Mechanismus 40
  1.4 Regelungstechnik: Prinzipien- oder regelbasiertes System? 44
       1.4.1 Grundlegende Systemmerkmale 44
       1.4.2 IFRS – ein prinzipienbasiertes System? 47
       1.4.3 Fortentwicklung der Standards 50
       1.4.4 Empirische Studien zu Systemvor- und -nachteilen 53
  1.5 Zusammenfassung 56
  Literatur. 57

2 **Informationsinstrumente und Kapitalmarkt** 65
  2.1 Asset Liability Approach und Bedeutung der Erfolgsrechnung. 66
       2.1.1 Gibt es eine erkennbare Präferenz des IASB für die Bilanz? 66
       2.1.2 Folgen für die Erfolgsrechnungen nach IFRS (GuV und OCI). 71

2.2 Kapitalmarkteffizienz: Bilanzansatz oder Offenlegung
(Recognition versus Disclosure) und Formateffekte   76
  2.2.1 Ausgangspunkt: Die Annahme der halbstrengen
        Informationseffizienz.   76
  2.2.2 Einschränkungen der Informationseffizienz durch
        Ausweisalternativen?.   79
2.3 Abgrenzung der Berichtseinheit und Bedeutung von Bilanzpolitik   84
  2.3.1 Konzernabschlüsse als geeignete Grundlage?.   84
  2.3.2 Bilanzpolitische Rahmenbedingungen   88
  2.3.3 Bilanzpolitisches Instrumentarium   95
2.4 Bedeutung privaten Wissens: Ermessensspielräume und
freiwillige Publizität   98
  2.4.1 Zur Notwendigkeit von Non-GAAP-Maßen   98
  2.4.2 Anforderungen an Non-GAAP-Maße: Ist eine
        Normierung notwendig?   102
  2.4.3 Zur Relation von Pflichtpublizität und freiwilliger
        Offenlegung.   106
2.5 Kritischer Problemfall: Fair Value Accounting.   107
  2.5.1 Derzeitiger Status der IFRS.   107
  2.5.2 Ratio und Schwächen des Mixed Model Approach   110
  2.5.3 Fair Value Accounting und Vergleichbarkeit und Vorsicht   113
  2.5.4 Erfolgswirkungen eines Fair Value Accounting   115
  2.5.5 Der Anhang als Heilmittel für mögliche Nachteile?   116
2.6 Zusammenfassung   120
Literatur.   122

3 Maßgrößen für die Qualität der Rechnungslegung   129
3.1 Grundlegende Überlegungen: Qualität als nicht direkt beobachtbare
Eigenschaft   130
  3.1.1 Einführung.   130
  3.1.2 Rechnungslegungsbezogene Gütekriterien   133
  3.1.3 Marktbezogene Gütemerkmale   134
  3.1.4 Alternative Indikatoren   134
3.2 Qualitätskriterien, die an Zeitreiheneigenschaften anknüpfen   137
  3.2.1 Persistenz und Prognoseeignung.   137
  3.2.2 Accrual Anomaly: Grundlagen   139
  3.2.3 Schätzung diskretionärer Abgrenzungsposten.   140
  3.2.4 Accrual Anomaly und Informationseffizienz   140
  3.2.5 Ergänzende Einfluss- und Erklärungsfaktoren für
        die Accrual Anomaly.   144

3.3 Qualitätskriterien, die das Ausmaß an Bilanzpolitik messen 147
    3.3.1 Konventionelle Abschlusspolitik (Earnings Management) 147
        3.3.1.1 Grundlegende Merkmale. 147
        3.3.1.2 Periodenabgrenzungen als Fehlerquelle? 149
        3.3.1.3 Vorschläge zur Präzisierung von Maßgrößen 151
    3.3.2 Sachverhaltsgestaltende Bilanzpolitik
          (Real Earnings Management) 156
        3.3.2.1 Charakteristika von Sachverhaltsgestaltungen 156
        3.3.2.2 Kosten-Nutzen-Überlegungen zur Bilanzpolitik. 159
        3.3.2.3 Exemplarische Beispiele und Folgen für
                Gewinne und Cashflows 162
        3.3.2.4 Typische Maßgrößen für REM 164
3.4 Kapitalmarktbezogene Maßgrößen. 166
    3.4.1 Zur Logik der Wertrelevanzstudien. 166
    3.4.2 Vorsicht als Gütemerkmal: Trennung in bedingte und
          unbedingte Vorsicht. 169
3.5 Zusammenfassung 175
Literatur. 176

4 Bedeutung von Corporate Governance, Enforcement und sonstigen
   Einflussfaktoren. 183
4.1 Einführung und begriffliche Abgrenzungen 184
4.2 Zusammenhänge zwischen Rechnungslegung und
    Corporate Governance 192
4.3 Bedeutung von Kapitalstruktur und Investorenschutz für die
    Corporate Governance 196
    4.3.1 Verschuldungsgrad und Eigentümerstruktur. 196
        4.3.1.1 Zur Messung des Verschuldungsgrades 196
        4.3.1.2 Auffächerung der Gläubigerpositionen. 198
        4.3.1.3 Relevanz der Eigentümerstruktur 201
    4.3.2 Trennung von Eigentum und Verfügungsgewalt:
          Berle/Means und die Folgen 208
    4.3.3 Einfluss des Rechtssystems und des Investorenschutzes:
          das Modell von LaPorta et al. 213
    4.3.4 Fazit: Schwächen der verbreiteten Scoring-Modelle 217
    4.3.5 Rolle der Abschlussprüfung 220
4.4 Unternehmensbezogen und sonstige Einflussfaktoren 224
4.5 Zusammenfassung 239
Literatur. 241

5 Besonderheiten von Immobilienunternehmen und REITs 249
5.1 Immobilienunternehmen und Immobilienmärkte. 250
    5.1.1 Grundlagen 250

        5.1.2   Besonderheiten von Real Estate Investment Trusts (REITs).   257
                5.1.2.1   REIT-Regime und Entwicklungstrends.   257
                5.1.2.2   Bausteine der Corporate Governance von REITs.   261
    5.2   Bilanzielle Besonderheiten bei Immobilien-AG.   279
        5.2.1   Struktur der Aktivseite und Bewertungsaspekte   279
        5.2.2   Sogenannte NAV-Spreads   283
        5.2.3   Kapitalstruktur.   294
                5.2.3.1   Kapitalstrukturtheorien: Grundlagen   294
                5.2.3.2   Zusammenhang zwischen Profitabilität
                          und Verschuldungsgrad.   297
                5.2.3.3   Zusammenhang zwischen Assetklassen
                          und Verschuldungsgrad.   299
                5.2.3.4   Zusammenhang zwischen Unternehmensrisiko
                          und Verschuldungsgrad.   301
                5.2.3.5   Zusammenhang zwischen Unternehmensgröße
                          und Verschuldungsgrad.   303
                5.2.3.6   Zusammenhang zwischen Marktbedingungen
                          und Verschuldungsgrad.   304
                5.2.3.7   Zusammenhang zwischen Wachstumsmöglichkeiten
                          und Verschuldungsgrad.   305
                5.2.3.8   Zusammenfassende Übersicht   307
        5.2.4   Befunde für deutsche Immobilien-AG   308
    5.3   Stromgrößen von Immobilienunternehmen und deren Besonderheiten. . . .   311
        5.3.1   Unternehmensbewertung und Stromgrößen   311
        5.3.2   Gewinne oder Cashflows als Basis   313
        5.3.3   Net Income oder Other Comprehensive Income.   317
        5.3.4   Konzept nachhaltiger Gewinne (Core Earnings).   325
        5.3.5   Qualität freiwillig publizierter Erfolgsmaße   330
                5.3.5.1   Pro-forma-Earnings und Street-Earnings   330
                5.3.5.2   Dividenden als Erfolgsmaßstab   339
                5.3.5.3   Funds from Operations (FFO) als Branchenmaßstab   342
    5.4   Zusammenfassung   353
    Literatur.   355

6   Zusammenfassung und Ausblick: Stärken und Schwächen
    der evidenzbasierten Forschung   367
    6.1   Grundsatzentscheidungen des IASB und Anknüpfungspunkte
          für die empirische Forschung.   367
    6.2   Forschungsmethoden und Kritikpunkte   371
    Literatur.   375

Abkürzungsverzeichnis

AFFO	Adjusted Funds from Operations
AICPA	American Institue of CPA's
AIMR	Association for Investment Management and Research
BaFin	Bundesanstalt für Finanzdienstleistungsaufsicht
BC	Basis for Conclusions
CapEx	Capital Expenditure
CEO	Chief Executive Officer
CESR	Committee of European Security Regulators
CF	Cashflow
CFO	Chief Financial Officer
CFO	Operativer Cashflow
CFROI	Cashflow Return on Investment
CG	Corporate Governance
CGK	Corporate Governance Kodex
D&O	Director's and Officer's Versicherung
DP	Discussion Paper
DRS	Deutscher Rechnungslegungs Standard
DRSC	Deutsches Rechnungslegungs Standard Committee
DVFA	Deutsche Vereinigung für Finanzanalyse und Asset Management
ED	Exposure Draft
EFRAG	European Financial Reporting Advisory Group
EPRA	European Public Real Estate Association
EPS	Earnings per Share
ESMA	European Securities and Market Authority
EVA	Economic Value Added
FASB	Financial Accounting Standards Board
FCF	Free Cashflow
F&E	Forschung und Entwicklung
FFO	Funds from Opreations
IASB	International Accounting Standards Board
IDW	Institut der Wirtschaftsprüfer

IPO	Initial Public Offering
GAAP	General Accepted Accounting Principles (GoB)
GuV	Gewinn-und-Verlust-Rechnung
KFR	Kapitalflussrechnung
M&A	Mergers and Acquisitions
MBO	Management Buy Out
MD&A	Management Discussion and Analysis
MTB	Market to Book Ratio
MTT	Market Timing Theory
NAREIT	National Association of Real Investment Trusts
NAV	Net Asset Value
NDA	Nicht diskretionäre Abgrenzungsposten
NI	Net Income
OCI	Other Comprehensive Income
PA	Periodenabgrenzung(en)
PEAD	Post Earnings Announcement Drift
POT	Pecking Order Theory
R&D	Research and Development
RegFD	Regulation Fair Disclosure
RegG	Conditions for Use of Non-GAAP Financial Measures
REIT	Real Estate Investment Trust
REOC	Real Estate Operating Company
RK	Rahmenkonzept
RPT	Related Party Transactions
SEC	Security and Exchange Commission
SEO	Seasoned Equity Offering
SG&A	Sales, General and Administration
SME	Small and Medium Sized Entities
SOX	Sarbane's Oxley Act 2002
S&P 500	Standard & Poors 500 Aktienindex
TOT	Trade Off Theory
UK	United Kingdom

Konzeptionelle Grundlagen der externen Rechnungslegung

The US capital markets continue to be the deepest, most liquid, and most efficient markets in the world. The unparalleled success and competitive advantage of the US capital markets are due, in no small part, to the high-quality and continually improving US financial accounting and reporting standards (E. L. Jenkins, seinerzeit Vorsitzender des FASB nach dem Enronzusammenbruch; zit. nach Wagenhofer 2009, S. 24).

Kapitelübersicht

Zunächst hatte der Fall von Enron und anderen Unternehmenspleiten zu einer gewissen Kritik am US-Modell geführt. Die Rechnungslegung nach den US-GAAP und deren Anwendung verhinderten nicht, dass gigantische Vermögensverluste verschleiert werden konnten (vgl. Schildbach 2015, S. 128). Es wurden Fragen aufgeworfen, ob Inhalte und Regelungstechnik der US-GAAP (als Cook Book Approach geschmäht) an die IFRS angepasst werden sollten und es wurde eine enge Zusammenarbeit der Standardsetter IASB und FASB vereinbart und auch teilweise realisiert (vgl. kritisch Lüdenbach und Hoffmann 2003, die darin eher ein Ablenkungsmanöver sahen, um das Versagen von anderen Instanzen wie der SEC zu verdecken). Inzwischen hat der FASB aber die Zusammenarbeit zum neuen gemeinsamen Rahmenkonzept (RK) beendet.

Zu den Ausführungen von Jenkins oben kann man durchaus kritisch stehen. So ist der unterstellte Zusammenhang zwischen der Qualität der US-GAAP und der Funktionsfähigkeit des Kapitalmarktes keinesfalls erwiesen. Und selbst wenn dies so wäre, hätte die umfassende De-Listingwelle in den USA von 2001 bis 2006 Zweifel an den US-GAAP begründet: In diesem Zeitraum sank der Anteil am Global-Stock-Offering-Volume der US-Börse von 57 auf 16 % (vgl. Schneider 2009, S. 370). Auch in anderen Ländern und speziell bei kleineren Unternehmen gab es De-Listings und ein Ausweichen auf weniger reglementierte Börsensegmente, sogenanntes Going Grey (vgl. Leuz et al. 2008).

Unstrittig ist dagegen, dass die IFRS inzwischen weltweit am verbreitetsten und in vielen Ländern verpflichtend oder freiwillig anwendbar sind, sie haben die US-GAAP

© Springer Fachmedien Wiesbaden GmbH 2017
M. Kühnberger, *Kapitalmarktorientierte Rechnungslegung*,
DOI 10.1007/978-3-658-13205-7_1

außerhalb der USA weit hinter sich gelassen. Die IFRS weisen zwar in konzeptionellen Grundlagen und inhaltlich in vielen Bereichen Ähnlichkeiten mit den US-GAAP auf, es gibt aber auch sehr deutliche Unterschiede. Trotz der Konvergenzbemühungen ist keinesfalls auszuschließen, dass diese auch dauerhaft sein können. So sind die US-Standards sehr viel detaillierter und es gibt wesentlich mehr Branchen- und andere Differenzierungen als bei den eher prinzipienorientierten IFRS (vgl. Abschn. 1.4).

Für die Entwicklung der IFRS ist das RK von entscheidender Bedeutung, obwohl es unverbindlich ist und keinen Vorrang vor den Standards oder Interpretationen hat. So soll es im Rahmen der Auslegung und Lückenfüllung bestehender Regelungen und vor allem die Entwicklung neuer und die Überarbeitung alter Standards steuern helfen. Es soll ein konsistentes und einigermaßen geschlossenes, eben auf allgemeinen Prinzipien beruhendes, System entstehen (vgl. Barker et al. 2014, S. 149 f.). Im DP 2013/1 wurden deshalb die wichtigsten Konzepte für das Rechnungslegungssystem aufgegriffen und Vorschläge zur Diskussion gestellt. Der inzwischen veröffentlichte ED 2015/3 konnte wiederum mit einigen Neuerungen aufwarten, die ebenfalls vorgestellt werden. Dabei geht es im ersten Schritt darum, welche Zielsetzungen mit den IFRS erreicht werden sollen, ob es neben der Informationsaufgabe auch Koordinationsfunktionen zu berücksichtigen gilt. Diese durchaus noch offene Frage wird im ersten Abschnitt vorgestellt. Anschließend geht es um qualitative Anforderungen, die sich daraus für das Rechnungslegungssystem ergeben und insbesondere auch den Stellenwert des Vorsichtsprinzips. Im letzten Abschnitt geht es um Vor- und Nachteile regelungstechnischer Aspekte (Prinzipienorientierung oder Regelsystem).

Nicht behandelt werden hingegen der organisatorisch-institutionelle Rahmen des IASB und der sogenannte Due Process der Standardentwicklung (inklusive des Endorsement in EU-Recht; vgl. hierzu sehr umfassend Pellens et al. 2014b, S. 33 ff. und IFRS Foundation: Due Process Handbook 2013).

1.1   Ziele der Internationalen Rechnungslegung: Informations- und/oder Koordinationsfunktion?

1.1.1   Grundsatz der Entscheidungsnützlichkeit für Investoren

Der Begriff Internationale Rechnungslegung zielt im Weiteren in erster Linie auf die IFRS ab. Die US-GAAP sind gleichwohl bedeutsam aufgrund der konzeptionellen Ähnlichkeiten und weil die US-GAAP im Rahmen der Lückenfüllung und Auslegung von IFRS oftmals als selbstverständliche Quelle genutzt werden, auch wenn dies nicht unproblematisch ist (vgl. Epstein und Jermakowicz 2010, S. 15). Die Orientierung ist auch deshalb naheliegend, weil sehr viele der empirischen Arbeiten US-Unternehmen betreffen. Ob deren Ergebnisse auf die IFRS und andere Länder übertragen werden können, setzt jedoch eine vorsichtige Einzelfallwertung voraus.

Die internationale Rechnungslegung wird auch kapitalmarktorientiert genannt. Hierfür gibt es eine Reihe von Gründen. So wurden die US-GAAP primär entwickelt, um Kapitalmarktteilnehmer zu schützen und die Effizienz des Kapitalmarktes zu verbessern. Anwenderkreis sind in den USA zunächst einmal die börsennotierten Unternehmen und auch die IAS-VO der EU verpflichtet kapitalmarktorientierte Unternehmen zu IFRS-Konzernabschlüssen. In Deutschland geht es dabei um ca. 900 Unternehmen (vgl. Scheffler und Zempel 2012, Rz. 15). Zwar sind auf freiwilliger Basis auch andere Unternehmen berechtigt, IFRS anzuwenden, aber die Masse der deutschen Unternehmen im Mittelstand tut dies nicht. Es gibt inzwischen zwar auch IFRS für sogenannte Small and Medium Sized Entities (SME), die aber hier unberücksichtigt bleiben, weil sie praktisch noch irrelevant sind. Inhaltlich zeigt sich, dass einige IFRS (wie IAS 33 Earnings per Share oder IFRS 8 Segmentberichte) nur auf kapitalmarktorientierte Unternehmen passen und das gesamte Regelwerk ist auf Großunternehmen zugeschnitten. Diese sind oftmals mit Eigen- oder Fremdkapitaltiteln börsennotiert. Besonders groß ist dabei der Nutzen der globalen IFRS naturgemäß für global agierende Unternehmen (vgl. Barth 2007).

Da im RK ausdrücklich die Information von Eigenkapitalgebern/Aktionären und Fremdkapitalgebern als wichtiges Ziel formuliert ist, kann getrost davon ausgegangen werden, dass diese Unternehmensgruppe vom IASB fokussiert wird. Dies bedeutet im Übrigen nicht, dass die IFRS für alle anderen Unternehmen in Deutschland unwichtig wären. Sowohl die Fortentwicklung des HGB als auch die Interpretation des geltenden HGB wird zunehmend an den IFRS ausgerichtet. Bei allen Unterschieden sind zumindest mittelbare Einflüsse zu erwarten.

Die Beschränkung auf die kapitalmarktorientierten Unternehmen hat noch weitere Vorzüge. Sie stehen oftmals im Fokus der Öffentlichkeit und es sind viele Informationen über sie bekannt, die nicht aus der Regelpublizität stammen. Zudem liegen mit Börsenkursen, Aktienrenditen etc. auch Marktgrößen vor, die in der Forschung oft genutzt werden, um die Qualität der Finanzberichte zu untersuchen (vgl. Kap. 3).

Das RK der IFRS ist selbst nachrangig in Relation zu Einzelstandards und Interpretationen. Es ist deshalb grundsätzlich nicht möglich, mit dem Verweis auf das RK, zum Beispiel das Ziel einer informativen Rechnungslegung („Fair Representation" oder „True and fair View"), von den Vorgaben der IFRS/IFRIC abzuweichen. Das Informationsgebot stellt kein Overruling oder Overriding Principle dar, es sei denn, die sehr restriktiven Ausnahmetatbestände aus IAS 1.19 f. wären erfüllt. Dieser Fall dürfte praktisch (so gut wie) nie vorkommen, zumal beachtliche Erläuterungspflichten ein Abweichen abstrafen würden.

Als Zielsetzung gibt das RK vor, dass entscheidungsnützliche Informationen für Eigen- und Fremdkapitalgeber bereitgestellt werden sollen (Decision Usefulness, OB 3). Dies wird präzisiert: die Höhe, die zeitliche Struktur und das Risiko künftiger Cashflows sollen abschätzbar sein. OB 7 relativiert dieses ambitionierte Ziel etwas. Der Abschluss selbst zeigt nicht den Wert des Unternehmens, sondern liefert die erforderlichen Inputdaten, damit der (verständige) Adressat den Wert selbst schätzen kann. Offen ist damit noch, aus welchen Berichtsteilen (Bilanz, Ergebnisrechnung, Kapitalflussrechnung usw.) die Daten für ein solches Bewertungsmodell zu gewinnen sind (vgl. Abschn. 2.1 und 2.2). Eindeutig ist jedoch, dass die erforderlichen Informationen zukunftsgerichtet sind, wobei der Board keinerlei Unterschiede beim Informationsbedarf der diversen Financiers sieht, also Kleingläubiger ohne Sicherheiten den Anleihegläubigern und Groß- oder Kleinaktionären gleichstellt. Dies ist eine grobe Vereinfachung, die die Realität unzutreffend wiedergeben dürfte (vgl. zum Beispiel die Befragungsstudie von Pellens und Schmidt 2014 zu den differenzierten Präferenzen von Aktionären in Deutschland). Im Exposure Draft ED 2015/3 zu einem neuen Rahmenkonzept gesteht der Board ein, dass es unterschiedliche Nutzerinteressen geben kann und zielt darauf ab, sich an der Mehrheit der Nutzer zu orientieren (Tz. 1.8). Im Regelfall gehe es aber für alle um „future net cash inflows" (Tz. 1.3). Wie eine Mehrheit bestimmt werden soll, bleibt aber offen (zum Beispiel nach Anzahl der Anteile oder nach Anzahl der Aktionäre, nach Anzahl oder Volumen der Gläubigertitel etc.).

Die Ausrichtung wird auch nicht sehr viel deutlicher, wenn die im RK angesprochenen Entscheidungen, für die Informationen bereitgestellt werden, berücksichtigt werden. Kauf, Halten oder Verkauf von Anteilen, die Vergabe oder Kündigung von Krediten usw. (OB 8). Während für einen Aktionär Informationen über mögliche Wertsteigerungen und Erfolgsschwankungen wichtig sind, genügt es einem besicherten Gläubiger streng genommen, wenn das Unternehmen solvent genug ist, den Kredit zu begleichen oder die Sicherheiten hinreichend werthaltig sind. Auch für Eigentümer wird im RK kein Bewertungsmodell explizit ausgeführt, sodass nicht systematisch begründet werden kann, welche Bewertungsparameter warum wichtig sein sollten. Auch deshalb wird der Informationsgehalt der Rechnungslegung häufig über sogenannte Wertrelevanzstudien erhoben, indem quasi vom Ergebnis her getestet wird, inwieweit Kapitalmarktdaten durch Rechnungslegungsinformationen erklärt werden können. Diese Zusammenhänge sind aber zunächst rein statistischer Art und können durch eine Fülle von Fehlerquellen verzerrt abgebildet sein.

Diese Akzentuierung in vielen empirischen und analytischen Studien auf börsennotierte Unternehmen wird oftmals kritisiert, da sie einseitig auf wenige Unternehmen und auf spezielle Kapitalgebergruppen zugeschnitten sind. Andere Financiers und Stakeholder spielen dann keine Rolle, es sei denn, ihre Interessen decken sich zufällig mit denen der Aktionäre. Allerdings muss man deutlich sehen, dass IASB und FASB auch primär diese Adressaten im Blick haben (vgl. Barth 2007; Barth et al. 2001: „dominant focus").

Sowohl IASB als auch FASB haben sich bisher geweigert (und eine Änderung ist kaum zu erwarten), solche „philosophisch-normativen" Grundlagen der Rechnungslegung festzuschreiben. Ausgehend von der Property-Rights-Theorie erläutert van Mourik die Propriety-, Residual Entity-, Entity- und Enterprise-Theory, die jeweils eine geeignete Deduktionsbasis bilden könnten. Diese Ansätze unterscheiden sich primär dadurch, dass sie unterschiedliche Investoren- und Stakeholdergruppen als Rechnungslegungsadressaten fokussieren. Die Verfasserin geht davon aus, dass am ehesten die Residual

Equity Theory dem RK entspricht (vgl. van Mourik 2014a). Ein explizites Festlegen des Board auf eine Theorie fehlt aber.

Der Informations- oder Bewertungsfunktion kann ein IFRS-Abschluss nur genügen, wenn die zukunftsbezogenen, unsicheren Informationen nicht nur entscheidungsnützlich, sondern auch hinreichend glaubwürdig sind (früher: reliabel), da Adressaten sie sonst kaum für einen Bewertungskalkül nutzen werden. Damit diese Kriterien erfüllt sind müssen die Standards selbst qualitativ hochwertig sein und es bedarf eines effektiven Enforcements (vgl. Kühnberger 2014; Pellens et al. 2014b, S. 87).

Wichtig ist es festzuhalten, dass das Kriterium der Entscheidungsnützlichkeit nicht das gleiche ist, wie der Abbau von Informationsasymmetrien zwischen Eigentümern und Management oder zwischen verschiedenen Kapitalgebern (zum Beispiel Gläubigern und Eigentümern). So wurde in den USA mit Regulation Fair Disclosure (RegFD) zwar das Informationsgefälle zwischen Investoren eingeebnet, was auch als wichtiges Ziel von Rechnungslegung angesehen wird. Dies kann aber auch dazu führen, dass insgesamt weniger Informationen publiziert werden oder dies später erfolgt. Die Veröffentlichung von mehr Informationen kann umgekehrt zur Folge haben, dass „sophisticated investors" aufgrund von Fähigkeiten und Komplementärwissen noch mehr Informationsvorteile erzielen können (vgl. Gow et al. 2011).

Speziell (große) kapitalmarktorientierte Unternehmen veröffentlichen im Allgemeinen deutlich mehr Informationen als die Regelpublizität der IFRS (Jahres- oder Konzernabschlüsse) vorsieht. In Deutschland ist dies teilweise durch das WpHG vorgeschrieben (Zwischenberichte, Ad-hoc-Mitteilungen), zum Teil werden durch die Investor Relationsabteilungen freiwillig Informationen publiziert (zum Beispiel laufende Informationen oder Nachhaltigkeitsberichte) und/oder durch sogenannte private Informationskanäle verbreitet. Teilweise werden auch innerhalb der Abschlüsse zusätzlich Mehrinformationen verfügbar gemacht. Hierzu gehören neben Erläuterungen in den Notes vor allem auch (selbst entwickelte) Kennzahlen wie die Pro-forma-Earnings (EBIT; EBITDA etc.).

Sowohl nach Bestrebungen der EU als auch aufgrund der Vorgaben zum Lagebericht in Deutschland (§ 289 HGB, DRS 20) ist die Publikation nicht-finanzieller Leistungsindikatoren vorgesehen, soweit diese mit finanziellen Zielkriterien wie Gewinnen oder Cashflows nachweislich verknüpft sind. So wäre es für Fluggesellschaften plausibel, dass Servicequalität und Passagiersicherheit bedeutsam sind und in der Automobilbranche CO_2-Emissionen. Die Beispiele zeigen, dass es oftmals um branchenbezogene Sachverhalte gehen wird, homogene und standardisierte Inhalte sind eher nicht zu erwarten. Wichtig ist zudem, dass die Indikatoren auch für die Steuerung in den Unternehmen tatsächlich genutzt werden, insbesondere für Zielvereinbarungen mit der obersten Führungsebene (vgl. Arbeitskreis Externe Unternehmensrechnung der SG 2015). Dieser Ansatz entspricht der Ausgestaltung des Management Approach im Rahmen der Segmentberichterstattung nach IFRS 8.

Daneben gibt es eine Fülle von Vorschlägen für sogenannte Nachhaltigkeitsberichte. Hierbei hat der GRI-Standard zwar eine Vorreiterrolle erobert, aber die Qualität und Prüfung der Berichte hat noch kein einheitlich hohes Niveau erreicht, wie eine Auswertung

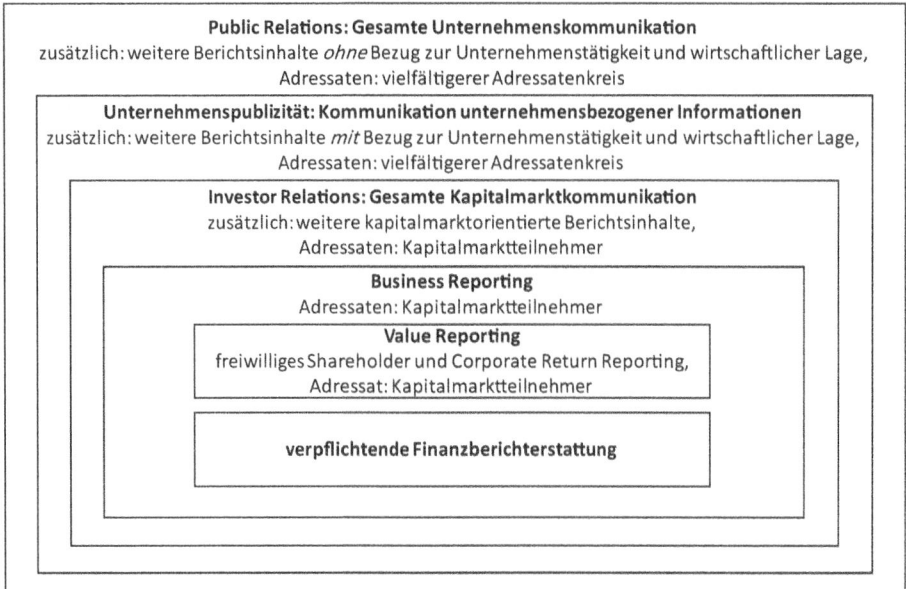

Abb. 1.1 Einordnung der Unternehmenspublizität. (Grüning 2011, S. 7)

für deutsche Unternehmen zeigt (vgl. Haller und Durchschein 2016). Dieser Themenbereich wird hier nicht weiter verfolgt.

Nach der Systematik von Grüning (2011) in Abb. 1.1 geht es demnach nur um den inneren, engeren Bereich der verpflichtenden Finanzberichterstattung, ergänzt um Sachverhalte, die zwar nicht normiert sind aber zusätzlich freiwillig innerhalb der Rechnungslegung publiziert werden, zum Beispiel die sogenannten Pro-forma-Earnings.

Es ist deshalb davon auszugehen, dass die aktuellen Börsenkurse im Allgemeinen wesentlich mehr Informationen reflektieren als die Regelpublizität bietet. Insbesondere auch solche Informationen wie Personalwechsel in der Führungsetage, Strategieanpassungen, politische Risiken auf Auslandsmärkten, Entwicklungschancen einer Innovation etc. werden im Börsenkurs schon eingepreist, wenn sie sich im Zahlenwerk noch gar nicht niedergeschlagen haben. Dies relativiert die Informationsaufgabe der Finanzberichte natürlich, sie sind eher eine Bestätigung (ex post) der diversen anderen Informationsquellen, übernehmen eine „Informationshygienefunktion" (vgl. Coenenberg et al. 2014, S. 1326; Wagenhofer und Ewert 2015, S. 14).

Trifft dies zu, so sind mehrere Aspekte zu diskutieren.

- Soll der IASB freiwillige Mehrinformationen in den IFRS-Abschlüssen verbieten oder reglementieren? So dürfen nach den US-GAAP sogenannte Pro-forma-Earnings nur publiziert werden, wenn eine explizite Überleitung auf GAAP-Maße erfolgt, sie also nachvollziehbar sind.

- Wie kann sichergestellt werden, dass die freiwillig publizierten Größen nicht irreführend sind, insbesondere wenn sie außerhalb der Pflichtbestandteile, also ungeprüft, veröffentlicht werden? Da sie nicht auf sanktionsbewehrten Normen beruhen, müssen alternative Markt- oder Corporate-Governance-Mechansimen das Vakuum füllen (Kap. 4).

- Sollen wichtige Berichtsinhalte zu Personal-, Umweltthemen, Corporate Governance etc. in die Finanzberichterstattung übernommen werden (Integrated-Reporting-Ansatz)? Das HGB sieht zum Beispiel solche Informationen als Pflichtbestandteile des Lageberichtes vor (§ 289). Wenn aber das Vergütungssystem, eine ökologische Vorreiterrolle, Take-over-Hürden in der Satzung, Entwicklungsrisiken, Existenz und Arbeitsweise eines Prüfungsausschusses (Audit Committee) bewertungsrelevant sind, müssen sie dann nicht in die IFRS-Rechnungslegung übernommen werden (vgl. Kühnberger 2015a, S. 211 ff.). Der IASB hat dies bisher nicht aufgegriffen, auch im ED 2015/3 werden nur Financial Information angesprochen. Angesichts der durchaus zweifelhaften tatsächlichen Bedeutung solcher Informationen für den Börsenkurs (vgl. Pellens und Schmidt 2014: Nachhaltigkeitsberichte spielen für das Anlegerverhalten praktisch keine Rolle, im Gegensatz zur akademischen Aufmerksamkeit), ist dies meines Erachtens kein Nachteil, zumal es solchen Berichten bisher an Standardisierung und Objektivierung fehlt.

- Wenn der Anspruch, die relevanten Informationen für eine Unternehmensbewertung liefern zu können, für Finanzberichte zu hoch ist, könnte dies natürlich statt zu einer Ausweitung der Informationen auch zu einer Rückbesinnung auf komparative Stärken von Abschlüssen führen: Prüfbarkeit, Objektivierung und Standardisierung von Informationen (vgl. Cascino et al. 2014).

1.1.2 Koordinationsfunktion als ergänzende Aufgabe

Die zuletzt genannten Kriterien passen zu einem anderen Regulierungsziel, das ursprünglich eher die Hauptaufgabe von Rechnungslegung war, Rechenschaft oder Stewardship Function, auch Koordinations- oder Vertragsfunktion genannt. Diese, im vormaligen RK noch verankerte Aufgabe von IFRS-Abschlüssen wurde im Rahmen der Zusammenarbeit von IASB und FASB an einem gemeinsamen RK ausgenommen. Obwohl diese Aufgabe als weiterhin wichtig angesehen wurde, erfolgte die Streichung, mit der etwas seltsamen Begründung, dass Stewardship schwer in andere Sprachen zu übersetzen sei. Zeff hat diverse inhaltlich unterschiedliche Vorstellungen der Funktion aufgefächert und die Frage aufgeworfen, ob es nur um darum gehe, Informationen zu veröffentlichen, die für eine Wahl oder Abwahl des Managements erforderlich sind oder ob auch die Messung der Leistung des Managements ermöglicht werden soll (als Basis für ein Vergütungsmodell). Es kann auch um die Ermittlung des Erfolges für das abgelaufene Geschäftsjahr gehen oder sonstige Informationsaufgaben (vgl. Zeff 2013).

Da IASB und FASB die Zusammenarbeit an einem RK wieder aufgegeben haben, wurde gefordert, das Konzept der Stewardship Function wieder aufzunehmen. Die Koordinationsfunktion der Rechnungslegung spielte traditionell eine wichtige Rolle in Ländern mit wenig effizienten Kapitalmärkten und schwachem Investorenschutz (vgl. Zeff 2013). Für die USA hat das Konzept deshalb wenig Bedeutung. Da auf diese US-amerikanischen Besonderheiten keine Rücksicht mehr genommen werden muss, wäre eine Rückbesinnung auf die Stärken und den Nutzen zweckmäßig. Um begriffliche Irritationen zu vermeiden, könnte Stewardship Function durch Accountability ersetzt werden (vgl. Barker et al. 2014).

In einer erneuten Kehrtwendung hat der IASB im ED 2015/3 den Begriff Stewardship wieder eingeführt, um Missverständnisse zu vermeiden. Es wird konzediert, dass diese Aufgabe zumindest partiell andere Informationen erfordert als die Bewertungsfunktion (BC 1.9). Es soll aber weiterhin das primäre Ziel der Entscheidungsnützlichkeit von Informationen gelten, Stewardship ist ein Bestandteil davon (BC 1.10). Weiter wird erläutert, dass Informationen darüber, wie effizient und effektiv das Management bei seiner Pflichterfüllung war, helfen können, künftige Cashflows besser zu schätzen (BC 1.22 f).

Eine von der üblichen Sicht abweichende Interpretation von Stewardship wählen Kothari et al. Sie trennen die Stewardship Function und die Messung der Leistung des Managements (vgl. Kothari et al. 2010). Die Bilanz (einschließlich nicht realisierter Gewinne) diene der Stewardship Function und Vertragszwecken, zeigt aber nicht den Gesamtwert des Unternehmens. Die Leistung des Managements ist hingegen an der GuV ablesbar, die aber nur die Erträge und Aufwendungen enthält, die für diese Einschätzung sinnvoll sind (Dirty Surplus Accounting). Andere Erfolge gehen in das sogenannte Other Comprehensive Income (OCI) ein. Diese Art von Arbeitsteilung der einzelnen Berichtsinstrumente sieht auf den ersten Blick bestechend aus. Angesichts der völlig unsystematischen Trennung von GuV und OCI nach den US-GAAP und IFRS derzeit, ist die Rechnungslegung davon jedoch weit entfernt. In Abschn. 2.1 und 2.5 wird die Möglichkeit einer Nutzung der Berichtsteile für unterschiedliche Zwecke nochmals aufgegriffen.

Trotz dieser Unschärfen ist klar, dass die Rechenschaftsfunktion für die Lösung von Konflikten eingesetzt werden soll, wie sie in der Prinzipal-Agententheorie aufgefächert werden. Es geht um gesetzliche oder vertragliche Verhaltensanreize, die mittels Rechnungslegung gesteuert werden sollen (vgl. Zeff 2013). Da die IFRS supranationales Recht darstellen, ist eine explizite Berücksichtigung von national durch Rechts- oder Vertragstraditionen geprägten Koordinationsaufgaben aber kaum möglich. Zu den erstgenannten zählen zum Beispiel Dividenden- und Steuerfolgen der Rechnungslegung, zu den Vertragsfolgen zum Beispiel die Ausgestaltung von Kreditverträgen oder Vergütungssystemen.

Ebenso ist unstrittig, dass für solche Aufgaben andere Anforderungen an die Informationen zu stellen sind, als für die Bewertungsfunktion. Es geht weniger um Daten für die Prognose künftiger Zustände als Feedback-Daten für Ex-post-Kontrollen, also die Dokumentation von Vergangenem. Die Rechnungslegungsinformationen müssen deshalb verlässlich und nachprüfbar sein (vgl. Pellens et al. 2014b, S. 89 f.; Zeff 2013). Deshalb kann man die Streichung der Rechenschaftsfunktion im RK durchaus befürworten, da beide Aufgaben zugleich nicht erfüllbar sind und einen (eventuell faulen) Kompromiss erzwingen (vgl. Ballwieser 2014), der bei jedem neuen Standard zu Grundsatzdiskussionen führen könnte. Schildbach (2015, S. 31) unterstellt hingegen, dass die Ausrichtung an mehreren Funktionen, die Qualität von Abschlüssen nicht mindern muss, Kompromissbereitschaft vorausgesetzt. Barth betont wiederum, dass Standardsetter (anders als Fachwissenschaftler) über Rechnungslegung als öffentliches Gut entscheiden müssen und deshalb soziale Wohlfahrts-Trade-offs zu berücksichtigen haben. Demnach ist bei der Ausarbeitung von Standards ein ganzer Kranz von Randbedingungen zu bedenken. Als Beispiel verweist sie auf notwendig werdende Nachverhandlungen zu Bonussystemen oder Kreditverträgen (vgl. Barth 2007). Die Themen realwirtschaftliche Rückwirkungen und Sachverhaltsgestaltung haben die Verantwortlichen demnach auf dem Radar.

Die Akzentuierung der Koordinationsfunktion lässt sich auch historisch begründen, weil Rechnungslegung ein seit sehr langem regulierter Bereich ist. Im Schrifttum werden die auszugleichenden Interessengegensätze regelmäßig durch das Prinzipal-Agenten-Modell und die Senkung von Agencykosten modelliert. Diese Deutungsweise liegt vielen theoretischen und empirischen Studien zugrunde. Damit werden aber andere mögliche Regulierungsmotive für Rechnungslegung (zum Beispiel Fairness, Gerechtigkeit, Wahrung von Werten der Rechtsordnung, Vermeidung externer Kosten, Standardisierung und Senkung von Transaktionskosten etc.) nicht berücksichtigt (vgl. Wagenhofer und Ewert 2015, S. 28 ff.). In den relevanten Rechnungslegungssystemen sind aber kaum die „reinen Modellkonflikte" die entscheidende Triebfeder, sondern oftmals Lobbyarbeit, Bilanzskandale und Missbräuche. Insofern sind Standards nur in einem eingeschränkten Sinne systematisch und zielgerichtet entwickelt worden.

Für welche Koordinationszwecke die IFRS-Rechnungslegung eingesetzt werden könnte und ob dies kraft gesetzlicher Vorgaben oder auf Vertragsbasis erfolgt, ist damit noch nicht geklärt. Potenzielle Anknüpfungspunkte gibt es viele:

1. Der ermittelte Erfolg könnte Bemessungsgrundlage für Gewinnausschüttungen sein. Dabei kann wie im AktG auf den HGB-Jahresüberschuss direkt Bezug genommen werden oder es sind Modifikationen (wie in § 13 REITG) oder ergänzende Insolvenztests möglich (vgl. Wagenhofer und Ewert 2015, S. 212 ff. zu diversen Ausschüttungsregimen). In einer Befragungsstudie für deutsche Aktienkonzerne gaben Vorstände an, dass sich die Dividende vor allen Dingen nach den Ergebnissen der IFRS-Abschlüsse richte und die Regeln in § 58 AktG praktisch nur noch zur Prüfung der Zulässigkeit der vorgesehenen Dividende erforderlich sei (vgl. Pellens et al. 2003). IFRS-Abschlüsse erfüllen demnach diese Aufgabe bereits. Die Verknüpfung ist allerdings nur lose, weil die rechtliche Basis der Einzelabschluss nach das HGB ist und nicht der Konzernabschluss nach IFRS. Dies kann zu Verwerfungen führen. Zudem gibt es deutliche Evidenz, dass diese Aussagen die Realität nicht (mehr?) wiedergeben (vgl. Fischer 2011 und Abschn. 5.1.2.2.2 und 5.3.5.2).

2. Wenn die IFRS-Erfolge für die Dividendenbemessung einsetzbar wären, könnten natürlich auch die aktienrechtlichen Ergebnisabführungsverträge daran anknüpfen. Dies ist derzeit nicht möglich und wird, soweit ersichtlich, auch im Schrifttum nicht gefordert.

3. Die Rechnungslegungsdaten werden in der Praxis oftmals auch genutzt, um Insolvenzprognosen ableiten zu können, zum Beispiel mithilfe von Diskriminanzanalysen. Dies ist eine klassische Zielstellung im Rahmen von Abschlussanalysen und Kreditwürdigkeitsprüfungen. Tendenziell sind hierfür aber auch zukunftsgerichtete, wenig zuverlässige Informationen tauglich, insbesondere, wenn große Datenmengen statistisch aufbereitet werden können. Für die USA wurde für 1992 bis 2002 mit 1251 insolventen und 124.215 solventen Unternehmen bestätigt, dass Abschlussgrößen für Insolvenzprognosen zwar rückläufige Qualität hatten, aber besser waren als andere Informationsquellen (vgl. Beaver et al. 2012). Im ED 2015/3 wird angegeben, dass Abschlüsse helfen können, die Liquidität und Solvenz der Unternehmen zu beurteilen (Tz. 1.13).

4. Im Kern könnte auch das Insolvenzrecht an die Rechnungslegung anknüpfen, indem Tatbestände, die eine Antragspflicht begründen, auf Rechnungslegungsgrößen abstellen. Dies ist weder in Deutschland, noch (meines Wissens) in anderen Jurisdiktionen üblich, weil Insolvenztatbestände zu Recht auf völlig andere Größen abstellen, die mit der Überlebensfähigkeit der Unternehmen unmittelbarer verknüpft sind.

5. Für aufsichtsrechtliche Themen spielt die Finanzberichterstattung dagegen auch praktisch eine Rolle. Zu denken ist hier zum Beispiel an die BaFin und die Vorgaben zum regulatorischen Eigenkapital von Kreditinstituten. Aber auch preisregulierte Branchen wie Wasser- oder Energieversorger können betroffen sein.

6. Besteuerungsfolgen sind eine gerade in Deutschland besonders wichtige Schnittstelle, die bis zum BilMoG (2009) durch die formelle Maßgeblichkeit (inklusive Umkehrmaßgeblichkeit) besonders ausgeprägt war. Dies wurde durchaus sehr kritisch gesehen, da steuerliche Förderziele auf die Handelsbilanz durchgeschlagen haben (Sonder-AfA, steuerfreie Rücklagen etc.). Unter Koordinationsaspekten war dies vielleicht noch zu rechtfertigen, da dem temporären Besteuerungsverzicht des Staates auch ein Entnahmeverzicht der Eigentümer entsprach. Unter Informationsgesichtspunkten wurde hingegen eher die informationsverzerrende Wirkung betont, die Bilanzanalytikern das Leben erschwerte.

Die Beispiele (5) und (6) weisen auf ein allgemeines Problem hin. Soweit politische Ziele durch Anbindung an die Rechnungslegung durchgesetzt werden sollen, besteht die Gefahr, dass sachfremde Überlegungen und bilanzpolitische Fehlanreize die Rechnungslegungsqualität negativ beeinflussen. So wurde zum Beispiel reklamiert, dass die Vorgaben zum regulatorischen Eigenkapital von Banken in Verbindung mit der Fair-Value-Bewertung von Vermögen die Finanzmarktkrise verschärft hätte (vgl. hierzu Abschn. 2.5).

In den Diskussionen zur Weiterentwicklung des Rahmenkonzeptes wurde geltend gemacht, dass langfristige Investitionen wichtig für das ökonomische Wachstum von Nationen seien. Dies sollte deshalb im Konzept berücksichtigt und eine Orientierung an kurzfristigen Zielen (Short Terminism) verhindert werden (ED 2015/3 BC IN.35 ff.). Der IASB lehnte dies ab, weil er keine Differenzierung der Rechnungslegung nach Geschäftsaktivitäten vornehmen will. Eine unterschiedliche Bewertung kurz- und langfristiger Investitionen kann auf der Ebene von Einzelstandards normiert werden, aber die Präferierung verschiedenster Geschäftsmodelle im Rahmenkonzept wird ausgeschlossen. Der Beitrag der IFRS zur Förderung langfristiger Investitionen wird in der Transparenz der Unternehmen und den positiven Folgen für die Effizienz des Kapitalmarktes gesehen, nicht in der Förderung bestimmter Investitionen (BC IN.44). Diese Zurückhaltung ist aus meiner Sicht begrüßenswert. Fraglich ist eher, ob sie immer durchzuhalten ist, wenn starke Lobbyeinflüsse wirken.

7. Derzeit bestehen zwischen den Ertragsteuern eines Unternehmens und den IFRS-Konzernabschlüssen nur wenige Anknüpfungspunkte (der Steuerstatus nach dem REITG und im Rahmen der Zinsschrankenregelung). Mittelbare Folgen sind aber nicht ganz auszuschließen, insbesondere wenn es um Ermessensentscheidungen geht. Wird im IFRS-Abschluss zum Beispiel ein Risiko durch Abschreibungen oder Rückstellungen erfasst, kann für die Steuerbilanz ein widersprüchliches Verhalten zu Problemen mit der Glaubwürdigkeit des Erstellers führen. Gleichwohl kann die relative Unabhängigkeit der IFRS-Abschlüsse positiv gesehen werden, steuerliche Erwägungen beeinflussen die Informationsbereitstellung kaum. Auf der anderen Seite fehlt damit eine Enforcementinstitution für die Handelsbilanz, die Finanzverwaltung und die Rechtsprechung der Finanzgerichte.

8. Die Beurteilung der Leistung des Managements ist ein zentrales Anliegen, sei es wegen der (Ab-)Bestellung oder um die Vergütung festzulegen. Aus Aktionärssicht sind Rechnungslegungsdaten hierfür insofern problematisch, als sie nicht die eigentliche Zielgröße, nämlich die Steigerung des Shareholder-Value messen. Einige Investitionen (in immaterielles Vermögen zum Beispiel) werden nicht aktiviert, es gibt unsichere Schulden, aber keine unsicheren Chancen in der Bilanz usw. Die Aktienrendite und die Accounting Profits weisen Korrelationen von 0,2 bis 0,3 auf (im Fünfjahresschnitt aber 0,8; vgl. Merchant und Van der Stede 2012, S. 414 ff.). Beide Erfolgsmaße leiden zudem darunter, dass das Management für einige Einflüsse nicht verantwortlich ist. Es kann Glück oder Pech vorkommen, also zum Beispiel Zinssatzänderungen, politische Risiken, Rohstoffpreisänderungen und andere ökonomische Schocks. Andererseits kann natürlich auch unterstellt werden, dass es gerade Aufgabe des Managements ist, Risiken und Chancen vorherzusehen und Maßnahmen zu ergreifen. Zeitwertschwankungen von Immobilien- oder Wertpapierportefeuilles gehen letztlich auf die Portfoliozusammensetzung zurück und die Frage, ob Risiken gehedged wurden oder nicht, fällt auch in die Verantwortung des Managements. Da die Ausgestaltung von Bonussystemen aber sowieso weitgehend Vertragssache ist,

wären Rechnungslegungsdaten im Grundsatz geeignet, wenn sie eine Trennung von typischen, nachhaltigen Größen von außerordentlichen erlauben oder auch die Eliminierung von bilanzpolitischen Einflüssen. Eine Bereinigung der Ergebnisgrößen um bilanzpolitisch verzerrte Periodenabgrenzungen (im Gegensatz zu unternehmensbezogen typischen Abgrenzungen) führte zu einer besseren Prognose künftiger Cashflows und wurde für Vergütungen erfolgreich genutzt (vgl. Peng 2011).

9. Auch Debt Covenants greifen regelmäßig auf Abschlusskennzahlen zurück, um die Gläubigeransprüche zu sichern und Agencykonflikte zu mildern. Die Qualität der Klauseln hängt natürlich von der Qualität der Daten und der individuell vereinbarten Modifikationen ab, zum Beispiel um Sondereinflüsse oder bilanzpolitische Gestaltungen zu begrenzen. Schwierig sind auch Rechtsänderungen, die den Inhalt der Kennzahlen ändern können oder zu einem „Einfrieren" auf ein historisches System zwingen. Brüggemann et al. (2015) führen an, dass mit der Umstellung auf IFRS Debt Covenants, die auf Rechnungslegungszahlen beruhten, zurückgingen und durch andere Klauseln ersetzt wurden.

Im Schrifttum besteht weitgehend Einigkeit, dass Informationsnützlichkeit und Anreiznützlichkeit zu unterschiedlichen Rechnungslegungsanforderungen führen. Obwohl die Koordinationsfunktion im derzeitigen RK nicht explizit aufgeführt wird, wird allgemein unterstellt, dass dies eine Aufgabe der IFRS-Rechnungslegung ist (vgl. Barker et al. 2014). Aktuelle Äußerungen des IASB-Vorsitzenden Hoogervorst verdeutlichen, dass der Kampf gegen Moral Hazard und Informationsasymmetrien vom Board als selbstverständliche Aufgabe angesehen wird (vgl. Wagenhofer und Ewert 2015, S. 145).

In Deutschland hat insbesondere Moxter (vgl. Moxter 1984 und 1986) einen anderen Weg gewählt, die Jahresabschlussaufgaben nach HGB zu eruieren. Ausgehend von den vorfindbaren Normen hat er rekonstruiert, für welche Aufgaben solche Rechnungslegungsregeln zweckmäßig sind oder sein könnten. Bekanntlich enthält ja auch das HGB keine explizite Zielsetzungen für Abschlüsse. Geht man für die IFRS analog vor, so zeigt sich, dass viele Standards und Informationspflichten (besonders: in den Notes) kaum durch die Koordinationsfunktion begründbar sind (vgl. Lambert 2010). Umgekehrt ist aber auch die (zumindest partielle) Nichtaktivierung von immateriellem Vermögen oder eine Bewertung zu Anschaffungskosten, wenn es plausible Marktpreise gibt, kaum mit der Bewertungsfunktion vereinbar. Im RK (4.59 ff.) werden zum Beispiel zwei Kapitalerhaltungskonzepte vorgestellt und ausführlich diskutiert, aber kein Anwendungsbereich normiert. Der Board hat sogar verlautbart, dass Vorgaben bis auf Weiteres nicht geplant sind (RK 4.65). Angesichts solcher Nicht-Entscheidungen dürfte eine klare Aufgabenpriorisierung samt konsequenter Umsetzung kaum zu erwarten sein. Da die Informationsbedürfnisse von Investoren weder theoretisch (mittels Bewertungsmodell) expliziert werden, noch (meines Wissens) umfassende Befragungsstudien vorliegen, bleiben die IFRS-Aufgaben uneindeutig.

Wenn neben der Bewertungs- auch die Koordinationsfunktion als Ziel vorgegeben wird, hat dies Folgen für die Standards. Für Koordinationsaufgaben werden Kriterien wie Zuverlässigkeit, Vergleichbarkeit und Vorsicht höher gewichtet als für die Bewertungsfunktion, bei der die Relevanz der Informationen im Vordergrund steht (vgl. Bauer et al. 2014; Pellens et al. 2014b, S. 89 f.; Wagenhofer und Ewert 2015, S. 7 ff. und Watts 2003a). Auch die Antwort auf die Frage, ob ein Bilanzansatz erforderlich ist oder ein Ausweis im Anhang ausreicht (Recognition versus Disclosure) kann von der Aufgabe der Rechnungslegung abhängen.

Unabhängig davon, ob die Stewardship Function explizit oder implizit als Aufgabe der IFRS-Rechnungslegung vom IASB akzeptiert wird, hat der Board keinerlei Einfluss darauf, für welche Zwecke die Abschlüsse tatsächlich genutzt werden. Nutzer können zudem Daten aus der Rechnungslegung für ihre konkreten Zwecke modifizieren oder direkt verwenden. Damit geht einher, dass IFRS-Abschlüsse de facto für mehrere, auch partiell widersprüchliche Aufgaben, eingesetzt werden, realwirtschaftliche Rückwirkungen müssen berücksichtigt werden. Brüggemann et al. (2013) nennen Folgen der IFRS-Anwendung auf Sachverhalte, die der Koordinations- oder Vertragsfunktion der Rechnungslegung zuzuordnen sind „unintended consequences", im Gegensatz zu den durch die Informationsfunktion der Rechnungslegung begründeten, primär angestrebten, Folgen. Sie fächern einen ganzen Kanon solcher Folgen auf. Dies führe dazu, dass bislang austarierte (Gleichgewichts-)Lösungen neu zu verhandeln sind oder es zu Reichtums- oder Risikoverlagerungen zwischen Beteiligten kommt, wenn die Rechnungslegungsregeln verändert werden.

Mögliche Konflikte könnten zwar gelöst werden, indem die Berichte Informationen für beide Aufgaben enthalten, zum Beispiel die Anschaffungskosten und die Zeitwerte (Fair Values) von Bilanzposten. Dann müsste zusätzlich entschieden werden, ob Wertänderungen in der GuV, im sonstigen Ergebnis (Other Comprehensive Income = OCI) oder nur im Anhang offen zu legen sind und ob dies jeweils gleichwertige Darstellungsformate wären. In Grenzen und ohne sehr klare konzeptionelle Vorgaben, verfolgen die IFRS solche Möglichkeiten.

Dies schafft aber jedenfalls Komplexität und kann zu Anreizen für bilanzpolitische Entscheidungen führen, die bei einem „reinen" System entfallen würden. Die Identifikation und Bereinigung möglicher Störgrößen ist teuer und nicht immer möglich.

Insgesamt sind realwirtschaftliche Rückwirkungen von Rechnungslegung ein wichtiger Aspekt. Solche externen Effekte könnten zwar näherungsweise erfasst werden. Zum Beispiel könnte untersucht werden, ob die Vorschriften zu immateriellen Vermögenswerten Einfluss auf das Niveau der Forschungs- und Entwicklungsausgaben von Unternehmen haben, ob Informationspflichten zu einem De-Listing führen, Bewertungsregeln Finanzinvestitionen attraktiver machen als Sachinvestitionen etc. Damit wäre ein Rechnungslegungssystem bezüglich Kosten und Nutzen bewertbar. Allerdings dürfte aufgrund der Fülle von möglichen Folgen und der nationalen Besonderheiten kein umfassender Vergleich möglich sein. Dies gilt vor allen Dingen, weil die Monetarisierung solcher Effekte sehr schwer ist und Vermeidungskosten kaum erfassbar sind. Insofern ist immer Vorsicht geboten, wenn positive oder negative Rechnungslegungseffekte angeführt werden, zum Beispiel gesunkene Kapitalkosten durch Umstellung von HGB auf IFRS. Es besteht das Risiko des WYMIWYG-Effektes: what you measure is what you get (vgl. Gross und Königsgruber 2012).

In den folgenden Abschnitten werden die qualitativen Vorgaben des RK für die Informationsvermittlung detaillierter vorgestellt: Entscheidungsrelevanz, Glaubwürdigkeit und Vergleichbarkeit und die besondere Stellung des Vorsichtsprinzips wird erläutert. Regelungstechnische Aspekte, die unter dem Stichwort Prinzipien oder Regeln (principle versus rules) diskutiert werden, werden abschließend aufgegriffen.

1.2 Qualitative Anforderungen des Rahmenkonzeptes: Entscheidungsrelevanz, Glaubwürdigkeit und Vergleichbarkeit

1.2.1 Qualitative Anforderung der Relevanz von Informationen

> **Ergebnis der Analyse ist,** dass im Rahmenkonzept 2010 die Relevanz zu Lasten der Verlässlichkeit gestärkt wird. Das die Verlässlichkeit nur zum Teil kompensierende neue Kriterium der Fehlerfreiheit ist vage definiert und lässt sowohl dem IASB als auch dem Bilanzierenden beachtlichen Gestaltungsspielraum (Ballwieser 2014, S. 463, H. i. O.).

Das RK gibt als Ziel die Bewertungsfunktion vor, das heißt, Investoren sollen Höhe, Risiko und zeitlichen Anfall künftiger Cashflows abschätzen können. Naturgemäß sind hierfür zukunftsgerichtete Informationen notwendig, die mit Unsicherheiten behaftet sind. Die Funktion der Entscheidungsnützlichkeit wurde im vormaligen RK durch die Primärgrundsätze der Relevanz und Reliabilität (Zuverlässigkeit) von Informationen geprägt, ergänzt durch andere Anforderungen an die Rechnungslegung. Im aktuellen RK 2010 ist der Begriff der Reliabilität ersetzt worden. Es wird vorgegeben, dass Informationen nur dann Entscheidungsrelevanz für Investoren haben, wenn sie ein gewisses Maß an Glaubwürdigkeit haben. Glaubwürdig sind Informationen, wenn sie vollständig, neutral und fehlerfrei sind (RK QC 12 ff.). Auffällig ist, dass das Gütekriterium der Vorsicht nicht mehr im RK auftaucht, weil es in Konflikt mit dem Gebot der Neutralität steht (vgl. ausführlich zum Vorsichtsprinzip Abschn. 1.3).

Regelmäßig wird unterstellt, dass die Anforderungen der Relevanz und Reliabilität oder Glaubwürdigkeit von Informationen in Konflikt stehen können, sodass der geeignete Trade-off zu bestimmen ist (vgl. Ballwieser 2014, S. 17). Für die Bewertungsfunktion der Finanzberichte können gleichwohl unsichere Informationen bedeutsam sein, zum Beispiel geschätzte Fair Values, wenn Vermögensposten nur in einer mehr oder weniger großen Bandbreite geschätzt werden können.

Akzeptiert man auch die Koordinationsfunktion als wichtige Rechnungslegungsaufgabe, so wäre der Konflikt zwischen Relevanz und Reliabilität tendenziell eher zugunsten der Letzteren zu lösen. Ein Musterbeispiel für eine Priorität von möglichst zuverlässigen und nachprüfbaren Rechnungslegungszahlen stellt Deutschland dar. Die (mittelbare) Besteuerungs- und die rigide Kapitalerhaltungsfunktion der HGB-Abschlüsse verlangen eher „harte" Fakten als prognostizierte Zahlen (obwohl auch nach HGB Prognosen den Jahresabschluss stark beeinflussen). Auch das Vorsichtsprinzip hat für die Koordinationsfunktion einen ganz anderen Stellenwert als für die Bewertung von Unternehmen (vgl. Abschn. 1.3).

Im RK werden die Primärgrundsätze der Relevanz und Glaubwürdigkeit durch die Sekundärgrundsätze der Vergleichbarkeit, Nachprüfbarkeit, Zeitnähe und Verständlichkeit ergänzt, sowie eine Kosten-Nutzen-Restriktion und die Fortführungsannahme. Hier wird nur der Aspekt der temporären und zwischenbetrieblichen (oder auch länderübergreifenden) Vergleichbarkeit näher untersucht. Während die zeitliche Vergleichbarkeit jedes (auch nur nationale) Rechnungslegungssystem betrifft, hängt die zwischenbetriebliche Vergleichbarkeit von der Rechtsform, der Branche und eventuell dem Geschäftsmodell ab und vor allen Dingen dem Sitzstaat. Letzteres gilt vor allem deshalb, weil die Rechnungslegungssysteme traditionell national geprägt waren, abhängig von Länderfaktoren wie Finanzierungsstruktur, Rechtssystem, Corporate Governance, Steuersystem etc. Selbst wenn die IFRS weltweit einheitliche Standards vorgeben, wäre eine einheitliche Umsetzung nicht selbstverständlich.

Für die im RK priorisierte Bewertungsfunktion werden vor allem zukunftsbezogene Informationen benötigt, vergangene Werte haben nur unter restriktiven Annahmen Bedeutung. Entscheidungsrelevanz haben Informationen, wenn Investoren in ihren wirtschaftlichen Entscheidungen (Kauf, Halten, Verkauf von Anteilen, Kreditvergaben etc.) beeinflusst oder frühere Entscheidungen bestätigt werden (RK QC 6 f.). Entscheidend ist aber, dass die Informationen geeignet („capable") sind, Entscheidungen zu verändern, dies muss nicht tatsächlich und immer erfolgen (ED 2015/3 Tz. 2.6). Während in der Informationsökonomie Entscheidungsrelevanz nur mit Entscheidungsveränderungen gleichgesetzt wird, hat das RK auch die bloße Bestätigungsfunktion subsumiert (vgl. Ballwieser 2013, S. 16). Diese Funktion kann unter IFRS tatsächlich besonders bedeutsam sein, wenn unterstellt wird, dass Investoren ihre Entscheidungen eher aufgrund zeitnaher Informationen außerhalb der Regelpublizität treffen.

Ergänzt wird das Relevanzkriterium durch den Grundsatz der Wesentlichkeit (Materiality), der die potenzielle Informationsflut für alle begrenzen soll. Das Merkmal wird ausdrücklich unternehmensbezogen-subjektiv verstanden (RK QC 11), gibt also nur eine qualitative, situationsabhängig zu präzisierende Regel vor. Zu Recht kritisiert Ballwieser (vgl. Ballwieser 2013, S. 17), dass die Regelung zumindest gewöhnungsbedürftig sei, da schon vom Wortlaut her klar sein müsste, dass unwesentliche Informationen eben nicht entscheidungserheblich sind.

Ohne Zweifel führt das Kriterium der Wesentlichkeit zu Ermessensspielräumen für den Abschlussersteller, ein in keinem Rechnungslegungssystem vermeidbares Phänomen. Der Board hat aber insgesamt an vielen Stellen deutlich gemacht, dass er Subjektivität, Management Approach, Business Judgement etc. für erforderlich und durchaus auch sinnvoll hält. Es gibt beachtliche Evidenz, dass die Möglichkeiten, Bilanzpolitik zu betreiben und private Informationen zu publizieren, nicht per se die Qualität von Abschlüssen beeinträchtigen (vgl. Abschn. 2.3 und 2.4). Selbst bei subjektiven Managementprognosen für Ergebnisgrößen im Lagebericht deutscher AG zeigte sich eindeutig, dass diese Informationsgehalt hatten (vgl. Helpenstein 2014, S. 27 ff.).

Sehr viel gravierender ist, dass Entscheidungsnützlichkeit ex ante nur feststellbar ist, wenn ein individuelles Entscheidungsproblem eines Investors bekannt ist (vgl. Ballwieser 2013, S. 19). Dies könnte theoretisch durch Befragungsstudien erhoben werden, die aber in der empirischen Forschung als nicht sehr valide gelten. Zudem müsste eine wertende Abgrenzung des relevanten Adressatenkreises vorgenommen werden. Neben Eigen- und Fremdkapitalgebern wären Informationsintermediäre eine naheliegende Gruppe von Interessenten. Allerdings ist die Gleichsetzung von Analysten mit Eigenkapitalgebern problematisch. In einigen Studien werden Analysten als Proxy für Eigentümer verwendet, obwohl durchaus bekannt ist, dass es Anreize für Analysten gibt (Vergütung, Karriere, Folgegeschäfte), verzerrte Prognosen abzugeben. Mehrfach wurde festgestellt, dass Analystenprognosen und Anlegerverhalten nicht übereinstimmen (vgl. Hribar und McInnis 2012; Ramnath et al. 2008). Im Übrigen ist kaum anzunehmen, dass Groß- und Kleinaktionäre, Privatanleger und institutionelle Anleger, besicherte Privatgläubiger und Anleihegläubiger etc. die gleichen Informationsbedarfe haben (vgl. Abschn. 4.3 mit weiteren Nachweisen).

Üblich ist ein anderes Vorgehen. Sind die IFRS-Abschlüsse entscheidungsrelevant, haben sie also Informationsgehalt für die Investoren (hier: nur Aktionäre!), so sollte dies im Nachhinein anhand der Kapitalmarktreaktionen erkennbar sein. Sie verändern Kauf- und Verkaufsentscheidungen und beeinflussen damit die Börsenkurse. Voraussetzung hierfür ist (unter anderem), dass der Kapitalmarkt informationseffizient im halbstrengen Sinne ist, also alle öffentlich bekannten Informationen im Börsenkurs eingepreist sind (vgl. Ballwieser 2013, S. 19 f.; Helpenstein 2014, S. 14 ff.). Dann kann im Rahmen von Eventstudien (Ereignisstudien) für ein (regelmäßig) kurzes Zeitfenster um den Stichtag der neuen Information (Veröffentlichung des IFRS-Abschlusses) geprüft werden, ob es abnormale Renditen gab. Alternativ können auch für längere Zeiträume (statistische) Zusammenhänge zwischen Rechnungslegungs- und Kapitalmarktdaten erhoben werden (vgl. ausführlich Abschn. 3.4 zu solchen Studien).

Für Fremdkapitalgeber können analog Proxies für den Informationsgehalt der Rechnungslegung bestimmt werden. Hierzu gehören zum Beispiel die Kapitalkosten, Inhalte von Debt Covenants, Verschiebungen zwischen privaten Bankkrediten und dem öffentlichen Markt für Schuldtitel, Finanzierungen über Landesgrenzen hinweg (wegen besserer Vergleichbarkeit) usw.

Ball et al. (2015) untersuchten den Einfluss der IFRS-Einführung in 22 Ländern im Vergleich zu 21 Ländern ohne IFRS für die Jahre 2001 bis 2010. Sie analysierten dabei den Einfluss auf 1698 Darlehen und 3849 Bonds. Die IFRS-Umstellung führte zu einem signifikanten Rückgang der Debt Covenants, die auf den Rechnungslegungszahlen beruhten, soweit es um Darlehen ging, aber nicht bei den Bonds. Modifizierend wirkten die Nähe der IFRS zu den nationalen GAAP und das Enforcement. Da der Effekt für Banken besonders stark war und bei diesen relativ viele Bilanzposten mit dem Fair Value

zu bewerten sind, gehen die Verfasser davon aus, dass die damit verbundene Unzuverlässigkeit der Rechnungslegungszahlen ausschlaggebend war.

Ein anderer Weg besteht darin, die Eignung vergangener Zahlen, zum Beispiel
Gewinne, Cashflows usw. für die Prognose künftiger Cashflows oder Gewinne zu testen (Persistenz und Prognoseeignung). Wären künftige Cashflows und deren Risiken
aus vergangenen Daten extrapolierbar, so könnten Adressaten das Unternehmen extern
bewerten. Es ist aber weitgehend unklar, welche Inputdaten Investoren für ein solches
Bewertungsmodell nutzen könnten oder sollten (vgl. Abschn. 3.2 und 5.3 zu solchen
rechnungslegungsbasierten Qualitätsmaßen).

Eindeutig ist hingegen, dass ein bestimmter Bilanz-, GuV- oder KFR-Posten alleine
nicht geeignet sein kann, ein Unternehmen zu bewerten. Selbst wenn zum Beispiel alle
Bilanzposten angesetzt und mit einem Zeitwert bilanziert wären, würden Synergieeffekte
nicht erfasst. Eine Einzelveräußerung zum Fair Value könnte den Planungen für die Verwendung der Vermögenswerte widersprechen. Deshalb könnte auch eine solche Bilanz
nicht den Gesamtwert des Unternehmens abbilden. Wird in der Bilanz zum Beispiel ein
Gebäude mit einem Zeitwert von 100 angesetzt, so könnte ein Adressat zwar auf den
Wert der erwarteten Einzahlungen schließen, nicht aber auf die zeitliche Verteilung und
das Risiko. Hierzu sind zusätzliche Informationen über das verwendete Bewertungsmodell und Annahmen über Miet- und Kostenentwicklungen, Zinssätze, Steuern etc. erforderlich. Ist beabsichtigt die notwendigen Daten durch die Standards vorzugeben, müsste
der gewünschte Dateninput der Adressaten bekannt sein.

1.2.2   Qualitative Anforderung der Glaubwürdigkeit

Sollen Informationen entscheidungsnützlich sein, müssen sie nicht nur von der Art her
bedeutsam sein, sondern auch hinreichend glaubwürdig (Grundsatz der Fair Representation). Nicht glaubwürdige Informationen gehen nicht in die Bewertungsentscheidun-
gen ein, so die Annahme. Präzisiert wird dieses Qualitätsmerkmal durch die Kriterien der
Vollständigkeit, Neutralität und Fehlerfreiheit (RK QC 12 ff.). In der Vorgängerfassung
war noch verlangt worden, dass die Abbildung „faithfully represents what it purports
to present." Dies wurde im Sinne einer subjektiven Richtigkeit oder Überzeugung des
Abschlusserstellers gedeutet (vgl. Clor-Proell und Maines 2014). Auffällig ist weiterhin,
dass der Grundsatz der Vorsicht aus dem vormaligen RK entfallen ist. Dies wurde mit
dem potenziellen Widerspruch zum Grundsatz der Neutralität begründet. Inzwischen hat
der IASB diese Position wieder überdacht und die Frage, ob ein Vorsichtsprinzip für die
IFRS wichtig ist oder sein sollte, wird wieder intensiv diskutiert (vgl. Abschn. 1.3).

Im ED 2015/3 wird argumentiert, dass das Merkmal der Faithful Representation in
der neuen Fassung dem Begriff der Reliabilität des alten Rahmenkonzeptes entspricht.
Begründet wird dies damit, dass Vorsicht im Sinne von „Caution" nun wieder eingeführt
werden soll (vgl. zu begrifflichen Details von Caution, Prudence, Conservatism usw.
Abschn. 1.3). Dieses steht nun nicht mehr (oder wieder mal nicht?) mit dem Prinzip der

Neutralität in Konflikt. Auf den missverständlichen Begriff der Reliabilität soll aber weiterhin verzichtet werden (BC 2.14, 2.25). Zudem wird der alte Grundsatz Substance over Form (in etwa: Grundsatz der wirtschaftlichen Betrachtungsweise) wieder explizit aufgenommen (ED 2015/3 Tz. 2.6). Sowohl dies, als auch die frühere Streichung haben inhaltlich aber keine materielle Änderung intendiert.

Die Krux besteht nun darin, dass besonders glaubwürdige Informationen teilweise nicht entscheidungsrelevant sind und entscheidungsrelevante Informationen nicht unbedingt glaubwürdig, die Anforderungen stehen in einem Spannungsverhältnis. Ein typisches Beispiel für glaubwürdige, aber wenig relevante Informationen sind historische Anschaffungskosten, wenn die Transaktionen lange zurückliegen. Umgekehrt sind Zeitwerte für immaterielles Vermögen oder Gebäude höchst relevant, aber aufgrund fehlender direkt feststellbarer Marktpreise wenig zuverlässig. Eine allgemeine und systematisch umsetzbare Auflösung dieser Trade-off-Beziehung ist kaum festzulegen. Klar ist jedoch, dass die Glaubwürdigkeit der unsicheren Informationen durch Corporate Governance-Mechanismen (zum Beispiel Einschaltung externer Gutachter) oder aufgebautes Reputationskapital verbessert werden kann. Auch die Offenlegung von Bewertungsannahmen und Sensitivitätsanalysen etc. wäre hilfreich (vgl. Helpenstein 2014, S. 29 ff. und 44 f.).

Aus dem Rahmenkonzept ist eine Positionierung des IASB zur Gewichtung der Kriterien der Relevanz und Glaubwürdigkeit nicht direkt zu entnehmen (vgl. Ballwieser 2014, der aus der Entwicklung des RK eine stärkere Gewichtung der Relevanz herausliest, die aber kaum messbar ist). Auch die Einzelstandards sind diesbezüglich schwer zu deuten. So wird für einzelne Assetklassen eine Fair-Value-Bewertung vorgeschrieben oder erlaubt (zum Beispiel Sachanlagen, Finanzinstrumente, Investment Properties) und für andere nicht (zum Beispiel Vorräte, Forderungen aus Lieferungen und Leistungen, latente Steuern). Diese unterschiedlichen Wertvorgaben sind aber kaum mit dem Kriterium der Relevanz oder der Glaubwürdigkeit zu begründen. So wäre für Fertigerzeugnisse ein Einzelveräußerungswert wahrscheinlich relevanter als Herstellungskosten und er wäre oftmals auch gut schätzbar. Für Sachanlagen besteht hingegen keine Veräußerungsabsicht, sodass der Fair Value nur bedingt relevant ist (vgl. Abschn. 2.5). In den meisten Fällen ist eine Fair-Value-Schätzung dagegen mit erheblichen Unsicherheiten behaftet. Warum dann für Sachanlagen ein Fair Value erlaubt und für Vorräte verboten ist, ist unklar.

Ein Folgeproblem aus dem Spannungsverhältnis dieser beiden Kriterien ergibt sich für die empirische Forschung. Wird festgestellt, dass ein Abschlussposten zum Beispiel keinen Informationswert hat, also offenbar nicht entscheidungsrelevant war, kann man dies auf die fehlende Relevanz des Postens oder die Unglaubwürdigkeit der konkreten Information beziehen. Eine Zuordnung ist nur schwer möglich. Wertrelevanzstudien sind somit ein Test verbundener Hypothesen („Joint Test"). Da Relevanz und Glaubwürdigkeit zudem keine dichotom, sondern graduell zu messende Eigenschaften sind, wird die Feststellung von Kausalitäten noch schwieriger (vgl. Barth 2007).

1.2.3 Qualitative Anforderung der Vergleichbarkeit

Ein wesentliches Merkmal von Rechnungslegungsinformationen, die relevant und reliabel sein sollen, ist deren Vergleichbarkeit im Zeitablauf und zwischen Unternehmen. Die Effizienz des EU-Marktes für Kapital kann gesteigert werden, wenn Investoren ihre Kalküle auf gleichen Daten aufbauen können. Eine positive Folge davon könnten vermehrte Cross-border-Investitionen sein.

Die IFRS gelten – zumindest im Vergleich zu den US-GAAP – als prinzipienbasiert, enthalten eher allgemeine und damit auslegungsbedürftige Vorgaben. Dies führt dazu, dass die Anwendung nicht strikt normiert ist, also unterschiedlich erfolgen kann (vgl. Abschn. 1.4). Zudem stellen auch die besten Rechnungslegungsstandards keine Garantie für eine gute Praxis dar, wenn kein effektives Enforcement erfolgt. Dies kann durch gesetzliche oder sonstige Institutionen erfolgen. Die Vergleichbarkeit und Nutzbarkeit von Abschlussinformationen hängt deshalb stark von den Incentives für die Abschlussersteller ab (vgl. Aharony et al. 2010). Eine Länder- und/oder branchenübergreifende Vergleichbarkeit von IFRS-Abschlüssen ist mithin nicht selbstverständlich (vgl. Brüggemann et al. 2015).

Obwohl die IFRS innerhalb der EU verbindlich sind, gab es in der Vergangenheit nur eine sehr schwach ausgestaltete Infrastruktur für ein einheitliches Enforcement (vgl. Najderek 2009, S. 132 ff.). Sogar eine nur nationale und branchenbezogene Analyse sollte die mögliche Uneinheitlichkeit berücksichtigen. Bereits für Deutschland ergibt sich bei detaillierter Analyse eine ausgesprochen komplexe Struktur von Enforcementinstanzen, die durchaus ausufernde und bürokratische oder gar redundante Züge aufweist. Auf der anderen Seite weist sie erhebliche Lücken auf im Vergleich zum Beispiel zu den USA, insbesondere bezüglich der Fragen einer Haftung für Falschinformationen oder lückenhafte Darstellungen (vgl. Kuhner 2010).

Zu beachten ist, dass Vergleichbarkeit durchaus sehr unterschiedlich präzisiert werden kann, von einer rigiden Einheitlichkeit bis zu einer Überleitbarkeit. Der Nutzen von international vergleichbaren Abschlüssen liegt dabei auf der Hand: geringere Informationskosten, effizientere und besser integrierte Märkte, mehr Analystendeckung, bessere Ressourcenallokation, niedrigere Kapitalkosten usw. Dem steht aber gegenüber, dass es dann nicht möglich ist, „private" Informationen einzupflegen und regionalen Besonderheiten bezüglich der Marktreife, der Geschäftsmodelle, der Corporate Governance etc. Rechnung zu tragen (vgl. Jeanjean und Stolowy 2008; Wilkins 2014b).

Deshalb ist eine Unterscheidung von Arten der Vergleichbarkeit hilfreich. Similarity: werden vergleichbare ökonomische Aktivitäten vergleichbar abgebildet? Und Difference: werden unterschiedliche ökonomische Aktivitäten verschieden abgebildet? Auch im ED 2015/3 (Tz. 2.26) wird betont, „Comparability is not uniformity" bei ungleichen Sachverhalten.

Mit der IAS-VO der EU wurde angestrebt, durch die harmonisierte und transparente Finanzberichterstattung positive Kapitalmarkteffekte und makroökonomische Effekte

(Wachstum und Beschäftigung) zu erreichen und die Qualität der Finanzberichte zu verbessern, bezüglich Bilanzpolitik, Vergleichbarkeit etc. Brüggemann et al. (2013) analysieren, ob diese selbst gesteckten Ziele der pflichtgemäßen IFRS-Anwendung erreicht wurden. Insgesamt kommen sie zu dem Ergebnis, dass die erhofften positiven Kapitalmarkt- und makroökonomischen Folgen vielfach bestätigt werden konnten, nicht aber die verbesserte Vergleichbarkeit und Transparenz der Abschlüsse. Sie reflektieren mögliche Gründe für teilweise widersprüchliche oder unbefriedigende Befunde weitergehend, die zum Beispiel auf den Forschungsdesigns oder Auswertungsproblemen basieren. Hierzu gehören zum Beispiel kleinzahlige Unternehmenssample, kurze Zeitreihen, mehrfache zeitgleiche Gesetzesreformen usw.

Kritisch ist deshalb die Einschätzung, dass positive Kapitalmarkteffekte nur durch die IFRS begründet werden können oder deren Anteil hieran zu bestimmen. Hinzu kommt, dass ein erhöhter Anteilswert der Eigentümeranteile natürlich Folge einer besseren Transparenz sein kann oder auf einer Verschiebung der Reichtumsposition zulasten der Gläubiger beruhen kann. Während der erste Fall unstrittig einen Vorteil der IFRS begründen würde, gilt dies für den zweiten Fall keinesfalls. Hier hat nur eine Umverteilung stattgefunden, bei der es auch Verlierer gibt.

Im Weiteren werden einige Befunde von Studien knapp vorgestellt, die die Vergleichbarkeit der IFRS-Abschlüsse untersuchten.

Für den Zeitraum 2002 bis 2007 mit 2562 Unternehmen aus 17 Ländern stellten Yip und Young fest, dass bezüglich der ersten oben genannten Facette (Similarity) die Umstellung auf IFRS zu mehr Vergleichbarkeit führte, nicht aber bezüglich der zweiten (Difference). Kritisch an der Studie ist natürlich, wie die Ähnlichkeit der ökonomischen Gegebenheiten feststellbar ist (Branche, ökonomische Schocks, operative Gegebenheiten usw.; vgl. Yip und Young 2012). Im Schrifttum werden aber noch wesentlich mehr Merkmale für vergleichbare Rechnungslegungsstandards diskutiert: Anzahl der Wahlrechte, Umfang der Ermessensspielräume, vergleichbare Abbildung ökonomischer Schocks (in der Regel geht es um Aktienkursänderungen), Notwendigkeit von Anpassungen an standardisierte Auswertungen wie die von Moody's etc. Zu Recht wird hieran kritisiert, dass mit solchen Kriterien oftmals die Rechnungslegungsqualität insgesamt gemessen wird und allfällige Effekte nicht direkt einer (fehlenden) Vergleichbarkeit zuzurechnen sind (vgl. Wagenhofer 2014c).

In der Literatur wurde die Frage der Vergleichbarkeit und einheitlichen Anwendung von IFRS sehr umfassend untersucht. Als wichtige Faktoren für eine gute Umsetzung gelten insbesondere das nationale Rechtssystem, wobei vor allem die Trennung in Länder mit einem Common-Law- und Code-Law-System unterschieden werden, sowie die Enforcementstruktur und das Niveau des Investorenschutzes (vgl. Leuz 2010). Daneben spielt das Steuersystem und die Finanzierungstradition eines Landes offenbar eine wesentliche Rolle. Bei einer Bankenfinanzierung mit privaten Informationskanälen spielt die externe Finanzberichterstattung eine geringere Rolle als bei einer externen Finanzierung über entwickelte Kapitalmärkte (vgl. Ali und Hwang 2000 zu weiteren sogenannten „Länderfaktoren").

Gerade für die später relevante Unternehmensgruppe der Immobilien-AG (vgl. Kap. 5) sind nationale Besonderheiten beachtlich, denn „…real estate is mainly a local business" (Liow 2010). So wurde bei einer Studie untersucht, welche Merkmale besonders erfolgreiche Unternehmen auszeichnen. Das Sample bestand aus 336 börsennotierten Immobilien-AGs aus 24 Ländern, die für den Zeitraum 2001 bis 2006 untersucht wurden. Ob ein Unternehmen erfolgreich ist, wurde am Return on Assets (ROA) und kapitalmarktbezogenen Performancemaßen (Sharpe Ratio und Jensen's Alpha) gemessen. Insgesamt zeigte sich, dass erfolgreiche Unternehmen die hohen Gewinne thesaurierten, um profitable Investitionen finanzieren zu können. Hohes Fremdkapital war hingegen mit einer Unter-Performance verknüpft. Im Ergebnis bedeutete dies, dass profitable Unternehmen weniger Dividende ausschütten mussten. Diese Zusammenhänge galten aber nicht für deutsche und französische Unternehmen, bei denen eine negative Korrelation zwischen thesaurierten Gewinnen und Erfolgen zu beobachten war (vgl. Liow 2010). Diese Unterschiede können durch die unterschiedlichen Finanzierungstraditionen, die Wirkung externer Kontrollmärkte, nationale Gewohnheiten der Dividendenpolitik oder Ähnliches verursacht sein, sodass der Hebeleffekt der Verschuldung (leverage effect) eine unterschiedliche Bedeutung hat. Für die Rechnungslegung unter IFRS bedeutet dies, dass für alle Abschlussgrößen, die mit der Finanzierungs- und Dividendenpolitik verknüpft sind, national unterschiedliche Anreizstrukturen für die Abschlusspolitik bestehen können.

Im Allgemeinen wird unterstellt, dass Länder mit einem starken Investorenschutz die Rechnungslegungsqualität besser ist als in Ländern mit schwachen Schutzmechanismen. Als Merkmale für einen starken Schutz werden u. a. Minderheitenschutzrechte, Anti-Self-Dealing-Regeln und das Rechtssystem (Code Law oder Case Law) gewählt. Es wird unterstellt, dass die Beweislastregeln für Klagen von Minderheiten in Code-Law-Ländern hohe Hürden beinhalten (vgl. Gopalan und Jayaraman 2012). Umgekehrt gelten Vertreter von Banken oder Arbeitnehmern im Aufsichtsrat als Merkmale für einen schwachen Investorenschutz.

Deshalb stellt sich praktisch oftmals die Frage, ob positive Effekte aus einer Umstellung von nationalen Standards auf IFRS den neuen Rechnungslegungsstandards, der starken Corporate Governance, anderen zeitgleichen Rechtsänderungen oder einem Mix aus verschiedenen Faktoren zuzurechnen sind. In einer sehr umfassenden Erhebung für 2001 bis 2009 mit Unternehmen aus 56 Ländern (613.752 Quartalsberichte) wurde untersucht, ob sich geringere Bid-Ask-Spreads und eine bessere Marktliquidität für umstellende Unternehmen ergaben. Dabei ergab sich kein isolierter IFRS-Effekt. Nur wenn mit den IFRS zugleich das Enforcement der Rechnungslegung verbessert wurde, zeigten sich positive Folgen. Diese können natürlich durch die IFRS begünstigt worden sein, aber dies ist nicht messbar (vgl. Christensen et al. 2013).

Demgegenüber fand Doukakis in einer Erhebung mit 13.295 (1911) Firmyears für Pflichtanwender (freiwillige Anwender) von IFRS aus 22 Ländern (2000 bis 2010) differenzierte Folgen für die jeweilige Bilanzpolitik, die insbesondere vom Rechtssystem abhingen (vgl. Doukakis 2014).

So plausibel der Zusammenhang zwischen starkem Investorenschutz und guter Rechnungslegungsqualität ist, gibt es allerdings auch Evidenz dafür, dass es negative oder zumindest neutrale Beziehungen zwischen beiden geben kann. Dies liegt daran, dass gute Rechnungslegungsqualität und starke Corporate Governance in unterschiedlichen Verbindungen stehen können. So kann die Festlegung für beide zugleich erfolgen oder eine gute Corporate Governance führt in der Folge zu einer transparenten Rechnungslegung. Umgekehrt kann es gerade bei schwacher Corporate Governance erforderlich sein, Informationsasymmetrien abzubauen, um überhaupt Kapitalgeber gewinnen zu können (vgl. ausführlich Kap. 4).

Wenig erklärbar ist, warum die Umstellung von nationalen GAAP auf IFRS sehr unterschiedlich genutzt wurde. Während deutsche Immobilienunternehmen Investment Properties mit den Fair Values bilanzieren, nutzten britische Unternehmen den Wechsel dazu, die vormals zwingend anzusetzenden Fair Values in der Bilanz durch Anschaffungskosten zu ersetzen, obwohl diese als wenig informativ gelten (vgl. Cairns et al. 2011). Ergänzend ist auf Branchenbesonderheiten bei der Wahl von Umstellungsoptionen hinzuweisen (vgl. Christensen und Nikolaev 2013).

Kritisch ist auch die Frage, wie die Ergebnisqualität gemessen wird. Gewinnglättung wird in der Regel als Signal für schlechte Qualität angesehen (vgl. ausführlich Abschn. 3.3.1) und für Länder mit schwachem Investorenschutz wird sie als Ausfluss von opportunistischem Verhalten gesehen. Dagegen wird sie für Länder mit starkem Schutz als Instrument des Signaling gesehen, das den Informationsgehalt der Rechnungslegung erhöht (vgl. Cahan et al. 2008).

Neben der Enforcementstruktur spielt für die Qualität der Umsetzung die Nähe der IFRS zum nationalen Rechnungslegungsrecht (vgl. Cascino und Gassen 2011) und die Verbindung zum Steuersystem offenbar eine wichtige Rolle (vgl. Küting 2011, S. 121 ff. für die Bilanzierung von Rückstellungen nach IAS 37). So stellen Kvaal und Nobes in einer länderübergreifenden Studie fest, dass die Nähe der IFRS zu den nationalen GAAP mit Lerneffekten verknüpft war. Für 217 Unternehmen aus vier EU-Ländern und Australien wurde die erstmalige und nachfolgende IFRS-Anwendung analysiert. Dabei zeigte sich, dass die Umsetzung sich an den lokalen GAAP orientierte (soweit der IFRS-Rahmen dies zuließ). In den Folgejahren kam es vermehrt zu einer veränderten Bilanzpolitik bei Unternehmen, deren lokale GAAP stark von den IFRS abweichen. Die Autoren unterstellen, dass die Unternehmen im Zeitablauf gelernt haben, die IFRS-Möglichkeiten vollständiger zu nutzen, während zum Beispiel UK-Unternehmen mit den Standards bereits weitgehend vertraut waren und entsprechend weniger Anpassungen der Abschlusspolitik vornahmen (vgl. Kvaal und Nobes 2012). Trotz dieser Anpassungsprozesse verblieben national geprägte Muster der IFRS-Anwendung (vgl. Kvaal und Nobes 2012).

In einem Vergleich zwischen italienischen und deutschen Pflichtanwendern zeigte sich, dass insgesamt von einer verbesserten Vergleichbarkeit nicht auszugehen ist. Eine Detailanalyse offenbarte aber, dass es, abhängig von Anreizstruktur und Corporate Governance-Merkmalen sehr wohl auch Verbesserungen gab. Ergänzend wurde festgestellt, dass in beiden Ländern die Vergleichbarkeit innerhalb der Gruppe der kapitalmarktorientierten Unternehmen zunahm, aber im Hinblick auf andere (private) Unternehmen abnahm (vgl. Cascino und Gassen 2015). Insofern muss abgewogen werden, ob eine verbesserte Vergleichbarkeit innerhalb der IFRS-Anwender erwünschter ist, als die resultierende verminderte Vergleichbarkeit mit den Unternehmen, die weiterhin nach nationalen GAAP bilanzieren.

Unterschiede konnten auch für Deutschland und Frankreich festgestellt werden, obwohl beide Länder bezüglich der nationalen Rechnungslegungstraditionen und der Kapitalmärkte recht ähnlich sind. Untersucht wurde die Bilanzpolitik für die Jahre 2006 bis 2008 für 1153 französische und 1236 deutsche Unternehmen (vgl. Liao et al. 2012). Dabei zeigte sich, dass die Daten der Unternehmen im Jahr 2005 noch vergleichbar waren, sich in der Folge aber auseinander entwickelten. In Deutschland wurden die Assets vorsichtiger bewertet und tendenziell eine Gewinn glättende Bilanzpolitik verfolgt, während in Frankreich die Vermeidung kleiner Verluste Vorrang hatte (vgl. Liao et al. 2012). Demnach gab es auch hier Lerneffekte und national durch Länderfaktoren verursachte Unterschiede, die im Zeitablauf zu weniger Harmonisierung führten. Dies wurde auch nicht durch einen Big-4-Effekt gemildert (Big 4 oder Big N, je nach Zeitraum der Untersuchung, werden als Proxy für eine gute Prüfungsqualität verwendet. Dies ist durchaus nicht unumstritten, vgl. Abschn. 4.3.5). Die Idee, dass diese weltweit bei ihren Mandanten eine einheitliche IFRS-Anwendung durchsetzen (können), wurde nicht bestätigt (vgl. Liao et al. 2012).

Eine unterschiedliche Abschlussqualität für 102 französische börsennotierte Unternehmen (in Abhängigkeit der Qualität der Prüfer) konnte für die Jahre 1999 bis 2001 ebenfalls nicht festgestellt werden. Für Frankreich gilt zwar ein geringes Haftungsrisiko für Prüfer, aber auf der anderen Seite gibt es starke gesetzliche Regelungen zur Sicherung der Unabhängigkeit der Prüfer (externe Pflichtrotation, Joint Audits etc.). Insgesamt ergab sich durch diesen Mix kein spürbarer Big-4-Effekt (vgl. Piot und Janin 2007).

Allerdings ergaben sich für spanische Unternehmen solche Big-4-Effekte. In Spanien ist das Risiko für Unternehmen oder Abschlussprüfer, in die Haftung genommen zu werden eher gering. Deshalb zeigt sich im Regelfall kein Qualitätsunterschied durch die Größe oder Reputation der Prüfer. In besonderen Fällen, wenn die Mandanten sehr groß und ökonomisch schwach waren (hohe Verschuldung, rückläufige Umsätze) oder kurz vor Insolvenzverfahren, änderte sich dies (vgl. Ajona et al. 2008).

Für Kreditinstitute aus mehreren europäischen Ländern ergaben sich im Zeitraum 1999 bis 2009 deutliche Unterschiede durch die Umstellung auf IFRS. Es ging dabei vor allem um die Fair Values von Finanzinstrumenten, die bei Unternehmen dieser Branche als hinreichend zuverlässig angenommen wurden, um in den Börsenkurs einzufließen. Je nach institutionellem Umfeld ergaben sich unterschiedliche Effekte für die Zusammenhänge von bedingter Vorsicht und Wertrelevanz (vgl. Manganaris et al. 2011).

Für die Qualität der IFRS-Umstellung wurde schließlich vielfach darauf abgestellt, ob die IFRS-Anwendung freiwillig oder verpflichtend erfolgte. Allerdings ist die Wirkung unklar. Bei freiwilliger Anwendung kann eine Qualitätssteigerung erwartet werden, weil die IFRS offenbar besser zu den Managementabsichten und der Anreizstruktur passen, während die Pflichtanwendung in der Regel zu einem weiteren Anwenderkreis führt und Investoren ein besseres Verständnis für die Rechnungslegung entwickeln (vgl. Barth et al. 2012).

Für deutsche IFRS-Anwender wurde dies durch die Abgrenzung von drei Subsamples untersucht: 1) Das Sample für 2000 bis 2002 umfasst 107 Unternehmen, die die IAS freiwillig angewendet haben. 2) Für 2003 bis 2005 werden 204 freiwillige IFRS-Anwender untersucht. Für beide Gruppen ergibt sich eine verbesserte Abschlussqualität. Dies passt zu Vorgängerstudien, die ein Self-bias bei freiwilligen Anwendern unterstellen (vgl. Paanen und Lin 2009). 3) Das Sample für 2005 bis 2006 umfasst Pflichtanwender der IFRS (451 Unternehmen). Die Autoren stellen für diese einen Qualitätsrückgang der Abschlüsse fest. Sie führen das aber nicht auf die Tatsache der Pflichtanwendung zurück, weil der Qualitätsverlust auch die anderen Anwender trifft. Sie unterstellen, dass die wichtigen IFRS-Änderungen ab 2005, die ein vermehrtes Fair Value Accounting und weniger Wahlrechte durchsetzten, verantwortlich sind. Die Qualität der Abschlüsse messen die Autoren durch die Wertrelevanz von Gewinnen und Buchwert des Eigenkapitals, den Umfang an Ergebnisglättung (Income Smoothing) und den rechtzeitigen Verlustausweis (vgl. vgl. Paanen und Lin 2009; zu den Maßen für die Qualität von Abschlüssen ausführlich Kap. 3).

Für europäische Immobilien-AG (121 Unternehmen mit 431 Datenpunkten aus fünf Jahren) zeigten sich auch im Zeitablauf Unterschiede in der (wahrgenommenen) Rechnungslegungsqualität von freiwilligen und Pflichtanwendern. Die wichtigste Assetklasse dieser Unternehmen besteht aus Anlageimmobilien gemäß IAS 40, die mit dem Fair Value anzusetzen sind oder dieser ist zumindest im Anhang anzugeben. Die Qualität der Information wurde durch Bid-Ask-Spreads der Aktien gemessen, einem üblichen Indikator für die Informationsasymmetrie. Insgesamt zeigte sich, dass die Fair Values bei allen Anwendern zu einem geringeren Spread führten, also die Rechnungslegungsqualität als besser anzusehen ist. Allerdings zeigten freiwillige Anwender eine höhere Qualität, die auch durch die spätere Pflichtanwendung der anderen Unternehmen nicht vollständig verschwand (vgl. Muller et al. 2011). Die freiwilligen IFRS-Anwender mit der höheren Abschlussqualität wiesen noch ein paar typische Merkmale auf: Big-4-Prüfer, verstärkter Einsatz von externen Sachverständigen für die Bewertung der Immobilien und wenige international gestreute Portfolios, was die Schätzung der Fair Values erleichtert (vgl. Muller et al. 2011). Neben den Bid-Ask-Spreads wählten die Verfasser einen weiteren rechnungslegungsbezogenen Indikator für die Qualität der Fair Values, die Höhe der Veräußerungsgewinne oder -verluste in Relation zum letzten Fair Value. Gibt es seit der letzten Bewertung keine gravierenden ökonomischen Änderungen, sollten diese Erfolge eher gering ausfallen. Die Untersuchungsergebnisse waren insgesamt konsistent zu den Resultaten auf Basis der o. a. Spreads (vgl. Muller et al. 2011).

Die Anreizstruktur kann ebenfalls für die Qualität der IFRS-Umsetzung entscheidend sein. Sie wird durch eine Reihe von Merkmalen erfasst. Neben der Unternehmensgröße, den Wachstumsmöglichkeiten und der Branche spielen auch der Verschuldungsgrad, die Aktionärsstruktur und die Profitabilität eine Rolle (vgl. Christensen et al. 2015; Daske et al. 2007).

Beachtlich ist, dass solche Unterschiede auch innerhalb eines Landes (Deutschland) deutlich waren, die IFRS also offenbar genügend Spielräume lassen, dass auch bei vergleichbarem Enforcement keine Einheitlichkeit resultiert.

Für eine Gruppe deutscher Erstanwender von IFRS wurden sogar negative Effekte für die Rechnungslegungsqualität festgestellt. Allerdings wurden dabei 58 Unternehmen 2005 untersucht, die von den US-GAAP auf die IFRS wechselten (vgl. Lin et al. 2012).

In einer sehr umfassenden Studie für die Jahre 2000 bis 2007 mit 21.707 Datenpunkten für Unternehmen aus 15 EU-Ländern ergab sich insgesamt eine gestiegene Rechnungslegungsqualität, die nicht durch Managementanreize, das Rechtssystem oder Kapitalmarktmerkmale zu erklären war. Allerdings war die Zunahme nicht bei allen Gütemerkmalen feststellbar (Gewinnglättung, Target Beating, Umfang diskretionärer Abgrenzungsposten, Rechtzeitigkeit des Verlustausweises; vgl. Chen et al. 2010).

Abweichende Evidenz liefern die ebenfalls mehrere Länder betreffende Untersuchung von Devalle et al. (2010). Sie untersuchten für 3721 Unternehmen aus 15 Ländern (mit 13.849 Datenpunkten) den Einfluss der IFRS-Einführung auf die Abschlussqualität. Für die Merkmale, die Qualität mittels der Wertrelevanz von Rechnungslegungsdaten messen, ergaben sich gemischte Resultate, wobei sich für Deutschland und Frankreich keine Verbesserung ergab (zu ähnlichen Resultaten gelangen Aubert und Grudnitzki 2011).

Skepsis ist auch angezeigt, wenn die Qualität anhand der Begrenzung von Bilanzpolitik beurteilt wird. Der IASB hat mit dem zunehmenden Fair Value Accounting gerade versucht, die Möglichkeiten von Gewinn glättender Abschlusspolitik zu begrenzen. Diese gilt als informationsverzerrend. In keinem der untersuchten Länder ergab sich allerdings weniger Gewinnglättung (Smoothing) durch die Umstellung auf IFRS (vgl. Devalle et al. 2010).

Ein Vorschlag aus dem Jahre 2007 zeigt, dass Einheitlichkeit/Vergleichbarkeit zwischen Ländern, Branchen, Unternehmensalter etc. kaum erreichbar sein dürfte. Barlev und Haddad unterstellen, dass vergleichbare Rechnungswesendaten auf gleichen Inputdaten, gleichen Prozessen und gleichen Klassifikationen beruhen müssen. Daraus folgern sie, dass für Sachanlagen und immaterielles Anlagevermögen das Cost Model unpassend ist, da die zeitliche Verteilung der Anschaffungen, die Unterschiede der Bewertungsmethoden und die Inflationsraten eine übergreifende Einheitlichkeit hindern. Durch eine Fair-Value-Bewertung wäre dem abzuhelfen (vgl. Barlev und Haddad 2007). Diese Sichtweise berücksichtigt nicht, dass es zum Beispiel unterschiedlich entwickelte Märkte für Vermögenswerte geben kann und auch Fair-Value-Schätzungen durch national geprägte Methoden verschieden sein können. Deshalb wird hinter dem Begriff Fair Value nicht die gleiche Datenqualität stecken, sodass eine unmittelbare Vergleichbarkeit nicht realisiert wird.

Auch die Zunahme an Auslandsinvestitionen kann als Ausfluss von besser vergleichbaren Abschlüssen interpretiert werden. Eine solche Zunahme wurde jedoch vor allem für Investitionen in Gläubigertitel festgestellt. Die IFRS-Rechnungslegung verbesserte demnach die Funktionen des Contracting, während für Investitionen in Eigenkapitaltitel eher das nationale Enforcement wichtig war (vgl. Beneish et al. 2012).

Dies steht zwar nicht im Einklang mit der primären Zielsetzung des IASB, der den Informationsgehalt der Rechnungslegung betont und der Koordinationsfunktion eher nachrangige Bedeutung einräumt. Es macht aber zugleich auch deutlich, dass die Gleichsetzung von Vergleichbarkeit und Qualität der Rechnungslegung verfehlt ist. So kann die IFRS-Anwendung in einem Land tatsächlich zu einer besseren Vergleichbarkeit mit Unternehmen in anderen Ländern oder Branchen führen, aber der Informationsgehalt zugleich abnehmen, weil national bedeutsame Einflussfaktoren nach den IFRS nicht oder nicht adäquat abgebildet werden können (vgl. Lang et al. 2010, die deshalb Comovement von Zahlen von Vergleichbarkeit unterscheiden). Es ist deshalb auch nicht überraschend, wenn die IFRS-Anwendung nicht durchgängig zu positiven Folgen für die Unternehmen führte, sondern die Qualität der Rechnungslegung sogar teilweise als rückläufig eingestuft wurde, wenn man sie an Kriterien wie Gewinnglättung oder Ausmaß von Bilanzpolitik misst (vgl. Ahmed et al. 2012).

Schließlich ist zu beachten, dass eine veränderte Rechnungslegungsqualität auf mehreren Faktoren beruhen kann. In einigen Ländern war zu beobachten, dass die freiwillige oder pflichtgemäße Anwendung von IFRS parallel mit veränderten Enforcementregeln eingeführt wurde. Deshalb können IFRS-Effekte auch oder gar ausschließlich diesen veränderten Randbedingungen zuzurechnen sein (vgl. Daske et al. 2007).

Insgesamt ist ernüchternd festzustellen: „Reporting practices are shaped by more than the accounting standards (or the enforcement of these standards) pointing to the importance oft he firm's reporting incentives as key driver of observed reporting practices and hence the quality and comparability of the reported numbers" (Leuz 2010). Etwas positiver fällt das Fazit einer sehr umfassenden Auswertung durch das ICAEW (2015) aus, die eine per saldo verbesserte Vergleichbarkeit feststellt, obwohl es auch erhebliche Schwächen und Negativbefunde gibt (aufgrund der Anreizstruktur auf Firmenebene, bilanzpolitischen Möglichkeiten aufgrund von Wahlrechten und der vielfach erforderlichen Ermessensausübung etc.).

Ergänzend kann man noch hinzufügen: Und dazu gibt es noch Branchenunterschiede. So stellten Barth et al. in einer sehr umfassenden Studie mit 17.714 Firmyears für Unternehmen aus 27 Ländern für die Jahre 1995 bis 2006 fest, dass die Vergleichbarkeit und der Informationsgehalt insgesamt durch die IFRS-Anwendung zugenommen hat, dies aber nicht für die Immobilienbranche gilt (vgl. Barth et al. 2012). Auf Besonderheiten dieser Branche wird in Kap. 5 ausführlich eingegangen. Es ist aber plausibel, dass auch für andere Geschäftszweige, insbesondere Banken und Versicherungen, Eigenheiten zu beachten sind.

1.3   Besonderer Status des Vorsichtsprinzips

…that I think it is absolutely vital that our standrads result in information that is as neutral as possible. A systematic bias towards conservatism undermines the value of earnings as a performance indicator. … Yet, I have also demonstrated that the basic tenets of the Concept

of Prudence are still vital for our work. Indeed, the exercise of caution is visible in many of
our standards and is also an important issue in the development of new standards (Hoogervorst, Vorsitzender des IASB, 2012).

1.3.1 Begriffsvarianten von Vorsicht und Rechtfertigungsgründe für Vorsicht

Auf Drängen des FASB im Rahmen der Neufassung des RK wurde das Vorsichtsprinzip
eliminiert, weil es in Konflikt mit dem Grundsatz der Neutralität stehe. Vorsichtig verzerrte Informationen stünden in Widerspruch zum Ziel der Entscheidungsrelevanz und
der Bewertungsfunktion der Rechnungslegung. Nachdem die Standardsetter die Zusammenarbeit an einem gemeinsamen RK aufgegeben haben, hat der IASB sowohl die
Rechenschaftsfunktion als auch das Vorsichtsprinzip wieder aufgegriffen (vgl. Wagenhofer 2014d). Von einigen wird gar unterstellt, dass die Bewertungsfunktion weniger von
der Rechnungslegung erfüllt werde, als von anderen Informationsquellen und die IFRS
nur einer Ex-post-Kontrolle und der Rechenschaft dienen. Dann treten Moral Hazard und
Agency-Probleme in den Vordergrund, für die eine zuverlässige und vorsichtige Rechnungslegung wichtig ist (vgl. Bauer et al. 2014).

Bedeutsam ist, dass im vormaligen RK ein Vorsichtsprinzip verankert war, es wurden
aber zwei Begriffsausprägungen unterschieden. 1) Prudence (oder Caution) als Vorgabe
zum Umgang mit Schätzunsicherheiten, als Maßstab für eine angemessene Sorgfalt,
die grundsätzlich erwünscht ist, um dem Management eine zu optimistische Außendarstellung zu verwehren. 2) Conservatism als Ausprägung von Vorsicht, die eine willkürliche oder bewusste Legung stiller Reserven beinhaltet und grundsätzlich im Hinblick
auf den Informationsgehalt der Rechnungslegung kritisch gesehen wird (vgl. Beinsen
und Wagenhofer 2013; Dinh und Seitz 2015). (Die unterschiedlichen Begriffe Prudence,
Caution und Conservatism werden aber nicht durchgängig so verwendet. Im Weiteren
wird deshalb nur von Vorsicht gesprochen.) Die Unterbewertungen erlauben eine nicht
erwünschte Gewinnglättung (Income Smoothing) und Cookie Jar Accounting, das heißt
die selektive Realisierung stiller Reserven bei Bedarf.

Vorsicht im Sinne eines zweckmäßigen Umgangs mit Unsicherheit wird vom IASB
nunmehr wieder als sinnvoll erachtet und es wird darauf hingewiesen, dass dies auch in
diversen Einzelstandards verankert ist (vgl. Hoogervorst, Vorsitzender des IASB in einer
Rede 2012). Tatsächlich werden viele Aktiva nach dem Cost Model bewertet, wodurch
zwangsläufig stille Reserven entstehen können, es gibt ein Niederstwertprinzip und für
verlustträchtige Geschäfte (Onerous Contracts) sind Drohverlustrückstellungen zu bilden. Insofern enthalten die IFRS ebenfalls ein Realisations- und Imparitätsprinzip, auch
wenn dies vielfach durchbrochen wird und die Konkretisierungen anders als im HGB
ausfallen können. Selbst bei einem Fair Value Accounting, das auf den ersten Blick auf
objektive Marktpreise abzielt, also nicht vorsichtig ist, ist das Prinzip bedeutsam, wenn
es keine direkt beobachtbaren Marktpreise gibt. Dann sind Fair Values zu schätzen,

wobei Ermessensspielräume durch den erwünschten sorgfältigen Einsatz von Vorsicht auszufüllen sind (vgl. EFRAG 2013b, Rz. 11).

In der Literatur wird Vorsicht ebenfalls differenziert gedeutet. Einmal zwischen erwünschter Vorsicht im Sinne von angemessenem Umgang mit Schätzunsicherheiten und sogenannter diskretionärer, also bilanzpolitisch motivierter Vorsicht unterschieden. Sehr viel verbreiteter aber ist die Trennung in bedingte (ereignisabhängige) und unbedingte (ereignisunabhängige) Vorsicht. Dabei gilt die bedingte Vorsicht als informativ, während die unbedingte Vorsicht zu informationsverzerrenden stillen Reserven führen kann. Die Begriffsunterschiede und Messprobleme von Vorsicht werden detailliert in Abschn. 3.4.2 abgehandelt, in dem die Qualitätsmerkmale einer guten Rechnungslegung insgesamt vorgestellt werden. Diese Begriffe stimmen nicht direkt mit den Unterscheidungen, die den IFRS zugrunde liegen, überein, das heißt, die Standards normieren sowohl Sachverhalte, die bedingte Vorsicht durchsetzen (zum Beispiel der Niederstwerttest nach IAS 36) als auch unbedingte Vorsicht, wie das Cost Model auch bei steigenden Preisen.

Das RK soll die wesentlichen Ziele und Eigenschaften der Rechnungslegung umschreiben und für die Entwicklung neuer IFRS Leitplanken bieten. Deshalb ist es in der Tat nur wenig verständlich, warum das Vorsichtsprinzip eliminiert sein sollte, wenn es (noch dazu in differenzierter Weise) gelten soll. Eine Integration in das RK ist um so mehr geboten, als der Board die möglichen Vorteile von Vorsicht für die Koordinations- und Informationsfunktion der Rechnungslegung bislang wenig reflektiert hat (vgl. Beinsen und Wagenhofer 2013). In der EFRAG-Stellungnahme zum RK wird zu Recht auf die verknüpften Konzepte der Reliabilität und Vorsicht verwiesen, deren Bedeutung im RK auszuformulieren wäre (vgl. EFRAG 2013b, Rz. 14 ff.).

Im ED 2015/3 hat der IASB Vorsicht im Sinne von „Caution Prudence" wieder eingeführt. Er interpretiert dies als Maßstab für das Ausfüllen von Ermessensspielräumen bei Unsicherheit. Dies unterstützt den Grundsatz der Neutralität (Tz. 2.18) und führt nicht zur Legung willkürlicher stiller Reserven (BC 2.9 ff.). Dies entspricht der Ratio der kaufmännischen Vernunft nach HGB, die auch vorsichtsgeprägt ist (vgl. Schubert/BeBiKo 2014, § 253 Tz. 154 ff.).

Der Begriff der bedingten oder asymmetrischen Vorsicht wird hingegen ED 2015/3 (BC 2.11) explizit abgelehnt, obwohl es auf der Ebene von Einzelstandards wie dem IAS 37 eine solche gibt. Da es bei der bedingten Vorsicht um die Umsetzung des Imparitätsprinzips geht, wonach nur drohende Verluste bereits zu berücksichtigen sind, während nur erwartete Gewinne nicht erfasst werden, erstaunt dies. Hieran ändert sich auch nichts dadurch, dass unter IFRS das Realisationsprinzip nicht uneingeschränkt gilt. Unter die bedingte Vorsicht fallen deshalb nicht nur drohende Verluste aus schwebenden Geschäften (in IAS 37 Onerous Contracts), sondern auch außerplanmäßige Abschreibungen auf einen niedrigeren Zeitwert. Dabei spielt es keine Rolle, dass Drohverluste unter IFRS im Detail vielleicht anders als nach HGB bemessen werden, es geht um das Prinzip. Deshalb ist es meines Erachtens wenig verständlich, warum die Fülle an imparitätisch zu erfassenden Sachverhalten nur auf der Ebene von Einzelstandards geregelt werden und kein allgemeiner Grundsatz für das Rahmenkonzept formuliert wird.

Eine vergleichbare Abstinenz von einer grundsätzlichen Vorgabe zeigt der IASB auch bei den schwebenden Geschäften (Executory Contracts). Zunächst stellt er fest, dass die wechselseitigen Verpflichtungen nicht unabhängig voneinander sind und deshalb nur der Saldo einen Vermögenswert oder eine Schuld darstellt. Ob ein solcher Saldo aber zu bilanzieren ist, richtet sich nach den konkreten Ansatz- und Bewertungsregeln in den Einzelstandards (ED 2015/3 Tz. 4.41). Insbesondere bei Anwendung des Cost Model erwartet der Board in der Masse aller schwebenden Geschäfte einen Wert von Null, also keinen Bilanzposten (BC 4.82 ff.). Wie beim Imparitätsprinzip auch, stellt sich die Frage, warum im Rahmenkonzept keine allgemeinen Regelungen zum weiten Bereich der schwebenden Geschäfte möglich sind und stattdessen eine Kasuistik bei Einzelsachverhalten angestrebt wird.

In der Literatur wird das Vorsichtsprinzip in erster Linie als Vehikel zur Senkung von Agency-Kosten diskutiert und als Substitut für externes Monitoring, als ein Corporate-Governance-Element. Es soll dem Gläubigerschutz dienen, Kapitalkosten senken, das Investitionsverhalten positiv beeinflussen, zu besseren Renditen führen, gut für die Entwicklung der Kreditmärkte sein und sogar die Wertrelevanz der Abschlüsse steigern (vgl. Lawrence et al. 2013). Auf der anderen Seite streiten viele für eine nicht vorsichtsgeprägte Rechnungslegung, weil sie ex definitione den Informationsgehalt der Abschlüsse verzerre, Gewinnglättung und stille Reserven ermögliche. Den potenziellen Segnungen und Gefahren des Vorsichtsprinzips wird im Weiteren detailliert nachgegangen.

Unabhängig davon, ob das Vorsichtsprinzip im Rahmenkonzept oder auf der Ebene einzelner Standards normiert ist, kann seine Existenz nicht geleugnet werden. Watts (vgl. Watts 2003a) weist auf eine jahrhundertealte Tradition in der Rechnungslegung hin, wonach an Gewinne und Verluste unterschiedliche Anforderungen der Verifikation gestellt werden. Im Ergebnis führt dies dazu, dass Gewinne tendenziell später (oftmals erst bei Realisation) und Verluste sofort (auch wenn sie mehrere Perioden betreffen können) zu berücksichtigen sind. Da sich ein solches Prinzip über lange Zeiträume in verschiedensten Rechnungslegungssystemen etablieren konnte, muss es offenbar einige positive Eigenschaften haben. Die Sicht des FASB, Vorsicht stünde in Konflikt mit der Aufgabe, neutrale Informationen für die Bewertungsfunktion von Abschlüssen zu vermitteln, erklärt nicht, warum sich dieses Prinzip so nachhaltig (auch in den USA) durchsetzen konnte und durchsetzt. Entsprechend analysiert Watts die ökonomischen Anreize für diese Vorsicht (vgl. Watts 2003a, b).

Dabei ist das Argument, dass die Existenz von Vorsicht (auch falls freiwillig installiert) schon ein Nachweis seiner Vorteile sei, natürlich angreifbar. Sie kann opportunistisch motiviert sein oder eine tradierte, nicht mehr zeitgemäße Vorgehensweise (vgl. Wagenhofer 2012). Wenn für die Bewertungsfunktion eine neutrale Darstellung besser wäre, könnten Anpassungen für Koordinationszwecke individuell erfolgen. Für Besteuerungszwecke in Deutschland sind die Anpassungen der Handelsbilanz an steuerliche Vorbehalte ein altbekanntes Beispiel und auch für Vergütungssysteme oder Kreditverträge sind Modifikationen sowieso üblich. Allerdings resultieren Vertragskosten.

Wichtig ist die Unterscheidung in die bedingte, ereignisabhängige Vorsicht, die auf einem sinnvollen Umgang mit Unsicherheit beruht, und die unbedingte, ereignisunabhängige Vorsicht, die darüber hinausgehende stille Reserven ermöglicht. Als Beispiele für unbedingte Vorsicht gelten die Nicht-Aktivierung von F&E-Kosten und das Anschaffungskostenmodell oder überhöhte planmäßige Abschreibungen und Rückstellungen. Sie führen unabhängig von konkreten Ereignissen zu stillen Reserven. Sie können den Informationsgehalt der Abschlüsse beeinträchtigen und zu Vertrauensverlusten bei Investoren führen, weil sie im Bedarfsfall zum Ausgleich aktueller Verluste eingesetzt werden können. Für Gewinn erhöhende Bilanzpolitik nach der Legung stiller Reserven konnte in einer Langzeitstudie für die USA (1992 bis 2006 mit 139.885 Datenpunkten) gezeigt werden, dass abnormale Renditen die Folge waren, der Kapitalmarkt strafte die Unternehmen ab (vgl. Keung et al. 2010).

Bedingte Vorsicht zeigt sich bei außerplanmäßigen Abschreibungen oder Rückstellungen, die bei Vorliegen bestimmter Ereignisse zu buchen sind. Diese Art der Vorsicht ist informativ, weil sie wertrelevante Ereignisse im Abschluss erfasst (vgl. Wagenhofer und Ewert 2015, S. 160). Zugleich werden günstige Signale informativer, weil sie den strengen Verifikationsanforderungen der Standards genügten (vgl. Wagenhofer 2012, S. 1379). In Kap. 3 wird ausführlich auf die Probleme einer sauberen Trennung dieser erwünschten Vorsicht von der unbedingten Vorsicht eingegangen.

In der Literatur wird ein ganzer Kanon möglicher positiver Effekte der bedingten Vorsicht analysiert (vgl. Cedergren et al. 2015; LaFond und Watts 2008; Wagenhofer und Ewert 2015, S. 155 ff.; Watts 2003a, b):

- Aus Gläubigersicht wird argumentiert, dass Vorsicht die Effizienz von Verträgen verbessert, indem sie opportunistisches Verhalten des Managements beschränkt. Zu positive Darstellungen könnten bei asymmetrischer Informationsverteilung zu überhöhten Zahlungen an das Management oder die Eigentümer führen. Dies setzt voraus, dass Dividenden und Vergütungen (und eventuell andere Karrierevorteile) an Jahresabschlussgrößen anknüpfen. Da bedingte Vorsicht jedoch zu bilanziellen Umkehreffekten in der Zukunft führt, müsste eine Optimierung der Vergütung auf einem mehrjährigen Kalkül beruhen (vgl. Witzleben 2013, S. 13 ff.).
- Für Gläubiger und Eigentümer soll die asymmetrische Erfassung von Gewinnen und Verlusten positive Folgen für das Investitionsverhalten zeigen und sowohl Überinvestitionen als auch Unterinvestitionen verhindern helfen.
- Löst die Rechnungslegung mittelbar oder unmittelbar Steuerfolgen aus, kann Vorsicht zusätzlich zu einer Verlagerung von Steuerzahlungen führen.

Aus Sicht des Managements und der Abschlussprüfer ist es positiv, dass Überbewertungen verhindert werden, die ein wesentlich höheres Haftungsrisiko beinhalten als Unterbewertungen. Aier et al. untersuchten die Folgen eines Gerichtsurteils in Delaware. Für insolvenzgefährdete Unternehmen weitete das Gericht die Treuepflichten des Board aus, sie müssen explizit Gläubigerbelange berücksichtigen. Damit stieg das persönliche Haftungsrisiko stark.

Für die Jahre vor und nach diesem Urteil wurde für 2705 gefährdete Unternehmen (insgesamt 18.827 Datenpunkte mit der Kontrollgruppe zusammen) eine deutliche Zunahme an Vorsicht festgestellt, die stark von Boardmerkmalen (der guten Qualität des Board) getrieben war (vgl. Aier et al. 2014). Die Verfasser werten dies so, dass Gläubiger dies verlangten, obwohl es auch eine schlichte Verteidigungsmaßnahme sein konnte.

Selbst Standardsetter und Regulierungsinstanzen haben aufgrund befürchteter politischer Kosten infolge von Bilanzskandalen und Unternehmenszusammenbrüchen ein eigenes Interesse an Vorsicht (vgl. Wagenhofer 2012). Der Enron-Skandal zeigte sehr deutlich, wie massiv FASB und SEC unter Druck geraten sind. Bilanzskandale, die auf Unterbewertungen zurückgehen, dürfte es kaum oder gar nicht geben.

Vorsicht kann auch erwünschte bilanzpolitische Folgen hervorrufen, zum Beispiel teure Sachverhaltsgestaltungen vermeiden helfen. Da Bilanzpolitik aber eher situationsabhängig betrieben wird und vor allem auch durch Kapitalmarktkräfte getrieben wird (vgl. Graham et al. 2005), ist die nachhaltige Existenz der Vorsicht eher nicht durch den Wunsch nach bilanzpolitischen Instrumenten verursacht. Es ist auch durchaus offen, ob Bilanzpolitik sinnvoll/wünschenswert ist oder nicht, da dies stark von der Interessenlage der Beteiligten abhängt (vgl. Abschn. 2.3).

Gerade bei Großunternehmen ist es aus politischen Gründen fallweise opportun, wenn Reinvermögen und Gewinne „kleingerechnet" werden können, um zum Beispiel die Verhandlungsposition bei Tarifkonflikten, bei angestrebten Schutzzöllen oder Subventionen oder die Strafen bei verlorenen Gerichtsprozessen beeinflussen zu können. Regelmäßig geht es dabei darum, sehr vorsichtig zu bilanzieren (vgl. Königsgruber und Windisch 2014). Wiederum gilt aber, dass diese Triebfeder nicht durchgängig auf eine vorsichtige Rechnungslegung wirken wird, sondern eher temporär.

Einige Autoren kommen zum (auf den ersten Blick erstaunlichen) Ergebnis, dass eine vorsichtige Bilanzierung auch unter Bewertungs- und Informationsaspekten vorziehenswürdig sei.

Alles in allem gibt es offenbar viele Gründe für Vorsicht und es werden einige ökonomische Vorteile versprochen. Niedrige Kapitalkosten, effiziente Kreditmärkte, bessere und profitablere Investitionspolitik, weniger Insolvenzen usw. Im Weiteren werden die wichtigsten Argumente detaillierter untersucht und insbesondere auch geprüft, ob empirische Befunde diese positiven Einschätzungen auch bestätigen.

1.3.2 Vorsicht und Gläubigerinteressen

Als Hauptinteressenten an einer vorsichtigen Rechnungslegung werden regelmäßig die Gläubiger benannt. Diese haben, anders als Eigentümer, ein asymmetrisches Zahlungsprofil. An steigenden Gewinnen eines Unternehmens nehmen sie nicht teil, wohl aber an Verlusten (von variablen Fremdkapitalzinsen sei abgesehen). Führt die vorsichtige Bilanzierung dazu, dass künftige Minderungen von Gewinnen/Vermögen frühzeitig aufgedeckt werden, erhalten sie rechtzeitig Signale, um reagieren zu können. Dies gilt

insbesondere, wenn es Kreditvertragsklauseln (Debt Covenants) gibt, die an Rechnungslegungsgrößen anknüpfen. Bei Verstößen gegen Covenants haben Gläubiger oftmals
starke Rechte, sogar Entscheidungsrechte können von den Eignern auf sie übergehen
(regelmäßig bei Insolvenzen). Gläubiger können dann verlustträchtige oder sehr riskante
Projekte stoppen und/oder das Unternehmensvermögen optimal verwerten, um die eigenen Ansprüche zu sichern (vgl. Gigler et al. 2009).

Kritisch wird hiergegen eingewendet, dass nur für die Beurteilung, ob ein Kredit
vergeben werden soll, vorsichtig ermittelte Zahlen wünschenswert sind. In der Folge
haben Gläubiger nur noch ein Interesse daran, ob der Kredit bedient werden kann. Hierfür wären dann Zeit- oder Liquidationswerte des Vermögens sinnvollere Größen. Hierzu
müssten dann aber Firmenwerte und nicht isoliert verwertbare Assets ausgeschlossen
werden. Nur ein auf Stand-alone-Basis verwertbares Vermögen sei Haftungsmasse (vgl.
Kothari et al. 2010; Lambert 2010).

Diese Argumente sind nur bedingt tragfähig. So wird im Allgemeinen der Abschluss
unter der Going-concern-Annahme aufgestellt, Liquidationswerte spielen gerade keine
Rolle. Bei nicht geplanter Einzelveräußerung wären sie auch sinnlos. Selbst wenn man
eine Einzelveräußerung unterstellt, würde man eher Fair Values nutzen. IFRS 13 hat
diese als Einzelveräußerungspreise konzipiert, wenn auch in einer freiwilligen Transaktion ohne Druck. Soll der Wert der Kreditsicherheiten (Haftungsmasse) abgeschätzt
werden, so müssten Annahmen über die Dauer und Intensität der Verwertung getroffen
werden. Sind Teil-Betriebsveräußerungen möglich, wäre sogar ein Ansatz eines originären Firmenwertes zu rechtfertigen. Was jedenfalls kaum begründbar ist, ist die Bewertung mit den historischen Anschaffungskosten, die als Ausfluss des Vorsichtsprinzips
gilt. Dass diese den Wert der möglichen Haftungsmasse zutreffender abbilden als andere
Werte, kann zumindest nicht verallgemeinert behauptet werden. Dies kann auch nicht
mit der möglichen Volatilität der aktuellen Werte begründet werden, da die historischen
Anschaffungskosten dann auch mehr oder weniger zufällig zustande kamen.

Zu Recht wird jedoch darauf verwiesen, dass Kreditgeber (vor allem Banken) informiert und motiviert sind, die Kosten und den Nutzen von Informationsunsicherheiten
tragen zu können. Wenn diese dann in Kreditverträgen systematisch vorsichtige Rechnungslegungszahlen verlangen und durchsetzen, zeigt dies, dass die Merkmale bedingte
Vorsicht und Zuverlässigkeit sich durchgesetzt haben („Economic Darwinism"; LaFond
und Watts 2008).

Warum dies so sein soll, wird mit der Prinzipal-Agenten-Theorie erklärt. Unter der
plausiblen Annahme von Informationsasymmetrien zwischen Management und Gläubigern nimmt eine vorsichtige Rechnungslegung dem Management Spielräume für eine zu
optimistische Darstellung, die eventuell zu Dividenden und anderen Auszahlungen führen würde. Außerdem werden durch die Covenants die Gläubigerrechte frühzeitig einsetzbar.

Offenbar sind aber nicht alle Gläubiger gleich (vgl. ausführlich Abschn. 4.3.1.2). So
können private Geldgeber (insbesondere Banken) ihr Kreditengagement laufend verfolgen und verfügen im Allgemeinen über private Informationskanäle, sodass sie schnell

reagieren können. Demgegenüber zeichnen sich Public Debts (zum Beispiel Anleihen) dadurch aus, dass es sich um tilgungsfreies, mehrjähriges Fremdkapital handelt. Ein laufendes Monitoring und Vertragsanpassungen sind kaum möglich, Abschlüsse die wichtigste Informationsquelle. Debt Covenants steuern regelmäßig Verhalten und Aktionen des Managements, zum Beispiel die Auszahlung von Dividenden, zusätzliche Kapitalaufnahmen, Investitionen und Desinvestitionen etc. Regelmäßig liegen Rechnungslegungszahlen zugrunde, wenn (un-)zulässiges Verhalten festgestellt werden soll. Angesichts der unterschiedlichen Informations- und Reaktionsmöglichkeiten ist zu erwarten, dass für Public Debts mehr bedingte Vorsicht verlangt wird als für Private Debts.

Für den Zeitraum 1980 bis 2006 (mit 32.716 Firmyears) wurde dies für die USA auch festgestellt. Dabei zeigte sich aber auch, dass bei Unternehmen mit viel privatem Fremdkapital der Zusammenhang zwischen Public Debts und bedingter Vorsicht abnahm. Private Gläubiger verlangen offenbar weniger Vorsicht. Für Anleihegläubiger ersetzen die Monitoringaktivitäten der Privatgläubiger partiell Debt Covenants und erwünschte bedingte Vorsicht (vgl. Nikolaev 2010). Diese Trittbrettfahrerhaltung ist natürlich dem Risiko ausgesetzt, dass besser informierte Privatgläubiger ihr besseres Wissen opportunistisch nutzen.

Daraus kann man folgern, dass für Unternehmen, abhängig von Verträgen und Finanzierungsstruktur, ein eigenes Maß an bedingter Vorsicht ausreicht, passt. Optimistisch gesprochen: Auf dem Markt entwickelt sich ein angemessenes Niveau an Vorsicht (vgl. Roychowdhury und Martin 2013). Problematisch ist natürlich die Feststellung des „richtigen" Niveaus, es sei denn, man würde die Realität als Beweis für das „Richtige" halten, ein naiver Darwinismus. Zudem sind Abweichungen vom und Störungen des Gleichgewichts dann schwer erklärbar.

1.3.3 Vorsichtsprinzip und Investitionsanreize

Debt Covenants und deren Folgen für das Investitionsverhalten werden regelmäßig als besonders wichtige Rechtfertigung für Vorsicht herangezogen. Bedingte Vorsicht führt dazu, dass erwartete Verluste sofort und erwartete Gewinne erst, wenn sie so gut wie sicher sind, im Abschluss erfasst werden. Dies schafft Anreize für das Management (vgl. Balakrishnan et al. 2015; Cedergren 2015; Kim und Zhang 2015; Kothari et al. 2010; Ramalingegowda und Yu 2012):

- keine Investitionen mit einem negativen Barwert (Net Present Value) zu tätigen, mildert also Free Cashflowprobleme;
- Verlustprojekte schneller zu beenden;
- weniger wertvernichtende Cash-Positionen zu halten;
- besonders riskante Investitionen zu unterlassen;
- mehr zu investieren, weil aufgrund der niedrigeren Fremdkapitalkosten mehr Projekte einen positiven Barwert haben;

- keine Asset Shifts und Verschlechterungen des Risikoprofils vorzunehmen;
- weniger überhöhte Akquisitionspreise zu zahlen, weil der rigide Niederstwerttest für den Firmenwert zu einer schnellen Aufdeckung der Verlustquelle führt.

Prüft man, ob diese behaupteten Vorzüge auch empirisch feststellbar sind, so zeigt sich ein weniger eindeutig positives Bild.

Die Finanzmarktkrise stellte einen exogenen Schock für die Unternehmen dar, der die Kapitalbeschaffung erschwerte und die Unsicherheit steigen ließ. Deshalb drohten Unterinvestitionen, auch bei positiven Net Present Values. Da in den USA ca. 95 % der Außenfinanzierung mittels Fremdkapital erfolgte, warf dies gravierende Probleme auf. In einer Auswertung von 23.120 Datenpunkten für 3154 Unternehmen wurden Quartalsberichte vom 1.7.2006 bis zum 30.6.2008 analysiert. Dabei zeigte sich, dass bedingte Vorsicht die Kapitalaufnahme erleichterte, insbesondere bei großer Informationsasymmetrie. Da vorsichtig bilanzierende Unternehmen niedrigere Zinsen zahlen mussten, ergaben sich auch mehr Investitionsmöglichkeiten mit positivem Barwert. Vorsichtige Unternehmen realisierten in der Folge höhere Aktienrenditen (vgl. Balakrishnan et al. 2015).

Tan fand, dass Verletzungen von Debt Covenants zu mehr bedingter Vorsicht führten und zu weniger Investitionen und Kreditaufnahmen (vgl. Tan 2011; zu mehr Details dieser Studie siehe unten). Dies hatte letztlich positive Effekte für die operative Performance, die Unternehmen wurden trotz der sehr schlechten Gesamtsituation (es lagen Covenantbrüche vor, die als Krisensignal gelten), wieder in die „richtige Spur" gebracht.

Shrof stellte einen positiven Zusammenhang zwischen Änderungen der US-GAAP und der Investitionseffizienz für 2033 US-Unternehmen fest. Er untersuchte für den Zeitraum 1991 bis 2007 insgesamt 49 GAAP-Änderungen, die er in zwei Gruppen unterteilte. Eine Gruppe führte zu neuen Informationen, die erforderlich wurden, um die Standards einhalten zu können, andere nicht. Er unterstellt, dass die neuen Informationen auch das (Investitions-)Verhalten des Managements beeinflussen. Als Beispiel nennt er die Bewertung von Pensionsrückstellungen mit realistischen Werten, die von einem Aktuar zu ermitteln sind. Diese neuen Informationen zeigten dem Management teilweise, dass sich die Unternehmen die Pensionszusagen gar nicht leisten können (vgl. Shrof 2011).

Die GAAP-Änderungen schlugen sich in einer Zahlenangabe zum kumulativen Anpassungsbetrag (Catch up) an die Neuerungen nieder. War der Betrag negativ (positiv) hatte das Management bisher zu hohe (niedrige) Gewinne erwartet, die Net Present Values waren nach unten (oben) anzupassen. Zeigten sich zu hohe Gewinnerwartungen für die Vergangenheit, resultierten in der Folge niedrigere Investitionen (F&E und CapEx). Für neue Informationen, die zu höheren Gewinnerwartungen führten ergaben sich gegenläufige Effekte. Letztlich führten die US-GAAP-Änderungen zu mehr Vorsicht und diese zu geringeren Investitionen.

Die Investitionsbeschränkungen, die durch bedingte Vorsicht ausgelöst werden können, führen aber auch dazu, dass risikoaverse Manager riskante Projekte mit positivem Barwert unterlassen, was aus Sicht der Eigentümer nicht ohne Weiteres als positiv anzusehen ist (vgl. Balakrishnan et al. 2015).

Dies zeigte sich für innovative Investitionen in F&E, deren Risiko hoch ist, und die erst spät zu Gewinnen oder Cashflows führen. Selbst bei positivem NPV führen solche Projekte bei bedingter Vorsicht zu schlechten Rechnungswesenzahlen. Chang et al. untersuchten für 1976 bis 2006 US-Unternehmen (70.871 Firmyears) und fanden bei vorsichtig bilanzierenden Unternehmen weniger innovative Investitionen. Bei großer Informationsasymmetrie und starkem Performancedruck für das Management verstärkte sich der Zusammenhang, genau so wie bei langen Produktentwicklungszyklen und kurzem Anlegerhorizont. Bedingte Vorsicht führte letztlich zu einem kurzfristig orientierten Managerverhalten (Kürzung von F&E) und langfristig niedrigeren Cashflows (vgl. Chang et al. 2013).

Cedergren et al. unterstellen, dass der Impairment-only-Approach für Firmenwerte in den USA zu mehr bedingter Vorsicht führt. Aufgrund der fehlenden planmäßigen Abschreibungen und der Rigidität des Testes erwarten sie mehr außerplanmäßige Abschreibungen (in der Regel wird der Niederstwerttest für Firmenwerte aber als stark ermessensbehaftet eingestuft und nicht als scharf abgrenzbarer, rigider Test). Dies sollte zu weniger Unternehmenskäufen mit negativen Net Present Values führen und zu schnellerer Desinvestition, wenn sich ein negativer Wert herausstellt. Für den Zeitraum 1992 bis 2010 (mit 14.033 Firmyears) ermittelten die Autoren keinen positiven Einfluss auf die Profitabilität. Diese wurde kurzfristig (abnormale Renditen in einem Dreitagesfenster) und langfristig (Gewinne und operativen Cashflows für drei Jahre nach der Akquisition) gemessen. Tatsächlich nahm die Profitabilität sogar ab und es gab einen deutlichen Rückgang an riskanten Investitionen mit positiven Net Present Values. Beides war für die Unternehmen und die Eigentümer nicht positiv (vgl. Cedergren et al. 2015).

Kravet fand bei 3751 Unternehmenserwerben (durch 2208 Firmen) für den Zeitraum 1984 bis 2006, dass Debt Covenants, die auf Rechnungslegungszahlen beruhten, zu weniger riskanten Investitionen führten. Das Investitionsrisiko wurde durch den Unterschied zwischen dem Kaufpreis für das Unternehmen und dem Buchwert seines Eigenkapitals vor dem Kauf geschätzt (vgl. Kravet 2014). Dieser Unterschied besteht aus stillen Reserven und dem gezahlten Firmenwert. Die Annahme, dies sei ein guter Indikator für das Investitionsrisiko ist sicher angreifbar, da stille Reserven zum Beispiel auch sehr zuverlässig sein können.

Insgesamt sind die Resultate nicht eindeutig positiv. Bedingte Vorsicht kann zwar helfen, Überinvestitionen zu verhindern, aber auch insgesamt zu weniger Investitionen führen und zwar nicht nur bei erwarteten negativen Net Present Values. Gleichwohl ist davon auszugehen, dass Vorsicht zu einem frühzeitigen Warnsignal an Eigentümer führt, die demgemäß auch rechtzeitiger eingreifen können (vgl. Witzleben 2013, S. 34 ff.).

1.3.4 Vorsicht und Financial Debt Covenants

Wenn die Befunde nahelegen, dass positive Effekte durch bedingte Vorsicht für das Investitionsverhalten nicht eindeutig nachgewiesen sind, kann bedingte Vorsicht über den Mechanismus Debt Covenants eventuell positiv wirken. Solche Covenants stärken die Gläubiger, da sie bei Brüchen eine starke Verhandlungsposition haben. Neben Neu-festlegung der Kreditkonditionen, können sie die Darlehen auch fällig stellen oder haben sogar Eingriffsrechte beim Kreditnehmer bis hin zur Liquidation. Somit erleichtern sie effektive Verträge für Gläubiger. Für die Unternehmen entsteht ein Vorteil in Form gerin-ger Kapitalkosten (vgl. Gigler et al. 2009). Die Wirkung von Debt Covenants wurde mehrfach untersucht.

Balakrishnan et al. stellten fest, dass mit der Anzahl von Covenants und Covenantbrü-chen die bedingte Vorsicht zunahm, was sie aus Gläubigersicht positiv beurteilen (vgl. Balakrishnan et al. 2015). Demgegenüber fanden LaFond und Watts keinen Zusammen-hang zwischen Covenants und bedingter Vorsicht. Sie untersuchten dies für den Zeitraum von 1983 bis 2001 (20.389 Firmyears) für US-Unternehmen. Allerdings hatten sie keine direkten Daten für Debt Covenants, sondern wählten den Verschuldungsgrad als Proxy für die Wahrscheinlichkeit solcher Klauseln (vgl. LaFond und Watts 2008). Dies ist zwar nicht unüblich, aber trotzdem fehleranfällig, insbesondere, weil der Verschuldungsgrad sehr unterschiedlich gemessen werden kann (vgl. Kühnberger 2015b).

In den USA sind 30 bis 40 % aller Kreditverträge von Covenantbrüchen betroffen (vgl. Tan 2011 mit weiteren Nachweisen), es handelt sich demnach um ein Massen-phänomen, keinen Ausnahmefall. Tan untersuchte für 1996 bis 2007 Quartalsberichte (268.080) von 10.602 US-Unternehmen. Nach Covenantbrüchen stellte er ein deutlich höheres Maß an bedingter Vorsicht fest. Plausibel wäre auch das Gegenteil gewesen, da Gläubiger bereits eine starke Position mit quasi Insiderstatus haben (vgl. Aier et al. 2014). Tan begründet dies damit, dass die Gläubiger sich nach der Vertragsverletzung sehr genau informieren über die Verlustquellen und mehr Vorsicht durchsetzen. Dies wird durch die Abschlussprüfer unterstützt und führt letztendlich zu einem konservative-ren Investitionsverhalten.

Gehen vorsichtig ermittelte Rechnungslegungszahlen in Debt Covenants ein, ermög-lichen sie einerseits eine frühzeitige Intervention. Andererseits sind vorsichtig verzerrte Informationen keine guten Prädikatoren für künftige Cashflows, die aber entscheidend sind für die Fähigkeit, den Schuldendienst leisten zu können. Watts und Zimmermann (zitiert nach Schildbach 2015, S. 27) geben an: „All the variations from GAAP are con-sistent with conservatism." Demnach wären die Covenant-Kennzahlen durch ein mehr an Vorsicht aus den Abschlussgrößen abgeleitet worden.

Lösen die Rechnungslegungszahlen also einen falschen Alarm aus, so führt dies zu Verhandlungskosten und unnötigen Restriktionen. Dyreng et al. untersuchten, wie dieser Trade-off bei 128 (Kontrollsample 98) US-Unternehmen 1993 bis 2013 (1721 bzw. 1152 Firmyears) behandelt wurde. Für diese Unternehmen lagen die Vertragsbedingungen vor. Dabei zeigte sich, dass die Rechnungslegungsgrößen in vertragsspezifische Performance-maße übergeleitet wurden. Erstaunlicherweise waren diese in 99 % der Fälle größer als das Net Income und in 84 % sogar über dem EBITDA. Die Kreditverträge verlangten demnach deutlich weniger Vorsicht als die Rechnungslegungsstandards. Im Wesentlichen wurden transitorische Verluste eliminiert und erwartete Gewinne zusätzlich berücksichtigt. Diese Korrekturen tragen der üblichen Situation Rechnung, dass Gewinne nachhaltiger sind als Verluste (vgl. Abschn. 3.2). Zusätzlich zeigte sich, dass die Vertragsgröße wesentlich geeigneter war als das Net Income und das EBITDA für die Prognose künftiger Cashflows (vgl. Dyreng et al. 2015).

Diese Ergebnisse deuten stark darauf hin, dass bedingte Vorsicht sich zumindest teilweise nicht in den Kreditverträgen niederschlägt und das Risiko eines falschen Alarms recht hoch ist. Letzteres könnte erklären, warum nach Covenantbrüchen in der Praxis weniger mit sehr harten Sanktionen reagiert wird als mit Zins- und Konditionenanpassungen (sogenannte Waiver). Immerhin schafft die vorsichtige Rechnungslegung damit aber auch Flexibilität (vgl. Wagenhofer 2012).

Damit erweist sich aber auch ein anderes Argument für bedingte Vorsicht als fragwürdig: die Behauptung, dass Vorsicht zu geringeren Kapitalkosten führt, stellt primär auf den Zinssatz ab und klingt plausibel. Zu den Kapitalkosten gehören ökonomisch aber auch die Restriktionen durch die Covenants, die Kosten eines falschen Alarms, der Nachverhandlungen etc. (vgl. Gigler et al. 2009). Unter bestimmten Modellbedingungen kann sich sogar ergeben, dass die Gesamtkosten, unter Einbezug unnötiger Liquidationen, für eine unvorsichtige Rechnungslegung sprechen (vgl. Wagenhofer 2012). Es ergibt sich naturgemäß aber auch eine andere Risikoverteilung zwischen Eigen- und Fremdkapitalgebern, die mit Anpassungen der Konditionen abgefedert werden müsste.

In einer anderen Erhebung für den Zeitraum 1997 bis 2008 mit 7661 US-Unternehmen und 181.704 Quartalsdaten zeigten sich noch andere Resultate. Zunächst einmal stellen die Verfasser fest, dass es jedes Jahr in ca. 10 % der Fälle Covenant-Brüche gab und im Gesamtzeitraum 40 % aller Unternehmen betroffen waren (vgl. Nini et al. 2012). Sie stellen des Weiteren fest, dass diese Unternehmen weit entfernt von ernsthaften Krisen waren (Insolvenz, Delisting etc.) und entsprechend war die Regelfolge eine Anpassung der Verträge (Waiver). Typisch für die betroffenen Unternehmen waren vor dem Bruch sinkende Renditen und und stark steigendes Anlagevermögen. Nach dem Eingriff der Gläubiger wurden systematisch geringere Sachinvestitionen getätigt und Desinvestitionen vorgenommen, um Schulden zu tilgen. Und obwohl die Umsätze nicht gesteigert wurden, nahmen Gewinne und Cashflows wegen sinkender operativer Aufwendungen zu. Zudem wurden CEO-Abwahlen verstärkt realisiert. Demnach haben Gläubiger starken Einfluss genommen und die Unternehmensperformance positiv beeinflusst.

Kritisch ist natürlich, ob das niedrige Investitionsvolumen zulasten der Eigentümerinteressen ging, weil riskante Investitionen mit positivem Net Present Value nicht realisiert werden konnten. Allerdings wiesen die betroffenen Unternehmen noch 24 Monate lang positive abnormale Renditen auf und erst nach 60 Monaten sanken die kumulierten abnormalen Renditen auf nahezu Null. Der Kontrollübergang von den Eigentümern auf die Gläubiger wirkte sich insgesamt positiv aus (vgl. Nini et al. 2012).

1.3.5 Vorsicht und die Informationsfunktion der Rechnungslegung

Trotz der nicht unwesentlichen Bedenken und partieller Gegenbeispiele wird der positive Nutzen bedingter Vorsicht für Fremdkapitalgeber in der Regel bejaht, teilweise für alle Koordinationsaufgaben gesehen (vgl. Kothari et al. 2010). Da IASB/FASB aber die Bewertungsfunktion der Rechnungslegung zum alleinigen oder vorrangigen Ziel ausgerufen haben, stellt sich die Frage, ob bedingte Vorsicht auch für Eigentümer und für Informationszwecke positiv ist. Auf den ersten Blick ist dies nicht plausibel, da verzerrte oder gefärbte Informationen den realen Gehalt von Transaktionen nicht direkt reflektieren. Ob dann Schlüsse auf künftige Gewinne und Cashflows möglich sind, ist fraglich und Restriktionen für riskante Investitionen mit positivem Net Present Value sind aus Aktionärssicht ebenfalls kritisch (vgl. Balachandran und Mohanram 2011; Kim 2014).

Beachtlich ist, dass Vorsicht im Allgemeinen dazu führt, dass Gewinne nachhaltiger sind als Verluste, ein Effekt der nur schwer extern zu decodieren ist. Dies gilt auch für die positiv eingestufte bedingte Vorsicht. Ein immer wiederverwendetes Beispiel hierfür: Die Nutzungsdauerprognose für eine Maschine hat sich verändert. Wird nunmehr mit einer Verlängerung gerechnet, so führt dies dazu, dass der Betrag künftiger Abschreibungen kleiner wird, der aktuelle Buchwert wird in der Regel nicht positiv verändert (nach HGB wäre ein Wertaufholung zur Korrektur überhöhter planmäßiger Abschreibungen gemäß § 253 Abs. 5 zum Beispiel unzulässig). Die positive Nachricht wird erst spät und schwach erkennbar. Wird die Nutzungsdauerschätzung verkürzt, führt dies sofort zu einer außerplanmäßigen Abschreibung und veränderten Folgeabschreibungen. Die negative Information wird also sofort im Abschluss reflektiert. Da der Gewinn schneller auf schlechte als auf gute Ereignisse reagiert und der Börsenkurs alle öffentlich verfügbaren Informationen widerspiegelt, sollten Aktienrenditen bei schlechten Nachrichten stärker mit Gewinnen assoziiert sein als bei guten (vgl. Dücker 2009, S. 75 f.).

Noch weiter geht Lambert: Sollen Rechnungslegungsdaten Schlüsse auf künftige Cashflows und gute Investitionsentscheidungen ermöglichen, sind nicht die negativen Informationen wichtig, sondern die positiven. Hat eine Investition einen negativen Barwert, wird sie unterlassen, detaillierte Informationen darüber, wie schlecht die Investition genau gewesen wäre, sind obsolet. Bei positivem Wert und tatsächlich realisierten Investitionen ist es dagegen sehr wichtig zu wissen, wie positiv die Cashflows sein werden, um die Ressourcen effizient einsetzen zu können (vgl. Lambert 2010).

Allerdings weist der Autor selbst darauf hin, dass bei asymmetrischer Informationsverteilung das Management durchaus Anreize haben könnte, zu positiv zu berichten. Ob demnach Vorsicht aus Eigentümersicht zweckmäßig ist oder nicht, hängt auch von der Glaubwürdigkeit oder Reliabilität der (positiven) Informationen ab. Deshalb gelten für einige Autoren Fair Values bei nicht direkt beobachtbaren Marktpreisen als ungeeignet für Rechnungslegungszwecke, da sie zwar unverzerrt sein sollen, aber aufgrund von Marktunvollkommenheiten auch anfällig für optimistische Bilanzpolitik sind (vgl. Kothari et al. 2010).

Für die USA wurde über viele Jahre hinweg eine rückläufige Wertrelevanz der normierten Abschlussgrößen festgestellt, das heißt, die Preisbildung am Kapitalmarkt war immer weniger durch die GAAP-Größen erklärbar. Dies wurde zum Teil auf die wachsende Bedeutung des Vorsichtsprinzips in den USA zurückgeführt. In einer Erhebung für den Zeitraum 1975 bis 2004 (mit 100.984 Datenpunkten) zeigte sich, dass diese Annahme unzutreffend war. Je nachdem, wie Vorsicht gemessen wurde, ergab sich kein oder gar ein positiver Einfluss der Vorsicht auf die Wertrelevanz (vgl. Balachandran und Mohanram 2011).

Differenzierte Ergebnisse wies die Studie von Manganaris et al. auf. Sie untersuchten Umstellungseffekte von nationalen Standards auf IFRS in Deutschland, Frankreich, Griechenland (Länder mit dem Code Law als Rechtstradition) und dem UK (als Vertreter der angelsächsischen Bilanzierungstradition und Common Law). Sie wählten Finanzinstitute aus, die in den meisten empirischen Arbeiten explizit ausgeklammert werden, da sie durch Branchenbesonderheiten und Größe die Ergebnisse für andere Unternehmen stark verfälschen können. Die Verfasser unterstellten, dass die Fair Values für die meisten Vermögenswerte dieser Unternehmen hinreichend zuverlässig feststellbar sind, um in den Börsenkurs einzugehen. Für das UK führte die Umstellung auf IFRS zu einer deutlichen Zunahme an Vorsicht, während sie in den anderen Ländern zurückging. Watts hatte schon früher für das UK deutlich weniger bedingte Vorsicht festgestellt als für die USA, was er mit dem geringeren Haftungs- und Klagerisiko begründete (vgl. Watts 2003b). Der Informationsgehalt der Rechnungslegung, gemessen durch den Zusammenhang von der Kennzahl Earnings per Share (EPS) und EPS-Änderungen und der Aktienrendite, nahm mit steigender Vorsicht zu und mit abnehmender Vorsicht ab. Dies galt aber nicht für Deutschland. Die Autoren folgern daraus, dass es keinen allgemeingültigen Zusammenhang zwischen Vorsicht und Informationsgehalt der Rechnungslegung gibt, sondern Corporate Governance-Merkmale zu differenzierten Folgen führen (vgl. Manganaris et al. 2011). Zudem ist bemerkenswert, dass die Umstellung auf ein gleiches System (die IFRS) so unterschiedliche Folgen für die bedingte Vorsicht erzeugte.

Einen anderen Zugang wählten Heflin et al. Sie stellten fest, dass Finanzanalysten bei der Prognose von Gewinnen (sogenannte Street Earnings) transitorische, durch die bedingte Vorsicht geprägte Gewinnbestandteile (Aufwendungen) eliminierten. Sie werten dies als Beleg für die Wertrelevanz der nicht vorsichtigen Informationen (vgl. Heflin et al. 2015). Zur Bedeutung von Street Earnings und vergleichbaren Performancemaßen vgl. ausführlich Abschn. 2.4 und 5.3.5.1.

Trotz dieser Bedenken, gibt es eine Fülle an Studien, die positive Kapitalmarkteffekte von bedingter Vorsicht bestätigen, also den Informationsgehalt (vgl. Kim 2014). Eine mögliche Begründung liegt darin, dass Börsenkurse durch andere Informationskanäle sehr viel früher und umfassender beeinflusst werden (freiwillige Publizität, Analystengespräche, Pressemitteilungen etc.). Diese „Soft Facts" sind für die Bewertung wichtig, während die „hard facts" im Abschluss durch das Vorsichtsprinzip geprägt sind und der Koordinationsfunktion dienen. Die vorsichtige Ex-post-Rechnungslegung diszipliniert das Management im Hinblick auf zu viel Optimismus im Rahmen der freiwilligen Informationsübermittlung, da der Optimismus später durch die konservative und geprüfte Rechnungslegung nicht bestätigt werden kann (vgl. Kim und Zhang 2015; Kothari et al. 2010; LaFond und Watts 2008).

Dieser Mechanismus ist aber nicht belegt, weshalb Gigler et al. Analysen über die Zusammenhänge der „Soft Facts" und „Hard Facts" anregen (vgl. Gigler et al. 2009). Lambert gibt zu bedenken, dass es nicht selbstverständlich sei, dass Anleger den positiven Nachrichten glauben, die nicht zuverlässig genug verifizierbar sind und deshalb nicht im geprüften Abschluss berücksichtigt zu werden können (vgl. Lambert 2010).

Für die USA zumindest kann es auch aus anderen Gründen zu Problemen kommen. Existiert für sämtliche Informationen (auch in Form von Ad hoc-Mitteilungen, Pressenotizen, Analystengesprächen usw.) ein Haftungsrisiko, wenn negative Signale nicht publiziert werden, gibt es in allen Medien einen Anreiz für bedingte Vorsicht. Nach der „Litigation Reduction Hypothesis" werden Manager dann eher schlechte Nachrichten übermitteln. Für 423 Klagen in den USA von 1996 bis 2005 (und einer Kontrollgruppe) wurde dies genau festgestellt. Der Zusammenhang galt unabhängig davon, ob die Klage erfolgreich war oder abgewiesen wurde (vgl. Donelson et al. 2012).

Demnach könnte man Vorsicht als allgemeinen Grundsatz jeglicher Information verstehen, eine Kontrollfunktion der Abschlüsse wäre nicht gegeben und Kapitalmarktteilnehmer preisen ein „normales Maß" an Vorsicht insgesamt bereits ein. Ob dies zum Beispiel auch für Deutschland und andere Länder gilt, ist sehr fraglich, da der Anreiz für Vorsicht auch außerhalb der Rechnungslegung vom Haftungsrisiko u. a. Corporate Governance-Faktoren abhängen wird.

1.3.6 Vorsicht als Corporate Governance Mechanismus

Ziemlich unumstritten ist hingegen, dass bedingte Vorsicht vom Grad der Informationsasymmetrie abhängt. Dabei wird diese Asymmetrie über unterschiedliche Proxies gemessen oder an bestimmten Ereignissen festgemacht: Analystendeckung und Qualität der Analystenschätzungen, Volatilität der Aktienrenditen, Bid-Ask-Spreads, Wachstumsmöglichkeiten, hohes Niveau an F&E, Marktkonzentration etc. (vgl. Badia et al. 2015; Kim und Zhang 2015; LaFond und Watts 2008; Ramalingegowda und Yu 2012). Zunehmende Informationsasymmetrie führt dann zu einem Mehr an bedingter Vorsicht, wobei Eigen- und Fremdkapitalgeber die treibenden Kräfte sein können. Auch hierzu einige Befunde.

LaFond und Watts fanden den erwarteten positiven Zusammenhang für US-Unternehmen im Zeitraum 1983 bis 2001 (mit 20.389 Firmyears; vgl. LaFond und Watts 2008). Demnach wurde einer erhöhten Informationsasymmetrie mit mehr bedingter Vorsicht Rechnung getragen.

In einer anderen Erhebung für 1995 bis 2006 (mit 16.911 Firmyears) wurde ermittelt, dass institutionelle Anleger mit Know-how und langem Anlagehorizont bedingte Vorsicht erzwungen haben (vgl. Ramalingegowda und Yu 2012). Durch Informationsunterschiede innerhalb der Eigentümer ergab sich ebenfalls eine Zunahme an bedingter und, der eigentlich unerwünschten, unbedingten Vorsicht (vgl. Lawrence et al. 2013).

Mehr externes Monitoring durch institutionelle Anleger und eine qualitativ hochwertige Abschlussprüfung führten zu mehr bedingter Vorsicht, wenn Informationsasymmetrie vorlag (vgl. Badia et al. 2015).

Kim und Zhang stellten ebenfalls einen positiven Zusammenhang zwischen Informationsasymmetrie und bedingter Vorsicht bei US-Unternehmen für 1964 bis 2007 (mit 114.548 Firmyears) fest. Für die Eigentümer wurde ein zusätzlicher positiver Effekt ermittelt. Bei nicht vorsichtiger Bilanzierung kumulieren sich die Risiken im Zeitablauf, sodass auch das Risiko von Kurseinbrüchen steigt. Wird vorsichtig bilanziert, werden schlechte Nachrichten hingegen zeitnah im Abschluss erfasst und gehen in den Börsenkurs ein. Ein plötzlicher Absturz wegen kumulierter Effekte ist unwahrscheinlicher (vgl. Kim und Zhang 2015).

Vasvari fand, dass die freiwillige Absicherung von Zinsrisiken für Gläubiger nur dann ein glaubwürdiges Signal darstellt, wenn die Rechnungslegung vorsichtig war (vgl. Vasvari 2012).

Khan und Watts stellten einen negativen Zusammenhang zwischen der Unternehmensgröße und bedingter Vorsicht fest. Mit zunehmender Größe von Unternehmen nimmt die Informationsasymmetrie ab, so wird unterstellt (vgl. Khan und Watts 2009).

Haben Manager wenig oder keine Anteile ihres Unternehmens, so sind erhöhte Agencykosten zu erwarten, die durch eine bessere Rechnungslegung, also mehr bedingte Vorsicht, gesenkt werden können. Für US-Firmen (1999 bis 2004 mit 14.786 Beobachtungspunkten) wurde ein solcher Zusammenhang auch ermittelt (vgl. Lafond und Roychowdhury 2008).

In einer Studie für den Zeitraum von 1992 bis 2003 wurde für 1611 US-amerikanische Unternehmen (mit 9152 Datenpunkten) der Zusammenhang zwischen Corporate-Governance-Merkmalen und bedingter Vorsicht untersucht. Es wurde unterstellt, dass bedingte Vorsicht für Contracting- und Monitoring-Funktionen vorteilhaft ist, da schlechte Nachrichten schneller erkannt werden. Dies erleichtert die Aufsicht und Prüfung des Managements und beugt Umverteilungen zulasten der Shareholder vor (vgl. Garcia Lara et al. 2009). Für die Analyse wurden verschiedene Kriterien für bedingte Vorsicht gewählt und ein Corporate Governance Index, der auf Take-over-Richtlinien, Boardmerkmale und die Position des CEO abstellte. Insgesamt ergab sich das erwartete Resultat: Eine starke Governance führte zu mehr bedingter Vorsicht (vgl. Garcia Lara et al. 2009). Ergänzend wurde die Verabschiedung des SOX als Beispiel für einen exogenen Schock untersucht. Dieser verstärkte die Haftungsrisiken für Manager erheblich und führte (auch wegen verbesserter Corporate Governance) zu deutlich mehr bedingter Vorsicht (vgl. Garcia Lara et al. 2009).

Mak et al. untersuchten, ob Restrukturierungsprogramme bei 665 UK-Unternehmen (1990 bis 1999) einen Einfluss hatten. In solchen Phasen besteht erhöhte Informationsasymmetrie, mithin stellten sie auch mehr bedingte Vorsicht fest (vgl. Mak et al. 2011).

Restatements, das heißt spätere Abschlussberichtigungen, weil in den Vorperioden zu hohe Gewinne gezeigt wurden, führten ebenfalls zu mehr bedingter Vorsicht in der Folgezeit. Dies war erforderlich, um die beschädigte Reputation und eine gute Corporate Governance herzustellen (vgl. Ettredge et al. 2012).

Auch Börsengänge und Kapitalerhöhungen stellen Phasen mit großer Informationsasymmetrie dar. Es bestehen zusätzlich Managementanreize für eine optimistische Unternehmensdarstellung im Vorfeld. Eine solche kann aber auch zu schnellen Kurs- und Gewinneinbrüchen in der Folge führen, die Kapitalmaßnahme kann scheitern oder ein späteres De-Listing droht. Für das Management besteht zugleich ein deutlich erhöhtes Haftungsrisiko (vgl. Kim 2014).

In einer Studie wurde vor IPOs keine Gewinn erhöhende Bilanzpolitik festgestellt (vgl. Ceccini et al. 2012), während andere Autoren im Vorfeld eine deutliche Zunahme an bedingter und unbedingter Vorsicht feststellen konnten (vgl. Lawrence et al. 2013). Letzteres ist erstaunlich, da sie zu unerwünschten und in der Regel extern nicht erkennbaren stillen Reserven führt. Allerdings schafft sich das Management dadurch auch einen gewissen Verlustpuffer durch die Möglichkeit, die Reserven auch wieder still aufzulösen.

Für 3795 Börsengänge in den USA von 1990 bis 2005 fand Kim im Jahr vor dem IPO besonders vorsichtige Rechnungslegung. Die bedingte Vorsicht war zudem negativ mit dem Underpricing verknüpft, das heißt, die vorsichtige Darstellung sorgte für mehr Cashzuflüsse an die Unternehmen, nicht zu optimistische Darstellungen, wie man vermuten könnte. Obwohl die Unternehmensperformance bei den sehr vorsichtigen Unternehmen kurzfristig schlecht ausfiel, war die langfristige Rendite (fünf Jahre) positiver. Auch die Überlebensrate dieser Unternehmen und nachfolgende Kapitalmaßnahmen waren besser (vgl. Kim 2014).

Verbessert sich die Corporate Governance, sollte die Rechnungslegungsqualität steigen und damit die bedingte Vorsicht. Dies untersuchte Jayaraman für die Einführung des Insidertradingverbotes und dessen Enforcement. Für den Zeitraum 1992 bis 2001 wurden 85.955 Daten für Unternehmen aus 27 Ländern erhoben. In 16 dieser Länder wurde ein starkes Enforcement des Verbotes installiert und in elf Ländern nicht. Es zeigte sich, dass die Rechnungslegungsqualität vor allem stieg, wenn ein hoher Verschuldungsgrad vorlag, während es für Mehrheitsgesellschafter keinen Anreiz gab, das Monitoring zu verbessern. Demnach trieben die Fremdkapitalgeber die Rechnungslegungsqualität und nicht die Eigentümer, ein Argument für die Bedeutung der Koordinationsfunktion der Rechnungslegung. Innerhalb der Länder, die IFRS anwenden, ergab sich nur eine Qualitätssteigerung, wenn das Verbot durchgesetzt wurde (vgl. Jayaraman 2012).

Einen quasi umgekehrten Weg, um den positiven Beitrag bedingter Vorsicht für Eigenkapitalgeber zu prüfen, gehen Garcia Lara et al. Sie analysieren, ob Vorsicht in der Folgezeit zu einer Reduktion der Informationsasymmetrien führt, sich also das Informationsumfeld verbessert. Verantwortlich hierfür könnten zwei Kanäle sein. Einmal die Begrenzung bilanzpolitischer Spielräume und die Notwendigkeit privater Informationskanäle, mit der Folge besserer Prognosemöglichkeiten. Zum anderen könnten sich positive Folgen für die Investitionspolitik ergeben (siehe oben). Als Proxies für eine verringerte

Informationsasymmetrie nutzen die Autoren Geld-Brief-Spannen, die Volatilität der Aktienrenditen, sowie die Analystendeckung und die Qualität der Analystenschätzungen. Es wird im Allgemeinen unterstellt, dass die Analystendeckung positiv mit der Qualität der Rechnungslegung korreliert und eine bessere Rechnungslegung sollte ceteris paribus auch zu besseren Konsensschätzungen der Analysten führen. Für ein umfangreiches Sample von US-Unternehmen im Zeitraum von 1977 bis 2007 (mit 63.579 Beobachtungspunkten) ergaben sich diese positiven Folgen und zwar dauerhaft (vgl. Garcia Lara et al. 2014).

Für deutsche Unternehmen, insbesondere nicht börsennotierte Gesellschaften gibt es traditionell nur sehr wenige empirische Studien. Für 815 mittelgroße Kapitalgesellschaften wurde für die Jahre 2005 bis 2011 (mit 3719 Datenpunkten) der Einfluss des BilMoG auf die Qualität der Abschlüsse analysiert. Da mit dieser HGB-Reform u. a. auch das Vorsichtsprinzip weiter eingeschränkt wurde, kann damit zugleich untersucht werden, ob dies erfolgreich war. In der Tat ging die Vorsicht insgesamt zurück, wobei es im Krisenjahr 2008 zu einer Abweichung kam. Hier waren unvorsichtige, Gewinn erhöhende Abgrenzungsposten festzustellen (vgl. Lopatta et al. 2013).

Insgesamt wird bedingte Vorsicht als Corporate Governance-Mechanismus interpretiert, der helfen kann, Prinzipal-Agenten-Konflikte zu kösen. Oftmals wird unterstellt, dass in Ländern mit einem starken Investorenschutz und starker CG mehr bedingte Vorsicht auftritt. Dies wird im Allgemeinen für Common-Law-Länder, also insbesondere die angelsächsischen Länder, reklamiert. Demgegenüber weisen Code-Law-Länder (wie Deutschland) eine schlechtere CG und weniger bedingte Vorsicht auf (vgl. Watts 2003b), eventuell aber mehr unerwünschte unbedingte Vorsicht. Dieses Ergebnis kann aber dadurch zustande kommen, dass es in Code Law Ländern mehr unbedingte Vorsicht gibt, sodass bedingte Vorsicht seltener zur Anwendung kommt. Dann wäre das Gesamtmaß an Vorsicht zwischen den Ländern nicht vergleichbar (vgl. Wagenhofer und Ewert 2015, S. 164). Gleichwohl kann dies als Argument für eine bessere Rechnungslegungsqualität in den Common-Law-Ländern angesehen werden, da ökonomische Schocks erkennbar werden.

Auf diese Diskussion zur Qualität von CG wird in Abschn. 4.3 ausführlich eingegangen. Auffällig ist jedoch, dass für die bedingte Vorsicht unterstellt wird, sie sei komplementär zu anderen CG-Mechanismen, obwohl auch eine Substitutionsbeziehung plausibel wäre.

Relativ selten wurde die Bedeutung des Produktwettbewerbs für das realisierte Maß an Vorsicht untersucht. Bei intensivem Wettbewerb könnte unterstellt werden, dass durch eine vorsichtige Bilanzierung die Attraktivität der Geschäftsfelder verheimlicht werden soll oder eine Unter-Produktion (mangels Gewinnerwartungen) stimuliert wird. Andererseits kann der Wettbewerb auch zu einem besseren externen Monitoring führen, zur Notwendigkeit für das Management, sich in einem Benchmarking positiv darzustellen. Anhand von 71.627 Firmyears für US-Unternehmen (1975 bis 2005) wurde eine positive Korrelation von Wettbewerb und bedingter Vorsicht ermittelt. Auch Deregulierungen und Antitrust-Normen, die zu mehr Wettbewerb führten, resultierten in einer vorsichtigeren Rechnungslegung (vgl. Dhaliwal et al. 2015). Das Ziel der (in der Regel positiv bewerteten) bedingten Vorsicht bestand in der Verschleierung der tatsächlichen Ertragskraft, also einer Verminderung des Informationsgehaltes der Rechnungslegung.

Für die Koordinationsfunktion der Rechnungslegung wird bedingte Vorsicht ganz überwiegend positiv gesehen. Der Nutzen für die Bewertungsfunktion der Rechnungslegung ist dagegen stark umstritten. Bei einigen der o. a. positiven Folgen der bedingten Vorsicht zeigte sich auch, dass es Trade-off-Beziehungen gibt, das heißt, sie war nicht für alle Stakeholder oder Investoren gleich gut. Zudem wurden einige Aspekte nicht detailliert aufgegriffen, zum Beispiel auch die Folgen für abbildende oder sachverhaltsgestaltende Bilanzpolitik (vgl. Abschn. 2.3.3 und 3.3.2), individuelle Aspekte bezüglich des Managements (Vergütungsanreize, Alter und End-Game-Probleme, Personalwechsel und Big-Bath-Accounting, persönliche Merkmale wie Overconfidence und Narzissmus; vgl. Ahmed und Duellmann 2012; Schrand und Zechman 2012) etc. Schließlich ist nicht zu vernachlässigen, dass die Messung von Vorsicht und insbesondere auch die Trennung in bedingte (= erwünschte) und unbedingte (= unerwünschte) Vorsicht wichtig ist. Die damit zusammenhängenden Fragen werden in Abschn. 3.4 ausführlich behandelt.

Sowohl die theoretischen als auch die empirischen Arbeiten führen nicht zu einem grundsätzlichen Konsens. Gerade dies sollte Anlass sein, dass der IASB sich im RK explizit festlegt und zu den Themen Stewardship, Reliabilität und Vorsicht äußert. Wie sonst kann die Auslegung bestehender und Entwicklung neuer Standards systematisch und konsistent erfolgen? Keine Rolle sollten dabei semantische Spiegelfechtereien spielen. Ob man Stewardship, Koordination, Vertragsfunktion oder Accountability sagt: es geht um den Inhalt, ob die IFRS-Rechnungslegung nur der Bewertung dienen soll oder nicht.

1.4   Regelungstechnik: Prinzipien- oder regelbasiertes System?

Eine Forderung nach mehr Prinzipien und weniger Einzelregeln hat zunächst etwas Unverbindliches. Die rechte Mischung von Prinzip und Regel, das richtige Maß an Detaillierung lässt sich nicht operational beschreiben (Lüdenbach und Hoffmann 2003, S. 392).

1.4.1   Grundlegende Systemmerkmale

Die spektakuläre Pleite von Enron erschütterte das Selbstverständnis wichtiger Regulierungsinstanzen in den USA. In der Folge wurde mit dem SOX das gesamte System der Corporate Governance auf den Prüfstand gestellt. Es wurde die Grundsatzfrage aufgeworfen, ob die stark kasuistischen US-GAAP ein geeignetes Regelsystem sind oder ob eher ein prinzipienorientiertes Vorgehen zweckmäßiger wäre. Dabei wurden die IFRS in den Blick genommen, die eher prinzipien- als regelbasiert sind.

Vergleichbare Fragen treten auch in anderen Rechtsbereichen auf. So äußerte die BaFin (2005), dass mit den gesetzlichen Neuerungen seinerzeit „die Abkehr von der traditionellen Regel-basierten Aufsicht hin zu einer Prinzipien-orientierten Aufsicht und damit gleichzeitig ein Paradigmenwechsel eingeläutet (werde, M.K.), der sowohl Form und Stil der Regulierung als auch die bankaufsichtsrechtliche Praxis verändern wird" (zitiert nach: Wundenberg 2012, S. 1). Es ist wohl insgesamt damit zu rechnen, dass angesichts der zunehmenden Normierung für mehrere Länder (zum Beispiel EU oder wie bei den IFRS: weltweit), solche auf den ersten Blick eher technischen Fragen eine große Rolle spielen werden. Hierbei wird sich zeigen, dass das richtige Maß an Detaillierung nicht nur schwer operational zu beschreiben ist, sondern auch stark kontextabhängig ist.

Deshalb soll vorgestellt werden, wodurch sich Regeln von Prinzipien unterscheiden, welche Vorzüge und Nachteile sie aufweisen, wie sie entstehen und vor allen Dingen, welche möglichen Einflüsse sie auf die Qualität der Finanzberichterstattung haben.

Die erste Frage lautet natürlich: was zeichnet ein regel- oder prinzipienbasiertes System aus? Ein Indiz für Regeln (Rules) ist zunächst einmal der Umfang der Vorgaben. Im Schrifttum werden weitere typische Merkmale genannt (vgl. Donelson et al. 2013; Kuhner 2004). Dabei ist nicht unwahrscheinlich, dass diese Kriterien auch im Hinblick darauf gewählt wurden, dass sie in empirisch testbare Größen übersetzt werden können:

- Ein eingeschränkter Anwendungsbereich der Standards mit vielen Ausnahmen, um Besonderheiten von Branchen, Geschäftsmodellen, Rechtsform usw. Rechnung tragen zu können.
- Ein hohes Level an Details, ergänzt um eine Fülle von Anwendungsleitlinien und Beispielen. Bei den IFRS haben diese teilweise nur unverbindlichen Charakter und/oder werden nicht in EU-Recht übernommen.
- Wenige explizite Wahlrechte und möglichst wenig Auslegungsspielräume (Ermessen).
- Existenz von klaren Grenzwerten („Bright Lines"), zum Beispiel der Leasingnehmer ist wirtschaftlicher Eigentümer, wenn die Grundmietzeit mehr als 75 % der Nutzungsdauer beträgt.

Ein solch regelbasiertes System schafft eine gewisse Rechtssicherheit und schützt vor Haftungsrisiken. Es ist aber zugleich immer unvollständig und birgt das Risiko von Inkonsistenzen. Um Neuerungen abzudecken sind laufende Aktualisierungen erforderlich. Ob es tatsächlich zu qualitativ hochwertigen und vergleichbaren Abschlüssen führt, wird vielfach bezweifelt, da zum Beispiel feste Grenzwerte und Einzelfallregeln durch Sachverhaltsgestaltungen umgangen werden können. So würden Leasingverhältnisse mit einer Grundmietzeit von 75 % und 76 % der Nutzungsdauer völlig unterschiedlich bilanziert, obwohl sie ökonomisch (nahezu) gleich sind. Insgesamt wird man davon ausgehen können, dass Bilanzpolitik in Form von Abbildungsentscheidungen bei Prinzipien (sogenanntes Earningsmanagement) oder durch Sachverhaltsgestaltungen bei Regeln (Real Earnings Management) nicht zu verhindern sind (vgl. Ballwieser 2013, S. 23). Eine striktere Normierung und Rechtsdurchsetzung kann deshalb zu Ausweichhandlungen führen, die negative Wohlfahrtseffekte erzeugen (vgl. Wagenhofer 2014a). Dies gilt insbesondere, wenn „billige" Wahlrechte verschwinden und durch „teure" Sachverhaltsgestaltungen substituiert werden müssen (vgl. Leuz 2010). Hierauf wird ausführlich in Abschn. 3.3.2.2 eingegangen.

Auf der anderen Seite zwingen Regeln den Normgeber aber auch, Farbe zu bekennen und die Verantwortung zu übernehmen, sie sind so gesehen „demokratischer" (Schneider 2009, S. 374) als Prinzipien. Diese erlauben aufgrund ihrer Allgemeinheit, dass auch bei fehlendem Konsens der Beteiligten viele vordergründig zustimmen können, obwohl sie unterschiedliche Ergebnisse und Regelungsfolgen anstreben (vgl. Poscher 2011).

Die Regelungsfülle und die Vielzahl an Ausnahmen kann eine Orientierung an Details schaffen (Abhak-Mentalität), die den Blick auf eine zielorientierte, teleologische Rechtsanwendung und Rechtsentwicklung verstellt. Das Fehlen von allgemeinen Zielen und Prinzipien führt letztlich zu einer Entobjektivierung der Rechnungslegung, die eigentlichen Ziele der Finanzberichterstattung bleiben für Nutzer unklar (vgl. Pellens et al. 2014b, S. 1014). Es besteht die Gefahr, dass die ökonomische Substanz einer Transaktion unzutreffend abgebildet wird, um formal die Regel zu erfüllen (vgl. Lüdenbach und Hoffmann 2003). Der zuletzt genannte Gesichtspunkt leuchtet sofort ein, wenn man das oben angegebene Leasingbeispiel betrachtet. In vielen Fällen wird es aber kaum oder gar nicht möglich sein, die Ähnlichkeit von realen Transaktionen zu messen und die Einschätzung, was denn genau die ökonomische Substanz einer solchen ausmache, wird bei weitem nicht immer konsensfähig sein.

Ein prinzipienorientierter Ansatz setzt demgegenüber darauf, dass allgemeine Leitlinien oder Standards zu einer konsistenten Anwendung führen und Lücken oder neue Sachverhalte durch teleologische Auslegung sinnvollen Lösungen zugeführt werden. Es sind deshalb allgemeine Normen erforderlich, die Ziele vorgeben („outcome oriented"). Die Verantwortung für die Auslegung und Anwendung auf Einzelsachverhalte werden auf Anwender, Prüfer, Gerichte etc. übertragen (vgl. Ballwieser 2013, S. 23 f.; Kuhner 2004). Damit wird ein hohes Maß tatbestandlicher Unbestimmtheit in Kauf genommen, die eine erwünschte Flexibilität in der Rechtsanwendung erlaubt, aber auch Rechtsunsicherheit und Ermessensspielräume für Anwender bedeutet. Die Anwender werden in die Pflicht genommen und müssen über entsprechende Auslegungskompetenzen verfügen (vgl. Wundenberg 2014). Für die Rechnungslegungsforschung bedeutet dies, dass nicht alleine die kapitalmarktorientierte, empirisch-analytische Denk- und Arbeitsweise erforderlich ist, sondern auch die normative bilanztheoretische Herangehensweise ist dringend vonnöten. Dabei geht es darum, aus Bilanzzwecken abgeleitete wertende Konkretisierungen von Bilanzierungsprinzipien zu erarbeiten, eine Herangehensweise, die in Deutschland stark mit dem Namen A. Moxter und seinen Schülern verbunden ist (vgl. Wüstemann und Kierzek 2007). Dass für die Entwicklung der IFRS nach Ansicht des IASB sowohl normative als auch evidenzbasierte (empirische) Rechnungslegungsforschung notwendig ist, hat auch der IASB erkannt. Gassen und Günther haben hierzu ein Phasenmodell vorgestellt, das mögliche Einsatzfelder aufzeigt (vgl. Gassen und Günther 2014). Allerdings dürfte die Hoffnung, dass empirische Studien direkt verwertbare

Ergebnisse für die Verbesserung oder Entwicklung von IFRS liefern, etwas naiv sein, da es sich um Partialanalysen handelt und der Board deshalb wertende politische Entscheidungen treffen muss (vgl. Barth 2007; Wagenhofer 2014a; siehe auch Kap. 6).

1.4.2 IFRS – ein prinzipienbasiertes System?

Das Rahmenkonzept des IASB enthält diverse Vorgaben, die man als allgemeine Prinzipien ansehen kann. Sie haben Bedeutung für die Auslegung bestehender Standards (IAS 8.11 b und mittelbar IAS 8.12). Daneben haben sie aber vor allem die Funktion, die Entwicklung neuer Standards zu steuern, eine wichtige Funktion, um ein konsistentes und umfassendes Rechnungslegungssystem zu verwirklichen (vgl. Coenenberg et al. 2014, S. 65). Die umfassenden und auch lang laufenden Projekte des IASB zu sehr grundsätzlichen Entscheidungen für die Ausgestaltung der Standards zeugen davon, wie schwierig es ist, tatsächlich einen prinzipiengesteuerten Regelsatz zu entwickeln.

Ein prinzipienbasierter Ansatz zeitigt aber auch eine Reihe von Problemen. So führt die Unbestimmtheit und Allgemeinheit der Normen dazu, dass unterschiedliche Auslegungen möglich sind. Damit werden opportunistische Bilanzpolitik und mangelhafte Vergleichbarkeit von Abschlüssen in Kauf genommen. Dies ist in Grenzen sogar erwünscht, um Einzelsachverhalte und Besonderheiten situationsangemessen darstellen zu können (vgl. Scheffler und Zempel 2012, Rz. 138). Für die transnationalen IFRS kann die inhärente Flexibilität gar Voraussetzung sein, dass Länder oder Unternehmen sie als (formal einheitlichen) Rahmen akzeptieren, obwohl sie unterschiedliche Zielvorstellungen haben (vgl. Doukakis 2014). Barth sieht dies allerdings anders. Prinzipien sollen nicht mehr Flexibilität für Unternehmen schaffen als Regeln. „Thus, the principles are requirements, not guidelines" (Barth 2007).

Bereits in den Zielvorgaben der IFRS Foundation wird verlautbart, dass es darum geht, einheitliche, qualitative hochwertige und verständliche Regelungen zu schaffen, die aber zugleich die Bedürfnisse von Unternehmen unterschiedlicher Größe und Typs in angemessenem Umfang berücksichtigen (vgl. Coenenberg et al. 2014, S. 52). Auch in einem prinzipienorientierten System sollen Aspekte der Einzelfallgerechtigkeit eine Rolle spielen, es gilt nicht der Grundsatz „One-Size-Fits-All" (Wundenberg 2014). Schon auf der Rechtssetzungsebene sind Differenzierungen nach Branche, Größe, Geschäftsmodell usw. möglich und sinnvoll.

Gerade Branchenstandards sind im Allgemeinen aber Folge von (nationalen) Aufsichts- und Regulierungserwägungen und Lobbyarbeit. Sie schaffen jedenfalls Komplexität, die Konsistenz mit den allgemeinen Prinzipien, besonders, wenn diese selbst im Fluss sind, ist nicht sichergestellt (vgl. Dobler 2014, S. 90). Die Vergleichbarkeit mit den Informationen für Unternehmen aus anderen Branchen wird beeinträchtigt. Typische Branchen, für die Sonderregelungen reklamiert werden, sind Banken und Versicherungen (vgl. Wundenberg 2012, S. 29 ff. mit inhaltlichen Begründungen). Auch im prinzipienorientierten HGB, das in der Tradition des Code Law steht, gibt es solche Branchenbesonderheiten in der Rechnungslegung und eine Aufsicht durch die BaFin.

Es soll hier gar nicht bestritten werden, dass ein Aufsichtssystem sinnvoll ist, um systemische Risiken oder externe Effekte zu steuern. Fraglich ist gleichwohl, ob es notwendig ist, die Finanzberichterstattung mit dem Aufsichtssystem zu verknüpfen und deshalb Branchenregeln einzuführen. So könnte man die Vorgaben für regulatorisches Eigenkapital (als Aufsichtsinstrument) auch komplett von der Bilanz abkoppeln, um keine störenden bilanzpolitischen Anreize zu setzen und spezifische Ansatz- und Bewertungsregeln zu vermeiden. Die durchaus problematischen Einflüsse von politischen Zielen, die mittels steuerlicher Vergünstigungen über die vormalige Umkehrmaßgeblichkeit und strenge formelle Maßgeblichkeit auch die handelsrechtliche Rechnungslegung stark geprägt haben, sind erst seit dem BilMoG (2009) aufgehoben. Ein Rechnungslegungssystem, das nicht für solche Zwecke außerhalb der eigentlichen Aufgaben genutzt wird, könnte eher systematisch konsistent sein und in der Anwendung weniger verzerrte Informationen produzieren.

Neben Branchen können auch auf das Geschäftsmodell (business model) von Unternehmen abgestimmte Differenzierungen bedeutsam sein. Im DP 2013/1 (9.25 ff.) adressiert der IASB dieses Thema. Es wird betont, dass eine einheitliche Anwendung von Prinzipien situationsunangemessen sein kann. Zugleich wird eingeräumt, dass es keine klare Definition und Abgrenzung von Geschäftsmodellen gibt, sodass eine Öffnung zu Ermessensentscheidungen und Uneinheitlichkeit führen kann. Im ED 2015/3 (BC IN 28 ff.) wird eine Differenzierung nach Geschäftsmodellen in Form einer grundsätzlichen Weichenstellung abgelehnt. Solche Modelle können für verschiedene Sachverhalte unterschiedliche Bedeutungen haben, sodass dies besser auf der Ebene von Einzelstandards zu normieren ist. Dies betrifft solche Fragen wie die Definition einer Bewertungseinheit (Unit of Account) oder die Auswahl von Bewertungsmaßstäben. Für das Thema Unit of Account leuchtet dies sofort ein (auch nach HGB): ob ein Grundstück mit Gebäude eine Bewertungseinheit oder eine Vielzahl gesondert zu bewertender Komponenten oder Vermögenswerte darstellt, richtet sich nach der geplanten Verwendung. Ist ein Verkauf als Einheit geplant (Umlaufvermögen) ist anders zu verfahren als bei dauerhafter Selbstnutzung/Vermietung.

Eine Einschätzung des Gesamtsystems der IFRS als regel- oder prinzipienbasiert ist schwierig. Einzelne Standards sind branchenbezogen oder stellen auf Geschäftsmodelle ab, die ihrerseits stark von Branchen abhängen. Andere Standards betreffen Einzelsachverhalte wie den Gewinn je Aktie (IAS 33) oder Berichtsinstrumente wie Segmentbericht oder Kapitalflussrechnung, während wiederum andere an Vertragsarten (Leasing) oder Abschlussposten anknüpfen. An zwei Beispielen soll gleichwohl aufgezeigt werden, wie prinzipienorientiert Einzelstandards sind.

1) Immobilien werden im HGB nach Anlage- oder Umlaufvermögen unterschieden, also abhängig vom geplanten Einsatz im Unternehmen. Unter IFRS können Immobilien dagegen unter IAS 2, 11, 16, 17, 36, 40 oder IFRS 5 fallen, jeweils mit bedeutsamen Konsequenzen für die Bewertung und Erläuterungen. Demnach erlauben die IFRS eine wesentlich stärkere Differenzierung nach dem Geschäftsmodell/den Nutzungsabsichten

als das HGB. Insofern kann man behaupten, die IFRS sind tendenziell eher regelbasiert.

2) Nach HGB richtet sich die Ertragsrealisation nach § 252 Abs. 1 Nr. 4, dem Realisationsprinzip. Unter IFRS hat der neue IFRS 15 (noch nicht anzuwenden) die IAS
11, 18; IFRIC 13, 15, 18 und SIC 31 ersetzt, was auf den ersten Blick mehr Prinzipienorientierung verspricht, zumal der Standard auf alle Branchen anzuwenden ist
(vgl. Schoo 2013). Durch die Erläuterungen nach IFRS 15.110 ff. soll es Nutzern
möglich sein, Art, Höhe, zeitlichen Anfall und Risiken von Umsätzen und künftigen
Cashflows abzuschätzen. Das abstrakte Fünf-Schritte-Modell ist Ausdruck der Prinzipienorientierung (vgl. Schurbohm-Ebneth und Viemann 2015). Diese deutliche Aussage ist aus mehreren Gründen einzuschränken. So wird der Anwendungsbereich des
IFRS 15 durchaus eingeschränkt durch IAS 17, IFRS 4, 9 usw. Innerhalb des Anwen-
dungsbereichs erfolgt eine weitergehende Differenzierung nach Geschäftsmodellen
(Auftragsfertigung, Mehrkomponentenverträge etc.), für die unterschiedliche Rea-
lisationsmodelle gelten. Selbst bezüglich der Standardfälle von Umsatzerlösen sind
verstärkt vertragliche und rechtliche Faktoren zu berücksichtigen, also differenzierte
Abbildungen geboten. Dabei sind auf den verschiedenen Stufen eher rechtliche oder
wirtschaftliche Beurteilungskriterien anzuwenden (vgl. Heintges et al. 2015; Schurbohm-Ebneth und Viemann 2015). An den Vorgängernormen (besonders IAS 11 und
18) wurde die Inkonsistenz und mangelnde Regelungstiefe kritisiert. Die Differenzierung nach dem Geschäftsmodell gibt es immer noch und es gibt eine Fülle von neuen
Detailregeln und Beispielen. Dies alles sind eher Indikatoren für einen regelbasierten
Ansatz (vgl. Wüstemann und Wüstemann 2014).

Verfolgt man einen Prinzipienansatz bedarf es allgemeiner Zielvorgaben, die wider-
spruchsfrei und – im besten Fall – in deduktionsfähiger Form vorliegen, um die Detailanwendungen ableiten zu können. Akzeptiert man die Vorgaben des RK als Prinzipien, so
wird deutlich, dass die Vermittlung entscheidungsnützlicher Informationen für Investoren oder die qualitativen Vorgaben der Relevanz, Glaubwürdigkeit und Vergleichbarkeit
nahezu leerformelhaft sind und zum Teil auch widersprüchlich. Das RK ist zudem nachrangig im Verhältnis zu den Einzelstandards und IFRIC (vgl. Ballwieser 2013, S. 19 ff.;
Coenenberg et al. 2014, S. 60; Kuhner 2004). Wichtige Grundfragen wie Kapitalerhal-
tungskonzept, Erfolgskonzept, Bewertungsgrundlagen werden zwar angesprochen, aber
es erfolgt gerade keine Festlegung. Deshalb weisen die IFRS bei einem wichtigen Merkmal eines prinzipienbasierten Systems, nämlich klaren Zielvorgaben, Schwächen auf.
Dies wurde vom IASB auch erkannt und die Neuformulierung des Rahmenkonzeptes
soll hier entsprechende Weichenstellungen liefern.

Insgesamt ist festzustellen, dass die IFRS prinzipieller Vorgehen als die extrem kasuistischen US-GAAP, aber deutliche Merkmale eines Regelsystems aufweisen. Es ist auch
nicht davon auszugehen, dass sich dies in naher Zukunft ändern wird (vgl. Pellens et al.
2014b, S. 1014; Wagenhofer 2009, S. 55). Gleichwohl sind natürlich Verschiebungen
der Gewichte möglich. Dies deckt sich mit der im juristischen Schrifttum vertretenen

schwachen Trennungsthese, wonach sich Regeln und Prinzipien nur graduell und nicht systematisch unterscheiden, wenn auf Kriterien wie Generalität und Abstraktionsgrad der Normen oder des Normensystems abgestellt wird. Gleichwohl soll dies nicht die doch erkennbaren Unterschiede der Systeme verdecken. Während in einem Regelsystem der Normgeber ex ante Verhalten präzise vorgibt (zum Beispiel Höchstgeschwindigkeit innerorts 50 km/h), spricht ein Prinzip ein Ziel an (so fahren, dass andere Verkehrsteilnehmer nicht gefährdet oder verletzt werden). Das Fahrverhalten muss demnach geeignet, angemessen sein, abhängig von den Umständen (Licht, Verkehr, Nässe etc.). So sieht zum Beispiel das Kapitalmarktrecht vor, dass Kreditinstitute ein angemessenes und effizientes Risikomanagementsystem haben müssen (Prinzip, Zielvorgabe), delegiert aber die konkrete Umsetzung an Rechtsanwender und Aufsichtsbehörden (vgl. Wundenberg 2012, S. 44 ff.).

1.4.3 Fortentwicklung der Standards

Damit tritt ein Thema in den Vordergrund, das für die Unterscheidung von Normensystemen (Code Law oder Common Law) und Regelungstechnik (Prinzipien oder Regeln) wichtig ist, nämlich wer die Detailanwendungen und die Regeldurchsetzung betreibt. Bereits in der IAS-VO der EU ist die Einführung von Enforcement-Mechanismen vorgesehen, um eine einheitliche Anwendung der IFRS abzusichern. Mit der Transparenzrichtlinie 2004 wurde dies konkretisiert (vgl. Hitz 2014).

Schneider (vgl. Schneider 2009, S. 373 f.; ebenso Gros 2010, S. 114 f.) geht davon aus, dass die Systeme auf Dauer konvergieren und dabei verschieden Phasen durchlaufen (Abb 1.2).

	Prinzipien	Regeln
Phase 1	Allgemeine Zielnorm	Regeln zu (beliebigen) Einzel-Sachverhalten
Phase 2	Ausfüllen durch Anwender, Gerichte, Behörden etc.	
Phase 3		Ableitung von Prinzipien, die Anwendungen auf nicht erfasste Fälle erlauben (Induktion)
Resultat	Normierung mit Prinzipien und Anwendungsrichtlinien	

Abb. 1.2 Konvergenz prinzipien- und regelbasierter Systeme. (Eigene Darstellung)

Der Unterschied der Systeme besteht dann vor allem darin, dass beim prinzipienorientierten Ansatz nur allgemeine Ziele vorgegeben werden, die große Handlungs- und Umsetzungsspielräume lassen. Die Verantwortung wird delegiert, um situationsangemessenes Verhalten der Anwender zu erreichen. Für die USA unterstellen Kothari et al., dass sich die Rules aus Best Practices entwickelt haben und aus Innovationen: „Without Accounting choice, there can be no experimentation, and without experimentation „best practices" cannot develop …" (Kothari et al. 2010). Der Unterschied zwischen Prinzipien und Regeln besteht dann darin, dass bei Prinzipien die Praxis die Innovationen entwickelt und bei Regeln der Normgeber. Bedenkt man, dass es für Gewinne in den USA 100 Industriestandards gibt (vgl. Kothari et al. 2010), fällt es nicht ganz leicht, diese als Ausfluss von Best Practice zu sehen. Die Annahme, sie sind Resultat von Lobbyarbeit liegt näher.

Im Bereich des Kapitalmarktrechts ist die „effiziente Verteilung der Regulierungslast" aufgrund der Vielfalt und Dynamik auf Aufsichtsbehörden delegiert worden, die eng mit Marktteilnehmern kooperieren. Diese Institutionen und informellen Abstimmungen ersetzen die Setzung von Regeln durch den Gesetzgeber (vgl. Wundenberg 2012, S. 60 ff.). Dieses Vorgehen erlaubt es, den Fokus auf die Ergebnisse/die Zielerreichung zu legen, während der Markt detaillierte Organisations- und Verhaltensvorgaben entwickelt. Dieser Prozess ist schnell, effizient und erspart Bürokratiekosten, so die optimistische Annahme. Allerdings setzt er ein hohes Maß an Kooperation und Kommunikation zwischen Behörde und Unternehmen voraus. Dies birgt wiederum Risiken: unkontrolliertes und intransparentes Verwaltungshandeln, fehlende Einhaltung der Gewaltenteilung, zu große Nähe zu den Unternehmen aufgrund der vertrauensvollen Zusammenarbeit usw. (vgl. Walla 2014).

Problemverschärfend ist noch, dass Kapitalmarktrecht Querschnittsrecht ist, also Aufsichts-, Privat-, Straf-, Bilanz- und Steuerrecht betrifft. Diese Rechtsgebiete stellen durchaus unterschiedliche Anforderungen an die Bestimmtheit von Normen, Analogieschlüsse etc. (vgl. Schneider 2009, S. 376). Da auch die Publizität nach IFRS mehrere Rechtsgebiete betreffen kann, greifen diese Bedenken auch für die Rechnungslegung. Da ergänzend Abschlüsse auch für Koordinationsaufgaben genutzt werden, wird die Gemengelage nicht einfacher.

Anders als im Kapitalmarktrecht gibt es für die Rechnungslegung aber keine mit umfassenden Kompetenzen ausgestattete Behörde wie die BaFin, mit den erforderlichen Eingriffs- und Sanktionsmöglichkeiten. Deshalb ist zu klären, wer hier die Prinzipien auf Einzelsachverhalte herunterbrechen soll. Klar ist zunächst, dass der IASB selbst die Deutungshoheit beansprucht, geht es doch um eine weltweit einheitliche Rechnungslegung und IAS 8.10 ff. bietet gewisse Hilfestellungen (vgl. Kühnberger 2012 mit einem ausführlichen Beispiel). Ergänzend sind Institutionen wie der DRSC (§ 342 HGB) und die DPr (§ 342 b HGB), Verlautbarungen des IDW, Fachliteratur etc. bedeutsam. Eindeutig sind dies aber keine normsetzenden Instanzen nach deutschem Rechtsverständnis und sie haben keine formellen Durchsetzungs- und Sanktionsmöglichkeiten.

Erstaunlich ist im Vergleich zur nationalen Rechnungslegungstradition, in welchem Umfang die IFRS den Abschlusserstellern Einflüsse erlauben. Der Management Approach und der häufige Verweis auf Business Judgement auch in wichtigen Fragen, belegen dies. Ermessensentscheidungen sind zwar in keinem Rechnungslegungssystem vermeidbar, aber der Umfang nach IFRS dürfte wesentlich größer sein als nach dem HGB. Dies liegt vor allem daran, dass die handelsrechtliche Rechnungslegung in Deutschland traditionell gesellschaftsrechtliche und (mittelbar) steuerliche Folgen auslöste. Zu diesen Koordinationsaufgaben passen unternehmerische Wahlmöglichkeiten eher schlecht. Deshalb wurde einer induktiven Entwicklung von GoB durch den Kaufmannstand in Deutschland schon lange mit Misstrauen begegnet (vgl. Baetge et al. 2014, S. 113 f.; Coenenberg et al. 2014, S. 38).

Die subjektive, unternehmensbezogene Komponente der Rechnungslegung nach IFRS steht im Übrigen in einem deutlichen Spannungsverhältnis zum ebenfalls als Ziel angestrebten Fair Value Accounting, das verstärkt auf objektive Marktwerte abstellt, unabhängig von subjektiven Nutzungsabsichten und -möglichkeiten.

In Deutschland wurde die Entwicklung der GoB primär durch die Rechtsprechung getragen. In seinem Standardwerk zur BFH-Rechtsprechung schreibt Moxter im Vorwort: „Bilanzrecht ist ausgeprägt Richterrecht; die abstrakt-generellen gesetzlichen Bilanznormen bedürfen der richterlichen Konkretisierung, …" (Moxter 2007, III). Zu den IFRS als supranationalem Recht gibt es naturgemäß keine Rechtsprechung. Da IFRS-Abschlüsse in Deutschland im Allgemeinen keine Rechtsfolgen auslösen, ist es auch in Zukunft kaum zu erwarten, dass Rechtsstreitigkeiten vor Gericht ausgetragen werden. Verstöße gegen Informationspflichten (in Konzernabschlüssen!) begründen kaum durchsetzbare Schadensersatzansprüche. Immerhin sind die IFRS durch EU-VO zu europäischem Sekundärrecht geworden, sodass (eher theoretisch) Zivilgerichte und letztlich der EUGH zuständig wären (vgl. Watrin in MünchKomm BilR, Einführung 2009, Rz. 73). Bezüglich des nationalen Bilanzrechts war dies bislang primär der BFH, auch wenn sich dies durch die zunehmende Erosion der Maßgeblichkeit ändern kann. Nur in seltenen Fällen wäre auch denkbar, dass IFRS an Finanzgerichten streitgegenständlich werden, da sie bei REITs für den Steuerstatus ausschlaggebend sind und für die Zinsschranke bedeutsam werden könnten.

Fehlt es an Rechtsprechung und sanktionsbefugten Behörden, sind Sanktionen eher durch Verlust an Reputationskapital und Marktmechanismen zu erwarten (vgl. Hitz 2014, S. 277: adverse Publizität als kapitalmarktbasierte Sanktion; Kirchner 2014, S. 429). Dies sind zwei von mehreren Gründen, warum eine weltweit homogene und qualitative gleichwertige Anwendung der IFRS kaum zu erwarten ist. Randbedingungen wie die Corporate Governance, Entwicklung der Kapitalmärkte usw. spielen hierbei eine wichtige Rolle (vgl. Kühnberger 2015a, S. 211 ff.).

1.4.4 Empirische Studien zu Systemvor- und -nachteilen

Angesichts der unterschiedlichen Stärken und Schwächen von Prinzipien und Regeln ist die Frage natürlich spannend, ob es auch empirisch fundierte Arbeiten hierzu gibt. Dies zielt nicht darauf ab, ob die US-GAAP, die IFRS oder das HGB letztlich eine bessere Qualität der Finanzberichte erzielen. Dies wurde zwar vielfach untersucht, zeigt aber nicht, inwieweit dies auf die Regeltechnik zurück zu führen ist.

In einer sehr grundlegenden Arbeit wurde untersucht, warum sich in den USA ein so ausgeprägt regelbasiertes System entwickelt hat (vgl. Donelson et al. 2013). Hierzu wurden fünf potenzielle Erklärungen getestet:

- Regeln mindern das Risiko von Eingriffen der SEC (Restatements von Abschlüssen 1997 bis 2005 untersucht) und privaten Klagen von Investoren. Sie schaffen demnach Rechtssicherheit für Anwender und Prüfer, die auch die treibenden Kräfte der Entwicklung sind.
- Regeln helfen, opportunistische Bilanzpolitik zu begrenzen. In den USA gibt es unübersichtlich viele Standards, die sich mit der Ertragsrealisation befassen. Nach einer Studie der COSO gingen von 1998 bis 2007 ca. 60 % aller Bilanzmanipulationen auf die Erfassung zu hoher Umsätze zurück (vgl. Beasley et al. 2009). Als Maß für das Verhinderungsmotiv analysieren die Autoren die Anzahl an Bilanzskandalen in den USA.
- Die zunehmende Komplexität der abzubildenden Sachverhalte könnte ein weiteres Motiv für die Ausdifferenzierung weiterer Detailregeln sein, da allgemeine Prinzipien den ökonomischen Gehalt nicht zutreffend abbilden.
- Bei sehr häufigen und standardisierten Sachverhalten lohnt sich die Vorgabe von Regeln, da dies ökonomischer ist, als wenn Anwender das Rad immer neu erfinden.
- Mit zunehmendem Alter der Standards werden Anwendungsprobleme immer bekannter und spezieller ausdifferenziert.

Im Ergebnis stellen die Autoren fest, dass der Umfang des Regelwerkes nicht vom Alter abhängt und nicht dem Ziel dient, opportunistische Bilanzpolitik zu begrenzen. Bestätigt wurden vielmehr die Motive Haftungsvermeidung, Komplexität und Häufigkeit der Transaktionen.

In einer weiteren Studie prüfen Donelson et al. 2012 die Zusammenhänge zwischen Regelsystem und Haftungsrisiken detaillierter. Sie analysierten 353 Klagen von Investoren und 273 Restatements der SEC. Solche Restatements erzwingt die SEC, um beabsichtigt falsche oder stark fehlerhafte Abschlüsse zu korrigieren.

In der Praxis sind nicht selten solche Restatements Aufhänger für zivilrechtliche Klagen. Aber unabhängig davon, ob dies der Fall war oder nicht, wurden in erster Linie prinzipienorientierte GAAP vor Gericht angegriffen. Tatsächlich schützen Regeln scheinbar vor Angriffen. Bei den allgemeineren Prinzipien bestehen zwar beachtliche

Beweislastprobleme, aber sie ermöglichen auch einen „second Guess", eine Zweitbeurteilung durch Prüfer, Prüfungsausschuss, SEC oder eben Gerichte. Diese zweite Beurteilung kann entsprechend der Vagheit der Norm auch zu anderen Ergebnissen führen. Auf der anderen Seite wurden Regelverstöße, die durch die SEC aufgedeckt wurden, und zu Restatements führten, selten für Privatklagen genutzt. Dieses Ergebnis bekräftigt die Annahme, dass Unternehmensleitungen und Abschlussprüfer ein Interesse an detaillierter Regelsetzung haben, da dies zu einem geringeren persönlichen Risiko führt. Können Regeln durch sachverhaltsgestaltende Bilanzpolitik ausgehebelt werden, erhöht dies sogar noch deren Attraktivität.

Haftungsvermeidung als Motiv für Lobbying von Anwendern in risikobehafteten Bereichen ist natürlich nicht per se schlecht, da die resultierenden Regeln nicht nur Schutz bieten, sondern auch eine vergleichbare Abbildung in den Abschlüssen gewährleisten. Bei den berichteten Ergebnissen ist zudem beachtlich, dass Restatements durch die SEC bei prinzipienorientierten Standards insgesamt eher selten sind. Deshalb ist unklar, ob das Klageverhalten insoweit repräsentativ ist (vgl. Donelson et al. 2012).

Die Angreifbarkeit möglicher Verletzungen von Rechnungslegungsstandards stellen nur einen Baustein einer starken Corporate Governance dar, der eine qualitative hochwertige Finanzberichterstattung sichern soll. Ein direkterer Weg die Rechnungslegungsqualität zu messen, wurde in einer anderen Arbeit beschritten. Als Gütekriterien für eine gute Rechnungslegung wurden die Persistenz und Prognoseeignung der Daten gewählt und die Kapitalmarktreaktionen auf unerwartete Informationen (also der Informationsgehalt; eine ausführliche Darstellung von Qualitätskriterien einer guten Rechnungslegung liefert Kap. 3). Die Autoren gehen davon aus, dass Prinzipien zu unterschiedlichen Folgen führen können. Auf der einen Seite erlauben sie durch angemessenen Einsatz des Business Judgement den ökonomischen Gehalt der Transaktionen zweckmäßig abzubilden, der bilanzpolitische Spielraum verbessert die Qualität. Andererseits wird eben auch opportunistische Bilanzpolitik ermöglicht, die eine schlechtere Qualität impliziert (vgl. Folsom et al. 2012).

Anhand von 34.168 Datenpunkten für US-Unternehmen 1994 bis 2006 wurden folgende Ergebnisse festgehalten:

- Unternehmen, die mehr prinzipienorientierte als regelbasierte Standards anwenden (aufgrund des Geschäftsfeldes) zeigten Abschlüsse mit einem höheren Informationsgehalt. Die Ersteller der Abschlüsse nutzten den diskretionären Spielraum, um zutreffende Informationen offen zu legen (Informations-Hypothese). Die konkurrierende Opportunismus-Hypothese konnte nicht bestätigt werden.
- Prinzipienbasierte Standards führten zu mehr Persistenz und besserer Prognoseeignung. Die bilanzpolitisch „verdächtigen" Abgrenzungsbuchungen (accruals) führten dazu, dass die Gewinne besonders geeignet waren, künftige Cashflows zu prognostizieren (vgl. Kühnberger 2015 zu einer ausführlichen Analyse der Zusammenhänge von Cashflows, Periodenabgrenzungen und Gewinngrößen).

Insgesamt kommen die Verfasser zum Ergebnis, dass die Rechnungslegungsqualität bei Prinzipien deutlich besser als bei Regeln (innerhalb der US-GAAP) ist, ein Ergebnis, das der Mehrheitsmeinung im US-amerikanischen Schrifttum diametral entgegensteht (vgl. Folsom et al. 2012).

Ein ähnliches Resultat erbrachte auch eine Experimentalstudie mit hochkarätigen Rechnungslegungsexperten. Es wurde untersucht, ob die Ausprägung einer Norm als Regel oder als Prinzip eher eine aggressive Bilanzpolitik (= Verbesserung der Außendarstellung durch höhere Erfolge und eine bessere Eigenkapitalquote) begünstigt. Ergänzend wurde untersucht, ob die Ergebnisse auch davon abhängen, ob der Prüfungsausschuss (Audit Committee) stark oder schwach ist (vgl. Agoglia et al. 2011).

Per saldo zeigte sich, dass Prinzipien mit einer weniger aggressiven Bilanzpolitik einhergingen. Offenbar war das Risiko einer „Second Guess" durch Prüfer, Prüfungsausschuss oder SEC prohibitiv, da die gewünschte positive Außendarstellung dann schwerer zu rechtfertigen wäre. Wiederum wurden die vagen Prinzipien genutzt, um die Transaktionen zutreffend abzubilden. Erstaunlich war zudem, dass die prinzipienbasierten Standards zugleich für besser vergleichbare Abschlüsse sorgten, ein Resultat, das den üblichen Annahmen widerspricht. Die Stärke von Regeln wird im Allgemeinen gerade darin gesehen, Vergleichbarkeit zu gewährleisten.

Diese (wenigen) Befunde sind aber insgesamt mit Vorsicht zu deuten. Zum einen kann man die gewählten Operationalisierungen und die Methoden kritisieren, Einwände, die immer möglich sind, aber nicht unbedingt überzeugend. Wichtiger ist meines Erachtens, dass sämtliche Studien die US-GAAP betrafen, ein insgesamt stark regelbasiertes System. Nur die graduellen Abstufungen innerhalb dieses Regelwerkes wurden damit auf den Prüfstand gestellt, nicht die Standards insgesamt, zum Beispiel in einem Vergleich zu den IFRS oder dem HGB.

Der entscheidende Punkt für die Qualität der Standards war die Frage, wie Ermessensspielräume ausgeübt werden. Für die USA wird typischer Weise unterstellt, dass es das Land mit dem besten Investorenschutz ist und eine besonders starke Corporate Governance herrscht (vgl. Bebchuk et al. 2008; LaPorta et al. 1998b und 2000; ausführlich Kap. 4 zu diversen Corporate Governance Mechanismen). Es wäre dann plausibel, dass in einem solchen Umfeld mit vagen Prinzipien eine gute Rechnungslegungsqualität möglich ist und in Ländern mit einer schwachen Corporate Governance Regeln besser funktionieren.

Trifft diese Annahme zu, ist das vom IASB angestrebte Ziel von weltweit vergleichbaren IFRS-Abschlüssen praktisch unerreichbar. So zeigen viele Umstellungsstudien auf die IFRS, dass die erwarteten positiven Folgen nahezu durchgängig nur dann auftraten, wenn zugleich ein effektives Enforcement installiert wurde (vgl. Hitz 2014, S. 284 ff. mit ausführlichem Literaturreview).

Die Erfahrungen der Enforcement-Instanzen DPR in Deutschland und BaFin sind hierfür Beispiele. Die von ihnen als Hauptursachen von Fehlern identifizierten Sachverhalte sind wiederum nicht direkt hilfreich, wenn es um die Vorziehenswürdigkeit von

Regeln oder Prinzipien geht. So wird die Komplexität der IFRS genannt (verursacht eventuell durch zu viele oder falsche Regeln), Auslegungsprobleme (zu wenig Regeln), bilanzpolitische Motive (zu wenig Regeln) und mangelnde Vertrautheit mit den IFRS (vgl. Hitz 2014, S. 283).

Gleichwohl wird man das vom Board derzeit proklamierte Vorgehen, ein konsistentes Rahmenkonzept mit möglichst klaren Zielvorgaben zu schaffen, um darauf aufbauend die Einzelstandards anzupassen und zu entwickeln, für sinnvoll halten können, um unliebsame Folgen wie in den USA zu vermeiden (vgl. Gassen und Günther 2014, S. 183 ff.).

1.5   Zusammenfassung

Das RK soll eine konsistente Basis für die Anwendung und vor allem die Weiterentwicklung der IFRS schaffen. Nach einer temporären Zusammenarbeit mit dem FASB wird nunmehr wieder eine unabhängigere Entwicklung vorangetrieben. Im DP 2013/1 hat der IASB sehr grundsätzliche Fragen zur Konzeption der Rechnungslegung aufgegriffen und zur Diskussion gestellt. Im darauf aufbauenden DP 2015/3 werden hingegen einige Themen nicht mehr oder sehr allgemein verankert.

So wird die Grundsatzfrage, ob die IFRS neben der Informationsaufgabe auch eine Koordinationsfunktion erfüllen sollen, nur unbefriedigend beantwortet. Dies ist deshalb besonders bedeutsam, weil beide Aufgaben unterschiedliche Anforderungen an Informationen nahelegen. Bezüglich der möglichen Vertragsfunktionen ist allerdings zu bedenken, dass der IASB es gar nicht steuern kann, für welche Zwecke IFRS-Abschlüsse tatsächlich neben der Information genutzt werden (Dividendenbemessung, Besteuerungsgrundlage, Vergütungssystem, aufsichtsrechtliche Funktionen etc.). Deshalb ist der Einfluss von Anreizen zur Beeinflussung von Abschlussinformationen aufgrund solcher zusätzlichen Zwecke nicht auszuschließen. Dies ändert nichts daran, dass eine Präzisierung und Gewichtung von Zielen (falls es mehrere geben soll) der Rechnungslegung sinnvoll wäre.

Selbst für die unumstrittene Informations- oder Bewertungsfunktion der IFRS-Rechnungslegung unterlässt es der IASB aber, klare Vorgaben zu machen. Dies betrifft die Frage, um welche Kapitalgeber es geht und es fehlt Wissen, welche Informationen sie benötigen. So gibt es keine umfassenden Befragungsstudien, um dies zu erheben oder explizite Bewertungsmodelle, aus denen sich solche Anforderungen ableiten ließen.

Entsprechend ist es problematisch, die qualitativen Anforderungen an die Rechnungslegung (Relevanz, Glaubwürdigkeit und Vergleichbarkeit) zu präzisieren, insbesondere, wenn sie zu konfliktären Folgen führen. Dies ist insbesondere für die Kriterien Relevanz und Glaubwürdigkeit oftmals möglich. Zur Auflösung dieses Spannungsfeldes gibt das RK keine Hinweise. Auf der Ebene der Einzelstandards lassen sich dann zwar Gewichtungen erkennen, aber diese führen gerade nicht zu einer verallgemeinerbaren Regel, sondern eher zu inkonsistenten Wertungen.

Für die angestrebte zeitliche und zwischenbetriebliche Vergleichbarkeit der Abschlüsse zeigen vor allen Dingen länderübergreifende Studien ein eher gemischtes Bild. Ursächlich ist vor allem, dass die supranationale IFRS-Rechnungslegung in nationale Rechts- und Kultursysteme eingebettet wird, sodass eine einheitliche Anwendung eher nicht zu erwarten ist. Einiges spricht dafür, dass es positive IFRS-Effekte vor allen Dingen dann gibt, wenn neben der IFRS-Einführung auch die rechtlichen Rahmenbedingungen (Enforcement, Corporate Governance) oder Marktbedingungen angepasst werden.

Die fehlende Grundsatzentscheidung, inwieweit die IFRS auch Koordinationsaufgaben erfüllen sollen, hat gravierende Folgen für die Bedeutung und inhaltliche Konkretisierung des Vorsichtsprinzips. Dieses wird im Schrifttum unterschiedlich interpretiert, wobei vor allem die Trennung in bedingte und unbedingte Vorsicht wichtig ist. Den jeweiligen Ausprägungen werden sehr unterschiedliche Vor- oder Nachteile nachgesagt. Wie diese zu gewichten sind, hängt vor allem davon ab, ob es primär um die Informations- oder Koordinationsfunktion der Rechnungslegung geht. Für so entscheidende Weichenstellungen wäre das RK meines Erachtens der richtige Ort. Das Ausweichen auf die Ebene von Einzelstandards fördert nicht das Vertrauen in eine konsistente Entwicklung der Rechnungslegungsstandards.

Der IASB hat sich zu einem prinzipienbasierten Rechnungslegungssystem bekannt. Problematisch ist jedoch, dass die dafür erforderlichen Grundsatzentscheidungen gerade nicht getroffen wurden. Auf der (eher technischen) Umsetzungsebene zeigt sich deshalb auch kein einheitliches Bild. Auch neuere IFRS weisen deutliche Merkmale eines eher regelbasierten Systems auf.

Im folgenden Kapitel geht es um weitere, eher grundsätzliche Fragestellungen, die zumindest potenziell im RK beantwortet werden könnten. Dies betrifft die Bedeutung der unterschiedlichen Berichtsinstrumente (Bilanz, GuV, Gesamtergebnisrechnung, Anhang etc.) und deren Verknüpfungen. Außerdem wird der Stellenwert nicht normierter Informationen untersucht (freiwillige Mehrpublizität). An einem besonders strittigen Fall, dem Fair value Accounting, wird abschließend untersucht, wie ein Zusammenspiel verschiedener Berichtsinstrumente zu einer relevanten und reliablen Rechnungslegung führen können.

Literatur

Agoglia, C. P./Doupnik, T. S./Tsakumis, G. T.: Principle-based versusRules-based Standards: The Influence of Standard Precision and Audit Committee Strength on Financial Reporting Decisions, WP 2011 (SSRN = 1275851), AR 2011, 747–767

Aharony, J./Bar-Niv, R./Falk, H.: The impact of mandatory IFRS adoption on equity valuation of accounting numbers for security investors in the EU, EAR 2010, 535–578

Ahmed, A. S./Duellman, S.: Managerial Overconfidence and Accounting Conservatism, JAR 2012, 1–30

Ahmed, A. S./Neel, M./Wang, D.: Does Mandatory Adoption of IFRS improve Accounting Quality? Preliminary Evidence. Working Paper 2012

Aier, J. K./Chen, L./Pevzner, M.: Debtholders' Demand for Conservatism: Evidence from Changes in Directors'Fiduciary Duties, Journal of Accounting Research 2014, 993–1027

Ajona, L. A./Dallo, F. L./Alegria, S. S.: Discretionary Accruals and Auditor Behaviour in Code-Law Contexts: An Application to Failing Spanish Firms, EAR 2008, 641–666

Ali, A./Hwang, L-S.: Country-Specifik Factors related to Financial Reporting and the Value Relevance of Accounting Data, JAR 2000, 1–21

Arbeitskreis Externe Unternehmensrechnung der Schmalenbach-Gesellschaft für Betriebswirtschaft e. V.: Nichtfinanzielle Leistungsindikatoren – Bedeutung für die Finanzberichterstattung, zfbf 2015, 235–258

Badia, M./Duro, M./Penalva, F./Ryan, S.: Conditionally Conservative Fair Value measurements, Working Paper 2015

Baetge, J./Kirsch, H.-J./Thiele, S.: Bilanzen, 13. Aufl. Düsseldorf 2014

BaFin – Welche Erkenntnisse liefert die empirische Rechnungslegungsforschung?, Der Konzern 2005, 265–272

Baker, H. K./Chinloy, P. (Hrsg.) Public Real Estate Markets and Investments, New York 2014

Balachandran, S./Mohanram, P.: Is the decline in value relevance of accounting driven by increased conservatism? Review of Accounting Studies 2011, 272–301

Balakrishnan, K./Watss, R./Zuo, L.: The Effect of Accounting Conservatism on Corporate Investment during the Global Financial Crisis, WP 2015

Ball, R./Li, X./Shivakumar, L.: Contractibility and transparency of financial statement information prepared under IFRS: Evidence from debt contracts around IFRS adoption, Working Paper 2015

Ballwieser, W.: IFRS-Rechnungslegung, 3. Aufl., München 2013

Ballwieser, W.: Ansätze und Ergebnisse einer ökonomischen Analyse des Rahmenkonzepts zur Rechnungslegung, ZfbF 2014, 451–476

Barker, R./Lennard, A./Nobes, C./Trombetta, M./Walton, P.: Response of the EAA Financial Reporting Standards Committee to the IASB Discussion Paper A Review of the Conceptional Framework for Financial Reporting, Accounting in Europe 2014, 149–184

Barlev, B./Haddad, J. R.: Harmonization, Comparability, and Fair Value Accounting, Journal of Accounting, Auditing and Finance 2007, 493–509

Barth, M. E.: Research, Standard Setting, and Global Financial Reporting, Foundations and Trends in Accounting 2007, 71–165

Barth, M. E./Beaver, W. H./Landsman, W. R.: The Relevance of the Value Relevance Literature for Financial Accounting Standard Setting: Another View, Working Paper 2001

Barth, M. E./Landsman, W. R./Lang, M./Williams, C.: Are IFRS-based and US GAAP-based Accounting Amounts Comparable?, Working Paper 2012 (=SSRN 1585404); Journal of Accounting and Economics 2012, 68–93

Bauer, A. M./O'Brien, P. C./Saeed, U.: Reliability makes Accounting Relevant: A Comment on the IASB Conceptual Framework Project, Accounting in Europe 2014, 211–217

Beasley, M. S./Carcello, J. V./Hermanson, D. R./Neal, T. L.: The Audit Committee Oversighz Process, Contemporary Accounting Research 2009, 65–122

Beaver, W. H./Correira, M./ Mc Nichols, M. F.: Do differences in financial reporting attributes impair the predictive ability of financial ratios for bankruptcy?, Review of Accounting Studies 2012, 969–1010

Bebchuk, L. A./Cohen, A./Ferrel, A.: What Matters in Corporate Governance?, Review of Financial Studies 2008, 783–827

Beinsen, B./Wagenhofer, A.: Das ambivalente Verhältnis des IASB zum Vorsichtsprinzip, IRZ 2013, 413–419

Beneish, M. D./Miller, B./Yohn, T. L.: The Impact of Financial Reporting on Equity versus Debt Markets: Macroeconomic Evidence from Mandatory IFRS Adoption, Working Paper 2012 (=SSRN 1403451)

Brüggemann, U./Hitz, J.-M./Sellhorn, T.: Intended and Unintended Consequences of Mandatory IFRS Adoption: A Review of Extant Evidence and Suggestions for Future Research, EAR 2013, 1–37

Brüggemann, U./Hitz, J.-M./Sellhorn, T.: Ökonomische Konsequenzen der verpflichtenden IFRS-Einführung in der EU, DB 2015, 1789–1794 und 1849–1855

Cahan, S. F./Liu, G./Sun, J.: Investor Protection, Income Smoothing, and Earnings Informativeness, Journal of International Accounting Research 2008, 1–24

Cairns, D./Massoudi, D./Taplin, R./Tarca, A.: IFRS fair value measurement and accounting policy choice in the United Kingdom and Australia, The British Accounting Review 2011, 1–21

Cascino, S./Clatworthy, M./Osma, B. G./Gassen, J./Imam, S./Jeanjean, T.: Who Uses Financial Reports and for What Purpose? Evidence from Capital Providers, Accounting in Europe 2014, 185–209

Cascino, S./Gassen, J.: Comparability Effects of Mandatory IFRS Adoption, Working Paper 2011 (SSRN: http://ssrn.com/abstract=1402206)

Cascino, S./Gassen, J.: What drives the Comparability Effect of Mandatory IFRS Adoption?, Review of Accounting Studies 2015, 242–282

Cecchini, M./Jackson, S. B./Liu, X.: Do initial public offering firms manage accruals? Evidence from individual accounts, Review of Accounting Studies 2012, 22–40

Cedergren, M./Lev, B./Zarowin, P.: SFAS 142, Conditional Conservatism, and Acquisition Profitability and Risk, Working Paper 2015

Chang, X./Hilary, G./Kang, J.-K./Zhang, W.: Does Accounting Conservatism Impede Corporate Innovation?, Working Paper 2013

Chen, H./Tang, Q./Jiang, Y./Lin, Z.: The Role of International Financial Reporting Standards in Accounting Quality: Evidence from the European Union, Journal of International Financial Management and Accounting 2010, 220–278

Christensen, H. B./Hail, L./Leuz, C.: Mandatory IFRS Reporting and Changes in Enforcement, Working Paper 11/2013

Christensen, H. B./Lee, E./Walker, M.: Incentives or standards: What determines accounting quality changes around IFRS adoption, Eauropean Accounting Review 2015, 31–61

Christensen, H. B./Nikolaev, V. V.: Does fair value accounting for non-financial assets pass the market test? Review of Accounting Studies 2013, 734–775

Clor-Proell, S. M./Maines, L. A.: The Impact of Recognition Versus Disclosure on Financial Information: A Preparer's Perspective, Journal of Accounting Research 2014, 671–701

Coenenberg, A. G./ Haller, A./Schultze, W.: Jahresabschluss und Jahresabschlussanalyse, 23. Aufl., Stuttgart 2014

Daske, H./Hail, L./Leuz, C./Verdi, R.: Adopting a Label: Heterogeneity in the Economic Consequences of IFRS Adoptions, The University of Chicago Graduate Working School of Business, Working Paper No. 5 (April 2007)

Devalle, A./Onali, E./Magarini, R.: Assesssing the Value Relevance of Accounting Data after the Introduction of IFRS in Europe, Journal of International Financial Management and Accounting 2010, 85–119

Dhaliwal, D./Huang, S. X./Khurana, I. K./Pereira, R.: Product Market Competition and Conditional Conservatism, Review of Accounting Studies 2015, 470–500

Dinh, T./Seitz, B.: "Vorsicht" in den IFRS am Beispiel von IFRS 9, IRZ 2015, 145–150

Dobler, M.: Stolpersteine auf dem Weg zu branchenspezifischen IFRS, FS Ballwieser 2014, 73–94

Donelson, D. C./McInnis, J. M./Mergenthaler, R. D.: Rules-Based Accounting Standards and Litigation, Accounting Review 2012, 1247–1279

Donelson, D. C./McInnis, J. M./Mergenthaler, R. D.: Explaining Rules-based Characteristics in U.S.GAAP: Theories and Evidence, Working Paper 7/2013

Doukakis, L. C.: The effect of mandatory IFRS adoption on real and accrual-based earnings management activities, Journal of Accounting and Public Policy 2014, 551–572

Dücker, H.: Institutionelle Änderungen und die Ergebnisqualität von Finanzberichten deutscher Unternehmen, Frankfurt a. M. u. a. 2009

Dyreng, S. D./Vashishtha, R./Weber, J.: Direct Evidence on the Informational Properties of Earnings in Loan Contracts, Working Paper 7/2015

EFRAG: Getting a Better Framework. Prudence. Bulletin, April 2013 (b)

Epstein, B. J./Jermakowicz, E. K.: IFRS, Wiley 2010

Ettredge, M./Huang, Y./Zhang, W.: Earnings restatement and differential timeliness of accounting conservatism, Journal of Accounting and Economics 2012, 489–503

Fischer, F.: Der Zusammenhang zwischen Rechnungslegung und Ausschüttungsbemessung, Frankfurt a. M. 2011

Folsom, D./Hribar, P./Mergenthaler, R. D./Peterson, K.: Principles-Based Standards and Earnings Attributes, Working Paper 2012

Garcia Lara, J. M./Garcia Osma, B./Penalva, F.: Accounting Conservatism and corporate governance, Review of Accounting Studies 2009, 161–201

Garcia Lara, J. M./Garcia Osma, B./Penalva, F.: Information Consequences of Accounting Conservatism, European Accounting Review 2014, 173–198

Gassen, J./Günther, J.: Evidenzbasierte Rechnungslegungsregulierung, FS Ballwieser 2014, 183–199

Gigler, F./Kanodia, C./Sapra, H./Venugopalan, R.: Accounting Conservatism and the Efficiency of Debt Contracts, Journal of Accounting Research 2009, 767–797 (SSRN=1161267)

Gopalan, R./Jayaraman, S.: Private Control Benefits and Earnings Management: Evidence from Insider Controlled Firms, Journal of Accounting Research 2012, 117–157

Gow, I. D./Taylor, D. J./Verrecchia, R. E.: Disclosure and the Cost of Capital: Evidence of Information Complementaries, Working Paper 3/2011

Graham, J.R./Harvey, C. R./Rajgopal, S.: The Economic Implications of Corporate Financial Reporting, Journal of Accounting and Economics 2005, 3–73

Gros, M.: Rechnungslegung in Deutschland und den USA, Wiesbaden 2010

Gross, C./Königsgruber, R.: What you measure is what you get: The effects of Accounting Standards Effects Studies, Accounting in Europe 2012, 171–190

Grüning, M.: Publizität börsennotierter Unternehmen, Wiesbaden 2011

Haller, A./Durchschein: Entwicklung und Ausgestaltung der Prüfung von nach GRI-Normen erstellten Nachhaltigkeitsberichten in Deutschland, KoR 2016, 188–196

Heflin, F./Hsu, C./Jin, Q.: Accounting Conservatism and Street Earnings, Review of Accounting Studies 2015, 674–709

Heintges, S./Hoffmann, T./Usinger, R.: IFRS 15: Spagat zwischen rechtlicher und wirtschaftlicher Sicht der Umsatzrealisierung – Erfahrungen aus der Anwendung, WPg 2015, 570–583

Helpenstein, T.: Die Entscheidungsrelevanz von Managementprognosen, Wiesbaden 2014

Hitz, J-M.: Enforcement der International Financial Reporting Standards in Deutschland und Europa, FS Ballwieser 2014, 271–300

Hribar,P./McInnis, J.: Investor Sentiment and Analysts'Earnings Forecast Errors, Management Science 2012, 293–307

ICAEW: The effects of mandatory IFRS adoption in the EU: a review of empirical research, 2015

IFRS Foundation: Due Process Handbook, 2/2013

Jayaraman, S.: The effect of enforcement on timely loss recognition: Evidence from insider trading laws, Journal of Accounting and Economics 2012, 77–97

Jeanjean, T./Stolowy, H.: Do accounting standards matter? An exploratory analysis of earnings-management before and after IFRS adoption, Journal of Accounting and Public Policy 2008, 480–494

Keung, E./Lin, Z.-X./Shih, M.: Does the Stock Market See a Zero or Small Positive Earnings Surprise as a Red Flag?, Journal of Accounting Research 2010, 105–135

Khan, M./Watts, R. L.: Estimation and empirical properties of a firm-year measure of accounting conservatism, Journal of Accounting and Economics 2009, 132–150

Kim, J-B./Zhang, L.: Accounting Conservatism and Stock Price Cash Risk: Firm-level Evidence, Working Paper 2015 (SSRN= 1521345)

Kim, S. J.: Accounting Conservatism and Corporate Reporting in a High Information Asymmetry Environment: Analysis of Initial Stock Offering Firms, Dissertation 2014

Kirchner, C.: "Freiwillige Publizität": ökonomische und wirtschaftliche Aspekte, FS Ballwieser 2014, 423–437

Königsgruber, R./Windisch, D.: Unternehmenspolitik einmal anders: Die Auswirkungen von political connections auf Finanzmärkte und Rechnungslegung, WiSt 2014, 162–164

Kothari, S. P./Ramanna, K./Skinner, D. J.: Implications for GAAP from an analysis of positive research in accounting, Journal of Accounting and Economics 2010, 246–286

Kravet, T. D.: Accounting conservatism and managerial risk-taking: Corporate Aquisitions, Journal of Accounting and Economics 2014, 218–240

Kühnberger, M.: Der Ertragswert nach ImmoWertVO als fair value i.S.von IAS 40?, KoR 2012, 217–223

Kühnberger, M.: Fair Value Accounting, Bilanzpolitik und die Qualität von IFRS-Abschlüssen. Ein Überblick über ausgewählte Aspekte der Fair Value-Bewertung, zfbf 2014, 428–450

Kühnberger, M.: Corporate Governance in der kapitalmarktorientierten Rechnungslegungsforschung, in: Fritz/Herzberg/Kühnberger(Hrsg.), FS für Jürgen Keßler, Hamburg 2015 (a), 211–240.

Kühnberger, M.: Theoretische und empirische Aspekte der Anwendung von Kapitalstrukturtheorien bei Immobilienunternehmen, Corporate Finance 2015 (b), 231–241.

Kuhner, C.: Auf dem Weg zur Prinzipienbasierung der kapitalmarktorientierten Rechnungslegung, WPg 2004, 261–271

Kuhner, C.: Prozesse und Institutionen zur Kontrolle der periodischen Berichterstattung im deutschen Unternehmensrecht, ZGR 2010, 980–1022

Küting, U.: Rückstellungsbilanzierung nach HGB und IFRS, Frankfurt a. M. 2011

Kvaal, E./Nobes, C.: IFRS Policy Changes and the Continuation of National Patterns of IFRS Practice, European Accounting Review 2012, 343–371

LaFond, R./Roychowdhury, S.: Managerial Ownership and Accounting Conservatism, Journal of Accounting Research 2008, 101–135

LaFond, R./Watts, R. L.: The Information Role of Conservatism, Accounting Review 2008, 447–478; Working Paper 2007 (SSRN=921619)

Lambert, R.: Discussion of "Implications for GAAP from an analysis of positive research in accounting", Journal of Accounting and Economics 2010, 287–295

Lang, M. H./Maffet, M. G./Owens, E. L.: Earnings Comovement and Accounting Comparability: The Effects of Mandatory IFRS Adoption, Working Paper 2010 (= SSRN 1676937)

LaPorta, R./Lopez-de-Silanes,F./Shleifer, A./Vishny, R.: Law and Finance, Journal of Political Economy 1998 (b), 1113–1155

LaPorta, R./Lopez-de-Silanes,F./Shleifer, A./Vishny, R.: Investor Protection and Corporate Governance, Journal of Financial Economics 2000, 3–27

Lawrence; A./Sloan, R./ Sun, Y.: Non-Discretionary Conservatism: Evidence and Implications, Working Paper 2013

Leuz, C.: Different Approaches to Corporate Reporting Regulation: How Jusidictions Differ and Why, Accounting and Business Research 2010, 229–256 (= SSRN 1581472)

Leuz, C./Triantis, A./Wang, T.: Why Do Go Firms Dark? Causes and Economic Consequences of Voluntary SEC Deregistrations, Journal of Accounting and Economics 2008, 181–208

Liao, Q./Sellhorn, T./Skaife, H. A.: The Cross-Country Comparability of IFRS Earnings and Book Values: Evidence from France and Germany, Journal of International Accounting Research 2012,155–184

Lin, S./Riccardi, W./Wang, C.: Does accounting quality change following a switch from U.S.GAAP to IFRS? Evidence from Germany, Journal of Accounting and Public Policy 2012, 641–657

Liow, K. H.: Firm Value, Profitability and Capital Structure of listed Real Estate Companies: an international Perspective, Journal of Property Research 2010, 119–146

Lopatta, K./Kaspereit, T./Jaeschke, R./Stockem, G.:The Effect oft he German Accounting Law Modernization Act (BilMoG) on the Earnings Quality of Private Firms, CF (Law) 2009, 234–242

Lüdenbach, N./Hoffmann, W.-D.: Vom Principle-based zum Objektive-oriented Accounting, KoR 2003, 387–398

Mak, C. Y./Strong, N./Walker, M.: Conditional Earnings Conservatism and Corporate Refogusing Activities, Journal of Accounting Research 2011, 1041–1082

Manganaris, P./Floropoulos, J./Smaragdi, I.: Conservatism and Value Relevance: Evidence from the European Financial Sector, American Journal of Economics and Business Administration 2011, 254–264

Merchant, K. A./Van der Stede, W. A.: Management Control Systems, 3. Aufl., Harlow 2012

Moxter, A.: Bilanzlehre, Bd. 1: Einführung in die Bilanztheorie, 3. Aufl., Wiesbaden 1984

Moxter, A.: Bilanzlehre, Bd. 2: Einführung in das neue Bilanzrecht, 3. Aufl., Wiesbaden 1986

Moxter, A.: Bilanzrechtsprechung, 6. Aufl., Tübingen 2007

Muller III, K. A./Riedl, E. J./Sellhorn, T.: Mandatory Fair Value Accounting and Information Asymmetry: Evidence from the European Real Estate Industry, Management Science, 2011, 1138–1153

Najderek, A.: Harmonisierung des europäischen Bilanzrechts, Wiesbaden 2009

Nikolaev, V. V.: Debt Covenants and Accounting Conservatism, JAR 2010, 137–175

Nini, G./Smith, D. C./Sufi, A.: Creditor Control Rights, Corporate Governance, and Firm Value, WP 2011 (SSRN = 1344302), Review of Financial Studies 2012, 1713–1761

Paanen, M./Lin, H.: The Development of Accounting Quality of IAS and IFRS over Time: The Case of Germany, Journal of International Accounting Research 2009, 31–55

Pellens, B./Gassen, J./Richard, M.: Ausschüttungspolitik börsennotierter Unternehmen in Deutschland, DBW 2003, 309–332

Pellens, B./Fülbier, R. U./Gassen, J./Sellhorn, T.: Internationale Rechnungslegung, 9. Aufl., Stuttgart 2014 (b)

Pellens, B./Schmidt, A.: Verhalten und Präferenzen deutscher Aktionäre, Frankfurt a. M., 1. Aufl. 2014

Peng, E. Y.: Accruals Quality and the incentive contracting role of earnings, Journal of Accounting and Public Policy 2011, 460–480

Piot, C./Janin, R.: External Auditors, Audit Committees and Earnings Management in France, EAR 2007, 429–454

Poscher, R.: Ambiguity and Vagueness in Legal Interpretation, Working Paper 2011 (SSRN = 1651465)

Ramalingegowda, S./Yu, Y.: Institutional Ownership and conservatism, Journal of Accounting and Economics 2012, 98–114

Ramnath, S./Rock, S./Shane, P.: The financial analyst forecasting literature: A taxonomy with suggestions for further research, International Journal of Forecasting 2008, 34–75

Roychowdhury, S./Martin, X.: Understanding discretion in conservatism: An alternative viewpoint, Journal of Accounting and Economics 2013, 134–146

Scheffler, E./Zempel, I.: Enforcement der Rechnungslegung, in: Beck'sches Handbuch der Rechnungslegung (B 620), München, Stand 11/2012

Schildbach, T.: Fair Value Accounting. Konzeptionelle Inkonsistenzen und Schlussfolgerungen für die Rechnungslegung, München 2015

Schneider, U.: Kapitalmarktrecht – Principle-based- oder Rules-based Regulation, FS Gruson, 2009, 369–378

Schoo, L.: Umsatzrealisierung nach IFRS: Entscheidungsnützlichkeit der Regelungen des Revenue-Recognition-Projektes versus der geltenden Regeln, Lohmar u. a. 2013

Schrand, C. M./Zechman, S. L. C.: Executive overconfidence and the slippery slope to financial misreporting, Journal of Accounting and Economics 2012, 311–329

Schubert, W. J.: Kommentierung § 253 HGB in Beck´scher Bilanz-Kommentar, 9. Aufl. München 2014

Schurbohm-Ebneth, A./Viemann, K.: Die Anwendung des IFRS 15 in der Automobilindustrie, KoR 2015, 181–190

Shroff, N.:Managerial Investment and Changes in GAAP: Internal Consequence of External Reporting, Dissertation 2011

Tan, L.: Creditor Control Rights, State of Nature Verification, and Financial Reporting Conservatism, WP 2011 (SSRN = 1905701), Journal of Accounting and Economics 2013, 1–22

Van Mourik, C.: Fundamental Issues in Financial Accounting and Reporting Theory, in: Van Mourik, C./Walton, P. (Hrsg.): The Routledge Companion to Accounting, Reporting and Regulation 2014 (a), 54–71

Vasvari, F. P.: Discussion of "Hedge commitments and agency costs of debt: evidence from interest rate protection covenants and accounting conservatism", Review of Accounting Studies 2012, 739–748

Wagenhofer, A.: Internationale Rechnungslegungsstandards – IAS/IFRS, 6. Aufl., München 2009

Wagenhofer, A.: Vorsichtige Rechnungslegung und Informationsgehalt, ZfB 2012, 1367–1387

Wagenhofer, A.: Ökonomische Forschung in der Rechnungslegung: eine Zwischenbilanz, in: FS Ballwieser 2014 (a), 897–915

Wagenhofer, A.: Global Convergence of Accounting Standards, in: Van Mourik, C./Walton, P. (Hrsg.): The Routledge Companion to Accounting, Reporting and Regulation 2014 (c), 246–264

Wagenhofer, A.: Nun doch wieder ein Vorsichtsprinzip in den IFRS? IRZ 2014 (d), 265–266

Wagenhofer, A./Ewert, R.: Externe Unternehmensrechnung, 3. Aufl., Berlin u. a. 2015

Walla, F.: Rechtssetzungsverfahren und Regulierungsstrategien, in: Veil (Hrsg.): Europäisches Kapitalmarktrecht, 2. Aufl. 2014, 37–58

Watrin, C. Münchener Kommentar zum Bilanzrecht, Bd 1: IFRS, Einführung, München 2009

Watts, R. L.: Conservatism in Accounting Part I: Explanations and Implications, Working Paper 2003 (a) (SSRN= 414522)

Watts, R. L.: Conservatism in Accounting Part II: Evidence and Research Opportunities, Working Paper 2003 (b) (SSRN=438662)

Wilkens, T.: „Comparative Value Relevance Studies: Country Differences versus Specification Effects" by Stefan Veith and Jorg R. Werner, The Journal of International Accounting 2014 (b), 331–334

Witzleben, A.: Anreiz- und Entscheidungsnützlichkeit der bedingten Vorsicht, Frankfurt a. M. u. a. 2013

Wundenberg, M.: Compliance und die prinzipiengeleitete Aufsicht über Bankengruppen, Tübingen 2012

Wundenberg, M.: Organisatorische Anforderungen, in: Veil (Hrsg.): Europäisches Kapitalmarktrecht, 2. Aufl. 2014, 605–652

Wüstemann, J./Kierzek, S.: Normative Bilanztheorie und Grundsätze ordnungsmäßiger Gewinnrealisierung für Mehrkomponentenverträge, ZfbF 2007, 882–913

Wüstemann, J./Wüstemann, S.: Grundsätze für die Erfassung von Umsatzerlösen aus Verträgen mit Kunden – IFRS 15 "Revenues from Contracts with Customers", WPg 2014, 929–937

Yip, R. W. Y./Young, D.: Does mandatory IFRS Adoption Improve Information Comparability? The Accounting Review 2012, 1767–1789

Zeff, S. A.: The Objectives of Financial Reporting: A Historical Survey and Analysis, WP 1/2013

Kapitelübersicht

Obwohl die IFRS keine eindeutige Zielpräferenz formulieren und die Gewichtung der verschiedenen qualitativen Merkmale wie Relevanz, Zuverlässigkeit und der Stellenwert des Vorsichtsprinzips nicht eindeutig ist, stellt sich die Frage, welche Bedeutung den diversen Bestandteilen der Rechnungslegung zukommt. In der Literatur wird immer häufiger die Ansicht vertreten, dass IASB und FASB einen bilanzorientierten Asset Liability Ansatz verfolgen. Als Argument wird vor allem das immer wichtiger werdende Fair Value Accounting angeführt.

Im ersten Abschnitt geht es darum, ob eine solche Zielsetzung des Board tatsächlich nachzuweisen ist und welche Folgen dies für die Erfolgsrechnung hat, wobei die Aufgliederungsmöglichkeiten der Erfolge wichtig sind, derzeit vor allem in die GuV und das OCI.

Ist der Kapitalmarkt informationseffizient in einem halbstrengen Sinne, werden alle öffentlich verfügbaren Informationen im Börsenkurs eingepreist. Der Realitätsgehalt dieser Annahme ist zwar nicht unumstritten, aber sie wird doch überwiegend für plausibel gehalten, zumindest wenn es um längere Zeiträume geht. Unter diesen Umständen würde es zunächst keine Rolle spielen, ob Informationen in der Bilanz oder „nur" im Anhang offengelegt werden, ob ein Posten in der GuV oder im OCI abgebildet wird usw. Ob dies plausibel und empirisch abgesichert wird, ist im zweiten Abschnitt dargestellt.

In der empirischen Forschung werden in der Regel Daten aus Konzernabschlüssen ausgewertet. Die praktische Nutzbarkeit ist durch zwei Faktoren eingeschränkt. Zum einen knüpfen Rechtsansprüche und Ähnliches an die Beziehung zu einzelnen Konzerngliedern an und nicht den Konzern. Dieser hat selbst keine Rechtspersönlichkeit und wird für die Rechnungslegung durch ermessensbehaftete und im Zeitablauf immer wieder veränderte Abgrenzungsregeln definiert. Ob ein Konzern als Dispositions- und Haftungseinheit angesehen werden kann wie ein einzelnes Unternehmen, ist demnach

© Springer Fachmedien Wiesbaden GmbH 2017
M. Kühnberger, *Kapitalmarktorientierte Rechnungslegung*,
DOI 10.1007/978-3-658-13205-7_2

zweifelhaft. Insbesondere ist die Beziehung zwischen den Konzernabschlussdaten und dem Börsenkurs der Muttergesellschaft deshalb fragwürdig. Ein zweites Grundproblem besteht darin, dass die Rechnungslegung durch Bilanzpolitik beeinflusst werden kann. Die Randbedingungen für bilanzpolitische Ziele hängen vom institutionellen Umfeld und Firmenmerkmalen ab, sodass sehr unterschiedliche Strategien zu erwarten sind. Diesen Aspekten wird im dritten Abschnitt nachgegangen.

Sind Abschlüsse durch Bilanzpolitik mehr oder weniger beeinflussbar, so bedeutet dies, dass das Management die Möglichkeit hat, die Informationsqualität durch die Offenlegung privaten Wissens zu verbessern (Informations-Hypothese) oder im Hinblick auf eigene Ziele zu verschlechtern (Opportunismus-Hypothese). Da es weltweit üblich ist, dass große Unternehmen die Pflichtbestandteile der Rechnungslegung um freiwillige Informationen anreichern (insbesondere in Form von Pro-forma-Größen), wird im vierten Abschnitt untersucht, warum dies so ist und ob dies positiv einzuschätzen ist. Auch die Frage, ob eine Normierung zweckmäßig ist, wird diskutiert.

Im letzten Abschnitt wird das Themenfeld Fair Value Accounting aufgegriffen. Dieses spaltet Wissenschaft und Praxis wie kaum ein anderes Rechnungslegungsthema. Nahezu alle Grundsatzfragen der Rechnungslegung werden durch die Entscheidung für oder gegen Fair Values berührt. Dies betrifft die Eignung für Informations- und Koordinationszwecke, die Bedeutung der Anforderungen Relevanz und Zuverlässigkeit, die Folgen für Vergleichbarkeit und Vorsicht, sowie Folgen für die Erfolgsdarstellung. Da mögliche Defizite von Fair Values theoretisch auch durch private Informationen und Anhangangaben kompensiert werden könnten, sollen diese Möglichkeiten nachgezeichnet werden.

2.1   Asset Liability Approach und Bedeutung der Erfolgsrechnung

2.1.1   Gibt es eine erkennbare Präferenz des IASB für die Bilanz?

Sollen IFRS-Abschlüsse Investoren bei der Bewertungsfunktion unterstützen, stellt sich die Frage, welche Informationen und welche Informationsinstrumente hierfür besonders wichtig sind. Sollen Abschlüsse zugleich die Koordinationsfunktion erfüllen, ist auch hierfür zu bestimmen, welche Informationen dazu hilfreich oder notwendig sind.

Hieraus resultieren einige Problemfelder:

1. Stehen Bilanz, GuV, Gesamtergebnisrechnung oder auch die Kapitalflussrechnung (KFR) im Zentrum? Welche Beziehungen bestehen zwischen diesen Bestandteilen? Welche Rolle spielt dabei der Anhang (Notes)? Hier geht es primär um die Frage, ob die Bilanz oder die Erfolgsrechnung Priorität hat (Asset Liability versus Revenue Expense Approach). Die relative Bedeutung von Gewinnen und Cashflows wird in Abschn. 3.2, 3.3 und 5.3.2 näher beleuchtet.

2. Können solche Fragen hintan gestellt werden, weil der Kapitalmarkt informationseffizient im halbstrengen Sinne ist und deshalb sämtliche öffentlich verfügbaren Informationen verarbeitet? Dann spielen die Art und der Ort der Informationsvermittlung keine Rolle, insbesondere ist es unwichtig, ob ein Sachverhalt zu einem Bilanzansatz oder nur zu einer Anhangangabe führt (Disclosure versus Recognition).

Vielfach wird unterstellt, dass IASB (und FASB) den Asset Liability Approach präferieren und deshalb die Bilanz als primäres Informationsinstrument anzusehen ist. Dabei wird dies im Allgemeinen mit der zunehmenden Bedeutung von Fair Values für Bilanzposten begründet und der Tatsache, dass im Rahmenkonzept eine definitorische Reihenfolge vorgegeben wird. Entsprechend wäre die Relevanz der Erfolgsrechnung (Revenue Expense Approach) rückläufig (vgl. Brouwer et al. 2014; Kühnberger 2014 mit weiteren Nachweisen). Die hinter diesen Konzepten stehenden Diskussionen haben (historisch) viel Ähnlichkeit mit der in Deutschland geführten Debatte zur statischen und dynamischen Bilanztheorie.

Mit dem Asset Liability Approach sollte ursprünglich das Konzept des ökonomischen Gewinns auf die Rechnungslegung übertragen werden. Assets oder Vermögenswerte stellen künftige Nutzenpotenziale dar (erwartete Cash-Inflows) und Liabilities oder Schulden künftige Cash-Outflows. Der Net Asset Value, also das Reinvermögen (Eigenkapital), zeigt dann den Wert des Unternehmens. Er wird im Abschn. 5.2.2 für Immobilien AG nochmals ausführlich aufgegriffen, da er in dieser Branche Besonderheiten aufweist und große Bedeutung erlangt hat. Dieses Konzept setzt voraus, dass auch wenig greifbare, nur unzuverlässig bewertbare Bilanzposten vollständig anzusetzen wären, damit zukunftsbezogene, entscheidungsrelevante Informationen bereitgestellt werden. Der Revenue Expense Approach zielt darauf ab, den Erfolg des abgelaufenen Geschäftsjahres zuverlässig und objektiviert abzubilden, die Bilanz enthält dann neben Vermögens- und Schuldposten auch reine Abgrenzungsposten, sogenannte Deferrels (vgl. Gros 2010, S. 8 ff.).

Auf den ersten Blick könnte eine umfassende Fair-Value-Bilanz als Speicher künftiger Zahlungen tatsächlich der Bewertungsfunktion dienen. Allerdings enthält das aktuelle RK auch deutliche Hinweise darauf, dass dies nicht der Sicht des Board entspricht. So wird explizit darauf verwiesen, dass die Fülle an Annahmen und Schätzungen, die für die Abschlusserstellung unvermeidbar sind, es notwendig machen, dass Nutzer den Anhang (Notes) auswerten müssen, um den Abschluss zu verstehen. Zudem wird behauptet, dass Gewinne auf der Basis von Periodenabgrenzungen (Accruals) die beste Basis liefern, um künftige Cashflows schätzen zu können (OB 17 f.). Ob dies plausibel ist und empirisch bestätigt wird, wird ausführlich in Abschn. 5.3 abgehandelt. Ergänzend wird es für zweckmäßig erachtet, eine Erfolgsquellenanalyse vorzunehmen, um nachhaltige Erfolge identifizieren zu können (RK 4.27). Unabhängig davon, ob diese Aussagen zutreffend sind oder nicht, sind sie kaum als Ausfluss einer Bilanzorientierung zu sehen.

Im DP 2013/1 ist die Bilanzorientierung meines Erachtens auch nicht direkt erkennbar, zumindest gibt es schwer deutbare Aussagen. So wird zunächst ausgeführt: „Users need that information (die Bilanz, M. K.) to assess the entity's prospects for future net cash inflows" (Tz. 2.6). Ergänzend heißt es dann, dass diese Bilanzposten und deren Änderungen „also helps users of financial statements to assess how efficiently and effectively the entity's management and governing board have discharged their responsibilities to use the entity's resources" (Tz. 2.7).

Diese Ausführungen sind in zweierlei Hinsicht irritierend. So knüpft Tz. 2.7 offenbar an die Stewardship Function an und unterstellt, dass die Änderungen von Bilanzposten die Leistung des Managements spiegeln. Dies ist wenig überzeugend, wie unten noch näher begründet wird. Demgegenüber soll die Bilanz scheinbar die künftigen Zahlungsströme zeigen, also der Bewertungsfunktion der Rechnungslegung genügen. Dies würde aber Bilanzansatz- und Bewertungsvorgaben erfordern, die weder derzeit durch die IFRS realisiert werden, noch geplant sind.

Ein umfassender Speicher aller erwarteten künftigen Zahlungen müsste jedenfalls auch den Goodwill enthalten und zwar unabhängig davon, ob er selbst geschaffen oder gekauft wurde. Ob ein passiver Unterschiedsbetrag bei einem Unternehmenskauf dann als Badwill darzustellen wäre, ist diskutierbar. Die Erfassung als Ertrag, wie derzeit nach IFRS 3, wäre jedenfalls nicht zutreffend. Klären müsste man dann auch, ob ein Aktivsaldo aus einer Nettobilanzierung von Pensionsverpflichtungen ein Vermögenswert ist oder nicht und latente Steuern müssten wie jeder andere Bilanzposten (also mit abgezinsten Beträgen) gezeigt werden. Es dürfte auch keine Restriktionen für bestimmte immaterielle Werte wie selbst erstellte Marken etc. geben und sämtliche Posten wären mit Zeitwerten anzusetzen. Es ist kaum anzunehmen dass der Board so naiv ist, die Bilanz in einem solchen Sinne anzustreben oder der insoweit derzeit abweichenden Bilanz die direkte Bewertungsfunktion zuzuschreiben.

Zusätzlich definiert das DP erstmals sogenannte „primary statements", also besonders wichtige Berichtsinstrumente: Bilanz, GuV, Gesamtergebnisrechnung, Eigenkapitalspiegel und KFR. Praktisch entfällt damit nur der Anhang samt Segmentbericht, eine nicht näher begründete Auswahl. Diese primären Berichtsinstrumente sollen unterschiedliche Facetten des Unternehmens zeigen und: „No primary financial statement has primacy over the other primary statements and they should be looked at together" (Tz. 7.31). Im ED/2015/3 (BC 7.5) wurde diese Position wieder aufgegeben und darauf verwiesen, dass die verschiedenen Berichtsinstrumente und deren unterschiedliche Ziele besser in anderen Projekten abgehandelt werden („Performance Reporting Project" und „Disclosure Initiative").

Aus den Ausführungen des Board könnte man allerdings folgern, dass die verschiedenen Berichtsinstrumente eventuell verschiedenen Aufgaben dienen sollen oder können. Dann stellt sich natürlich die Frage, wie das Zusammenwirken aussehen soll. Beginnt man mit der Bilanz, so ist es vorab notwendig zu definieren, was Vermögenswerte und Schulden sind (das Eigenkapital ergäbe sich schlicht als Saldo, eine eigenständige Definition wäre gar nicht erforderlich). Hierfür wird im DP 2013/1 sehr viel Raum verwendet, wobei neue Begriffsabgrenzungen geplant sind. Im ED 2015/3 (Tz. 6.78) zieht sich der Board wieder auf die Position zurück, dass Eigenkapital ein schlichtes Residuum ist, das keiner eigenständigen Bewertung unterliegt. Die weiterhin sehr strittige Frage, wie Eigen- und Fremdkapital zu unterscheiden ist, soll zunächst in einem anderen Projekt bearbeitet werden (BC 4.101 ff.). Dieses Vorgehen der Nicht-Entscheidung im Rahmenkonzept (für eine ganze Reihe grundsätzlicher Fragen) ist nicht unkritisch. So haben Kommentatoren es ausdrücklich begrüßt, dass die Überarbeitung des Rahmenkonzeptes nicht in mehrere Phasen zerlegt wird (BC IN.16). Dies ist verständlich, da permanente Anpassungen der grundsätzlichen Richtlinien kaum eine geeignete Basis für die Weiterentwicklung der Einzelstandards sind. Die Verlagerung von Fragen in andere Projekte kommt einer phasenweisen Bearbeitung gleich.

Vermögenswerte (Assets) sind nach dem neuen Konzept dann keine Ressourcen mehr, sondern Rechte und eine Mindestwahrscheinlichkeit für Nutzenzuflüsse ist nicht mehr vorausgesetzt; diese Unsicherheit wird auf der Bewertungsebene berücksichtigt (vgl. Schmidt und Blecher 2015). Was Aufwand und Ertrag ist, wird im Weiteren als Änderung von Vermögenswerten oder Schulden definiert (Tz. 2.11 ff.). Aus dieser Reihenfolge wird oftmals gefolgert, dass der Board den Asset Liability Approach präferiert, die Erfolgsrechnung stellt eine Art „Mülleimer" dar (vgl. Barker et al. 2014).

Alternativ könnte man vorab Erträge und Aufwendungen definieren, als Eigenkapitaländerungen infolge positiver oder negativer Erfolgsbeiträge einer Periode. Dazu wären Zuordnungsregeln notwendig, die festlegen, wann welche Erträge und Aufwendungen zu buchen sind (zum Beispiel Realisations- und Matching Principle; vgl. Schoo 2013, S. 16 f.). Tatsächlich könnte die Vorgehensweise des Board auch pragmatisch begründet sein. Es ist womöglich einfacher, die Bilanzposten allgemein zu definieren als Vorgaben von Periodisierungsregeln auszuformulieren (vgl. Cairns 2014).

Akzeptiert man, dass der Board jedenfalls kein „reines" Konzept anstrebt, so könnte man gleichwohl eine Präferenz verlautbaren und sich zum Beispiel für den Asset Liability Approach entscheiden. In der Literatur wurde verschiedentlich darauf hingewiesen, dass mit der Bilanzorientierung eine Fair-Value-Bewertung einhergehe und mit dem Revenue Expense Approach das Anschaffungskostenmodell (vgl. Schoo 2013, S. 16 f.). Die EFRAG hat zu Recht darauf hingewiesen, dass die Priorität eines Berichtsinstrumentes nicht ein bestimmtes Bewertungskonzept präjudiziert (vgl. EFRAG 2013a, Tz. 23 ff.). So wird die Frage, ob Bilanzposten mit den Anschaffungskosten oder dem Fair Value bewertet werden sollen, eher davon bestimmt, ob es um die Bewertungs- oder die Koordinationsfunktion des Abschlusses geht, welchen Stellenwert Reliabilität und Vorsichtsprinzip haben, etc.

Zumindest theoretisch wäre eine Art Arbeitsteilung denkbar: in der Bilanz werden alle Vermögenswerte und Schulden mit dem Fair Value angesetzt, sie zeigen die erwarteten Cashflows. Die GuV enthält alle Erträge und Aufwendungen, die geeignet sind, die Leistung des Managements zu messen (vgl. Kothari et al. 2010), andere Erfolge werden im sogenannten Other Comprehensive Income (OCI, sonstiges Ergebnis) erfasst. Ob diese Erfolge nur „geparkt" werden und später über die GuV zu recyceln sind oder nicht, wäre zusätzlich festzulegen. Neben der Beurteilung der Managementleistung könnte natürlich auch angestrebt werden, die nachhaltigen oder operativen Erfolge in die GuV zu übernehmen, um wichtige Informationen für die Koordinationsfunktion der Rechnungslegung zu generieren. Es leuchtet sofort ein, dass sowohl die Trennung der Erfolge, die demnach in der GuV oder im OCI zu erfassen sind, als auch die Frage des Recycling schwere Abgrenzungsfragen hervorrufen (siehe alsbald).

Es dürfte selbstverständlich sein, dass die IFRS derzeit weit von einer solch einfachen und klaren Konzeption entfernt sind. Sie stellen ein gewachsenes „System" dar, das nicht auf klaren Grundsatzentscheidungen basiert. Angesichts der für das Rahmenkonzept reklamierten Aufgaben, insbesondere Vorgaben für eine konsistente Entwicklung künftiger Regeln zu sorgen, bietet es sich an, die Überarbeitung dazu zu nutzen, solche Pflöcke einzuschlagen. Entsprechend hat der IASB auch ausführliche Vorschläge im DP 2013/1 entwickelt, wie die Erfolgsrechnungen aussehen könnten oder sollten.

Dazu ist bereits vorab anzumerken, dass der Board zwar Präferenzen für Berichtsinstrumente und deren Ausgestaltung vorgeben kann. Es ist aber auch klar, dass er die tatsächliche Nutzung durch Investoren und andere nicht normieren kann. Es ist zudem zu erwarten, dass er die Informationsinteressen der Nutzer nicht umfassend berücksichtigen kann, wie folgende Beispiele zeigen:

- Befragungsstudien für deutsche Aktionäre zeigen, dass diese primär an Bilanz und GuV interessiert sind und die KFR „ernüchternd" unwichtig ist (vgl. Pellens und Schmidt 2014). Aber zusammen mit zwei Vorgängerstudien wurde auch deutlich, dass die Informationspräferenzen von Aktionärsmerkmalen abhängt (Herkunft, Vorwissen, Privatanleger oder institutioneller Anleger etc.) und zeitinstabil waren (vgl. Ernst et al. 2004 und 2009; vgl. Pellens und Schmidt 2014). Der Nutzerkreis Gläubiger wurde dabei gar nicht berücksichtigt und das Instrument Befragungsstudien weist naturgemäß Schwächen bezüglich Repräsentativität und Zuverlässigkeit auf.
- Brouwers et al. referieren mehrere Befragungsstudien, die zeigen, dass Analysten eher auf Gewinne und Cashflows achten, während die Kreditwürdigkeit von Unternehmen eher anhand von Bilanzen beurteilt wird (vgl. Brouwers et al. 2014).
- Die Auswertung der Comment Letters zum DP 2013/1 zeigte, dass die GuV im Fokus steht und das OCI genutzt werden sollte, „Schlüsselindikatoren" der GuV nicht zu verzerren (vgl. Schmidt und Blecher 2015). Was als Schlüsselindikator und was als verzerrend anzusehen wäre, ist aber nur schwer in allgemeiner Weise definierbar.
- In einer Studie für US-Unternehmen 1996 bis 2007 wurde festgestellt, dass Debt Covenants in Kreditverträgen immer mehr auf GuV-Kennzahlen abstellten und Bilanzgrößen deutlich an Bedeutung verloren haben. Begründet wurde dies u. a. mit der zunehmenden Unzuverlässigkeit (insbesondere wegen der Fair Values) und Unvollständigkeit der Bilanzen (vgl. Demerjian 2011).
- Insgesamt ist die Frage, welche Informationen für Marktteilnehmer relevant sind letztlich eine empirische. Hierzu werden in Kap. 5 ausführlich einige Befunde vorgestellt. Insgesamt ist aber zu beachten, dass Rechnungslegungsdaten für die Preisbildung am Kapitalmarkt in Deutschland und weltweit offenbar immer unwichtiger geworden sind.

2.1.2 Folgen für die Erfolgsrechnungen nach IFRS (GuV und OCI)

Sowohl die IFRS als auch die US-GAAP enthalten eine Aufspaltung von Erfolgen in die GuV und das OCI, die getrennt oder in einer Gesamtergebnisrechnung darzustellen sind. Für die US-GAAP wird diese komplizierte Vorgehensweise mit der veränderten Rechnungslegungsphilosophie des Standardsetzers begründet: Die Abkehr vom Primat der GuV und Hinwendung zum (bilanzorientierten) Asset Liability Approach hat zusammen mit der verstärkten Fair-Value-Anwendung dazu geführt, dass Bedenken bezüglich der Aussagekraft der GuV auftraten. Gehen Fair-Value-Änderungen in die GuV ein, so ist das Net Income kein guter Indikator für künftige operative Cashflows (CFO) mehr. Hierfür wäre eine GuV auf der Basis von Realisations- und Matching-Principle geeigneter. Deshalb werden störende Fair-Value-Schwankungen im OCI quasi „geparkt" (vgl. Dechow und Schrand 2004, S. 11 und 113; Demerjian 2011). Die operativen Ergebnisse erwiesen sich in der Folge oftmals als persistenter und stärker mit Aktienrenditen verknüpft als die operativen Cashflows, zumindest wenn es wenige Accruals aus dem nicht-operativen Geschäft gab (zum Beispiel Restrukturierungsaufwendungen, Gewinne aus Anlagenverkauf etc.).

Oft wird unterstellt, auch der IASB habe in den letzten Jahren deutlich den Asset Liability Approach favorisiert und das Fair Value Accounting sogar umfassender als nach den US-GAAP verankert, sodass man die Begründung analog vortragen könnte. Die in Verbindung mit dem zunehmenden Ansatz von Fair Values behauptete Hinwendung zu einem bilanzorientierten Konzept, ist zwar angreifbar, insbesondere weil weder der Board dies verlautbart hat, noch irgendeiner Regelung im Rahmenkonzept eine solche Ausrichtung zu entnehmen ist. Vielmehr gibt es ausdrückliche Bekenntnisse dazu, dass die Erfolgsrechnung zentral für die Informationsaufgabe der Rechnungslegung ist (vgl. Kühnberger 2014).

Unbeschadet dieser Diskussion kann das OCI so interpretiert werden, dass es die Bilanz und deren Erfolgswirkungen von der GuV entkoppelt. Wohlwollend könnte das Bestreben so interpretiert werden, dass in der Bilanz die informativen Fair Values gezeigt werden und in die GuV nur relevante und zuverlässig messbare Erfolge eingehen. Allerdings gehen in das OCI nicht nur Fair-Value-Schwankungen ein und vor allen Dingen nicht alle (Wertänderungen von Anlageimmobilien beeinflussen das Net Income!), sodass eine klare Abgrenzung der Ergebnisbestandteile anhand eines Realisationsprinzips nicht möglich ist. Nach derzeitigem Stand sind u. a. folgende OCI-Positionen unter IFRS möglich (vgl. Urbanczik 2012 mit einer noch detaillierteren Übersicht):

- Erfolge aus Fremdwährungsumrechnung (IAS 21.39 c).
- Unrealisierte Bewertungserfolge von Fair-Value-Schwankungen von Wertpapieren Available-for-sale (IAS 39.55 b).
- Gewinne/Verluste aus Hedge-Instrumenten für Cashflow hedges (IAS 39.95 a).

- Gewinne/Verluste aus Hedge-Instrumenten für Netto-Investitionen im Ausland (IAS 39.102).
- Neubewertungserfolge von Sachanlagen (IAS 16.39).
- Neubewertungserfolge von Immateriellem Anlagevermögen (IAS 38.85).
- Aktuarische Erfolge aus der Bilanzierung von Pensionsrückstellungen (IAS 19.93 B).

Diese Liste verdeutlicht, dass es keinesfalls um Positionen geht, die man per se als nicht betriebsbezogen oder nicht nachhaltig qualifizieren kann, zumindest sind sie bezüglich dieser Kriterien nicht systematisch von Erfolgen zu unterscheiden, die in die GuV eingehen. Auch die unterschiedlichen Vorgaben für das Recycling sind nicht aufgrund systematischer Kriterien erklärbar, sodass der Vorwurf der fehlenden Gewinnkonzeption meines Erachtens berechtigt ist.

In der Berichtspraxis ergeben sich zudem noch Freiheitsgrade für unterschiedliche Darstellungsweisen, weil die Standards interpretationsbedürftig sind. Dies wurde für DAX-30-Unternehmen für das Jahr 2013 erhoben. Die Untersuchung machte auch deutlich, dass es bei einem Mittelwert des OCI von rund 28 % des Gesamterfolges um relevante Größenordnungen geht, die für eine Analyse der Informationen nicht vernachlässigt werden dürfen. Dies untermauert die Forderung nach einer systematischen Normierung (vgl. Hüttermann und Knappstein 2014).

Hierzu führt H. Hoogervorst, derzeitiger Chairman des IASB aus: „If we accept that Profit and Loss is the primacy indicator for performance in a time period, we should be very disciplined in the use of OCI" (zitiert nach Zülch und Höltken 2014). Hintergrund dieser Besorgnis ist, dass ein (naturgemäß) unvollständiges GuV-Resultat eben nicht die gesamte Periodenleistung reflektieren kann und deshalb die Gefahr besteht, wichtige Erfolgskomponenten aus der GuV in das OCI zu verlagern.

DP 2013/1 unterstellt zu Recht, dass eine sinnvolle Aggregation und Disaggregation von Erfolgskomponenten ganz entscheidend für die Qualität der vermittelten Erfolgsmaße ist. In der Literatur und im DP selbst wird eine ganze Reihe von Kriterien für eine ökonomisch sinnvolle Erfolgsspaltung diskutiert, nach denen eine Aufgliederung erfolgen könnte oder sollte (vgl. Barker et al. 2014; Brouwer et al. 2014):

- Realisierte versus nicht realisierte Erfolge; während im OCI nur nicht realisierte Größen erfasst werden, enthält die GuV beides.
- Operative versus nicht operative Erfolge, wobei eventuell noch verschiedene Geschäftsmodelle Einfluss haben könnten.
- Ordentliche versus außerordentliche Erfolge, die es unter IFRS nur noch nach Maßgabe von IFRS 5 gibt.
- Nachhaltige versus volatile Erfolge.
- Zuverlässig messbare versus geschätzte Erfolge, wobei letztere zum Beispiel auf subjektiv geschätzten Fair Values von Bilanzposten beruhen können.
- Managerbeeinflusste versus unbeeinflussbare Erfolge.

- Zahlungswirksame versus zahlungsunwirksame Erfolge, eine Unterscheidung, die wegen der sogenannten Accrual Anomaly sehr wichtig sein könnte (vgl. Abschn. 3.2).

Sämtliche dieser (und potenziell weiterer) Differenzierungskriterien sind prima facie plausibel, haben aber nichts mit der derzeitigen Trennung nach Net Income (NI) und OCI zu tun. Dies wird auch nicht durch die ebenfalls via Standard vorgegebene Anhangangaben geheilt, die gerade nicht nach einem systematischen Erfolgskonzept entwickelt wurden. Auch eine empirische Absicherung derselben über Befragungsstudien oder andere empirische Arbeiten fehlt, sodass die oftmals vorgebrachte Klage der Anwender über zu viele Anhangpflichten berechtigt sein dürfte. Zudem ist bei der Frage, ob der Anhang durch sogenannte Formateffekte beeinflusst wird, auf weitere Hindernisse zu achten (vgl. Abschn. 2.2).

Gleichwohl wird im DP 2013/1 weiterhin eine Trennung von GuV und OCI vorgesehen und eine konsistente, zielführende Aufgliederung wird angestrebt. So wird vorgesehen, dass alle Erfolge in die GuV eingehen, es sei denn die Erfassung im OCI ist relevanter und auch das Recycling soll nur davon abhängen, ob es zu relevanten Informationen führt (DP 2013/1 Tz. 8.40). Dabei wird das Kriterium der Relevanz nicht näher erläutert, eine Gleichsetzung mit Entscheidungsrelevanz im Sinne der o. a. Rechnungslegungsziele liegt natürlich nahe.

Allerdings zeigen diverse empirische Befunde, warum hier besondere Schwierigkeiten konzeptioneller Art lauern. So sind die Ergebnisse solcher Studien nicht durchgängig gleichlautend und teilweise auch zeitvariabel. Ein Grund liegt in diversen Rechtsänderungen. So sind Studien aus den USA vor Inkrafttreten des neuen SFAS 130 praktisch nicht vergleichbar mit Folgearbeiten. Das OCI war bis dahin nicht zu veröffentlichen, sondern musste extern geschätzt werden, wobei erhebliche Messfehler auftraten, die die Resultate der Erhebungen systematisch verfälschten (vgl. Chambers et al. 2007).

Immerhin gibt es einige verallgemeinerungsfähige Resultate. Für diese ist aber ausschlaggebend, wie eine „gute Rechnungslegungsqualität" gemessen wird (vgl. ausführlich Kap. 3) und die entsprechenden Gütekriterien hängen davon ab, welche Ziele der Rechnungslegung unterstellt werden (Bewertungs- und/oder Koordinationsfunktion, vgl. Abschn. 1.1). Üblich sind zum Beispiel folgende Gütekriterien: Persistenz, Prognoseeignung für künftige Erfolge oder Cashflows und Wertrelevanz (wie gut erklären Rechnungslegungsgrößen Börsenkurse und Aktienrenditen). Soweit auf Koordinationsaspekte wie Messung der Managementperformance, Ermittlung ausschüttbarer Dividenden, effiziente Vergütungssysteme etc. Rücksicht genommen werden soll, müssten noch andere Kriterien genutzt werden.

In mehreren Studien wurde festgestellt, dass (vgl. Barker et al. 2014; Brouwer et al. 2014; Jones und Smith 2011; Mechelli und Cimini 2014):

- es deutliche Unterschiede bezüglich der Wertrelevanz von NI, OCI und außerordentlichen Erfolgen gab, wobei das OCI am wenigsten Informationsgehalt hatte;

- bezüglich der Persistenz das NI ohne außerordentliche Erfolge gute Resultate zeitigte, das außerordentliche Ergebnis Null Persistenz aufwies und das OCI eine negative (infolge von späteren Umkehreffekten);
- die Prognoseeignung des NI ohne außerordentliche Erfolge und der außerordentlichen Erfolge selbst langfristig gut war, für das OCI hingegen nur kurzfristig. Obwohl OCI und außerordentliche Erfolge im Allgemeinen beide als volatil und nicht wiederkehrend gelten, weisen sie offenbar auch deutliche Unterschiede auf.

Aus diesen Ergebnissen folgt, dass es vom angestrebten Ziel der Rechnungslegung und den unterstellten Gütekriterien abhängt, wie disaggregiert werden müsste. Beachtlich ist aber, dass nur die derzeitigen Aufgliederungen in NI, OCI und Außerordentliches getestet werden konnten, die nicht systematisch sauber abgegrenzt sind. Theoretisch könnte eine Erfolgsspaltung auch nach mehreren Kriterien realisiert werden. Dies wäre mit steigender Komplexität verknüpft und für Konfliktfälle wäre eine Art „Vorfahrtsregel" zu installieren.

Nicht einfacher wird die Arbeit durch das Zusatzthema Recycling. Derzeit werden einige OCI-Komponenten zu einem späteren Zeitpunkt in die GuV übernommen, andere nicht. Im DP 2013/1 werden zunächst mögliche Gründe für ein Recycling vorgestellt:

a) Es soll nicht dauerhaft möglich sein, Erfolge an der GuV vorbei zu führen (Tz. 8.24 a). Kritisch ist hierzu anzumerken, dass die GuV dann im Allgemeinen keine Persistenz und nur eingeschränkte Prognoseeigenschaft haben kann. Es ist dann auch unklar, warum es eine Trennung des OCI überhaupt gibt (vgl. Barker et al. 2014). Zwar wäre damit das Kongruenzprinzip gewahrt, aber dieses ist vor allen Dingen in Ländern wie Deutschland wichtig, wenn zum Beispiel Dividenden und Steuerzahlungen an die Gewinne der GuV anknüpfen. Unter Informationsaspekten ist das Kongruenzprinzip nicht so einfach zu rechtfertigen.

b) Recycling ist sinnvoll, weil es Periodenereignisse abbildet (Settlement, Realisationen; Tz. 8.24 b). Allerdings kann dies zur Beeinträchtigung von Persistenz und Prognoseeignung führen, wenn zum Beispiel Währungserfolge von Konzerntöchtern über viele Jahre im OCI kumuliert werden und bei einem Verkauf komplett in die aktuelle GuV eingehen. Auch die Wertrelevanz einer solchen Abbildung ist nicht belegt.

c) Recycling kann in einigen Fällen die Vergleichbarkeit von Erfolgsrechnungen verbessern (Tz. 8.24 c), zum Beispiel bei unregelmäßigen Wertänderungen durch Neubewertungen. Hier könnte man auch an Vorteile durch den Ausgleich von Preisunterschieden im Zeitablauf infolge unterschiedlicher Anschaffungszeitpunkte denken. Bei Sachanlagen nach IAS 16 könnten die Abschreibungen bei Wahl des Neubewertungsmodells unabhängig davon vergleichbar sein. Allerdings gälte dies nur für die planmäßigen Abschreibungen, denn die Werterhöhung wird gerade nicht in der GuV erfasst.

Im Weiteren diskutiert der IASB im DP zwei Konzepte für die Ausgestaltung des Recycling, die aber nicht inhaltlich mit diesen drei Gründen verknüpft werden. Das Konzept, ein Mismatch in der GuV zu vermeiden, weil einige Posten mit Wertänderungen auftreten und bei kompensatorischen Situationen gleichwohl ein gegenläufiger Effekt fehlt, klingt überzeugend. Musterbeispiel und, soweit ersichtlich, auch einziges Beispiel hierfür, sind Cashflow-Hedges. Ob ein Sachverhalt ausreicht, eine zweistufige Erfolgsrechnung und Recycling allgemein einzuführen, erscheint fraglich, hier wären einfachere Lösungen denkbar.

Das Konzept der Bridging Items stellt darauf ab, dass Wertänderungen in der Bilanz, zum Beispiel Fair-Value-Schwankungen, Informationsgehalt haben können, für die GuV aber die Persistenz oder Prognoseeignung beeinträchtigen könnten. Dies würde eine partielle Abkoppelung von Bilanz und GuV implizieren. In der Bilanz würden dann die Fair Values tendenziell erwartete ökonomische Gewinne der Assets spiegeln und die GuV liefert nachhaltige Erfolge für Multiplikatorenmodelle etc. (vgl. Gordon et al. 2014). Dazu müssten aber solche Sachverhalte systematisch erhoben und geprüft werden und die verwendeten Bewertungsmodelle von Investoren müssten bekannt sein.

Abb. 2.1 zeigt nochmals schematisch die Abfolge von Entscheidungen.

Im Idealfall wären die Abzweigungen durch allgemeine Kriterien strukturiert, die inhaltlich und zeitlich vorgeben, was zu tun ist. Diese wären aus den Zielen der Rechnungslegung abgeleitet oder mittelbar durch Befragungs- oder Experimentalstudien fundiert. Ein empirischer Test bezüglich der erreichten Rechnungslegungsqualität scheidet naturgemäß aus, da ein solches Modell nicht vorgeschrieben ist und deshalb nicht testbar ist.

Diese sehr umfassende Diskussion findet im ED 2015/3 (Tz. 7.23) keinen direkten Niederschlag mehr. Es gibt nur noch sehr knappe Vorgaben. Da die GuV die Primärquelle für die Beurteilung der Financial Performance ist, besteht die widerlegbare Vermutung, dass alle Aufwendungen und Erträge einfließen sollen. Dies gilt ausnahmsweise nicht, wenn der Ausweis im OCI zu relevanteren Informationen für Nutzer führt. Als explizites Beispiel wird auf eine Fair-Value-Bewertung eines Bilanzpostens verwiesen, bei der es sein kann, dass die Wertänderung nicht in die GuV übernommen werden soll (Tz. 7.24, BC 7.50 a). Eine Reklassifikation (Recycling) in die GuV zu einem späteren Zeitpunkt wird als grundsätzlich geboten angesehen, es sei denn, es fehlt an einer klaren Basis zur Identifikation des Geschäftsjahres in dem dies erfolgen soll. In diesem Fall

Abb. 2.1 Erfolgswirkungen
von Wertänderung der Bilanz.
(Eigene Darstellung)

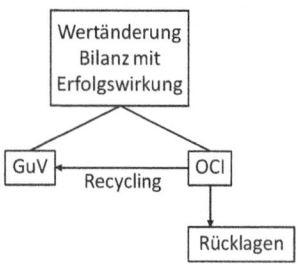

wäre die Information in der GuV nicht relevant (BC 7.57). Begründet wird die Allgemeinheit dieser Vorgaben damit, dass das Rahmenkonzept nur „high level principles" enthalten soll und alles andere auf Standardebene zu entscheiden sei. Auch hier gilt meines Erachtens die obige Kritik: die Frage einer systematischen Trennung von GuV und OCI und der Gründe für eine (unterlassene) Reklassifikation sind grundsätzlicher Art und das Rahmenkonzept liefert außer der Leerformel der Relevanz für Investoren gerade keine Anwendungsleitlinie (vgl. aber Kuhner und Bothen 2016, die unter Verweis auf das „pragmatische Evolutionsmuster" der IFRS die Entwicklung positiver einschätzen).

Alles in allem zeigt sich wiederum, dass am Anfang die Formulierung von Abschlussaufgaben und Gütekriterien für die IFRS-Rechnungslegung stehen müssten, bevor weitere konzeptionelle Entscheidungen für/gegen OCI, Recycling, Erfolgsspaltung etc. abzuleiten sind. Klar ist aber, dass derzeit die IFRS diesbezüglich Schwächen aufweisen. Die Vorgaben sind kasuistisch, komplex und provozieren eventuell Missverständnisse seitens der Nutzer. Zudem schaffen sie Möglichkeiten für Bilanzpolitik. Dies betrifft zum Beispiel die Klassifikation von Bilanzposten (zum Beispiel Immobilien nach IAS 16 oder IAS 40) mit unterschiedlichen Folgen oder auch die gezielte Realisation von Geschäften, um ein Recycling abbilden zu können.

Allerdings könnte es auch sein, dass viele Probleme eher akademischer Natur sind, weil der Kapitalmarkt informationseffizient ist und entsprechend die vorliegenden Informationen zutreffend verarbeitet. Unter dem Stichwort Formateffekte wird diesen Aspekten im nächsten Abschnitt nachgegangen.

2.2   Kapitalmarkteffizienz: Bilanzansatz oder Offenlegung (Recognition versus Disclosure) und Formateffekte

2.2.1   Ausgangspunkt: Die Annahme der halbstrengen Informationseffizienz

Der Abschluss nach IFRS/US-GAAP soll Investoren entscheidungsnützliche Informationen liefern. Dabei stellt nicht ein einzelner Abschlussposten eine Cashflowprognose dar, sondern der Abschluss soll insgesamt die Erstellung von fundierten Prognosen ermöglichen. Unterstellt man, dass der Kapitalmarkt informationseffizient ist in einem halbstrengen Sinne, so spiegelt der Börsenkurs alle öffentlich bekannten Informationen wider. Es würde demnach keine Rolle spielen, ob eine Information in der Bilanz, GuV, im Segmentbericht oder an sonstigen Stellen der Notes offengelegt wird. Selbst eine Publikation in einem sonstigen Dokument („Brief an die Aktionäre", Pressenotiz, Sozial- oder Nachhaltigkeitsbericht etc.) oder in Interviews, Pressekonferenzen wäre ausreichend. Bei den nicht regulierten Informationsträgern kann man allerdings Abstriche bezüglich der Entscheidungsrelevanz machen, da eine Standardisierung fehlt. Weder Prüfungs- noch Sanktionsmechanismen dürften eine vergleichbare Qualität wie für Abschlussinformationen gewährleisten.

Stützt man sich nur auf die Pflichtbestandteile von IFRS-Abschlüssen, greifen diese Bedenken prima facie nicht. Gleichwohl haben die Standardsetter IASB und FASB immer wieder betont: „Disclosure is not a substitute for financial statement recognition" (Jifri und Citron 2009). Aus Sicht der Boards spielt es demnach eine Rolle, ob ein Posten in der Bilanz angesetzt oder „nur" im Anhang erläutert wird, ob er in einem hoch aggregierten Posten untergeht oder gesondert ausgewiesen wird, usw. Für Erfolge ist von Relevanz, ob sie in die GuV oder das sonstige Ergebnis (OCI = Other Comprehensive Income) eingehen (vgl. ausführlich hierzu Abschn. 2.1). Ist der Kapitalmarkt informationseffizient wären diese Themen hingegen obsolet.

Aus der Formulierung, dass Ansatz und Anhangangabe keine Substitute sind, kann gefolgert werden, dass Bilanz und Notes unterschiedlichen Zwecken dienen sollen. Diese werden aber nicht formuliert und für den Anhang gibt es hierzu auch kein erkennbares Konzept. Das ist aufgrund der Fülle potenzieller, auch unternehmensbezogener Sachverhalte wenig erstaunlich. Da der Board keine konkreten Entscheidungssituationen für die verschiedenen Investoren vorgibt, und auch keine Bewertungsannahmen, bleibt der Informationsbedarf dieser Nutzergruppen unspezifiziert. Als mögliche Ziele spricht Schipper drei Funktionen der Notes an (vgl. Schipper 2007):

- Disaggregation von Abschlussposten, um die Prognoseeignung der Informationen zu erhöhen. Hierfür können die Auffächerung von aggregierten Aufwandsgrößen oder auch Segmentberichte als Beispiele dienen.
- Erläuterungen von Annahmen und Schätzungen, die wesentlich für Ansatz und Bewertung von Abschlussgrößen sind, im Idealfall könnten Sensitivitätsanalysen die Bewertungsbandbreite für Nutzer veranschaulichen.
- Alternativdarstellungen zur tatsächlich realisierten Abbildung ermöglichen, um trotz unterschiedlicher Vorgehensweisen Unternehmen vergleichen zu können. Die Angabe der Lifo-Reserve erlaubt zum Beispiel die Vergleichbarkeit mit Unternehmen, die Fifo anwenden, herzustellen.

Angesichts der fehlenden konzeptionellen Basis für die Gestaltung von Notes dürfte die Standardentwicklung des Board durch die Umschreibungen Case by Case oder ad hoc zutreffend formuliert sein (vgl. Schipper 2007): zunächst werden Bilanzansatz- und Bewertungsfragen geklärt, bevor überlegt und normiert wird, welche Informationen potenziell für Investoren wichtig sein könnten. Dass hier nicht durchgängig zweckmäßige Pflichten vorgesehen werden, ist dann fast zu erwarten. Für Immobilien, die nach IAS 40 als Investment Properties zu bilanzieren sind, zwei Beispiele. Für die Bilanz kann im Prinzip frei zwischen dem Cost Model und dem Fair Value Model gewählt werden. Wird das Cost Model verwendet, sind die Fair Values zusätzlich im Anhang anzugeben, während dies umgekehrt nicht gilt, das Fair Value Model erzwingt weniger Informationen. Wird das Fair Value Model verwendet, stellt sich oftmals das Problem, ob die Schätzungen hinreichend reliabel sind und wie dies festgestellt werden könnte. Ein

Indikator wären zum Beispiel Verkaufsgewinne oder -verluste von Anlageimmobilien. Diese sind aber gerade nicht anzugeben.

Ob die Annahme der Informationseffizienz zutreffend ist oder nicht, wurde vor allem in US-amerikanischen Studien getestet. Traditionell wurden hierfür Laborexperimente und Befragungsstudien eingesetzt, Methoden die durchaus Schwächen bezüglich der Validität und Repräsentativität der Ergebnisse aufweisen. Ergänzend wurden auch einige Kapitalmarktstudien realisiert, zum Beispiel wenn Rechtsänderungen auftraten, sodass eine Art natürliches Experiment gegeben war, um Formatunterschiede zu testen. Ein bekanntes Beispiel sind die Anpassungen von Segmentberichten an den Management Approach (vgl. Libby und Emett 2014 mit einem umfassenden Review).

Unterstellt man Kapitalmarkteffizienz würde dies auch für bilanzpolitische Maßnahmen gelten, wenn sie durch die Anhangangaben decodiert werden können. Bei den Adressaten würde die erstrebte Verhaltensbeeinflussung verfehlt, da diese die Abschlussgrößen zurückrechnen können. Klassisch ist hier das Vorgehen in der Praxis der US-Abschlussanalyse Operate Leases in der Bilanz zu kapitalisieren. Allerdings zeigten sich hier nur dann keine Unterschiede, wenn die Informationen zum Operate Lease genauso zuverlässig waren wie die publizierten Bilanzgrößen zum Capital Lease (vgl. Bratten et al. 2013; Libby und Emett 2014; Schipper 2007). Dann gibt es keine bilanzpolitisches Motiv mehr, das die Entscheidung zwischen Kauf, Finance Lease oder Operate Lease beeinflussen würde und ökonomisch ähnliche Sachverhalte würden gleich abgebildet. Vergleichbar könnten die nicht aktivierten immateriellen Vermögenswerte korrigiert werden, wenn die Entwicklungskosten durch Adressaten nachaktiviert werden. Dann muss natürlich auch die GuV korrigiert werden und in der KFR wären die Auszahlungen vom operativen in den Investitions-Cashflow umzugliedern, um konsequent zu bleiben. Für Folgejahre müsste zudem eine Korrektur um planmäßige Abschreibungen vorgenommen werden. Hieran wird deutlich, dass der Informationseinfluss durch Bilanzpolitik nur dann nicht vorhanden ist, wenn alle für die Korrekturen notwendigen Daten in den Notes enthalten sind (was in der Regel nicht der Fall ist, sodass mit zum Teil auch grob vereinfachenden Annahmen gearbeitet werden muss).

Zudem kann Bilanzpolitik natürlich auch dann rational sein, wenn sie erkennbar ist, da Abschlüsse auch eine Contracting Role haben, zum Beispiel Gewinnansprüche, Boni, Steuerzahlungen begründen etc. Auch die Tatsache, dass die Rechenwerke nicht immer unabhängig voneinander sind oder standardisiert ausgewertet werden, kann die Wahl zwischen Ausweisalternativen beeinflussen. So ist die Frage wie Wertpapiere oder Immobilien klassifiziert werden ganz entscheidend dafür, wie sie bewertet werden und ob Wertschwankungen in die GuV oder das OCI einfließen (eventuell mit Recycling). Der GuV-Saldo Net Income ist aber die Basisgröße für die Ermittlung der Kennzahl Earnings per Share nach IAS 33. Da dieser in Literatur und Praxis eine wichtige Signalfunktion zugeordnet wird, lohnt es sich, über Ausweisfragen nachzudenken.

2.2.2   Einschränkungen der Informationseffizienz durch Ausweisalternativen?

Dass Formateffekte wichtig sein können, wird in der Literatur vor allem mit drei Argumentationslinien begründet (vgl. Brouwer et al. 2014; Gordon et al. 2014; Libby und Emett 2014):

- Durch intransparente Darstellungen, das Verstecken wichtiger und das Hervorheben unwichtiger, aber ggf. positiver Informationen steigen die Auswertungskosten und die Anforderungen an die Kompetenz der Nutzer. Deren kognitiven und tatsächlichen Möglichkeiten reichen nicht immer, sodass sie mit vereinfachenden Heuristiken und Daumenregeln arbeiten und teilweise falsche Schlüsse ziehen. Nutzerunterschiede, speziell zwischen privaten und professionellen Investoren, aber auch aufgrund anderer Merkmale, sind plausibel.
- Informationen im Zahlenwerk sind zuverlässiger und wichtiger als andere Berichtsinhalte wie der Anhang, Managementberichte etc., die oftmals durch narrative Bestandteile geprägt sind. Trifft dies zu, wäre die unterschiedliche Informationsgewichtung rational, öffentlich verfügbare Informationen gingen zu Recht nicht oder mit geringerem Gewicht in die Marktpreise ein.
- Ausweis- und Präsentationsformate haben Rückwirkungen auf das Managerverhalten und sind deshalb preisbildend. Dies kann auf Koordinationsaufgaben der Rechnungslegung beruhen oder Fehleinschätzungen der Manager über mögliches Verhalten von Nutzern.

Da der IASB aber primär die Informationsfunktion der Abschlüsse betont, ist natürlich fraglich, warum dann der Ort der Information eine Bedeutung haben sollte. Der FASB verfolgte in der Vergangenheit offenbar den Ansatz, dass unsichere, wenig relevante und reliable Informationen eher in die Anhangangaben zu verlagern sind (vgl. Barth et al. 2003; Quagli und Avallone 2010). Ein (gesonderter) Ansatz in Blanz/GuV/KFR signalisiert den Adressaten dann, dass die Informationen nicht nur relevant, sondern auch hinreichend reliabel sind. Diese Wertung hat der Board selbst so verankert. Auch das aktuelle Rahmenkonzept des IASB enthält (für die Vorläuferversion galten ähnliche Vorgaben) Restriktionen: Vermögenswerte und Schulden sind nur in der Bilanz anzusetzen, wenn sie zuverlässig bewertbar sind (RK 4.44 und 4.46). Rückstellungen sind nur zu passivieren, wenn eine Schätzung des Wertes zuverlässig möglich ist, ansonsten besteht nur eine Erläuterungspflicht (IAS 37. 25 f.). Selbst erstelltes immaterielles Anlagevermögen ist nur zu aktivieren, wenn gewisse Objektivierungskriterien erfüllt sind (IAS 38. 51 ff.).

Es wäre dann durchaus rational seitens der Abschlussersteller und der Adressaten dem Ort der Publikation Bedeutung beizumessen. In einer Fragebogenaktion mit 120 Antworten von Investoren und deren Beratern wurde eine solche Präferenz auch ausgedrückt: Financial Statements sind die wichtigste Informationsquelle, gefolgt von Notes und anderen Dokumenten. Begründet wurde diese Hierarchie mit der damit verknüpften

Reliabilität der Informationen (vgl. Gassen und Schwedler 2010). Kritisch anzumerken ist aber, dass weder der Begriff der Reliabilität präzise definiert wurde, noch dass es eine Maßgröße für eine empirische Feststellung gibt, die konsensfähig wäre. Dies war einer der Gründe, warum der Begriff aus dem Rahmenkonzept gestrichen wurde (vgl. Schipper 2007 mit verschiedenen Begriffsausprägungen).

Auf der anderen Seite wurde in vielen Kapitalmarktstudien immer wieder nachgewiesen, dass auch sehr unsichere Rechnungslegungszahlen wie Immaterielle Vermögenswerte, Firmenwerte und Goodwill-Abschreibungen Informationswert hatten (vgl. Barth et al. 2003; Jifri und Citron 2009).

Libby et al. zeigen anhand von Laborexperimenten mit Audit-Partnern von Big-4-Unternehmen, dass die Prüfer bei festgestellten Fehlern in den Notes toleranter waren als bei gleichgewichtigen Fehlern in der Bilanz. Dies hing aber nicht von der Zuverlässigkeit der richtigen Information ab. Demnach sind die Informationen in den Notes nur deshalb weniger zuverlässig, weil sie weniger sorgfältig geprüft werden und eine Fehlerkorrektur nicht so konsequent verfolgt wird. Aus Adressatensicht ist es dann durchaus vernünftig, den Daten in den Notes nicht den gleichen Wert wie dem Zahlenwerk selbst einzuräumen (vgl. Libby et al. 2006; zu diesem immer wieder zitierten Grundlagenaufsatz gab es ein Nachspiel, das dazu führte, dass der Beitrag von zwei der Autoren und den Herausgebern zurückgezogen wurde (Journal of Accounting Research vom 4. September 2015!!); die seinerzeitige Datenerhebung erfolgte durch einen Mitautoren, der wegen Datenfälschungen in anderen Fällen erwischt wurde, sodass die experimentellen Resultate eigentlich nicht reliabel sind).

Beachtenswert an den Resultaten der Studie war insbesondere auch, dass die prüferische Toleranz für den Anhang auch dann zu beobachten war, wenn die Prüfer davon ausgingen, dass zumindest eine wichtige Adressatengruppe (Finanzanalysten) die (falschen) Anhangangaben für ihre Beurteilung der Unternehmen wahrscheinlich nutzen (vgl. Libby et al. 2006). Insgesamt zeigt die Studie, dass die Argumentation der Boards Ursache und Wirkung vertauscht: Nicht die unzuverlässigen Angaben werden in den Anhang verlagert, sondern die Anhangangaben sind aus anderen Gründen unzuverlässig. In der Bilanz wäre die gleiche Information möglicher Weise sorgfältiger abgesichert worden.

Aus Sicht der Prüfer und der Abschlussersteller kann die Informationsverlagerung in die Notes durchaus rational sein. Das wäre anzunehmen, wenn dadurch die Haftungsrisiken oder potenzielle Reputationsschäden bei Fehlern dann geringer sind (vgl. Libby et al. 2006).

Eine Befragungsstudie von Abschlussprüfern von Big-4-Unternehmen aus den USA (59 Personen) und Hongkong (61 Prüfer) bestätigte dies. Die beiden Länder unterscheiden sich in vielerlei Hinsicht wenig (Rechts- und Rechnungslegungstradition, entwickelte Märkte etc.), aber deutlich bezüglich der Haftungsrisiken der Prüfer bei falschen Testaten. Fiktiv wurde ein Unternehmen vorgestellt, das eigentlich eine Forderung abschreiben müsste, was aber die Verletzung einer Debt Covenant zur Folge hätte. Während für die US-Prüfer die Abschreibung gleichwohl vorzunehmen war, zeigten sich die

Prüfer aus Hongkong sehr viel toleranter und hielten auch eine schlichte Angabe in den Notes für ausreichend (vgl. Hwang und Chang 2010).

Für Unternehmen, die ausschließlich in den USA tätig sind, zeigte sich, dass wenig aufgegliederte GuV-Posten weniger intensiv geprüft wurden als differenzierte Darstellungen. Da es nach den US-GAAP und den IFRS nur wenig Gliederungsvorgaben gibt, sind zum Teil hochaggregierte Posten üblich. In den USA dürfen zum Beispiel Verwaltungs- und Vertriebskosten in einer Zeile ausgewiesen werden, während im United Kingdom zwei GuV-Posten vorgesehen sind und deren Aufgliederung in den Notes in sechs weitere Aufwandsarten wie Löhne und Gehälter, Abschreibungen etc.

Ein weiterer möglicher Grund für eine unterschiedliche Reliabilität der Daten in Bilanz und Anhang könnte darin liegen, dass der Grundsatz der Wesentlichkeit unterschiedlich eng interpretiert wird. Zwar geben weder die Rechnungslegungsstandards selbst, noch die Prüfungsstandards eine solch differenzierte Anwendung vor, sie wäre aber zumindest denkbar, wenn Ersteller und Prüfer die Relevanz- und Reliabilitätsanforderungen insgesamt verschieden sehen. Meines Wissens gibt es hierzu aber keine empirischen Befunde.

Ein zusätzliches Argument für eine Informationsverschiebung zielt darauf ab, dass die Abschlussadressaten wegen fehlender Expertise die Informationen unzutreffend auswerten. Plausibler als solch irrationales Verhalten ist aber eher, dass die Kosten der Informationsgewinnung dadurch höher werden und die Notes deshalb unvollständiger ausgewertet werden. Zudem dürften die Erläuterungen in der Praxis oftmals nicht ausreichen, um eine Art „Schattenbilanz" sauber zu rekonstruieren, sodass sich die Mühe nicht immer lohnt.

In der Literatur wurden oftmals die Informations- und die Opportunismushypothese untersucht (vgl. ausführlicher Abschn. 2.4). Erstere unterstellt, dass das Management Freiräume der Normen nutzen, um möglichst zweckmäßige, private Informationen offen zu legen (oder zumindest um Wettbewerbsvorteile des Unternehmens zu schützen), während die Opportunismusannahme von eigennützigen, tendenziell informationsverzerrenden Gestaltungen ausgeht. Für eine Fülle von Einzelsachverhalten zeigte sich, dass keinesfalls immer die informativste Darstellung gewählt wurde. Dies betraf zum Beispiel die (frühere) Möglichkeit, das OCI nicht gesondert auszuweisen, sondern im Eigenkapitalspiegel zu verstecken, die Verrechnung von Kosten mit den Umsätzen (Netting) statt eines Bruttoausweises oder die Wahl zwischen direkter und indirekter Darstellung des operativen Cashflow in der Kapitalflussrechnung (vgl. Gordon et al. 2014; Libby und Emett 2014).

Bezüglich der transparenten Darstellung des OCI gibt es allerdings auch eine Gegenposition, die ein zusätzliches Problem deutlich macht. Mit dem SFAS 130 (anzuwenden ab Dezember 1997) wurde es erstmals erlaubt, zwischen drei Formaten zu wählen: einer einstufigen Erfolgsrechnung (Net Income und OCI), zwei getrennten Erfolgsrechnungen oder einer GuV und Erfassung des OCI im Eigenkapitalspiegel. Üblich war bis dahin die unübersichtliche Darstellung im Eigenkapitalspiegel. Laborstudien hatten gezeigt, dass diese zu Fehlinterpretationen führen konnte, eine ein- oder zweistufige Erfolgsrechnung sollte deshalb eine zutreffende Auswertung durch Nutzer ermöglichen. Für ein sehr umfassendes Sample von US-Unternehmen zeigte sich aber das Gegenteil. Die Verfasser begründen dies damit, dass die Nutzer mit dem unübersichtlichen Format vertraut waren (vgl. Chambers et al. 2007). Beachtlich ist natürlich, dass im Zeitablauf mit Lerneffekten zu rechnen ist, sodass zeitstabile Ergebnisse nicht wahrscheinlich sind.

Es gibt aber auch positive Beispiele, die deutlich machen, dass die Anreizstruktur und Corporate Governance wichtig sind. So untersuchen Leuz und Schrand den Sondereinfluss der Enronpleite auf die Offenlegungspolitik von 1868 US-Unternehmen von 1999 bis 2001. Enron hatte durch die Nicht-Offenlegung von Zweckgesellschaften, Off-Balance-Sheet-Finanzierungen und Related Party Transactions Anleger sehr umfassend getäuscht. Die Insolvenz stellte einen exogenen Schock dar, der zu einem Vertrauensverlust in die Informationsqualität der Rechnungslegung führte und zu höheren Kapitalkosten. In den Form 10-K-Filings an die SEC zeigte sich, dass die Unternehmen in der Folge wesentlich mehr Informationen offenlegten und dies positiv mit den Kapitalkosten verknüpft war. Dieser Zusammenhang war bei Unternehmen mit großem Finanzbedarf noch stärker. Beachtenswert ist, dass insbesondere auch die narrativen Berichtsteile MD & A (Management Discussion and Analysis; entspricht in etwa dem Lagebericht nach HGB) und der Bericht über Beziehungen zu Related Parties deutlich umfangreicher ausfielen und offenbar Entscheidungsrelevanz hatten (vgl. Leuz und Schrand 2009). Zudem zeigte sich, dass Unternehmen es zumindest zum Teil selbst in der Hand haben, mittels Offenlegungspolitik positiven Einfluss zu nehmen.

In einer Experimentalstudie mit 113 Erstellern von Abschlüssen (CFO und Controller) wurde untersucht, ob die Schätzung der Rückstellungshöhe davon abhängt, ob diese passiviert wird oder nur im Anhang anzugeben ist (wegen zu geringer Eintrittswahrscheinlichkeit oder fehlender Zuverlässigkeit der Bewertung). Zusätzlich wurde danach differenziert, ob die Unternehmen börsennotiert waren oder nicht. Es zeigte sich, dass bei börsennotierten Unternehmen der Druck des Marktes, der Prüfer und Aufsichtsbehörden etc. dazu führten, dass für bilanzierte Posten mehr Sorgfalt bei der Bewertung aufgebracht wurde als bei nur im Anhang vermerkten Schulden. Der Rechtfertigungsdruck war höher. Zudem wurde aus der Bandbreite der Wertvorgaben eher ein mittlerer Wert gewählt, der am ehesten zur inneren Einstellung der Versuchspersonen passte (kein „Strategic Bias"), während für den Anhang eher Beträge im unteren Wertebereich angesetzt wurden. Demgegenüber zeigten private Unternehmen keine Unterschiede bezüglich aufgebrachter Sorgfalt und Bewertung, da sie mangels Publikationspflicht nicht dem Marktdruck (und Haftungsrisiken) unterlagen (vgl. Clor-Proell und Maines 2014).

Müller et al. (2015) untersuchen, ob der geringere Preiseffekt von nur im Anhang offengelegten Fair Values im Vergleich zu bilanzierten Werten mit der geringeren Zuverlässigkeit des Anhangs zu begründen ist oder die gestiegenen Auswertungskosten durch Nutzer. Im ersten Fall würden sich die Marktteilnehmer rational verhalten, wenn sie auf unzuverlässige Fair Values einen Discount vornehmen. Im zweiten Fall würden vorhandene Informationen unvollständig ausgewertet. Sie untersuchen dies für europäische Immobilien-AG, deren Vermögen zumindest zu 75 % aus Anlageimmobilien nach IAS 40 besteht.

Für den Zeitraum 2003 bis 2012 analysieren sie 245 Unternehmen mit 1423 Daten-punkten. Rund 80 % der Unternehmen wählten die Offenlegung der Fair Values in der Bilanz, der Rest im Anhang. Insgesamt zeigte sich, dass die geringere Relevanz der nur offengelegten Fair Values bestätigt werden konnte. Anhangangaben gelten offenbar als weniger zuverlässig. Dieser Effekt konnte aber durch den Einsatz unabhängiger, externer Immobilienbewerter abgeschwächt werden.

Noch stärker wirkte es sich aber aus, wenn die Informationskosten für die Adressaten geringer waren. Das Merkmal Informationskosten wurde durch die Analystendeckung operationalisiert. Demnach kann nicht per se von einer Irrationalität der Adressaten ausgegangen werden und die Unternehmen haben es partiell in der Hand, die wahrge-nommene Zuverlässigkeit zu beeinflussen. Allerdings ist kritisch anzumerken, dass ein positiver Einfluss externer Bewerter in anderen Studien nicht bestätigt oder gar abgelehnt wurde (vgl. Abschn. 4.4).

Aufgrund der Fülle an durchaus auch (zumindest partiell) widersprüchlichen Ergeb-nissen zur Prüfung, inwieweit der Kapitalmarkt informationseffizient ist, fällt eine ein-deutige Beurteilung schwer. Wohl überwiegend wird angenommen, dass die Vorstellung, Investoren würden sich naiv an Accounting Numbers (Abschlusszahlen) halten, eher die Einstellung von Managern widerspiegelt, als die Preisbildung auf Aktienmärkten (vgl. Wallmeier 2009; sehr kritisch hingegen Schildbach 2015, S. 100 ff.). Der Finanzbericht-erstattung käme dann eher eine „Informationshygienefunktion" (Coenenberg et al. 2014, S. 1326) zu, als dass sie die Aktienkurse prägt oder gar durch erkennbare Bilanzpolitik verzerrt. Dies bedeutet natürlich nicht, dass nicht einzelne Adressaten(gruppen) durch Art der Darstellung und Ort der Publikation nicht zu unterschiedlichen Folgerungen oder gar Fehleinschätzungen verleitet werden könnten. Obwohl im Schrifttum oftmals die mittelstrenge Informationseffizienz unterstellt wird, dürfte die Einschätzung von Coenenberg et al. zutreffender sein, dass der Kapitalmarkt „lediglich mehr oder weniger effizient" (Coenenberg et al. 2014, S. 1319) ist. Dies lässt durchaus die (empirisch auch bestätigte) Möglichkeit zu, dass es Adressaten mit Schutzbedarf vor Fehlinformationen geben kann. Zumindest temporär kann die Preisbildung am Markt nicht effizient erfol-gen und Arbitragemöglichkeiten bieten. Deshalb ist die ausführlich diskutierte Frage, ob Fair-Value-Schwankungen von Immobilien in der GuV oder im OCI erfasst werden sollten, durchaus zweckmäßiger Weise geführt worden (vgl. ausführlich Promper 2011, S. 59 ff.). Die Frage, ob befürchtete Formateffekte trotzdem vom Standardsetter unbe-rücksichtigt bleiben sollten oder eine Normierung zweckmäßig wäre, ist noch unbeant-wortet.

Kritisch ist insgesamt, dass Informationen außerhalb des Zahlenwerkes weniger stan-dardisiert bezüglich der Inhalte, des Detaillierungsgrades und der Reihenfolge sind und oftmals narrative Elemente beinhalten, die naturgemäß schwerer zu interpretieren sind. Wichtige Kriterien wie Lesbarkeit, Verständlichkeit, Präzision usw. spielen im Anhang und in Managementberichten eine große Rolle. Gerade wenn die Zahlen in Bilanz und GuV ermessensabhängig sind, kommt den Notes eine wesentliche Bedeutung zu, um die Qualität der Informationen einschätzen zu können (vgl. Gordon et al. 2015). Wie dies aussehen kann, wird in Abschn. 2.5 anhand der Fair-Value-Schätzung für Vermögenswerte gezeigt.

Schließlich kann nicht unbeachtet bleiben, dass in der Praxis mehr oder weniger regelmäßig festzustellen ist, dass Anhangangaben unvollständig oder unnötig schwer lesbar sind. Fehlen wesentliche Pflichtangaben, kann dies das Verständnis der Statements auch deutlich beeinträchtigen (vgl. zum Beispiel Böcking et al. 2015a für die Goodwill-Bilanzierung).

Neben dem Pflichtregelwerk haben Unternehmen vielfältige und zeitlich beliebige Möglichkeiten, Informationen zu publizieren, wobei noch unterschiedlichste Medien (TV, Presse, Homepage usw.) möglich sind (vgl. Miller und Skinner 2015 mit einem umfassenden Überblick über einige Forschungsbeiträge hierzu). Es ist durchaus möglich, dass es auch für diese Informationen Normierungsbedarf gibt, um Irreführungen zu vermeiden. Dies wird hier ausgeklammert. Berücksichtigt werden aber sogenannte freiwillige und private Informationen, die in den IFRS-Abschlüssen üblich sind, wie Proforma-Earnings usw. In Abschn. 2.4 und speziell für Immobilien-AG in Abschn. 5.3.5 wird hierauf näher eingegangen.

2.3   Abgrenzung der Berichtseinheit und Bedeutung von Bilanzpolitik

2.3.1   Konzernabschlüsse als geeignete Grundlage?

Möchte man wissen, ob Abschlüsse entscheidungsnützliche Informationen bereitstellen, müsste feststehen, wer die Entscheidungskalküle formuliert (also Adressat der Rechnungslegung ist) und welche Parameter in den Kalkül eingehen. Lässt man dies und die Frage nach den „richtigen" Berichtsinstrumenten (Bilanz versus GuV versus KFR usw.) und deren konkreten Inhalte beiseite, gibt es zwei Aspekte, die bezüglich der Nutzbarkeit beachtlich sind. Der erste betrifft das Thema Bilanzpolitik, da die Abschlusserstellung mehr oder weniger große Möglichkeiten beinhaltet, das Zahlenwerk zielgerichtet zu gestalten oder gar zu verzerren. Der zweite Aspekt zielt auf das Informationsobjekt ab, ob für Adressaten eher den Abschluss des Unternehmens benötigen, an dem sie beteiligt sind oder einen Konzernabschluss, wenn ihr Unternehmen in einem Verbund arbeitet. Letzterer wäre vor allen Dingen interessant, wenn eine Beteiligung an der Muttergesellschaft vorliegt.

Ein besonderes Problem der Feststellung von Entscheidungsnützlichkeit durch Rückgriff auf Börsenwerte oder Aktienrenditen etc. resultiert aus dem Vergleichsobjekt: Der Börsenwert des Eigenkapitals kann mit dem Buchwert des Eigenkapitals aus dem Jahres- oder Konzernabschluss verglichen werden, die Aktienrendite mit dem Ergebnis aus dem Jahres- oder Konzernabschluss usw. In der angelsächsisch dominierten empirischen Rechnungslegungsforschung wird wohl überwiegend auf Konzernabschlüsse zurückgegriffen, was aber auch nicht immer erkennbar ist. Ursächlich können mehrere Gründe sein, insbesondere dass in den USA praktisch nur Konzernabschlüsse publiziert werden (von börsennotierten Unternehmen).

Für deutsche AG ist wichtig, dass nur die Konzernabschlüsse nach IFRS erstellt werden, während die Jahresabschlüsse der Muttergesellschaften regelmäßig HGB entsprechen. Inhaltlich kann man die Dominanz des Konzernabschlusses damit rechtfertigen, dass die Muttergesellschaften oftmals Holdingstrukturen geschaffen haben, sodass das Vermögen nur im konsolidierten Abschluss erkennbar wird, der Einzelabschluss wird durch die Finanzanlagen geprägt. Soweit Geschäfte des Konzerns durch Konzernglieder realisiert werden, sind deren Folgen zwar nicht unmittelbar der Obergesellschaft zurechenbar, aber aufgrund der Beherrschungsmöglichkeit kann sie den Nutzen an sich ziehen und steht auch für die Risiken der Konzernglieder ein. Eine schon etwas ältere Befragung von Vorständen ergab, dass diese das Konzernergebnis als entscheidend für die Dividendenhöhe ansehen und dies auch für IFRS-Konzernabschlüsse so sehen, obwohl das AktG normativ etwas anderes vorsieht (vgl. Pellens et al. 2003). Eine aktuellere Umfrage (September bis Oktober 2012) bei Unternehmen des DAX, MDAX und SDAX ergab hingegen differenziertere Resultate. Während bei den im DAX gelisteten AGs das Net Income des IFRS-Konzernabschlusses als direkte oder indirekte Basis für die Dividendenbemessung dient, gilt dies für die Unternehmen in den anderen Börsensegmenten nicht oder nur in geringem Umfang. Für die DAX-Unternehmen wurde angeführt, dass der HGB-Jahresabschluss der Muttergesellschaft als Nebenbedingung bedeutsam ist, da HGB und AktG eine Ausschüttungsbegrenzung vorgeben. Allerdings bestehen in Konzernen verschiedenste Möglichkeiten den Jahresüberschuss der Obergesellschaft zu beeinflussen (Gewinnausschüttungen der Tochterunternehmen, konzerninterne Geschäfte mit Ergebniswirkungen etc.), sodass diese Restriktion oftmals wenig effektiv sein wird (vgl. Waschbusch und Loewens 2013).

Werden IFRS-Abschlüsse aus den HGB-Abschlüssen abgeleitet, so kann es durchaus sein, dass die Folgen des nationalen Gläubigerschutzes und der (verbliebenen) Maßgeblichkeit auch auf die IFRS-Rechnungslegung durchschlagen. So wird vermutet, dass die für deutsche Jahres- und Konzernabschlüsse besonders bedeutsame Politik der Ergebnisglättung sich auch in den internationalen Abschlüssen wiederfindet (vgl. Zülch und Siggelkow 2014). Plausibel ist es durchaus, dass die IFRS-Abschlüsse zumindest in den ersten Jahren der Umstellung möglichst in Übereinstimmung mit den HGB-Usancen erstellt werden, um einen Bruch mit der Vergangenheit zu vermeiden und die Unterschiede zwischen IFRS- und HGB-Abschlüssen auch künftig zu minimieren.

Hinzu kommt, dass es durchaus eine sinnvolle bilanzpolitische Strategie sein kann, den Gewinn im IFRS-Konzernabschluss und im HGB-Jahresabschluss der Konzernmutter so weit wie möglich zu synchronisieren, um zum Beispiel die Dividende zu rechtfertigen. Hier wird deutlich, dass es potenziell Konflikte zu aktienrechtlichen Vorgaben geben kann. Während bei US-amerikanischen Unternehmen die Dividendenhöhe primär durch die Gewinnhöhe und die Vorjahresdividende bestimmt wird, verfolgen deutsche AG offenbar eine andere Dividendenpolitik (weniger Glättung, keine Ausschüttung in Verlustperioden; vgl. Fischer 2011, S. 189 und 211).

In einer umfangreichen Studie für an einem organisierten Markt im Sinne von § 2 Abs. 5 WpHG gelistete deutsch AG (3700 Firmyears für den Zeitraum 1987 bis 2006) ergab sich ein differenziertes Bild. Ob überhaupt eine Dividende gezahlt wird, richtet sich vor allem nach dem Jahresabschluss der Muttergesellschaft, während die Höhe der Dividende dann eher durch den Konzern-Jahresüberschuss determiniert wird (vgl. Fischer 2011, S. 160, 170 f.). Größere Unternehmen schütten zudem tendenziell mehr aus und bei Holdingstrukturen ist der Konzernabschluss für die Dividendenpolitik wichtiger als bei Stammhauskonzernen (vgl. Fischer 2011, S. 172 ff., 178 ff.). In einer Studie für japanische Unternehmen spielte es hingegen keine Rolle für das Ausmaß an Bilanzpolitik, ob die Muttergesellschaft eher als Holding oder Kernunternehmen mit eigenen umfangreichen Geschäftsaktivitäten tätig war. Gemessen wurde dies durch die Anteile der Muttergesellschaft am gesamten Konzernumsatz, dem Konzernvermögen und dem Konzerngewinn (vgl. Shuto 2009).

Insgesamt kann die Situation deutscher AG nur pragmatisch mit US-amerikanischen Verhältnissen gleichgesetzt werden, selbst wenn dort der Konzernabschluss als Dividendenbasis gelten sollte. Zudem deckt sich diese Sichtweise jedenfalls nicht ohne weiteres mit den zugrunde liegenden Rechtsverhältnissen. Diese sind durch die Rechtsform der Tochtergesellschaften, das Vorliegen von Beherrschungs- und sonstigen Verträgen usw. geprägt (vgl. Kühnberger und Schmidt 1999). Da in § 290 HGB die Definition von Mutter-Tochter-Verhältnissen und unter IFRS weiter ist als zum Beispiel der aktienrechtliche Konzernbegriff, ist der Rückgriff auf Konzernabschlüsse problematisch (vgl. Pellens et al. 2010). Die Ausdehnung des Konsolidierungskreises auf Zweckgesellschaften (zum Teil ohne jeden Anteilsbesitz) verschärft das Problem (vgl. Ewelt-Knauer 2010). Durch quotale Einbeziehung von Gemeinschaftsunternehmen (unter IFRS inzwischen verboten) oder At Equity bewertete Beteiligungen kann das Bild zusätzlich verzerrt werden. Insbesondere die Erfassung von Wertsteigerungen und Gewinnen bei Beteiligungsgesellschaften im konsolidierten Abschluss sind nicht ohne weiteres als verfügbare Erfolge der Konzernmutter anzusehen. Nationale gesellschaftsrechtliche oder faktische Restriktionen werden nicht berücksichtigt.

Durch IFRS 10 und IFRS 12 haben sich ab 2013 Änderungen in der Abgrenzung des Konsolidierungskreises ergeben, insbesondere wird diese stärker ermessensbehaftete Entscheidungen erfordern (vgl. Beyhs et al. 2011). Diese werden zwar durch umfangreiche Notes begleitet, zum Beispiel zum Einfluss nicht beherrschender Gesellschafter und zu möglichen Verfügungsbeschränkungen (IFRS 12.12 ff.). Gleichwohl erscheint es zweifelhaft, ob damit eine externe Korrektur von nicht der Konzernmutter zuzurechnenden Erfolgen oder Cashflows etc. möglich wird. Auch die Rückausnahme für Investment Entities, die künftig keine Konzernabschlüsse mehr erstellen müssen, wird die Rechnungslegungswelt nicht vereinfachen und die Vergleichbarkeit von Abschlüssen fördern (vgl. Kühnberger und Thurmann 2013b zur Entwicklung der Konzerndefinition im Zeitablauf).

Im ED 2015/3 (Tz. 3.23 f.) hat der IASB dieses Problemfeld (erstmals ausdrücklich) adressiert. Es wird ausgeführt, dass sich Rechtsansprüche von Eigentümern,

Gläubigern usw. gegen die einzelnen Unternehmen richtet. Da die Lage der Konzernmutter aber auch von den Cashflows der Tochterunternehmen abhängt, ist ein konsolidierter Konzernabschluss wahrscheinlich die bessere Informationsbasis als ein Einzelabschluss der Muttergesellschaft. Für Gläubiger und Eigentümer der Tochterunternehmen hilft der Konzernabschluss aber nicht. Diese Sichtweise deckt sich partiell mit einer interessentheoretischen Begründung für Konzernabschlüsse: es handelt sich um einen erweiterten Abschluss der Muttergesellschaft.

In Literatur und Praxis wird regelmäßig der Konzernabschluss trotz dieser Bedenken als der „eigentliche" Abschluss angesehen, der Konzern wird als Wirtschaftseinheit und Haftungsverbund angesehen. Dies wird einmal mit ökonomischen Argumenten gerechtfertigt, zum Beispiel dem sogenannten Spardoseneffekt und der Sinnentleerung des Erfolges der Einzelglieder des Konzerns bei umfänglichen Zwischenerfolgen, die nicht marktgerecht sein müssen. Faktisch liege aufgrund einer moralischen Haftung oder durch umfassende Patronatserklärungen sowieso ein Haftungsverbund vor (vgl. Busse von Colbe et al. 2010, S. 29 ff.; Küting und Weber 2010, S. 97 ff.).

Eine den deutschen Verhältnissen ähnliche Rechtslage gibt es in Japan: Auch dort ist der Jahresabschluss der Muttergesellschaft verbindlich für Dividenden und der Konzernabschluss wird durch die Unternehmen selbst als die eigentliche Bemessungsgrundlage betrachtet und ist Grundlage für Vergütungen von Managern (vgl. Shuto 2009). Eine Besonderheit ergibt sich dadurch, dass seit dem Jahre 2000 gesetzlich vorgeschrieben ist, dass der Konzernabschluss der eigentliche, primäre Abschluss ist und der Jahresabschluss der Muttergesellschaft nur ergänzende Funktion hat. Dies liegt auch daran, dass die Erfolge im Einzelabschluss durch konzerninterne Geschäfte und Maßnahmen aggressiv beeinflusst werden können, während der Konzernabschluss durch entsprechende Konsolidierungsmaßnahmen solche Manipulationen nicht zulässt. Es ist deshalb wenig überraschend, dass bis zum Jahre 2000 der Jahresabschluss der Muttergesellschaft im Zentrum von bilanzpolitischen Maßnahmen stand und dies seither abnahm, da der Konzernabschluss in den Vordergrund gerückt wurde. Seither ist der Konzernabschluss das zentrale Objekt der Bilanzpolitik. Die Befunde wurden für japanische, börsennotierte Unternehmen für den Zeitraum 1980 bis 2006 mit 20.823 Firmyears erhoben (vgl. Shuto 2009). Für Deutschland kann ebenfalls konstatiert werden, dass der Jahresabschluss der Muttergesellschaft nach wie vor rechtlich die Basis für die Gewinnausschüttungen ist, der Konzernabschluss aber faktisch als wichtigstes Informationsinstrument gilt, auch wenn dies nicht gesetzlich vorgegeben ist wie in Japan.

Obwohl diese Argumente für das Primat des Konzernabschlusses oben die Rechtslage nicht umfassend und zutreffend berücksichtigen und auch der wirtschaftliche Gehalt nicht unbedingt diesem Muster folgt, muss man schon aus den oben genannten pragmatischen Gründen auf Konzernabschlüsse zurückgreifen.

2.3.2   Bilanzpolitische Rahmenbedingungen

Wird auf IFRS-Konzernabschlüsse zurückgegriffen, ergibt sich auf den ersten Blick ein
Vorteil. Es kann unterstellt werden, dass es keine steuerlich motivierten Einflüsse auf
Bilanz und GuV gibt. Für den HGB-Einzelabschluss in Deutschland war über Jahrzehnte
die enge Bindung an die Steuerbilanz durch Maßgeblichkeit und Umkehrmaßgeblichkeit
ein Problem für eine rationale, informationsorientierte Bilanzpolitik (vgl. Zimmermann
und Goncharov 2006; zur Gewinnpolitik russischer Unternehmen in einem vergleichbaren Setting). Selbst nach der Lockerung der Verknüpfung durch das BilMoG ist im
Einzelabschluss mit steuerlichen Rückwirkungen zu rechnen, während dies für IFRS-
Konzernabschlüsse de jure nur in seltenen Fällen gilt. Hierzu zählen die Regelungen
zur Zinsschranke und die Geschäftsstrukturnormen für German REITs, deren Nicht-
einhaltung steuerlich sanktioniert werden kann (vgl. Kühnberger et al. 2008, S. 28 ff.).
Faktisch kann es aber zu weitergehenden Einflüssen kommen. Wird zum Beispiel eine
Abschreibung oder Wertaufholung im IFRS-Konzernabschluss mit einem veränderten
Fair Value eines Vermögenswertes begründet, dürfte es wenig glaubwürdig sein, wenn
für die steuerliche oder HGB-Bilanzierung keine Zeitwertänderung unterstellt wird.
Allgemein: Die Ausübung der wichtigen Ermessens- und Schätzspielräume kann ohne
Beeinträchtigung der Glaubwürdigkeit nicht ohne weiteres unterschiedlich erfolgen.
Eine Berücksichtigung der steuerlichen Randbedingungen in empirischen Arbeiten ist
allerdings problematisch und zumindest bei länderübergreifenden Studien sehr komplex.
Die Ursachen sind einmal darin zu sehen, dass die Bindungen zwischen Handels- und
Steuerbilanz unterschiedlich sein können, es rechtsform- und länderspezifische Steuer-
systeme gibt und die steuerliche Situation von Unternehmen sehr unterschiedlich sein
kann.

Sieht man von Steuer- und Dividendeneinflüssen ab, so sind eine ganze Reihe weiterer Motive für Bilanzpolitik möglich, die nach verschiedensten Kriterien sortiert werden können. Eine häufig verwendete Unterteilung knüpft an die Bewertungsfunktion und
die Koordinationsfunktion der Rechnungslegung an. Für die Bewertungsfunktion sind
demnach kapitalmarktbezogene Motive zentral (zum Beispiel ein anstehender Management Buy Out, ein Börsengang oder eine Kapitalerhöhung oder auch das Erreichen
von Analystenschätzungen für Gewinne oder Cashflows). Typische vertragsbezogene
Motive beziehen sich häufig auf die Einhaltung von Debt Covenants, die Steuerung von
Vergütungen (Bonus-Hypothese) usw. Auch eher untypische Sachverhalte wie sie auf
preisregulierten Märkten oder durch Schutzzölle u. ä. geschützten Märkten oder durch
Regulierungsbehörden (besonders Eigenkapitalanforderungen für Banken und Versicherungen) bestehen, können das Verhalten beeinflussen. Anstehende Tarifverhandlungen
mit Gewerkschaften, möglich Strafzahlungen aufgrund von Delikten usw. können temporär wichtig sein (vgl. Filip und Raffournier 2014; Healy und Wahlen 1999; Wagenhofer und Ewert 2015, S. 287 ff.).

Schließlich kann die Abschlusspolitik auch davon abhängen, ob gesamtwirtschaftlich positive oder negative Entwicklungen vorliegen. So zeigte sich in einer Erhebung für 3357 Unternehmen aus 16 Ländern mit 8266 Datenpunkten für die Jahre 2006 bis 2009, dass die Finanzmarktkrise zu deutlich weniger Bilanzpolitik führte und insbesondere Gewinn erhöhende Maßnahmen nicht ergriffen wurden, obwohl dies prima facie Vorteile schaffen könnte (Verstecken realer Verluste, Erhalt der Kreditwürdigkeit, Erreichen von Bonuszahlungen etc.). Dies kann durch mehrere Faktoren beeinflusst worden sein: stärkere Überwachung durch Externe, erhöhtes Haftungsrisiko des Managements in der Krise, gesteigerte Toleranz von Verlusten seitens der Marktteilnehmer (vgl. Filip und Raffournier 2014).

In einer anderen Studie wurden Mean Reversion Effekte der Profitabilität aufgrund der Wettbewerbsintensität auf Produkt-, Kapital- und Arbeitsmärkten untersucht. Der Effekt bewirkt, dass Unternehmen mit Über- oder Unterrenditen in einem Jahr sich aufgrund von Wettbewerbsfaktoren tendenziell wieder dem Marktdurchschnitt angleichen. Dabei zeigte sich, dass die Anpassungsdauer u. a. auch von den bilanzpolitischen Möglichkeiten abhängt. Dies galt sowohl für Unternehmen mit über- als auch solche mit unterdurchschnittlicher Profitabilität (vgl. Healey et al. 2014).

Gleichwohl kann man feststellen, dass Bilanzpolitik eher selten unter Einbezug makroökonomischer Aspekte untersucht wurde.

Ein in Deutschland bislang wenig beachtetes Anwendungsfeld stellen Quartalsberichte dar. Aufgrund der Befragungsstudie von Graham et al. ist es weitgehend Konsens, dass das Erreichen von Gewinnzielen und Analystenschätzungen (sogenanntes Target Beating) für CFO und Finanzierungsverantwortliche in US-amerikanischen Unternehmen einen sehr großen Stellenwert hat (vgl. Graham et al. 2005). Im Umkehrschluss hat der ehemalige SEC-Vorsitzende A. Levitt genau die kurzfristige Bilanzpolitik („Numbers Game") von US-Unternehmen sehr scharf kritisiert, da sie das Vertrauen von Anlegern zerstört (vgl. die Auszüge der Rede bei Wagenhofer und Ewert 2015, S. 275). Wichtig ist dabei, dass diese Gewinnziele auf der Ebene der Quartalsberichte erreicht werden sollen. Diese haben mit steuerlichen, dividendenbezogenen oder vertragsbezogenen Motiven für Bilanzpolitik eher weniger zu tun als die Jahresabschlüsse, sondern dienen primär Informationszwecken. Auch bezüglich der Qualität weisen sie Unterschiede auf. Sie werden, je nach Land, nicht geprüft oder nur einer prüferischen Durchsicht unterworfen, die Regeln zur Erstellung lassen aufgrund konzeptioneller Schwierigkeiten sehr große Spielräume und Haftungsfolgen sind kaum zu befürchten.

Den Quartalsberichten wird eigentlich eine disziplinierende Funktion für das Management zugeschrieben. Werden sie genutzt, um kurzfristig positive Informationen publizieren zu können, so besteht aber die Gefahr, dass kurzfristige bilanzpolitische Maßnahmen erforderlich sind, die langfristig wertvernichtend sind (Short Terminism; vgl. Gigler et al. 2014 mit einem vereinfachten Gleichgewichtsmodell und Wagenhofer 2014).

Eine mögliche Strategie für eine kurzfristig angestrebte Ergebnisverbesserung könnte darin bestehen, Aufwendungen für Forschung und Entwicklung, Instandhaltung etc. (also ökonomisch: Investitionen in künftige Cashflows) zu unterlassen. Dies könnte natürlich dauerhaft zu Wertminderungen führen. Da aber solche Maßnahmen durch Prüfer und Aufsichtsorgane kaum zu beanstanden sind, zugleich aber sofortige Gewinn- und Cashflow-Wirkungen zeigen, sehen sie aus Sicht des Managements Erfolg versprechend aus. Für 1103 US-Unternehmen (mit 19.614 Quartalsberichten) wurde für den Zeitraum von 1989 bis 2011 untersucht, ob es im vierten Quartal zu signifikanten Kürzungen von F&E-Auswendungen kam. Dies wurde bestätigt, aber die Umkehrung fand im Allgemeinen im ersten Quartal des Folgejahres statt. Dieser Umkehreffekt hat nichts mit den buchhalterischen Umkehrwirkungen von normaler Bilanzpolitik zu tun, sondern beruht auf bewussten Managemententscheidungen. Insgesamt handelte es sich damit nur um kurzfristige Verschiebungen von einigen Wochen, sodass die teilweise vermuteten gravierenden Nachteile für die langfristige Performance eher nicht realistisch sind (vgl. Shon und Yan 2015).

In einer anderen Studie standen Unternehmen im Fokus, denen es gelungen war, über mindestens 20 Quartale (= 5 Jahre) gleichbleibende oder steigende Earnings Per Share zu erreichen. Für den Zeitraum 1963 bis 2004 wurden 746 US-Unternehmen gefunden, die 939 Mal einen solchen „String" schafften. Die Autoren unterstellten, dass dies nur durch den massiven Einsatz von Gewinn glättender Bilanzpolitik möglich war, zumindest in dieser Häufigkeit. Diese Unternehmensgruppe wurde mit einer gleich großen Kontrollgruppe verglichen, die bezüglich der Earnings Per Share genauso erfolgreich waren, aber in einzelnen Quartalen auch rückläufige Gewinne aufwiesen. Diese Aussetzer führten jeweils zu starken abnormalen Renditen, sodass durchaus ein Anreiz zur Vermeidung anzunehmen ist. Insgesamt zeigt sich auch, dass die Untersuchungsgruppe in wesentlichem Maße mehr Bilanzpolitik zur Erfolgsglättung einsetzte (verschiedenste Instrument wurden geprüft; vgl. Myers et al. 2007; Gu und Jain 2007 mit kritischen Anmerkungen zu möglichen Verzerrungen durch die Abgrenzung der Samples).

Für deutsche AG gibt es meines Wissens keine vergleichbaren Arbeiten, auch wenn die Zwischenberichterstattung ganz überwiegend als sehr sinnvoll akzeptiert wird (vgl. Coenenberg et al. 2014, S. 957 ff.; Pellens et al. 2014, S. 925 ff.). Dies liegt wahrscheinlich daran, dass Zwischenberichte für wichtige bilanzpolitische Ziele wie Steuer- und Dividendenpolitik irrelevant sind und auch das Informationsumfeld weniger stark durch Analysten und deren Aktivitäten geprägt wird als in den USA.

Selbst wenn man die Prämisse akzeptiert, IFRS-Abschlüsse hätten nur eine Informationsaufgabe für Investoren, heißt dies gleichwohl nicht, dass sie nicht auch für andere Zwecke genutzt werden, die für die Unternehmen ebenfalls wichtig sind. Allein die Tatsache, dass Rechnungslegungsdaten für Koordinationszwecke eingesetzt werden (Contracting Role), kann zu Rückwirkungen auf die Bilanzpolitik führen. Dies gilt sowohl für die Pflichtbestandteile der Rechnungslegung als auch für die freiwillige Mehrpublizität. Insofern kann es durchaus sein, dass Abschlüsse Gegenstand von Bilanzpolitik sind, auch wenn dies unter Informationsaspekten gar nicht sinnvoll oder notwendig ist.

Zu den beachtenswerten Einflussfaktoren für eine an der Contracting Role anknüpfenden Bilanzpolitik zählen zum Beispiel Gläubigeransprüche, die durch Debt Covenants abgesichert sind. Verstöße gegen die vereinbarten Kennzahlenwerte können erhebliche Sanktionen nach sich ziehen (vgl. Dettmaier 2010, S. 453 ff.; Loan Market Association 2011, Tz. 5 mit typischen Beispielen; Nouvertne 2012 zur steigenden Bedeutung von Covenants in Deutschland). Während teilweise davon berichtet wird, dass Debt Covenants für die Bilanzpolitik nur eine geringe Rolle spielen, hängt dies wohl primär davon ab, wie nahe sich die Zahlen eines Unternehmens an einem Grenzwert befinden (vgl. Graham et al. 2005). Insofern ist die Ansicht, dass die in Verträgen verankerten Kennzahlen erheblichen Einfluss auf die Bilanzpolitik haben (vgl. Coenenberg et al. 2014, S. 1326) nur auf den ersten Blick ein Widerspruch.

Die sogenannte Debt-Covenant-Hypothese, wonach die Nähe zu einer Verletzung von Grenzwerten oder ein bereits realisierter Verstoß einen Anreiz für Bilanzpolitik bilden, wurde in einer Untersuchung für 1009 US-amerikanische Unternehmen im Zeitraum von 1992 bis 2007 anhand von 14.816 Quartalsberichten analysiert. Das Risiko eines Verstoßes wurde unterstellt, wenn ein Unternehmen weniger als 15 % Distanz zum verankerten Grenzwert erreichte (vgl. Franz et al. 2013). Dabei zeigte sich, dass die Annahme umfassend bestätigt werden konnte und die Unternehmen dabei sowohl konventionelle bilanzpolitische Maßnahmen nutzten, als auch sogenannte Sachverhaltsgestaltungen. Da durch den SOX die Spielräume für klassische Bilanzpolitik begrenzt und die potenziellen Haftungsrisiken für das Management drastisch erhöht wurden, ergab sich in der Folge eine deutliche Verlagerung zugunsten von realen Sachverhaltsgestaltungen. Beide Mittel zusammen weisen demnach ein Austauschverhältnis auf, wobei das Gesamtvolumen an bilanzpolitischen Maßnahmen nach Verabschiedung des SOX sogar zugenommen hat.

Außerdem gibt es auch Evidenz für den positiven Einfluss von freiwilliger IFRS-Rechnungslegung auf Kreditkonditionen (vgl. Kim et al. 2011). Im konkreten Einzelfall ist auch zu berücksichtigen, ob die Covenants auf unkorrigierte Abschlussgrößen abstellen oder nicht. Werden zum Beispiel in der Bilanz Immobilien mit dem Fair Value bewertet und ist für die Covenants eine Bewertung auf der Grundlage des Cost Model vorgesehen (vgl. Quagli und Avallone 2010), ist eine Rückwirkung auf die Bilanzierung nicht zu erwarten. Die Fair Values in der Bilanz würden sogar zusätzliche Informationen für die Gläubiger zeigen, nämlich die Werthaltigkeit von Kreditsicherheiten.

Für ein Sample von 8527 privaten Verträgen mit Debt Covenants aus den Jahren 1996 bis 2007 in den USA untersuchte Demerjian (vgl. Demerjian 2011) die praktische Bedeutung von Bilanz- und GuV-Kennzahlen. In diesem Zeitraum wurden in ca. 80 % der Verträge GuV-bezogene Ratios eingesetzt, während bilanzbezogene Kennzahlen von 83 % auf 31 % abnahmen. Der Verfasser begründet die rückläufige Bedeutung damit, dass der amerikanische Standardsetter FASB den Balance-Sheet-Approach zunehmend fokussierte. Er unterstellt, dass die Bilanzposten Informationen über potenzielle Liquidationswerte der Vermögensposten liefern sollen. Durch die Zunahme von Fair Values für Bilanzposten und die komplexe Firmenwertbilanzierung und Restrukturierungen sind die Bilanzwerte fehler- und ermessensbehaftet. Durch den zunehmenden Einsatz von bilanzneutralen Operate Leases zeigten die Bilanzen zudem die Vermögens- und Schuldensituation unvollständig (vgl. Demerjian 2011). Deshalb sind sie für vertragliche Zwecke weniger geeignet.

Aus der GuV werden hingegen Informationen über die nachhaltige Fähigkeit, Zahlungen leisten zu können, gezogen. Dabei werden die bilanziellen Änderungen aufgeteilt in Net Income, Dirty Surplus (zum Beispiel OCI) und sonstige Bereinigungen (Adjustments). Da die GuV insofern einfacher zu bereinigen und anzupassen sei als die Bilanz, wurden die unzuverlässigen Bilanzkennzahlen zurückgedrängt, während die GuV-Kennzahlen wichtig blieben. Allerdings ist diese behauptete einfachere Korrektur der GuV nicht selbstverständlich und die Verträge können natürlich auch auf „eingefrorene GAAP" Bezug nehmen, zum Beispiel das Cost Model.

Diese Entwicklung weist auf den ersten Blick darauf hin, dass die Betonung der Bilanz gegenüber der GuV und das zunehmende Fair Value Accounting der Standardsetter (so man akzeptiert, dass dies so umgesetzt wird, vgl. Abschn. 2.1), den Nutzen von Abschlüssen für Contracting-Zwecke schmälert (vgl. Ball et al. 2015). Man kann dies aber auch positiver deuten: durch die zunehmende Entkoppelung von Bilanz und GuV wird der Abschluss informativer (vgl. Skinner 2011). Allerdings wird die Abschätzung der Ertragskraft damit komplexer. Die Aufteilung des Ergebnisses in Net Income und OCI-Komponenten, mit und ohne Recycling sorgt für Komplexität und begünstigt Missverständnisse. Die Anpassung um nicht rekurrierende, nicht betriebstypische Komponenten, das Konzept der Core Earnings, eröffnet zusätzliche Ermessensspielräume und Unwägbarkeiten (vgl. Abschn. 5.3).

Die Relevanz von Debt Covenants für deutsche Unternehmen ist allerdings klärungsbedürftig: So fehlen m. W. detailliertere Untersuchungen zur Verbreitung und den Ausprägungen solcher Kennzahlen (vgl. Graml 2014, 52 ff. mit ersten Nachweisen). Anhaltspunkte liefert indirekt eine Analyse zur Risikoberichterstattung über Financial Covenants von Pellens et al. Sie werten 150 Abschlüsse von börsennotierten Unternehmen aus Deutschland, Frankreich, Großbritannien und Italien für die Jahre 2006 bis 2012 aus. Dabei zeigten sich im Zeitablauf eine steigende Häufigkeit und ein zunehmender Umfang der Berichterstattung. Allerdings bleibt vielfach unklar, ob fehlende Angaben keinen oder nur unwesentlichen Covenants geschuldet waren oder unvollständigen Berichten (Negativbefunde sind nicht vorgeschrieben). Insofern bleibt die Datenbasis klein und die Repräsentativität ist zweifelhaft (vgl. Pellens et al. 2014). Insgesamt gibt es aber eine Entwicklung, dass in unsteten Zeiten die praktische Verbreitung von Debt Covenants in Deutschland zunimmt, auch wenn bei Covenant-Brüchen derzeit eher nachverhandelt als rigide sanktioniert wird (vgl. Zülch et al. 2014; Zülch et al. 2015).

Demnach ist unklar, ob die Verletzung von Debt Covenants tatsächlich gravierende Folgen für die Unternehmen auslösen. Zwar ist dies de jure im Allgemeinen möglich, die Umsetzung ist aber für die USA umstritten (vgl. Armstrong et al. 2010), für Deutschland fehlen hierzu öffentlich verfügbare Informationen. Da die Vertragsinhalte und deren Details regelmäßig nicht bekannt sind, wird in vielen Studien deshalb auch auf Ersatzkriterien abgestellt, um die Nähe zu einem Verstoß gegen Covenants abschätzen zu können. Hierzu wird oftmals der Verschuldungsgrad genutzt, wie er sich aus dem (unkorrigierten) Abschluss ergibt (vgl. Armstrong et al. 2010). Die Annahme, dass ein (bilanzielles) Mindesteigenkapital als Vertragsbestimmung vorliegt ist zwar nicht unplausibel, aber weder die genauen Grenzwerte, noch die Messung, zum Beispiel ob Bereinigungen vorzunehmen sind, sind bekannt. Es ist auch plausibel, dass die Verträge mehrere Kennzahlen beinhalten, sodass unklar ist, inwieweit aufgrund anderer Sachverhalte ein Bruch von Vereinbarungen droht. Deshalb ist offen, ob damit wirklich die kritischen Grenzfälle und deren Anreizstruktur identifiziert werden kann. Erschwerend kommt hinzu, dass die Vertragspraxis sich im Zeitablauf auch ändern kann, was zum Beispiel für die USA belegt ist.

Nach der Studie von Graham et al. (Graham et al. 2005; sie befragten 401 Financial Executives und zusätzlich 20 Personen im Rahmen eines Telefoninterviews) spielen abschlussbezogene Vergütungen keine wesentliche Rolle, genauso wie politische Kosten (vgl. Graham et al. 2005; zum Einfluss der bevorstehenden Wahlen auf US-Abschlüsse vgl. Guay 2010). Für die Steuerung der variablen Vergütungen ist dies allerdings nicht durchgängig überzeugend. Peng zeigt in einer Erhebung für 1993 bis 2005 für US-Unternehmen (6129 Datenpunkte), dass die Rechnungslegungszahlen für ein Vergütungssystem nutzbar gemacht werden können (vgl. Peng 2011; Wagenhofer und Ewert 2015, S. 290 ff. mit ausführlicher Erläuterung der Bonus-Hypothese).

Bedeutsam dürfte hingegen unstrittig die Corporate Governance-Struktur sein und insbesondere auch das Risiko von Klagen (vgl. Kaserer et al. 2008; Volkart et al. 2005, S. 531). Insgesamt ergab die Studie von Graham et al. jedoch einen eindeutigen Schwerpunkt: Die Earnings per Share und die Erreichung von Benchmarks für diese Größe stehen im Fokus. Demnach wäre eine Gewinngröße und nicht die Bilanz zentral. Als Hauptziel wurde angegeben, dass es gelte, die Prognosen von Analysten zu erreichen oder zu übertreffen. Diese Erhebung wurde jüngst durch de Jong et al. (2014) repliziert, wobei aber der Fragebogen von 306 Finanzanalysten beantwortet wurde und 21 Interviews geführt wurden. Die Sell-Side-Analysten großer Investmentbanken wurden als Proxy für Investoren und deren Ansichten angesehen (vgl. de Jong et al. 2014). Auch dieser Personenkreis stellte die Gewinne und insbesondere die Größe Earnings per Share in das Zentrum der Investoreninteressen.

Erschreckend an der Studie von Graham et al. (2005) war jedoch vor allen Dingen, dass „…managers appear to be willing to burn „real" cash flows fort the sake of reporting desired accounting numbers" (vgl. Dechow und Schrand 2004, S. 40 mit Nachweisen durch empirische Studien). Dabei dominieren kurzfristige bilanzpolitische Ziele, in der Hoffnung, dass die gegenläufigen Effekte in der Zukunft durch Wachstum überdeckt werden (vgl. Graham et al. 2005). Demgegenüber äußerten sich die befragten Finanzanalysten hierzu kritischer: Nur kleinere finanzielle Opfer seien sinnvoll, um Analystenprognosen zu erreichen und Bilanzpolitik vernichte im Allgemeinen Werte, mit Ausnahme von Aktienrückkäufen (vgl. de Jong et al. 2014).

Ebenfalls bedeutsam sind die (vermuteten) Kennzahlen, die Ratingagenturen nutzen, wobei die Ratingkriterien selbst recht intransparent sind. Mit zunehmender Bedeutung von Ratingagenturen auch für deutsche Unternehmen (vgl. Wappenschmidt 2009), ist deren Einfluss auf Bilanzpolitik nicht auszuschließen, auch wenn dies meines Wissens noch nicht empirisch untersucht wurde. Hierbei ist aber zu beachten, dass die Folgen einer veränderten Ratingeinstufung unklar sind. Plausibel ist die direkte Folge, dass eine Herabstufung zu erhöhten Fremdkapitalkosten führt und sich dies negativ auf den Unternehmenswert auswirkt. Kontextabhängig kann es aber auch mittelbare positive Effekte geben. Wird ein höherer Verschuldungsgrad realisiert, der zu einem schlechteren Rating führt, kann es insgesamt gleichwohl zu einem niedrigeren Kapitalkostensatz kommen, wenn billigeres Fremdkapital dabei das teurere Eigenkapital ersetzte. Die Messung von solchen Netto-Effekten ist aber nicht einfach. Es kann auch nicht ausgeschlossen werden, dass einverändertes Rating auch zu angepassten Eigenkapitalkosten führt, auch wenn externe Ratings im Allgemeinen im Rahmen von Fremdfinanzierungen beauftragt werden (vgl. Littkemann et al. 2014 mit einer Fallstudie für die RWE AG). Insgesamt muss aber festgestellt werden, dass die praktische Relevanz der Agenturen in Deutschland derzeit noch unklar ist.

Für die USA wurde für den Zeitraum von 1985 bis 2010 (mit 23.909 Beobachtungspunkten) untersucht, inwieweit Abschlüsse bilanzpolitisch beeinflusst wurden, um eine adäquate Ratingnote zu erreichen (vgl. Alissa et al. 2013). Tatsächlich ergaben sich Belege für konventionelle (abbildungsbezogene) und sachverhaltsgestaltende Bilanzpolitik, die insgesamt erfolgreich war und zwar auch dauerhaft (vgl. Alissa et al. 2013). Ein Grund besteht auch darin, dass Ratingagenturen offenbar weitgehend auf die publizierten Zahlen vertrauen und diese nicht überprüfen und anpassen.

Für die USA spielen Ratingagenturen auch deshalb eine große Rolle, weil die Außenfinanzierung durch Kredite sechs Mal so hoch ist wie die durch Aufnahme von Eigenkapital. Bewegen sich Unternehmen im Grenzbereich zwischen einer Ratingeinstufung Investmentgrade zu Speculative Grade, so würde ein Absinken spürbare negative Folgen haben. Neben gestiegenen Fremdkapitalkosten wäre auch der Anlegerkreis eingeschränkt, weil institutionelle Anleger zum Teil Anlagerestriktionen haben oder eine entsprechende Geschäftspolitik der Vermeidung spekulativer Anlagen realisieren. Beim Rating durch Standards & Poors spielt die Profitabilität der Unternehmen eine große Rolle für die Ratingnoten. Deshalb kann ein starker Anreiz bestehen die Ergebnisse durch Bilanzpolitik zu verbessern, wobei konventionelle und sachverhaltsgestaltende Maßnahmen in Betracht kommen.

Kritisch ist nun, ob die Ratingagenturen für die Einstufung eine Korrektur der Rechnungslegungszahlen vornehmen, um möglichst zutreffende Einstufungen vorzunehmen. Dafür spricht, dass sie von ihrem Reputationskapital leben. Auf der anderen Seite, werden sie in der Regel von den Unternehmen beauftragt und bezahlt (Issuer-Pay-Model). Während der Finanzmarktkrise wurde deutlich, dass sie durch die Strukturierungen von Transaktionen sehr viel Geld durch andere Geschäfte erzielten, die eine Beeinträchtigung der Unabhängigkeit bedeuten können. Für den Zeitraum 1989 bis 2009 wurde das Verhalten von Ratingagenturen anhand von 835 Unternehmen (6402 Firmyears) untersucht. Dabei zeigte sich, dass Unternehmen, die von einer Ratingabstufung bedroht waren, sehr aggressiv eine Gewinn erhöhende Bilanzpolitik durch Sachverhaltsgestaltungen betrieben haben. Diese wurde von den Ratingagenturen für die Urteilsbildung nicht korrigiert (vgl. Brown et al. 2015).

Diese (unvollständige) Darstellung zeigt, dass es bilanzpolitische Anreize aus unterschiedlichsten Ursachen geben kann. Nationale Gepflogenheiten, Firmenmerkmale, persönliche Eigenschaften von Entscheidungsträgern, besondere Anlässe etc. können dominanten Einfluss gewinnen.

Insgesamt dürfte der Kranz potenzieller Einflussfaktoren für bilanzpolitische Entscheidungen des Managements sehr groß und im Zeitablauf noch dazu variabel sein. Ein allgemeines Gesamtmodell zur Abbildung ist unrealistisch (vgl. Hill 2011, S. 175).

2.3.3 Bilanzpolitisches Instrumentarium

In diesem Abschnitt wurde der Begriff Bilanzpolitik bisher nicht präzise abgegrenzt. Eine vielfach verwendete Definition aus den USA lautet (Healy und Wahlen 1999): „Earnings management occurs when managers use judgement in financial reporting and in structuring transactions to alter financial reports to either mislead some stakeholders about the underlying economic performance of the company or to influence contractual outcomes that depend on reported accounting numbers." Diese Definition berücksichtigt sowohl Informations- als auch Koordinationsaspekte der Rechnungslegung und umfasst mit dem Begriff „judgement" sowohl explizite Wahlrechte als auch Ermessensspielräume. Zudem werden Sachverhaltsgestaltungen (Real Earnings Management; REM) eingeschlossen. Die Verengung auf die Bilanz ist hingegen unnötig, es geht auch um formelle (Ausweis)Fragen und andere Berichtsinstrumente.

Aus der Definition wird auch deutlich, dass Bilanzpolitik eher kritisch gesehen wird, es geht um Irreführung oder das Erreichen von vertraglich vereinbarten Vorteilen. Auch der SEC-Vorsitzende Levitt hat Bilanzpolitik sehr negativ gesehen (vgl. das Zitat bei Wagenhofer 2009, S. 573). In der Literatur wird teilweise unterstellt, dass auch der IASB Bilanzpolitik ablehnt, da sie dem Ziel der Faithful Representation widerspreche (vgl. Raffournier 2014, S. 285). In dieser Allgemeinheit ist dies nicht gerechtfertigt, es ist sinnvoll zu differenzieren. Üblich ist die Unterscheidung in Earnings Management (EM, auch konventionelle Bilanzpolitik genannt), bei der es um die Ausübung von Wahlrechten und Ermessensspielräumen geht und Real Rarnings Management (REM, sogenannte sachverhaltsgestaltende Bilanzpolitik). Soweit es Wahlrechte betrifft, die explizit vorgesehen sind, stellt jede Entscheidung des Bilanzerstellers Politik dar und kann schon deshalb nicht negativ sein. Zudem ist diese Form der Bilanzpolitik extern erkennbar und teilweise sogar zahlenmäßig zu decodieren, wenn entsprechende Erläuterungen vorliegen. Hier hat es der Standardsetter auch in der Hand, sinnvolle Vorgaben zu machen.

Ermessensentscheidungen oder faktische/unechte Wahlrechte sind diesbezüglich schwieriger, sie sind ex definitione subjektiv und verlangen Entscheidungen, die aus einer mehr oder weniger großen Bandbreite möglicher Werte eine Auswahl erfordern. Diese Subjektivität kann praktisch nicht vermieden werden. Abschreibungen auf Firmenwerte oder Ansatz und Bewertung von Rückstellungen sind altbekannte Beispiele. Hier ist die Nachvollziehbarkeit der Entscheidungen schon schwieriger darzustellen, aber durch die Publizität von Annahmen und Bandbreiten in den Notes immerhin möglich.

Die hier erforderliche Sicht des Managements ist auch keinesfalls in Konflikt mit den Zielen des IASB. Die weite Verbreitung des Management Approach in den IFRS belegt dies deutlich. Dies kann man kritisch sehen, da dem Management offenbar Gestaltungsmöglichkeiten für die Zahlen eingeräumt werden. Beispielsweise sieht IAS 38 vor, dass selbst erstelltes immaterielles Anlagevermögen nur aktiviert werden darf und muss, wenn bestimmte Objektivierungsrestriktionen erfüllt werden, die aber Schätzungen erfordern. So ist zu prüfen, ob die Fertigstellung und Nutzung des Vermögenswertes möglich und geplant ist, welchen Nutzen er stiften kann usw. (IAS 38.57). Da die entsprechenden Pläne und Einschätzungen nicht objektiv feststellbar sind, gibt es kaum eine Alternative dazu, das private Wissen des Managements zum Maßstab zu erheben. Damit schafft der IASB zugleich die Möglichkeiten, Pläne und Prognosen des Managements zu kommunizieren. Ergänzend kommt hinzu, dass durch Stetigkeitsregeln und Umkehreffekte in künftigen Perioden eine Bremse für willkürliche Bilanzpolitik besteht.

Für 150 deutsche AG, die an der Börse gehandelt werden, wurde für die Jahre 2000 bis 2007 getestet, ob die Aktivierungsregeln des IAS 38 sich positiv auf die Qualität der Analystenprognosen auswirkten (Fehlerquote und Streuung). Die Verfasser der Studie unterstellen, dass Analysten „skilled users of accounting information" sind. Angesichts der Vorgaben in IAS 38 nehmen sie des Weiteren an, dass die Komplexität der Prognosen steigt im Vergleich zur Nichtbilanzierung, da die Aktivierungsquote, künftige Abschreibungen, Zinseffekte etc. zu berücksichtigen sind. Tatsächlich fanden sie insgesamt eine Verminderung der Prognosequalität. Abgemildert wurde dieser Effekt nur bei großer Unsicherheit des Unternehmens, weil das Management mit der Aktivierung „billige" Signale übermitteln konnte. Die Autoren schließen auch nicht aus, dass es aufgrund von Lerneffekten künftig zu anderen Ergebnissen kommen kann, da deutsche Analysten mit der Aktivierung bislang wenig Erfahrungen sammeln konnten (vgl. Dinh et al. 2015). Beachtlich ist zudem, dass man die Annahme, dass man Analysten und Investoren gleichsetzen kann, problematisch ist und die Erfahrungen in anderen Ländern durchaus deutlich abweichend sind.

Ähnlich kritisch wie die Intangibles insgesamt, werden die Abschreibungen auf Firmenwerte nach IAS 36 beäugt. Der dort verankerte Impairment-Test gilt als besonders subjektiv und komplex/fehlerträchtig. Damit ist er ein ideales Spielfeld für Bilanzpolitik. Empirisch gibt es durchaus widersprüchliche Befunde. So fanden Ramanna und Watts (2012) für den Zeitraum 2003 bis 2006 bei US-Unternehmen, dass opportunistische, bilanzpolitische Motive dominierten (Opportunismus-Hypothese). Auf der anderen Seite wird der Impairment-only-Approach zumindest unter Informationsaspekten als das überlegene Modell im Vergleich zur planmäßigen Abschreibung angesehen (vgl. Böcking et al. 2015a). Tatsächlich zeigen einige umfassende Reviews, dass die Firmenwertabschreibungen nach IAS 36 (vergleichbar nach den US-GAAP) überwiegend Wertrelevanz aufweisen. Dies schließt nicht aus, dass es situationsabhängig auch bilanzpolitisch motivierte Maßnahmen gibt, wie die Verzögerung von Abwertungen, Big-Bath-Accounting usw. (vgl. AbuGhazaleh et al. 2011; Böcking et al. 2015a; Boennen und Glaum 2014; Zülch und Siggelkow 2014 mit differenzierten Ergebnissen für europäische AG).

Die Frage, ob solche Ermessensspielräume tendenziell opportunistisch oder im Hinblick auf verbesserte Information ausgefüllt werden, könnte für Deutschland anhand der Statistik der DPR-Tätigkeiten der letzten zehn Jahre abgelesen werden. In einer sehr umfassenden Auswertung kommen Loy und Steuer (2015) zu dem Ergebnis, dass die aufgedeckten Fehler überwiegend zugunsten des Bilanzgewinnes erfolgten und opportunistische Motive naheliegen. Aufgrund des Umfanges und der Zusammensetzung der betroffenen Unternehmen, sind verzerrte Resultate (Sample Bias) aber nicht auszuschließen, insbesondere bei veranlassten Prüfungen, die nicht durch Stichprobenziehung initiiert wurden. Nicht ganz auszuschließen ist es auch, dass Gewinn erhöhende und Gewinn mindernde Fehler mit einer unterschiedlichen Gewichtung geprüft werden. Dies ist zwar durch das Enforcementverfahren nicht ausdrücklich vorgesehen, aber wenn Vorsicht ein allgemeiner Grundsatz von Rechnungslegung ist, gleichwohl möglich.

Auch Strohmenger (2014) fand im Rahmen der Analyse von 85 Fehlerbeanstandungen (vom 01.07.2005 bis 31.05.2011; ohne Kreditinstitute und Versicherungen), dass es im Vergleich zu einer Kontrollgruppe nachhaltig eine schlechtere Rechnungslegungsqualität (gemessen auch an der Bilanzpolitik) gab, die beanstandeten Unternehmen wiesen mehrere und strukturelle Defizite auf. Der bilanzpolitisch zulässige Rahmen reichte offenbar nicht für eine angestrebte Außendarstellung aus.

Böcking et al. (2015b) fanden auf der Grundlage von nicht öffentlich zugänglichen Daten, die durch die BAFin zur Verfügung gestellt wurden, dass Unternehmen, bei denen Fehlerbeanstandungen im Zeitraum 2005 bis 2011 auftraten mehr konventionelle Bilanzpolitik (Earnings Management) festzustellen war.

Obwohl Earnings Management demnach weder zu verhindern, noch per se unerwünscht ist, stellen viele empirische Arbeiten, die die Qualität von Abschlüssen messen, darauf ab, ob es viel oder wenig Bilanzpolitik gab. Dabei besteht die Schwierigkeit darin, nur die unerwünschte, diskretionäre (ermessensbehaftete) Bilanzpolitik zu erfassen. In Abschn. 3.3 werden entsprechende Maßgrößen ausführlich vorgestellt.

Noch problematischer als Earnings Management ist oftmals das Real Earnings Management, die sachverhaltsgestaltende Bilanzpolitik. Diese setzt voraus, dass vor dem Abschlussstichtag entsprechende Transaktionen realisiert werden. So kann die Wahl, ob ein Unternehmenskauf als Share Deal oder Asset Seal realisiert wird, eine Maschine gekauft oder geleast wird oder eine Sale-and-lease-back-Transaktion einen Abschluss gravierend ändern. Solche Gestaltungen haben eine Fülle von potenziellen Vorteilen. So sind sie schwerer aufzudecken, von Prüfern und Aufsichtsorganen kaum zu beanstanden und lösen praktisch keine Haftungsrisiken aus (soweit die Transaktion noch im Rahmen der Business Judgement Rule vertretbar ist). Es resultieren auch in der Regel keine automatischen Umkehreffekte wie bei Earnings Management. Auf der anderen Seite sind solche Maßnahmen teuer und mit Cashfloweffekten und ggf. Steuerwirkungen verbunden.

Während ein Teil solcher Maßnahmen gleichwohl decodierbar ist, zumindest vom Grundsatz her (vgl. Bratten et al. 2013 zur Vergleichbarkeit von Operate und Capital

Leases in den USA), sehen die Rechnungslegungsstandards regelmäßig nicht vor, dass die hierfür erforderlichen Anhangangaben zu machen sind. Dies liegt einmal an der potenziell unendlich großen Vielfalt an Instrumenten und es ist praktisch schwierig, solche Maßnahmen von normalen geschäftspolitischen Entscheidungen zu trennen. Deshalb ist es auch schwierig, Maße für REM zu entwickeln, um die Qualität der Rechnungslegung beurteilen zu können. In Abschn. 3.3.2.4 werden entsprechende Operationalisierungen vorgestellt.

Aus einer ganzen Fülle von Studien ist bekannt, dass EM und REM in einem Substitutionsverhältnis stehen (vgl. Braam et al. 2015; Doukakis 2014; Ho et al. 2015). Werden die Rechnungslegungsstandards weiter entwickelt, Wahlrechte eliminiert und Offenlegungspflichten erweitert oder auch das Enforcement und die Corporate Governance verbessert, kann dies dazu führen, dass konventionelle Bilanzpolitik eingeschränkt wird. Wenn im Gegenzug die teurere, schwer erkennbare sachverhaltsgestaltende Bilanzpolitik zunimmt, ist dies kaum als gestiegene Rechnungslegungsqualität anzusehen.

Zudem sind Rückwirkungen von Rechnungslegungsregeln auf realwirtschaftliche Entscheidungen belegt. Besteht zum Beispiel die Möglichkeit einen erworbenen Firmenwert mit den Rücklagen zu verrechnen oder (aufgrund der vormals zulässigen Pooling-of-Interest-Method) gar nicht zu bilanzieren, können höhere Akquisitionspreise resultieren. Die Aktivierungsregeln für selbst erstelltes immaterielles Anlagevermögen können das F&E-Niveau beeinflussen etc. (vgl. Coenenberg et al. 2014, S. 1339).

Insofern muss man damit rechnen, dass es auch in IFRS-Abschlüssen Bilanzpolitik gibt und dass diese sich in verschiedenen Kennzahlen niederschlagen. Dies erschwert die Feststellung der Qualität von Rechnungslegungsvorschriften (vgl. ausführlich Kap. 3 und 4).

2.4   Bedeutung privaten Wissens: Ermessensspielräume und freiwillige Publizität

2.4.1   Zur Notwendigkeit von Non-GAAP-Maßen

Mit dem Ziel, Bilanzpolitik zu begrenzen, nimmt der IASB den Unternehmen zudem die Möglichkeit, privates Wissen zu publizieren, die ökonomische Entwicklung aus Sicht des Managements zutreffend abzubilden. Zwar sind einige IFRS durch den sogenannten Management Approach geprägt und eröffnen diesbezüglich diskretionäre Spielräume. Deshalb ist die Sichtweise, dass Bilanzpolitik die Qualität der Informationen für Adressaten senkt, sei es in Form von Wahlrechtsausübung oder Ermessensentscheidungen, diskussionsbedürftig (vgl. hierzu auch ausführlich Abschn. 3.3). Die Sachverhalte zeigen aber auch, dass es zwischen GAAP-Maßgrößen und sogenannten Non-GAAP-Maßen, die vom Management zusätzlich und freiwillig veröffentlicht werden, nur graduelle Unterschiede gibt.

Bezüglich der Bewertung privaten Wissens für die Informationsfunktion der Rechnungslegung werden in der Literatur zwei Hypothesenpaare diskutiert. Zum einen, ob es Substitutions- oder Komplementärbeziehungen zwischen der Pflichtpublizität und freiwilliger Informationsvermittlung gibt. Zum andere werden die Opportunismus- und die Informationshypothese gegenübergestellt. Nutzt das Management sein privates (und besseres) Wissen und seine Einflussmöglichkeiten, um Investoren möglichst gut über die ökonomischen Entwicklungen des Unternehmens zu informieren oder werden die Freiheitsgrade opportunistisch zur Verfolgung eigener Ziele genutzt? Hierbei spielen die Anreiz- und Enforcementstruktur eine wesentliche Rolle.

Seit vielen Jahren wird immer wieder beklagt, dass der Informationsgehalt der Pflichtpublizität rückläufig sei, sodass die Offenlegung von abweichenden Pro-forma-Größen sowohl aus Unternehmenssicht als auch aus Adressatensicht immer wichtiger werde (vgl. Dechow und Schrand 2004, S. 100 f.; Bradshaw und Sloan 2002). Der Name Pro-forma-Größen deutet den wesentlichen Unterschied zu den normierten Rechnungslegungsgrößen an. Es geht um Erfolgskennzahlen, die die Leistung spiegeln, als ob bestimmte Sachverhalte nicht stattgefunden hätten. Sie werden aus den GAAP-Größen herausgerechnet, um die „richtige" oder nachhaltige Performance darzustellen. Solche Größen können vom Unternehmen selbst publiziert werden oder von Analysten. Im letzten Fall spricht man auch von Street Earnings. Dabei können die Größen als Prognosen oder Schätzungen veröffentlicht werden oder für das abgelaufene Geschäftsjahr oder Quartal. Die Notwendigkeit solcher Maße kann mit einer ganzen Reihe von Argumenten gestützt werden (vgl. Gordon et al. 2014; Isidro und Marques 2015; Young 2013):

- Die zunehmende Standardisierung der GAAP und Verbesserung der Enforcementstruktur erlauben immer weniger konventionelle Bilanzpolitik (Streichung von Wahlrechten, strenge Stetigkeitsanforderungen, viele Erläuterungspflichten). Es ist zwar (zumindest für die USA) belegt, dass dies zu einer Substitution durch sogenannte Sachverhaltsgestaltungen führen kann (Real Earnings Management), aber diese Maßnahmen sind im Allgemeinen teurer als konventionelle Bilanzpolitik (Earnings Management) und nicht beliebig verfügbar (vgl. ausführlich Abschn. 3.3.2). Insofern hat das Management immer weniger Möglichkeiten, die aus seiner Sicht zutreffende Performance abzubilden.
- Besonders für US-Unternehmen ist es regelmäßig ein wichtiges Ziel, die Schätzungen von Finanzanalysten zu erreichen oder zu übertreffen (vgl. Graham et al. 2005) oder auch andere Schwellenwerte (sogenanntes Target Beating). In der Hauptsache geht es darum, die Größen Earnings per Share (EPS = Gewinn je Aktie, wobei das Net Income als Gewinn fungiert, soweit es um GAAP-Größen geht; zum Beispiel IAS 33) oder Cashflow per Share (gemeint ist der operative Cashflow) zu erreichen. Reichen die Gestaltungsmöglichkeiten im Rahmen der GAAP nicht aus, so besteht die Möglichkeit, die Erwartungen der Analysten zu beeinflussen (Expectations Management), damit die Zielgröße erreicht wird. Auch für Deutschland wurde ein solches Verhalten festgestellt und damit begründet, dass Analysten tendenziell verzerrt schätzen

würden. Sie werden dann in Richtung auf eine „realistisch-konservative Grundhaltung" hin gesteuert (vgl. Helpenstein 2014, S. 44). Ein Mittel, um dies zu erreichen können eigene Prognosen des Unternehmens für Pro-forma-Ergebnisse sein, die oftmals außerhalb der Pflichtpublizität veröffentlicht werden, zum Beispiel in Form vierteljährlicher Pressemitteilungen (vgl. Doyle et al. 2011). Allerdings publizieren viele Unternehmen Pro-forma-Maße auch innerhalb der Abschlüsse, zum Teil auch in die GuV oder KFR integriert und betonen diese Größen extra. Da diese Non-GAAP-Größen in der Regel größer als die GAAP-Resultate sind, begründet dies prima facie den Verdacht einer opportunistischen Adressatenbeeinflussung.

- Die zunehmende Komplexität der Rechnungslegungsstandards kann ein weiterer Grund sein, warum die Periodenleistung aus den Financial Statements schwer herauszulesen ist. Zu denken ist zum Beispiel an die unsystematische Trennung von GuV und OCI, sowie die Recyling-Sachverhalte (vgl. Abschn. 2.1.2). Erschwerend mag im Einzelfall sein, dass es Ausweisnormen gibt, die eine Dateninterpretation erschweren. Nach HGB und den US-GAAP ist es vorgesehen, dass außerordentliche Erfolge (Special Items) gesondert in der GuV auszuweisen sind. Unter IFRS ist nur der Ausweis nach IFRS 5 (aufgegebene Geschäftsbereiche) möglich. Damit fehlt dem Management die Möglichkeit, innerhalb der Erfolgsrechnung den atypischen, vorübergehenden Charakter von Aufwendungen oder Erträgen darzustellen. Das resultierende Net Income ist wenig persistent und prognosegeeignet. Theoretisch könnte dies durch Anhangangaben kompensiert werden, aber es ist nicht auszuschließen, dass Adressaten dies nicht umfassend berücksichtigen (vgl. Abschn. 2.2.2 Formateffekte).

- IFRS-immanent ist zudem, dass die zunehmende Fair-Value-Bewertung die Ergebnisse volatiler machen kann (vgl. Witzleben 2013, S. 243). Zusätzlich führt das auch für die IFRS und die US-GAAP anzuwendende Vorsichtsprinzip zu Verzerrungen in der GuV, die die Prognoseeignung der Gewinne beeinträchtigt (vgl. Abschn. 1.3 und 3.4.2).

- Anpassungen können auch dazu dienen, die externe Vergleichbarkeit von Erfolgsmaßen zu verbessern. So führt eine Eliminierung von Abschreibungen aus dem Gewinn dazu, dass die Wahl der Abschreibungsmethode oder das Alter des Vermögensgegenstandes (beim Anschaffungskostenmodell) keine Ergebnisveränderung bewirkt. Diese Anpassung wird man im Regelfall aber nicht als Maßstab des „richtigen" Gewinns verwenden, da Abschreibungen auch echten Werteverzehr abbilden.

- Teilweise erfolgen auch Korrekturen, um die Leistung des Managements abzubilden oder eher cashorientierte Maßgrößen, die dann aber nichts mehr mit den üblichen EPS zu tun haben.

- Bedenken gegen ein unkorrigiertes GAAP-Maß werden schließlich geltend gemacht, weil dieses Besonderheiten von Branchen oder Geschäftsmodellen nicht ausreichend berücksichtigen kann. Das Prinzip „one size fits all" sei unangemessen. Bei vielen empirischen Studien werden zum Beispiel Banken und Versicherungen und Versorgungsunternehmen (Strom, Wasser etc.) ausgeklammert, da sie einem eigenen regulatorischen Rahmen unterliegen, zum Teil abweichenden Rechnungslegungsstandards

oder atypische Relationen von Kennzahlen aufweisen. In Kap. 5 wird dies für Immobilienunternehmen vertieft dargestellt.

- Störgrößen können auch aus dem Mixed Model Approach resultieren. Wird Fremdkapital bei Versicherungen beispielsweise mit dem Fair Value bewertet und das korrespondierende Vermögen nach dem Cost Model, führt dies regelmäßig zu wenig
  aussagefähigen Periodenerfolgen, selbst wenn Fair-Value-Schwankungen im OCI
  erfasst würden (vgl. Macve 2015).
- Auf der Ebene eines einzelnen Unternehmens kann schließlich ein Offenlegungsdruck entstehen, weil wichtige Konkurrenten entsprechende Daten publizieren. Nach
  der Unraveling-Theorie müssen Unternehmen auch negative Informationen publizieren, wenn sie damit rechnen müssen, dass Adressaten sonst vermuten, dass die Lage
  noch schlechter sei. Der Nicht-Ausweis einer (unterstellt: vorhandenen) Information
  gibt ein negatives Signal. Allerdings setzt dieser Effekt unter anderem voraus, dass
  die Adressaten solche Informationen vermuten (vgl. Leuz und Wysocki 2008; Wagenhofer und Ewert 2015, S. 360 ff.). Für die freiwillige Offenlegung von Informationen
  zu immateriellen Anlagewerten von DAX-30-Unternehmen wurde für 2006 bis 2010
  eine deutliche Zunahme festgestellt (vgl. Rieg 2014). Dabei dürfte der sogenannte
  Sperrklinkeneffekt eine Rolle spielen, wonach der Informationsumfang praktisch
  kaum verringert werden kann (ohne negative Reaktion), wohl aber eine Zunahme
  positiv sein kann.
- Für eine Notwendigkeit von Pro-forma-Größen kann auch sprechen, dass wichtige
  Beratungsgesellschaften wie Stern Steward (EVA) und BCG (CFROI) eine Fülle
  von Anpassungen von GAAP-Größen vorsehen, um bewertungs- und steuerungsre-
  levante Kennzahlen ableiten zu können. Offenbar halten viele Marktteilnehmer und
  das Management die GAAP-Größen für unzulänglich bezüglich der Bewertungs- und
  Koordinationsfunktion der Rechnungslegung.

Mit diesen Argumenten lässt sich sicher rechtfertigen, dass Non-GAAP-Maße sinnvoll
sein können. Offen ist dann aber noch, ob sie reglementiert werden sollten, auf welche
Ziele sie konkret auszurichten und welche Anpassungen dann sinnvoll sind. Schließlich
ist kritisch, ob und unter welchen Bedingungen sie überhaupt geeignet sein können, für
Nutzer hinreichend glaubwürdige Informationen zu liefern.

Als Maßgrößen kommen grundsätzlich angepasste Gewinne, Cashflows, Kennzahlen
aus der Earnings-before-Gruppe, Funds from Operations (FFO) usw. in Betracht (vgl.
Kühnberger und Thurmann 2013a). Nähere Spezifikationen werden in Kap. 5 ausführlicher referiert. Bezüglich der Rahmenbedingungen ist zu beachten, dass derzeit praktisch
nur in den USA eine Normierung vorliegt. Zwar gibt Leitlinien der ESMA (European
Securities and Market Authority) aus 2014 (und eine Vorläuferversion der CESR aus
2005), aber diese sind unverbindlich (vgl. Kleinmanns 2016). Die einschlägige Berichtspraxis deutscher Unternehmen aus dem DAX 30 für 2011/2012 zeigte „durchaus Potenzial zur Verbesserung der Transparenz, Verständlichkeit und Vergleichbarkeit von APM
…" (Wüst und Rosner 2015). Das Kürzel APM steht für Alternative Performance

Maße. Ebenfalls unverbindlich ist die „Richtlinie Non-GAAP-Earnings-Adjustments"
2012, die von der DVFA in Zusammenarbeit mit PWC und der Universität Hamburg entwickelt wurde (vgl. Kühnberger 2017).

2.4.2 Anforderungen an Non-GAAP-Maße: Ist eine Normierung notwendig?

Nach RegG (gültig seit 2003 in den USA) ist für alle Pro-forma-Größen vorgesehen,
dass eine quantitative Überleitung auf eine naheliegende GAAP-Größe erfolgen muss,
in der Regel das Net Income. Zudem muss begründet werden, warum diese Non-GAAP-
Größe für besser gehalten wird und warum sie notwendig ist. Dies gilt auch für Non-
GAAP-Maße die außerhalb der Finanzberichterstattung (inklusive der Quartalsberichte)
veröffentlicht werden. Für Deutschland (und Europa) gibt es bisher keinerlei Normierung und selbst eine Offenlegung im geprüften Abschluss dürfte nur insoweit Beschränkungen unterliegen, als offensichtlich irreführende Darstellungen unzulässig sind. Aus
Sicht der Unternehmen ist zusätzlich erfreulich, dass es praktisch kein Soll-Objekt
für die Pro-forma-Maße gibt, keine expliziten Stetigkeitsgebote und buchhalterische
Umkehreffekte wie bei normalen bilanzpolitischen Einflüssen nicht auftreten (zum Beispiel wenn ungewöhnliche Verluste aus den EPS eliminiert werden, gehen sie niemals in
die Kennzahl ein).

   Die Frage ob RegG erfolgreich war, ist nicht einfach zu beantworten. So fehlen meines Wissens Auswertungen über die realisierten Überleitungen und Erläuterungen,
sodass den gesetzlichen Anforderungen praktisch vielleicht auch nur sehr aggregiert und
inhaltsleer genüge getan wird. Während Young zum Beispiel feststellt, dass nach der
Reform die Ausschlüsse aus der GAAP-Größe praktisch nur noch Special Items umfassten und die Qualität der Non-GAAP-Gewinne rückläufig ist (vgl. Young 2013), stellen
Doyle et al. fest, dass nach wie vor Gewinn erhöhende Anpassungen in vergleichbarer
Höhe üblich sind und verneinen einen Erfolg der Norm (vgl. Doyle et al. 2011: „…cal-
ling into question the long-term effectiveness of RegG"). Dies könnte meines Erachtens
auch eine Folge des 2002 in Kraft getretenen SOX sein. Mit diesem Gesetz wurden die
Haftungs- und Klagerisiken für das Management deutlich verschärft und konventionelle
Bilanzpolitik begrenzt. Damit werden die Kosten für die Non-GAAP-Größen relativ
günstiger, da sie wahrscheinlich nicht so stark sanktioniert werden können.

   Auf der anderen Seite kommt ein Review über mehrere Studien zum Ergebnis, dass
Non-GAAP-Gewinne mehr Wertrelevanz als GAAP-Gewinne haben und die Unternehmen positiver darstellen. Die oftmals herausgehobene Darstellung beeinflusste nicht
professionelle Anleger in der Vergangenheit stärker als institutionelle Investoren. Da dieser Formateffekt (Ausweiseffekt) nach Reg G verschwunden ist, werten die Autoren die
geschaffene Transparenz als Erfolg (vgl. Libby und Emett 2014).

   In der empirischen Forschung (vor allem in den USA) spielen vor allen Dingen Schätzungen für bereinigte EPS und bereinigte CFO per Share eine große Rolle. Hierfür liegen

auch mehr oder weniger umfassende Street Earnings und Unternehmensprognosen vor. Die vom Management und den Finanzanalysten prognostizierten Größen können durchaus übereinstimmen, nicht zuletzt aufgrund eines aktiven Erwartungsmanagements. Auf der anderen Seite gibt es auch plausible Gründe, warum unterschiedliche Prognosen möglich sind. So verfügen Analysten nicht über das Insiderwissen des Managements und sind eventuell auch keine Rechnungslegungsexperten, um die Informationen vollständig und korrekt aus den Abschlussdaten extrahieren zu können. Die Managementprognosen können auch opportunistisch gefärbt sein, zum Beispiel um Adressaten zu beeinflussen (zu optimistisch) oder Haftungsrisiken zu vermindern (zu pessimistisch). Schließlich wird auch bei Finanzanalysten teilweise unterstellt, sie seien nicht unabhängig, sondern durch mögliche Investmentbanking-Geschäfte beeinflusst. Dies wurde im Rahmen des Enronskandals sehr deutlich. Entsprechend wurde auch festgestellt, dass für Analysten, die solchen Anfechtungen ausgesetzt sind, eine schlechtere Qualität der Non-GAAP-Gewinne auftrat (vgl. Brown und Christensen 2014).

Witzleben (2013, S. 195 f.) führt eine sehr zweckmäßige Unterscheidung ein. 1) Heutige Gewinne können eine Prognosebasis für künftige Gewinne sein. 2) Es gibt überraschende Ereignisse, die ex definitione nicht prognostizierbar sind. Die Prognosequalität hängt dann davon ab, ob es zufällig mehr oder weniger Ereignisse gemäß (2) gab. Sie fasst ihre Auswertung aber dahin gehend zusammen, dass die Analystenprognosen tendenziell opportunistisch verzerrt sind und nicht aufgrund von Messfehlern.

Exkurs: Analystenschätzungen
Analystenprognosen werden in vielen Arbeiten genutzt, zum Beispiel weil sie Zielgrößen für bilanzpolitische Maßnahmen darstellen können oder einen Rückschluss auf die Qualität der Abschlüsse ermöglichen sollen etc. In den meisten Studien werden hier Daten aus einer Datenbank von Thomson Reuters verwendet. I/B/E/S-Schätzungen für EPS werden in den USA seit 1976 gesammelt, inzwischen für wesentlich mehr Länder. Hierbei gehen die Prognosen von über 18.000 Finanzanalysten ein, aus denen eine Konsensschätzung ermittelt wird. Dabei werden Bereinigungsschritte nach der sogenannten Majority Rule vorgenommen, das heißt, die Mehrheitsmeinung prägt die Prognose. Die Streuung der Analystenprognosen ist im Übrigen ein Hinweis auf den Grad an Informationsasymmetrie und Unsicherheit. Umgekehrt gilt eine geringe Streuung als Folge einer guten Rechnungslegungsqualität. Inzwischen enthält die Datenbank eine ganze Fülle von Kennzahlen aus Analystenschätzungen, die zum Teil auch branchenbezogen sind (CFO, FFO, ...; vgl. I/B/E/S on Datastream User Guide 2010).

Für deutsche Unternehmen untersuchte Helpenstein die Zusammenhänge. Zunächst stellt er fest, dass Analystendeckung auch in Deutschland wichtig ist. Die Managementprognosen hatten in seiner Auswertung Wertrelevanz, während die Analystenprognosen nur ein schwaches Surrogat für die Markterwartungen darstellten. Die Managementprognosen waren insgesamt konservativ gefärbt und wurden vielfach übertroffen (vgl. Helpenstein 2014, S. 213, 234 ff.). Er untersuchte dies anhand von 980 Prognosen für DAX-Unternehmen in den Jahren 2005 bis 2011 (vgl. Helpenstein 2014, S. 107 f.).

Für die USA wurde für den Zeitraum 2000 bis 2004 (Großunternehmen, 1486 Datenpunkte) erhoben, dass beide Non-GAAP-Gewinne mehr Informationsgehalt als der

GAAP-Gewinn hatten. Die Managementprognosen zeigten dabei bessere Qualität als die I/B/E/S-Konsensprognosen, aber nicht statistisch signifikant (vgl. Entwistle et al. 2010). Demgegenüber stellte Young fest, dass Management und Analysten die GAAP-Korrekturen auf sehr ähnliche Weise vornahmen (vgl. Young 2013).

Insgesamt ist es deshalb eine nicht eindeutig geklärte Frage, ob sich die Managementprognosen und Street Earnings systematisch decken oder nicht und wovon dies abhängt.

Wovon hängt nun die Qualität der Non-GAAP-Maße ab? Zunächst einmal vom verfolgten Ziel. Orientiert man sich hierbei an den Zielen der Rechnungslegung insgesamt, bieten sich die Kriterien Persistenz und Prognoseeignung an und der Informationsgehalt für den Kapitalmarkt (vgl. ausführlich Kap. 3 zur Begründung der diversen Gütemerkmale). An den beiden Größen EPS und CFO per Share sollen die üblichen Bereinigungsschritte skizziert werden.

Für den Gewinn ergibt sich dies als:

Net Income +/− außerordentliche Erfolge +/− nicht wiederkehrende Erfolge = Non-GAAP-Gewinn

Per saldo ergibt sich in der Regel, dass der angepasste Gewinn den GAAP-Gewinn übersteigt und es oftmals erlaubt, bilanzpolitische Ziele zu erreichen (zum Beispiel Target Beating). Dies bedeutet, dass aus dem normierten Gewinn überwiegend Aufwendungen/Verluste eliminiert werden, um nachhaltige Gewinne zu schätzen (sogenannte Core Earnings). Daher rührt wohl auch das Misstrauen gegenüber solchen Erfolgsmaßen, insbesondere, wenn sie nicht transparent hergeleitet und begründet werden.

Kritisch an den Korrekturen sind zwei Punkte. Einmal ist unklar, welche Sachverhalte als außerordentlich (HGB) oder als Special Items (US-GAAP) auszuweisen sind. Demnach besteht die Gefahr, dass laufende Aufwendungen als außerordentlich deklariert werden. Ebenfalls unklar ist, welche Größen als transitorisch, nicht wiederkehrend zu eliminieren sind. In der Praxis der USA werden zum Beispiel oftmals Abschreibungen, F&E-Aufwendungen, aktienbasierte Vergütungen, Restrukturierungskosten, Veräußerungserfolge aus dem Verkauf von Anlagevermögen usw. bereinigt (vgl. Entwistle et al. 2010; Isidro und Marques 2015; Young 2013). Auffällig ist, dass einige Größen wie Abschreibungen, F&E-Aufwand etc. kaum als einmalig anzusehen sind. Unklar ist natürlich auch, was alles in die Restrukturierungskosten einbezogen wird. Zudem geht es primär um die Eliminierung von Aufwendungen (Ausnahme: Veräußerungsgewinne), sodass ein Risiko besteht, ungewöhnliche Erträge nicht zu korrigieren.

Trotz dieser Bedenken ist aber festzuhalten, dass es plausible Gründe für eine asymmetrische Korrektur gibt. Dies liegt einmal an der bedingten Vorsicht, die zu nicht nachhaltigen, nicht prognosegeeigneten Aufwendungen führt. Zum anderen ist auf die Accrual Anomaly zu verweisen, die überwiegend durch negative (Gewinn mindernde) Periodenabgrenzungen befördert wird (vgl. Abschn. 3.2.2).

Soweit es um die Bereinigungen des operativen Cashflows (CFO) geht, werden unterschiedliche Positionen vertreten. So könnte unterstellt werden, dass Finanzanalysten hinreichend motiviert und ausgebildet (sophisticated) sind, um ausgehend vom Net Income ausgefeilt CFO-Prognosen abzuleiten. Andererseits wird auch unterstellt, dass sie

Gewinnprognosen nur naiv korrigieren, zum Beispiel das Net Income um die Abschreibungen erhöhen. Außerordentliche Ein- und Auszahlungen, Änderungen des Working Capital, latente Steuern usw. würden fälschlicherweise nicht berücksichtigt. Genau dies wurde in einer Studie für die Jahre 1993 bis 2008 für 3385 US-Unternehmen (8518 Firmyears) festgestellt. Die Qualität der Analystenprognosen war entsprechend niedrig, während die CFO aus den veröffentlichten KFR eine höhere Wertrelevanz hatten. Die niedrige Qualität der CFO-Prognosen der Analysten war auch nicht durch die inhärente, teilweise hohe Volatilität der CFO begründbar (vgl. Brown und Christensen 2014).

An dieser Studie ist auffällig, dass trotz des langen Analysezeitraumes nur relativ wenige Datenpunkte berücksichtigt werden konnten. Hierfür sind zwei Ursachen möglich: die zunehmende Standardisierung und Verbreitung von KFR und die Zunahme von Analystenschätzungen im Zeitablauf, das heißt, für ältere Jahre gab es nur sehr wenige Prognosen. Dies hat sich deutlich gebessert, sodass für aktuellere Geschäftsjahre eventuell deutliche Qualitätsverbesserungen nicht auszuschließen sind.

Trotz aller Kritikpunkte und Bedenken kann festgehalten werden, dass Pro-forma-Gewinne in der Masse der Studien eine signifikant bessere Qualität erreichten als die GAAP-Gewinne, für CFO muss die Entwicklung abgewartet werden. Dies hing aber von mehreren Faktoren ab:

- Gibt es gute und effektive Corporate Governance-Mechanismen und einen guten Investorenschutz (vgl. Entwistle et al. 2010; Guillamon-Saorin et al. 2014; Shi et al. 2014)?
- Gibt es Überleitungs- und Transparenzregeln (vgl. Doyle et al. 2011; Young 2013)?
- Gibt es Brüche von Debt Covenants oder drohen solche (vgl. Chen 2010; Christensen et al. 2015b)? Allgemein: Gibt es starke Anreize für Bilanzpolitik?
- Binden Unternehmen die Prognosen in eine aggressives Impression Management ein (vgl. Guillamon-Saorin et al. 2014)?
- Ist das Unternehmen am Markt überbewertet (vgl. Badertscher 2012)?
- Hat ein Unternehmen in der Vergangenheit Reputationskapital aufbauen können (wobei dies eher als Unternehmensmerkmal und nicht persönliche Eigenschaft von CEO/CFO zu sehen ist) (vgl. Yang 2012)?

Selbst wenn demnach überwiegend positive Befunde resultieren, hängen diese von einigen Randbedingungen ab, die nicht immer gegeben sind. Weitgehend Konsens ist darüber hinaus, dass die korrekte Deutung der Pro-forma-Maße vom Investortypus abhängt und naive Investoren (praktisch: Kleinaktionäre) durchaus zu Fehlschlüssen verleitet werden können (vgl. Christensen et al. 2015b; Guillamon-Saorin et al. 2014; Hitz 2010). Hält man diese Investorengruppe für schutzbedürftig, wäre zu überlegen, ob sie durch Transparenz-, Prüfungs- und Sanktionsnormen besser vor opportunistischem Vorgehen geschützt werden können. Dass die meisten Studien zeigten, dass opportunistische Verzerrungen vom Kapitalmarkt zutreffend erkannt und abgestraft wurden, ändert nichts an den möglichen temporären Informationsunterschieden. Diesem regulatorischen

Denkansatz kann man natürlich auch entgegenhalten, dass viele Sachverhalte so unternehmensspezifisch und situationsabhängig sind, dass Zurückhaltung angebracht ist. Der Standardsetzer soll nur regulieren, was alle oder möglichst viele Unternehmen betrifft und idiosynkratische Sachverhalte (wie CFO-Prognosen oder die Konkretisierung von Fair-Value-Schätzungen bei fehlenden Marktpreisen) dem Markt überlassen, also den Erstellern und Nutzern der Abschlüsse (vgl. Leuz und Wysocki 2008).

2.4.3 Zur Relation von Pflichtpublizität und freiwilliger Offenlegung

Das zweite oben angesprochene Hypothesenpaar erklärt die Qualität der freiwilligen Offenlegung von Informationen in Abhängigkeit von der Qualität der Pflicht-Rechnungslegung. Auf der einen Seite wird mit der Substitutions-Hypothese unterstellt, dass die Offenlegung privater Zusatzinformationen besonders dann notwendig ist und realisiert wird, wenn die Pflichtbestandteile der Abschlüsse unvollständig sind oder verzerrte, irreführende Informationen liefern. Damit könnten zum Beispiel branchenbezogene Kennzahlen wie Net Asset Value nach der EPRA-Empfehlung oder Funds from Operations (FFO) oder EPRA-Ergebnis und andere sogenannte Pro-forma-Kennzahlen begründet werden. Diese sollen den tatsächlichen Erfolg besser spiegeln können als die normierten Rechnungslegungsgrößen Gewinn, Gesamtergebnis etc. (vgl. Kühnberger und Thurmann 2013a). Umgekehrt unterstellt die Komplementaritäts-Hypothese, dass Unternehmen, die eine hohe Qualität in der Pflicht-Berichterstattung realisieren, zusätzlich privates Wissen mit hohem Informationsgehalt publizieren. Dann wären weniger die Merkmale eines Rechnungslegungsstandards für die Informationsqualität verantwortlich als firmenbezogene Kriterien.

Zwei aktuelle Untersuchungen bestätigen weitgehend die Komplementaritäts-Hypothese. In einer Studie für US-amerikanische Unternehmen für den Zeitraum 2000 bis 2007 mit 9172 Unternehmen mit 44.803 Datenpunkten (und 26.282 Beobachtungspunkten für Marktreaktionen) wurde getestet, ob Unternehmen, die ex ante schwer prüfbare Informationen offen legten zugleich mehr Geld in Abschlussprüfungen investierten, bei denen diese Informationen später prüfbar (verifizierbar) waren. Die Rechnungslegung wurde bezüglich ihrer Confirming Role, also der Fähigkeit, frühere Informationen zu bestätigen, getestet. Tatsächlich ergab sich ein positiver Zusammenhang, der sowohl bei positiven als auch negativen Nachrichten bei publizitätsfreundlichen Firmen zu stärkeren Reaktionen von Investoren führte, als bei Unternehmen, die weniger investierten und offen legten. Diese Komplementarität wurde auch bestätigt, wenn das individuelle Haftungsrisiko und die Möglichkeiten für Bilanzpolitik kontrolliert wurden (vgl. Ball et al. 2012).

In einer anderen Arbeit wurde getestet, ob bei unzuverlässigen Fair Values, es ging um den Wert aktienbasierter Vergütungen auf der Grundlage von Optionspreismodellen, die Erläuterungen in den Notes informativ waren. Die Aufgabe der abschwächenden Darlegungen („Disavowals") besteht darin, die relative Unzuverlässigkeit der Fair

Values zu dokumentieren. Es ergab sich ein positiver Zusammenhang derart, dass die informativeren Fair Values auch besser erläutert wurden (vgl. Blacconiere et al. 2011). Das kann so gedeutet werden, dass das Management die Entscheidung für eine verzerrte oder informative Abbildung für die Fair-Value-Schätzung selbst und deren Erläuterung gemeinsam getroffen hat, was zur Komplementaritäts-Hypothese passen würde (vgl. Core 2011).

Insgesamt ist die Substitutions-Hypothese gleichwohl nicht zu verwerfen, zum Beispiel wenn die Rechnungslegungsstandards Branchenbesonderheiten nicht adäquat abbilden können, zumindest aus Sicht der Rechnung legenden Unternehmen. Gerade für Immobilienunternehmen wird dies vielfach reklamiert. Ob die freiwilligen Zusatzinformationen dann tatsächlich informativ sind oder opportunistisch verzerrt, ist eine weitere Frage (vgl. Abschn. 5.3.5.3).

2.5 Kritischer Problemfall: Fair Value Accounting

2.5.1 Derzeitiger Status der IFRS

Kaum ein Thema hat die Diskussionen zur internationalen Rechnungslegung so geprägt wie das sogenannte Fair Value Accounting. Unabhängig davon, wie es konkret spezifiziert wird (zum Beispiel alle oder nur ein Teil der Bilanzposten werden mit dem Fair Value bewertet, alle oder nur ein Teil der jährlichen Wertänderungen gehen in die GuV ein), gibt es scharfe Kritiker und genauso überzeugte Befürworter. Skeptiker sehen in Fair Values unzuverlässige Werte, wenn keine direkt beobachtbaren Marktpreise vorliegen. Diese führen zu fehlerbehafteten und bilanzpolitisch verzerrten Bilanzen und laden zu exzessiver Bilanzpolitik geradezu ein, wobei naturgemäß Gewinn erhöhende Entscheidungen problematischer sind. Der volatile, zufallsabhängige Einfluss auf die GuV macht diese zu einem Instrument, das weder geeignet ist, die Leistung des Managements, noch die Performance eines Jahres sinnvoll zu messen. Insbesondere ist der resultierende Erfolg weder persistent noch prognosegeeignet. Damit hilft das Fair Value Accounting weder bei der Erfüllung der Bewertungs- noch der Koordinationsfunktion der Rechnungslegung. Sogar die Finanzmarktkrise 2008/2009 wurde zumindest partiell den Fair Values in den Bankbilanzen angelastet, sie hätten prozyklische Effekte ausgelöst.

Befürworter von Fair Values halten dagegen, dass diese Wertrelevanz hätten (dies ist zumindest in vielen Studien belegt, auch wenn es Gegenevidenz und Einschränkungen gibt), während das konkurrierende Cost Model für Adressaten sinnlose, wenn auch manipulationsfreie Zahlen liefere. Diese stören die zwischenbetriebliche Vergleichbarkeit (da sie vom Zugangszeitpunkt und Unternehmensalter abhängen) und der fehlende Zukunftsbezug macht sie unbrauchbar für die Bewertungsfunktion. In der GuV werden beim Cost Model vor allem Aufwendungen verrechnet, die durch das Preisniveau aus verschiedenen Jahren verzerrt sein können. Defizite der Fair-Value-Bewertung könnten durch Anhangangaben und Disaggregation von Erfolgskomponenten in der GuV und im OCI kompensiert werden. Die allfälligen Ermessensspielräume sind nicht per se negativ zu bewerten. Vielmehr erlauben sie es, die Zukunftserwartungen des Managements bezüglich der Vermögenswerte einfließen zu lassen. Letztlich führt Fair Value Accounting zur Möglichkeit von Earnings Management, während das Cost Model oftmals ein Ausweichen auf REM erzwingt, eine weniger transparente und teurere Form der Bilanzpolitik (zum Beispiel Gains Trading, Sale-and-lease-back, Pensionsgeschäfte).

Im Weiteren wird vor allem auf Vermögenswerte abgestellt, obwohl auch manche Schuldposten mit dem Fair Value bewertet werden dürfen oder müssen. Die dargestellten Argumente gelten für sämtliche Bilanzposten, die Begrenzung dient nur der Vereinfachung der Darstellung.

Die Diskussionen zum Fair Value Accounting verweisen inhaltlich nochmals auf nahezu alle bisher behandelten Grundsatzfragen der internationalen Rechnungslegung. So hängt die Wertung, ob Fair Values sinnvoll sind oder nicht davon ab, ob die Informations- oder Koordinationsfunktion der Rechnungslegung betont wird und welchen Stellenwert die Grundsätze der Entscheidungsrelevanz, Zuverlässigkeit, Vergleichbarkeit und Vorsicht haben sollen. Des Weiteren stellt sich die Frage, welche Erfolgsauswirkungen sinnvoll sind (GuV, OCI, Recycling oder nicht) und ob Anhangangaben helfen können, eventuelle Defizite zu kompensieren. Angesichts der häufig notwendigen subjektiven Annahmen spielt auch die Frage eine Rolle, ob solche Ermessensspielräume die Rechnungslegung eher beeinträchtigen oder verbessern.

Diese widerstreitende Argumente und deren Bedeutung für die diversen Berichtsinstrumente werden im Folgenden diskutiert und, soweit möglich, mit empirischen Befunden unterlegt. Vorab jedoch einige Merkmale der Fair-Value-Bilanzierung unter IFRS (die US-GAAP sehen Fair Values in wesentlich geringerem Umfang vor):

- Für einige Vermögenswerte sind Fair Values zwingend vorgesehen, insbesondere für einige Finanzinstrumente. Für andere Aktiva kann freiwillig ein Fair Value angesetzt werden (Fair Value Option nach IFRS 9.4.2.2; Anlageimmobilien nach IAS 40; Neubewertungsmodell für Sachanlagen IAS 16).
- Der Fair Value wird ab 2013 nach den Vorgaben des IFRS 13 bestimmt, der SFAS 157 (Fair Value Measurement) nachgebildet ist. Es wird auf den Marktpreis abgestellt, der in einer Arms-Length-Transaktion zustande kommen würde. Die Verkaufspreise sind anzusetzen, auch wenn das Unternehmen gar keine Verkaufsabsicht hat. Dies führt zu zwei strittigen Implikationen: auch sogenannte „defensive assets" (wie Sperrpatente, Reservegrundstücke etc.), die gar keinen eigenen positiven Nutzen stiften, werden mit dem Verkaufspreis bewertet. Das gleiche gilt, wenn das Unternehmen Vermögen suboptimal nutzt, also nicht den Highest-and-best-Use realisiert, den Nachfrager ihrer Preisbildung zugrunde legen würden.
- Für viele Arten von Vermögen gibt es keine direkt beobachtbaren Marktpreise, sodass die Fair Values geschätzt werden müssen. Dann sind anerkannte Bewertungsmethoden zu nutzen, die IFRS 13 aber nicht inhaltlich vorschreibt. Vielmehr gibt der Standard drei Level für Inputfaktoren solcher Bewertungen vor und verlangt, dass die Methode

anzuwenden ist, die den höchsten Grad an Marktnähe hat. Durch die Anhangangaben zum verwendeten Niveau der Inputs soll es Adressaten ermöglicht werden, die Qualität der Werte selbst einzuschätzen.

- Fair-Value-Änderungen werden in der GuV oder im OCI abgebildet, wobei teilweise eine Recycling bei Realisation erfolgt, anderenfalls eine Umgliederung in die Rücklagen.
- Insgesamt umfasst der IFRS 13 sehr ausführliche Anwendungsrichtlinien und Differenzierungen. Zusammen mit den heterogenen Anwendungsfeldern und Optionen spricht dies für einen eher regelbasierten Ansatz als für einen prinzipienorientierten (vgl. Abschn. 1.4).
- Die Einzelstandards enthalten eine Fülle von Pflichterläuterungen in den Notes. Diese sind teilweise sehr sinnvoll, manchmal ist ein klarer Bezug zur Informations- oder Koordinationsaufgabe der Rechnungslegung aber auch kaum erkennbar. Eindeutig ist aber meines Erachtens, dass einige wesentliche Anhangdefizite vorliegen (s. unten).

Damit zeigt sich, dass Fair Value Accounting unter IFRS derzeit kaum als systematisch normiert einzustufen ist. Es fehlt eine klare Konzeption dafür, welche Merkmale von Vermögenswerten vorliegen sollen, um mit Fair Values zu bewerten, warum in einigen Fällen Wahlrechte erlaubt sind, wie die Erfolgswirkungen sinnvoll darzustellen sind etc.

Nach einer Befragungsstudie von PWC mit professionellen Investoren und Finanzanalysten befürworten diese einen Mixed Model Approach, wollen Wertänderungen langfristiger Vermögenswerte nicht in der GuV (als Maß der Performance). Sie nutzen Fair Values aus der Bilanz, um den Gesamtwert des Unternehmens zu schätzen und nicht zur Prognose der künftigen Cashflows. Dies ist aber ausdrückliches Ziel des Board im Hinblick auf die Bewertungsfunktion (vgl. Parbonetti et al. 2015). Die Prognose künftiger CFO auf der Basis von Fair-Value-Schwankungen in der GuV wäre auch wenig plausibel, da diese Wertänderungen ex definitione überraschend sind und keine wiederkehrenden Erfolge darstellen, die schlicht extrapoliert werden können (vgl. Witzleben 2013, S. 223). Sie gehören zudem zur Accrual-Komponente des Gewinnes und nicht zur Cash-Komponente, sodass die Gefahren einer Missdeutung bestehen (vgl. zur Accrual Anomaly ausführlich Abschn. 3.2.2).

Angesichts der unsystematischen Fair-Value-Vorgaben de lege lata, liegt es auf der Hand, dass der aktuelle Entwicklungsstand scharf kritisiert wurde. Entsprechend enthält DP 2013/1 (Tz. 6.49 ff.) eine ganze Fülle von Änderungsvorschlägen. Im Zentrum steht hierbei, für welche Vermögenswerte Fair Values sinnvoll sind, um relevante, glaubwürdige und vergleichbare Informationen liefern zu können.

In IFRS 13 B 13 wird ausgeführt, dass Fair-Value-Schätzungen in Form von Net Present Values (Barwertkalkülen) folgende Sachverhalte umfassen: die Schätzungen künftiger Cashflows für den Vermögenswert, Erwartungen über mögliche Schwankungen und Zeitpunkte dieser Cashflows, den Zeitwert des Geldes (risikofreier Abzinsungsfaktor), das inhärente Risiko des Vermögenswertes (Risikozuschlag) und andere Faktoren, die Marktteilnehmer berücksichtigen würden (zum Beispiel die Liquidität oder Spezifität des

Vermögenswertes). Werden sämtliche Bilanzposten eines Unternehmens mit dem Fair Value angesetzt, würde das Reinvermögen gleichwohl nicht dem Gesamtwert des Unternehmens entsprechen. Verbundeffekte und nicht bilanzierbare Chancen und Risiken (zum Beispiel Risiken mit zu geringer Eintrittswahrscheinlichkeit um als Rückstellung bilanziert zu werden, selbst erstellte Marken etc.) wären nicht erfasst. Aus der Bilanz ist der Gesamtwert des Eigenkapitals demnach nicht ersichtlich. Der Schluss auf künftige Cashflows ist ebenfalls fragwürdig, da in die Fair-Value-Schätzung zwar die o. a. Bestandteile eingehen, in der Bilanz aber nur einwertige Zahlenangaben stehen (hochaggregiert). Deshalb ist das Resultat der o. a. Befragungsstudie der PWC zunächst plausibel. Dies schließt gleichwohl nicht aus, dass resultierende Gewinne oder das Gesamtergebnis als Prognosebasis für Cashflows nutzbar sind oder mithilfe von Anhangangaben verbesserte Prognosen ermöglicht werden.

2.5.2 Ratio und Schwächen des Mixed Model Approach

Wenn ein Mixed Model Approach für sinnvoll erachtet wird, ist es entscheidend, dass zweckmäßige Kriterien genutzt werden, um festzulegen, welche Posten mit dem Fair Value anzusetzen sind und welche nicht. Ob es, wie derzeit, Wahlrechte geben sollte, wäre zudem zu klären. Als Kriterien für eine Auswahl von Vermögenswerten (von Schulden sei abgesehen) für die Einzelveräußerungspreise sinnvoll sein können, kommen in Betracht:

1. Zur Veräußerung vorgesehene Aktiva oder solche, die jederzeit verkauft werden könnten, ohne die Nutzung anderer Vermögenswerte zu beeinträchtigen. Hierunter fallen zum Beispiel viele Finanzinstrumente, Investment Properties, aber auch Fertigerzeugnisse und eventuell biologische Produkte.
2. Vermögenswerte, die zuverlässig bewertbar sind, da es entwickelte Märkte und/oder Bewertungsmethoden gibt, sodass Preise hinreichend gut zu schätzen sind. Bei der Einführung des Wahlrechtes zwischen Fair Value und Cost Model im IAS 40 spielten diese Argumente seinerzeit eine Rolle (vgl. Cairns 2014). Da IFRS 13 seit 2013 ausdrückliche Regeln vorgibt, wie mit Inputfaktoren ohne direkten Marktbezug zu verfahren ist und welche Folgen resultieren, dürfte dieses Merkmal nicht mehr entscheidend sein. Andererseits wird in ED 2015/3 (Tz. 6.53 ff.) darauf verwiesen, dies könne eine Rolle spielen.
3. Vermögenswerte, die nur im Verbund genutzt werden und/oder nur mittelbar Nutzen stiften, sind nicht nach dem Fair Value Model zu bewerten. Insbesondere bei spezifischen Posten ohne Marktpreise und Verkaufsabsicht passen Einzelveräußerungswerte und die Annahme eines Highest-and-best-Use nicht ohne weiteres (vgl. DP 2013/1 Tz. 6.75 ff. und Gordon et al. 2014). Fair-Value-Schwankungen bei den Verkaufspreisen spiegeln auch keine Wertänderungen für das Unternehmen wider. Sinken die Zeitwerte, würde eine Abwertung verminderte künftige Cashflows anzeigen,

obwohl die Nutzwerte für das Unternehmen unverändert sind (vgl. Witzleben 2013, S. 227 f.). Allerdings würden Fair Values auch in solchen Fällen die Kapitalbindung im Unternehmen und Opportunitätskosten zeigen. Gegebenenfalls entsteht sogar ein Rechtfertigungsdruck für die realisierte suboptimale Nutzung des Vermögens (vgl. Kühnberger 2014). Opportunitätskosten sind dabei sowohl bezüglich der Informations- als auch der Koordinationsfunktion von Rechnungslegung potenziell wichtig, wie die weite Verbreitung der damit verbundenen Denkweise im internen Rechnungswesen und Controlling zeigt.

4. Bei Hedge-Zusammenhängen muss ergänzend darauf geachtet werden, dass kein Mismatch entsteht, weil Grund- und Sicherungsgeschäft nach unterschiedlichen Bewertungsregeln erfasst werden (DP 2013/1 Tz. 6.90). Im ED 2015/3 Tz. 6.53 ff. wird eine knappe Auflistung möglicher Gründe für eine unterschiedliche Bewertung angesprochen, aber gerade nichts inhaltlich entschieden.

Das zuletzt genannte Argument hat aber weiterführende Implikationen. Auch ohne explizite Absicherungsstrategie gibt es Risiken eines Mismatch. Werden zum Beispiel Immobilien mit dem Fair Value angesetzt und der Bankkredit, der zur Finanzierung derselben aufgenommen wurde mit den fortgeführten Anschaffungskosten, kann es in der Bilanz und der Erfolgsrechnung zu Verwerfungen kommen. Dies ist ein systematischer Nachteil eines Mixed Model Approach.

Ein besonders kritisch beäugter Fall eines potenziellen Mismatch betrifft Verbindlichkeiten. Bei verschlechterter Bonität eines Unternehmens sinkt der Fair Value der Fremdkapitaltitel. Dies führt zu einer Gewinn erhöhenden Minderung des Fremdkapitals, auch wenn sich an den Zahlungsverpflichtungen selbst gar nichts geändert hat. Dieses auf den ersten Blick kontraintuitive Resultat wäre plausibel, wenn das Unternehmen real die Möglichkeit hat, das Fremdkapital billig abzulösen, zum Beispiel eine Anleihe zurück zu kaufen. Der Mismatch könnte nun daraus resultieren, dass Unternehmen auf der Aktivseite den Firmenwert und Immaterielles Anlagevermögen nicht mit Fair Values bilanziert haben. Die verminderte Bonität wird aber primär durch solche Vermögenswerte verursacht. Ohne Aktivierung gibt es aber auch keinen Abschreibungsaufwand, der in der GuV den Erträgen aus den verminderten Schulden gegenübersteht. Schildbach (vgl. Schildbach 2015, S. 173) folgert aus den möglichen Verwerfungen sehr rigide, dass es sich um eine fata morgana handle, „erdacht um die Öffentlichkeit in die Irre zu führen."

Barth hat dieses Vorgehen trotzdem verteidigt. Sie geht davon aus, dass ein erhöhtes Kreditrisiko des Unternehmens ökonomisch einem Gewinn der Eigentümer entspricht (die Gläubiger tragen mehr Risiko ohne Entgelt). Zudem stellt sie empirisch fest, dass in den relevanten Jahren mit Erträgen aus Schuldenabwertungen die Abschreibungen auf das Vermögen typischerweise so hoch waren, dass insgesamt Verluste resultierten (vgl. Barth 2007). Dabei bleibt aber offen, wie hoch die Verluste sonst ausgefallen wären, wenn es kein Mismatch gegeben hätte (vgl. Macve 2015). Außerdem wären bei einer später verbesserten Bonität die Umkehreffekte auch asymmetrisch. Dem Aufwand aus der Aufstockung der Schulden könnte kein Ertrag aus der Zuschreibung auf den Firmenwert gegenüberstehen.

Ball et al. (2015) kritisieren an der Abstockung der Verbindlichkeit, dass der Fair Value nicht die rechtlichen Zahlungsverpflichtungen abbildet und die Zahlen für die Erfüllung von Vertragszwecken (Koordinationsfunktion) deshalb unbrauchbar sind.

Auf der anderen Seite hat aber auch ein reines Cost Model vergleichbare Nachteile. So werden aktuellen Umsätzen die Abschreibungen auf Basis der historischen Anschaffungskosten aus vergangenen Perioden gegenübergestellt, zeitliche Verwerfungen auch größeren Ausmaßes sind in der GuV möglich.

Ein zweiter Nachteil besteht darin, dass bilanzpolitische Spielräume und Möglichkeiten eröffnet werden. So kann es sein, dass eine Immobilie als selbst genutztes Anlagevermögen (IAS 16) oder als Finanzinvestition (IAS 40) auszuweisen ist, weil die Abgrenzungskriterien ermessensabhängig sind. In beiden Fällen wäre das Cost Model anwendbar oder eine Zeitbewertung. Im letztgenannten Fall wären Fair-Value-Schwankungen in der GuV zu zeigen, bei Sachanlagen hingegen Werterhöhungen im OCI. Die in der Folge erhöhten planmäßigen Abschreibungen gehen wiederum in die GuV ein und bei außerplanmäßigen Abwertungen hängt es vom Einzelfall ab. Die OCI-Erfolge werden nicht recycelt, sondern in die Rücklagen umgebucht. Die differenzierten Vorgaben unter IFRS schaffen hier nicht nur Komplexität, sondern auch Gestaltungsoptionen, die weit über die Möglichkeiten des HGB hinausreichen (hier geht es bestenfalls um die Frage, ob Anlage- oder Umlaufvermögen vorliegt, wobei auch dies zu gravierenden Folgen führen kann).

Gibt es zusätzlich Wahlrechte für das Fair-Value- oder das Cost Model (mit zusätzlicher Angabe der Zeitwerte im Anhang), wie es IAS 40 vorsieht, ist eine einheitliche Umsetzung nicht zu erwarten. Israeli (2015) untersuchte den Übergang von nationalen GAAP auf IFRS für 86 Unternehmen aus Deutschland, Frankreich, Spanien und Italien (532 Firmyears) von 2005 bis 2010. Die Unternehmen bilanzierten überwiegend Investment Properties, die nach nationalem Recht mit den Anschaffungskosten angesetzt waren. Für eine Fair-Value-Bilanzierung (statt bloßer Offenlegung im Anhang) entschieden sich Unternehmen, die a) im Umstellungsjahr dadurch ein größeres Ergebnis und Eigenkapital zeigen konnten, b) einen hohen Verschuldungsgrad hatten (Debt-Covenant-Risiko). Offenlegung war verknüpft mit Aktionären mit Blockholderstatus (enges Monitoring, weniger von der Rechnungslegung abhängige Boni) und mit Unternehmen, die früher eine Gewinn glättende Bilanzpolitik betrieben (Income Smoothing). Da Fair-Value-Bewertungen für eine Gewinn glättende Bilanzpolitik eher ungeeignet sind, leuchtet es ein, dass die Anhangangabe präferiert wurde, um die Zielerreichung nicht zu gefährden.

Ergänzend schafft der Mixed Model Approach natürlich auch Anreize für REM, also die Gestaltung von Sachverhalten oder die Auswahl der Investitionsobjekte.

Gleichwohl kann man festhalten, dass in vielen Studien der Informationsgehalt von Fair Values bestätigt werden konnte, zumindest wenn es sich um zuverlässig ermittelbare Werte handelte und um Vermögenswerte, die einzelveräußerbar waren, ohne den sonstigen Geschäftsablauf zu beeinträchtigen. Sind diese Voraussetzungen nicht gegeben, resultierten eher gemischte Befunde (vgl. Gordon et al. 2015).

Können Fair Values nicht direkt aus Marktdaten abgeleitet werden, sind subjektive, ermessensbehaftete Bewertungen erforderlich. Die Spielräume und teilweise wenig prüfbaren Bewertungskriterien schaffen bilanzpolitisches Potenzial und Fehleranfälligkeiten (vgl. Zülch et al. 2014). Kritisch sind vor dem Hintergrund der deutschen Rechnungslegungstradition naturgemäß etwaig zu hohe Werte. Die fehlende Zuverlässigkeit der Wertansätze beeinträchtigt deren Informationswert. Demgegenüber beruhen Kosten auf realen Transaktionen, lassen wenig Bewertungsspielraum und sind vorsichtig. Zeitwerte sind beim Cost Model vor allem in Form niedrigerer Werte wichtig (vgl. Cairns 2014). Erkennbar stehen Relevanz und Zuverlässigkeit hier in einem Spannungsverhältnis.

Theoretisch kann die Subjektivität der Fair-Value-Schätzungen durch die Abschlussprüfer begrenzt werden. So führen unsichere Bewertungsgrundlagen teilweise zu höheren Prüfungshonoraren (wegen des Risikos) und eine tendenziell vorsichtige Bewertung liegt aus Haftungsgründen im prüferischen Interesse. Auf der anderen Seite haben Prüfer bei weiten Ermessensspielräumen auch eine schlechtere Verhandlungsposition gegenüber der Unternehmensleitung und möglicherweise weniger Unterstützung durch einen Prüfungsausschuss (vgl. Griffin 2014).

2.5.3 Fair Value Accounting und Vergleichbarkeit und Vorsicht

Ein von einigen reklamierter Vorzug von Fair Values ist deshalb ebenfalls nicht immer gegeben, die externe Vergleichbarkeit der publizierten Informationen. Dies wird insbesondere deutlich, wenn es um länderübergreifende Vergleiche geht, wie folgende Beispiele zeigen.

1. In einigen Ländern bestehen gut entwickelte, liquide Märkte für Vermögenswerte, sodass Fair Values recht zuverlässig und in engem Rahmen bestimmbar sind, während in anderen Ländern dies nicht der Fall ist (zum Beispiel Wertpapier- oder Immobilienmärkte).
2. Auch nationale Bewertungstraditionen können zu Unterschieden führen. Immobilien werden in den meisten Ländern nach dem Vergleichswert- oder DCF-Verfahren bewertet. In Deutschland spielt das (einjährige) Ertragswertverfahren nach der ImmoWertV eine große Rolle. Bei diesem Verfahren wird ein typisiertes Einjahresergebnis mit einem Bewertungsfaktor multipliziert, der durch die Nutzungsdauer und den Liegenschaftszins geprägt wird. Dieser Zins wird durch Gutachterausschüsse aus vergangenen Transaktionen abgeleitet (vgl. Kühnberger und Werling 2012 zu Details der Methode). Die entsprechenden Institutionen (Gutachterwesen, Liegenschaftszinssätze, normierte Bewertungen) sind in Deutschland (meines Wissens) einmalig. Deshalb könnten durchaus Zweifel aufkommen, ob diese national übliche Bewertungsmethode unter die IFRS-Definition von Fair Values fällt. Dies ist anzunehmen, da IFRS 13 eben keine bestimmte Bewertungsmethode vorschreibt und das Ertragswertverfahren aufgrund seiner Verbreitung selbst preisbildend sein kann (vgl. Kühnberger 2012 zur dogmatischen Begründung innerhalb der Auslegungsmethodik des IAS 8).

3. Schließlich sind vergleichbare Werte nicht zu erwarten, wenn es um Bewertungen geht, bei denen Level-3-Inputs verwendet werden, da diese ex definitione zu subjektiven Werten führen und damit von den bilanzpolitischen Anreizen und unternehmensbezogenen Prognosen abhängen.

Trotz dieser Einschränkungen ist zu bedenken, dass Vergleichbarkeit nicht in einem mechanischen Sinne zu verstehen ist. Gibt es reale Unterschiede bezüglich der Qualität der Vermögenswerte, ihrer Nutzungs- oder Verwertungsbedingungen, ist eine gleiche Bewertung eventuell ungeeignet, diese fundamentalen Faktoren zutreffend abzubilden. Die Freiheitsgrade ermöglichen es umgekehrt dem Management, private Informationen im Rahmen von Earnings Management aufzudecken, statt auf teure Sachverhaltsgestaltungen auszuweichen (vgl. Witzleben 2013, S. 161 ff.). Ob der Handlungsrahmen alternativ für verzerrende Bilanzpolitik missbraucht wird, hängt wiederum von der Corporate Governance und anderen Randbedingungen ab.

Das Verhältnis von Fair Values zum Vorsichtsprinzip ist auf den ersten Blick eindeutig: sämtliche Wertänderungen sind zu erfassen, es gibt kein Imparitätsprinzip und kein Anschaffungskostenprinzip. Soweit Marktpreise vorliegen, ist ein gewisses Maß an Vorsicht gleichwohl eingepreist, wenn man risikoaverse Käufer unterstellt (vgl. Freiberg 2015). Dies dürfte vor allem für Finanzinstrumente gelten. Sobald die Bewertungsgrundlagen unsicherer werden, gilt dies nicht mehr, vor allem, wenn Level-3-Inputs in die Bewertung einfließen. Auch die Highest-and-best-use-Annahme kann zu mehr oder weniger ausgeprägter Vorsicht führen, wenn die reale Nutzung von der unterstellt optimalen abweicht. Demnach hängt das mögliche Maß an Vorsicht (oder dessen Gegenteil) von der Art der Vermögenswerte ab. Dies führt praktisch zu der Möglichkeit, gezielt Assets ohne direkt beobachtbare Marktpreise zu erwerben, um entsprechende Bewertungsspielräume zu eröffnen (vgl. Badia et al. 2015).

In einer Erhebung für US-Geschäftsbanken für 2007 bis 2012 (mit 18.793 Firmyears) wurde festgestellt, dass es bedingte Vorsicht für Kreditinstitute gab, die Level-2- und Level-3-Inputs verwendeten. Das jeweilige Ausmaß hing (wie zu erwarten) von der Anreizstruktur ab (Informationsasymmetrie, starkes externes Monitoring und Target Beating). Da es sich um Banken handelte, gab es aber nur wenige Vermögenswerte mit Level-3-Inputs. Die Verfasser verweisen darauf, dass es vergleichbare Resultate auch in der Gas- und Ölindustrie gäbe (vgl. Badia et al. 2015).

Kritisch an dem verwendeten Modell ist allerdings die Art und Weise, wie Vorsicht gemessen wurde. Die Verfasser sehen den Anteil der Fair-Value-Änderungen am NI und OCI als Indikator für bedingte Vorsicht an und verwenden ein modifiziertes Basu-Maß (vgl. Abschn. 3.4.2). Meines Erachtens kann man dies auch als Fall der unbedingten Vorsicht ansehen, da ein bestimmtes Ereignis, das zu einer Abwertung führt, gerade fehlt oder fehlen kann. Wird zum Beispiel bei einer vermieteten Gewerbeimmobilie eine Leerstandsquote für einen DCF-Kalkül geschätzt, so liegt ohne Zweifel ein Level-3-Input vor. Wird der Leerstand „vorsichtig" geschätzt, kann dies als unbedingte Vorsicht zu stillen Reserven führen, eine eigentlich unerwünschte Form. Ist die Schätzung hingegen

„vorsichtig-kaufmännisch-skeptisch" im Sinne von Caution, so wäre sie wiederum erstrebenswert und angemessen, aber immer noch eine Form der unbedingten Vorsicht. Sollte aber aufgrund bestimmter Ereignisse eine Neuschätzung der Leerstandsquote erforderlich werden, könnte es sich um einen Fall bedingter Vorsicht handeln. Beim Fair Value Modell wäre aber auch ein positives Ereignis abzubilden.

2.5.4 Erfolgswirkungen eines Fair Value Accounting

Von vielen Kritikern wird betont, dass insbesondere die Einflüsse des Fair Value Accounting auf die Erfolgsrechnungen störend sind. Es wird bezweifelt, dass die GuV die Leistung des Managements zutreffend erfasst (vgl. Ballwieser et al. 2004; Witzleben 2013). Theoretisch könnte dies behoben werden, indem nur solche Wertänderungen in die GuV einbezogen werden, die auf der Leistung des Managements beruhen und seine Risikoneigung spiegeln. Die anderen Erfolge könnten im OCI geparkt und recycelt werden (falls dies informativ wäre). Nach derzeitigem Stand der IFRS zur Aufspaltung von GuV und OCI und zu den Vorgaben für ein Recycling oder die Umgliederung in Rücklagen, wird dies jedoch keinesfalls erreicht. Es ist aber meines Erachtens auch unklar, ob die Leistung des Managements durch ein Benchmarking oder eine Ausdehnung des Betrachtungszeitraumes nicht indirekt abschätzbar wird. Außerdem wird Glück oder Pech in jeder Erfolgsrechnung ein Problem darstellen, das schwerlich vollständig eliminiert werden kann.

Kritisch an den Erfolgswirkungen von Fair Values ist die resultierende Volatilität der Erfolge, insbesondere wenn es um Wertschwankungen von Vermögenswerten geht, die gar nicht veräußert werden sollen. Veränderte Absatzmarktpreise spiegeln dann veränderte Cashflowerwartungen, obwohl sich der Nutzungswert für das Unternehmen gar nicht verändert hat. Durch Verbundeffekte, oftmals fehlende Marktpreise und komplexe Recyclingregeln wird der Störeffekt sogar vergrößert (vgl. Gordon et al. 2015; Linsmeier 2013). Gibt es ergänzend buchhalterische Umkehreffekte in der GuV wird die Persistenz und Prognoseeignung der Erfolgsrechnung zudem verschlechtert. Dies kann auch eintreten, wenn die Umkehreffekte durch gezielte Maßnahmen des Managements eintreten.

Allerdings gibt es hierzu zumindest potenziell „Heilmittel", zum Beispiel in Form von adäquaten Ergebnisaufgliederungen oder Anhangangaben. Auch die Abstimmung mit anderweitig verfügbaren Informationen (wie Pro-forma-Erfolgen) kann hilfreich sein. Zu den möglichen positiven Effekten von Anhangangaben alsogleich und zu den verschiedenen Erfolgsgrößen ausführlich Abschn. 5.3.5.

Unbeschadet der geltend gemachten Bedenken, ist die befürchtete Ergebnisvolatilität auch nicht per se als negativ einzustufen (vgl. Kühnberger 2014 mit detaillierten Nachweisen zu den folgenden Ausführungen). Spiegelt sie reale Wertschwankungen wider, kann kaum von Verzerrungen der Ergebnisse die Rede sein. Sollen Vermögenswerte aber gar nicht veräußert werden, gilt dies wiederum nur eingeschränkt. Die unrealisierten Gewinne oder Verluste bilden dann nur Opportunitätskosten ab. Auch diese sind aber unter Informationsaspekten nicht falsch, sondern eben anders als Informationen auf einer Anschaffungskostenbasis.

Kritischer ist meines Erachtens der Fall, wenn die Volatilität auf dem Mixed Model Approach beruht, weil mögliche kompensatorische Effekte bei anderen Bilanzposten nicht in die Erfolgsrechnung eingehen. Einen gravierenden Fall stellte Morgan Stanley dar: in einem Quartal 2009 wurde ein unrealisierter Gewinn von 5 Mrd. US$ ausgewiesen. Dieser resultierte daraus, dass die eigenen Schulden des Unternehmens wegen der stark verschlechterten Bonität um diesen Betrag Gewinn erhöhend abgewertet wurden. Ein solcher Gewinn ist schon seiner Natur nach nicht ganz unproblematisch. Eine Kompensation in der GuV wäre aber möglich gewesen, wenn die Bank einen Goodwill oder andere Assets hätte abwerten müssen, weil sie mit dem Fair Value bewertet werden (vgl. Lachmann et al. 2010).

Ebenfalls zweifelhaft sind Erfolgsschwankungen, wenn sie der erhöhten Unsicherheit von Fair-Value-Schätzungen oder bilanzpolitischen Einflüssen geschuldet sind. Beachtlich ist aber, dass auch das Cost Model Bilanzpolitik ermöglicht und insbesondere auch eine künstliche Erfolgsglättung mittels stiller Reserven, die kaum positiver einzuschätzen ist. Insgesamt wird man deshalb damit leben müssen, dass es keine messbare „natürliche" Volatilität gibt und keine Abschlüsse ohne Ermessen und Abschlusspolitik.

2.5.5   Der Anhang als Heilmittel für mögliche Nachteile?

Oben wurde darauf verwiesen, dass der befürchtete negative Einfluss des Fair Value Accounting auf die Erfolge durch Erläuterungspflichten zumindest partiell kompensiert werden kann. Hierbei sind zwei Gruppen von Anhangangaben zu trennen.

1. Anhangangaben ersetzen die Darstellung von Sachverhalten im Zahlenwerk. So sieht IAS 40 vor, dass Fair Values von Anlageimmobilien in der Bilanz oder bei Option für das Cost Model im Anhang anzugeben sind. Für ein Sample von europäischen Unternehmen, die überwiegend vermietete Immobilien aktivierten, wurde geprüft, ob systematische Unterschiede zwischen Ansatz und Offenlegung (vgl. Abschn. 2.2.2) feststellbar sind. Es handelte sich um 86 AG aus Deutschland, Frankreich, Spanien und Italien, Zeitraum 2005 bis 2010. Es zeigte sich eine starke Präferenz von Eigentümern für eine Bilanzierung zum Fair Value und bei einer ersatzweisen Offenlegung kam es zu Unterbewertungen am Markt. Zwischen Bilanz und den Notes bestand demnach keine Substitutionsbeziehung (vgl. Israeli 2015). Vergleichbar schätzten Finanzanalysten in einer anderen Studie Zinsrisiken unzutreffend, wenn sie nur im Anhang offengelegt wurden (vgl. Hirst et al. 2004). Der Grund könnte in der geringeren Reliabilität von Anhanginfomationen im Vergleich zu Bilanzzahlen liegen (siehe oben).
2. Anhangangaben, die die Bilanz ergänzen. Hierzu gehören zum Beispiel Erläuterungen zu den Methoden einer Fair-Value-Schätzung, Angaben zu Sensitivitäten bei

einer Variation von Bewertungsparametern, Angaben zu Bewertungsprämissen (zum Beispiel demografische Entwicklung, Zinserwartungen, Leerstand, Steueränderungen etc.). Bezüglich der Fair Values sind hier besonders die seit 2013 mit IFRS 13 vorgegebenen Erläuterungen zu den Dateninputs für Fair-Value-Schätzungen zu nennen. Demnach müssen verwendete Daten nach Level-1 bis Level-3 klassifiziert werden, wobei die Subjektivität und Unzuverlässigkeit der Bewertung mit steigendem Level zunimmt. Die Gesamtqualität der Bewertung richtet sich nach dem Inputfaktor mit dem schwächsten Level, wenn der Faktor wichtig ist. Für Immobilienbewertungen kommen praktisch nur Level-3-Bewertungen in Betracht, in Sonderfällen auch Level-2. Die Einstufung selbst ist nicht ganz ermessensfrei. So könnte durchaus vertretbar sein, Bodenrichtwerte oder Liegenschaftszinssätze als Level-2- oder Level-3-Inputs zu qualifizieren. Klar ist, wenn die Daten auf intransparente Weise zustande kommen, die Anzahl von abgebildeten Transaktionen relativ gering ist oder Anpassungen für ein konkretes Bewertungsobjekt erforderlich sind, handelt es sich um Level-3-Bewertungen (vgl. Kühnberger 2012; Kühnberger und Werling 2012).

In Abschn. 2.2.2 wurde ausgeführt, dass es eine offene Frage ist, ob der Anhang die gleiche Aufmerksamkeit und Informationsrelevanz genießt, wie das Zahlenwerk in Bilanz und GuV. Die dort wiedergegebenen Einschätzungen bezogen sich primär auf Anhangangaben, die ersatzweise zur Bilanz oder GuV publiziert wurden (Gruppe 1, oben). Im Weiteren werden einige Resultate vorgestellt, die unter (2) fallen, bei denen es um die Ergänzung der Bilanzwerte geht, besonders um die Level-Einstufungen. Grundsätzlich können Level-3-Inputs als Maßgröße für die Subjektivität der Bewertung und die Illiquidität der Vermögenswerte angesehen werden. Entsprechend wäre zu erwarten, dass Adressaten auf solche Informationen mit Preisabschlägen reagieren (vgl. Badia et al. 2015; Bowen und Khan 2014). Hier einige Befunde zu diesen Anhangangaben (vgl. Kühnberger 2014):

- Für Quartalsberichte US-amerikanischer Banken zeigte sich, dass alle Fair Values Wertrelevanz aufweisen konnten, Level-3-Bewertungen mit dem geringsten Gewicht. Einfluss auf die Qualität hatte die Corporate Governance. War diese schwach, wurden Level-3-Werte weniger genutzt. Dies galt nicht während der Finanzmarktkrise, in der alle Fair Values gleichwertig waren (vgl. Song et al. 2010).
- In einer anderen Erhebung wurde ebenfalls durchgängig Wertrelevanz festgestellt, mit dem plausiblen Ergebnis, dass Level-1 das größte Vertrauen hervorrief. Dies galt verstärkt (für alle Fair Values), wenn es wenig Anreize für Bilanzpolitik gab (vgl. Kolev 2008).
- Für Quartalsberichte von US-Banken wurde der Einfluss der Inputfaktoren auf die Fair Values von Hypothekenrechten getestet (Persistenz, Prognoseeignung und Wertrelevanz). Eigentlich sollten Level-2-Inputs eine bessere Qualität liefern. Bei illiquiden Märkten zeigte sich jedoch, dass Level-3-Schätzungen besser abschnitten. Als Grund gaben die Verfasser an, dass die Level-2-Inputs die Realitäten bei inaktiven Märkten

unzutreffender spiegeln, als die subjektiven Level-3-Inputs. Überlagert wurde der Effekt noch dadurch, dass überwiegend große Unternehmen auf angepasste Daten zurückgriffen und deren Fähigkeiten/Reputation die Wahrnehmung der Qualität beeinflusst haben kann (vgl. Altamuro und Zhang 2013; Hendricks und Shakespeare 2013). Der Informationswert der angeblich objektiven Marktpreise steigt demnach mit zunehmender Subjektivität der Bewertung.

- Ebenfalls für Quartalsberichte von Kreditinstituten wurde geprüft, ob die Level Folgen für die Kapitalkosten hatten. Es wurde angenommen, dass Level-3-Inputs nicht wegdiversifiziert werden können und entsprechend zu Risikozuschlägen führen. Dies zeigte sich auch, auch wenn der Einfluss durch ein positives Informationsumfeld abgeschwächt werden konnte (vgl. Riedl und Serafeim 2011).

- Der Einfluss auf Analystenschätzungen bei US-Geschäftsbanken infolge von Level-Angaben in Quartalsberichten wurde 1996 bis 2009 untersucht. Dabei zeigte sich insgesamt ein positiver Einfluss auf die Streuung und Präzision der Prognosen, der aber mit sinkender Qualität der Inputdaten abnahm. Da die Banken fast nur Level-1 und Level-2-Inputfaktoren nutzten, war das Bild aber für Level-3 wenig aussagefähig (vgl. Parbonetti et al. 2015).

- In einer Laborstudie mit 106 Abschlussprüfern (mit durchschnittlich fast neun Jahren Berufserfahrung) wurde untersucht, ob die Unsicherheit der Bewertungen selbst (Level-1 bis Level-3) und die Variabilität der möglichen Ergebnisse Einfluss auf die Wahrscheinlichkeit hatten, dass Prüfer Anpassungen verlangen und in welchem Ausmaß (Betrag). Dabei zeigte sich, dass die Anhangangaben einen durchaus unbeabsichtigten Nebeneffekt hatten, sie führten zu weniger Korrekturen von „misstatements" in der Bilanz (Verstöße gegen GAAP waren „morally licensed"). Die Variabilität möglicher Fair-Value-Schätzungen (Imprecision) führte im Verbund mit Level-3-Inputs zu verstärktem Anpassungsdruck. Die verlangte Anpassung orientierte sich am nächstliegenden Grenzwert und nicht am Durchschnitt oder dem am weitest entfernten Grenzwert (praktisch: dem vorsichtigsten Wert aus einer Bandbreite; vgl. Griffin 2014).

Die (noch relativ wenigen) Studien zeigen, dass die Marktreaktionen im Kern rational sind und Anhangangaben sehr wohl eingepreist werden. Dies ist nicht unplausibel, wenn es um Fair-Value-Schätzungen für quantitativ bedeutsame Bilanzposten geht und die Investoren nicht naiv sind. Zu bedenken ist jedoch, dass die Mehrheit der Studien auf Finanzinstrumente bezogen war, für die Level-3-Inputs eher selten vorkommen. Wird ein Fair Value Accounting ausgedehnt auf mehr Bilanzposten, sind die Ergebnisse nicht einfach übertragbar.

Eine deutliche Verbesserung der Informationsqualität wäre auch durch eine stringentere Kodifikation der Notes wahrscheinlich erreichbar. Nahezu durchgängig wird beklagt, dass die erforderlichen Angaben unvollständig oder zu aggregiert sind (vgl. Lange und Müller 2015; Zülch et al. 2014) und meines Erachtens werden einige sinnvolle Angaben gar nicht verlangt. So wären quantitative Sensitivitätsanalysen, Kommentierungen zur

Adäquanz der vorjährigen Bewertungsprämissen und deren Eintreffen, Angaben zu Veräußerungserfolgen etc. sicher hilfreich.

Zu bedenken ist jedoch, dass der Umfang der Notes schon heute eher zu groß ist. Eine stärkere Orientierung an (unterstellten) Investoreninteressen wäre wünschenswert. Dieses Thema wird im Rahmen der „Disclosure Initiative" des IASB aufgegriffen und hat zu einigen Teilprojekten geführt, die eine entschlackte und zielführende Offenlegung in den Notes ermöglichen sollen (vgl. Sellhorn und Menacher 2015 zum derzeitigen Stand).

Noch problematischer ist der Befund von Griffin: sollten Anhangangaben tatsächlich dazu führen, dass Ersteller und Prüfer Fehler in Bilanz, GuV etc. eher tolerieren, ist dies sicherlich nicht zielführend. Eine Verschlechterung der Rechnungslegungsqualität aufgrund von Mehrtransparenz wäre ein Skandal und zugleich ein deutlicher Hinweis auf ein unzulängliches Enforcement der Rechnungslegung.

Exkurs: Der Fair Value als Mitverursacher der Finanzmarktkrise?
Das (zunehmende) Fair Value Accounting war insbesondere auch in Deutschland sehr starker Kritik ausgesetzt. Es wurde als „Brandbeschleuniger" und „Krisenkatalysator" bezeichnet, das prozyklisch wirkte und die Krisenentwicklung verschärfte (vgl. Küting und Kaiser 2010; Schildbach 2015 S. 175 ff.). Bezogen wurden diese Aussagen zunächst auf Kreditinstitute. Für diese wird zu Recht angenommen, dass sie das Eigenkapital maximieren wollen. Dazu dient eine Optimierung des Verschuldungsgrades (vgl. Amel-Zadeh et al. 2014).

Grundsätzlich ist das Rechnungslegungsrecht in den USA durch bedingte Vorsicht geprägt. Dies bedeutet, dass Risiken/Verluste sich sofort im Erfolg und Eigenkapital niederschlagen und Gewinne je nach Assetklasse sofort in der GuV, dem OCI oder gar nicht. Für Banken ist aber nicht nur das bilanzielle Eigenkapital wichtig, sondern auch, und in der Krise gar vorrangig, das regulatorische Eigenkapital. Dieses berücksichtigt die Risiken noch stärker und ist tendenziell niedriger als das bilanzielle Eigenkapital. Durch Fair-Value-Schwankungen kommt es deshalb häufiger zu Verletzungen von Grenzwerten von regulatorischem Kapital (vgl. Amel-Zadeh et al. 2014; Bowen und Khan 2008).

Die Mechanik einer prozyklischen Entwicklung basiert auf folgenden Schritten: Die fallenden Immobilienpreise in den USA bilden den Ausgangspunkt, einen exogenen Schock. In der Folge sinken die Fair Values derjenigen Wertpapiere, die Immobilienvermögen verbriefen. Die Eigenkapitalminderungen in den Bankbilanzen erfordern den Verkauf von diesen Wertpapieren, um Fremdkapital tilgen zu können, damit das geforderte regulatorische Eigenkapital geschützt wird. Aufgrund der Verkäufe einer Bank (unter Zeitdruck) erleiden auch die Vermögenswerte anderer Banken (ihre Wertpapiere, die mit Immobilien gedeckt sind) an Wert. Aufgrund der Fair-Value-Bewertung schlagen sich diese Verluste auf das Eigenkapital nieder und erzwingen ebenfalls Notverkäufe etc.

In einer detaillierten Analyse kommen Amel-Zadeh et al. zum Ergebnis, dass praktisch nur die Reagibilität des regulatorischen Eigenkapitals solche Wirkungen zeitigte, die Einflüsse auf das bilanzielle Eigenkapital waren vernachlässigbar gering. Sie versuchen dies nachzuweisen, indem sie die Einflüsse auf das Eigenkapital zerlegen (Net Income und OCI), wobei jeweils noch die Fair-Value-Schwankungen ausgesondert wurden, da sie unterschiedliche Folgen für das regulatorische Kapital haben (vgl. Amel-Zadeh et al. 2014).

Auch die Studie der ICAEW (2015b) kommt zu dem Ergebnis, dass für die Bankenkrise in Europa weniger die IFRS und das Fair Value Accounting verantwortlich waren, als unterlassene Abschreibungen auf Forderungen (nach dem Cost model). Auch Off-Balance-Sheet-Sachverhalte infolge der Securisation von Vermögenswerten waren ein Krisentreiber.

Bekanntlich hat der US-amerikanische Standardsetter FASB reagiert (das IASB folgte später, um Nachteile für EU-Banken zu vermeiden) und Erleichterungen geschaffen. So durften Wertpapiere umgegliedert werden (auch ex post) um Fair-Value-Wertminderungen zu vermeiden, bei illiquiden Märkten und Notverkäufen wurden Fair Values als Maßstab abgelehnt und Abwertungen bei temporären Differenzen waren auszusetzen. Bowen und Khan zeigen mittels Eventstudien, dass diese Erleichterungen zu positiven Kapitalmarktreaktionen führten. Dies liegt nahe, soweit es die Aktien der Banken betrifft, da deren Risiko bezüglich einer Verletzung der regulatorischen Vorgaben gemindert wurde und dies besonders, wenn Vermögenswerte betroffen waren, die Level-3-Inputs verlangten. Die Verfasser testen aber auch, dass dies nicht aufgrund einer Reichtumsverschiebung zulasten der Gläubiger erfolgte (vgl. Bowen und Khan 2008).

Insofern ist die sehr scharfe Kritik von Schildbach, der das Fair Value Accounting stark in die Mitverantwortung nimmt meines Erachtens völlig überzogen. Mittelbar wird dies aus seiner Würdigung selbst deutlich: „...dank heterogener Information und kollektiver Verdrängung der Risiken...forcierten eine Kette verantwortungsloser Geschäfte, weil diese den beteiligten Managern hohe, rasche Boni und den geköderten Schuldnern Gewinne aus ihrer fremdfinanzierten Spekulation zu bescheren versprach" (2015, S. 201). Risikoverdrängung und Verantwortungslosigkeit klingen nach Markt- und Institutionenversagen. Nahezu jedes Rechnungslegungssystem dürfte anfällig für Missbräuche sein.

Dieser Exkurs ergibt natürlich keinen eindeutigen Beleg für oder gegen ein Fair Value Accounting. Es ist noch nicht einmal eindeutig, dass die Volatilität gravierende Nachteile für Unternehmen gehabt hätte und wie dies für andere Branchen aussehen würde. Wichtig scheint vor allen Dingen, dass regulatorische Ursachen (und eventuell auch andere Koordinationsfunktionen von Rechnungslegung) einen störenden Einfluss entfalten können. Denn spätestens die Abkehr vom Fair Value Accounting war ein rein politisches Zugeständnis an faktische Zwänge und nicht auf den Informationswert der Rechnungslegungsdaten bezogen. Auf der anderen Seite sollte man berücksichtigen, dass ein Cost Model in einer extremen Krise wie 2008/2009 auch keine aussagefähigen Daten geliefert hätte.

2.6   Zusammenfassung

Die fehlenden eindeutigen Festlegungen des IASB bezüglich der Abschlussaufgaben kann theoretisch dadurch ausgeglichen werden, dass die verschiedenen vorgeschriebenen Berichtsinstrumente (Bilanz, GuV, Gesamterfolgsrechnung, Kapitalflussrechnung, Anhang etc.) in einer Art Arbeitsteilung nutzbare Informationen für verschiedene Zwecke bereitstellen.

Im Schrifttum wird vielfach unterstellt, der IASB präferiere bezüglich der Informationsfunktion inzwischen den sogenannten Asset Liability Approach. Begründet wird dies im Allgemeinen mit der zunehmenden Hinwendung zum Fair Value Accounting. Es gibt durchaus beachtliche Argumente gegen diese Deutung, insbesondere auch, weil die IFRS einen Mixed Model Approach realisiert haben. Einige Bilanzposten sind mit Fair Values, andere nach dem Cost Model zu bewerten. Dies hat naturgemäß Folgen für die Darstellung der Erfolgslage.

Betriebswirtschaftlich dürfte es plausibel sein, dass weniger die Bilanz, als die Erfolgs- oder Kapitalflussrechnung bedeutsame Informationen über die Leistungsfähigkeit von

Unternehmen liefern. Die Aufteilung der Erfolgsrechnung in ein Net Income und ein OCI ermöglicht es grundsätzlich, mögliche Verzerrungen aufgrund des Mixed Model Approach zu mildern oder die Teil-Erfolge für Koordinationszwecke nutzbar zu machen. Allerdings hat es der Board bisher versäumt, die verschiedenen Ergebnisbestandteile durch systematische Kriterien abzugrenzen. Die teilweise vorgesehenen Reklassifikationen, ebenfalls ohne klares Muster und nur auf der Ebene der Einzelstandards normiert, lassen ebenfalls kein einheitliches Erfolgskonzept erkennen.

Ist der Kapitalmarkt informationseffizient in einem halbstrengen Sinne, wären aber viele Diskussionen zu den IFRS obsolet, da es dann bedeutungslos wäre, ob eine Information in der Bilanz, in der Erfolgsrechnung oder den Notes auftaucht. Obwohl die Informationseffizienz in der Regel als im Großen und Ganzen plausibel akzeptiert wird, zeigen einige empirische Studien, dass der Ort der Offenlegung und die Art der Präsentation durchaus nicht irrelevant sind (Formateffekte). Demnach ist es bedeutsam, ob eine Fair Value in der Bilanz oder „nur" im Anhang offengelegt wird. Als Gründe kommen Unterschiede bezüglich der Reliabilität der Informationen in Betracht und unterschiedlich hohe Auswertungskosten für Abschlüsse.

IFRS-Abschlüsse bilden regelmäßig die wirtschaftliche Lage von Konzernen ab und nicht der rechtlich selbstständigen Konzernunternehmen. Der Konzernabschluss spiegelt demnach nicht unmittelbar die Lage der Konzernmutter wider. Problematisch ist dies schon deshalb, weil die Konzerndefinition im Laufe der Jahre vielfach modifiziert wurde und unter IFRS aus meiner Sicht eher weit geraten ist. Das Net Income im Konzernabschluss wird zum Beispiel auch durch Erfolge von Konzerntöchtern und assoziierten Unternehmen geprägt, auf die die Obergesellschaft nicht unmittelbar Zugriff hat. Nur aus pragmatischen Gründen kann man den abgebildeten Konzern als Leitungs- oder Haftungseinheit interpretieren. Bedeutsam ist dies vor allem bezüglich möglicher Koordinationsaufgaben der Rechnungslegung. Aber auch unter Bewertungsaspekten ist zu beachten, dass der Börsenkurs der Muttergesellschaft sich auf eine andere Einheit bezieht als der Konzernabschluss.

Beachtlich ist zudem, dass Konzernabschlüsse durch Bilanzpolitik beeinflusst werden können. Die entsprechenden Rahmenbedingungen, die für die Ausrichtung potenziell bedeutsam werden können, werden exemplarisch aufgefächert. Der entsprechende Datenkranz wird durch nationale und unternehmensbezogene Faktoren individuell bestimmt sein.

In einem weiteren Schritt wird untersucht, ob durch freiwillige Mehrinformation und die bilanzpolitische Nutzung von Ermessensspielräumen die Qualität der Rechnungslegung eher gefördert oder vermindert wird (Informations- versus Opportunismus-Hypothese). Angesichts der durchaus gemischten Befunde hierzu stellt sich die Frage, ob die freiwillige Mehrpublikation verboten oder bestimmten Regularien unterworfen werden sollte, um Irreführungen zu vermeiden.

Im letzten Schritt wird der derzeitige Status des Fair Value Accounting im Rahmen der IFRS zusammenfassend vorgestellt und gewürdigt. Im Fokus stehen vor allem auch die Erfolgswirkungen. Da für Fair-Value-Schätzungen nach IFRS 13 vielfach subjektive

Elemente notwendig sind, geht es anschließend darum, ob mögliche Informationsschwächen durch adäquate Anhangangaben kompensiert werden können. Hierzu gibt es durchaus positive Befunde.

Literatur

AbuGhazaleh, N, M./Al-Hares, O. M./Roberts, C.: Accounting Discretion in Goodwill Impairments: UK Evidence, Journal of International Financial Management & Accounting 2011, 165–204

Alissa, W./Bonsall IV, S. B./Koharki, K./Penn Jr., M. W.: Firms' use of accounting discretion to influence their credit ratings, Journal of Accounting and Economics 2013, 129–147

Altamuro, J./Zhang, H.: The financial reporting of fair value based on managerial inputs versus market inputs: evidence from mortgage servicing rights, Review of Accounting Studies 2013, 833–858

Amel-Zadeh, A./Barth, M. E./Landsman, W. R.: Does Fair Value Accounting Contribute to Procyclical Leverage? Working Paper 3/2014

Armstrong, C.S./Guay, W. R./Weber, J. P.: The Role of information and financial reporting in corporate governance and debt contracting, Journal of Accounting and Economics 2010, 179–234

Badia, M./Duro, M./Penalva, F./Ryan, S.: Conditionally Conservative Fair Value measurements, Working Paper 2015

Ball, R./Jayaraman, S./Shivakumar, L.: Audited financial reporting and voluntary disclosure as complements: A test of the Confirmation Hypothesis, Journal of Accounting and Economics 2012, 136–166

Ball, R./Li, X./Shivakumar, L.: Contractibility and transparency of financial statement information prepared under IFRS: Evidence from debt contracts around IFRS adoption, Working Paper 2015

Ballwieser, W,/Küting, K.-H./Schildbach, T.: Fair Value-erstrebenswerter Wertansatz im Rahmen einer Reform der handelsrechtlichen Rechnungslegung?, BFuP 2004, 529–549

Barker, R./Lennard, A./Nobes, C./Trombetta, M./Walton, P.: Response of the EAA Financial Reporting Standards Committee to the IASB Discussion Paper A Review of the Conceptional Framework for Financial Reporting, Accounting in Europe 2014, 149–184

Barth, M. E.: Research, Standard Setting, and Global Financial Reporting, Foundations and Trends in Accounting 2007, 71–165

Barth, M. E./Clinch, G./Shibano, T.: Market Effects of Recognition and Disclosure, Journal of Accounting Research 2003, 581–609

Beyhs, O./Buschhüter, M./ Schurbohm, A.: IFRS 10 und IFRS 12: Die neuen IFRS zum Konsolidierungskreis, WPg 2011, 662–671

Blacconiere, W. G./Frederickson, J. R./Johnson, M. F./Lewis, M. F.: Are voluntary disclosures that disavow the reliability of mandated fair value information informative or opportunistic?, Journal of Accounting and Economics 2011, 235–251

Böcking, H.-J./Gros, M./Koch, S.: Goodwill-Bilanzierung in der Diskussion, Der Konzern 2015 (a), 319–326

Böcking, H.-J./Gros, M./Worret, D.: Zehn Jahre Enforcement der Rechnungslegung durch DPR und BaFin – Welche Erkenntnisse liefert die empirische Rechnungslegungsforschung?, Der Konzern 2015 (b), 265–272

Boennen, S./Glaum, M.: Goodwill Accounting: A review oft he literature, Working Paper 2014

Bowen, R. M./Khan, U.: Market reactions to policy deliberations on fair value accounting and impairment rules during the financial crisis of 2008-2009, Journal of Public Policy 2014, 233–259

Braam, G./Nandy, M./Weitzel, U./Lodh, S.: Accrual-based and real earnings management and political connections, The International Journal of Accounting 2015, 111–141

Bradshaw, M. T./Sloan, R. G.: GAAP versus The Street: An Empirical Assessment of Two Alternative Definitions of Earnings, Journal of Accounting Research 2002, 41–66

Bratten, B./Choudhary, P./Schipper, K.: Evidence that Market Participants Assess Recognized and Disclosed Items Similarly when Reliability is Not an Issue, The Accounting Review 2013, 1179–1210

Brouwer, A./Faramarzi, A./Hoogendoorn, M.: Does the New Conceptual Framework Provide Adequate Concepts for Reporting Relevant Information about Performance?, Accounting in Europe 2014, 235–257

Brown, K./Chen, V. Y. S./Kim, M.: Earnings management through real activities choices of firms near the investment-speculative grade borderline, Journal of Accounting and Public Policy 2015, 74–94

Brown, N. C./Christensen,T. E.: The quality of street cash flow from operations, Review of Accounting Studies 2014, 913–954

Busse von Colbe, W./Ordelheide, D./Gebhardt, G./Pellens, B.: Konzernabschlüsse, 9. Aufl., Wiesbaden 2010

Cairns, D.: Fair Value and Financial Reporting, in: Van Mourik, C./Walton, P. (Hrsg.): The Routledge Companion to Accounting, Reporting and Regulation 2014, 128–143

Chambers, D./Linsmeier, T. J./Shakespeare, C./Sougiannis, T.: An Evaluation of SFAS 130 comprehensive income disclosures, Review of Accounting Studies 2007, 557–593

Chen, C-Y.: Do analysts and investors fully understand the persistence of the items excluded from street earnings?, Review of Accounting Studies 2010, 32–69

Christensen, T. E./Pei, H./Pierce, S. R./Tan, L.: Non-GAAP Reporting following Debt Covenant Violations, Working Paper 5/2015 (b)

Clor-Proell, S. M./Maines, L. A.: The Impact of Recognition Versus Disclosure on Financial Information: A Preparer's Perspective, Journal of Accounting Research 2014, 671–701

Coenenberg, A. G./ Haller, A./Schultze, W.: Jahresabschluss und Jahresabschlussanalyse, 23. Aufl., Stuttgart 2014

Core, J. E.: Discussion of "Are voluntary disclosures that disavow the reliability of mandated fair value information informative or opportunistic?", Journal of Accounting and Economics 2011, 252–258

Dechow, P. M./Schrand, C. M.: Earnings Quality, 2004

De Jong, A./Mertens, G./van der Poel, M./van Dijk, R.: How does earnings management influence investor's perceptions of firm value? Survey evidence from financial analysts, Review of Accounting Studies 2014, 606–627

Demerjian, P. R.: Accounting Standards and debt covenants: Has the „balance sheet approach" led to a decline in use of balance sheet covenants?, Journal of Accounting and Economics 2011, 178–202

Dettmeier, M.: Auswirkungen des Bilanzrechtsmodernisierungsgesetzes auf Finanzkennzahlen (financial covenants), in: Fink/Schultze/Winkeljohann (Hrsg.): Bilanzpolitik und Bilanzanalyse nach neuem Handelsrecht, Stuttgart 2010, 453–469

Dinh, T./Kang, H./Schultze, W.: Capitalizing Research & Development: Signaling or Earnings Management, European Accounting Review 2015, 373–401

Doukakis, L. C.: The effect of mandatory IFRS adoption on real and accrual-based earnings management activities, Journal of Accounting and Public Policy 2014, 551–572

Doyle, J. T./Jennings, J./Soliman, M. T.: Do Managers Define Non-GAAP Earnings to Meet or Beat Analyst Forecasts?, Working Paper 8/2011

EFRAG: Getting a Better Framework. The Asset/Liability Approach. Bulletin, September 2013 (a)

Entwistle, G./Feltham, G./Mbagwu, C.: The Value Relevance of Alternative Earnings Measures: A Comparison of Pro Forma, GAAP, and I/B/E/S Earnings, Journal of Accounting, Auditing and Finance 2010, 261–288

Ernst/E./Pellens, B./Gassen, J.: Verhalten und Präferenzen deutscher Aktionäre, Frankfurt a.M. 2004

Ernst, E./Gassen, J./Pellens, B.: Verhalten und Präferenzen deutscher Aktionäre, Frankfurt a.M. 2009

Ewelt-Knauer, C.: Der Konzernabschluss als Berichtsinstrument der wirtschaftlichen Einheit, Köln 2010

Filip, A./Raffournier, B.: Financial Crisis and Earnings Management: The European Evidence, The International Journal of Accounting 2014, 455–478

Fischer, F.: Der Zusammenhang zwischen Rechnungslegung und Ausschüttungsbemessung, Frankfurt a.M. 2011

Franz, D./HassabElnaby, H. R./Lobo, G. J.: Impact of proximity to debt covenant violation on earnings management, Review of Accounting Studies 2013

Freiberg, J.: Die Mär vom Vorsichtsprinzip, PIR 2015, 290–294

Gassen, J./Schwedler, K.: The decision usefulness of financial accounting measurement concepts: Evidence from an online survey of professional investors and their advisers, European Accounting Review 2010, 495–509 (=SSRN 1351391)

Gigler, F./Kanodia, C./Sapra, H./Venugopalan, R.: How Frequent Finavial Reporting Can Cause Managerial Short Terminism: An Analysis of the Costs and Benefits of Increasing Reporting Frequency, Journal of Accounting Research 2014, 357–387

Gordon, E. A./Bischof, J./Daske, H./Munter, P./Saka, C./Smith, K. J./Venter, E. R.: The IASB's Discussion Paper on the Conceptual Framework for Financial Reporting: A Commentary and Research Review, Journal of International Financial Management and Accounting 2015, 72–110

Gordon, E. A./Petruska, K. A./Yu, M.: Do Analysts' Cash Flow Forecast Mitigate the Accrual Anomaly? International Evidence, Journal of International Accounting Research 2014, 61–90

Graml, S.: Konzernabschlüsse unter Berücksichtigung von IFRS 11, Wiesbaden 2014

Graham, J.R./Harvey, C. R./Rajgopal, S.: The Economic Implications of Corporate Financial Reporting, Journal of Accounting and Economics 2005, 3–73

Griffin; J. B.: The Effects of Uncertainty and Disclosure on Auditor's Fair Value Materiality Decisions, Journal of Accounting Research 2014, 1156–1193

Gros, M.: Rechnungslegung in Deutschland und den USA, Wiesbaden 2010

Gu, Z./Jain, P. C.: Discussion – Earnings Momentum and Earnings Management, Journal of Accounting, Auditing and Finance 2007, 285–292

Guay, W.: Discussion of Elections and Discretionary Accruals: Evidence from 2004, Journal of Accounting Research 2010, 477–487

Guillamon-Saorin, E./Isidro, H./Marques, E.: Impression Management and Non-GAAP Disclosure in Earnings Announcements. Working Paper 2014

Healey; P. M./Serafeim, G./Srinivasan, S./Yu, G.: Market Competition, Earnings Management, and Persistence in Accounting Profitability Around the World, Review of Accounting Studies 2014, 1281–1308

Healy, P. M./Wahlen, J. M.: A Review of the Earnings Management Literature and Its Implications for Standard Setting, Accounting Horizons 1999, 365–383

Helpenstein, T.: Die Entscheidungsrelevanz von Managementprognosen, Wiesbaden 2014

Hendricks, B. E./Shakespeare, C.: Discussion of "The financial reporting of fair value based on managerial inputs versus market inputs: evidence from mortgage servicing rights", Review of Accounting Studies 2013, 859–867

Hill, V.: Rechnungslegungspolitik im Rahmen der Kaufpreisallokation, Frankfurt a.M. 2011

Hirst, D. E./Hopkins, P. E./Wahlen, J. M.: Rair Values, Income Measurement, and Bank Analysts' Risk and Valuation Judgements, Accounting Review 2004, 453–472

Hitz, J-M.: Information versus adverse Anlegerbeeinflussung: Befund und Implikationen der empiri-
    schen Rechnungswesenforschung zur Publizität von Pro-forma-Ergebnisgrößen, Jab 2010, 127–161
Ho, L.C./Liao, Q./Taylor, JM.: Real and Accrual-Based Earnings Management in the Pre- and
    Post-IFRS Periods: Evidence from China, Journal of Financial Management and Accounting
    2015, 294–335
Hüttermann, K./Knappstein, J.: Darstellung und Bedeutung des other comprehensive income –
    Eine empirische Analyse der DAX-Unternehmen, KoR 2014, 586–593
Hwang, N-C. R./Chang, C. J.: Litigation environment and auditor's decisions to accept clients'
    aggressive reporting, Journal of Accounting Public Policy 2010, 281–295
Isidro, H./Marques, A.: The Role of Institutional and Economic Factors in the Strategic Use of Non-
    GAAP Disclosures to Beat Earnings Benchmarks, European Accounting Review 2015, 95–128
Israeli, D.: Recognition versus Disclosure: Evidence from Fair Value of Investment Property,
    Review of Accounting Studies 2015, 1457–1503
Jifri, K. A./Citron, D.: The Value-Relevance of Financial Statement Recognition versus Note Dis-
    closure: Evidence from Goodwill Accounting, European Accounting Review 2009, 123–140
Jones, D. A./Smith, K. J.: Comparing the Value Relevance, Predictive Value, and Persistence of
    Other Comprehensive Income and Special Items, The Acounting Review 2011, 2074–2073
Kaserer, C./Knoll, L./Klingler, C./Gegenfurtner, B.: Die Wechselwirkung von Rechnungslegungs-
    standards, Informationsverarbeitung und Corporate Governance – Das Beispiel der Accrual
    Anomaly, in: FS Streim 2008, 201–218
Kim, J.-B./Tsui, J. S./Yi, C. H.: The voluntary adoption of International Financial Reporting Stan-
    dards and loan contracting around th world, Review of Accounting Studies 2011, 779–811
Kleinmanns, H.: ESMA veröffentlicht Leitlinien zu alternativen Leistungskennzahlen – ein Schritt
    in die richtige Richtung?, IRZ 2016, 131–136
Kolev, K.: Do Investors Perceive Marking-to-Model as Marking-to-Myth? Early Evidence from
    FAS 157 Disclosures, Working Paper 2008 (SSRN = 1336368)
Kothari, S. P./Ramanna, K./Skinner, D. J.: Implications for GAAP from an analysis of positive
    research in accounting, Journal of Accounting and Economics 2010, 246–286
Kühnberger, M.: Gibt es regulierungsbedarf für Alternative Leisungsmaße? CF 2017, 37–43.
Kühnberger, M.: Der Ertragswert nach ImmoWertVO als fair value i.S.von IAS 40?, KoR 2012, 217–223
Kühnberger, M.: Fair Value Accounting, Bilanzpolitik und die Qualität von IFRS-Abschlüssen. Ein
    Überblick über ausgewählte Aspekte der Fair Value-Bewertung, zfbf 2014, 428–450
Kühnberger, M./Brenig, M./Maaßen, H.: REITs-Rechnungslegung, Berlin 2008
Kühnberger, M./Schmidt, T.: Der Konzernabschluß als Ausschüttungsbemessungsgrundlage, ZfB
    1999, 1263–1291
Kühnberger, M./Thurmann, P.: Pro-forma Earnings bei Immobilien-AG, KoR 2013 (a), 281–292
Kühnberger, M./Thurmann, P.: Die Abgrenzung des Konsolidierungskreises in der nationalen und
    internationalen Rechnungslegung unter besonderer Berücksichtigung der Neuregelungen zu
    Investmentgesellschaften, DK 2013 (b), 540–547
Kühnberger, M./Werling, U.: Praktische Probleme der Fair-Value-Ermittlung für Anlageimmobi-
    lien – Auswirkungen von IFRS 13 auf die Bewertungsmethodik, WPg 2012, 988–998
Kuhner, C./Bothen, D.: Die Bedeutung der Other Comprehensive Income-Positionen vor dem Hin-
    tergrund der Neuformulierungen des IASB-Framework, KoR 2016, 161–168
Küting, K./Kaiser,T.: Fair Value Accounting – Zu komplex für den Kapitalmarkt?, Corporate
    Finance 2010, 375–386
Küting, K./Weber, C.-P.: Der Konzernabschluss, 12. Aufl., Stuttgart 2010
Lachmann, M./Wöhrmann, A./Wömpener, A.: Investorenreaktionen auf die Fair Value-Bilanzie-
    rung von Verbindlichkeiten – eine experimentelle Untersuchung, ZfB 2010, 1179–1206
Lange, T./Müller, S.: Zeitwertermittlung von Immobilien gem. IFRS 13, PIR 2015, 205–212

Leuz, C./Schrand, C.: Disclosure and the Cost of Capital: Evidence from Firms' Responses to the Enron Shock, Working Paper 4/2009

Leuz, C./Wysocki, P.: Economic Consquences of Financial Reporting and Disclosure Regulation: A Revie and Suggestions for Future Research, Working Paper 2008 (SSRN=1105398)

Libby, R./Emett, S. A.: Earnings Presentation Effects on Manager Reporting Choices and Investor Decisions, Accounting and Business Research 2014, 410–438

Libby, R./Nelson, M. W./Hunton, J. E.: Recognition v. Disclosure, Auditor Tolerance for Misstatement, and the Reliability of Stock-Compensation and Lease Information, Journal of Accounting Research 2006, 533–560

Linsmeier, T. J.: A Standard setter's framework for selecting between fair value and historical cost measurement attributes: a basis for discussion of "Does fair value accounting for nonfinancial assets pass the market test?", Review of Accounting Studies 2013, 776–782

Littkemann, J./Reinbacher, P./Dick, S.: Direkte und indirekte Einflüsse eines Ratings auf den Unternehmenswert: Eine kritische Analyse am Beispiel der RWE AG, CF 2014, 74–83

Loy, T./Steuer, S.: Vertrauen ist gut, Enforcement ist besser? Teil 2, KoR 2015, 548–557

Macve, R.: Fair Value versusu conservatism?, The British Accounting Review 2015, 124–141

Mechelli, A./Cimini, R.: Is Comprehensive Income Value Relevant and Does Location Matter? A European Study, Accounting in Europe 2014, 59–87

Miller, G. S./Skinner, D. J.: The Evolving Disclosure Landscape: How Changes in Technology, the Media, and Capital Markets are Affecting Disclosure, Working Paper No 15–06, 2015

Müller, M. A./Riedl, E. J./Sellhorn, T.: Recognition versus Disclosure of Fair Values, The Accounting Review 2015, 2411–2447

Myers, J. N./Myers, L. A./Skinner, D. J.: Earnings Momentum and Earnings Management, Journal of Accounting, Auditing and Finance 2007, 249–284

Nouvertne, R.: Der Interessenausgleich zwischen Bank und Kreditnehmer bei Financial Covenants, ZIP 2012, 2139–2147

Parbonetti, A./Menini, A./Magnan, M.: Fair Value Accounting: Information or Confusion for Financial Markets?, Review of Accounting Studies 2015, 559–591

Pellens, B./Amshoff, H./Schmidt, A.: Einbeziehung von Tochterunternehmen und Zweckgesellschaften in den Konzernabschluss, in: Küting/Pfister/Weber (Hrsg.): IFRS und BilMoG 2010, 75–101

Pellens, B./Fülbier, R. U./Gassen, J./Sellhorn, T.: Internationale Rechnungslegung, 9. Aufl., Stuttgart 2014

Pellens, B./Gassen, J./Richard, M.: Ausschüttungspolitik börsennotierter Unternehmen in Deutschland, DBW 2003, 309–332

Pellens, B./Schmidt, A.: Verhalten und Präferenzen deutscher Aktionäre, Frankfurt a.M., 1. Aufl. 2014

Peng, E. Y.: Accruals Quality and the incentive contracting role of earnings, Journal of Accounting and Public Policy 2011, 460–480

Promper, N.: Fair value accounting in der Immobilienbranche, Wien 2011

Quagli, A./Avallone, F.: Fair Value or Cost Model? Drivers of Choice for IAS 40 in the Real Estate Industry, European Accounting Review 2010, 461–493

Raffournier, B.: The Application of IFRS Across Different Institutional Environments, in: Van Mourik, C./Walton, P. (Hrsg.): The Routledge Companion to Accounting, Reporting and Regulation 2014, 281–298

Ramanna, K./Watts, R. L.: Evidence on the use of unverifiable estimates in required goodwill impairment, Review of Accounting Studies 2012, 749–780

Riedl, E. J./Serafeim, G.: Information risk and fair values: An examination of equity betas, Journal of Accounting Research 2011, 1083–1122

Rieg, R.: Einflussfaktoren auf die freiwillige Berichterstattung immaterieller Werte, KoR 2014, 186–193

Schildbach, T.: Fair Value Accounting. Konzeptionelle Inkonsistenzen und Schlussfolgerungen für die Rechnungslegung, München 2015

Schipper, K.: Required Disclosures in Financial Reports, The Accounting Review 2007, 301–326

Schmidt, M./Blecher, C.: Das Diskussionspapier des IASB zur Überarbeitung des Conceptual Framework – eine systematische Auswertung der Comment Letters, KoR 2015, 252–260

Schoo, L.: Umsatzrealisierung nach IFRS: Entscheidungsnützlichkeit der Regelungen des Revenue-Recognition-Projektes versus der geltenden Regeln, Lohmar u. a. 2013

Sellhorn, T./Menacher, J.: Welche Neuerungen bringt die "Disclosure Initiative" des IASB, WPg 2015, 1289–1298

Shi, Y./Kim, J.-B./Magnan, M. L.: Voluntary Disclosure, Legal Institutions, and Firm Valuation: Evidence from U.S. Cross-Listed Foreign Firms, Journal of International Accounting Research 2014, 57–85

Shon, J./Yan, M.: R&D Cuts and Subsequent Reversals: Meeting or Beating Quaterly Analyst Forecasts, European Accounting Review 2015, 147–166

Shuto, A.: Earnings Management to Exceed the Threshold: A Comparative Analysis of Consolidated and Parent-only Earnings, Journal of International Financial Management and Accounting 2009, 199–239

Skinner, D. J.: Discussion of "Accounting Standards and debt covenants: Has the „balance sheet approach" led to a decline in use of balance sheet covenants?", Journal of Accounting and Economics 2011, 203–208

Song, C.J./Thomas, W. B./Yi, H.: Value Relevance of FAS No. 157 Fair Value Hierarchy Information and the Impact of Corporate Governance Mechanisms, Accounting Review 2010, 1375–1410

Urbanczik, P.: "Presentation of Items of Other Comprehensive Income – Amendments to IAS 1" – Überblick und Auswirkungen, KoR 2012, 269–274

Volkart, R./Schön, E./Labhart, P.: Fair Value-Bewertung und value reporting, in: Bieg/Heyd (Hrsg.): Fair Value, München 2005, 517–541

Wagenhofer, A.: Internationale Rechnungslegungsstandards – IAS/IFRS, 6. Aufl., München 2009

Wagenhofer, A.: Trading off Costs and Benefits of Frequent Financial Reporting, Journal of Accounting Research 2014, 389–401

Wagenhofer, A./Ewert, R.: Externe Unternehmensrechnung, 3. Aufl., Berlin u. a. 2015

Wallmeier, M.: Kapitalmarktwirkungen der Berichterstattung zur Unternehmensleistung, ZfB 2009, 212–224

Wappenschmidt, C.: Ratinganalyse durch internationale Ratingagenturen, Frankfurt a.M. 2009

Waschbusch, G./Loewens, J.: Monofunktionalität der IFRS zwischen Theorie und Praxis, KoR 2013, 252–255

Witzleben, A.: Anreiz- und Entscheidungsnützlichkeit der bedingten Vorsicht, Frankfurt a.M. u. a. 2013

Wühst, E. M./Rosner, S.: Die ESMA Leitlinien zu Alternativen Performance Maßen, KoR 2015, 525–531

Young, S.: The Drivers, Consequences and Policy Implications of Non-GAAP Earnings Reporting, WP 11/2013, Accounting and Business Research 2014, 444–465

Zimmermann, J./Goncharov, I.: Earnings Management when Incentives Compete: The Role of Tax Accounting in Russia, Journal of International Accounting Research 2006, 41–65

Zülch, H./Höltken, M.: Das other comprehensive income, PIR 2014, 114–119

Zülch, H./Holzamer, M./Böhm, J./Kretzmann, C. W.: Financial Covenants aus banken- und Unternehmenssicht, DB 2014, 2117–2122

Zülch, H./Kretzmann, C. W./Böhm, J./Holzamer, M.: Covenant(s) quo vadis – Ein Gläubigerschutzinstrument am Scheideweg?, DB 2015, 689–695
Zülch, H./Siggelkow, L.: Bilanzpolitik im Rahmen der Entscheidung zur Erfassung einer Wertminderung gemäß IAS 36 – Empirische Analyse des Bilanzierungsverhaltens deutscher Unternehmen im Zeitraum 2004 bis 2010, CF 2014, 383–391

Maßgrößen für die Qualität der Rechnungslegung

3

Kapitelübersicht

In den Kap. 1 und 2 ging es um die Ziele der Rechnungslegung, die dazu geeigneten qualitativen Anforderungen, sowie grundsätzliche Aspekte von Berichtsinstrumenten und Bilanzpolitik. In der empirischen, kapitalmarktorientierten Forschung geht es dann oftmals darum, inwieweit diese Ziele erreicht werden und wovon dies genau abhängt. Anders formuliert: es sind Gütemerkmale erforderlich, um die Qualität von Rechnungslegung und deren Änderungen feststellen zu können. Hierzu werden in diesem (eher technisch ausgerichteten Teil) diverse Operationalisierungsvarianten vorgestellt.

Ausgangspunkt ist zunächst, dass Qualität nicht direkt beobachtbar ist, sodass geeignete Ersatzgrößen zu suchen sind. Da die IFRS es ermöglichen sollen, künftige Cashflows abschätzen zu können, bietet es sich an, hier auch anzuknüpfen. Zeitreiheneigenschaften von Rechnungswesengrößen wie Persistenz und Prognoseeignung werden regelmäßig verwendet. Schwierigkeiten resultieren aber daraus, dass eine Aufteilung des Gewinnes in einzelne Bestandteile zeigt, dass Komponenten des Erfolges (und der Cashflows) unterschiedliche Merkmale aufweisen. Da die Marktreaktionen dies oftmals nicht zutreffend spiegeln, hat die sogenannte Accrual Anomaly in der Diskussion einen großen Stellenwert erreicht.

Eine zweite Gruppe von Beurteilungskriterien setzt an den Möglichkeiten zur Bilanzpolitik an. Obwohl dies keineswegs selbstverständlich ist, werden bilanzpolitische Maßnahmen oftmals als informationsverzerrend eingestuft. Die verwendeten Gütekriterien müssen dabei mit dem Problem zurechtkommen, wie normale von bilanzpolitisch verzerrten (diskretionären) Bestandteilen der Erfolge zu trennen sind. Da es neben den Möglichkeiten konventioneller Bilanzpolitik (Wahlrechte, Ermessen) auch das weite Feld von sachverhaltsgestaltender Politik gibt, müssen zusätzlich auch hierfür Gütekriterien entwickelt werden. Ein höchst ambitioniertes Unterfangen angesichts der Fülle an Gestaltungsmöglichkeiten.

© Springer Fachmedien Wiesbaden GmbH 2017   129
M. Kühnberger, *Kapitalmarktorientierte Rechnungslegung,*
DOI 10.1007/978-3-658-13205-7_3

Eine letzte Gruppe von Kriterien zielt darauf ab, dass eine Rechnungslegung, die entscheidungsrelevante Informationen für Investoren liefert, sich in den Börsenkursen niederschlagen müsste. Auch hierzu werden einige Maßgrößen vorgestellt. Im Zentrum stehen dabei insbesondere Kriterien, mit denen das Ausmaß an Vorsicht in der Rechnungslegung gemessen wird. Dabei ist zu unterscheiden, dass es eine erwünschte Art von Vorsicht gibt, die sogenannte bedingte Vorsicht, die wichtige Informationen aufdeckt und eine unerwünschte Vorsicht, die zu stillen Reserven führt (unbedingte Vorsicht). Wiederum stellt die saubere Trennung für empirische Zwecke ein ambitioniertes Unterfangen dar.

Beachtenswert ist nicht nur, dass es demnach eine ganze Fülle an heterogenen Qualitätsmerkmalen gibt, sondern diese zum Teil konfliktäre Resultate zeitigen. So führt eine Gewinn glättende Bilanzpolitik zwar zu persistenten und eventuell sogar prognosegeeigneten Zahlen, aber auch zu einem verminderten Informationsgehalt der Rechnungslegung.

3.1 Grundlegende Überlegungen: Qualität als nicht direkt beobachtbare Eigenschaft

3.1.1 Einführung

Das Thema Ergebnisqualität kann als durchgängige Aufgabenstellung formuliert werden („complete path", Dechow et al. 2010, S. 391):
Zu den Determinanten von Ergebnisqualität (und damit Bilanzpolitik) gehören sowohl firmenbezogene Faktoren (Größe, Börsennotierung, Rechtsform, Branche, Finanzierungsstruktur usw.) als auch externe Faktoren. Diese werden regelmäßig bei der Ableitung von Hypothesen und der Auswertung berücksichtigt. Die Ergebnisqualität kann auf sehr unterschiedliche Arten unter verschiedensten Zielsetzungen definiert und operationalisiert werden. Allgemein kann unter Qualität die Eignung eines Objektes verstanden werden, seine festgelegten Ziele und Zwecke zu erfüllen (vgl. Helpenstein 2014, S. 39). Für das Objekt Rechnungslegung kommen als Ziele die Koordinations- und die Bewertungsfunktion in Betracht (vgl. Abschn. 1.1). Dies legt es nahe, dass es auch mehrere Qualitätskriterien gibt, die der zweifachen Zielsetzung gerecht werden können oder sollen. Die Vielfalt wird durch unterschiedliche Operationalisierungen noch erhöht (Abb. 3.1).

Nicht im Zentrum stehen Folgen der realisierten Ergebnisqualität, zum Beispiel die Höhe der Eigen- oder Fremdkapitalkosten, verändertes Investitionsverhalten, Folgen für

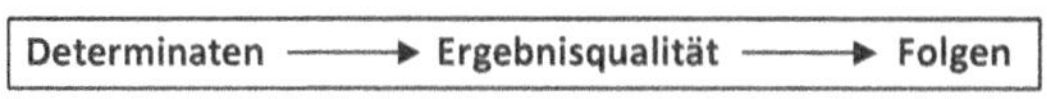

Abb. 3.1 Ergebnisqualität. (Eigene Darstellung)

die Testatserteilung, Klagerisiken, verändertes Vergütungssystem für Vorstände, Vermeidung negativer Cashflow-Schocks (vgl. Barth et al. 2013; Hail et al. 2009; Ogneva 2012). Auch mittelbare Konsequenzen wie eine umfassendere Analystendeckung (Analyst Coverage) oder verbesserte Analystenprognosen, beides Indikatoren für ein verbessertes Informationsumfeld (vgl. Daske et al. 2007), werden nicht ausführlich behandelt. Solche Faktoren werden aber auch genutzt als Indikatoren für eine gute Rechnungslegungsqualität, das heißt, von erwünschten ökonomischen Folgen wird auf gute Qualität geschlossen. Eine typische Argumentation wäre: Gute Rechnungslegung führt zu weniger Informationsasymmetrien und geht mit gesunkenen Kapitalkosten einher. Umkehrschluss: gesunkene Kapitalkosten sind ein Indikator für gute Rechnungslegungsqualität. Dabei könnte man aber bestenfalls von einem Indikator sprechen.

Die durchgängige Betrachtung hätte den Vorteil, dass quasi eine geschlossene Darstellung möglich wird, die berücksichtigt, dass, abhängig von den Randbedingungen, gezielt bestimmte Gütekriterien für Ergebnisqualität definiert und die ökonomischen Folgen untersucht werden, die durchaus von den Determinanten abhängen können. Zum Beispiel könnte eine Determinante der Rechnungslegung der Druck von Streubesitzaktionären sein (der Kapitalmarkt), mit der Folge, dass ein Unternehmen wenig ergebnisverzerrende Bilanzpolitik betreibt (also eine hohe Ergebnisqualität vorliegt). Ob das angestrebte Ziel niedrigerer Eigenkapitalkosten dann tatsächlich erreicht wird, wäre als Folge der Ergebnisqualität zu untersuchen.

Angesichts der Fülle an bisherigen Studien, von denen nur einige diese Kette komplett abarbeiten, ist dies sehr ambitioniert und wirft erhebliche Datenbeschaffungsprobleme auf. Neben der Tatsache dass die Gütekriterien selbst auf sehr unterschiedliche Weise gemessen werden können, ist die Anzahl potenzieller Einflussgrößen nahezu beliebig. Selbst die Frage, welche Folgen als positiv oder negativ zu bewerten sind, ist nicht immer einfach und konsensfähig zu beantworten. Außerdem lassen sich verschiedenste Determinanten mit unterschiedlichen Gütekriterien und verschiedensten Folgen der Rechnungslegung nahezu beliebig kombinieren.

Zur Messung der Ergebnisqualität werden mehrere Maßgrößen vorgeschlagen. Da Qualität selbst nicht direkt beobachtbar ist, muss auf Ersatzgrößen zurückgegriffen werden. Üblich ist es hierbei, auf einzelne Gütekriterien abzustellen. Diese können zu einem Gesamtscore (oder Teil-Score) verdichtet werden. Dies hat aber zwei Nachteile: Erstens handelt es sich um ein sehr subjektives Vorgehen, dessen Ergebnisse schon deshalb nicht mit Resultaten anderer Studien vergleichbar sind. Zum zweiten kann es sein, dass Einzelkomponenten sich gegen- oder gleichläufig verhalten oder gar inkonsistent sind und trotzdem werden sie in einer Maßzahl zusammengefasst (vgl. Dücker 2009, S. 7). Solche negativen Korrelationen können sich insbesondere aufgrund der unterschiedlichen Anreizstrukturen für das Management ergeben. So kann mehr Regulierung zu weniger Bilanzpolitik führen, was im Allgemeinen als eine Verbesserung der Rechnungslegungsqualität bewertet wird. Auf der anderen Seite nimmt dies dem Management den Spielraum, sein besseres privates Wissen zu signalisieren, was zu einer schlechteren Qualität führen kann. Eine Rechnungslegung, die bedingte Vorsicht realisiert, gilt (vor allem in

Hinblick auf die Vertragsfunktion der Rechnungslegung, vgl. Abschn. 1.3) als gut, kann aber die Prognoseeignung und Wertrelevanz zugleich beeinträchtigen. Informationen, die eine Prognose für die Gewinne der nächsten beiden Geschäftsjahre ermöglichen, sind nicht unbedingt zugleich wertrelevant.

Deshalb ist es wichtig, dass die Qualität der Abschlüsse nicht nur durch Rechnungswesengrößen, also zum Beispiel den Umfang von Bilanzpolitik oder Vorsicht, bestimmt wird, sondern auch davon unabhängige Gütekriterien (wie Kapitalmarktdaten) genutzt werden.

Die Qualität kann auch nicht nur am gewählten Rechnungslegungsstandard selbst festgemacht werden (vgl. Barth et al. 2008; IFRS-Anwender liefern im Allgemeinen qualitativ bessere Rechnungslegung; für 21 Länder untersucht). Qualitativ hochwertige Standards sind nur eine notwendige Voraussetzung. Darüber hinaus müssen diese auch einheitlich und stringent angewendet werden, das heißt, Incentives für Abweichungen müssen abgemildert und ein effektives Enforcement muss installiert werden. Das Merkmal der Vergleichbarkeit, also inwieweit die Standards vergleichbare und manipulationsfreie Informationen liefern (vgl. Hermanns, o. J.), ist nur schwer zu operationalisieren (vgl. Abschn. 1.2). Mittelbar wird dies erfasst, indem die Wertrelevanz von Informationen berücksichtigt wird, also auf die Kapitalmarktfolgen rekurriert wird.

Was eine gute Qualität von Informationen ausmacht, hängt von der Verwendung ab. So können Gläubiger Interesse an einem tendenziell durch Vorsicht verzerrten Ergebnis haben, da es einseitig um die Abschätzung von Ausfallrisiken geht, während sie an Gewinnen nicht beteiligt sind. Für die Festlegung von variablen Vergütungen sollte eine Erfolgsgröße möglichst die Leistung des Managements widerspiegeln und bilanzpolitisch wenig beeinflussbar sein. Eigenkapitalgeber wollen hingegen möglichst Informationen über künftige Erfolge oder Cashflows ableiten können, usw. (vgl. Ahrens 2010, S. 3; Dücker 2009, S. 7; Krummet 2011, S. 97 f.).

Häufig wird unterstellt, dass die Koordinationsfunktion von Rechnungslegung (Contracting Role) und die Informationsfunktion widersprüchliche Anreize setzen. Allerdings ergab eine US-amerikanische Studie mit 7.076 Datenpunkten für die Jahre 1993 bis 2003, dass die CEO-Vergütung und die Wertrelevanz stark verknüpft waren (über den Gewinn), wenn auch mit abnehmender Tendenz. Mit zunehmender Standardisierung der Kapitalflussrechnung nahm die Bedeutung der Cashflows für beide Funktionen zu (vgl. Banker et al. 2009). Die Auswahl der CEO-Vergütung als Beispiel für die Koordinationsfunktion der Finanzberichterstattung stellt ein nicht unproblematisches Beispiel dar. Wurde die Anreizstruktur in Folge der Shareholder-Value-Diskussion an die für die Eigentümer wichtigen Zielgrößen angepasst, leuchtet es ein, dass Zielkongruenz vorliegt.

Insgesamt ist es plausibel, dass die Bewertungs- und die Koordinationsfunktion der Rechnungslegung zu unterschiedlichen Informationsinhalten führen und demgemäß sind auch die Gütekriterien zur Messung von Zielerreichungsgraden nicht ohne weiteres kompatibel (vgl. Heflin et al. 2015).

3.1.2 Rechnungslegungsbezogene Gütekriterien

Da die IFRS-Rechnungslegung entscheidungsnützliche Informationen für Investoren bereitstellen soll, und dies erfüllt ist, wenn ein Schluss auf Höhe, zeitliche Verteilung und Risiko künftiger Cashflows ermöglicht wird, bietet es sich an, die Ergebnisqualität hieran zu messen. Aus Eigentümersicht ist letztlich der Unternehmenswert die interessierende Zielgröße. Um einen Zusammenhang zwischen Unternehmenswert und Gewinn herzustellen, muss eine ganze Reihe von Annahmen getroffen werden: 1) Künftige Cashflows (Dividenden) sind Basis des Unternehmenswertes. 2) Künftige Cashflows hängen von künftigen Gewinnen ab. 3) Künftige Gewinne hängen von heutigen Gewinnen ab (vgl. Krummet 2011, S. 100 f.). Die erste Verknüpfung ist problemlos, da DCF-Kalküle allgemein anerkannte Methoden der Unternehmensbewertung sind. Allerdings gibt es auch Methoden, die unmittelbar auf buchhalterische Größen zugreifen, wie das Residualgewinnmodell oder das Dividendenwachstumsmodell (vgl. Dücker 2009, S. 6). Die anderen beiden Annahmen sind erklärungsbedürftig und umstritten.

Wenn heutige Gewinne eine Indikatorfunktion für künftige Gewinne haben sollen, muss auf nachhaltige Größen zurückgegriffen werden, da nur nachhaltige Gewinne zu nachhaltigen Dividenden führen können. Dies setzt voraus, dass die Rechnungslegung nur nachhaltige Gewinne erfasst oder diese separierbar sind, also Bereinigungen extern erfolgen können. Da in die GuV und das Gesamtergebnis auch nicht nachhaltige Größen eingehen, sind Adjustierungen und Erfolgsquellenanalysen erforderlich. Probleme verursachen hierbei aber die Definition von Komponenten, die nicht nachhaltig sind und die Möglichkeit, buchhalterische Größen durch Bilanzpolitik oder Fehleinschätzungen zu verzerren. Für die Auswirkung auf den Aussagegehalt der Gewinngröße ist es unbeachtlich, ob eine Forderung aus bilanzpolitischen Motiven oder aufgrund einer fehlerhaften Prognose unzutreffend abgeschrieben wurde. Üblich sind deshalb Qualitätskriterien für Ergebnisse, die prognosegeeignet sind (bestimmte Zeitreiheneigenschaften aufweisen) und Kriterien, die versuchen den Einfluss von Bilanzpolitik zu messen (inklusive von Schätzfehlern). Bezüglich der Bilanzpolitik ist aber zu bedenken, dass diese durchaus ambivalent gedeutet werden kann. Einmal negativ, weil sie eingesetzt werden kann, um das Ergebnis zu verzerren, um bestimmte Folgen bei Adressaten hervorzurufen oder auch um realwirtschaftliche Folgen auszulösen (keine Verletzung von Debt Covenants, Steuerung von erfolgsabhängigen Vergütungen etc.). Zum anderen positiv, wenn das Management sie gezielt einsetzt, um sein besseres, privates Wissen über die tatsächliche Ertragslage zu kommunizieren. Obwohl beide Ansichten plausibel sind, wird überwiegend Bilanzpolitik als negativ für die Ergebnisqualität gewertet, zumindest wenn die Beurteilung ausschließlich auf buchhalterischen Größen beruht.

3.1.3   Marktbezogene Gütemerkmale

Aufgrund der Ambivalenz der Würdigung der buchhalterischen Größen werden oftmals zusätzlich marktbasierte Gütekriterien verwendet, die einen Zusammenhang zwischen Aktienrenditen oder Marktpreisen und Erfolgsgrößen herstellen (Wertrelevanzstudien). Die Annahme, dass Marktpreise alle verfügbaren Informationen reflektieren, also auch die Ergebnisse der IFRS-Rechnungslegung, wird genutzt, um zu testen, ob diese Daten die am Markt beobachtbaren Preise beeinflusst haben. Zwar kann der Entscheidungsprozess von Investoren nicht direkt beobachtet werden, aber das Resultat, die Preise, schon. Diese dienen als Benchmark für die Qualität des Erfolges (vgl. Ahrens 2010, S. 38 ff.; Pronobis et al. 2010). Diese Sicht entspricht auch der Zielsetzung der IFRS-Rechnungslegung. Die Wertrelevanz misst den Grad der Entscheidungsnützlichkeit der Rechnungslegung. Da dieser Nutzen von der Relevanz und der Reliabilität (Zuverlässigkeit) der Informationen abhängt und diese beiden Merkmale durchaus in einem Trade-off-Verhältnis stehen können, kann damit aber nur zusammen geprüft werden, inwieweit die Rechnungslegung in der Lage ist, nützliche Informationen zu liefern. Es kann deshalb zum Beispiel nicht identifiziert werden, ob eine Nichtbeachtung von Fair Values für unsichere Vermögenswerte durch Kapitalmarktteilnehmer auf der Irrelevanz der Information beruht oder auf der Unzuverlässigkeit (vgl. O'Brien 2006). Es ist ausdrücklich auf eine weitere Schwäche dieses Vorgehens hinzuweisen: Die Annahme, dass Marktpreise „richtig" sind und den Wert oder die Wertentwicklung von Vermögen immer zutreffend abbilden, ist stark umstritten (vgl. Zajonz 2010, S. 193 ff. ausführlich für Immobilien-AG) und kaum beweisbar. Die Untersuchungen liefern zudem im Allgemeinen statistische Zusammenhänge (Korrelationen), die aber nichts über Kausalitäten aussagen.

3.1.4   Alternative Indikatoren

Eine sehr interessant Variante der Messung von Ergebnisqualität stellt stellte jüngst Li vor (2011). Es wird unterstellt, dass Manager investieren (in Anlagevermögen oder Personal), wenn ein positiver Net Present Value der Investition ermittelt wurde, der als Barwert nachhaltiger künftiger Gewinne bestimmt wird. Demnach signalisieren solche Investitionen das private, möglicherweise überlegene Insiderwissen der Manager über nachhaltige Gewinne. Die Ergebnisqualität müsste demnach mit diesen Investitionsentscheidungen korrelieren. In der Umsetzung macht diese Herangehensweise aber Probleme, insbesondere, wenn Investitionen nicht bilanziert werden (Leasing, Qualifikation als Erhaltungsaufwand etc.) oder wenn es Anreize für Überinvestitionen gibt (vgl. Li 2011). Es erscheint auch plausibel, dass dieses Kriterium branchenabhängige Resultate zeigen wird. Bei Immobilienbestandshaltern (im Fokus von Kap. 5) werden die Zusammenhänge wahrscheinlich nicht ähnlich liegen wie bei technologieabhängigen Branchen mit regelmäßigen Innovationen. Dies gilt vor allem, wenn die Investitionen durch Kauf vorhandener Assets realisiert werden, sodass das Angebot am Markt konstant bleibt.

Ebenfalls nicht berücksichtigt werden Analysetools, die die Qualität anhand von linguistischen Konzepten messen. Es leuchtet zwar sofort ein, dass Klarheit und Übersichtlichkeit oder Lesbarkeit und Verständlichkeit sinnvolle Beurteilungskriterien für die Qualität von Abschlüssen sind. Hierzu gibt es vereinzelte Studien. So wurde für US-REITs für die Jahre 1994 bis 2007 (183 Unternehmen mit 1573 Datenpunkten) trotz des SOX eine rückläufige Informationsqualität festgestellt, besonders bei Unternehmen mit relativ schlechter Performance. Gerade bei diesen hätte man eher vermuten können, dass sie die aussagefähigsten Erläuterungen liefern, um das Vertrauen von Anlegern zu gewinnen. Die Folge waren höhere Kapitalkosten (vgl. Dempsey et al. 2010). Solche qualitativen Konzepte werden hier nicht berücksichtigt, da sie sehr subjektiv sind und der Aufwand zur Datenerhebung extrem hoch ist (vgl. Küting und Weber 2015, S. 441 ff. und 429 ff.). Sie sind gleichwohl wichtig, insbesondere, wenn es um Lageberichte, Nachhaltigkeitsberichte und andere narrative Berichtsinstrumente geht.

Auch ein neuerdings vorgeschlagenes Qualitätsmerkmal wird nicht weiter verfolgt. Die Autoren gehen davon aus, dass eine niedrige Rechnungslegungsqualität für Abschlussprüfer zu erhöhten Risiken und/oder längeren Prüfungszeiten führt. Daraus müssten höhere Prüferhonorare folgen. Atypisch hohe Prüferhonorare würden demnach private Informationen des Abschlussprüfers indizieren und den Preis für die Risikoübernahme. Dies würde die übliche Annahme, dass hohe Prüfungsgebühren die Unabhängigkeit des Prüfers gefährden und damit mit einer schlechteren Abschlussqualität einhergehen, noch unterstützen. Allerdings fanden die Verfasser empirisch einen umgekehrten Zusammenhang: unerwartet hohe Prüfungshonorare korrelierten positiv mit anderen Gütekriterien für die Finanzberichterstattung. Sie erlaubten sogar bessere Voraussagen für SEC-Beanstandungen und Restatements (vgl. Hribar et al. 2014).

Diese Herangehensweise ist auf den ersten Blick bestechend, aber mit Datenproblemen belastet. Das liegt einmal an der problematischen Identifikation von atypisch hohen Prüferhonoraren. Zum anderen kann die Höhe der Honorare auch von ganz anderen Faktoren beeinflusst sein. Der Markt für Abschlussprüfungen ist seit einiger Zeit durch Konzentrationstendenzen und Regulierungsbemühungen der EU geprägt. Die Preise für Prüfungsleistungen sind deshalb keine zweifelsfreien Indikatoren.

In mehreren Studien wurden Restatements als Proxy für die Rechnungslegungsqualität genutzt, insbesondere wenn es darum ging, opportunistische Bilanzpolitik zu untersuchen. Solche Restatements können in den USA durch die SEC, Aufsichtsinstanzen oder Prüfer veranlasst werden, in seltenen Fällen durch das Management selbst. Hierbei kann es um die Korrektur unbeabsichtigter oder wissentlicher GAAP-Verstöße handeln. In einer Studie von Badertscher et al. zeigte sich zum Beispiel, dass bei Unternehmen mit starken Anreizen für Bilanzpolitik die Quote unbeabsichtigter Fehler bei 10 % lag, bei der Kontrollgruppe mit unverdächtigen Unternehmen hingegen bei 75 % (vgl. Badertscher et al. 2012).

In Deutschland könnte man alternativ auf Fälle der Beanstandung durch die DPR zurückgreifen (vgl. Loy und Steuer 2015 mit einer umfassenden Auswertung). Gleichwohl sind Restatements eher ein ungeeigneter Indikator für die Rechnungslegungsqualität. Sie sind selten, das heißt, die Masse von Korrekturen erfolgt auf laufende Rechnung und ist eventuell gar nicht oder nur mit hohem Aufwand zu identifizieren. Dies verringert nicht nur die Stichprobenumfänge, sondern lässt Sample Bias vermuten, das heißt verzerrte Resultate aufgrund atypischer Unternehmensgruppen. Es ist auch durchaus diskussionsbedürftig, ob die Qualität der Rechnungslegung daran gemessen werden soll, ob sie absichtliche Fehler und Manipulationen verhindern kann. Bei hinreichender Energie des Managements, sind dolose Handlungen schwerlich vollständig auszuschließen.

Insgesamt werden die Folgen unterschiedlicher Ergebnisqualität hier nicht explizit und systematisch abgehandelt. Sie stellen auch keine direkt der Rechnungslegung zuordenbaren Gütemerkmale dar, da sie oftmals nicht nur vom Rechnungslegungsstandard, sondern von einem ganzen Kranz von anderen Einflussfaktoren abhängen. In Abschn. 1.2 wurde dies für die IFRS-Anwendungen und deren eingeschränkte Vergleichbarkeit in diversen Ländern und zwischen Unternehmen gezeigt (vgl. auch ausführlich Kap. 4).

Als Gütekriterien werden mehrere Größen vorgestellt und begründet (vgl. Abb. 3.2).

Zwei Gruppen messen die Gewinnqualität anhand von rechnungswesenbasierten Größen, die an Zeitreiheneigenschaften anknüpfen (Gruppe 1, Abschn. 3.2) und die Qualität von Bilanzpolitik (Earningsmanagement und Real Earnings Management) operationalisieren sollen (Gruppe 2, Abschn. 3.3). Die dritte Gruppe stellt auf die Kapitalmarktrelevanz der Gewinngrößen ab (Gruppe 3, Abschn. 3.4). Während die ersten beiden Gruppen von Merkmalen in Abhängigkeit von der gewählten bilanzpolitischen Strategie auch bei einer realen Verschlechterung eine bessere Ergebnisqualität signalisieren können (vgl. Barth et al. 2008), wird dies durch die Kapitalmarktdaten aufgedeckt. Beispielsweise könnten schwankende Gewinne auf weniger Gewinnglättung, also eine bessere Ergebnisqualität hindeuten, obwohl nur ein „big bath" genommen wird oder mehr Fehler bei den Abgrenzungsbuchungen (Rückstellungen, Abschreibungen etc.) vorliegen. Dass Defizite einzelner Kriterien dadurch kompensiert werden oder unternehmensbezogene Einflussfaktoren aufgedeckt werden können, ist aber nicht selbstverständlich (vgl. Gaio 2010). Gaio fand in einer Studie für Unternehmen aus 38 Ländern solche Kompensationseffekte.

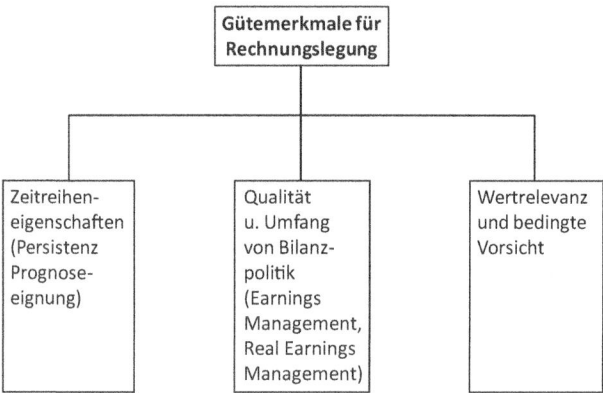

Abb. 3.2 Gütemerkmale für Rechnungslegung. (Eigene Darstellung)

3.2   Qualitätskriterien, die an Zeitreiheneigenschaften anknüpfen

3.2.1   Persistenz und Prognoseeignung

Gruppe 1 der Kriterien zielt letztlich darauf ab, dass Ergebnisse dann besonders informativ sind, wenn sie nachhaltig sind und prognosegeeignet, also eine Hochrechnung auf
künftige Ergebnisse erlauben. Das Merkmal der Beständigkeit (Persistenz) wird gleichgesetzt mit stabilen, wenig riskanten, dauerhaft wiederkehrenden Gewinnen und entsprechend positiv bewertet (vgl. Dücker 2009, S. 7; Krummet 2011, S. 118 f.; Pronobis et al.
2010). Operationalisiert wird sie im Allgemeinen durch die Regressionsgleichung (alle
Größen skaliert durch die Bilanzsumme, um Größeneffekte zu eliminieren):

$$A: \quad X\,(Gj.) = a + b\,X(Vj.) + d$$

$(X =$ Gewinngröße, $d =$ Störterm$)$.

Dabei gibt das Steigungsmaß b die Beständigkeit wieder: In welchem Umfang wirken
gegenwärtige Ergebnisse in Zukunft weiter?

Von der Persistenz zu trennen ist die Prognoseeignung der Gewinngröße, auch wenn
diese durch dieselbe Gleichung bestimmt wird, als korrigiertes Bestimmtheitsmaß
R-Quadrat (Standardabweichung der Residuen; vgl. Krummet 2011, S. 120). Inhaltlich:
Gewinne können nachhaltig und trotzdem unsicher sein.

Inhaltlich kann die Persistenz und Prognoseeignung auch für einzelne Gewinnkompo-
nenten geschätzt werden, zum Beispiel für die operativen Cashflows und die Periodenabgrenzungen, die zusammen den Gewinn ergeben (vgl. Dechow et al. 2010; Krummet
2011, S. 119; Ahrens 2010, S. 18 f. zu ambitionierten Schätzungen).

$$B: \quad X\,(Gj.) = a + b \times CFO + c \times PA + d$$

Damit kann die Nachhaltigkeit einzelner Komponenten untersucht werden. Daraus
wird zum Beispiel gefolgert, dass Gewinne, die vornehmlich auf Periodenabgrenzungen (Accruals) zurückgehen weniger persistent sind als Cashflow-Komponenten $(b > c)$.
Verschiedentlich wird die Größe Periodenabgrenzungen (PA) noch detaillierter aufgefächert. Zum Beispiel wird unterstellt, dass bestimmte Abgrenzungen mehr oder weniger
dauerhaft sind. So gelten Abgrenzungen des Vorratsvermögens zum Beispiel als fehler-
anfälliger und eher bilanzpolitisch verzerrt als langfristige Abgrenzungsbuchungen wie
planmäßige Abschreibungen. Daraus wird gefolgert, dass diese PA-Komponenten dann
weniger dauerhaft sind (vgl. Dechow et al. 2010 mit weiteren Präzisierungen).

Obwohl diese Qualitätsmaße sehr verbreitet sind, sind sie auch einem gravierenden
Vorwurf ausgesetzt: „...Prognosehypothese (ist, d. V.) bar jeglicher Theorie" (Ballwieser
2010, S. 144). In der Tat bedarf es einiger pauschaler und wenig realistischer Annahmen,
warum der aktuelle Gewinn eine Art von Repräsentant des theoretisch richtigen ökonomischen Gewinns sein sollte (Verzinsung des Unternehmenswertes).

Die übliche Annahme für dieses Gütemaß lautet: „High persistence is regarded a desirable earnings attribute by investors, and of high earnings quality, since it suggests a stable, sustainable and low-risk earnings process" (Ewert und Wagenhofer 2011, S. 18). Dies könnte man allenfalls damit begründen dass a) die reale Erfolgsentwicklung tatsächlich so verläuft oder b) für durch Bilanzpolitik geglättete Gewinne anzunehmen ist, dass das Management sein privates Wissen über die künftigen Gewinne nutzt und durch die Gewinnglättung gerade die zutreffende Erfolgsentwicklung signalisiert. Dies setzt sowohl besseres Insiderwissen als auch den Willen, dieses offenzulegen, voraus.

Zu beachten ist jedenfalls, dass Persistenz/Prognoseeignung sowohl von der fundamentalen Performance des Unternehmens abhängen kann, als auch vom Rechnungslegungssystem (vgl. Dechow und Schrand 2004, S. 5). Eine Trennung beider Ursachen ist schwierig und es gibt hier nur begrenzt empirische Studien. Als Merkmale, die die tatsächliche Leistung unabhängig vom Rechnungslegungssystem prägen, können die Produktionstechnologie, die Wettbewerbsintensität, die Dauer des operativen Zyklus, die Kapitalintensität etc. angesehen werden (vgl. Dechow et al. 2010). Zu den Rechnungslegungseinflüssen zählen alle Periodisierungsregeln, zum Beispiel für Abschreibungen, Rückstellungen, Ertragsrealisation usw. Es leuchtet ein, dass bei gleicher realwirtschaftlicher Situation langfristige Auftragsfertigung nach der POC-Methode zu anderen Gewinnen führt als nach dem strengen Realisationsprinzip und beide eine unterschiedliche Persistenz haben. Mit den CFO haben allerdings beide Gewinngrößen nichts zu tun, diese hängen von den Finanzierungskonditionen ab.

Vergleicht man die Periodisierungsregeln der IFRS mit denen des HGB, so ist per saldo unklar, welches System eher nachhaltige Resultate erzeugt. Auf der einen Seite sind die POC-Methode und eine flächendeckende Abgrenzung latenter Steuern tendenziell Gewinn glättend. Auch die zwangsweise Aktivierung immaterieller Vermögensgegenstände und deren planmäßige Abschreibung wirken in diese Richtung (vgl. Ahmed et al. 2012). Auf der anderen Seite stehen Fair-Value-Schwankungen, die bei Anlageimmobilien nach IAS 40 in die GuV eingehen. Deren Volatilität kann auf veränderte Ertrags- oder Cashflowerwartungen oder Zinsänderungen basieren (Annahme: die Schätzung der Fair Values erfolgt durch Barwertkalküle und nicht durch das Vergleichswertverfahren). Dann ist durchaus fraglich, ob dies nachhaltige Erfolge sind, die in die GuV eingehen. Auf der anderen Seite führt das Cost Model oftmals dazu, dass im Zeitablauf stille Reserven aufgebaut werden, die bei Bedarf ergebniswirksam realisiert werden können. Insgesamt dürfte es schwierig sein, eine allgemeine Erwartung bezüglich der Nachhaltigkeit der Erfolge zu formulieren.

In einer sehr umfassenden Studie für die Jahre 2002 bis 2008 mit 58.832 Beobachtungspunkten für Unternehmen aus 33 Ländern schnitten die IFRS und andere nationale Rechnungslegungssysteme schlechter ab als US-GAAP-Abschlüsse. Bei diesen ergaben sich auch in Verlustfällen nachhaltige Resultate, während solche von den anderen Systemen nur im Gewinnfall auftraten. Zudem waren die Gewinne nach US-GAAP die besten Indikatoren für künftige Cashflows. Da es die erklärte Aufgabe der IFRS ist, Investoren Informationen über künftige Cashflows zu vermitteln, schneiden die IFRS hier schlechter als die US-GAAP bezüglich der selbst gesetzten Ziele ab (vgl. Atwood et al. 2010).

Begründet wurde der Befund damit, dass die eher prinzipienbasierten IFRS mehr bilanz-politische Spielräume als die US-GAAP gewähren. Diese wurden vom Management dann offenbar nicht genutzt, um privates Wissen über die nachhaltige Performance zu kommunizieren. Eine Schwäche der Studie besteht aus unserer Sicht darin, dass die Cashflows extern und stark vereinfacht geschätzt werden mussten, sodass die Ergebnisse möglicherweise nicht robust sind.

3.2.2 Accrual Anomaly: Grundlagen

Die Frage, ob Gewinne oder Cashflows die Unternehmensleistung besser widerspiegeln wird in Kap. 5 noch ausführlich aufgegriffen. Hier sollen nur Merkmale behandelt wer-den, die bezüglich der Persistenz und Prognoseeignung von Bedeutung sind. Der Gewinn besteht aus zwei Komponenten: den operativen Cashflows und den (in der Regel negati-ven) Accruals (=Periodenabgrenzungen, PA). Im einfachsten Fall gilt:

$$\textbf{CFO} = \textbf{Gewinn} + \textbf{Abschreibungen} + \textbf{Rückstellungserhöhungen}$$

Durch Umformung ergibt sich:

$$\textbf{Gewinn} = \textbf{CFO} - \textbf{Abschreibungen} - \textbf{Rückstellungsaufwand}$$

Die Größen Abschreibungen und Rückstellungsaufwand stehen hier stellvertretend für eine ganze Reihe von Abgrenzungen, die bei einer umfassenden Überleitung zusätzlich zu berücksichtigen wären, zum Beispiel Änderungen der Forderungen und Verbindlich-keiten aus Lieferungen und Leistungen.

Die Accrual Anomaly besteht nun darin, dass die Cashflow-Komponente des Gewinns eine „bessere" Ergebnisqualität hat als die PA-Komponente, also persistenter, nachhaltiger ist. Der Grund besteht darin, dass die Abgrenzungsbeträge häufig auf Schätzungen beruhen, während die Cashflows feststehen. Weiter unten wird dargestellt, dass die Fehleinschätzung nicht nur die PA-Komponente, sondern auch die Cash-Komponente betreffen kann.

Außerdem lösen die PA-Buchungen Umkehreffekte in späteren Erfolgsrechnungen aus. Hohe Abgrenzungsbeträge im abgelaufenen Jahr (zum Beispiel hohe Abschreibun-gen oder Rückstellungszuführungen) mindern den heutigen Gewinn, sind aber mit höhe-ren Gewinnen in den Folgeperioden verknüpft, als bei niedrigeren Abgrenzungsbeträgen. Entsprechendes gilt für niedrige Periodenabgrenzungen heute, die mit höheren späteren Abschreibungen und Rückstellungsnachdotierungen verknüpft sind (vgl. Richardson et al. 2010).

Dies müsste bei der Schätzung künftiger Gewinne oder CFO berücksichtigt werden und bei einer Unternehmensbewertung müssten die Bestandteile mit unterschiedlicher Gewichtung in das Kalkül eingehen. Diese eigentlich erforderliche Differenzierung wird vielfach nicht vorgenommen.

Als Grund hierfür wird einmal angeführt, der Kapitalmarkt sei eben nicht informati-onseffizient. Zum anderen wird auch auf die unzuverlässige, und zum Teil transitorische,

Qualität der Periodenabgrenzungen verwiesen, deren Qualität schlecht nachvollziehbar ist. Hinzu kommt, dass in Wachstumsphasen Fehldeutungen möglich sind, wenn die Neu-Investitionen mit sinkenden Grenzerträgen verbunden sind oder Überinvestitionen vorliegen. Die Abgrenzungsposten sind dann negativ mit künftigen Renditen verknüpft (vgl. Lewellen 2010; Richardson et al. 2010). Wie neuerdings verstärkt diskutiert wird, kann die Anomalie auch auf einer Fehleinschätzung der Cash-Bestandteile und verschiedenen unternehmens- oder länderspezifischen Bedingungen beruhen.

3.2.3 Schätzung diskretionärer Abgrenzungsposten

Zur Messung der Qualität von PA wird regelmäßig versucht, „normale" (innate) Accruals von diskretionären (bilanzpolitisch motivierten) Abgrenzungen zu trennen (vgl. die Maßgrößen zur Bilanzpolitik in Abschn. 3.3). Einen anderen Ansatz zur Quantifizierung von „normalen", also nicht verzerrten Abgrenzungen und sogenannten diskretionären, also (potenziell) bilanzpolitisch verzerrten Abgrenzungsposten stellt das Modell von Dechow und Dichev dar. Diese interpretieren die nichtdiskretionären Abgrenzungsposten eines Jahres ($= $ NDA t) als Funktion der CFO aus dem Vorjahr, dem laufenden Jahr und dem folgenden Geschäftsjahr (vgl. Dechow und Dichev 2002).

$$\mathbf{NDA\,t = f\,(CFO\,t-1, CFO\,t, CFO\,t+1)}$$

Das Modell unterstellt, dass die Periodenabgrenzungen, die die Rechnungslegungsqualität verbessern, innerhalb dieses Zeitrahmens entstehen und abgewickelt werden. Beispielsweise führt ein Umsatz auf Ziel zu einer Erhöhung der Forderungen aus Lieferungen und Leistungen und zu einem höheren CFO im Folgejahr, ist also positiv mit künftigen Cashflows verknüpft. Problematisch ist an diesem Modell, wie die Trennung von diskretionären und nicht diskretionären Abgrenzungen erfolgen soll. So kann man im gerade angesprochenen Beispiel unterstellen, dass die Forderungszunahme willkürfrei erfolgt. Dies gilt aber schon nicht mehr, wenn die Forderungen zum Bilanzstichtag abgeschrieben wurden. Der in der Bilanz noch dargestellte Forderungszugang hängt dann von der ermessensbehafteten Bewertung der Forderungen zum Stichtag ab. Zudem ergeben sich in diesem Modell in der Regel differenzierte Folgen: die Periodenabgrenzungen sind mit den Cashflows des Vorjahres und des Folgejahres positiv verknüpft und mit den gegenwärtigen negativ. Starke negative Korrelationen führen zu einer niedrigeren Ergebnisqualität, wenn man diese mit den Qualitätsmaßen Persistenz oder Prognoseeignung misst (vgl. Wysocki 2008).

3.2.4 Accrual Anomaly und Informationseffizienz

Operationalisiert man die Prognoseeignung nicht anhand der Vorhersagbarkeit künftiger Gewinne des Unternehmens oder künftiger Cashflows, sondern der Aktienrenditen, so hat dies zunächst einmal den Vorteil, dass die Rechnungslegungsgrößen des Unternehmens zu realisierten Kapitalmarkterfolgen in Relation gesetzt werden, die genau den Nutzen für die Eigentümer spiegeln. Steigen die Gewinne eines Unternehmens heute, so kann dies naturgemäß zu steigenden Gewinnerwartungen oder Cashflowerwartungen führen und damit zu steigenden Aktienkursen. Allerdings führen die veränderten Gewinnerwartungen eventuell auch zu veränderten Zins-Erwartungen, sodass der Nettoeffekt für die Aktienrenditen offen ist. Patatoukas kommt in seiner Untersuchung zum Ergebnis, dass der „Discount Rate Chanel" wichtiger ist als die veränderten Cashflowerwartungen (vgl. Patatoukas 2014).

Zu einem anderen Ergebnis kommen Hirshleifer et al. Sie gehen davon aus, dass wenn die Annahme stimmt, dass naive Investoren auf die Gewinngröße fixiert sind (statt der eigentlich wichtigen Cashflows), so sollten sich für Unternehmen mit hohen Periodenabgrenzungen (PA) irrational hohe Börsenkurse ergeben. In der Folge müssten abnormale niedrige Renditen resultieren. Ist der hohe Marktpreis hingegen gerechtfertigt, so müssten höhere abnormale Renditen auftreten als Ausgleich für das höhere Risiko. Sie Untersuchen dies für fast alle an der NYSE/AMEX und NASDAQ notierten Unternehmen für den Zeitraum 1967 bis 2005. Sie finden, dass in Längs- und Querschnittsanalysen die Preisbildung durch die Accrual-Komponente geprägt wird und nicht durch das Risiko (den Zinskanal), die Anleger handeln irrational. Sie fordern deshalb, dass Standardsetzer die wichtigen und die irreführenden Rechnungslegungsinformationen durch Offenlegungsvorgaben erkennbarer machen (vgl. Hirshleifer et al. 2010).

Unterstellt man tatsächlich, dass die Accrual Anomaly darauf beruht, dass der Kapitalmarkt nicht ganz informationseffizient ist, so wäre es plausibel, dass unterschiedliche Investoren die Rechnungslegungsinformationen unterschiedlich schnell und korrekt einpreisen. Die Reaktion von Aktionären könnte dann in Kauf- oder Verkaufsentscheidungen bestehen. Für US-amerikanische Unternehmen wurden diese Transaktionen für ein Dreitageszeitfenster um die Veröffentlichung von Quartalsberichten untersucht. Es wurden 27.808 Quartalsabschlüsse aus den Jahren 1990 bis 1999 erfasst (vgl. Battalio et al. 2012). Dabei wurden drei Investorengruppen unterschieden, um mögliche Unterschiede in den Reaktionen identifizieren zu können:

- Investoren mit einem Handelsvolumen von mehr als 5000 Aktien wurden als institutionelle oder gut informierte Privatanleger eingestuft, die die Bedeutung der Perdiodenabgrenzungen für den Unternehmenswert wahrscheinlich korrekt erfassen können. Tatsächlich reagierte diese Anlegergruppe zeitnah und sinnvoll.
- Klein-Anleger (weniger als 500 Aktien Umsatz) reagierten zwar, aber in die falsche Richtung. Dies könnte auf einer kompletten Fehldeutung der Rechnungslegungsdaten beruhen. Alternativ kann es aber auch einen überlagernden Effekt dadurch geben, dass diese Anlegergruppe nur Aktien mit bestimmten Merkmalen kaufen/verkaufen (sogenannte „Attention Grabbing Shares"; vgl. Battalio et al. 2012).
- Die dritte, mittlere Investorengruppe reagierte hingegen überhaupt nicht auf die in den Perdiodenabgrenzungen enthaltenen Informationen für die Prognose künftiger Erfolge.

Per saldo ergab sich aufgrund des geringen Gewichtes der ersten beiden Investorengruppen insgesamt ein Netto-Effekt, der die Anomalie bestätigt.

Differenzierte Ergebnisse berichtet Yu. Er untersuchte die Zusammenhänge zwischen Abgrenzungsposten, Diversifikation und den Kapitalkosten. Er unterstellt, dass die Periodenabgrenzungen zu Unsicherheiten (da sie für Signaling oder Opportunismus genutzt werden können) bei den Anlegern führen und entsprechend höheren Kapitalkosten. Durch Diversifikation kann grundsätzlich eine Risikominderung erreicht werden, sodass dieses Risiko nicht auf die Preise durchschlagen dürfte, wenn der Markt funktioniert. Die Untersuchung umfasst 47.854 Firmyears von US-Unternehmen für die Jahre 1982 bis 2010. Er findet, dass die abnormalen (diskretionären) PA nicht diversifiziert werden können, aber die normalen (innate) sehr wohl (vgl. Yu 2015). Es ist plausibel, dass Bilanzpolitik und Schätzfehler nicht wegdiversifiziert werden können.

Da die Abgrenzungen in mehr oder weniger großem Umfange ermessensabhängig sind, können sie auch dazu genutzt werden, privates Wissen des Managements aufzudecken (Informations-Hypothese), was mit einer verbesserten Ergebnisqualität einhergehen würde. Der Opportunismus-Hypothese zufolge würde der Spielraum hingegen genutzt, um sich Vermögensvorteile zulasten der Eigentümer zu verschaffen oder Analystenprognosen für die Gewinne zu erreichen oder zu übertreffen. Auch die Einhaltung von Debt Covenants oder die Minimierung von sonstigen Transaktionskosten könnten Motive für die Ausübung von informationsverzerrenden Abgrenzungen sein. In einer Analyse für 238 US-amerikanische Unternehmen für die Jahre 1997 bis 2002 unterstellen die Verfasser (vgl. Badertscher et al. 2012), dass Eingriffe in den Rechnungslegungsprozess aus opportunistischen Motiven die Prognoseeignung der Gewinngrößen vermindern (add noise). Diese Annahme ist zwar angreifbar, da die unterstellten Zwänge auch zu zutreffenden Abgrenzungen führen können, aber es gibt zumindest Anreize, die Informationsaufgabe der Rechnungslegung nicht in das Zentrum der Abschlusspolitik zu stellen.

Die Autoren untersuchen in ihrer Studie 312 Fälle von Restatements, also erforderlichen Änderungen von Abschlüssen, die von der SEC angestoßen wurden, weil die ursprünglichen Abschlüsse nicht den US-GAAP entsprachen. Diese GAAP-Verstöße konnten wissentlich oder nicht beabsichtigt sein. Die betroffenen Unternehmen wurden dann in zwei Gruppen aufgeteilt. Für eine Gruppe wurde unterstellt, sie enthalte wahrscheinlich opportunistisch handelnde Manager, da sie sonst die Analystenschätzungen nicht erreichen würden. Dies wurde zum Beispiel angenommen, wenn der ursprüngliche, fehlerhafte Abschluss einen angemessenen Gewinn auswies, die Korrektur durch das Restatement dann aber zu einem Gewinn führte, der unterhalb der Analystenschätzungen lag. Für diese Gruppe wurde die Opportunismushypothese angenommen, das heißt, es wurde mit einer Verbesserung der Prognoseeignung durch die Korrektur der Abgrenzungsbuchungen gerechnet. Für die Kontrollgruppe wurde hingegen die Informationshypothese angenommen, wonach die ursprünglichen, aber fehlerhaften Buchungen zu prognosegeeigneteren Gewinnen führten, als die korrigierten Größen (vgl. Badertscher et al. 2012).

Als Ergebnis zeigte sich, dass für das nicht opportunistische Sample die Informations-Hypothese weitgehend bestätigt werden konnte. Der Anteil der Korrekturen bezog sich in ca. 24 % der Fälle auf wissentliche GAAP-Verstöße, im Übrigen auf irrtümliche GAAP-Interpretationen. Für das Sample an opportunistischen Unternehmen waren hingegen rund 90 % der GAAP-Verletzungen wissentlich erfolgt und diese führten im Allgemeinen zu Gewinnerhöhungen. Die Prognoseeignung der ursprünglichen Gewinne war deutlich niedriger als die der korrigierten Gewinne, die Opportunismus-Hypothese wurde bestätigt (vgl. Badertscher et al. 2012).

Bedeutung für die Prognoseeignung kann auch die Volatilität der Gewinne oder Cashflows haben. Die Volatilität kann dabei auf ökonomischen Schocks beruhen (also die ökonomische Realität zutreffend abbilden) oder durch die Rechnungslegungsgrundsätze verursacht sein. Zusätzlich ist zu trennen, ob es sich um eine kurzfristige Prognose handelt (bis ein Jahr) oder eine eher langfristige (bis fünf Jahre). Die Volatilität kann auf zwei Arten durch die Rechnungslegungsregeln beeinflusst werden. Einmal sind Periodenabgrenzungen tendenziell unsichere, nur geschätzte Größen. Bei hohen Beträgen ist entsprechend mit höheren Schätzfehlern zu rechnen, was zu einer geringeren Persistenz der Gewinne führt. Zum anderen können die Ermessensspielräume auch für eine Gewinn glättende Bilanzpolitik (income smoothing) genutzt werden, was ceteris paribus die Persistenz verbessern sollte (vgl. Dichev und Tang 2009).

Für 22.113 Firmyears aus den Jahren 1988 bis 2004 für US-amerikanische Unternehmen wurde dies getestet, wobei sich differenzierte Ergebnisse zeigten. Für die kurzfristige Ein-Jahres-Perspektive erwiesen sich die Gewinn- und die Umsatzvolatilität als bessere Indikatoren für künftige operative Cashflows als die Volatilität der Cashflows selbst.

Für die längerfristige Perspektive zeigte sich:

- Unternehmen mit geringer Profitabilität und hoher Gewinnvolatilität kehrten schnell auf Durchschnittswerte zurück (Mean Reversion Effect). Demnach folgten auf einen niedrigen Gewinn (oder Verlust) heute, steigende Gewinne in der Zukunft. Diese Folge kann auf mehreren Ursachen beruhen. So verlangt das Imparitätsprinzip, dass im aktuellen Abschluss die erwarteten Verluste für mehrere Jahre sofort zu erfassen sind, nicht nur die des Folgejahres. Umgekehrt führen reine Gewinnerwartungen (aufgrund des Realisationsprinzips) in der Regel nicht zu Gewinnerhöhungen im Abschluss. Aktuelle Gewinnminderungen können zudem aus dem Verkauf von Verlustquellen oder Restrukturierungen beruhen (vgl. Dichev und Tang 2009).
- Unternehmen mit hohen Gewinnen und großer Gewinnvolatilität kehrten ebenfalls schnell auf das Durchschnittsniveau zurück (Mean Reversion). Die aktuell hohen Gewinne waren nicht prognosegeeignet, es resultierten sinkende Gewinne.
- Unternehmen mit hohen Gewinnen und niedriger Gewinnvolatilität kehrten hingegen nur langsam auf das Durchschnittsniveau zurück.

Erstaunlich war, dass Finanzanalysten ihre Ergebnisprognosen nur unzulänglich an die Informationen anpassten, die durch die publizierte Volatilität erkennbar wurde. Weniger als die Hälfte der „full implications of earnings volatility for earnings predictability" (Dichev und Tang 2009) wurden genutzt.

Diese Studie hat wichtige potenzielle Störgrößen für die Resultate nicht erfasst. Dazu gehören zum Beispiel die Unternehmensgröße (Annahme: weniger Volatilität wegen mehr Diversifikation), Gewinnwachstum oder den Einfluss von insolventen Unternehmen, die ausgeschlossen wurden (Annahme: höhere Volatilität; vgl. Frankel und Litov 2009). Selbst wenn diese kontrolliert wurden, blieben die wesentlichen Resultate bestehen. Zudem zeigten die Ergebnisse einen wichtigen Zusammenhang auf: Schwanken die Gewinne weniger als die Cashflows wird dies im Allgemeinen als Ausfluss von Gewinn glättender Bilanzpolitik angesehen, die wiederum als Kriterium für eine schlechte Rechnungslegungsqualität gilt. Es wird eine Informationsverzerrung angenommen. Umgekehrt steigt damit die Prognoseeignung der Gewinne, was als verbesserte Rechnungslegungsqualität gedeutet werden kann. Die beiden Gütekriterien führen zu einer gegensätzlichen Qualitätsbewertung.

Bedeutung haben Persistenz- und Prognoseeignung deshalb unter zwei Aspekten, denen unten nachgegangen wird. Erstens sind die PA-Komponenten wichtige Größen für die Qualität der Bilanzpolitik oder die Fehlerhaftigkeit von Abschlüssen. Und zweitens haben nachhaltige Gewinne Bedeutung für die Aktienkurse, sind also bewertungsrelevant.

Ein weiterer bedeutsamer Aspekt ist die Rückwirkung auf realwirtschaftliches Verhalten: Verfolgt das Management das Ziel einer Ergebnisglättung, kann dies auch durch Variation von Forschungs- und Entwicklungskosten angestrebt werden oder (bei Immobilien AG) durch Variation der nicht aktivierbaren Instandhaltungsmaßnahmen. Insofern ist auch mit sachverhaltsgestaltender Bilanzpolitik (Real Earnings Management) zu rechnen.

3.2.5 Ergänzende Einfluss- und Erklärungsfaktoren für die Accrual Anomaly

Die Accrual Anomaly wurde traditionell damit begründet, dass die Adressaten die Unzuverlässigkeit und die Persistenz (wegen der buchhalterischen Umkehreffekte) der PA unzutreffend beurteilen. Inzwischen gibt es mehrere Arbeiten, die eine falsche Einschätzung der Cashflows und ein darauf beruhendes Mispricing feststellen.

Geht man davon aus, dass der CFO sehr verschieden verwendet werden kann, so liegt es nahe, dass diese unterschiedlichen Verwendungsweisen Einfluss auf die Prognosen für künftige Cashflows und die Börsenkurse haben. So kann ein Cashflow investiert werden und der verbleibende Free Cashflow kann zur Zahlung an Gläubiger (Tilgung von Fremdkapital) oder Eigentümer (Dividende, Aktienrückkauf) genutzt werden oder zum Aufbau liquider Mittel. Der Aufbau von Cash kann auf fundamentalen Anforderungen der Geschäftstätigkeit beruhen oder das Management verfolgt opportunistische Ziele. Gibt es eine abnormale, nicht durch die Geschäftstätigkeit bedingte Liquiditätszunahme, ist diese wegen der fehlenden Rendite nicht persistent. Eine abnormale Abnahme der Liquidität erhöht das Unternehmensrisiko und schränkt die Investitionsmöglichkeiten ein, auch bei Programmen mit positivem Net Present Value. Sie haben deshalb mehr Persistenz.

In einer sehr umfassenden Studie (1970 bis 2012) für US-Unternehmen wurden diese Zusammenhänge getestet (mit 139.726 Datenpunkten für die Prüfung der Persistenz und 99.189 für ein Mispricing). Die Autoren kommen zu dem Ergebnis, dass sowohl die normalen Cash-Änderungen als auch die abnormalen Cash-Minderungen unzutreffend eingepreist wurden, es gab Marktüberreaktionen. Demgegenüber wurde abnormaler Cash-Aufbau nicht falsch bewertet (vgl. Chen und Shane 2014). Dieses Ergebnis ist insofern interessant, als der ökonomisch nicht erforderliche Aufbau von Liquidität aus Agencyperspektive problematisch ist. Liquide Mittel sind riskant bezüglich unerwünschter Überinvestitionen, Asset-shifts oder auch für Veruntreuung durch Geschäfte mit Nahestehenden Personen (vgl. Abschn. 4.3).

In einer anderen Studie wurden drei Anlagestrategien getestet. Solche, die auf CFO basieren, auf PA und auf beiden Bestandteilen. Analysiert wurden 71.869 Datenpunkte für 1988 bis 2004 (von US-Unternehmen). Dabei zeigte sich, dass „sophisticated Investors" keine Fehleinschätzung der CFO vornahmen, naive Anleger aber sehr wohl. Allerdings beruhte deren Anlagestrategie nicht nur auf den PA, sondern prägend für das Mispricing waren die CFO und die PA zusammen (vgl. Barone und Magilke 2009).

Drake et al. untersuchten die Zusammenhänge mit einem anderen Fokus (1982 bis 1996 mit 3373 Firmyears für US-Unternehmen). Zunächst stellten sie fest, dass die Accrual Anomaly insgesamt nicht rückläufig war, es also keine Lerneffekte gab. Allerdings trat ein Mispricing nur bei den Unternehmen auf, die eine niedrige Offenlegungsqualität aufwiesen (bezüglich der freiwilligen Publizität). Bei publizitätsfreundlichen Unternehmen war dies nicht der Fall. Diese waren auch geprägt durch einen großen Anteil von institutionellen Anlegern und eine größere Analystendeckung (vgl. Drake et al. 2009). Diese unterschiedlichen Ausprägungen der Anomalie können demnach darauf beruhen, dass die institutionellen Anleger besser befähigt sind, die publizierten Daten zu nutzen oder die freiwillige Mehrpublizität war entscheidend. Im zweiten Fall hätte es der Standardsetter in der Hand, für die erforderlichen Informationen eine Offenlegungspflicht zu normieren.

Der Einfluss der Verbindung zwischen Handels- und Steuerbilanz wurde ebenfalls untersucht (für 33 Länder mit 93.893 Firmyears). Die Verfasser kommen zum Ergebnis, dass die Trennung der Abschlüsse dazu führt, dass die Freiheitsgrade des Financial Reporting genutzt wurden, um Prognoseeignung und Persistenz zu verbessern. Die steuerdominierte Rechnungslegung, die sie mit einer Cash-Besteuerung gleichsetzen (!) schneidet schlechter ab (vgl. Atwood et al. 2010).

Dass die Marktpreisbildung durch die Rechnungslegung und das Informationsumfeld geprägt werden, bestätigt auch die Studie von Gordon et al. Sie analysieren Abschlüsse für den Zeitraum 1993 bis 2007 aus 20 Ländern (138.678 Firmyears), wobei sie den Einfluss von Analystenprognosen für CFO ins Zentrum stellen. Finanzanalysten haben als Informationsintermediäre eine wichtige Rolle für die Preisbildung, sie können auch private Informationen in ihre Prognosen einfließen lassen. Die Autoren separieren die Länder in zwei Gruppen. In Common-Law-Ländern (insbesondere angelsächsischen Ländern) unterstellen sie einen starken Einfluss des Kapitalmarktes für die Unternehmensfinanzierung und in Code-Law-Ländern (wie Deutschland) Dominanz von Insidern (Banken und Großaktionären), für die Finanzanalysten weniger wichtig sind. Insgesamt kommen sie zu dem Ergebnis, dass Analystenprognosen für CFO die Accrual Anomaly gemildert haben, aber nur in Common-Law-Ländern. Kein Einfluss ergab sich durch die freiwillige oder obligatorische IFRS-Anwendung (vgl. Gordon et al. 2014).

In einer Erhebung für den Zeitraum 1988 bis 2009 mit 62.019 Firmyears für Unternehmen aus 16 Ländern (aus der EU und der Schweiz) wurde ebenfalls der Einfluss von Länderfaktoren geprüft und bestätigt. Dabei wurden Investorenschutz, Individualismus und Risikoneigung, Analystendeckung und Möglichkeiten zur Bilanzpolitik berücksichtigt. Wiederum zeigten sich deutliche Unterschiede bezüglich des Umfanges der Anomalie, die teilweise in Widerspruch zu US-Befunden standen (vgl. Papanastasopoulos 2014).

Bei den gerade vorgestellten Studien ist insgesamt Vorsicht angeraten. Die unterstellten Einteilungen in Länder basiert auf Finanzierungsstrukturen (Streubesitz, Mehrheitsaktionäre, dominante Bankenfinanzierung etc.) und Einordnungen von Rechtssystemen, die der aktuellen Situation nicht mehr oder nur noch beschränkt entsprechen (vgl. ausführlich Abschn. 4.2 und 4.3). Die Befunde dürften deshalb nicht ohne weiteres zeitstabil sein.

Einfluss auf die Accrual Anomaly kann aber auch die Marktstimmung haben. Bei sehr positiver Stimmung (high Sentiment) kann man annehmen, dass Investoren sich weniger Zeit nehmen und weniger Aufmerksamkeit investieren, um Rechnungslegungsinformationen zutreffend auszuwerten. Dies wurde in einer Studie auch bestätigt, wobei die Anomalie bei kleinen Unternehmen (small stocks) noch ausgeprägter war (vgl. Ali und Gurun 2008).

Fasst man diese Befunde zur Accrual Anomaly vergröbernd zusammen, zeigt sich:

- Sowohl die Accrual- als auch Cashflow-Bestandteile können für ein Mispricing verantwortlich sein. Die unzutreffende Einschätzung der Umkehreffekte der PA dürfte aber die wichtigste Fehlerquelle sein.
- Da die Anomalie auch von Länderfaktoren und dem Informationsumfeld abhängt, wird sie nicht nur durch die Rechnungslegungsstandards beeinflusst. Die Veröffentlichung von Gewinnen und CFO verbessert die Schätzmöglichkeiten (keine derivative, fehlerbehaftete CFO-Schätzung).
- Durch geeignete Offenlegungspflichten könnte der Einfluss der Anomalie gemildert werden. Dies hat der Standardsetzer in der Hand.

3.3 Qualitätskriterien, die das Ausmaß an Bilanzpolitik messen

3.3.1 Konventionelle Abschlusspolitik (Earnings Management)

3.3.1.1 Grundlegende Merkmale

Gruppe 2 der Kriterien zielt darauf ab, die Gewinnqualität in Abhängigkeit von der Bilanzpolitik zu messen. Dabei wird in sogenannte konventionelle Bilanzpolitik und Sachverhaltsgestaltungen unterschieden. Bei der erstgenannten geht es um die Abbildung realisierter Sachverhalte nach dem Bilanzstichtag. Bedeutsam sind hier explizite Wahlrechte und Ermessensspielräume (De-facto-Wahlrechte), zu denen auch Rechtsunsicherheit gezählt werden kann, wenn die Regelungen nicht zu eindeutigen Resultaten führen. Diese Abbildungsmöglichkeiten beziehen sich auf Ausweis-, Bilanzansatz- und Bewertungsaspekte. Im Folgenden geht es um die sogenannte materielle Bilanzpolitik, die Gewinnwirkungen entfaltet. Dies bedeutet natürlich nicht, dass formelle Bilanzpolitik unwichtig ist. Die Ausführungen zu möglichen Formateffekten oder Anhangangaben in Abschn. 2.2 belegen dies.

Hierbei ist zu beachten, dass sich verzerrte Gewinne durch intendierte Bilanzpolitik oder durch (im Nachhinein) unzutreffende Schätzungen oder Fehler ergeben können. So kann eine unzutreffende Forderungsabschreibung oder Rückstellungsbewertung auf beide Arten entstehen und hat die gleiche Folge für die Earningsqualität. Die Ursache ist im Allgemeinen aber nicht identifizierbar.

Die Basis der Operationalisierung bietet eine einfache Gleichung:

$$\text{Gewinn} = \text{operativer Cashflow (CFO)} + \text{Periodenabgrenzungen (PA)}$$

Hierbei wird regelmäßig unterstellt, dass die PA (Accruals) Zufallsschwankungen der Cashflows glätten und die Cashflows insgesamt volatiler sind als die Gewinne. Dies hängt aber von verschiedenen Faktoren ab, wie dem Geschäftsmodell, der Konkretisierung der drei Größen und auch exogenen Faktoren. So ermittelte Frey für MDAX-Unternehmen für den Zeitraum 2005 bis 2009 im Konzernabschluss relativ stabile Cashflows und stark schwankende Gewinne, die primär auf die Finanzkrise zurückgeführt werden (vgl. Frey 2011). Auch Investitionen, Umstrukturierungen etc. können natürlich zu atypischen Relationen führen.

Als Gewinngröße kann das Net Income, das Gesamtergebnis oder eine andere Gewinngröße aus dem IFRS-Abschluss übernommen werden. Speziell Bottom-Line-Numbers können aber durch außergewöhnliche Faktoren oder Bilanzpolitik verzerrt sein. Zur Bereinigung kann versucht werden dies durch Berichtigungen zu korrigieren. Oftmals werden für eine umfassende Decodierung von Bilanzpolitik die erforderlichen Informationen fehlen und es gibt auch sehr unterschiedliche Vorstellungen davon, was als ungewöhnlich oder außerordentlich auszugrenzen sei. Alternativ kann auf adjustierte Gewinngrößen abgestellt werden, die das Management freiwillig offenlegt. Diese haben wiederum ein Glaubwürdigkeitsproblem: Sie sind nur dann entscheidungsrelevant, wenn ein ehrliches Signaling plausibel ist, es also keine Anreize für verzerrende Bilanzpolitik gibt (vgl. Abschn. 2.3 und 2.4).

Bilanzpolitische Strategien können verschieden klassifiziert werden. Eine übliche Unterteilung knüpft an die erwünschte Ergebniswirkung an: Minderungen oder Erhöhungen von Gewinnen oder Gewinnglättung (Smoothing). Insgesamt wird oftmals von einem Smoothing ausgegangen, das fallweise durch ein Big Bath Accounting ergänzt wird. Damit ist gemeint, dass in Verlustperioden die schlechte Lage genutzt wird, um die Bilanz zu bereinigen, zum Beispiel in Form überhöhter Abschreibungen auf Firmenwerte (vgl. Merchant und van der Stede 2012, S. 191; Zülch und Siggelkow 2004). Eine solche Bereinigung führt in der Zukunft zu steigenden Erfolgen und kann sich positiv auf Boni oder die Entwicklung von Stock Options auswirken. Es wird vielfach unterstellt, dass eine solche Politik realisiert wird, wenn es einen Wechsel im Vorstand gibt, da man die Verlustsituation noch dem alten Management anlasten kann und ceteris paribus eine positive Entwicklung ansteht. Zwar leuchtet es ein, dass der stark ermessensbehaftete Niederstwerttest für Firmenwerte sich für eine solche Maßnahme besonders gut eignet. Die Firmenwertabschreibung kann aber auch gerade Ausdruck des privaten Wissens des neuen Managements sein: Das alte Management hatte eine schwache Performance und die erforderliche Firmenwertkorrektur unterlassen. Deshalb wird es ersetzt und das neue Management holt dies nach (vgl. AbuGhazaleh et al. 2011).

Sehr häufig wird nicht auf die Zielgröße Gewinn des Vorjahres abgestellt, sondern auf andere Ziele (Targets), die erreicht oder überschritten werden sollen. Dies sind in den USA vor allem Konsensschätzungen von Finanzanalysten oder Managementprognosen, Schwellenwerte aus Debt Covenants etc. (sogenanntes Target Beating).

Für die oben angegebene Gleichung kann der operative Cashflow der KFR entnommen werden. Häufig wird nur eine Korrekturvariante untersucht, eine Bereinigung um Cashflows nach IFRS 5, die ex definitione nicht nachhaltig sind. Dies ist vor allem dann geboten, wenn auch die Gewinngrößen um die entsprechenden Erfolgsbestandteile korrigiert werden. In älteren Studien wurde der Cashflow oftmals aus den Abschlüssen hergeleitet, weil es an einer standardisierten Kapitalflussrechnung mangelte. Dies kann zu Fehlern führen, wenn die Korrekturen bilanzbezogen bestimmt werden, zum Beispiel als Änderung des Working Capital oder von Forderungen/Verbindlichkeiten aus Lieferungen und Leistungen und diese Größen durch M&A-Transaktionen, Desinvestitionen oder Fremdwährungsumrechnungen beeinflusst waren. Die Abweichungen können dann auch zu groben Fehleinschätzungen der Cashflows führen (vgl. Hribar und Collins 2002). Kritisch ist auch, dass häufig sehr einfache Cashflowschätzungen erfolgten, zum Beispiel Net Income zuzüglich Abschreibungen.

Diese Defizite sind durch die inzwischen erreichte Normierungen der KFR behoben. Allerdings ist die Annahme, dass Kapitalflussrechnungen die Realität unverzerrt spiegeln und nicht selbst Objekt von Bilanzpolitik sind, unzutreffend. Zu nennen sind hier u. a. folgende Stellschrauben: die enge oder weite Abgrenzung des Fonds liquider Mittel, die Klassifikation von Verbindlichkeiten als operativ oder Finanzschulden, die Zuordnung von Steuern, Dividenden und Zinsen zu den Aktivitätsbereichen usw.

(vgl. Amen 2015, HdJ VI/7 Rz. 141). Da die KFR bilanzbezogen ist, schlagen sich auch alle Aktivierungswahlrechte (zum Beispiel für immaterielles Anlagevermögen) oder ermessensbehaftete Zuordnungen (Baumaßnahmen als Erhaltungs- oder Herstellungsaufwand) auf die Zahlungsstromzuordnung nieder. Durch Saldierungen und derivative Ableitung sind ebenfalls Ungenauigkeiten oder gar Earningsmanagement möglich. Schließlich können sachverhaltsgestaltende bilanzpolitische Maßnahmen die KFR stark beeinflussen, was sogar der Regelfall sein dürfte, zum Beispiel in Form von Verschiebungen von Zahlungszeitpunkten (vgl. 3.3.2; Brown et al. 2015; Lee 2012; McInnis und Collins 2011).

3.3.1.2 Periodenabgrenzungen als Fehlerquelle?

Besonders problematisch sind jedoch die Periodenabgrenzungen, da für diese sehr unterschiedlich zu beurteilende Ursachen maßgeblich sein können:

1. Die Abgrenzungen machen gerade den Informationsgehalt von Bilanz und GuV aus, sie periodisieren volatile und zufällige Cashflows, um die Performance eines Jahres abzubilden. So werden Investitionsauszahlungen aktiviert und durch Abschreibungsaufwand auf die Nutzungsdauer verteilt. Garantierückstellungen antizipieren künftige Auszahlungen, die aber inhaltlich zu den heutigen Umsätzen gehören usw. Gerade aufgrund solcher Effekte wird oftmals unterstellt, dass heutige Gewinne die künftige Leistungsfähigkeit (Gewinne und nachhaltige Cashflows) besser indizieren als die Cashflows selbst (vgl. Krummet 2011, S. 115). Die PA wären somit ein Gütemerkmal der Rechnungslegung und kein verzerrender Einfluss. Zu beachten ist jedoch, dass die Abgrenzungen unter IFRS Bilanz- oder GuV-orientiert erfolgen können. Soweit sie auf dem Matching Principle beruhen, das eine korrespondierende Erfassung von Erträgen und Aufwendungen anstrebt (oftmals in Form eines am Realisationsprinzip ausgerichteten Ansatzkonzeptes) kann man davon ausgehen, dass die resultierende Gewinngröße Informationsgehalt hat. Problematischer sind PA, die auf Fair-Value-Bewertungen von Bilanzposten zurückgehen, wenn diese Werte nicht direkt am Markt beobachtbar sind. Bewertungserfolge von Anlageimmobilien nach IAS 40 können sowohl atypisch als auch bilanzpolitisch verzerrt sein, sodass der Informationsgehalt der Rechnungslegung nicht steigt. Zusätzlich störende Einflüsse resultieren daraus, dass einige bilanzbezogene Erfolge im OCI erfasst werden und andere im Net Income und dass es für die OCI-Erfolge teilweise ein Recycling gibt und in anderen Fällen nicht.
2. PA sind auch genau die Buchungen, die für bilanzpolitische Maßnahmen eingesetzt werden oder durch Schätzunsicherheiten geprägt und deshalb fehlerhaft sind. Musterbeispiele sind wiederum Abschreibungen oder Rückstellungen. Aufgrund des (auch unter IFRS weitgehend geltenden) Kongruenzprinzips ergeben sich in der Folge gegenläufige Effekte zwischen den Unterschieden von Gewinnen und Cashflows. Ob diese gegenläufigen Effekte aus den Abschlüssen erkennbar werden, hängt stark vom Disaggregationsgrad der Anhangangaben ab. Anhand eines Rückstellungsspiegels zum Beispiel ließen sich die Wirkungen einer (über)vorsichtigen oder fehlerhaften

Bewertung problemlos verfolgen. Oftmals werden aber nicht genügend (vergleichbare) Daten vorliegen, um eine umfassende Bereinigung vornehmen zu können. Dies wäre dann unschädlich, wenn die gegenläufigen Effekte gerade durch neue PA wieder kompensiert werden. So haben überhöhte Rückstellungen keine Gewinnwirkung, wenn Auflösungs- und Neubildungsbeträge gleich sind. Gleichwohl gelten PA gerade wegen der Fehleranfälligkeit und der verknüpften diskretionären Spielräume als Ursache für eine schlechte Ergebnisqualität.

3. PA können auch dazu genutzt werden, privates überlegenes Wissen des Managements offen zu legen. Auch in diesem Fall würden die Abgrenzungen den Informationsgehalt von Gewinnen erhöhen. Sollten sich die Schätzungen des Managements im Zeitablauf als falsch herausstellen (zum Beispiel durch Erträge aus der Rückstellungsauflösung oder durch Eingänge auf abgeschriebene Forderungen) könnte sogar auf die Qualität des Managements geschlossen werden.

4. Rechnungslegungssysteme sind mehr oder weniger umfassend durch ein Vorsichtsprinzip geprägt, das letztlich dazu führt, dass erwartete Gewinne und Verluste asymmetrisch und damit zu unterschiedlichen Zeitpunkten in der Rechnungslegung erfasst werden. Die Abgrenzungsbuchungen (Accruals) haben deshalb zwei verschiedene Komponenten, die sehr unterschiedliche Folgen für die Prognoseeignung heutiger Gewinne für künftige Cashflows haben. Ein „Noise-Reduction Role" (vgl. Ball und Shivakumar 2006) haben zum Beispiel die Forderungen und Verbindlichkeiten aus Lieferungen und Leistungen. Durch Verschieben der Cashflows werden nicht die Erfolge in das nächste Jahr verlagert. Da in diesem aber die Zahlungsvorgänge dann erfolgen, sind die heutigen nicht zahlungswirksamen Gewinne positiv mit den künftigen Cashflows verknüpft. Auf der anderen Seite führt das Imparitätsprinzip zu zweischneidigen Folgen. Soweit durch Abschreibungen oder Rückstellungen künftige Auszahlungen antizipiert werden, sind die heutigen Gewinne wiederum mit künftigen Cashflows verknüpft, der heutige Gewinn hängt von heutigen Cashflows und erwarteten Cashflowänderungen ab, das heißt, die Verlusterwartungen werden zutreffend abgebildet. Hingegen werden im Falle von Gewinnerwartungen, also künftigen Cashflows, oftmals keine Gewinne in der GuV erfasst. Soweit es ein echtes durchgängiges Fair Value Accounting gäbe, würde diese Minderung der Prognoseeignung heutiger Gewinn für künftige Cashflows entfallen. Derzeit führt das Vorsichtsprinzip aber zu unterschiedlichen Folgen für die Persistenz von Gewinnen.

Die Krux der Qualitätsmessung besteht nun gerade darin, dass die PA extern nicht aufgeteilt werden können in solche, die die Ergebnisqualität verbessern (1), (3) und zum Teil (4) und solche die sie verschlechtern (2) zum Teil (4) (vgl. Ahrens 2010, S. 22 ff.; Dücker 2009, S. 71 f.). Zudem muss berücksichtigt werden, dass sowohl Gewinne als auch Cashflows durch Bilanzpolitik verzerrt sein können und sachverhaltsgestaltende Maßnahmen häufig gar nicht erkennbar sind. Es kann deshalb in Fehler erster Art und zweiter Art unterschieden werden. Fehler erster Art heißt, dass Abgrenzungen irrtümlich als abnormal (diskretionär) eingestuft werden, die Qualität der Gewinne wird als zu schlecht eingeschätzt. Der Fehler zweiter Art qualifiziert hingegen diskretionäre Abgrenzungen fälschlich als normal, führt also zu einer zu guten Beurteilung der Gewinnqualität (vgl. Dechow et al. 2010).

3.3.1.3 Vorschläge zur Präzisierung von Maßgrößen

Es ist deshalb auch kaum überraschend, dass im Schrifttum sehr unterschiedliche Maßgrößen für Bilanzpolitik (Earningsmanagement) und Ergebnisqualität diskutiert und genutzt werden. Im Kern lassen sich folgende Varianten unterscheiden:

- Sämtliche Unterschiede zwischen Gewinn und Cashflow gelten als Ausfluss verzerrender Bilanzpolitik, ein offenbar sehr undifferenziertes Vorgehen.
- Nur die jährlichen Änderungen der PA gelten als Ausfluss von Bilanzpolitik, die „normalen" Accruals, die die positive Rechnungslegungsqualität ausmachen und Informationsgehalt haben, sind konstant (vgl. Dücker 2009, S. 9). Dieses Vorgehen berücksichtigt nicht, dass es auch im Basisjahr Earningsmanagement gegeben haben kann und dass die Schwankungen auch auf die Fallgruppen (1) oder (3) oben zurückgehen können. Dies ist insbesondere bei instabilen Entwicklungen plausibel.
- Die Volatilitäten von Gewinnen und Cashflows werden bezüglich ihrer Korrelationen bestimmt. Niedrige Werte deuten dann auf wenig Erfolgsglättung hin und damit eine hohe Ergebnisqualität (vgl. Pronobis et al. 2010; Krummet 2011, S. 121).
- Es wird gezielt versucht solche Abgrenzungsbuchungen zu identifizieren, die fehlerbehaftet oder bilanzpolitisch verzerrt sind, da nur diese die Ergebnisqualität mindern (vgl. Ahrens 2010, S. 31 ff.). Verwendet werden zum Beispiel die Forderungen aus Lieferungen und Leistungen oder das Net Working Capital. Bei einem solchen Vorgehen ist zu beachten, dass die anfälligen Sachverhalte durch die im Allgemeinen hoch aggregierten Abschlussposten nur durch eine Anhanganalyse detailliert erkennbar werden. Damit ist die Datenverfügbarkeit deutlich eingeschränkt und Korrekturen sind unternehmensabhängig und damit auch nicht mehr vergleichbar. Zudem ist die Identifikation solcher anfälliger Sachverhalte subjektiv.

Angesichts dieser Schwierigkeiten kann es sinnvoll sein, auf übliche und relativ einfach verfügbare Daten zur Qualitätsmessung zurück zu greifen. Verfeinerungen und eine detaillierte Analyse von geschäftsfeldtypischen Anpassungen können die Ergebnisse natürlich maßgeblich beeinflussen. Häufig werden folgende Maßgrößen genutzt (ähnlich: Pronobis et al. 2010):

$$\text{A:} \quad \text{Delta WC} = a + b\,\text{CFO}\,(t-1) + c\,\text{CFO}\,(t) + d\,\text{CFO}\,(t+1) + e$$

Die Änderung des Working Capital eines Jahres gilt als bilanzpolitisch kritische Größe. Die Änderung des Working Capital (WC) wird bestimmt als: Erhöhung UV − Erhöhung liquider Mittel + Erhöhung kurzfristiges Fremdkapital (bei Änderungen in die andere Richtung: Vorzeichenwechsel). Als kurzfristiges Kapital werden die Verbindlichkeiten aus Lieferungen und Leistungen und die Änderungen der kurzfristigen Rückstellungen genutzt. Je nach Rechnungslegungsstandard sind die Fristigkeiten aber nicht erkennbar und die Forderungen und Verbindlichkeiten aus Liefergeschäften können auch unter den Posten Forderungen/Verbindlichkeiten gegenüber verbundenen Unternehmen erfasst worden sein.

Die CFO können der KFR entnommen werden, ohne CF nach IFRS 5. Warum werden die CFO aus drei Perioden genutzt? Die PA können zu Accruals in Folgeperioden führen oder einen Ausgleich von Accruals aus Vorjahren darstellen (zum Beispiel Abschreibungen auf Forderungen im Vorjahr, Ertrag auf eingegangene Forderungen im Geschäftsjahr; vgl. Dechow und Dichev 2002 zur formalen Ableitung).

„The residual of this regression reflect the accruals which cannot be explained by cash-flows (i.e. estimation biases" (Dechow und Dichev 2002). Die Standardabweichung der Residuen e ist dann ein inverses Maß für die Qualität der PA, das heißt, je höher die Standardabweichung, desto niedriger ist die Ergebnisqualität.

B: p (Delta WC; Delta CFO)   (mit p = Spearman's Rangkoeffizient)

Die Änderung der PA wird wiederum durch die Änderungen des Working Capital gemessen und die CFO der KFR ohne IFRS-5-Größen entnommen (vgl. Pronobis et al. 2010). Ergibt die Korrelation der Änderungen niedrige Werte, gab es wenig Ergebnisglättung, die Gewinnqualität ist entsprechend hoch. Dahinter steckt die Annahme, dass Gewinnschwankungen durch Bilanzpolitik geglättet werden (Earnings Smoothing). Schwanken die CFO stark, sind stark schwankende PA zu erwarten, um für den Gewinn die Glättungswirkung zu erzielen. Diese Bewertung von Gewinnglättung ist nicht unumstritten. So stellen Heflin et al. in einer Studie für US-Unternehmen (1995 bis 2009) fest, dass Smoothing zu Börsenkursen führt, die mehr Informationen über künftige Gewinne enthalten. Analysten eliminieren aus den Gewinnen nach den GAAP, die durch das Vorsichtsprinzip beeinflusst sind, die negativen, transitorischen Posten. Dies führt zu mehr Wertrelevanz der Analystenschätzungen (Street Earnings; vgl. Heflin et al. 2015). Auch andere Autoren folgern aus gesunkenen Kapitalkosten, dass Smoothing zu einer verbesserten Rechnungslegungsqualität führt (vgl. Leuz und Wysocki 2008).

Die positive Bewertung der Gewinnglättung könnte darauf beruhen, dass das Management damit nachhaltige Erfolge signalisiert. Werden nur kurzfristige Schwankungen nivelliert wäre dies plausibel. Gehen die Glättungen auf die Legung und gezielte Hebung diskretionärer stiller Reserven zurück, wäre dies hingegen kaum positiv zu sehen, egal ob die Bewertungs- oder die Koordinationsfunktion der Rechnungslegung fokussiert wird.

C: Volatilität Gewinne/Volatilität CFO

Im Kern misst C das gleiche wie B. Es wird untersucht, inwieweit Gewinn- und Cashflowschwankungen korrelieren. Niedrige Gewinnschwankungen gelten als Ausdruck von Smoothing (vgl. Krummet 2011, S. 121 f.; Myers et al. 2007). In dieser Gleichung können auch frei gewählte Gewinngrößen berücksichtigt werden (EPRA-Ergebnis, EBITDA usw.).

Unklar ist aber die Bewertung eines etwaigen Smoothing. Nach dem Signaling-Ansatz kann es auch positiv gedeutet werden, wenn es keine Anreize für das Management zu opportunistischer Bilanzpolitik gibt. Zumeist wird es aber negativ im Sinne von künstlicher Glättung, Ausnutzung diskretionärer Spielräume gesehen (vgl. Tong und Miao 2011). Zu Recht wird auch darauf verwiesen, dass Smoothing auf eine mehrperiodische Betrachtung abstellt, während die Messung der Qualität von PA, zum Beispiel durch Identifikation von diskretionären Bestandteilen, auf die Daten eines Jahres rekurriert. Deshalb sind diese zwei Sachverhalte auch bei der Beurteilung von Qualität zu trennen (vgl. Filip und Raffournier 2014).

$$\textbf{D:}\quad \textbf{m\,(PA/CFO)}\qquad \text{m = Median des Quotienten}$$

Der Median des Quotienten des absoluten Betrages der jährlichen Änderungen der Periodenabgrenzung bezogen auf die Änderungen des CFO, der als bilanzpolitisch robust gilt. Annahme: Die ergebnisglättende Bilanzpolitik erfolgt regelmäßig so, dass Erhöhungen des CFO durch gegenläufige PA-Änderungen kompensiert werden, um Gewinne zu glätten. Deshalb ist eine negative Korrelation üblich und je stärker diese ist, desto mehr bilanzpolitische Glättung wird unterstellt (vgl. Dücker 2009, S. 68 f. zu weiteren Operationalisierungsmöglichkeiten).

Es sei nochmals betont: Die Maße B, C, und D stellen auf Unterschiede zwischen CFO und Gewinnen ab. Gewinne sind das Ergebnis der Abgrenzungsregeln und sollen nach Ansicht des IASB gerade dazu führen, dass die willkürlichen Zahlungen so periodisiert werden, dass die Gewinne die fundamentale Unternehmensleistung (Performance) widerspiegeln (die Earningsqualität steigt). Abgrenzungen können aber auch bilanzpolitisch verzerrt oder fehlerhaft sein (die Qualität sinkt) oder sie sind eine Offenlegung privater, besserer Schätzungen des Managements (Qualität steigt). Leider kann den Abgrenzungen nicht direkt angesehen werden, welche Qualitätsfolgen sie auslösen. Dechow et al. kommen deshalb nach einer Auswertung von über 300 Studien zu dem resignierenden Ergebnis, dass die empirischen Befunde gemischte Ergebnisse liefern und nur begrenzt hilfreich sind (vgl. Dechow et al. 2010).

$$\textbf{E:}\quad \textbf{PA} = \textbf{a} + \textbf{b}(1/\textbf{VWVj}) + \textbf{c}\,(\textbf{Umsatzänderung Gj}/\textbf{VWVj})$$
$$+\, \textbf{d Investment Properties} + \textbf{e}$$

Diese Gleichung misst die „performance-matched discretionary accruals", wobei e die abnormalen PA spiegeln (vgl. Ramanna und Roychowdhury 2010). Die PA werden definiert als nachhaltiges Net Income abzüglich CFO. Normaler Weise wird statt der Investment Properties auf PPE abgestellt. PPE sind Property, Plant und Equipment (also das Sachanlagevermögen). Die Periodenabgrenzung wird als Funktion der Vermögenswerte zu Beginn des Geschäftsjahres, der Umsatzänderung (skaliert durch das Vermögen zu Beginn des Geschäftsjahres) und der Sachausstattung zu Beginn des Geschäftsjahres aufgefasst. Für die später untersuchten Unternehmen ist diese Maßgröße in der Form eher nicht geeignet, da zum Beispiel ein Bestandshalter über wenig PPE verfügen muss und dessen Größe möglicherweise kaum vom Geschäftsumfang (Gewinnen und CFO) abhängt. Eliminiert man diese Größe aus der Gleichung, wird Bilanzpolitik letztlich als Funktion der Bilanzsumme und des Umsatzwachstums interpretiert.

Ergänzend könnte statt der Sachausstattung der Posten Anlageimmobilien bei sogenannten Bestandshaltern einbezogen werden. Diese sind dadurch charakterisiert, dass ihr Vermögen ganz überwiegend aus vermieteten Immobilien besteht (Wohn- oder Gewerbeimmobilien). Dies erscheint zweckmäßig, da in das Net Income Fair-Value-Änderungen der Anlageimmobilien eingehen, nicht aber in den CFO. Dieses Delta wird demnach als Accrual, also Ausfluss ergebnisglättender Bilanzpolitik eingestuft. Das Volumen hängt vom Wert zu Beginn des Jahres ab. Ob dies sinnvoll wäre, ist Ansichtssache. Meines Erachtens ja, das ist gerade auch die Logik des EPRA-Gewinnes oder der Funds from Operations (vgl. Abschn. 5.3.5.3 zu diesen branchenbezogenen Erfolgsmaßen).

Auch der zweite Teil der Gleichung (Umsatzänderungen/bezogen auf Vermögen zu Jahresbeginn) ist für Immobilienunternehmen sinnvoll. Umsatzänderungen führen zu veränderten Gewinnen und CFO. Durch Abgrenzungen (Forderungen Lieferungen und Leistungen und deren Abschreibungen etc.) kann Gewinnglättung betrieben werden. Alle Änderungen die nicht den Vorjahrsrelationen entsprechen, gelten eben als bilanzpolitisch motiviert.

Hieran wird deutlich: Werden Accruals als Maßgrößen für Bilanzpolitik gewählt kann es zwei Fehlerquellen geben (vgl. Guay 2006):

1. Die atypischen Periodenabgrenzungen enthalten nicht diskretionäre Teile, es wird gerade nicht Bilanzpolitik gemessen. Dazu würde es zählen, wenn ein Unternehmen wegen gestiegener Umsatzerwartungen Vorräte aufbaut. Das gestiegene Net Working Capital würde als diskretionäre Periodenabgrenzung eingestuft. Wird zusätzlich eine Kapitalmaßnahme geplant, könnte dies als ergebnisverbessernde Bilanzpolitik anlässlich eines Börsenganges missinterpretiert werden.
2. Die geschätzten nicht diskretionären Abgrenzungen, die nur prognostiziert und mit den realisierten Größen verglichen werden, enthalten diskretionäre, bilanzpolitisch verzerrte Größen. Erwartet ein Unternehmen Umsatzrückgänge und löst zur Ergebnisverbesserung Rückstellungen auf oder unterlässt Abschreibungen auf Forderungen, so sehen die verminderten Abgrenzungen „normal" aus, da die Umsätze geringer sind.

Exkurs: Zur Entwicklung der Maße für Bilanzpolitik
Da sofort einleuchtet, dass das zuletzt angesprochene Problemfeld sehr unterschiedlich aufgefächert werden kann, sollen die wichtigsten Entwicklungsstufen skizziert werden (vgl. Dechow et al. 2010; Guay 2006; Höllerschmid 2010, S. 60 ff.; Sattler 2011, S. 228 ff.; Szczesny 2007):

1. Ausgangspunkt vieler Studien ist das Basismodell von Jones. Jones unterstellt, dass die Accruals wesentlich von den Umsatzerlösen abhängen, zum Beispiel das Net Working Capital. Als zweite wichtige Größe wird auf PPE (= Property/Plant/Equipment = Sachanlagevermögen) abgestellt, also insbesondere Abschreibungen auf Sachanlagen erfasst. Die PA werden deshalb als Funktion des Umsatzwachstums und der Änderung von PPE verstanden.
2. In einem modifizierten Jones-Modell wurden die Änderungen von Forderungen aus Lieferungen und Leistungen gesondert in die Schätzfunktion übernommen, da Umsatzerlöse und

Cashflows auseinanderfallen, soweit Zielverkäufe vorliegen. Damit wird zugleich der Tatsache Rechnung getragen, dass auch die Umsatzerlöse selbst bilanzpolitisch beeinflusst sein können. Ob dabei sämtliche Forderungen oder nur die durch die Änderung der Umsätze nicht erklärbaren Forderungsänderungen (Annahme: konstante Quote an Zielumsätzen) als bilanzpolitisch verzerrt angenommen wird, hängt vom Modell ab.

3. In einem weitergehend modifizierten Jones-Modell wurden zusätzlich Performance-Anpassungen berücksichtigt (ROA = Return on Assets). Damit wird der empirisch bestätigte Zusammenhang zwischen Accruals und Gewinnänderungen zusätzlich berücksichtigt (vgl. Kothari et al. 2002).

4. Einen anderen Zugang wählten Dechow und Dichev 2002. Sie gehen davon aus, dass sich Erfolgs- und Zahlungsströme im Zeitablauf ausgleichen (Kongruenzprinzip) und formulieren deshalb die Accruals eines Jahres als Funktion der operativen Cashflows aus Vorjahr, Geschäftsjahr und Folgejahr. Diese Funktion führt dann zu Fehlern, wenn die Cashflows aus Periodenabgrenzungen resultieren, die außerhalb des Dreijahreszeitraumes liegen.

5. Dieses Modell greift systematisch nur kurzfristig gestaltete Periodenabgrenzungen ab. Als Erweiterungen kann es um Änderungen der Umsätze (ebenfalls ein kurzfristiger Faktor) und der PPE (langfristiger Faktor) erweitert werden.

6. Während die bisher angeführten Modellspezifikationen als lineare Modelle formuliert wurden, haben Ball und Shivakumar (2006) ein nicht lineares Modell entwickelt. Dieses trägt der Tatsache Rechnung, dass die Rechnungslegung typischer Weise durch das Vorsichtsprinzip geprägt wird, weshalb die Accruals unterschiedlich mit den erwarteten Cashflows verknüpft sind (s. o.). Ihr Modell liefert besser spezifizierte Resultate, ist aber auch wesentlich anspruchsvoller als die linearen Varianten. Da später IFRS-Abschlüsse im Fokus stehen, bei denen für die wichtigste Assetklasse (Anlageimmobilien) das Vorsichtsprinzip aufgrund der Fair Values weniger bedeutsam ist, kann bei solchen Unternehmen auf diese Verfeinerung verzichtet werden.

7. Die statistische Mächtigkeit der Untersuchungen auf der Basis der o. a. Modelle wird insgesamt als eher schwach eingestuft. Dies betrifft sowohl die statistische Prägnanz der Ergebnisse als auch die eher schwache konzeptionelle Fundierung, da viele Accruals eben nicht als „verzerrt" in einem negativen Sinne angesehen werden können (vgl. Ball 2009). Eine wesentliche Verbesserungsvariante könnte entwickelt werden, wenn die Umkehreffekte von Accruals mit in die Modelle aufgenommen werden (vgl. Dechow et al. 2012). Zumindest soweit das Kongruenzprinzip gilt, was auch unter IFRS im Wesentlichen unterstellt werden kann, würde dies die Dynamik der Entwicklungen deutlich besser abbilden und statistisch wesentlich bessere Ergebnisse liefern können (vgl. Gerakos 2012). Das Hauptproblem besteht hierbei darin, dass die Umkehrzeitpunkte extern in vielen Fällen praktisch kaum abzuschätzen sind. Für eine untersuchte Unternehmensgruppe, deren Abschlüsse von der SEC beanstandet und die in der Folge korrigiert wurden, galt dieses Argument nicht. Allerdings war unklar, ob der Umkehreffekt (die Fehlerkorrektur) nur das Vorjahr oder mehrere Perioden betraf. Zudem ist nicht auszuschließen, dass das Korrekturjahr noch durch Strafen oder Rückstellungen für Haftungsfälle in Folge der publizierten Fehler beeinflusst war (vgl. Gerakos 2012). Auch diese Modellverfeinerung ist häufig schwer umsetzbar, da es zu wenig Vorwissen über die Bestimmung von plausiblen Umkehrzeitpunkten gibt. Bei Immobilien könnte man im Zweifel kaum vernünftig abschätzen, wie eine als Erhaltungsaufwand erfasste Baumaßnahme bei einer Aktivierung in den Folgejahren abzuschreiben wäre. Zudem ist das später untersuchte Unternehmenssample dadurch geprägt, dass die wichtigste Assetklasse (die Immobilien) zumeist mit Fair Values bewertet werden. Selbst wenn diese stark schwanken und damit auch möglicherweise fehlerhafte und/ oder bilanzpolitisch verzerrte Accruals aus Vorjahren korrigiert werden, sind diese nicht von realen Wertänderungen zu trennen. Diese echten Wertänderungen kann man wiederum kaum

als Umkehreffekt von Accruals im üblichen Sinne deuten, da es völlig willkürlich wäre, Preisschwankungen als nur vorübergehende Abweichungen von einem stabilen Zeitwert zu deuten. Zudem ist die Modellverfeinerung auch nicht geeignet, sachverhaltsgestaltende Bilanzpolitik zu bereinigen (siehe unten).

8. Weniger Probleme, bestimmte PA als diskretionär einzustufen hat ein Vorschlag von Badertscher et al. (2012). Sie untersuchen eine Unternehmensgruppe, die starke Anreize hatte, bilanzielle Schwellenwerte zu erreichen und einem Restatement unterlagen (durch SEC oder Prüfer veranlasst). Sie unterstellen, dass der Unterschied zwischen den ursprünglichen PA und den korrigierten diskretionär ist. Dieses Vorgehen hat diverse Nachteile. Einmal ist die erreichte Stichprobe sehr klein (168 Unternehmen mit 214 Firmyears in knapp fünf Jahren) und der Schluss, alle anderen PA seien durch die fundamentale Entwicklung der Unternehmen begründet, ist nicht ohne weiteres plausibel. Es spricht intuitiv eher einiges dafür, dass legales EM ebenfalls (stark) eingesetzt wurde. Schließlich ist der Schluss, dass wenn ein mögliches Target vorher erreicht und nachher verfehlt wurde, opportunistische Bilanzpolitik vorlag nicht immer zutreffend, es gab auch unintendierte Fehler.

Es ist naheliegend, dass Modellverfeinerungen einem Trade-off zwischen Qualität der Messung und der Einfachheit/Datenverfügbarkeit unterliegen. Je detaillierter und subjektiver die berücksichtigten Faktoren sind, desto genauer wird das Modell, aber die Ergebnisse werden auch weniger mit anderen Studien vergleichbar. Angesichts der Besonderheiten von Geschäftsmodellen und Branchen ist zudem zu erwarten, dass die Spezifikationen auf Unternehmenstypen zugeschnitten sein sollten. Außerdem können Folgewirkungen auftreten: Werden zum Beispiel Sachanlagen nach dem Neubewertungsmodell abgebildet (zugunsten des OCI) ergeben sich in der Folge veränderte planmäßige Abschreibungen. Um Verfälschungen der Ergebnisse zu vermeiden müsste das Maß für Bilanzpolitik entsprechend modifiziert werden (vgl. Soderstrom und Sun 2007). Die Modellspezifikation wird dadurch komplexer.

Zugleich ist zu beachten: „Dessen ungeachtet zeigt der Wettbewerb der Modellvarianten, dass das „schlanke" Jones-Modell in vielen Fällen bemerkenswerte Ergebnisse liefert" (Höllerschmid 2010, S. 64). Trotz umfangreicher Dekompositionen für diverse Accruals gab es mehrfach vergleichbare Resultate (vgl. Kang et al. 2010). Außerdem sind Querschnittsanalysen scheinbar besser spezifiziert als Längsschnittuntersuchungen (vgl. Kang et al. 2010). Dies dürfte aufgrund von Rechtsänderungen und anderen nicht stabilen Einflussfaktoren bei langen Zeitreihen plausibel sein.

3.3.2   Sachverhaltsgestaltende Bilanzpolitik (Real Earnings Management)

3.3.2.1 Charakteristika von Sachverhaltsgestaltungen

Während EM darauf abzielt, durch unterschiedliche Maßnahmen die Abbildung zu beeinflussen und damit keine unmittelbaren Cashflow-Folgen verbunden sind (Gewinnansprüche, Steuerfolgen etc. betrachte ich als mittelbare Zahlungsfolgen), führt Real Earnings Management (REM) im Allgemeinen zu veränderten Cashflows im abgelaufenen Jahr. Anders als EM setzt REM voraus, dass Geschäfte mit Dritten realisiert wurden. Dabei kann es sich um unabhängige Dritte oder auch verbundene Unternehmen oder Nahestehende Personen handeln. Während solche Transaktionen in die Einzelabschlüsse von Unternehmen unkorrigiert einfließen, werden sie im Konzernabschluss konsolidiert. Besteuerungssubjekte sind in der Regel die Einzelgesellschaften, sodass REM

Steuerfolgen auslöst, während EM nicht immer mit steuerlichen Folgen verbunden ist, in Deutschland ergeben sich zum Beispiel Grenzen durch steuerliche Vorbehalte.

Aufgrund des Kongruenzprinzips führt EM normalerweise zu Umkehreffekten in Folgeperioden. Werden im Jahr 1 hohe Abschreibungen und Rückstellungszuführungen vorgenommen, resultieren in den Folgejahren niedrigere Abschreibungen und Erträge aus der Rückstellungsabwicklung (oder geringere Nachdotierungen). Dabei treten diese Umkehreffekte teilweise automatisch ein, teilweise können sie auch durch bewusste Managemententscheidungen erfolgen, also ebenfalls bilanzpolitisch gesteuert werden.

REM führt hingegen nicht notwendig zu buchhalterischen Umkehreffekten, hat aber sehr wohl Folgen für künftige Gewinne und Cashflows, die unten exemplarisch aufgezeigt werden. Grundsätzlich wird aufgrund der angesprochenen Sachverhalte (Transaktionen mit Dritten, Steuerfolgen etc.) unterstellt, dass REM die teurere Form von Bilanzpolitik ist. Sollte sie nicht zugleich anderweitige Vorzüge bieten, wäre ihr Einsatz nur durch den Opportunismus des Managements zu erklären. Dann wäre wiederum erklärungsbedürftig, warum die Eigentümer dies akzeptieren sollten. Zwar könnte REM auch genutzt werden, privates Managementwissen zu signalisieren. Allerdings fanden Kim und Sohn bei US-Unternehmen für den Zeitraum 1987 bis 2011 (mit 30.276 Firmyears) erhöhte Eigenkapitalkosten, das heißt, der Kapitalmarkt strafte diese Form der Bilanzpolitik ab. Dies spricht für die Opportunismus-Hypothese (vgl. Kim und Sohn 2013).

REM wird nach einer Umfrage von Graham et al. bei CFO als quasi selbstverständliche Strategie angesehen, um bestimmte Ziele von Bilanzpolitik (insbesondere das Erreichen von Analystenschätzungen) zu verfolgen. Dies gilt auch dann, wenn es zu realen Cash-Outflows führt (vgl. Graham et al. 2005). Zang (2012) definiert REM wie folgt: „Real activities manipulation is a purposeful action to alter reported earnings in a particular direction which is achieved by changing the timing or structuring of an operation, investment or financing transaction and which has suboptimal business consequences" (Zang 2012). Ähnlich negativ auch Kim und Sohn: „…that REM distorts the fundamentals oft he business" (Kim und Sohn 2013).

Aufgrund der hohen Kosten von REM vermutete Sattler, dass REM kein Sachverhalt ist, der (für Deutschland) wichtig für die Frage der Unabhängigkeit der Abschlussprüfer ist (vgl. Sattler 2011, S. 213) und damit eine Gefahr für die Qualität der Rechnungslegung. Offenbar hält er REM für kein flächendeckend auftretendes Problem. Anders Kim und Sohn: „…REM is a new candidate for an information risk factor (….)" (Kim und Sohn 2013).

Angesichts der inzwischen sehr umfangreichen Literatur zu REM muss das Thema sicher ernst genommen werden. Dies gilt schon deshalb, weil zwischen EM und REM sehr häufig eine Substitutionsbeziehung festgestellt wurde und deshalb die Beschränkung auf EM ein unvollständiges Bild der Bilanzpolitik liefert. Die bisherigen Arbeiten zu REM zeigen zudem, dass die negative Definition von REM oben, sie stellt ein Abweichen vom Optimum dar, keinesfalls immer passt. Es kann auch positive ökonomische Folgen geben.

Im Folgenden geht es darum

- systematische Unterschiede zwischen EM und REM zu erläutern;
- zu verdeutlichen, für welche Unternehmen REM besonders interessant ist;
- zu untersuchen, welche Kosten und Vorteile REM verursachen kann;
- typische Gestaltungsmöglichkeiten vorzustellen und Maßgrößen für empirische Messungen von REM.

Nahezu einhellig wird im Schrifttum festgestellt, dass EM und REM in einem Substitutionsverhältnis stehen, das heißt, wenn der Gesamtumfang an Bilanzpolitik feststeht, hängt der Mix von der Verfügbarkeit der möglichen Instrumente und deren Kosten ab. Da REM zeitlich vor dem Bilanzstichtag realisiert werden muss, ist es plausibel, dass die Entscheidungen sequenziell erfolgen und für Sachverhaltsgestaltungen zeitlich früher. Konventionelles EM nach dem Stichtag dient dann der Feinjustierung („fine-tune"; vgl. Kim und Sohn 2013; Zang 2012). Die zeitliche Flexibilität von REM und die Notwendigkeit, vor dem Stichtag zu agieren, stellen den ersten wichtigen Unterschied zu EM dar (vgl. Doukakis 2014; Ho et al. 2015). Diese früheren Entscheidungen stehen zudem unter der Ungewissheit, welche Maßnahmen des EM vom Abschlussprüfer später mitgetragen werden (vgl. Gunny 2010).

Für EM gibt es grundsätzlich Beschränkungen durch die Rechnungslegungsregeln, die den Spielraum mehr oder weniger umfassend einengen. Für reale Transaktionen gibt es hingegen keine GAAP, sondern alles, was im Rahmen der Business Judgement Rule (noch) vertretbar ist, kann auch gemacht werden. Da diese Norm einen sehr weiten Handlungsrahmen lässt, sind Haftungsrisiken wegen REM eher niedrig. Eine rigide Normierung scheidet aber angesichts der Fülle an Gestaltungsoptionen und Nachweisproblemen aus.

Reale Transaktionen sind deshalb für Prüfer und Aufsichtsinstanzen (Aufsichtsrat, Behörden, SEC usw.) kaum angreifbar. Schon die Frage, ob es sich um eine bilanzpolitisch motivierte Aktion handelt oder ob es geschäftspolitische Gründe gab, wird oftmals kaum eindeutig zu beantworten sein. Selbstverständlich kann der Verkauf von Anlagevermögen der Hebung stiller Reserven dienen (Gains Trading). Aber er kann auch Ergebnis einer Sortimentsbereinigung, Anpassung an neue Technologien oder Beseitigung einer Verlustquelle sein. Eine Sale-and-lease-back-Gestaltung kann höchst erwünschte bilanzielle Folgen haben, aber auch Ausfluss von Outsourcingentscheidungen und Fokussierung auf Kernkompetenzen sein. Dient eine solche Maßnahme der Steueroptimierung oder anderen Koordinationszwecken, so ist die Informationsverzerrung, die eventuell resultiert, eher ein Kolateralschaden als ein Ziel.

Für Externe ist EM zumindest in Teilen oder von der Zielrichtung (Gewinnerhöhung zum Beispiel) erkennbar, teilweise sogar quantitativ zu korrigieren. REM ist hingegen vielfach kaum aufzudecken und wenn es „verdächtige" Maßnahmen gibt, ist es sehr schwer zu beurteilen, ob diese bilanzpolitisch (diskretionär) sind oder Anpassungen an das Umfeld (vgl. Kim und Sohn 2013). Dies erschwert die Entwicklung von Maßgrößen für empirische Arbeiten drastisch.

3.3.2.2 Kosten-Nutzen-Überlegungen zur Bilanzpolitik

Fragt man, für welche Unternehmen REM attraktiv ist, so gilt allgemein: für alle, die Situationen ausgesetzt sind, die Bilanzpolitik erforderlich machen und die Möglichkeiten, dies durch EM zu erreichen begrenzt oder zu teuer sind. Andererseits unterliegt auch REM Cost-Benefit-Abwägungen. Dabei kann es eine ganze Fülle an Konstellationen geben, die Einfluss darauf haben, wann EM teuer für Unternehmen wird und REM entsprechend relativ billiger. Hierzu einige Beispiele.

a) Werden die GAAP restriktiver oder werden sie strikter durchgesetzt als früher, engt dies den Spielraum für EM ein (zum Beispiel keine Wahlrechte, strenge Stetigkeitsregeln). Wird die Corporate Governance verbessert, zum Beispiel indem Offenlegungs- und Haftungsregeln verschärft werden, kann dies ebenfalls REM attraktiver machen. Insgesamt stellen Haftungsrisiken für Unternehmen, Aufsichtsorgane und Prüfer eine wichtige Randbedingung dar. Für EM bestehen hier eher Risiken als für REM, da es praktisch nur wenige Normen für unzulässige Maßnahmen gibt.

Die Verbesserung der Corporate Governance durch den SOX ist ein vielfach untersuchtes Beispiel. Tatsächlich zeigte sich in einer ganzen Reihe von Arbeiten, dass es unintendierte Folgen gab und billiges, gut erkennbares EM durch REM substituiert wurde (vgl. Bartov und Cohen 2009; Caylor 2010; Hossain et al. 2011; Roychowdhury 2009; Singer und Yu 2011). Auch die Einführung von IFRS kann solche Substitutionswirkungen entfalten. Dies wurde für europäische Unternehmen aus 22 Ländern von 2000 bis 2010 untersucht, wobei zwischen freiwilligen und Pflichtanwendern unterschieden wurde. Im Wesentlichen zeigten sich solche Substitutionsbeziehungen, also eine Zunahme von REM, die aber eher auf zeitgleich verbesserte Regeln zur Corporate Governance beruhten (vgl. Doukakis 2014).

b) Als private Corporate Governance-Instanz werden Finanzanalysten angesehen, die aufgrund ihres Know-how und privater Informationen besonders wichtige Informationsintermediäre sein können. In einer sehr umfassenden Erhebung für die Jahre 1993 bis 2007 für 20 Länder mit 138.678 Firmyears wurde gezeigt, dass sie das Informationsumfeld verbessern, allerdings nur in Common-Law-Ländern. In diesen spielt nach Ansicht der Verfasser die Information von Kapitalmarktteilnehmern eine herausragende Rolle, während in Code-Law-Ländern wie Deutschland Insiderwissen und private Informationskanäle der Blockholderaktionäre, sowie das Stakeholdersystem insgesamt, dies nicht forcieren (vgl. Gordon et al. 2014). Ob diese Erklärung tragfähig ist, ist durchaus zweifelhaft, da die Corporate Governance- und Marktbedingungen in verschiedenen Ländern inzwischen angenähert sind und die historischen Deutungsmuster die aktuelle Lage nicht mehr zuverlässig repräsentieren (vgl. ausführlich Abschn. 4.3).

c) In einer anderen Erhebung wurde nicht auf die Länderfaktoren abgestellt wie Investorenschutz, Rechtssystem etc., sondern auf den Entwicklungsstand der Finanzmärkte. Dabei wurde untersucht, ob Finanzanalysten in hoch entwickelten Märkten
   zu einem verbesserten Monitoring beitragen, da Unternehmen zum Abbau von
   Informationsasymmetrien Daten offenlegen und Analysten mit großer Qualität am
   Markt aktiv sind. Earningsmanagement (Bilanzpolitik) wäre dann eher uninteressant, da mit einer Aufdeckung zu rechnen wäre. Umgekehrt könnte auch unterstellt
   werden, dass Bilanzpolitik gerade dann wichtig für das Management wird, weil die
   Analystenschätzungen zu (über)treffen sind. Für den Zeitraum 1993 bis 2002 mit
   13.098 Unternehmen aus 21 Ländern (65.799 Datenpunkte) zeigte sich eine infor-
   mationsverbessernde Wirkung der Analystendeckung (vgl. Degeorge et al. 2013).

d) Verbessert sich der Informationsstand Externer, weil neben Gewinnprognosen auch
   Prognosen für CFO vorliegen, mithin die Periodenabgrenzungen offengelegt werden, kann dies ebenfalls EM unattraktiv machen. Mit der Schätzung der PA durch
   Analysten wird EM zunehmend erkennbar und das Treffen bestimmter Zielgrößen
   (Targets) erschwert. Für die USA gab es 1993 für 1 % der Unternehmen CFO-
   Schätzungen durch Analysten, 1999 für 12 % und 2003 für 39 %. Für den Zeitraum
   1993 bis 2004 ging für 7231 Unternehmen, die in diesem Zeitraum zunächst keine
   und dann mindestens drei Jahre CFO-Schätzungen hatten, das Ausmaß an diskretionären PA deutlich zurück. REM wurde deutlich stärker eingesetzt. Erstaunlich ist
   an diesem Beispiel, dass nicht gesetzliche Vorgaben, sondern Analystenaktivitäten
   die Veränderung trieben. „Billige" Änderungen der Praxis von Analystenprognosen
   begrenzten EM und führten insgesamt zu weniger Target Beating. Zudem wurden
   die Analystenschätzungen verstärkt durch die Unternehmen gesteuert und zwar nach
   unten (vgl. McInnis und Collins 2011).
   In einer anderen Arbeit wurde ein Rückgang des Expectation Managements (Analystensteuerung) festgestellt, wobei dies aber weniger durch den SOX verursacht
   wurde (so aber Roychowdhury 2009), als durch RegFD 2000, durch den eine privilegierte Information von Analysten untersagt wurde. Dabei führt das Verschwinden
   von Expectations Management nicht unbedingt zu einer verbesserten Kapitalmarktinformation, da es vorsichtig verzerrte Informationen begünstigt (vgl. Bartov und
   Cohen 2009).

e) Stehen Unternehmen unter starker Beobachtung von Aufsichtsbehörden, Analysten,
   Investoren oder Ratingagenturen, so wird REM attraktiver, da EM leichter entdeckt
   und decodiert werden kann. Dies ist zum Beispiel bei Börsengängen und Kapitalerhöhungen der Fall. Es liegt auf der Hand, dass starke Anreize bestehen, durch
   Gewinn erhöhende Bilanzpolitik im Vorfeld eine Überbewertung der Aktien anzustreben, um hohe Emissionserlöse zu erzielen. In der Folge wäre eine unterdurch-
   schnittliche Rentabilität zu erwarten, es hätte eine Reichtumsverlagerung zugunsten
   der Altaktionäre stattgefunden. In einer solchen Unternehmensphase ist EM aber
   wegen der Erkennbarkeit und den erhöhten Haftungsrisiken für Management und
   Prüfer unattraktiv. Kothari et al. stellten für 3754 Kapitalerhöhungen in den USA

(1970 bis 2001) eine starke Zunahme von REM fest (insbesondere Kürzung von F&E-Aufwendungen), die mit einer starken Underperformance in den drei Jahren nach der Kapitalmaßnahme einherging. Für EM gab es keine vergleichbaren Renditeeffekte (vgl. Kothari et al. 2012).

f) Besteht für Unternehmen ein starker Anreiz, bestimmte Schwellenwerte zu erreichen (Target Beating), so kann dies REM attraktiv machen, wenn der Spielraum für EM durch die GAAP begrenzt ist, zum Beispiel durch Stetigkeitsvorgaben oder weil Gewinn erhöhende Bilanzpolitik begrenzt möglich ist. Dies kann kann auf dem Vorsichtsprinzip beruhen oder weil die Haftungsrisiken größer werden. Als Zielgrößen kommen in Betracht: Treffen von Analystenschätzungen oder Managementprognosen, die Vermeidung kleiner Verluste (die „schwarze Null"), kein Rückgang der Earnings per Share, Einhaltung von Debt Covenants etc. Für 4028 bis 6021 US-Unternehmen (mit 23.308 bis 46.156 Firmyears; je nach Spezifikation der Hypothesen) testete Gunny (2010), ob der Einsatz von REM bei Unternehmen, die solche Ziele gerade erreichten zu negativeren Folgen führte, als bei Unternehmen, die diese Ziele verfehlten (trotz REM). Sie stellte fest, dass Unternehmen, die die Targets erreichten mehr REM einsetzten und dass sie in der Folgezeit eine bessere Performance aufwiesen. Die Maßnahmen senkten die Kapitalkosten, beseitigten Verlustquellen und verbesserten die Kreditwürdigkeit und Reputation. REM diente demnach weniger opportunistischen Zielen des Managements als dem Signalisieren einer besseren Zukunft (vgl. Gunny 2010).

g) Die Eigentumsverhältnisse können ebenfalls eine Rolle spielen. So fand Zang (2012), dass institutionelle Anleger (sophisticated Investors) REM verteuern, da sie die Zusammenhänge eher durchschauen und aufdecken. Er untersuchte dies für US-Unternehmen von 1987 bis 2002. Andererseits sind diese Investoren auch in der Lage, aus der Aufdeckung von EM Arbitragegewinne zu ziehen, was letztlich zu einer schnellen Anpassung der Börsenkurse an die neuen Informationen führt (vgl. Chan und Gao 2014).

h) Für mit der Politik verbundene Unternehmen (political connected firms) ist REM attraktiver, da es schwerer aufzudecken ist und helfen kann, Gewinne aus dubiosen Quellen zu verstecken. Für 457 solcher Unternehmen (Gesamtzahl der Unternehmen 5493) aus 30 Ländern (mit 17.664 Firmyears) wurde genau dies festgestellt (vgl. Faccio 2010). Dabei war REM ausgeprägter in Ländern mit einem stärkeren Monitoring. Wiederum zeigt sich, dass Faktoren, die eigentlich für eine gute Corporate Governance stehen, zu nicht intendierten Folgen führen können, hier dem Einsatz der teuren REM.

i) In einer anderen Erhebung für solche Unternehmen mit zwei Sample für eine Fünf- und eine Zehnjahresanalyse (4954 Unternehmen, 209 politikverbunden; 4308, 168 politikverbunden) zeigte sich jedoch eine sehr schlechte Rechnungslegungsqualität. Gemessen anhand der Periodenabgrenzungen (also Effekten von EM) ergab sich, dass diese Unternehmen gar keinen Anreiz für eine bessere Rechnungslegungsqualität hatten, da sie auch bei schlechter Rechnungslegung keine erhöhten Kapitalkosten tragen mussten. Insofern fehlen bilanzpolitische Motive teilweise (vgl. Chaney et al. 2010).

j) Für Deutschland und Italien hing die Umsetzungsqualität der IFRS von der Eigentümerstellung der öffentlichen Hand ab (vgl. Cascino und Gassen 2015). Für China wurde für Staatsunternehmen im Zeitraum 2002 bis 2011 festgestellt, dass die Einführung von IFRS-ähnlichen GAAP und Internal Control Standards zu einem Ersatz von EM durch REM führte. Auf diesen Unternehmen lastet kein Kapitalmarktdruck und Transaktionen mit Nahestehenden Personen erleichtern Gestaltungen, da es kaum Marktpreise für Güter und Dienstleistungen gibt (vgl. Ho et al. 2015).

k) Für deutsche Familienunternehmen aus dem CDAX (402 Unternehmen für 1998 bis 2008 untersucht, 2335 Firmyears) wurde im Vergleich zu einer Kontrollgruppe von Nicht-Familienunternehmen festgestellt, dass sie weniger teure REM einsetzten und mehr Gewinn minderndes EM, um Dividenden zu mindern. Plausibel ist dies, wenn Familieneigentümer eine langfristige Investitionsperspektive haben, hohes Commitment, ihren Einfluss sichern wollen und an den Wohlstand späterer Generationen denken (vgl. Achleitner et al. 2014).

Insgesamt zeigen diese Beispiele, dass die Situationen in denen REM attraktiver sein kann als andere Gestaltungen vielfältig sein können. Beachtlich ist vor allen Dingen, dass auch Regelungen, die eigentlich zu einer besseren Rechnungslegungsqualität führen sollen, gegensätzliche Folgen auslösen können, da sie die alternative konventionelle Bilanzpolitik verteuern.

3.3.2.3 Exemplarische Beispiele und Folgen für Gewinne und Cashflows

Als typische Beispiele für sachverhaltsgestaltende Bilanzpolitik gelten:

- Reduzierung oder Steigerung von F&E-Ausgaben.
- Anpassungen von SG & A-Ausgaben (Selling, General & Administrative) wie Werbung, Instandhaltung, Mitarbeiterausbildung.
- Beschleunigung von Umsätzen durch Preisnachlässe.
- Abnormale Steigerung der Produktion, um die Fixkosten je Stück zu vermindern (vgl. Chen et al. 2010; Cohen et al. 2007).
- Verkäufe von Anlagevermögen unter Aufdeckung von stillen Reserven (Gains Trading; vgl. Gunny 2010).
- Abbau von Kapazitäten bei Umsatzrückgängen, selbst wenn das Management positive Zukunftserwartungen hat. Dies führt zu kurzfristigen Kostensenkungen und später überproportionalen Kosten beim Wiederaufbau von Kapazitäten (vgl. Kama und Weis 2012).
- Fehlende Absicherung von Rohstoffpreisen gerade bei starken Preisschwankungen, da nur das Sicherungsgeschäft, nicht aber die erwarteten Grundgeschäfte in der GuV abgebildet werden und die Gewinne deshalb stark schwanken.

- Abschluss synthetischer Leasingverträge nicht wegen der besonderen Finanzierungs-struktur, sondern verbesserten Abschlussgrößen im Vergleich zu Kauf oder Operate Leasing (vgl. Zechman 2010).
- Aktienrückkaufprogramme, um trotz rückläufiger Gewinne noch relativ gute Werte für die Kennzahl Earnings Per Share (EPS) zu erreichen. Diese Größe spielt für Anla-geentscheidungen eine große Rolle (vgl. Myers et al. 2007).

Die o. a. Beispiele stellen keinesfalls eine vollständige Auflistung dar. Gestaltungen wie Factoring, Leasing, Pensionsgeschäfte, zeitliche Verlagerungen von Investitionen, Aus-lagerung von Pensionsverpflichtungen etc. sind durchaus interessante und wohl auch vielfach genutzte Möglichkeiten. Allerdings ist es schwierig zu entscheiden, ob es sich um bilanzpolitische Gestaltungen handelt oder die Geschäfte aus anderen Motiven her-aus getätigt wurden. Bei bestandshaltenden Immobilienunternehmen könnten Sachver-haltsgestaltungen wie die Verschiebung von Instandhaltungsausgaben oder der Verkauf von Immobilien wichtige Maßnahmen sein. Der Einfluss von Verkäufen auf den Gewinn sollte allerdings aufgrund der Fair Value Bewertung eher gering sein.

Die bisherigen Ausführungen haben gezeigt, dass die Anzahl von Einflussfaktoren und Anreizen für REM und die Vielfalt an Gestaltungsmaßnahmen enorm ist. Eine kasu-istische Normierung scheidet aus. Zudem hat sich des Öfteren gezeigt, dass eine verbes-serte Rechnungslegung aufgrund des Substitutionsverhältnisses REM attraktiv machen kann. Ob dies tatsächlich die Bilanzpolitik verteuert, ist aber unklar. Dies hängt von der Betrachtungsperspektive ab und der Frage, welche Kosten- und Nutzenaspekte einbezo-gen werden.

Unterlässt zum Beispiel ein Unternehmen eine Investition mit positivem Net Present Value, um für eine oder mehrere Kennzahlen einen Bruch von Debt Covenants zu ver-meiden oder eine Rating-Herabstufung, so verliert es zunächst Cashflows durch diese Maßnahme. Allerdings kann sich dies so positiv auf die Finanzierungskosten auswirken, dass dieser Nachteil überkompensiert wird. Eine Sale-and-lease-back-Transaktion kann ökonomisch teuer werden oder eine gelungene Entlastung von Fixkosten.

Für ausgewählte Einzelfälle, die in sehr vielen Studien getestet wurden, sollen kurz die Folgen für Gewinne und CFO reflektiert werden.

Werden F&E-Aufwendungen gekürzt, so wirkt sich dies sofort positiv auf Gewinne und Cashflows aus. Es liegt aber auf der Hand, und dies ist auch der Hauptgrund für das Misstrauen gegenüber REM, dass dies nur ein kurzfristiger Effekt ist und auf Dauer den Unternehmenswert mindern kann. Diese Bedenken gelten nur in geringem Umfang, wenn die Maßnahmen bald nach dem Stichtag nachgeholt werden. Gunny fand in ihrer Studie, dass es bei Unternehmen zu einer verbesserten Performance in der Folge kam im Vergleich zu einer Kontrollgruppe. Sie führt dies darauf zurück, dass das Management mit der Kürzung der F&E-Maßnahmen sein besseres Wissen über die künftigen Erfolgs-entwicklungen signalisierte (vgl. Gunny 2010).

Unter IFRS gibt es eigentlich kein Wahlrecht für die Aktivierung immaterieller Ver-mögenswerte, aber die Vorgaben in IAS 38 lassen einigen Spielraum für weitreichende

Ermessensentscheidungen (faktisches Wahlrecht). Seit dem BilMoG ist nach HGB beachtlich, dass das Management durch das (eingeschränkte) Aktivierungswahlrecht für selbst erstelltes immaterielles Anlagevermögen inzwischen auch Möglichkeiten hat, im Rahmen von EM die negativen Erfolgswirkungen von F&E zu mildern, sodass REM eventuell unnötig wird. Für die IFRS gilt analog: solange faktische Wahlrechte bestehen, könnte durch Aktivierung von Entwicklungskosten ein Gewinneinbruch zumindest partiell vermieden werden.

Die Kürzung von Marketingaufwendungen stellt ein weiteres klassisches Anwendungsfeld für REM dar. Dies führt sofort zu geringerem Aufwand und erhöhten CFO. Zudem kann es aber, abhängig von der Art der Maßnahme, Umsatzfolgen geben. Werden zum Beispiel Investitionen in den Aufbau oder Erhalt von Marken gekürzt (zum Beispiel TV-Werbung), so ist zwar ein kurzfristiger Einfluss auf die Höhe der Umsätze kaum zu erwarten, aber dauerhaft natürlich schon. Demgegenüber können kurzfristige Sales Promotions (Preisnachlässe u. ä.) die Umsätze auch kurzfristig in die Höhe treiben, insbesondere bei lagerfähigen Gütern. Dies geht zulasten künftiger Gewinne und Cashflows. Ob diese negativen Folgen dauerhaft sind oder nicht, hängt dann auch davon ab, ob der Preisdruck der Kunden abgewehrt werden kann. Für Unternehmen, die Gefahr liefen, bestimmte Targets zu verfehlen, wurden primär solche kurzfristigen Maßnahmen festgestellt, wobei noch gezielt darauf geachtet wurde, wie die umsatzstärksten Marken genutzt werden können (vgl. Chapman und Steenburgh 2011).

Die Ausweitung der Produktionsmenge, um durch die Fixkostendegression höhere Gewinne ausweisen zu können, stellt ebenfalls ein Standardbeispiel dar. Diese Gewinnerhöhung wird aber mit niedrigeren CFO einhergehen und einem Aufbau der Lagerbestände. Deshalb kann man davon ausgehen, dass dieses Instrument nicht über Jahre hinweg eingesetzt werden kann. Der Abbau der atypisch hohen Vorräte führt in der Folge zu Umkehreffekten. Können die Absatzpreise gehalten werden, kann dies mit Gewinn- und Cashflowerhöhungen einhergehen (vgl. Brown et al. 2015).

Schon diese wenigen Beispiele zeigen, dass die Frage, ob REM zu kurz- oder langfristigen Folgen führt und ob die künftigen Gewinne und Cashflows steigen oder sinken, davon abhängt, welche Maßnahmen (oder welcher Mix an Maßnahmen) realisiert wurde (vgl. Brown et al. 2015; McInnis und Collins 2011; Lee 2012). Wird zudem berücksichtigt, dass durch REM auch für die Eigentümer positive Effekte erreicht werden können (keine Covenant-Brüche, keine schlechten Ratingurteile oder Börsenkursstürze, günstigere Kapitalkosten, Stoppen von Verlustquellen usw.), so wird deutlich, dass die negative Konnotation in der Literatur nicht immer berechtigt ist. Die Annahme, REM sei missbräuchlich und teurer als EM dürfte pauschal nicht zutreffen.

3.3.2.4 Typische Maßgrößen für REM

Oben wurden einige Gestaltungen von REM vorgestellt und darauf verwiesen, dass es praktisch unmöglich ist, eine abschließende Systematik zu entwickeln. Gleichwohl wäre es natürlich möglich, einen kompletten Abschluss durchzuforsten, um Anhaltspunkte zu finden, ob es entsprechende, verdächtige Maßnahmen gab, zum Beispiel eine Sale-and-lease-back-Transaktion. Dieses extrem aufwendige Vorgehen kann nur gelingen, wenn die Abschlüsse entsprechende Erläuterungen enthalten und ein bilanzpolitisches Motiv plausibel ist. Es wäre zudem subjektiv und dürfte für eine repräsentative Auswertung kaum eine tragfähige Datenbasis liefern, sondern eher anekdotisches Wissen.

In der empirischen Forschung (primär aus den USA) werden spätestens seit dem Beitrag von Roychowdhury (2006) hingegen fast durchgängig bestimmte Sachverhaltsgruppen als Indikatoren gewählt:

1. Abnormale F&E-Aufwendungen.
2. Abnormale Aufwendungen für SGA (Vertriebs- und Verwaltungskosten)
3. Abnormale Umsatzkosten (wegen erhöhter Produktionsmengen)
4. Ein kombinierter Score für (1) bis (3), um einen Maßnahmenmix abzugreifen (vgl. Braam et al. 2015; Doukakis 2014; Ho et al. 2015; Roychowdhury 2006).
5. Abnormale Veräußerungserfolge für Anlagevermögen.
6. Abnormal niedrige CFO aufgrund preissenkender Absatzmaßnahmen.

Diese Maße werden im Allgemeinen durch die Bilanzsumme skaliert, um Größeneffekte zu eliminieren. Dabei bietet es sich an, auf das Vermögen zu Beginn des Jahres abzustellen, da der Endbestand selbst durch die Maßnahmen beeinflusst wird. Für den Jahresbeginn sind aber Einflüsse von REM aus dem oder den Vorjahren ebenfalls möglich. Üblich ist des Weiteren eine Bereinigung der Erfolgsgrößen um außerordentliche Posten (unter IFRS: solche die unter IFRS 5 fallen).

Erkennbar wird hier auf eine GuV nach dem Umsatzkostenverfahren abgestellt und alle Maßnahmen, die auf Bilanz, die Kapitalflussrechnung, das Sonstiges Ergebnis etc. zielen, vernachlässigt.

Die Hauptschwierigkeit resultiert aber aus der Notwendigkeit, die abnormalen Bestandteile zu identifizieren. Erforderlich ist eine Schätzung oder Normvorgabe für den eigentlich zu erwartenden Umfang, um die Abweichungen hiervon als abnormal zu erkennen. Dies entspricht dem Vorgehen bei der Trennung von normalen und diskretionären Periodenabgrenzungen. Hierzu werden Schätzfunktionen entwickelt, die in Abhängigkeit von Bilanzsumme, Umsätzen, Umsatzänderungen etc. erwartbare Größen liefern. Vielfach werden weitere Faktoren berücksichtigt, die vermutlich Einfluss auf die Höhe der untersuchten Aufwandsart oder den CFO haben und/oder in anderen Studien ebenfalls berücksichtigt wurden (zum Beispiel Market-to-Book-Ratio und Wachstumsmöglichkeiten, Profitabilität, Marktwert des Eigenkapitals usw.). Daraus resultiert die Einschätzung, dass die o. a. Faktoren zuverlässige Indikatoren für REM sind.

Hieran wurde jüngst vehement Kritik geübt. Ausgangspunkt war, dass für die Null-Hypothese in den Tests die Maßgrößen von REM so gewählt wurden, dass sie im Durchschnitt (oder Median) den Wert Null haben. Dies berücksichtigt nicht, dass es auch im Basisjahr bereits REM gegeben haben kann. Zudem sind einzelne Maßnahmen nicht zeitlich unabhängig, sondern korreliert, zum Beispiel bei einem mehrjährigen Forschungsprojekt. Entsprechend rechnen die Verfasser mit erheblichen Verzerrungen der Resultate. Sie schlagen vor, stattdessen die REM-Größen in Vergleich zu „Performance-matched Firms" zu setzen. In der eigenen sehr umfassenden Simulationsstudie für US-Unternehmen (1986 bis 2012) zeigen sie, dass dies zu besser spezifizierten und robusteren Ergebnissen führt. Da die Maße nicht für alle möglichen Konstellationen bessere Resultate liefern, schlagen sie vor, beide Varianten von Maßgrößen einzusetzen (vgl. Cohen et al. 2015).

Dies setzt voraus, dass Vergleichsunternehmen identifiziert werden können, wobei die Vergleichbarkeit anhand verschiedener Merkmale zu spezifizieren wäre. Ob eine reine Branchenzuordnung reicht, dürfte zweifelhaft sein. Zudem müssen die Vergleichsunternehmen im Gegensatz zur Untersuchungsgruppe keine Anreize für REM haben. Hier werden typischerweise die üblichen Indikatoren für ein Target Beating sinnvoll sein, auch wenn diese wiederum nur auf Einzelsituationen rekurrieren und nicht den kompletten Kranz an relevanten Einflussfaktoren abgreifen können.

3.4   Kapitalmarktbezogene Maßgrößen

3.4.1   Zur Logik der Wertrelevanzstudien

Unter der Annahme, dass beobachtbare Kapitalmarktrenditen den ökonomischen Erfolg widerspiegeln und IFRS-Abschlüsse entscheidungsnützliche Informationen für Kapitalmarktteilnehmer liefern, sollte es bei informationseffizienten Märkten, die zumindest die öffentlich verfügbaren Informationen spiegeln (halbstrenge Informationseffizienz, die üblicher Weise als gegeben unterstellt wird), möglich sein, die beobachtbaren Marktdaten durch Gewinne, Cashflows usw. „zu erklären". Marktpreise werden zum Benchmark der Qualität des Erfolges (vgl. Dücker 2009, S. 10; Pronobis et al. 2010).

Dieser Zusammenhang wurde aber auch heftig infrage gestellt. Die Bedenken kann man damit rechtfertigen, dass Rechnungslegungsdaten im Allgemeinen transaktionsbasiert und mehr oder weniger stark von Vorsichts- und Objektivierungsregeln geprägt sind. Sie spiegeln deshalb die Entwicklung des ökonomischen Gewinns nur zeitversetzt zutreffend wider. Hingegen reagieren Börsenkurse auch auf solche Informationen wie Management- oder Strategiewechsel, F&E-Investitionen etc. Marktpreise berücksichtigen deshalb langfristige Faktoren unabhängig von aktuellen Gewinnen. Akzeptiert man diese Argumentation, ist die kurzfristige Orientierung von Managern an Gewinnzielen und die realisierte Bilanzpolitik nur beschränkt rational begründbar (vgl. Merchant und Van der Stede 2012, S. 445 f.). Einen sehr geringen Informationsgehalt der Rechnungslegung stellten Ball und Shivakumar in einer sehr umfassenden Studie zu Quartalsberichten US-amerikanischer Unternehmen fest. Als Maßgrößen nutzen sie abnormale Renditen im Rahmen von Eventstudien. Den bescheidenen Beitrag der Rechnungslegung zur Erklärung der Marktwerte begründen die Autoren damit, dass die Quartalsberichte zu selten öffentliche Informationen liefern, die nicht schon vorab über andere Informationskanäle bekannt wurden. Die Marktreaktionen hängen zudem von makroökonomischen und unternehmensbezogenen strategischen Effekten ab, die sich in der Rechnungslegung (noch) nicht niedergeschlagen haben. Sie sehen deshalb die Aufgaben der Rechnungslegung eher in der Contracting Role und der Disziplinierung des Managements, da die Abschlüsse die anderweitig publizierten Informationen bestätigen (vgl. Ball und Shivakumar 2008).

Trotz dieser eher bescheidenen Rolle, die der Rechnungslegung damit verbleibt, muss man doch sehen, dass die internationalen Standardsetter offenbar völlig andere Annahmen unterstellen und den Informationswert betonen. Es ist auch keine Selbstverständlichkeit anzunehmen, dass die Börsenwerte die ökonomische Realität immer zutreffend abbilden und nur die Rechnungslegungsdaten verzerrt sind. Deshalb machen Untersuchungen zum Zusammenhang zwischen Marktwerten und Rechnungslegungsgrößen durchaus Sinn.

In vielen, aber bei weitem nicht allen Studien ergab sich, dass Gewinngrößen die Marktpreise besser erklärten als Cashflows (vgl. Ahrens 2010, S. 38 ff.). Teilweise ergab sich auch, dass dies auf der Makroebene gilt (aggregierte Größen für ganze Unternehmenssample und deren Zusammenhang mit ökonomischen Fundamentaldaten), weniger aber auf der Ebene einzelner Unternehmen (vgl. Kang et al. 2010).

Im Schrifttum wird die Ergebnisqualität regelmäßig durch Maße für die Wertrelevanz, die Zeitnähe der Informationsvermittlung und das Merkmal der bedingten Vorsicht gemessen. Konzeptionell geht es wiederum um Assoziationsstudien, keine Kausalitäten (vgl. Ballwieser 2010, S. 145) und eine Aufgliederung der Entscheidungsnützlichkeit in Relevanz oder Reliabilität ist nicht möglich.

$$\text{A:} \quad R = a + b \ \textbf{Gewinn/Börsenwert Vj.} + e \qquad \text{(Renditegleichung)}$$

Dabei steht R für die Aktienkursrendite, die am Markt beobachtet wurde. Sie wird aber nicht für den gleichen Zeitraum ermittelt wie die Gewinngröße auf der rechten Seite der Gleichung. Es wird unterstellt, dass die Informationen erst zeitversetzt am Markt bekannt werden und den Börsenwert und damit die Aktienrendite beeinflussen. Üblich ist es, ein Zeitfenster von drei Monaten nach dem Bilanzstichtag zu unterstellen. Des Weiteren muss angenommen werden, dass es in diesem Zeitfenster keine wertbegründenden Sachverhalte gibt, die den Börsenkurs beeinflusst haben. Die Aktienrendite kann bei einem Bilanzstichtag 31.12. für den Zeitraum vom 1.1. des Geschäftsjahres bis zum 31.3. des Folgejahres bestimmt werden (vgl. Pronobis et al. 2010; vgl. Witzleben 2013, S. 86 ff. mit weiteren Bedenken) oder für den Zeitraum 31.3. des Geschäftsjahres bis 31.3. des Folgejahres (vgl. Dücker 2009, S. 86). Meines Erachtens ist ein Zwölfmonatsfenster für beide Maßgrößen plausibler. Bei 15 Monaten muss man die Annahme nicht wertbegründender Sachverhalte nämlich für zwei Zeitfenster à drei Monate treffen.

Als Gewinngröße können unterschiedliche Maße oder auch ein CFO eingesetzt werden, die durch den Marktwert zu Beginn des Jahres skaliert werden. Das Steigungsmaß b wird Earnings Response Coefficient bezeichnet und misst die Stärke des Zusammenhanges zwischen Ergebnisgrößen nach IFRS und Marktrenditen.

Die Wertrelevanz wird durch das korrigierte R-Quadrat der Gleichung gemessen.

$$B: \quad P = a + b \, EBV \, per \, Share + c \, EPS + e \qquad \text{(Preisgleichung)}$$

Dabei stellt P den Aktienkurs drei Monate nach dem Bilanzstichtag dar, EBV per Share (Equity Book Value per Share) steht für den Buchwert des Eigenkapitals je Aktie und EPS für Earnings per Share. Damit wird der Marktwert als Funktion des bilanziellen Substanzwertes und einer Ertragskomponente aus der GuV definiert. Dabei kann der Gewinn je Aktie nach IAS 33 aus dem Rechenwerk fungieren, es können aber auch das EPRA-Ergebnis je Aktie oder andere Gewinnmaße Verwendung finden (vgl. Ahrens 2010, S. 38 f. zu weiteren Operationalisierungsvarianten).

An dieser Preisgleichung wird kritisiert, dass konzeptionell letztlich das Residualgewinnmodell mit bestimmten Annahmen zugrunde liegt, insbesondere die Prämisse der „linear information dynamics" (vgl. Dücker 2009, S. 90). Deshalb liegt ein Test verbundener Hypothesen vor, es ist unklar, ob diese Linearitätsannahme oder Wertrelevanz gemessen wird.

$$C: \quad \text{Gewinn/Börsenwert Vj} = a + b \, R + e \qquad \left(\text{Zeitnähe}\right)$$

Diese Gleichung stellt die Umkehrung von Gleichung A oben dar: Der buchhalterische Gewinn (Bezogen auf den Börsenwert zu Beginn des Jahres) wird als Ursache für die Aktienrendite modelliert und damit getestet, wie rasch sich Änderungen der ökonomischen Leistung oder des Unternehmenswertes im buchhalterischen Periodenerfolg niederschlagen. Ein hohes Bestimmtheitsmaß R Quadrat steht dann für eine hohe Ergebnisqualität, die Marktdaten werden zeitnah abgebildet (vgl. Pronobis et al. 2010).

Allerdings wird kontrovers diskutiert, ob die Frage welche Variable als abhängige oder unabhängige modelliert wird, inhaltliche Folgen hat. Bezüglich des Risikos durch nicht berücksichtigte Variable (omitted variables) unzutreffende Ergebnisse zu erzielen gibt es unterschiedliche Einschätzungen, genauso wie zur Qualität der Modellspezifikationen und einigen ökonometrischen Eigenschaften. Als Ursache wird angeführt, dass Rechnungslegungsinformationen primär Daten eines Geschäftsjahres abbilden, während Börsenkurse auch Informationen aus Vorjahren und Änderungen der ökonomischen Situation abbilden, die sich noch nicht in der Rechnungslegung niederschlagen (vgl. Fieberg 2012; Fieberg und Varmaz 2012; Ordosch 2012).

3.4.2 Vorsicht als Gütemerkmal: Trennung in bedingte und unbedingte Vorsicht

Ob Vorsicht eine positive oder negative Eigenschaft von Rechnungslegung ist, ist stark umstritten (vgl. ausführlich Abschn. 1.3) und hängt vor allem auch davon ab, ob Rechnungslegung eher der Bewertungs- oder Koordinationsaufgabe dienen soll.

$$\textbf{D: Gewinn/Börsenwert Vj.} = a + b \times D1 \times \textbf{Aktienrendite}$$
$$+ c \times D2 \times \textbf{Aktienrendite} + e$$

Dies stellt ein Maß für die bedingte Vorsicht dar (vgl. Ahrens 2010, S. 41 ff. zu anderen, eher subjektiven Vorsichtsmaßen). Wichtig ist die Indikatorvariable D, die den Wert 0 annimmt, wenn der buchhalterische Gewinn (egal, wie er im Modell präzisiert wird) größer oder gleich 0 ist. Sie nimmt den Wert 1 an, wenn ein Verlustjahr vorliegt. Das Kriterium setzt eine wichtige Unterscheidung voraus: Bedingte (ereignisabhängige) und unbedingte Vorsicht. Unbedingte Vorsicht ist ein Rechnungslegungsgrundsatz, der tendenziell zu stillen Reserven führt, zum Beispiel durch das Anschaffungskostenprinzip, die Nichtaktivierung von Immateriellem Vermögen, überhöhte Rückstellungen etc. Diese Art der Vorsicht führt typischerweise dazu, dass der Marktwert des Eigenkapitals höher als dessen Buchwert ist. Da der Marktwert/Börsenwert durch sehr unterschiedliche Faktoren beeinflusst sein kann, ist dies kein zuverlässiger Hinweis auf unbedingte Vorsicht. Unbedingte Vorsicht wird oftmals negativ eingestuft, da stille Reserven es erlauben, auch Verluste still zu kompensieren, der Informationswert der Rechnungslegung ist schlecht.

Mit den Worten von A. Levitt: „Many firms …stack accruals in cookie jars during the good times and reach into them when needed in the bad times" (zit. nach Jackson und Liu 2010). Dies kann bei Finanzanalysten und Investoren den Verdacht der „Games Number" hervorrufen, also zu einem Vertrauensverlust in die Rechnungslegungszahlen führen. Bei Unternehmen, für die eine Gewinn erhöhende Bilanzpolitik in Folge früher gelegter stiller Reserven vermutet wurde, ergaben sich in einer umfassenden Langzeitstudie in den USA (1992 bis 2006 mit 139.885 Beobachtungspunkten) auch negative abnormale Renditen (vgl. Keung et al. 2010).

Die Trennung in bedingte/ereignisabhängige und unbedingte/ereignisunabhängige Vorsicht ist demnach zentral für die Qualitätsmessung (vgl. Abschn. 1.3 zu den ökonomischen Vor- und Nachteilen von Vorsicht für die Koordinations- und Bewertungsfunktion der Rechnungslegung). Während unbedingte Vorsicht zu unerwünschten stillen Reserven führt, sorgt die bedingte Vorsicht dafür, dass schlechte Nachrichten sofort in der Rechnungslegung erfasst werden und an positive Nachrichten höhere Anforderungen an die Verifizierbarkeit gestellt werden. Zum Beispiel werden Gewinne erst gebucht, wenn sie realisiert sind (auch wenn die Realisationskriterien in den verschiedenen Rechnungslegungssystemen durchaus im Detail unterschiedlich präzisiert werden können); nur erwartete Gewinne werden noch nicht berücksichtigt. Drohende Verluste werden hingegen sofort erfasst, auch wenn sie für mehrere Jahre in der Zukunft prognostiziert werden. Hierunter fallen alle nach dem Imparitätsprinzip zu erfassenden außerplanmäßigen

Abschreibungen und die Drohverlustrückstellungen. Gewinne werden demnach später im Abschluss abgebildet als Verluste (timely Loss Recognition). Deshalb wird die Qualität der Rechnungslegung daran gemessen, wie stark die Rendite vom Gewinn oder Verlust (Net Income, nicht das Gesamtergebnis!) beeinflusst wird. Die Modelle arbeiten meines Wissens durchgängig mit dem GuV-Erfolg und nicht dem Gesamtergebnis, wobei eine Begründung nicht geliefert wird. Dies ist insofern erstaunlich, als auch das OCI zum Erfolg gehört und zum Beispiel manche Fair-Value-Änderungen in der GuV und andere im OCI gebucht werden. Die Annahme, der Börsenpreis hinge nur vom Net Income ab, ist jedenfalls theoretisch nicht zu begründen (widerspräche der Informationseffizienzannahme) und empirisch nicht belegt.

Nach Basu stellen die Aktienkursrenditen Proxies für die nicht direkt beobachtbaren guten oder schlechten Nachrichten während des Jahres dar (vgl. Badia et al. 2015).

Obwohl die Trennung in bedingte und unbedingte Vorsicht konzeptionell einleuchtet, ist die praktische Messung problematisch. Wurde zum Beispiel ein Vermögenswert planmäßig sehr vorsichtig abgeschrieben, so kann es sein, dass eine plötzliche Wertminderung nicht mehr zu einer außerplanmäßigen Abschreibung führt. Analog können überhöhte Garantierückstellungen die Wirkung einer plötzlichen Rückrufaktion wegen fehlerhafter Produkte puffern helfen. Insofern wird der Aufwand aufgrund der bedingten Vorsicht durch das Ausmaß unbedingter Vorsicht determiniert. Wird eine Immobilie mit dem Fair Value (IAS 40) bewertet, so gibt es keine planmäßigen Abschreibungen und jede Fair-Value-Minderung wäre als Effekt bedingter Vorsicht zu identifizieren, auch wenn es sich um eine rein altersbedingte Wertminderung handelt. Umgekehrt könnte man ein F&E-Projekt auch als bedingtes Ereignis ansehen, wenn ein Unternehmen solche Projekte nicht regelmäßig durchführt (vgl. Badia et al. 2015; Lawrence et al. 2013).

Die asymmetrische Verifizierbarkeit kann demnach durch stille Reserven, aber auch andere Störgrößen (wie Wachstumsphasen etc.) beeinträchtigt werden. Deshalb wird auch empfohlen, das Basu-Maß über mehrere Jahre zu schätzen und nicht wie üblich für eine Periode, da diese Störgrößen dann verschwinden (vgl. Khan und Watts 2009). Der Effekt wäre ähnlich wie bei Gewinnen und Cashflows, die über längere Zeiträume betrachtet konvergieren.

Das Basu-Maß setzt weiterhin voraus, dass die Aktienkursrendite nicht selbst verzerrt ist und auch die positiven Nachrichten spiegelt, die im Abschluss selbst aufgrund der mangelhaften Verifizierbarkeit nicht (vollständig) enthalten sind. Dies setzt die Offenlegung dieser Nachrichten (Ad hoc-Mitteilungen, Analystentreffen etc.) voraus und dass die Investoren sie für hinreichend glaubwürdig halten. Dies ist angesichts der fehlenden Prüfung nur zu erwarten wenn Corporate Governance- und Marktmechanismen dies vermuten lassen und nicht selbstverständlich (vgl. Lambert 2010).

Das Basu-Maß wird regelmäßig für Querschnitts- und Panelregressionen genutzt und nicht unternehmensbezogen über mehrere Jahre verfolgt. Letzteres würde voraussetzen, dass für Unternehmen sowohl positive als auch negative Renditen während des Analysezeitraums auftreten. Die ermittelten Regressionen erfassen deshalb Unternehmensspezifika im Zeitablauf nicht (vgl. Ballwieser 2014, S. 465; Witzleben 2013, S. 75 f.).

Zugleich wird (neben Bedenken methodisch-statistischer Art) kritisiert, dass die Rendite von sämtlichen positiven und negativen Nachrichten während des Jahres abhängt und die Gleichsetzung von unerwarteten Ereignissen mit unrealisierten Erfolgen (Imparitätsprinzip) unzutreffend ist. Der Börsenwert spiegelt auch realisierte Erfolge und nicht bilanzierbare Sachverhalte (Investitionen in Know-how oder den eigenen Firmenwert; vgl. Witzleben 2013, S. 89 ff.). Deshalb wurden vielfach Verfeinerungen und andere Vorsichtsmaße entwickelt, die knapp referiert werden sollen.

Exkurs: Maßgrößen einer vorsichtigen Rechnungslegung

1. Eine einfache Modifikation der Basu-Regression zielt darauf ab, statt des Net Income auf der linken Seite der Gleichung die Änderung des Net Income ohne außerordentliche Erfolge zu verwenden und auf der anderen Seite statt der Aktienkursrendite eine andere frei wählbare Erfolgsgröße, die ebenfalls mit 0 oder 1 zu codieren wäre (je nach Vorzeichen; vgl. Ettredge et al. 2012). Mit einem solchen Vorgehen können im Kern gezielt vermutete Schwächen des Ausgangsmodells kompensiert werden. Allerdings sind nahezu beliebige Verfeinerungen möglich und situationsabhängig gegebenenfalls sinnvoll, aber die Resultate sind dann nicht mehr vergleichbar.

2. Khan und Watts gehen davon aus, dass das Ausmaß an Vorsicht auch durch firmenbezogene Faktoren beeinflusst wird und entwickeln deshalb einen Conservatism Score (C_Score). Hierbei werden diverse Variable mit in die Regression aufgenommen, die nach bisherigen Erfahrungen Einfluss auf die bedingte Vorsicht haben (Unternehmensgröße, Leverage, Markt-Buchwert-Verhältnis; vgl. Khan und Watts 2009). Auch Ball et al. haben vorgesehen, dass branchenbezogene Merkmale (eventuell wären auf das Geschäftsmodell bezogene Faktoren besser, M. K.) als Kontrollvariable eingeführt werden. Sie schlagen solche Faktoren vor, die nachgewiesener Maßen Einfluss auf die Gewinnerwartungen haben und führen Größen an, die als Indikatoren für das Unternehmensrisiko stehen (vgl. Ball et al. 2010; Kim 2014). Letztendlich sollen solche Verfeinerung das Risiko vernachlässigter Variablen (ommitted Variables) mildern und Querschnittsanalysen verbessern (vgl. Ball et al. 2010; Khan und Watts 2009; Witzleben 2013, S. 91 ff.).

3. Givoly und Hayn stellen auf die Schiefe des Gewinns ab. Bedingte Vorsicht führt zu sofortigem Aufwand (Abgrenzungsbuchungen), sodass Gewinne linksschief (oder weniger rechtsschief) sein sollten. Sie beziehen zudem die Schiefe der CFO ein, um sicher zu stellen, dass nicht Besonderheiten des Geschäftsfeldes die Ergebnisse verzerren und das Volumen kumulierter negativer Periodenabgrenzungen, die nicht durch das operative Geschäft bedingt sind (vgl. Givoly und Hayn 2000). An diesem Vorgehen wird kritisiert, dass negative PA auch durch unbedingte Vorsicht und durch realisierte Erfolge entstehen können, sodass mit der Schiefe nicht nur bedingte Vorsicht gemessen wird (vgl. Witzleben 2013, S. 100 ff.).

4. Im Basu-Modell fungieren Aktienkursrenditen als Proxy für gute oder schlechte Nachrichten. Es wurde vorgeschlagen, diese durch CFO zu ersetzen, die den Vorteil haben, auf realisierten Transaktionen zu beruhen und nicht nur Gewinnerwartungen. Allerdings stellen nicht alle CFO unerwartete Zahlungen ohne Wiederkehrvermutung dar (also überraschende Nachrichten; vgl. Ball und Shivakumar 2006; vgl. Witzleben 2013, S. 102 f.). Zudem können auch CFO „noisy" sein und die Periodenabgrenzungen dienen gerade dazu, diese sinnvoll in der GuV zu periodisieren (vgl. Ball und Shivakumar 2006; Kim 2014; die Ausführungen zur Accrual Anomaly oben). Zum Teil wird auch argumentiert, es gäbe systematische CFO-Asymmetrien, die vom Lebenszyklus des Unternehmens abhängt (Alter, Wachstum, Größe etc.; vgl. Collins et al. 2014).

5. Ein sehr komplexes und bisher fast nicht verwendetes Modell stammt von Callen et al. (2010). Sie vergleichen die Kapitalkosten (= gewünschte Rendite aufgrund der Historie) und die

aktuelle Aktienkursrendite. Die Differenz stellt für sie eine gute oder schlechte Nachricht dar. Zusätzlich trennen sie, ob der Renditeschock (die Änderung) auf Änderungen des Zinsniveaus oder der Gewinne beruht.

Die bisherigen aufgeführten Maße müssen mit mehr oder weniger großen Defiziten im Einzelfall zurechtkommen. Kritisiert wurde zudem, dass Vorsicht kein binäres Merkmal sei, sondern graduell abgestuft. Auch die Frage, wann eine Nachricht hinreichend verifiziert ist (zum Beispiel ein Fair Value), ist eher abgestuft als trennscharf zu beantworten. Deshalb schlägt Kim vor, nicht mit einem Maß für Vorsicht zu arbeiten, da dieses nicht alle Stellschrauben und Sachverhalte einer vorsichtigen Rechnungslegung abgreifen könne, die Bewertung „of the overall conservatism" (Kim 2014, S. 238) scheitert. Deshalb sollen hier noch einige weiterführende Vorschläge kurz vorgestellt werden, die isoliert oder in das Basu-Modell integriert genutzt werden können.

1. Die oben angeführten Maße stellten auf das Gesamtunternehmen ab, zum Beispiel die Relation Gewinn zu Aktienrendite. Alternativ können auch Einzelsachverhalte geprüft werden. Es wird sogar vermutet, dass einige Debt Covenants auf solche abstellen und deshalb durch Covenant-Brüche falscher Alarm ausgelöst wird, obwohl es den Unternehmen gut geht (vgl. Lambert 2010). Der Nachteil dieses Vorgehens besteht darin, dass kompensierende Effekte und Hedge-Situationen nicht zutreffend berücksichtigt werden. Als „kritische" Sachverhalte wurden u. a. folgende Bilanzposten untersucht, die für die Bildung stiller Reserven interessant sein können.

   Abschreibungen oder die Ausbuchung zweifelhafter Forderungen (Bad Debts) wurden für 1980 bis 2004 für US-Unternehmen analysiert. Die Autoren fanden systematisch Gewinn erhöhende Bilanzpolitik bei diesen Posten, wenn Unternehmen unbefriedigende Gewinne hatten (vgl. Jackson und Liu 2010). Dieses Vorgehen ist mit nicht unerheblichen Datenbeschaffungs- und Abgrenzungsproblemen behaftet.

   Andere Autoren stellten auf nicht aktivierte Ausgaben für F&E oder Werbung ab und schätzten zu aktivierende Beträge. Auch die Analyse der Lifo-Reserve bei steigenden Preisen bietet sich an (vgl. Lobo und Zhou 2010).

   Restrukturierungskosten, Ergebnisse aus aufgegebenen Geschäftsbereichen Firmenwertabschreibungen wurden ebenfalls als kritisch eingestuft (vgl. Tan 2013).

   Schließlich spielt die Höhe der Periodenabgrenzungen eine Rolle, da eine vorsichtige Gewinnermittlung tendenziell zu atypisch hohen negativen Posten führt. Dies setzt wiederum voraus, dass normale Abgrenzungen von bilanzpolitisch motivierten, diskretionären Abgrenzungen extern unterschieden werden können. Für Abschreibungen auf Anlagevermögen müsste dies sicher abhängig vom Alter, der Vermögenszusammensetzung, der Branche etc. geschätzt werden (vgl. Kim 2014; Roychowdhury und Martin 2013; Watts 2003b).

   Sämtliche dieser und andere Vorschläge haben Nachteile und erlauben es gerade nicht, ein Gesamtmaß für die realisierte Vorsicht zu entwickeln. Sie sind eher situationsbezogen sinnvoll, wenn die Annahme berechtigt ist, dass die Einzelsachverhalte wesentlich sind für die Bilanzpolitik.

2. Die Kennzahl Book-to-Market (BTM) stellt auf die Relation des bilanziellen Eigenkapitals zum Marktwert desselben ab. Obwohl theoretisch auch andere Messungen möglich sind, wird im Allgemeinen der Buchwert des Vermögens dem Börsenkurs x Aktienanzahl zuzüglich Buchwert des Fremdkapitals gegenübergestellt. Obwohl auch die Schulden stille Reserven (und Lasten) aufweisen können, wird der Marktwert des Fremdkapitals mit dessen Buchwert gleichgesetzt. Auch die Marktwertermittlung des Eigenkapitals ist diskussionsbedürftig, da die Börsenkurse keine Paketzuschläge umfassen, die für den Gesamtwert des Unternehmens wichtig wären.

   Ist BTM < 1, so deutet dies auf stille Reserven durch Nichtaktivierung (besonders beim immateriellen Anlagevermögen) oder Unterbewertungen des Vermögens (zum Beispiel wegen Anwendung des Cost Model) hin oder einen Goodwill. Da sowohl US-GAAP, als auch IFRS und HGB dies zulassen oder vorschreiben, sind stille Reserven als Normalfall anzusehen, das Vorsichtsprinzip gilt als normaler GAAP (vgl. Lawrence et al. 2013).

Lawrence et al. unterstellen, dass BTM ein Proxy für den Abschreibungsbedarf ist und prüfen deshalb, ob eine negative Beziehung zwischen dem BTM und den Geschäftsjahresabschreibungen besteht. Sie testen zusätzlich, ob diese Korrelation zusätzlich von der Unternehmensperformance und dem Umfang an immateriellem Anlagevermögen (inklusive Goodwill) abhängt. Bei schlechter Performance wird vermutet, dass diskretionäre Abschreibungen unterlassen werden und der Impairment-Test für immaterielles Vermögen nach SFAS 157 wird als rigide eingestuft, sodass eine ermessensbehaftete Nicht-Abschreibung quasi ausgeschlossen wird. Dies ist durchaus erstaunlich, gilt doch gerade der Niederstwerttest für den Goodwill nach IFRS und US-GAAP als besonders anfällig für ermessensbehaftete Entscheidungen (vgl. Roychowdhury und Martin 2013). Für den Zeitraum 1974 bis 2009 (mit 139.603 Firmyears) kommen die Autoren zum Ergebnis, dass das Abschreibungsniveau in der Tat von diesen Faktoren abhängt und hauptverantwortlich für die bedingte Vorsicht nach Basu ist. Sie schlagen deshalb vor, diese Faktoren in das Basu-Modell zu integrieren.

Kritisch sind zwei Aspekte: zum einen fanden andere Autoren, dass es eine Fülle an Unternehmen gab, bei denen es ein BTM > 1 gab, ohne dass Abschreibungen auf den Firmenwert erfolgten. Dies könnte natürlich daran liegen, dass das Management besseres privates Wissen über den Unternehmenswert hatte. Allerdings gab es bei 69 % der Fälle über zwei Jahre keine Abschreibungen (obwohl die Firmenwerte 25 % der Bilanzsumme ausmachten). Die Annahme, der Kapitalmarkt würde für so lange Zeit ineffizient sein, ist eher unwahrscheinlich. Da die später vorgenommen Abschreibungen sehr hoch ausfielen, spricht vieles dafür, dass die Unternehmen sehr unvorsichtig bewertet haben, also ihren diskretionären Spielraum missbrauchten (vgl. Roychowdhury und Martin 2013).

BTM als Maßgröße für Vorsicht wurde stark kritisiert, da sie insgesamt stille Reserven indiziere und die bedingte Vorsicht nicht erkennen lässt (vgl. Badia et al. 2015). Zudem reflektiert die Größe auch Wachstumsmöglichkeiten, finanziellen Stress und andere Faktoren und sei deshalb ein „poor proxy for conservatism" (Jackson und Liu 2010). Hiergegen kann man einwenden, es gehe gerade um das Gesamtmaß an Vorsicht und die üblichen BTM-Interpretationen zielen darauf ab, dass die Kennzahl ein Maß für Unsicherheit und Informationsasymmetrie ist. Es ist plausibel, dass Informationsasymmetrien zu mehr Vorsicht führen können, Vorsicht kann als Corporate Governance-Mechanismus fungieren (vgl. Abschn. 1.3).

3. Ein sehr häufig getestetes Vorsichtsmaß – genauer Maß für fehlende Vorsicht, also Gewinn erhöhende Bilanzpolitik – stellt die erwartete Häufigkeit von Verlusten dar. Empirisch ist beobachtbar, dass es statistisch sehr wenige Unternehmen gibt, die einen kleinen Verlust ausweisen, aber relativ viele, die eine „schwarze Null" oder einen kleinen Gewinn zeigen. Die intuitiv plausible Annahme, dass das Management versucht, einen unerwünschten Verlustausweis zu vermeiden und dies bei kleinen Verlusten auch gelingt, liegt auf der Hand. Auch für Immobilienunternehmen konnten Danbolt und Rees zeigen, dass sie wesentlich seltener kleine Verluste zeigen als Investment Companies, obwohl beide für die wesentlichen Assets Fair Values ansetzen. Sie begründen dies damit, dass Fair Values für die Investmentfirmen direkt beobachtbar sind, während bei Immobilien Bewertungsspielräume gegeben sind. Sie sehen dies zwar nicht als Nachweis für Gewinn erhöhende Bilanzpolitik, aber es würde dazu passen (vgl. Danbolt und Rees 2008).

Gegen die Verwendung dieser Indikatorgröße für Vorsicht werden aber gravierende Bedenken geltend gemacht. So sind die empirischen Befunde keinesfalls durchgängig konform mit der Annahme und inhaltlich kann der Effekt durch eine ganze Reihe von Faktoren erklärt werden, die nichts mit Bilanzpolitik zu tun haben (vgl. Dechow et al. 2010). Noch gravierender ist, dass der Verlusteffekt praktisch verschwindet, wenn die übliche Skalierung der Gewinne und Verluste mit dem Börsenkurs entfällt. Durtschi und Easton (2005) zeigen, dass die Börsen-kurse von Gewinn- und Verlustunternehmen sehr unterschiedliche Ausprägungen annehmen. Dies hat zur Folge, dass bei einem absoluten Gewinn von 100 relativ viele Unternehmen auf-treten, die kleine Gewinne haben, während bei einem gleich hohen Verlust nur sehr wenige Unternehmen nach der Skalierung übrig bleiben, bei denen der Verlust „klein" ist. Die Ver-fasser belegen zudem, dass die untersuchten Unternehmenssamples regelmäßig einem Bias unterliegen und Gewinn-/Verlustunternehmen nicht gleichermaßen eingehen (vgl. Durtschi und Easton 2005). Für die Ergebnisse von Danbolt und Rees ist zu beachten, dass sie den erwar-teten Verlust- oder Gewinnausweis von der Entwicklung des Börsenkurses abhängig machen. Zwar ist es auf den ersten Blick erstaunlich, wenn eine Immobilien AG keinen Verlust aus-weist, wenn der Börsenkurs um 40 % eingebrochen ist, aber es ist, wie die Autoren selbst angeben, auch kein Nachweis für Bilanzpolitik.

4. Vergleichbar mit der Häufigkeit von Verlustausweisen ist das oftmals untersuchte Target Bea-ting: Es wird angenommen, dass Unternehmens- oder Finanzanalystenprognosen auf jeden Fall erreicht werden sollen und dafür auch Gewinn erhöhende Bilanzpolitik betrieben wird. Statt dem Grenzwert Null ist eben ein anderer Grenzwert zu erreichen. Benchmark Beating gilt in den USA inzwischen als allgemein akzeptiertes Ziel von Bilanzpolitik: „...has become incre-asingly prevalent over time" (Chen et al. 2010). Fraglich ist natürlich, ob dies auch für deut-sche Unternehmen gilt, die sich in einem anderen (Kapitalmarkt)Umfeld bewegen. Zudem ist die Datenerhebung nicht einfach und der Aussagewert der Zielerreichung problematisch. Dies kann verschiedene Ursachen haben. So können die Analystenschätzungen vom Unternehmen gesteuert worden sein oder die Prognosen werden durch tatsächliche Leistungen erreicht. Selbst wenn gezielt Bilanzpolitik, als Accounting oder Real Earnings Management, eingesetzt wurde, ist dies nicht per se als negativ einzustufen (vgl. Chen et al. 2010; vgl. auch die Ausführungen zur Bilanzpolitik in Abschn. 2.3). Dann müssten für die angestrebte Bilanzpolitik noch alterna-tive Ziele modelliert werden, um zu sinnvollen Aussagen zu gelangen (vgl. Hansen 2010). Auch dieses Maß (Target Beating) ist deshalb gravierenden Bedenken ausgesetzt, vielfach wird es für unbrauchbar erachtet (vgl. Dechow et al. 2010; Durtschi und Easton 2005; Koonce und Lipe 2010).

5. Ein kapitalmarktbezogenes Gütemaß stellen abnormale Renditen oder Handelsvolumina dar. Haben Rechnungslegungsdaten Informationsgehalt für Kapitalmarktteilnehmer müssten sie kurzfristig die Entscheidungen von Anlegern beeinflussen. Auch die Betreuung durch Analys-ten, zunehmende Auslandsinvestitionen, veränderte Eigenkapitalkosten etc. können ein Güte-maß darstellen (vgl. Landsman et al. 2012). Allerdings wird hiermit nicht mehr nur Vorsicht gemessen, sondern allgemein die Qualität der Rechnungslegung.

Insgesamt ist festzuhalten: Vorsicht in der Rechnungslegung wird durchaus als Gütekri-terium angesehen. Für die Koordinationsfunktion ist dies aber viel eher akzeptiert als für die Bewertungsfunktion der Rechnungslegung. Soweit Vorsicht positiv interpretiert wird, ist aber eine Trennung in bedingte und unbedingte Vorsicht üblich, wobei im Grundsatz nur bedingte Vorsicht die Qualität der Rechnungslegung verbessert und unbedingte Vor-sicht zu unerwünschten stillen Reserven und Informationsasymmetrie führen. Nur soweit eine Trennung der beiden Arten gelingt, ist das Vorgehen Erfolg versprechend.

3.5 Zusammenfassung

Sollen empirisch und theoretisch fundierte Aussagen über die Qualität von Rechnungslegung geliefert werden, muss diese Qualität messbar gemacht werden. Dies kann anhand sehr unterschiedlicher Kriterien erfolgen. Dabei kann versucht werden, die Maßstäbe aus den Zielen der Rechnungslegungssysteme abzuleiten, die vom Normgeber/Standardsetzer vorgegeben werden. Alternativ kann man natürlich auch externe Zielkriterien (normativ) vorgeben. Die zuletzt genannte Vorgehensweise ist problematisch, da eine mangelhafte Zielerreichung für nicht angestrebte Zwecke kaum als Systemkritik zu deuten ist. So ist es wenig sinnvoll, dem HGB vorzuhalten, es führe zu Abschlüssen, die eine zukunftsorientierte Information von Kapitalmarktteilnehmern nicht befriedigend leiste. Oder den IFRS vorzuwerfen, dass sie für bestimmte Koordinationszwecke der Rechnungslegung schlecht geeignet sind, zum Beispiel für die Bemessung von Steuern und Dividenden. Solche Kritik ist praktisch gleichwohl vertretbar, soweit die normsetzende Instanz klare Zielvorgaben nicht macht oder praktische Verknüpfungen nicht beabsichtigter Art reflektiert werden sollen.

In diesem Kapitel wurde ein pragmatischer Weg gewählt, indem auf Zielkriterien abgestellt wurde, die den (sehr allgemeinen) Zielen aus dem Rahmenkonzept entsprechen und regelmäßig auch in empirischen Studien genutzt werden.

Der erste Anknüpfungspunkt stellt auf das Ziel ab, Informationen bereitzustellen, die Schlüsse auf künftige Cashflows ermöglichen. Demnach liegt es auf der Hand zu testen, ob IFRS-Daten persistent und prognosegeeignet sind. Hierbei zeigt sich jedoch, dass Größen wie Gewinne oder Cashflows zu aggregiert sind und eine Dekomposition die Leistungsfähigkeit spürbar erhöhen kann. Allerdings führen Ausdifferenzierungen zu mehr Komplexität und Subjektivität. Aufgrund der eingeschränkten Datenverfügbarkeit stößt man an Grenzen. Zudem werden Ergebnisse bei unterschiedlichen Modellspezifikationen wenig vergleichbar.

Eine zweite Gruppe von Gütekriterien ist vom Grundsatz her nicht einfach zu rechtfertigen, aber stark verbreitet. Trifft man die Basisannahme, dass Bilanzpolitik den Informationsgehalt von Abschlüssen tendenziell beeinträchtigt, so liegt es nahe zu unterstellen, dass ein gutes Rechnungslegungssystem wenig Wahlrechte und Ermessensspielräume enthalten sollte. Angesichts der Fülle an bilanzpolitischen Möglichkeiten ist es wenig erstaunlich dass es eine beachtliche Vielfalt an Operationalisierungsvarianten gibt. Erschwert wird die Messung von Bilanzpolitik dadurch, dass das gesamte Universum an sachverhaltsgestaltender Bilanzpolitik den Gestaltungsrahmen für Abschlussersteller beachtlich erweitern kann. Es ist vielfach bestätigt, dass solche Möglichkeiten umfangreich genutzt werden. Aufgrund der schwierigen Erkennbarkeit solcher Maßnahmen, ist es besonders problematisch, umfassende Gütekriterien zu entwickeln. Insgesamt ist jedoch zu bedenken, dass die Annahme, Abschlusspolitik verschlechtere per se die Rechnungslegungsqualität, nicht immer plausibel ist. Auch die Informations-Hypothese, wonach Spielräume genutzt werden können, um besseres privates Wissen aufzudecken, wurde empirisch oftmals bestätigt.

Die letzte hier vorgestellte Gruppe von Qualitätsmerkmalen knüpft nicht direkt an Rechnungslegungs-Kriterien an, sondern an die Reaktionen von Kapitalmarktteilnehmern. Auf den ersten Blick stellt dies eine direktere Messung der Qualität dar, sollen die Abschlüsse doch primär der Information der Nutzer dienen. Allerdings setzt dieses Vorgehen einige durchaus heroische Annahmen über die Effizienz des Kapitalmarktes voraus und die Messung der Marktreaktionen ist hochkomplex.

Im Kern könnte neben den Einflüssen der Rechnungslegung auf Börsenkurse und Aktienrenditen auch auf andere angestrebte Ziele auf Unternehmens- oder gar Makroebene abgestellt werden. Gesunkene Kapitalkosten, verringerte Bis-Ask-Spreads, mehr Analystendeckung, bessere Analystenprognosen, mehr Auslandsinvestitionen, bessere Corporate Governance etc. sind Gütemerkmale, die ebenfalls mehrfach analysiert wurden, hier aber ausgeklammert blieben. Wiederum müsste von (erwünschten) Folgen auf die Qualität der Rechnungslegung geschlossen werden.

Die Bewertung der empirischen Befunde ist aus einer ganzen Reihe von Gründen schwierig. Einmal, wegen der Vielfalt und der teilweise problematischen Vorgaben, Bilanzpolitik sei schlecht oder bedingte Vorsicht sei gut. Hinzu kommt, dass bestimmte Sachverhalte die Rechnungslegung nach einigen Kriterien verbessern und nach anderen zugleich verschlechtern können. So führt eine Gewinn glättende Bilanzpolitik zwar zu mehr Prognoseeignung, aber auch zu Manipulation, die nach der Opportunismusthese negativ einzustufen ist. Das Vorsichtsprinzip kann, je nach Ausprägung, die Qualität der Rechnungslegung verbessern oder verschlechtern, wobei noch zu differenzieren ist, um welche Abschlussaufgabe es gerade geht.

Im folgenden Kapitel geht es deshalb darum, den Fokus zu weiten und die unterschiedlichen, umfassenderen Rahmenbedingungen der Rechnungslegung zu untersuchen. Primär geht es um Corporate-Governance-Merkmale.

Literatur

AbuGhazaleh, N, M./Al-Hares, O. M./Roberts, C.: Accounting Discretion in Goodwill Impairments: UK Evidence, Journal of International Financial Management & Accounting 2011, 165–204

Achleitner, A-K./Günther, N./Kaserer, C./Siciliano, G.: Real Earnings Management and Accrual-based Earnings Management in Family Firms, European Accounting Review 2014, 431–461

Ahmed, A. S./Neel, M./Wang, D.: Does Mandatory Adoption of IFRS improve Accounting Quality? Preliminary Evidence. Working Paper 2012

Ahrens, B.: Capital Market Implications of Earnings quality, Köln 2010

Ali, A./Gurun, U. G.: Investor Sentiment, Accruals Anomaly, and Accruals Management, Journal of Accounting, Auditing and Finance 2008, 415–431

Amen, M.: Kapitalflussrechnung, HdJ VI/7, August 2015

Atwood, T. J./Drake, M. S./Myers, L. A.: Book-tax conformity, earnings persistence and the association between earnings and future cash flows, Journal of Accounting and Economics 2010, 111–125

Badertscher, B. A./Collins, D. W./Lys, T. Z.: Discretionary accounting choices and the predictive ability of accruals with respect to future cash flows, Journal of Accounting and Economics 2012, 330–352

Badia, M./Duro, M./Penalva, F./Ryan, S.: Conditionally Conservative Fair Value measurements, Working Paper 2015

Ball, R.: Market and Political/Regulatory Perspectives on the Recent Accounting Scandals, Journal of Accounting Research 2009, 277–323

Ball, R./Kothari, S. P./Nikolaev, V.: On Estimating Conditional Conservatism, Working Paper 2010 (SSRN=1758702)

Ball, R./Shivakumar, L.: The Role of Accruals in Asymmetrically Timely Gain and Loss Recognition, Journal of Accounting Research 2006, 207–242

Ball, R./Shivakumar, L.:How much New Information is there in Earnings, Journal of Accounting Research 2008, 975–1016

Ballwieser, W.: Was hat die Umstellung auf IFRS ökonomisch bewirkt?, in: Küting/Pfister/Weber (Hrsg.): IFRS und BilMoG, Stuttgart 2010, 139–155

Ballwieser, W.: Ansätze und Ergebnisse einer ökonomischen Analyse des Rahmenkonzepts zur Rechnungslegung, ZfbF 2014, 451–476

Banker, R. D./Huang, R./Natarajan, R.: Incentive Contracting and Value Relevance of Earnings and Cash Flows, Journal of Accounting Research 2009, 647–678

Barone, G. J./Magilke, M. J.: An Examination of the Effects of Investor Sophistication on the Pricing of Accruals and Cash Flows, Journal of Accounting, Auditing and Finance 2009, 385–414

Barth, M. E./Konchitchki, Y./Landsman, W. R.: Cost of capital and earnings transparency, Journal of Accounting and Economics 2013, 206–224

Barth, M. E./Landsman, W. R./ Lang, M. H.: International Accounting Standards and Accounting Quality, Journal of Accounting Research 2008, 467–498

Bartov, E./Cohen, D. A.: The „Numbers Game" in the Pre- and Post-Sarbanes-Oxley Eras, Journal of Accounting, Auditing and Finance 2009, 505–534

Battalio, R. H./Lerman, A./Livnat, J./Mendenhall, R. R.: Who, if anyone, reacts to accrual information?, Journal of Accounting and Economics 2012, 205–224

Braam, G./Nandy, M./Weitzel, U./Lodh, S.: Accrual-based and real earnings management and political connections, The International Journal of Accounting 2015, 111–141

Brown, K./Chen, V. Y. S./Kim, M.: Earnings management through real activities choices of firms near the investment-speculative grade borderline, Journal of Accounting and Public Policy 2015, 74–94

Callen, J. L./Segal, D./Hope, O. K.: The pricing of conservative accounting and the measurement of conservatism at the firmyear level, Review of Accounting Studies 2010, 145–178

Cascino, S./Gassen, J.: What drives the Comparability Effect of Mandatory IFRS Adoption?, Review of Accounting Studies 2015, 242–282

Caylor, M. L.: Strategic revenue recognition to achieve earnings benchmarks, Journal of Accounting and Public Policy 2010, 82–95

Chan, D. K./Gao, J. J.: Earnings management, incentive contracts and private information acquisition, Journal of Accounting and Public Policy 2014, 529–550

Chaney, P. K./Faccio, M./Parsley, D.: The Quality of Accounting Information in Politically Connected Firms, Working Paper 2010

Chapman, C. J./Steenburgh, T. J.: An Investigation of Earnings Management Through Marketing Actions, Management Science 2011, 72–92

Chen, J. Z./Shane, P. B.: Changes in Cash: Persistence and Pricing Implications, WP 2/2014

Chen, J. Z./Rees, L./Sivaramakrishnan, K.: On the Use of Accounting vs. Real Earnings Management to Meet Earnings Expectations – A Market Analysis, Working Paper 2010 (= SSRN 1070122)

Cohen, D. A./Dey, A./Lys, T. Z.: Real and Accrual-based Earnings Management in the Pre- and Post-Sarbanes Oxley Periods, Working Paper 2007 (=SSRN 813088)

Cohen, D./Pandit, C./Wasley, C.: Measuring Real Activity Management, Working Paper 2015

Collins, D. W./Hribar, P./Tian, X.: Cash flow asymmetry: Causes and implications for conditional conservatism research, Journal of Accounting and Economics 2014, 173–200

Danbolt, J./Rees, W.: An Experiment in Fair Value Accounting: UK Investment Vehicles, European Accounting Review 2008, 271–303

Daske, H./Hail, L./Leuz, C./Verdi, R.: Adopting a Label: Heterogeneity in the Economic Consequences of IFRS Adoptions, The University of Chicago Graduate Working School of Business, Working Paper No. 5 (April 2007)

Dechow, P. M./Dichev, I. D.: The quality of accruals and earnings: The role of accrual estimation errors, Accounting Review 2002, 35–59

Dechow, P. M./Hutton, A. P./Kim, J. H./Sloan, R. G.: Detecting Earnings Management: A New Approach, Journal of Accounting Research 2012, 275–334

Dechow, P. M./Myers, L. A./Shakespeare, C.: Fair Value Accounting and gains from asset securitizations: A convenient earnings management tool with compensation side-benefits, Journal of Accounting and Economics 2010, 2–25

Dechow, P. M./Schrand, C. M.: Earnings Quality, 2004

Degeorge, F./Ding, Y./Jeanjean, T./Stolowy, H.: Analyst coverage, earnings management and financial development: An international study, Journal of Accounting and Public Policy 2013, 1–25

Dempsey, S. J./Harrison, D. M./Luchtenberg, K. F./Seiler, M. J.: Financial Opacity and Firm Performance: The Readability of REIT Annual Reports, Journal of Real Estate Finance and Economics 2010, 1–21

Dichev, I. D./Tang, V. W.: Earnings volatility and earnings predictability, Journal of Accounting and Economics 2009, 160–181

Doukakis, L. C.: The effect of mandatory IFRS adoption on real and accrual-based earnings management activities, Journal of Accounting and Public Policy 2014, 551–572

Drake, M. S./Myers, J. N./Myers, L. A.: Disclosure Quality and the Mispricing of Accruals and Cash Flow, Journal of Accounting, Auditing and Finance 2009, 357–384

Dücker, H.: Institutionelle Änderungen und die Ergebnisqualität von Finanzberichten deutscher Unternehmen, Frankfurt a.M. u. a. 2009

Durtschi, C./Easton, P.: Earnings Management? The Shapes of the Frequency Distributions of Earnings Metrics Are Not Evidence Ipso Facto, Journal of Accounting Research 2005, 557–592

Ettredge, M./Huang, Y./Zhang, W.: Earnings restatement and differential timeliness of accounting conservatism, Journal of Accounting and Economics 2012, 489–503

Ewert, R./Wagenhofer, A.: Earnings Quality Metrics and What They Measure, Working Paper 8/2011 (= SSRN 1697042)

Faccio, M.: Differences between Politically Connected and Non-Connected Firms: A Cross country Analysis, Financial Management 2010, 905–927

Fieberg, C.: The Economical and Econometrical Relevance of Value Relevance Studies, CF 2012, 194–203

Fieberg, C./Varmaz, A.: The Relevance of Level-Based Value Relevance Studies, CF 2012, 397–399

Filip, A./Raffournier, B.: Financial Crisis and Earnings Management: The European Evidence, The International Journal of Accounting 2014, 455–478

Frankel, R./Litov, L.: Earnings persistence, Journal of Accounting and Economics 2009, 182–190

Frey, H.: Konzernabschlussanalyse großer Unternehmen am deutschen Kapitalmarkt auch vor dem Hintergrund der Finanzkrise, KoR 2011, 194–202

Gaio, C.: The Realtive Importance of Firm and Country Characteristics for Earnings Quality around the World, European Accounting Review 2010, 693–738

Gerakos, J.: Discussion of Detecting Earnings Management: A New Approach, Journal of Accounting Research 2012, 335–347

Givoly. D./Hayn, C. K.: The Changing Time-Series Properties of Earnings, Cash Flows and Accruals: Has Financial Reporting Become More Conservative?, Journal of Accounting and Economics 2000, 287–320

Gordon, E. A./Petruska, K. A./Yu, M.: Do Analysts'Cash Flow Forecast Mitigate the Accrual Anomaly? International Evidence, Journal of International Accounting Research 2014, 61–90

Graham, J.R./Harvey, C. R./Rajgopal, S.: The Economic Implications of Corporate Financial Reporting, Journal of Accounting and Economics 2005, 3–73

Guay, W.: Discussion of the Role of Accruals in Asymmetrically Timely Gain and Loss Recognition, Journal of Accounting Research 2006, 243–255

Gunny, K. A.: The Relation Between Earnings Management Using Real Activities Manipulation and Future Performance: Evidence from Meeting Earnings Benchmarks, Contemporary Accounting Research 2010, 855–888

Hail, L./Leuz, C./Wysocki, P.: Global Accounting Convergence and the Potential Adoption of IFRS by the United States: An Analysis of Economic and Policy Factors, Working Paper 2009 (SSRN =1357331)

Hansen, J. C.: The effect of alternative goals on earnings management studies: An earnings benchmark examination; Journal of Accounting Public Policy 2010, 459–480

Heflin, F./Hsu, C./Jin, Q.: Accounting Conservatism and Street Earnings, Review of Accounting Studies 2015, 674–709

Helpenstein, T.: Die Entscheidungsrelevanz von Managementprognosen, Wiesbaden 2014

Hermanns, S.: Financial Information and Earnings Quality: a Literature Review (Working Paper Universität Notre Dame de la Paix), o. J.

Hirshleifer, D./Hou, K./Teoh, S. H.: The Accrual Anomaly: Risk or Mispricing?, Working Paper 2/2010

Ho, L.C./Liao, Q./Taylor, JM.: Real and Accrual-Based Earnings Management in the Pre- and Post-IFRS Periods: Evidence from China, Journal of Financial Management and Accounting 2015, 294–335

Höllerschmid, C.: Signalwirkungen und Bilanzpolitik mithilfe selbst erstellten technologiebezogenen immateriellen Vermögens, Frankfurt a.M. 2010

Hossain, M./Mitra, S./Rezaee, Z./Sarath, B.: Corporate Governance and Earnings Management in the Pre- and Post-Sarbanes-Oxley Act Regimes: Evidence from Implicated Option Backdating Firms, Journal of Accounting, Auditing and Finance 2011, 279–315

Hribar, P./Collins, D. W.: Errors in Estimating Accruals: Implications for Empirical Research, Journal of Accounting Research 2002, 105–134

Hribar, P./Kravet, T./Wilson, R.: A new measure of accounting quality, Review of Accounting Studies 2014, 506–538

Jackson, S. B./Liu, X.: The Allowance for Uncollectible Accounts, Conservatism, and Earnings Management, Journal of Accounting Research 2010, 565–601

Kama,I./Weiss, D.: Do Earnings Targets and Managerial Incentives Affect Sticky Costs?, Journal of Accounting Research 2012, 201–224

Kang, Q./Liu, Q./Qi, R.: Predicting Stock Market Returns with Aggregate Discretionary Accruals, Journal of Accounting Research 2010, 815–858

Keung, E./Lin, Z.-X./Shih, M.: Does the Stock Market See a Zero or Small Positive Earnings Surprise as a Red Flag?, Journal of Accounting Research 2010, 105–135

Khan, M./Watts, R. L.: Estimation and empirical properties of a firm-year measure of accounting conservatism, Journal of Accounting and Economics 2009, 132–150

Kim, J.-B./Sohn, B.: Real Earnings Management and Cost of Capital, Journal of Accounting und Public Policy 2013, 518–543 (= SSRN 2199375)

Kim, S. J.: Accounting Conservatism and Corporate Reporting in a High Information Asymmetry Environment: Analysis of Initial Stock Offering Firms, Dissertation 2014

Koonce, L./Lipe, M. G.: Earnings Trend and Performance Relative to Benchmarks: How Consisteny Influences their Joint Use, Journal of Accounting Research 2010, 859–884

Kothari, S. P./Leone, A. J./Wasley, C.E.: Performance Matched Discretionary Accrual Measures, Working Paper No FR 01–04, 2002

Kothari, S. P./Mizik, N./Roychowdhury, S.: Managing for the Moment: The Role of Real Activity versus Accruals Earnings Management in SEO Valuation, Working Paper 2012

Krummet, F.: Der Informationsgehalt von latenten Steuern nach IAS 12, Lohmar 2011

Küting, K./Weber, C.-P.: Die Bilanzanalyse, 11. Aufl. Stuttgart 2015

Lambert, R.: Discussion of "Implications for GAAP from an analysis of positive research in accounting", Journal of Accounting and Economics 2010, 287–295

Landsman, W. R./Maydew, E. L./Thornock, J. R.: The information content of annual earnings announcements and mandatory adoption of IFRS, Journal of Accounting and Economics 2012, 34–54 (=SSRN 1337567)

Lawrence; A./Sloan, R./ Sun, Y.: Non-Discretionary Conservatism: Evidence and Implications, Working Paper 2013

Lee, L. F.: Incentives to Inflate Reported Cash from Operations Using Classification and Timing, The Accounting Review 2012, 1–33

Leuz, C./Wysocki, P.: Economic Consquences of Financial Reporting and Disclosure Regulation: A Review and Suggestions for Future Research, Working Paper 2008 (SSRN=1105398)

Li, F.: Earnings Quality based on Corporate Investment Decision, JAR 2011, 721–752

Lobo, G. J./Zhou, J.: Changes in Discretionary Financial Behavior Following the Sarbanes-Oxley Act, Journal of Accounting, Auditing and Finance 2010, 1–26

Loy, T./Steuer, S.: Vertrauen ist gut, Enforcement ist besser? Teil 2, KoR 2015, 548–557

McInnis, J./Collins, D. W.: The Effect of Cash Flow Forecasts on Accrual Quality and Benchmark Beating, Working Paper 2010 (SSRN 922770), Journal of Accounting and Economics 2011, 219–239

Merchant, K. A./Van der Stede, W. A.: Management Control Systems, 3. Aufl., Harlow 2012

Myers, J. N./Myers, L. A./Skinner, D. J.: Earnings Momentum and Earnings Management, Journal of Accounting, Auditing and Finance 2007, 249–284

O'Brien, J.: Relevance and Reliability of Fair Values: Discussion of Issues raised in „Fair Value Accounting for Financial Instruments: Some Implications for Bank Regulation". BIS Working Papers No 209, 2006, 15–22

Ogneva, M.: Accrual Quality, Realized Returns, and Expected Returns: The Importance of Controlling for Cash Flow Shocks, The Accounting Review 2012, 1415–1444

Ordosch, M.: Accounting for R&D Investments According to IAS 38, Frankfurt a.M. 2012

Papanastasopoulos, G. A.: Accounting Accruals and Stock Returns: Evidence from European Equity Markets, European Accounting Review 2014, 729–768

Patatoukas, P. N.: Detecting news in aggregate accounting earnings:implications for stock market valuation, Review of Accounting Studies 2014, 134–160

Pronobis, P./Schwetzler, B./Sperling, M./Zülch, H.: Trends in der Ergebnisqualität (earnings quality) deutscher Jahresabschlüsse. Corporate Finance 2010, 93–99 und 165–169

Ramanna, K./Roychowdhury, S.: Elections and Discretionary Accruals: Evidence from 2004, Journal of Accounting Research 2010, 445–475

Richardson, S./Tuna, I./Wysocki, P.: Accounting anomalies and fundamental analysis: A review of recent research advances, Journal of Accounting and Economics 2010, 401–454

Roychowdhury, S.: Earnings management through real activities manipulation, Journal of Accounting and Economics 2006, 335–370

Roychowdhury, S.: Discussion of „The Numbers Game in the Pre- and Post-Sarbanes-Oxley Eras", Journal of Accounting, Auditing and Finance 2009, 535–541

Roychowdhury, S./Martin, X.: Understanding discretion in conservatism: An alternative viewpoint, Journal of Accounting and Economics 2013, 134–146

Sattler, M.: Vereinbarkeit von Abschlussprüfung und Beratung, Wiesbaden 2011

Singer, Z./You,H.: The Effect of Section 404 of the Sarbanes-Oxley Act on Earnings Quality, Journal of Accounting, Auditing and Finance 2011, 556–589

Soderstrom, N. S./Sun, K. J.: IFRS Adoption and Accounting Quality: A Review, European Accounting Review 2007, 675–702

Szczesny, A.: Der Zusammenhang zwischen Bilanzpolitik und Rechnungslegungsstandards – Meßmethoden und empirische Evidenz, BFuP 2007, 101–122

Tan, L.: Creditor Control Rights, State of Nature Verification, and Financial Reporting Conservatism, Journal of Accounting and Economics 2013, 1–22

Tong, Y. H./Miao, B.: Are Dividends Associated with the Quality of Earnings? Accounting Horizons 2011, 183–205

Watts, R. L.: Conservatism in Accounting Part II: Evidence and Research Opportunities, Working Paper 2003 (b) (SSRN=438662)

Witzleben, A.: Anreiz- und Entscheidungsnützlichkeit der bedingten Vorsicht, Frankfurt a.M. u. a. 2013

Wysocki, P.D.: Assessing Earnings and Accruals Quality: U.S. and International Evidence, Working Paper 2008

Yu Hou: The Role of Diversification in the Pricing of Accruals Quality, Review of Accounting Studies 2015, 1059–1092

Zajonz, R.: Die Bewertung europäischer Immobilienaktien, Köln 2010

Zang, A. Y.: Evidence on the trade-off between real activities manipulation and accrual-based earnings management, The Accounting Review 2012, 675–703

Zechman, S. L. C.: The Relation Between voluntary Disclosure and Financial Reporting: Evidence from Synthetic Leases, Journal of Accounting Research 2010, 725–765

Zülch, H./Siggelkow, L.: Bilanzpolitik im Rahmen der Entscheidung zur Erfassung einer Wertminderung gemäß IAS 36 – Empirische Analyse des Bilanzierungsverhaltens deutscher Unternehmen im Zeitraum 2004 bis 2010, CF 2012, 383–391

Bedeutung von Corporate Governance, Enforcement und sonstigen Einflussfaktoren

4

Kapitelübersicht

Bereits an einigen Stellen bisher wurde darauf verwiesen, dass die Qualität der Rechnungslegung nicht nur von den Rechnungslegungsstandards selbst abhängt (also zum Beispiel den IFRS). So ging es unter anderem um den Einfluss sogenannter Länderfaktoren auf die Umsetzung der IFRS (Abschn. 1.2.3), bei denen vor allem die Corporate Governance- und Enforcementstruktur als wesentliche Einflussgrößen angeführt wurden. Daneben wurde deutlich, dass die Finanzierungsstruktur der Unternehmen bedeutsam sein kann (Abschn. 1.3.3 bis Abschn. 1.3.6) und die Anreize für Bilanzpolitik können höchst unterschiedlich sein (Abschn. 2.3). Veränderungen der Rechnungslegungsregeln können deshalb zu einer veränderten Bilanzpolitik führen und umgekehrt können veränderte rechtliche oder ökonomische Randbedingungen die Rechnungslegungspraxis beeinflussen.

Solche Faktoren werden in den empirischen Studien regelmäßig genutzt, um Hypothesen abzuleiten und zu präzisieren. Sie werden oftmals als Kontrollvariable in Regressionsanalysen eingeführt. In diesem Kapitel geht es vor allem darum, welche Faktoren in der Forschung als wesentlich angesehen werden und wie sie operationalisiert werden können. Der Schwerpunkt liegt dabei eindeutig auf Corporate Governance-Mechanismen. In einem ersten einführenden Abschnitt wird die Auswahl bestimmter Faktoren begründet.

In Abschn. 4.2 wird auf Zusammenhänge zwischen Corporate Governance und Rechnungslegung eingegangen.

Im Abschn. 4.3.1 geht es dann darum, ob die Zusammensetzung der Kapitalgeber und der Investorenschutz eine Rolle spielt und welche. Neben der groben Unterscheidung in Fremd- und Eigenkapitalgeber ist insbesondere die Aufteilung in unterschiedliche Aktionärsgruppen bedeutsam.

© Springer Fachmedien Wiesbaden GmbH 2017
M. Kühnberger, *Kapitalmarktorientierte Rechnungslegung,*
DOI 10.1007/978-3-658-13205-7_4

Danach (4.3.2 und 4.3.3) werden zwei in der Forschungspraxis besonders einflussreiche Modelle vorgestellt, mit denen Corporate Governance-Mechanismen in Form
von Scoring-Modellen getestet wurden. Beide stammen ursprünglich aus den USA, aber
insbesondere die Indizes von LaPorta et al. zum Investorenschutz wurden für zahlreiche
Ländervergleiche herangezogen. Die hierbei berücksichtigten Faktoren sind nicht unabhängig von der Kapitalstruktur der Unternehmen. Insofern handelt es sich nicht um vollständig überschneidungsfreie Inhalte. Im Gegensatz zum vorangehenden Abschnitt geht
es aber um tendenziell „geschlossene" Abbildungen der Realität.

Nach einem kritischen Fazit zu den vorgestellten Scoringmodellen (Abschn. 4.3.4),
wird auf die besondere Rolle der Abschlussprüfung eingegangen (Abschn. 4.3.5), da dieser eine sehr wichtige Bedeutung durch Gesetzgebung und Literatur eingeräumt wird.

In Abschn. 4.4 werden einige weitere (isolierte) Einflussfaktoren vorgestellt. Dabei
handelt es sich teilweise um firmenbezogene Aspekte (wie Unternehmensgröße, Wachstum usw.), aber auch Merkmale, die durchaus auch als Corporate Governance-Faktoren
zu sehen sind, wie die Qualität von Abschlussprüfungen.

Nicht berücksichtigt werden makroökonomische Aspekte, obwohl es durchaus plausibel ist, dass die Rechnungslegung in Rezessions- und Wachstumsphasen einer Ökonomie, bei niedriger oder hoher Inflation, auf freien oder reglementierten Märkten, in
Industrieländern und Entwicklungsländern etc. durchaus unterschiedlich sein kann. Ausgeklammert bleiben auch Einflüsse des Geschäftsmodells oder ganzer Branchen. Für den
besonderen Anwendungsfall der Immobilienbranche wird dies exemplarisch in Kap. 5
nachgeholt.

4.1   Einführung und begriffliche Abgrenzungen

Es dürfte prima facie einleuchten, dass Faktoren wie Finanzierungstradition, Investorenschutz, Steuer- und Rechtssystem, Corporate Governance usw. einen wesentlichen Einfluss auf die bilanzpolitischen Rahmenbedingungen von Unternehmen und die Qualität
der Rechnungslegung entfalten können. Ergänzend sind viele Einzelfaktoren möglich,
die in besonderen Situationen bedeutsam werden können und nachweislich auch waren.
Hier könnte man an persönliche Merkmale von Entscheidungsträgern denken (das
berühmte Big-Bath-Accounting bei einem Vorstandswechsel oder Last Period-Effekte,
wenn ein CEO kurz vor dem Ausscheiden ist, Overconfidence in die eigenen Fähigkeiten
und sogar Gender-Merkmale und Religiosität (vgl. Köhler und Liu 2015). Auch besondere Finanzierungsanlässe (Kapitalmaßnahmen, Begebung einer Anleihe), ökonomische
Schocks usw. wurden getestet und hatten statistisch signifikante Ergebnisse erreicht.
Eine vollständige Darstellung ist weder möglich noch hilfreich.

Stattdessen wird zunächst untersucht, welche Bedeutung die Kapitalstruktur haben
kann. Dies liegt alleine schon deshalb nahe, weil der Schutz der Kapitalgeber (durch
Informationen und die Erfüllung der Koordinationsfunktion der Rechnungslegung) die
zentrale Zielvorgabe der internationalen, kapitalmarktorientierten Rechnungslegung ist

(vgl. Abschn. 1.1). Danach werden zwei umfassendere Scoringmodelle vorgestellt, die neben der Finanzierungsstruktur weitere Corporate Governance-Merkmale abgreifen. Im letzten Teil geht es dann um ausgewählte Einzelfaktoren, die relativ häufig als Kontrollvariablen genutzt wurden, da es plausibel oder auch empirisch bestätigt ist, dass sie einen modifizierenden Einfluss haben können.

Im Zentrum bei alledem stehen aber sogenannte Corporate Governance-Aspekte. Unter Corporate Governance kann man die Konfliktlösungsmechanismen für Prinzipal-Agenten-Konflikte verstehen, eine Ausrichtung wie sie vor allem in den USA vorzufinden ist. In Deutschland herrscht ein tendenziell weiteres Begriffsverständnis vor, das den rechtlichen und faktischen Ordnungsrahmen für die Leitung und Überwachung von Unternehmen umfasst. Während es bei einem am Shareholder-Value ausgerichteten Modell um das Verhältnis von Kapitalgebern untereinander und zum Management geht, also eine kapitalmarktrechtliche Perspektive eingenommen wird, geht es in Deutschland um einen pluralistischen Stakeholder-Ansatz, der mehrere Adressaten berücksichtigt, insbesondere auch Mitarbeiter-, Konsumenten- und Umweltaspekte einbezieht (vgl. Lentfer 2005, S. 38 ff.; Merkt 2009, S. 690 ff. jeweils mit detaillierten Erläuterungen zu solchen Länderfaktoren).

In Deutschland ist jenseits des AktG keine gesetzliche Vorgabe für die Kompetenzverteilung und Organisation der aktienrechtlichen Organe vorgesehen, aber der Deutsche Corporate Governance Kodex (DCGK) entwickelt seit Jahren weiterführende Vorschläge. Diese sind zwar nicht verbindlich, aber durch die Entsprechenserklärung in § 161 AktG werden die Unternehmen zu einem „comply or explain" gezwungen. Bereits seit 2009 hat der DCGK ausdrücklich eine Stakeholderperspektive als Ziel ausgegeben. Es wird Nachhaltigkeit im Sinne der Tripple Bottom Line gefordert, also eine Berücksichtigung der finanziellen, sozialen und ökologischen Perspektive. Ohne Zweifel ist die handelsrechtliche Rechnungslegung nach HGB, IFRS oder US-GAAP bisher weitgehend oder gar ausschließlich auf finanzielle Zielgrößen ausgerichtet. In der Praxis erstellen und publizieren viele Großunternehmen seit Jahren zusätzlich und auf freiwilliger Basis mehr oder weniger umfangreiche Sozial- und Umweltberichte, auch Nachhaltigkeitsberichte genannt (vgl. Kühnberger 2016; Pedell et al. 2014).

Im HGB sind solche Nachhaltigkeitsthemen bisher eher rudimentär verankert, nämlich in den Regelungen zum Lagebericht nach den §§ 289 f. Hierbei geht es um nicht-finanzielle Leistungsindikatoren, aber auch Erläuterungen zum Vergütungssystem und zu übernahmerelevanten Faktoren, die Informationen zur Corporate Governance liefern. Die zuletzt Genannten kann man durchaus der finanziellen Dimension zuordnen, ohne dass es um Informationen geht, die sich direkt im Zahlenwerk niederschlagen. Es ist deshalb durchaus konsequent, wenn ein Integrated Reporting gefordert wird, das eine umfassende Darstellung aller Perspektiven als Weiterentwicklung fordert, anstatt dass es drei oder noch mehr Dokumente gibt, die sich partiell überschneiden und nicht oder nur teilweise geprüft sind (vgl. Lorson et al. 2014; Müller und Stawinga 2014). Problematisch sind hierbei naturgemäß die Abgrenzung des Adressatenkreises und die inhaltliche Spezifikation der berechtigten Informationsbedürfnisse.

Der Arbeitskreis Externe Rechnungslegung der Schmalenbach-Gesellschaft hat Bestrebungen vorgestellt, hier zu normieren. Es wird dabei als gesichert angesehen, dass nicht-finanzielle Leistungsindikatoren als wertrelevant angesehen werden. Allerdings gibt es bisher keinerlei Festlegungen auf bestimmte Berichtsstandards, sodass homogene Formate kaum zu erwarten sind. Es wird zudem angenommen, dass die Inhalte branchenabhängig sein müssten. Als Beispiele werden angeführt Fluggesellschaften (Passagiersicherheit, Servicequalität, Kundenzufriedenheit als naheliegende Indikatoren) und Hightech-Unternehmen (Patentanmeldungen und -erfolge). Wird unterstellt, dass angesichts der Freiheitsgrade in etwa eine Situation vorliegt wie bei einer freiwilligen IFRS-Anwendung, ist vergleichbar mit einem Sample Bias zu rechnen, das heißt, Unternehmen, die für einen besonders scharfen Standard optieren unterliegen einem Selfselection-Prozess, die Berichte sind nicht repräsentativ (vgl. Arbeitskreis Externe Rechnungslegung 2015).

Es gibt allerdings zwei Hebel, die zumindest innerhalb vergleichbarer Geschäftsmodelle zu weniger Heterogenität führen können. Zum einen, wenn es um eine Begrenzung auf Faktoren geht, die einen nachweisbaren Zusammenhang mit finanziellen Zielgrößen aufweisen, zum Beispiel zwischen Kundenzufriedenheit und Umsatzerlösen. Zum anderen sieht zum Beispiel DRS 20 vor, dass es um bedeutsame nicht-finanzielle Indikatoren geht, die auch für Steuerungszwecke im Unternehmen tatsächlich genutzt werden. Dies wäre zum Beispiel bei Zielvereinbarungen mit der obersten Leitungsebene gegeben, wenn die Vergütung in der Kfz-Industrie an die CO_2-Emissionen anknüpft (vgl. Arbeitskreis Externe Rechnungslegung 2015). Dieser Ansatz entspricht dem Management Approach für die Segmentberichterstattung nach IFRS 14. Obwohl dieser eine beachtliche Subjektivität einräumt und die externe Vergleichbarkeit nicht sicherstellt, gelten Segmentberichte als informativ. Die Auslegungen des DRSC sind zwar nicht verbindlich und gelten vom Gesetzeswortlaut her (§ 342 HGB) nur für Konzernabschlüsse und Konzernlageberichte, haben aber faktisch Einfluss.

Die Annahme des Arbeitskreises, dass nicht-finanzielle Leistungsindikatoren wertrelevant sind, ist zunächst plausibel. Durch die Publikation sozialer und ökologischer Indikatoren kann das Risiko von Unternehmen besser abgeschätzt werden, insbesondere bezüglich eventueller Haftungsrisiken oder auch der Wachstumschancen aufgrund einer Vorreiterrolle. Allerdings sind solche Informationen regelmäßig mehrdimensional und werden nicht in Euro ausgedrückt. Deshalb sind Gesamtbewertungen nur über subjektive Scoring-Modelle möglich und es fehlen auch Auswertungsroutinen, wie sie für die finanziellen Daten in Form von Kennzahlenanalysen schon lange etabliert sind. Insofern sind die Möglichkeit des Informationsnutzens und der tatsächlich realisierte Nutzen zweierlei Dinge. Da die kapitalmarktorientierte Rechnungslegung ausschließlich auf die Interessen der Financiers Bezug nimmt, hat sie bisher auch nur die finanzielle Perspektive unmittelbar normiert und weitergehende soziale und ökologische Aspekte weitgehend vernachlässigt. Ob dies zu Recht erfolgte oder Nachhaltigkeitsthemen integriert werden sollen, ist deshalb auch eine empirische Frage, neben der Frage der politischen Wertung des Standardsetters, auch andere Stakeholder explizit zu berücksichtigen. Zur praktischen Bedeutung von Nachhaltigkeitsthemen einige Befunde.

In einer Studie von Herda et al. wurde untersucht, welche Zusammenhänge zwischen Nachhaltigkeitsberichten und dem (nationalen) Investorenschutz bestehen. Das Niveau des Investorenschutzes wurde anhand des weit verbreiteten Scoringmodells von LaPorta et al. (vgl. Abschn. 4.3.3) gemessen und Nachhaltigkeitsberichte nach dem GRI-Standard genutzt (vgl. Herda et al. 2014). Der GRI-Standard wird zufolge einer Befragungsstudie weltweit von 80 % der 250 größten Unternehmen genutzt (vgl. Fifka 2015, S. 834 ff.). Es ist zwar nicht der einzige Standard für Nachhaltigkeitsberichte, aber er kann als Klassenprimus angesehen werden. Für den Zeitraum 2005 bis 2009 (mit 1482 Datenpunkten) wurde festgestellt, dass in Ländern mit einem schwachen Investorenschutz solche Nachhaltigkeitsberichte verbreiteter sind und dass deren Qualität/Glaubwürdigkeit durch mehr oder weniger hochwertige Prüfungen noch verbessert werden konnte. Die freiwillige Publizität stellt damit ein Substitut für normierte CG-Mechanismen zum Investorenschutz dar. Da diese Informationen von den Investoreninteressen getrieben waren, folgern die Verfasser, dass sich IASB/FASB mit Nachhaltigkeitsthemen befassen sollten (vgl. Herda et al. 2014).

Diese Argumentation hat zwei Schwachstellen. Einmal berücksichtigt sie nicht, ob es andere Publikationen zu nicht-finanziellen Leistungsindikatoren gab und es wird nicht belegt, dass die GRI-Berichte tatsächlich die ökonomische Beurteilung durch die Anleger beeinflusste (zum Beispiel in Form verminderter Eigenkapitalkosten oder verbesserter Prognoseeignung der im Zahlenwerk publizierten Daten). Letztlich wurde ein ökonomischer Vorteil nicht belegt, sondern aufgrund der Existenz der Berichte gefolgert, sie seien notwendig gewesen, um Investoreninteressen nachzukommen.

Eine Erhebung für den Zeitraum 2002 bis 2010 für US-Unternehmen mit 5928 Firmyears untersuchte, ob es zwischen den Aufwendungen für Corporate Social Responsibility (CSR) und der Unternehmensperformance eine Beziehung gibt. Die Performance wurde durch den Return on Assets (ROA), den operativen Cashflow und die Aktienrendite gemessen. Als Motiv für CSR-Aufwendungen untersuchen die Verfasser drei Erklärungsmodelle. 1) Sie signalisieren eine Orientierung am Gemeinwohl. 2) Sie stellen eine Investition dar, die zu einer besseren Rendite führt (Investment-Hypothese). 3) Sie signalisieren, dass das Management eine bessere Performance erwartet. Die CSR-Aufwendungen würden nach (2) und (3) ähnlich wie Dividenden ein Signal für die künftige Entwicklung darstellen. Im Ergebnis stellen die Verfasser fest, dass die Investment-Hypothese nicht bestätigt werden konnte. Dies würde gegen die Wertrelevanz der Aufwendungen für soziale und ökologische Projekte sprechen (vgl. Lys et al. 2015).

In einer deutlich umfassenderen Studie für die Jahre 1995 bis 2007 mit 1093 Unternehmen aus 31 Ländern (5135 CSR-Berichte) wurde der Zusammenhang zwischen CSR-Berichten und den Eigenkapitalkosten untersucht. Berücksichtigt wurden ausschließlich Stand-alone-CSR-Berichte, anderweitige Offenlegungen nicht. Die Länder unterschieden sich dabei deutlich bezüglich ihrer Orientierung an Shareholder- und Stakeholderinteressen (in Deutschland zum Beispiel durch die Mitbestimmungsrechte dokumentiert). Die CSR-Informationen können theoretisch auf mehrere Arten Nutzen stiften. So können sie Informationsasymmetrien abbauen helfen, Schätzrisiken mindern (zum Beispiel bezüglich von Umweltrisiken und entsprechenden Rückstellungen) und damit Monitoringkosten senken. Ergänzend kann berücksichtigt werden, dass institutionelle Anleger wie Pensionsfonds teilweise Vorgaben für zulässige Anlagen haben und nur in nachhaltige Unternehmen investieren dürfen. Die Verfasser halten drei Ergebnisse fest. Zunächst, dass CSR-Berichte insgesamt die Eigenkapitalkosten senken und dass dieser Effekt in Ländern mit Stakeholderorientierung größer ist. Außerdem ist der Effekt in Ländern mit einer qualitativ schwachen Finanzberichterstattung nach nationalem Recht größer. Die CSR-Berichte stehen in einer Substitutionsbeziehung zur (nationalen) Regelpublizität (vgl. Dhaliwal et al. 2014).

Demgegenüber stellen Pellens und Schmidt in einer Befragungsstudie zum Informationsverhalten privater und institutioneller Anleger in Deutschland fest, dass Nachhaltigkeitsberichte (im Gegensatz zur akademischen Aufmerksamkeit) für das Anlegerverhalten bedeutungslos sind (vgl. Pellens und Schmidt 2014; dies galt auch in den beiden Vorläuferstudien durch Ernst et al. 2004 und Ernst et al. 2009).

Die CSR-Richtlinie der EU 2014/95/EU sieht hingegen vor, dass ab 2017 nichtfinanzielle Erklärungen zu verschiedenen Themen wie Umwelt, Soziales, Mitarbeiter, Korruptionsbekämpfung etc. abzugeben sind. Innerhalb der EU werden ca. 6000 kapitalmarktorientierte Unternehmen hiervon betroffen sein. Die Umsetzung durch die nationalen Gesetzgeber steht aus. Für Deutschland ist noch unklar, ob eine Integration in den Lagebericht erfolgen wird, was sich aufgrund der bisherigen Inhalte desselben anbieten würde. Außerdem ist noch zu klären, ob eine formelle oder gar materielle Prüfung vorgesehen wird. Velte und Stawinga (2016) haben die empirischen Befunde zwischen der Prüfung von Nachhaltigkeitsberichten und den (positiven) Folgen zusammengestellt. Sie kommen zu einem deutlich optimistischeren Befund als Pellens und Schmidt. Angesichts der gesetzgeberischen und sonstigen Initiativen ist für die Praxis zumindest mit einer zunehmenden Bedeutung von CSR-Themen zu rechnen. Die Literatur und Forschung wird sich diesem Trend kaum verschließen.

Im Weiteren werden Corporate Governance-Aspekte ausschließlich in Orientierung auf die finanzielle Perspektive behandelt. Dies erfolgt vor allem aus pragmatischen Gründen, da die wissenschaftlichen Arbeiten zu ökologischen und sozialen Aspekten der Rechnungslegung (noch) selten sind und es im Vergleich zur kapitalmarktorientierten Rechnungslegung an Standardisierung und Glaubwürdigkeit der Informationen fehlt. Mittelbar sind Einflüsse gleichwohl zum Teil erfasst in der Forschung, wenn Informationen außerhalb der Pflichtpublizität behandelt werden, zum Beispiel in Form von privaten Investor-Relations-Kanälen oder einer freiwilligen Zusatzinformation innerhalb der Regelpublizität.

Basis vieler Arbeiten zur Corporate Governance ist die Prinzipal-Agenten-Theorie. Dabei wird unterstellt, dass Unternehmen aus einem Netzwerk unvollständiger Verträge bestehen, die beteiligten Parteien opportunistisch veranlagt sind und entsprechend eigene Ziele verfolgen können, was zu Interessenkonflikten führt. Diese sind durch Verträge, Normen und sonstige Institutionen zu mildern (Abb. 4.1).

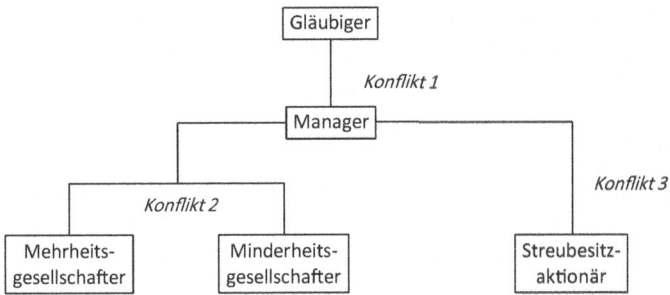

Abb. 4.1 Grundmodell der Prinzipal-Agency-Theorie. (Eigene Darstellung)

Um welche Vertragsparteien es geht und welche typisierten Konfliktkonstellationen im Fokus stehen, ist unterschiedlich. Ein Basismodell liefern Berle/Means, das an die für Kapitalgesellschaften, besonders Aktiengesellschaften, typische Trennung von Eigentum und Verfügungsmacht anknüpft (vgl. Berle und Means 1932; Lentfer 2005, S. 32 ff.). Die Eigentümer/Aktionäre stellen das Kapital zur Verfügung, delegieren aber die Unternehmensleitung an das Management, dessen Handlungen sie nicht direkt beobachten können und das (annahmegemäß) über einen besseren Informationsstand verfügt. Insbesondere bei Streubesitz besteht das Risiko, dass das Management seine Spielräume und Wissensvorteile zulasten der Aktionäre ausnutzt. Über-, Unterinvestitionen, Consumption on the Job und ein quiet Life sind regelmäßig analysierte Konflikte (Konfliktfeld 3).

Gibt es hingegen eine Konstellation mit Mehrheitsgesellschaftern, rückt ein Konflikt zwischen diesem und außenstehenden Kleinaktionären in den Fokus. Es besteht das Risiko, dass sich der einflussreiche Großaktionär Sondervorteile zulasten der Minderheiten aneignet. Das Management wird hierbei in der Regel nicht gesondert als Agent berücksichtigt, sondern unterstellt, dass es in Übereinstimmung mit dem Mehrheitsgesellschafter agiert. Neben den Minderheitsgesellschaftern sind auch Gläubiger potenziell ausbeutungsoffen, da auch Aktionen erfolgen können, die deren Zahlungsansprüche und Risiko beeinflussen und ihnen ausschließlich das Unternehmensvermögen als Haftungsmasse dient. Solche Konflikte werden in Deutschland für AG durch konzernrechtliche Vorgaben im AktG normiert, während in den USA tendenziell kapitalmarktrechtliche Transparenznormen und ein rigides Haftungsregime als Schutzinstrumente vorgesehen sind (vgl. Windbichler 2009, S. 839 f.) (Konfliktfeld 2).

Schließlich werden Interessengegensätze zwischen Eigentümern und Gläubigern thematisiert, die ihre Wurzeln in den asymmetrischen Profilen bezüglich erzielter Gewinne und Verluste und der Haftungsbeschränkungen haben. Das Management wird hierbei nicht als gesonderte Partei behandelt, sondern es wird unterstellt, es handle in Übereinstimmung mit den Eigentümerinteressen (Konfliktfeld 1).

Obwohl die Einengung auf die angeführten Betroffenen (Manager, Eigentümer und Gläubiger) durchaus kritisch gesehen wird, genauso wie die generelle Annahme opportunistischen Verhaltens (vgl. Daily et al. 2003; Kißler 2011, S. 597 ff.), erlaubt diese

Reduktion zugleich, Einzelprobleme zu modellieren und empirisch zu testen. Auch die Tatsache, dass in der Regel nur zwei Parteien modelliert werden, stellt natürlich eine starke Vereinfachung dar. So kann man zum Beispiel gerade für Deutschland in der Vergangenheit feststellen, dass das Management aufgrund des Hausbankprinzips und der diversen Einflusskanäle der Großbanken wahrscheinlich starke Anreize hatte, sich mit den Kreditinstituten (also Gläubigern) abzustimmen, während der Einfluss von (Klein-) Aktionären eher nachrangig war (vgl. Ringe 2014 mit ausführlicher Darstellung des Beziehungsgeflechts und seiner Veränderungen in Deutschland). Die Ermittlung isolierter Zusammenhänge vereinfacht zwar die Realität, aber realistische Gesamtmodelle sind nicht möglich.

Innerhalb dieses eingeengten Gesichtsfeldes sind gleichwohl sehr unterschiedliche Steuerungsmechanismen für eine gute Corporate Governance denkbar, die auf sehr verschiedene Art und Weise strukturiert werden können. Hier kann die Normherkunft (Gesetzgeber oder private Institution; Kapitalmarktrecht, Gesellschaftsrecht, Strafrecht) eine Rolle spielen und deren Verpflichtungsgrad und Sanktionsmöglichkeiten (vgl. von Werder 2009, S. 16 f.). Sehr häufig wird eine Trennung in interne und externe Mechanismen vorgenommen. Externe Mechanismen funktionieren über eine „freiwillige" Marktkontrolle, wobei der Markt für Unternehmensübernahmen eine besonders wichtige Rolle einnimmt, zumindest auf dem Papier. Daneben können die Märkte für Manager, Produkte, Reputationskapital usw. bedeutsam sein. Das Adjektiv „freiwillig" darf hierbei nicht missverstanden werden. Es geht nicht darum, dass ein Unternehmen entscheiden kann, welche Marktreaktionen eintreten, sondern es gibt keine normativen Vorgaben, ob und wie Märkte zu reagieren haben.

Interne Mechanismen betreffen hingegen Informations-, Kontroll- und Entscheidungsrechte von Stakeholdern, die sie in die Lage versetzen, Risiken zu identifizieren und steuern (vgl. von Werder 2009, S. 16 f.). Allerdings scheint die Trennung nicht immer einfach. So wird der externe Markt für Übernahmen als externer Mechanismus durch diverse Informations- und Verhaltenspflichten des Managements (interne Mechanismen) beeinflusst. Insofern ist es nicht verwunderlich, dass die Trennung von intern und extern auch als Mythos bezeichnet wird, der die vielfältigen Zusammenhänge zwischen verschiedenen Faktoren vernebelt (vgl. Brickley und Zimmerman 2010).

Geht man mehr in Details, so zeigt sich, dass eine Fülle an Einzelfaktoren theoretisch und empirisch bedeutsam sein kann. Dazu gehören eher generelle Merkmale wie die Herkunft und Ausgestaltung des Rechtssystems (vgl. Abschn. 4.3.3), die Stellung der Rechtsprechung, die Regelungstechnik (Prinzipien versus Regeln, vgl. Abschn. 1.4), die öffentliche und private Enforcementstruktur, die Reife und Tiefe von Kapital- und Kreditmärkten, der volkswirtschaftliche Wohlstand, das Informationsumfeld (Pressefreiheit, Analystendeckung), die Anfälligkeit für und Verbreitung von Korruption usw. Ebenso werden Einzelaspekte untersucht, wie das angelsächsische Boardmodell im Vergleich zum aktienrechtlichen Aufsichtsratssystem, die Einrichtung von Prüfungsausschüssen, Vergütungssysteme, Gläubigerrechte, Qualität der Abschlussprüfung, Transparenzpflichten usw. Dabei kann jedes Merkmal durch Einzelaspekte weiter untergliedert werden.

Bei Prüfungsausschüssen spielt zum Beispiel die Qualität der Mitglieder, die Häufigkeit von Sitzungen, die zeitliche Verfügbarkeit der Mitglieder etc. eine Rolle. Angesichts dieser Vielfalt ist zunächst festzuhalten, dass nationale Corporate Governance-Systeme eine Funktion von Rechts-, Finanzsystem und politisch-kulturellen Wertvorstellungen sind (vgl. Gros 2010, S. 19).

Dies impliziert, dass verschiedene Corporate Governance-Mechanismen zusammenwirken können, wobei sie komplementär, konfliktär, substitutiv oder redundant sein können. Geht man optimistisch davon aus, dass in einem Land ein Setting geschaffen wurde, das rational auf einander abgestimmte Mechanismen entwickelt hat, die zur Rechtstradition und den politischen Wertungen passen, so leuchtet es sofort ein, dass ein Transfer einzelner Corporate Governance-Bausteine aus einem anderen System zu Verwerfungen führen kann (sogenannte Pfadabhängigkeit). Ein Musterbeispiel betrifft die Rechnungslegung. Nach HGB dient sie auch, vielleicht sogar primär, Kapitalerhaltungszwecken und als mittelbare Besteuerungsgrundlage. Die nationale Rechnungslegung schlicht durch eine IFRS-Rechnungslegung zu ersetzen, würde gravierend in das bisherige Gefüge des Gläubigerschutzes eingreifen (vgl. Haaker 2010). Auch die Aktionärsrechterichtlinie der EU kann zu Verwerfungen führen, wenn zum Beispiel der Hauptversammlung Zustimmungserfordernisse bei Related Party Geschäften eingeräumt werden, was mit der aktienrechtlichen Kompetenzzuordnung bisher kollidieren würde (vgl. Bungert und de Raet 2015; Kühnberger 2016 mit weiteren Beispielen; Tröger 2015; Vetter 2015).

Der Begriff der Pfadabhängigkeit drückt einmal Komplementaritäten und zum anderen funktionale Äquivalente aus. So kann man Teile des US-amerikanischen Kapitalmarktrechtes auch interpretieren als Regelungen, die in Deutschland in gesellschaftsrechtlichen Vorgaben verankert sind, das in den USA aber traditionell wenig ausgebaut ist, und wenn, dann auf Ebene der Bundesstaaten. Daneben kann man aber auch darunter fassen, dass Unsicherheit bei unbekannten, neuen Regeln besteht und Lernkurveneffekte und Know-how für das bestehende vertraute System verloren gehen. Schließlich ist mit Folgewirkungen zu rechnen. So führen veränderte Rechnungslegungsregeln eventuell zu Anpassungsbedarfen für ausgehandelte Verträge, zum Beispiel für erfolgsabhängige Vergütungen oder Debt Covenants oder auch zu veränderten Steuerungsdaten.

Dies hat natürlich auch unmittelbar Folgen für die Forschungspraxis. Ein Systemvergleich muss wohl oder übel auf mehrdimensionale Scoringmodelle zurückgreifen, in der Hoffnung, die wichtigsten Corporate Governance-Merkmale abzugreifen. Solche Scoringmodelle werden oftmals wegen ihrer unvermeidbaren Subjektivität kritisiert. Sie setzen eine subjektive Auswahl der Einzelmerkmale und deren Gewichtung zu einem Gesamtscore voraus. Die Gesamtnote spiegelt dann eine Aggregation verschiedenster Facetten wider. Das macht sie aber nicht sinnlos, da sie (zumindest bei ausreichender Dokumentation) nachvollziehbare Kriterien und Wertungen enthalten, die damit auch kritisiert und angepasst werden können. Gesamtnoten auf Schulzeugnissen, Einstufungen von Ratingagenturen, die Zusammenfassung von heterogenen Erträgen und Aufwendungen in der GuV zu einem Gewinn etc. verfahren ebenso. Die Modelle liefern eben nur „Imperfect Indicators" (Ball und Brown 2014), die im Kontext mit andern Informationen zu würdigen sind.

Insgesamt ist aufgrund der Vielfalt und Wertungsabhängigkeit nicht mit einer umfassenden, allgemeinen Theorie über eine gute oder schlechte Corporate Governance zu rechnen (vgl. Brickley und Zimmerman 2010). Pragmatisch können aber sehr wohl Entwicklungen innerhalb eines Systems untersucht werden. Änderungen stellen eine Art natürliche Laborsituation dar. Beachtlich ist aber auch hier, dass oftmals mehrere Rechtsänderungen und sonstige Faktoren zugleich angepasst werden, sodass kausale Zuordnungen nicht einfach sind.

Es kann zudem versucht werden, Best-Practice-Erfahrungen von Unternehmen zu nutzen (Peers Benchmark). Wichtig ist hierbei die Auswahl der Peers, damit solche Unternehmen gewählt werden, die ähnlichen rechtlichen und ökonomischen Randbedingungen unterliegen. Beachtlich ist hier aber, dass die Governance und das Geschäftsmodell besonders erfolgreicher Unternehmen wahrscheinlich nicht ganz unabhängig sind (vgl. Brickley und Zimmerman 2010), sodass wiederum eine Art Pfadabhängigkeit vorliegt.

In den folgenden Abschnitten wird deshalb pragmatisch wie folgt verfahren. Zunächst werden die Zusammenhänge zwischen Rechnungslegung und Corporate Governance behandelt. Danach wird der Einfluss der Kapitalstruktur untersucht, da in vielen Arbeiten diese als wichtiger Faktor für die Entwicklung und Qualität der Rechnungslegung angesehen wird. Anschließend werden zwei besonders prominente Scoringmodelle aus den USA vorgestellt, die in sehr vielen Studien verwendet wurden.

4.2   Zusammenhänge zwischen Rechnungslegung und Corporate Governance

Solche Scoringmodelle erhöhen allerdings auch die Komplexität der theoretisch Argumentation und der ökonometrischen Auswertungen. Dies wird noch dadurch verschärft, dass die einzelnen Bausteine der Modelle unterschiedlich operationalisiert werden können. Eine Meta-Analyse zu 27 Studien von nur einem Zusammenhang (zwischen Qualität von Prüfungsausschüssen und der Qualität der Rechnungslegung) zeigte heterogene Befunde, da zum Beispiel insgesamt 13 Indikatoren für die Rechnungslegungsqualität genutzt wurden und die Kausalität unklar blieb: ist die gute Corporate Governance Ursache oder Folge der guten Rechnungslegung oder wird das Niveau beider zugleich festgelegt (vgl. Pomeroy und Thornton 2008). Selbst die Frage, ob ein bestimmtes Resultat von Governance als positiv oder negativ einzustufen ist, stellt keine Selbstverständlichkeit dar (vgl. Brickley und Zimmerman 2010). So halten zum Beispiel LaPorta et al. hohe Dividendenauszahlungen und Streubesitz für erstrebenswerte Ziele, während Gläubiger dies möglicherweise anders sehen werden (vgl. ausführlich Abschn. 4.3).

Der letzte Aspekt weist auf ein weiteres Problem der Strukturierung hin. So kann man die Rechnungslegungs- und Transparenzregeln als durchaus wesentlichen Bestandteil der Corporate Governance ansehen, zum Beispiel weil sie wie in Deutschland, die Entnahmemöglichkeiten von Aktionären begrenzt und die Informationsverteilung bestimmen. Man kann die Qualität der Rechnungslegung aber auch als Folge anderer Corporate Governance-Mechanismen betrachten. Zum Beispiel kann untersucht werden, wie ein Vergütungssystem auf die Anreize für Bilanzpolitik wirkt oder ob ein privates Haftungsregime wie in den USA zu einer ehrlicheren Berichterstattung führt.

Schließlich ist es möglich, dass Rechnungslegung als Substitut für schwache oder fehlende andere Corporate Governance-Mechanismen wirkt. Rechnungslegung kann dann helfen Informationsasymmetrien abzubauen und Agencykosten zu senken. Dies wurde zum Beispiel durch einen Vergleich zwischen US- und Nicht-US-Unternehmen für den Zeitraum 1996 bis 2005 bestätigt. Es ging um den Nutzen freiwilliger Mehrtransparenz. Für die Gruppe der US-Unternehmen führte sie nur zu einer geringen Wertsteigerung, da dort sowieso ein starker Investorenschutz bestand (vgl. Shi et al. 2014). Vergleichbar konnte auch für DAX-30-Unternehmen in Deutschland kein positiver Einfluss freiwilliger Mehrpublizität bezüglich immaterieller Vermögenswerte festgestellt werden (vgl. Rieg 2014). Diese fehlende Wirkung kann auf einer schon starken Absicherung durch andere Corporate Governance-Faktoren beruhen oder weil die entsprechenden Informationen bereits auf anderen Kanälen publiziert wurden. Sowohl der Einfluss privater Informationskanäle als auch die Wirkungen informeller Corporate Governance-Mechanismen wurden in der Literatur bislang eher selten berücksichtigt (vgl. Brickley und Zimmermann 2010).

Der Zusammenhang zwischen Corporate Governance und Rechnungslegung wurde in Deutschland bezüglich der Folgen des KonTraG und BilMoG untersucht. Beide Gesetzesänderungen führten dazu, dass es weniger konventionelle Bilanzpolitik gab. Dies wurde als Qualitätsverbesserung gewertet, da Bilanzpolitik regelmäßig als informationsverzerrend eingestuft wird (vgl. Lopatta et al. 2013). Dies ist nicht selbstverständlich, da Bilanzpolitik auch dazu genutzt werden kann, privates Wissen zu kommunizieren (vgl. Abschn. 2.3.3 und 3.3).

Die Begrenzung vieler Arbeiten auf die Regelpublizität ist auch aus anderen Gründen kritisch zu sehen. Sie dient in der Praxis oftmals eher der Koordinationsfunktion der Rechnungslegung, während für die Bewertungsfunktion vielfach andere Informationskanäle wichtig sind. In einer sehr umfassenden Rekonstruktion weist Zeff darauf hin, dass die Betonung der Koordinationsfunktion der Rechnungslegung vor allem in Ländern erfolgt, die weniger entwickelte Kapitalmärkte als zum Beispiel die USA haben (vgl. Zeff 2013). Für die Informationsfunktion der Kapitalmärkte wären dann andere Informationskanäle wichtig, die Entscheidungen von Investoren werden immer weniger durch die Rechnungslegung geprägt. Dies wurde für einige Länder, auch Deutschland, mehrfach untersucht und bestätigt (vgl. Bauer et al. 2014; Ernst et al. 2009; Pellens und Schmidt 2014; Rieg 2014; Shi et al. 2014; Veith und Werner 2014). Der Regelpublizität kommt dann eher eine Informationsbestätigungsfunktion zu, die wesentliche Ereignisse des abgelaufenen Jahres aggregiert abbildet (vgl. Coenenberg et al. 2014, S. 1326; Pellens und Schmidt 2014).

Teilt man diese Ansicht, könnte man die Schwerpunkte der IFRS-Entwicklung für die Zukunft auch entsprechend setzen. Es geht weniger um die Information von Investoren mit nahezu beliebigen Details in den Notes, sondern wichtig für eine gute Corporate Governance wären eher ein effizientes Enforcement, geeignete Anreizstrukturen und Marktzustände. Es wäre dann auch wichtig, dass die freiwilligen Informationen, zum Beispiel Pro-forma-Maße durch Corporate Governance-Mechanismen hinreichend glaubwürdig sind und nicht für eine Irreführung der Anleger missbraucht werden (vgl. Kühnberger und Thurmann 2013).

Insgesamt orientiert sich die Forschung aber primär an Inhalten der Regelpublizität und deren Entwicklungen. Dabei werden insbesondere Rechtsänderungen untersucht, da diese eine Art natürliche Laborsituation darstellen. Änderungen der Rechnungslegungsqualität können dann isoliert der Änderung konkreter Rechnungslegungsnormen zugeordnet werden. Dies wird aber dann erschwert oder gar unmöglich, wenn mehrere Gesetze oder Governance-Faktoren zeitgleich verändert werden, ein durchaus regelmäßiger Fall (vgl. Veith und Werner 2014). Zudem muss damit gerechnet werden, dass es nicht intendierte Nebeneffekte von Rechtsänderungen geben kann, die es fraglich erscheinen lassen, ob angestrebte Ergebnisse auf einem guten Wege erreicht wurden. Hierzu einige Beispiele.

Gute Rechnungslegungsqualität und ein gutes Informationsumfeld (freie Presse, Analystendeckung usw.) wirken sich positiv auf den Informationsstand von Kapitalmarktteilnehmern aus. Wird in einem solchen Umfeld Insidertrading erfolgreich verhindert, gelangen private Informationen später an die Öffentlichkeit, die Börsenkurse sind weniger informativ bezüglich der Gewinnerwartungen (vgl. Han et al. 2014; Mayer-Friedrich und Schnier 2011). Zudem haben Mehrheitsgesellschafter weniger Anreize für Monitoring- und Kontrollaktivitäten. Diese Lücke wird dann von Kreditgebern gefüllt, die eine vorsichtigere Rechnungslegung durchsetzen. Für die Koordinationsfunktion der Rechnungslegung mag dies positiv sein, unter Informationsaspekten nicht ohne weiteres (vgl. Jayaraman 2012 und Abschn. 1.3).

Mit der Regulation Fair Disclosure (RegFD) wurde in den USA festgelegt, dass Eigentümern keine privilegierten Informationen verfügbar gemacht werden dürfen, sondern alle gleich gut informiert sein müssen (level the playing field). Diese Gleichbehandlung ist unter Fairnessaspekten zu begrüßen und kann das Vertrauen der Kapitalmarktteilnehmer stärken. Das Risiko, mit besser informierten Dritten Geschäfte zu tätigen, wird geringer. Allerdings ist das Verbot selektiver Informationsübermittlung auch verantwortlich dafür, dass Informationen eher später auf den Markt kommen (vgl. Beyer et al. 2010; auch bei RegFD gab es aber das Problem der kausalen Zurechnung, da mehrere Rechtsänderungen zeitgleich/zeitnah realisiert wurden).

RegFD zeigte aber noch andere Folgen. Für den Zeitraum von 1996 bis 2004 wurde dies anhand von 1672 Unternehmen analysiert (davon 273 Unternehmen ohne FD-Einfluss als Kontrollgruppe). Da private Informationen an Banken und Ratingagenturen weiterhin möglich sind, wurde der Fremdkapitalmarkt nicht unmittelbar beeinflusst. Für Eigenkapitalgeber ergab sich aber ein zunächst schlechteres Informationsumfeld. Große Unternehmen konnten dies auffangen, indem sie die private Informationsversorgung durch eine „Public Guidance", also eine allgemeine Steuerung/Information von Analysten ausglichen.

Dies verhinderte eine Erhöhung der Eigenkapitalkosten. Kleineren Unternehmen fehlten hierzu die Möglichkeiten (insbesondere die entsprechende Analystendeckung), sodass sie die „private guidance" durch Nicht-Offenlegung ersetzten, mit der Folge erhöhter Eigenkapitalkosten. Diese erhöhte Informationsasymmetrie betraf aber nicht Fremdkapitalgeber, sodass diese Unternehmen in der Folge den Verschuldungsgrad erhöhten, um das neu justierte Verhältnis der Kapitalkosten auszugleichen (vgl. Petacchi 2015). Dies war kaum ein explizites Ziel von RegFD und kann auch nicht ohne weiteres als Verbesserung der Governance bewertet werden.

Der Sarbane's Oxley Act 2002 (SOX) veränderte die Corporate Governance in den USA ganz erheblich. Die Rechnungslegungsqualität sollte u. a. durch verschärfte Haftungsregeln für das Management und die Abschlussprüfer, sowie erhöhte Anforderungen an das Interne Kontrollsystem realisiert und Bilanzpolitik (Earnings Management) beschränkt werden. In der Folge zeigte sich mehrfach, dass Earningsmanagement (EM) durch sachverhaltsgestaltende Bilanzpolitik (Real Earnings Management, REM) ersetzt wurde. Allgemein wird REM als die teurere und schwerer identifizierbare Form der Bilanzpolitik angesehen, sodass zumindest bezüglich des Informationsgehaltes der Rechnungslegung nicht von einer Verbesserung auszugehen ist. Unterstellt man zudem, dass Management und Prüfer risikoavers sind, ist zudem damit zu rechnen, dass Ermessensspielräume nach dem SOX tendenziell pessimistischer ausgefüllt werden. Da es sich auch um die Anwendung unbedingter Vorsicht handelt, die als informationsverzerrend gilt, ist auch dies eher kritisch zu sehen (vgl. Singer und Yu 2011).

Leuz und Wysocki weisen auf ein grundsätzliches Problem hin: geht es um die Folgen für ein einzelnes Unternehmen oder den Gesamtmarkt? Um auch Folgen durch Ausweichhandlungen erfassen zu können, müsste auf den Markt insgesamt abgestellt werden. Auf zwei nicht unproblematische Folgen des SOX und der RegFD weisen sie hin: die Anreize für Finanzanalysten, überhaupt Prognosen zu erstellen, wurde verringert und es gab ein umfangreiches Delisting an der US-Börse. Viele Unternehmen wanderten in weniger reglementierte Börsensegmente ab oder strebten ein going private an (vgl. Leuz und Wysocki 2008). Dies kann man natürlich auch als Fortschritt deuten: am erstrebenswertesten Börsensegment mit den schärfsten Bedingungen notieren nur noch die „Besten".

Diese Beispiele (vgl. Abschn. 3.3.2.2 zu weiteren Beispielen) belegen natürlich nicht, dass die Maßnahmen verfehlt oder nicht gerechtfertigt waren. Sie können per saldo auch positive Corporate-Governance-Effekte zeitigen und politisch oder ökonomisch erwünschte Folgen. Eine paretooptimale Situation wird aber in der Regel nicht geschaffen, sodass politische Wertungen wie Fairness, Gerechtigkeit, Konsistenz der Rechtsordnung etc. für die Reformen wesentlich sind.

Im Folgenden werden nur ausgewählte Einflussfaktoren detaillierter vorgestellt, die sich durch die Kapitalstruktur ergeben oder in zwei sehr prominenten Scoring-Modellen ausgearbeitet wurden.

4.3   Bedeutung von Kapitalstruktur und Investorenschutz für die Corporate Governance

4.3.1   Verschuldungsgrad und Eigentümerstruktur

4.3.1.1 Zur Messung des Verschuldungsgrades

Da die IFRS-Rechnungslegung auf die Information von Investoren abzielt, liegt es nahe, deren Interessen und Position im Verhältnis zu den Unternehmen zu analysieren, eine gute Corporate Governance soll die Erreichung der finanziellen Ziele der Investoren (Vergütung, Rückzahlung etc.) schützen. Dabei ist zu unterstellen, dass die Kapitalgeber keine homogene Gruppe darstellen, sondern unterschiedliche Ziele verfolgen und unterschiedliche Informations- und Handlungsmöglichkeiten haben.

Im einfachsten Fall werden die Investoren nur in Eigenkapital- und Fremdkapitalgeber unterteilt und der Verschuldungsgrad (Leverage) als Kriterium genutzt. Der Leverage wird dabei in vielen Studien als Proxy für die mögliche Nähe einer Verletzung von Debt Covenants angesehen, weil deren reale Existenz und Ausgestaltung eher in Ausnahmefällen verfügbare Informationen sind. Zudem wird angenommen, dass Fremdkapitalgeber Monitoringaktivitäten entfalten und Unternehmen durch Covenants in ihren Handlungsspielräumen begrenzen. Da Fremdkapital zu laufenden Auszahlungen führt, werden auch verminderte Free Cashflow-Probleme unterstellt und die Aufnahme von Fremdkapital kann durch eine Prüfung der geplanten Investitionen für einen rationaleren Ressourceneinsatz sorgen.

Diese Annahmen sind aus zwei Gründen zu präzisieren. Einmal muss deutlich gesehen werden, dass die Messung des Leverages in der Literatur auf sehr unterschiedliche Art erfolgen kann und dass außerdem diverse Fremdkapitalgeber deutlich unterschiedliche Anreize und Möglichkeiten zu einer Disziplinierung des Managements haben (Abschn. 4.3.1.2).

Die Messung des Verschuldungsgrades kann im Prinzip an Erfolgsgrößen anknüpfen, zum Beispiel die Relation der Zinsaufwendungen zum Gewinn vor Zinsen oder zum EBIT. Sehr viel üblicher ist eine bilanzielle Abgrenzung, für die aber sehr unterschiedliche Vorgehensweisen üblich sind. So kann es angemessen sein, nur langfristiges oder nur verzinsliches Fremdkapital zu berücksichtigen und gegebenenfalls sogar liquide Vermögenswerte zu kürzen. Geht es zum Beispiel um angenommene Monitoringaktivitäten, so dürften Kleingläubiger oder Rückstellungsgläubiger unbeachtlich sein. Geht es um Free-Cashflow-Probleme, sind hingegen alle erwarteten Abflüsse von Zahlungsmitteln relevant. Demnach kommt es auf die konkrete Untersuchungsfrage an, welche Abgrenzung sinnvoll ist.

Von großer Bedeutung ist auch, ob die Quote auf Buchwert- oder Marktwertbasis berechnet wird. Fremdkapital wird mangels besserer Information im Allgemeinen mit den Buchwerten angesetzt, obwohl dieses auch deutlich vom Marktwert abweichen kann (vgl. Penman et al. 2007; Welch 2011). Neben der Datenverfügbarkeit mag es auch eine Rolle spielen, dass Debt Covenants und Ratingurteile oftmals auf Buchwerte rekurrieren.

Zudem kann das Management eine angestrebte Zielkapitalstruktur besser auf Buchwertbasis ansteuern, da Zeitwertschwankungen wenig oder kaum kontrollierbar sind.

Wird das Vermögen oder das Eigenkapital als Bezugsgröße zum Fremdkapital dagegen auf Marktwertbasis gemessen, verändert das die Relation im Vergleich zu Buchwerten teilweise massiv. Wird der Börsenwert als Marktwert des Eigenkapitals verwendet,
so spiegelt dieser auch reine Zukunftserwartungen wider, die aus Gläubigersicht aber
weniger interessant sind als die vorhandene Haftungsmasse (Substanz; vgl. Chikolwa
2009). Andererseits hat das bilanzielle Eigenkapital (bei Anwendung des Cost Model
zumindest) wenig mit den letztlich realisierbaren Zahlungen zu tun. Wird das Fremdkapital auf das Gesamtvermögen bezogen, das teilweise mit dem Fair Value, aber jedenfalls
ohne den originären Firmenwert bilanziert wird, ergibt sich wiederum ein anderer Kenn-
zahlenwert.

Ergänzende Schwierigkeiten treten auf, wenn es um hybride Finanzierungsformen
wie stille Einlagen, Genusskapital etc. geht, die dann einzuordnen sind. So werden in
den USA zum Beispiel oftmals stimmrechtslose Vorzüge wie Fremdkapital eingerech-
net, weil sie eben nur beschränkte Herrschaftsrechte begründen. Wie mit Sonderposten
wie latenten Steuern oder einem Goodwill zu verfahren ist, muss ebenfalls entschieden
werden. Beim Firmenwert ist zu bedenken, dass er keine isolierte Haftungsmasse darstellt und latente Steuern sind zumindest nach deutschem Verständnis nicht als Vermögen und nur eingeschränkt als echte Schulden anzusehen. Zudem werden latente Steuern
nicht wie andere Bilanzposten bewertet (keine Abzinsung). Schließlich ist zu beachten,
dass sogenannte Off-Balance-Sheet-Finanzierungen wie Leasing, Factoring, Pensionsgeschäfte usw. zunächst einmal nicht eingehen, aber zumindest teilweise einrechenbar sind.
Vor allem Operate Leases können in die Bilanz übernommen werden, auch wenn dies
einige Annahmen erfordert. An diesem Beispiel sieht man ein Weiteres: der gerade vom
IASB verabschiedete Leasingstandard IFRS 16 wird die bilanzielle Verschuldung des
Leasingnehmers ändern. Damit sind Zeitvergleiche nur noch bedingt möglich.

Insgesamt lassen sich für verschiedene Messvarianten Gründe finden und es hängt
vom Untersuchungsziel ab, welche sinnvoll ist. Praktisch bedeutet dies, dass wenn der
Verschuldungsgrad in empirischen Arbeiten genutzt wird, die resultierenden Ergebnisse
nicht direkt vergleichbar sein müssen.

Unklar sind zudem die möglichen Folgen eines hohen Leverage für Unternehmen,
Corporate Governance etc. Zwar wird überwiegend festgestellt, dass mit steigendem Ver-
schuldungsgrad die Unternehmenspublizität besser wird (vgl. Grüning 2011, S. 177 ff.).
Aber selbst die prima facie plausible Annahme, dass mit steigender Verschuldung die
Fremdkapitalkosten steigen, ist nicht bestätigt. So fanden Chaney et al. (2010) eine negative Korrelation. Sie begründen dies damit, dass Unternehmen nur dann viel Fremdkapital aufnehmen, wenn es günstig ist. Dies entspricht der Denkweise der Market Timing
Theorie (Abschn. 5.2.3). Allerdings bleibt dann offen, warum nicht trotzdem Eigenkapital erhöht wird, da dies wahrscheinlich dann auch günstig ist. Umgekehrt gilt ebenfalls:
ist Fremdkapital teuer, muss es günstige Eigenkapitalquellen geben oder der Finanzbedarf kann nicht gedeckt werden.

4.3.1.2 Auffächerung der Gläubigerpositionen

Die Gesamtkapitalstruktur ist aber ein sehr grobes Instrument und es kann durchaus zweckmäßig sein, weitere Unterteilungen vorzunehmen, um Governance-Folgen abschätzen zu können. Eine erste Unterteilung kann in Vertragsgläubiger und unfreiwillige Gläubiger vorgenommen werden. Zu den letzteren zählen Parteien, die Ansprüche ohne Kredithingaben haben (zum Beispiel aus Haftungsfällen) oder auch viele Rückstellungsgläubiger. Diese werden regelmäßig keinen Einfluss auf das Unternehmen haben und keine Informationsrechte über die Pflichtpublizität hinaus.

Eine zweite Unterscheidung könnte in Groß- und Kleingläubiger erfolgen, da sich ein Monitoring für Kleingläubiger im Allgemeinen nicht lohnt und sie auch keine Druckmittel in der Hand haben. Für Großgläubiger steht hingegen genug auf dem Spiel und sie verfügen eher über spezifisches Know-how. Des Weiteren könnte danach getrennt werden, ob Gläubiger Sicherheiten haben oder nicht, da ihr Risiko und ihr potenzielles Engagement davon abhängen. Auch Debt Covenants stellen eine Sicherheit dar, da sie eine Art Frühwarnsystem sind, das Gläubigern mehr oder weniger starke Rechte verschafft. Allerdings ist durchaus offen, ob diese Rechte tatsächlich eingefordert werden oder nicht eher Nachverhandlungen bei Covenant-Brüchen üblich sind (sogenannte Waiver; vgl. Christensen et al. 2015 und die Nachweise in Abschn. 1.3.4).

Auch bezüglich der Fristigkeit kann es Unterschiede geben. So wird unterstellt, dass kurzfristiges Fremdkapital zu einem häufigeren Monitoring führt und Vertragsbestimmungen immer der aktuellen Situation angepasst werden können. Letztlich führt dies zu einer starken Corporate Governance. Auf der anderen Seite ist langfristiges Kapital riskanter und es handelt sich tendenziell oftmals um größere Beträge, sodass Kontrollaktivitäten sich eher lohnen. Dazu kommt, dass es sich häufig um eher institutionelle („sophisticated") Geldgeber handelt, die auch die notwendigen Fähigkeiten für ein effektives Monitoring besitzen. Insofern kann der Einfluss der Fristigkeit nicht direkt bewertet werden (vgl. Armstrong et al. 2010).

Für Deutschland wurde traditionell unterstellt, dass Kreditinstitute die wichtigsten Financiers sind, zumindest bezüglich des Fremdkapitals. Außenfinanzierungen wurden regelmäßig über die Hausbank(en) abgewickelt. Diese hatten im Zusammenwirken von Depotstimmrechten, eigenen Anteilen an den Unternehmen und der Wahrnehmung von Aufsichtsratsmandaten zusätzlich einen sehr privilegierten Informationsstand als Insider. Aufgrund privater Informationskanäle waren sie weitgehend unabhängig von den Abschlussinformationen. Es kann unterstellt werden, dass sie Anreize und Know-how haben, um disziplinierend auf das Management einzuwirken und regelmäßige Besicherungen sind plausibel (vgl. Hartmann 2014; Ringe 2014; Wallek 2014 zur sogenannten „Deutschland-AG").

Seit Jahren hat sich dieses Bild deutlich verändert. Banken haben die Aktien an den anderen AG weitgehend verkauft, der Anteil der Bankenfinanzierung bei den Unternehmen ist stark rückläufig, im Jahr 2012 betrug er noch 27 % der Bilanzsumme (vgl. Kühnberger und Thurmann 2014; Cascino et al. 2014 zum größeren Anteil in anderen europäischen Ländern). Dabei ist zu beachten, dass durch die zunehmende

Nettobilanzierung der Pensionsrückstellungen gerade bei den börsennotierten AG die Bilanzsummen deutlich verkürzt wurden. Neben solchen privaten Krediten sind auch in Deutschland vermehrt öffentliche Schulden wie Anleihen genutzt worden (Public Debt). Anleihegläubiger haben einen anderen Status als Kreditinstitute. Für Corporate-Governance-Aspekte zeigt Tab. 4.1 die wesentlichen Unterschiede (vgl. Kühnberger 2016).

Demnach zeigt sich, dass Anleihegläubiger zwar zum Zeitpunkt der Kreditaufnahme durchaus einen guten Informationsstand haben und regelmäßig werden durch Ratingagenturen Signale bezüglich der Bonität der Emittenten zusätzlich übermittelt. Allerdings führen Anleihen nicht zu laufenden Zahlungsabflüssen beim Schuldner, sodass Free Cashflowprobleme und Asset Shifts drohen können. Andererseits werden die Anleihen laufend einer Marktbewertung unterzogen, die disziplinierend wirken kann, insbesondere wenn der Schuldner weitere Außenfinanzierungen plant. Per saldo dürfte es deshalb schwer abschätzbar sein, ob private Kredite oder öffentliche Anleihen zu einer stärkeren Corporate Governance führen.

In einer Studie für den Zeitraum 2000 bis 2007 untersuchten Florou und Kosi (2015) für eine Vielzahl von privaten Darlehen und öffentlichen Anleihen über 35 Länder hinweg, ob die Pflichtanwendung der IFRS Folgen hatte. Sowohl in der EU als auch in den USA ist der Anteil des Fremdkapitals an der Außenfinanzierung wesentlich größer als der von Eigenkapitalerhöhungen. Es zeigte sich eine stärkere Hinwendung zu Public Debts, die damit begründet werden kann, dass die öffentlich verfügbaren Informationen sie attraktiver machten. Zudem gingen deren Zinssätze zurück, während dies für Privatkredite nicht galt. Dies deutet auf private Informationskanäle hin, die Abschlüsse waren und blieben unwichtig. Innerhalb der EU zeigten sich diese Effekte auch in Ländern, in denen die IFRS-Einführung nicht mit weiteren gesetzgeberischen Maßnahmen verbunden war. Für Eigenkapitalgeber hatte sich in anderen Erhebungen gezeigt, dass es keine „reinen" IFRS-Effekte ohne entsprechendes Enforcement gab. Demnach zeitigte die verbesserte Information durch die IFRS für diverse Kapitalgeber sehr unterschiedliche Folgen. Möglicherweise sind die Resultate aber zumindest teilweise auch dadurch beeinflusst, dass Unternehmen, die Anleihen begeben haben, andere Merkmale aufwiesen als Unternehmen mit privaten Darlehen (sie waren größer, hatten mehr Sachanlagen etc.).

Tab. 4.1 Unterschiede privater und öffentlicher Schulden. (vgl. Kühnberger 2016)

	Privater Kredit	Öffentliche Anleihe
Informationslage bei Kreditaufnahme	Gut	Gut
Informationslage danach	Gut	Schlecht
Fähigkeit für Monitoring	Gut	Schlecht
Flexibilität für vertragliche Anpassungen	Gut	Schlecht
Kosten für Neuverhandlungen	Niedrig	Hoch
Laufende Bewertung durch Marktpreise, eventuell durch Börsenaufsicht kontrolliert (vgl. Armstrong et al. 2010, S. 214)	Fehlt	Gut

Insgesamt ist aber zu beachten, dass eine starke Position eines Gläubigers oder auch einer Gruppe von Gläubigern nicht für alle anderen positiv ist. Privilegierte Großgläubiger können ihre Vorteile auch zulasten anderer Gläubiger oder auch der Eigentümer nutzen. Dass sie für eine im Interesse aller liegenden Einflussnahme aktiv sind, ist nicht selbstverständlich. Bezüglich der Eigentümerinteressen sei auf die Ausführungen in Abschn. 1.3.3 verwiesen: Gläubiger haben durchaus ein Interesse an einem Investitionsverhalten der Schuldner, das riskante, aber auch lukrative Projekte verhindert.

Schließlich ist der Hinweis von Tran (2014) plausibel, der darauf verweist, dass firmenbezogene Corporate Governance-Merkmale für Deutschland eher nachrangig seien, da andere Instrumente bereits einen starken Gläubigerschutz gewährleisten. Hierzu gehören zum Beispiel die Kapitalerhaltungsregeln für Kapitalgesellschaften und die Besicherungsmöglichkeiten.

Stellt man direkt auf den Zusammenhang von Verschuldungsgrad und Rechnungslegungsqualität ab, so ist zunächst festzustellen, dass mit zunehmender Verschuldung die Gewinne wahrscheinlich volatiler werden, die Abschlüsse also weniger prognosegeeignet und persistent sind. Dies könnte durch Bilanzpolitik gemildert werden, aber das ist nicht zwingend. Aus Sicht des Managements ist eine Gewinnglättung zwar erstrebenswert, aber bei einem hohen Verschuldungsgrad kann es sein, dass die Gläubiger bereits gut informiert sind und deshalb solche Maßnahmen wirkungslos wären (vgl. Ahrens 2010, S. 77 f.).

So zeigte sich für deutsche AG, dass Firmenwertabschreibungen in Jahren mit einer sehr hohen Verschuldung sehr groß ausfielen. Dies könnte bedeuten, dass die Verletzung von Debt Covenants eher unwichtig war oder dass Banken die Abschreibungen aufgrund ihrer starken Position faktisch erzwungen haben (vgl. Zülch und Siggelkow 2012).

Gassen und Fülbier (2015) werteten 708.990 Abschlüsse von nicht börsennotierten Unternehmen aus 24 europäischen Ländern für die Jahre 1998 bis 2007 aus. Sie betrachteten speziell Verbindlichkeiten gegenüber Kreditinstituten und Verbindlichkeiten aus Lieferungen und Leistungen. Für Banken nehmen sie an, dass diese über private Informationsmöglichkeiten verfügen und Rechnungslegungszahlen für Vertragszwecke nutzen. Aufgrund der Haftungsbegrenzung der Unternehmen sind volatile Gewinn für Gläubiger riskanter, da sie zu Liquiditätsabflüssen führen können oder zu teuren Nachverhandlungen. Durch Gewinnglättung könnte das Management gegensteuern. Dies könnte für Banken mit Insiderwissen aber möglicherweise sinnlos sein und die Qualität der Abschlüsse verringern. Gleichwohl zeigte sich, dass Gewinnglättung mit zunehmenden Schulden zunahm und zu niedrigeren Kapitalkosten führte. Je schwächer die Corporate Governance war, desto stärker war dieser Kosteneffekt. Dies galt besonders für Gläubiger aus Lieferbeziehungen, die wenig Monitoringmöglichkeiten haben.

Für UK-Unternehmen zeigten sich hingegen gar keine Abhängigkeiten (vgl. AbuGhazaleh et al. 2011). Ursächlich könnten aber auch andere Gründe sein. Big Bath Accounting, zutreffende Abbildung der ökonomischen Erwartungen, niedriges Eigenkapital

infolge von Verlusten etc. Der hohe Verschuldungsgrad wäre dann Folge von Fehlinvestitionen, die durch die Firmenwertabschreibungen abgebildet werden (vgl. Fields et al.
2001). Selbst wenn man einen hohen Leverage als Proxy für ein hohes Insolvenzrisiko
sieht, ist es denkbar, dass dies die Rechnungslegungsqualität nicht verschlechtert, weil
wesentliche Kapitalgeber bereits Insiderwissen haben (vgl. Höllerschmid 2010, S. 136 f.;
Sifi 2010, S. 93).

4.3.1.3 Relevanz der Eigentümerstruktur

Auch bezüglich der Eigenkapitalgeber sind Unterschiede plausibel. Dies betrifft einmal
die Frage unterschiedlicher Aktiengattungen oder auch Sonderrechte (wie die „goldene
Aktie", die ein Vetorecht sichert). Hierauf wird im Weiteren nicht eingegangen. Die am
häufigsten verwendete Unterscheidung ist die in Aktiengesellschaften mit Streubesitz
und solche mit einem beherrschenden Gesellschafter. Auch hierfür gab es traditionelle
Vorurteile, nämlich dass Deutschland geprägt ist durch Konzernstrukturen und Über-
kreuzbeteiligungen und Verflechtungen der Vorstands- und Aufsichtsratsmitglieder, während in den USA Streubesitz das verbreitete Modell sei.

Bei Streubesitz hängt die Qualität der Corporate Governance vor allem davon ab,
ob und wie sich die Aktionäre vor einem unfähigen oder opportunistisch handelnden
Management schützen können. Für deutsche AG haben Aktionäre praktisch nur über den
Umweg Aufsichtsrat die Möglichkeit, Einfluss zu nehmen oder in den Fällen, in denen
das AktG ausdrücklich das Einverständnis der Hauptversammlung vorsieht. Aufgrund
der Probleme, verstreute Kleinaktionäre zu einem abgestimmten Verhalten und Aktivis-
mus zu organisieren, sind diese Rechte nur eingeschränkt wirksam. Dafür gibt es allerdings mindestens drei Heilmittel. Einmal können Aktionäre durch Anfechtungsklagen
die Unternehmensleitung effizient ärgern, manche sagen auch: zu effizient (vgl. Vetter
2015). Außerdem können externe Kontrollmärkte dafür sorgen, dass das Management im
Sinne der Aktionäre agiert, insbesondere der Markt für (feindliche) Übernahmen. Aufgrund der EU-Vorgaben und deren Umsetzung im WpÜG besteht eine weitgehende Neutralitätspflicht für das Management, sodass der Marktdruck zumindest auf dem Papier
besteht. Schließlich kann auch das Erfordernis, Informationsasymmetrien zwischen
Management und Aktionären abzubauen, zu freiwilligen Selbstbindungen führen. So
konnte festgestellt werden, dass bei börsennotierten deutschen AG mit Streubesitz zwischen 2002 bis 2007 der Deutsche Corporate Governance Kodex (DCGK) umfassender
befolgt wurde als von Unternehmen mit dominanten Eigentümern. Zugleich waren diese
Unternehmen in diesem Zeitraum auch rentabler. Die Verfasser folgern daraus, dass fehlende gesetzliche Mechanismen durch freiwillige Corporate Governance-Faktoren ersetzt
wurden. Plausibel wäre es auch gewesen, wenn die schwache gesetzliche Governance
mit schwacher Transparenz verknüpft wäre (vgl. Jahn et al. 2011; Kohl et al. 2013).

Diese Befunde sind aber mit Vorsicht zu deuten. Einmal, weil ausschließlich die
Befolgung des DCGK als Kriterium für eine starke Governance genutzt wurde. Zum
anderen zeigte sich für AG aus Österreich, das rechtlich und ökonomisch starke Ähnlichkeiten aufweist, dass dort unter den 500 umsatzstärksten Aktiengesellschaften besonders

diejenigen erfolgreich waren, die beherrschende Gesellschafter hatten (vgl. Hoffmann et al. 2012).

Für die USA ist zunächst festzustellen, dass Aktionäre sehr viel weniger Einfluss über Hauptversammlungsbeschlüsse ausüben können als deutsche Aktionäre (vgl. Hartmann 2014, S. 117 ff.; Vetter 2015). Die Möglichkeit das Management abzuwählen untersuchte Bebbchuk für die Jahre 1996 bis 2005. Es gab bei Stand-alone-Entities für Unternehmen mit einer Marktkapitalisierung von mehr als 200 Mio. US\$ weniger als drei Versuche pro Jahr (insgesamt 118!), wovon in zehn Jahren gerade mal acht erfolgreich waren. Der Verfasser folgert, dass die Möglichkeiten der Aktionäre, bei einem missliebigen Management Einfluss zu nehmen, praktisch bedeutungslos sind (vgl. Bebchuk 2007). Allerdings zeigte sich, dass nach Debt-Covenant-Brüchen insbesondere Hedgefonds als Gläubiger eine Abwahl von CEOs in statistisch relevantem Umfange (USA 1997 bis 2008) betrieben haben. Sie haben hierzu zwar keine formalen Kompetenzen, sondern es wirken Mechanismen „behind the scene", die aber bislang wenig untersucht wurden. Denkbar wäre es auch, dass die Hedgefonds die Aktionäre wach rütteln (vgl. Nini et al. 2012).

Der alternative Mechanismus der Kontrolle für Unternehmen durch (feindliche) Übernahmen ist in den USA durch das Recht auf der Ebene der Bundesstaaten geregelt. Diese sehen oftmals sehr managementfreundliche Regularien vor, insbesondere in Maryland (vgl. Bebchuk 2007; Hartzell et al. 2008). Natürlich kann man streiten, ob zulässige Abwehrmaßnahmen nicht auch Vorteile haben können, zum Beispiel dass das Management auch schlechte Nachrichten offenlegen und langfristig planen kann. Zunächst einmal muss man sie aber als weiteres Hindernis für eine Disziplinierung des Managements sehen. Insgesamt sind in den USA demnach die Eigentümerrechte bei Streubesitz bezüglich der genannten Mechanismen eher schwach geschützt. Gleichwohl gelten die USA gemeinhin als das Land mit dem stärksten Investorenschutz. Dieser muss dann auf anderen Mechanismen beruhen (siehe unten).

Bei Unternehmen mit einem Mehrheitsgesellschafter rückt das Risiko in den Vordergrund, dass sich dieser Sondervorteile zulasten der Minderheitsgesellschafter aneignet (und/oder der Gläubiger). Es wird plausiblerweise angenommen, dass das Management bei solchen Konstellationen eher mit dem beherrschenden Gesellschafter kooperiert. Die Schädigung des beherrschten Unternehmens kann durch Rechtsgeschäfte, Maßnahmen, Verlagerung von Chancen und Risiken, überdotierte Stellen für Familienmitglieder usw. erfolgen (sogenanntes „Tunneling"). Auf der anderen Seite kann diese Konstellation auch dazu führen, dass der herrschende Gesellschafter seinen Einfluss zugunsten der AG, der Minderheitsgesellschafter und Gläubiger nutzt, also ein Win-win-Situation vorliegt (vgl. Basner und Hirth 2011; Dechow und Schrand 2004, S. 71; Hitz 2010).

Für diese Konstellation sind in einigen, besonders angelsächsischen Ländern (UK, USA) Regeln zu Related Party Transactions (RPT) vorgesehen. In Deutschland wurde dies für AG durch die aktienrechtlichen Schutznormen zu faktischen und Vertragskonzernen normiert und für GmbH vor allem durch die Rechtsprechung (früher zum qualifiziert faktischen Konzern, heute zu existenzvernichtenden Eingriffen). Weder die Regelungsinhalte, noch die gesetzessystematische Verankerung und das Enforcement in diesen

Ländern sind direkt vergleichbar. Inzwischen liegt ein Entwurf für eine Aktionärsschutz-Richtlinie der EU vor, der sich stark am UK-Modell orientiert. Empirische Nachweise, dass dieses effizienter als andere Modelle ist, gibt es meines Wissens nicht, genauso wenig wie empirisch belastbare Ergebnisse zur Ineffizienz des deutschen Regelungsmodells (vgl. Bungert und de Raet 2015; Vetter 2015). Die Integration des UK-Modells in das deutsche AktG kann durchaus durch Pfadabhängigkeiten zu Nebenwirkungen führen, zum Beispiel wenn die Hauptversammlung vorab solchen RPT-Geschäften zustimmen soll, also für Geschäftsführungsmaßnahmen zuständig wird.

Insgesamt offen ist aber die sehr viel grundsätzlichere Frage, ob und unter welchen Umständen solche RPT überhaupt schädlich sind. Insbesondere Konzernstrukturen mit ihren Arbeits- und Risiko-Aufteilungen werden ja gerade deshalb geschaffen, weil sie Vorteile gegenüber rein marktlichen Transaktionen generieren können. Eine übergeordnete Konzernstrategie und die Hebung von Synergien setzen ein gewisses Maß an RPT gerade voraus. Deshalb sind konzerninterne Geschäfte auch grundsätzlich erlaubt, zumindest in den entwickelten Industrieländern. Der Aufbau von Hürden für solche Geschäfte kann entsprechend auch negative Wohlfahrtseffekte verursachen. Hinzu kommt, dass verdeckte Beherrschungsverhältnisse (zum Beispiel durch weitreichende Verträge wie Franchise, Finanzierung etc.) und informelle Einflussnahmen (zum Beispiel um Maßnahmen zu unterlassen) schwer greifbar sind und nicht unbedingt durch RPT-Normen erfasst werden.

Inwieweit die Existenz von beherrschenden Gesellschaftern ein Vor- oder Nachteil ist kann demnach nicht in allgemeiner Weise bestimmt werden. In einer Befragungsstudie bei deutschen Anlegern zeigte sich jedoch, dass die „Bereicherungsthese" eher bestätigt wurde, wonach Anleger das Risiko von Tunneling höher gewichten als die positiven Einflussmöglichkeiten. Allerdings gab es keine zeitstabilen Einschätzungen und es zeigten sich Unterschiede zwischen privaten und institutionellen Anlegern, wobei letztere eher die Vorteile von beherrschenden Gesellschaftern sahen (vgl. Pellens und Schmidt 2014). Zudem muss damit gerechnet werden, dass riskante Konstellationen durch Minderheitsgesellschafter antizipiert werden (vgl. Fleischer 2009) und mit entsprechenden Agency-kosten belastet sind, die zum Beispiel für zweitnotierte AG in den USA belegt wurden (vgl. Shi et al. 2014).

Eine besondere Situation besteht für sogenannte Familienunternehmen (Family Founded Entities). Auch hier zeigt sich zunächst einmal die prinzipielle Möglichkeit, dass die beherrschende Familie sich zulasten der anderen Aktionäre bereichert. Auf der anderen Seite können Faktoren wie die Erhaltung des Lebenswerkes, Weitergabe eines wertvollen Vermögens, Einflusswahrung, Angst um die Reputation usw. gerade auch das Gegenteil bewirken (vgl. Beyer et al. 2010; Wang 2006). Traditionell wurden solche Unternehmen eher in Code Law Ländern vermutet, während in Common Law Ländern Streubesitz unterstellt wurde. Es wird aber auch angegeben, dass unter den größten US-Unternehmen rund ein Drittel Familiengründungen sind und diese Familien nach wie vor einflussreich sind (vgl. Cascino et al. 2014).

Für Unternehmen aus dem DAX 30, MDAX, SDAX und TecDAX für 2006 bis 2008 (mit 426 Datenpunkten) fand Tran, dass Familienunternehmen eine bessere Rechnungslegungsqualität aufwiesen und niedrigere Eigenkapitalkosten. Demnach haben die Minderheitsaktionäre den Nutzen durch das Monitoring höher bewertet als das Ausbeutungsrisiko durch die Familien. Mit der gestiegenen Rechnungslegungsqualität nahmen aber auch die Fremdkapitalkosten zu. Als Ursache könnte ein Wegfall privater Informationsvorteile für Gläubiger in Betracht kommen (vgl. Tran 2014).

Für 402 Familienunternehmen aus dem CDAX (2335 Firmyears) wurde für den Zeitraum 1998 bis 2008 untersucht, ob es systematische Unterschiede zu Vergleichsunternehmen ohne Familienhintergrund (436 Unternehmen, 2602 Firmyears) gibt. Im Ergebnis zeigte sich, dass Familienunternehmen eher auf die günstigeren Möglichkeiten von Earningsmanagement zurückgriffen als auf teurere REM-Gestaltungen und sie wiesen höhere negative Periodenabgrenzungen auf, ein Hinweis auf Gewinn mindernde (vorsichtsgeprägte) Bilanzpolitik (vgl. Achleitner et al. 2014).

Ambivalent ist auch das Aufkommen von Insider-Ownership, wenn das Topmanagement selbst in spürbarem Umfang Aktien hält. Die Zielrichtung kann natürlich sein, dass Management- und Aktionärsinteressen synchronisiert werden, ein positiver Corporate Governance-Effekt realisiert wird. Auf der anderen Seite gibt es Bereicherungsrisiken und das Management hat ein starkes Interesse an der Verhinderung von Übernahmen. Auch Überinvestitionen als Ausgleich fehlender Diversifikation sind plausibel. Für 107 US-REITs bei einem erstmaligen Börsengang (IPO) zeigt sich ein gemischtes Bild. Bis zu einer Beteiligungsgrenze von rund 32 % zeigte sich ein positiver Effekt, der auch in den folgenden drei Jahren anhielt. Bei einer höheren Beteiligung gab es negative Folgen (vgl. Hartzell et al. 2008).

Bei Kreditinstituten aus den USA (88 Unternehmen, 1994 bis 2007) zeigte sich, anders als in nicht regulierten Branchen, kein Zusammenhang zwischen Eigenkapitalanreizen und Gewinn erhöhender Bilanzpolitik. Nur wenn Unternehmen starke Anreize bezüglich des Eigenkapitals boten und an der Grenze waren, das für Banken vorgeschriebene regulatorische Mindest-Eigenkapital nicht zu erreichen, wurde Gewinn erhöhende Bilanzpolitik realisiert (Abschreibungen auf Forderungen stark verringert). Im Folgejahr veräußerten die CEO dann die eigenen Anteile vermehrt (vgl. Cheng et al. 2011). Dieses Beispiel zeigt ein systematisches Problem auf: Sowohl regulatorisches Eigenkapital, als auch Anteile des CEO am eigenen Unternehmen und Stockoptions sind für sich sinnvolle Corporate Governance-Mechanismen. Im Zusammenwirken zeitigen sie aber höchst unerwünschte Folgen. Die Anteile werden reduziert und das Eigenkapital bilanzpolitisch manipuliert.

Zunehmend sind institutionelle Anleger als wesentliche Treiber der Corporate Governance untersucht worden, insbesondere wenn sie als Blockholder engagiert sind. In den USA gab es 1930 ca. 10 % Institutionelle Anleger, im Jahre 2010 bereits 70 %, das heißt, die Bedeutung dieser Investoren ist riesig (vgl. Leuz 2010). Obwohl es keine verbindliche Definition gibt, werden in der Regel professionelle Anleger subsumiert, die fremdes Kapital verwalten und Beteiligungsquoten von fünf bis zehn Prozent halten. Neben Banken und Versicherungen, handelt es sich um Investment-, Pensions-, Private Equity- und

Hedgefonds (vgl. Bebchuk 2007; Hartmann 2014, S. 11 ff.). Diese Anleger sind kompe-
tent für ein effektives Monitoring (sophisticated Investors) und auch ausreichend motiviert, da das Anlagevolumen hinreichend groß ist und ein Austritt durch Verkauf Verlust
bringend sein kann, da das Angebot an Aktien schnell steigt. Dies spricht für eine eher
langfristige Anlagestrategie. Andererseits ist kurzfristig-spekulatives Verhalten und sogar
Tunneling nicht auszuschließen, insbesondere wenn diese Investoren über Informationsvorteile verfügen. Letztere müssen nicht unbedingt Ergebnis privater Kommunikation
mit dem Beteiligungsunternehmen sein, die in vielen Rechtsordnungen auch unzulässig
wäre, es kann auch um Wissen aus anderen Quellen, zum Beispiel anderen Beteiligungsgesellschaften gehen.

Es wäre aber naiv anzunehmen, dass die Gruppe institutioneller Investoren homogen ist. Einige haben zum Beispiel durchaus Interesse an Geschäftsbeziehungen mit
der Beteiligungsgesellschaft, zum Beispiel Banken oder Versicherungen, während es
für andere um reine Kapitalanlagen geht. Manche Fonds haben kraft Gesetz oder Statut
Restriktionen, aktiv Einfluss auf die Unternehmen auszuüben. In einigen Ländern könnte
eine solche Einflussnahme auch mit Haftungsrisiken einhergehen. Schließlich kann es
sein, dass Unternehmen, die solche Fonds als Anleger gewinnen möchten, sowieso eine
starke Corporate Governance aufweisen, da die Anlagebedingungen des Fonds eine
Beteiligung sonst ausschließen würden.

Eine gewisse Sonderstellung unter den institutionellen Investoren nehmen die Hedgefonds ein, die in der Tat eher aktive Eigentümer sind. Sie streben aber weniger Einfluss
auf die Corporate Governance insgesamt an, sondern werden bei einzelnen Transaktionen (Unternehmenserwerbe oder Desinvestitionen) oder Kapitalstrukturmaßnah-
men (Dividenden, Aktienrückkaufprogramme) tätig. Formalrechtliche Kompetenzen
fehlen dabei regelmäßig, es geht eher um informelle Einflüsse (vgl. Hartmann 2014,
S. 125 ff., 209 ff.).

Nini et al. fanden, dass Hedgefonds (in Gläubigerposition) besonders bei Covenant-
brüchen, Restrukturierungen und Insolvenzen aktiv wurden und den Turnaround positiv
beeinflussten, zum Beispiel in Form einer besseren Unternehmensperformance (vgl. Nini
et al. 2012).

Grüning (2011, S. 164 ff.) argumentiert, dass institutionelle Anleger grundsätzlich
nicht an einer umfassenden Information anderer Marktteilnehmer interessiert seien
(Abschottungseffekt), da schon niedrige Agencykosten bestehen. Andererseits kann
es sein, dass sie publizierte Informationen besser auswerten können als Kleinanleger.
Demnach würde ein hohes Publizitätsniveau die Informationsasymmetrie zwischen den
Anlagergruppen vergrößern. Er wertet umfassend vorliegende Studien mit insgesamt
gemischten Befunden aus. In seiner eigenen Erhebung stellt er bei Streubesitz (keine
Aktionäre mit mehr als 5 % der Anteile) ein hohes Publizitätsniveau fest (gemessen an
einem sehr umfassenden eigenen Index).

Obwohl institutionelle Anleger und ihre Aktivitäten durchaus ein Corporate Gover-
nance-Problem sein können, scheint ihr Einfluss insgesamt eher positiv zu sein (vgl.
Hartmann 2014, S. 398 ff.). Für die USA wird berichtet, dass deren Beteiligung mit

positiven abnormalen Renditen, rationaleren Vergütungssystemen, besseren CEO-Abwahlmöglichkeiten und geringeren Take-over-Hürden einhergehen, also einer guten Governance (vgl. Bebchuk 2012). Für Badia et al. sind institutionelle Anleger die Hauptreiber einer schnellen Informationsverarbeitung und damit der Kapitalmarkteffizienz (vgl. Badia et al. 2015).

Differenzierte Ergebnisse ergab eine Studie über den Zeitraum 2006 bis 2008 für australische Fonds (256 Unternehmen, 712 Datenpunkte), die dort ebenfalls über gewaltige Anlagevolumina verfügen. Untersucht wurde speziell, ob die Fonds auf riskante Investitionen drangen, die besonders rentabel sind und deshalb für diversifizierte Anleger sinnvoll. Die Annahme, das Management sei zu risikoavers, und würde deshalb Investitionen auch bei positivem Net Present Value unterlassen, entspricht dem Problem der Unterinvestition. Dabei zeigte sich ein positiver Zusammenhang zwischen der Beteiligung institutioneller Anleger und einem guten Risikomanagementsystem und dabei auch eine bessere Performance. Dies galt aber nur für die Investoren, die „pressure resistant" waren, also keine eigenen Geschäfte mit den Unternehmen machen wollten. Institutionelle Anleger schafften insgesamt auch langfristige Werterhöhungen (gemessen an Tobin's Q). Finanziell gestresste Unternehmen wurden auf Dauer verlassen, die Investoren engagierten sich nicht in einem umfassenden Monitoring um gegen die negative Entwicklung anzugehen (vgl. Hutchison et al. 2015).

Vor dem Hintergrund der Chancen und Risiken, die mit einer Beteiligung institutioneller Investoren verbunden sind, insbesondere wenn diese eigene Geschäftschancen sehen oder über private Informationen verfügen, ist die Forderung von Leuz naheliegend, der die (naiven) Kleinanleger durch Transparenz der Fonds schützen möchte (vgl. Leuz 2010).

Eine letzte hier behandelt Gruppe stellen die „political connected firms" dar, bei denen der Staat (oder ein Glied der öffentlichen Hand) durch Beteiligung, persönliche Beziehungen oder die Besetzung von Führungspositionen besonderen Einfluss hat. Dabei spielt es zunächst einmal keine Rolle, ob die Unternehmen den Staat eingebunden haben, um Einfluss zu erlangen, oder umgekehrt der Staat Einfluss auf die Unternehmen suchte. Potenziell können solche Unternehmen aus der Verbindung eine ganze Reihe von Vorteilen ziehen. Dies kann die Finanzierung durch öffentliche Banken betreffen, Vergünstigungen durch staatliche Bürgschaften, die Erlangung öffentlicher Aufträge, regulatorische Vorteile, Informationsprivilegien und Steuergeschenke. Auf der anderen Seite bestehen auch Gefahren, dass solche Unternehmen ausgenutzt werden, um Ziele außerhalb des Unternehmens zu verfolgen (zum Beispiel gemeinwohlorientierte Zwecke), um unfähige Politiker/Verwaltungsmitglieder in Führungspositionen zu bringen oder sie für Quersubventionierungen missbraucht werden usw.

Da solche Unternehmen den üblichen Corporate Governance-Mechanismen unterliegen, stellt sich die Frage, ob es diesbezüglich besondere Probleme geben könnte. Zunächst einmal sind feindliche Übernahmen und Insolvenzrisiken in der Regel auszuschließen, teilweise gibt es auch nur eingeschränkten Wettbewerb (zum Beispiel Energie-, Wasserversorger, Abfallunternehmen, Verkehrsbetriebe etc.). Dazu fehlen eventuell Anreize für eine transparente Rechnungslegung, zum Beispiel um hohe Gewinne oder

RPT-Transaktionen zu verstecken, oder auch Erfolge aus nur halblegalen Aktivitäten. Auch bevorstehende Börsengänge oder Finanzbedarfe der öffentlichen Kassen können Anreize für (in solchen Fällen Gewinn erhöhende) Bilanzpolitik bieten.

Für sogenannte öffentliche Unternehmen haben die OECD, der Bund und einige Länder Deutschlands Public-Corporate-Governance-Kodizes verabschiedet. Dabei wird neben der Anwendung strenger Rechnungslegungsstandards insbesondere verlangt, dass die Unternehmensleitung unabhängig sein muss und keinen Weisungen durch die öffentliche Hand unterworfen ist (vgl. Hasche-Preuße 2015). Allerdings sehen die Bundes- und Landeshaushaltsordnungen regelmäßig vor, dass die öffentliche Hand sich nur dann privatrechtlich engagieren darf, wenn die Einflusswahrung abgesichert ist.

Für Unternehmen, die solchen Bedingungen ausgesetzt sind, gibt es bereits einige Befunde. So wurde für den Zeitraum von 1997 bis 2001 für Unternehmen aus 19 (20) Ländern die Abschlussqualität untersucht. Es zeigte sich eine schlechtere Qualität im Vergleich zu einer Kontrollgruppe. Dabei waren die politisch verbundenen Unternehmen tendenziell groß. Die mangelhafte Transparenz führen die Verfasser auf die Geheimhaltungsinteressen der öffentlichen Hand zurück. Eigentlich sollte diese mit erhöhten Kapitalkosten einhergehen. Es zeigte sich jedoch, dass der Markt die asymmetrischen Informationen nicht abstrafte, auch nicht bei der Begebung öffentlicher Anleihen (vgl. Chaney et al. 2010). Insofern wirken Informationsinteressen der Finanziers hier offenbar nicht als Vehikel, eine transparente Rechnungslegung zu erzwingen.

In einem Vergleich zwischen deutschen und italienischen Unternehmen wurde die Qualität der erstmaligen pflichtgemäßen IFRS-Anwendung 2006 untersucht. Berücksichtigt wurden 136 deutsche und 153 italienische Unternehmen. Für nicht politisch verknüpfte Unternehmen zeigte das italienische Sample eine tendenziell bessere Umsetzung der IFRS, während bei den politischen Unternehmen dies umgekehrt war. In beiden Ländern waren die Unternehmen mit Governmental Governance deutlich schlechter als die rein private Kontrollgruppe (vgl. Cascino und Gassen 2015).

In einer sehr umfassenden Erhebung mit 458 Unternehmen mit politischen Verbindungen aus 47 Ländern (Vergleichsgruppe 15.733 Unternehmen), zeigten sich ebenfalls Besonderheiten: die politisch verknüpften Unternehmen hatten einen höheren Verschuldungsgrad, hatten aber übliche Kreditkosten und sie zahlten weniger Steuern. Bezüglich der Produktivität gab es keine Unterschiede, es sei denn Direktorenposten waren politisch besetzt. Bezüglich der Rendite (Return on Assets) und der Markt-Buchwert-Relation wiesen diese Unternehmen schlechtere Werte auf, obwohl sie durch die Beziehungen zur öffentlichen Hand eigentlich auch Vorteile generieren könnten. Obwohl die Kausalität nicht statistisch abgesichert ist, geht der Verfasser aufgrund anekdotischer Evidenz davon aus, dass die Politik die Unternehmen beeinflusst hat und nicht umgekehrt die Unternehmen die Politik instrumentalisieren wollten (vgl. Faccio 2010).

Einen Sonderfall, allerdings einen sehr erheblichen, stellen chinesische Unternehmen dar. Dort gibt es viele große State-owned Enterprises (SEOs) und Transaktionen zwischen solchen Unternehmen (RPT) sind der Regelfall. Für den Zeitraum von 2002 bis 2009 wurde für 565 Unternehmen (4520 Firmyears) festgestellt, dass konzerninterne

Transaktionen insgesamt den Unternehmenswert steigerten. Dies galt nicht, wenn der Anteil des Staates durch die Beteiligungsquote oder Vertretung im Führungsorgan sehr groß war. In solchen Fällen zeigten sich negative Folgen des Tunneling. Wurden RPT gezielt eingesetzt, um die Steuerbelastungen zu senken, ergaben sich noch stärkere Wertverluste. In China gibt es eine Fülle von Steuervergünstigungen, die eigentlich den Unternehmenswert steigern sollten. Die Transaktionen wurden aber primär dazu genutzt, persönliche Wohlfahrtseffekte zu realisieren (vgl. Wong et al. 2015).

Fasst man die möglichen und die tatsächlich feststellbaren Corporate Governance-Folgen der Finanzierungsstruktur zusammen, so zeigt sich ein sehr heterogenes Bild. Einmal gibt es eine große Vielfalt an Konstellationen und verknüpften Mechanismen. Zum anderen sind oftmals zugleich positive oder negative Effekte möglich, sodass die Effizienz nur empirisch feststellbar ist. Die Resultate hängen dann aber regelmäßig vom Zeitraum und nationalen Einflussfaktoren zusätzlich ab. Insofern lässt sich alleine aus den Kapitalstrukturen kein gesichertes Wissen bezüglich einer erstrebenswerten Corporate Governance ableiten. Da in den meisten Ländern sehr verschiedene Finanzierungsmischungen auftreten, müssen die Governancestrukturen auch dieser Vielfalt Rechnung tragen. In den nächsten beiden Abschnitten werden zwei sehr einflussreiche Scoring-Modelle vorgestellt, die eine umfassende Messung von Corporate Governance zumindest anstreben.

4.3.2 Trennung von Eigentum und Verfügungsgewalt: Berle/Means und die Folgen

Die berühmte Arbeit von Berle und Means über die bei Aktiengesellschaften typische Trennung von Eigentum und Verfügungsgewalt stellt im Kern auf relativ einflusslose Streubesitzaktionäre und einen unabhängigen Board of Directors ab. Dann steht der Schutz der Aktionäre vor dem eventuell opportunistisch handelnden Board im Zentrum der Analyse. Um möglichst umfassend Schutzmechanismen berücksichtigen zu können, werden Aspekte aus den Bereichen Transparenz, Anreizsysteme, Überwachungsinstanzen, Take-over-Regeln usw. erfasst und zu einem Gesamtscore aggregiert. Dabei werden für die unterschiedlichen Mechanismen im Allgemeinen Einzelregelungen herausgegriffen und mit einem Gewicht versehen. Aus pragmatischen Gründen wird bei Vorliegen eines Merkmals oder dessen Fehlen entweder der Wert 1 oder 0 vergeben, eine Gewichtung nach der Bedeutung oder Wirksamkeit der Regelung erfolgt nicht (vgl. Beasley et al. 2009; Pomeroy und Thornton 2008). Zum Beispiel könnte für die Frage, ob es unabhängige Outside Directors gibt, so verfahren werden. Es wäre natürlich auch möglich, weitere Untergliederungen nach Personenzahl, Qualifikation, verfügbarer Zeit, Bildung von Ausschüssen, Häufigkeit von Sitzungen usw. einzuführen und Punkte auf dieser Ebene zu vergeben.

Die Bewertung eines Merkmals mit 1 oder 0 hat dabei aber keinen positiven Beitrag bezüglich der Objektivierung der Notenvergabe. Dies liegt daran, dass die Auswahl der

Faktoren, die Anzahl und die Ausdifferenzierungen subjektiv bleiben. Die Annahme, dass jeder Posten gleich wichtig sei, ist dabei besonders willkürlich. Auf der anderen Seite wäre es mit erheblichem Aufwand verbunden, wenn die relative Bedeutung und die praktische Wirksamkeit in das Scoringmodell mittels differenzierter Gewichtungen einfließen würden. Dies würde insbesondere erfordern, dass der praktische Nutzen belegt wird, zum Beispiel in Form einer Analyse, ob es sich nur um geschriebenes Recht handelt oder durch Rechtsprechung, Behörden etc. auch durchgesetztes Recht. Zudem müssten ökonomische Folgen, funktionale Äquivalente etc. ausdrücklich bewertet werden. Die Vorgehensweise dient deshalb meines Erachtens weniger der Objektivierung als der Vereinfachung.

Um die Agency-Konflikte zwischen Streubesitzaktionären und dem Management und dafür relevante Corporate Governance-Mechanismen messen zu können, haben Gomper et al. einen Index entwickelt der 24 Positionen (Items) erfasst (G-Index; vgl. Gomper et al. 2003). Sie betreffen die Qualität der Stimmrechte, die Möglichkeiten zur Abwahl des Managements und Take-over-Hürden. Die Take-over-Hürden sind gerade für die USA bedeutsam, da die gesellschaftsrechtlichen Schutzinstrumente für Aktionäre in den USA eher schwach ausgeprägt sind und auf Marktmechanismen und Kapitalmarkteffizienz vertraut wird. Gibt es einen effizienten Kontrollmarkt für Unternehmen, steht das Management unter Erfolgsdruck, da bei einer feindlichen Übernahme die eigenen Arbeitsplätze in Gefahr sind. Durch Übernahmehürden kann das Management versuchen, sich vor solchen Risiken zu schützen, sodass es auch bei schwacher Leistung nicht ersetzt werden kann.

Gomper et al. untersuchten für den Zeitraum von 1990 bis 1998 für 1500 große US-Unternehmen (rund 93 % der börsengehandelten Aktien), ob sich die Qualität der Corporate Governance auf den Wert und die Rendite von Unternehmen auswirken. Sie teilen die Gesamtgruppe in sogenannte demokratische Unternehmen mit starker Governance und diktatorische Unternehmen mit schwacher Governance.

Sie finden heraus, dass durch Portfolioumschichtungen zu Unternehmen mit starker Governance im Durchschnitt eine um 8,5 %-Punkte höhere Rendite erzielbar war. Demokratische Unternehmen wiesen sehr viel höhere Unternehmenswerte und Wachstumsraten auf. Allerdings konnten die Verfasser nicht die Kausalität bestimmen: führt eine starke Corporate Governance zu besseren Ergebnissen oder leisten sich ökonomisch erfolgreiche Unternehmen eine stärkere Governance.

Eine ganz wesentliche Weiterentwicklung legten Bebchuk et al. vor (2008). Das imponierende Ergebnis von Gomper et al. hatte zwischenzeitlich eine Fülle von Folgearbeiten ausgelöst, die den G-Index immer weiter verfeinerten, was letztlich zu Scoringmodellen mit bis zu 600 Items führte. Dies war natürlich unökonomisch in der Handhabung und Unternehmen war es praktisch nicht möglich, sich an dieser Fülle von Kriterien auszurichten, wenn sie das Etikett starke Governance erreichen wollten. Bebchuk et al. gingen den umgekehrten Weg und reduzierten die 24 Items des G-Index auf nur noch sechs Faktoren, den sogenannten Entrenchment- oder kurz E-Index. Dieser umfasste vier Items zu Stimmrechten und zwei zu Übernahmehürden. Die Reduktion wurde durch Literaturauswertungen, Expertenbefragungen und Aktionärsaktivitäten fundiert. Bei den Letztgenannten ging es darum, in welchen Fällen Aktionäre erfolgreich in Hauptversammlungen Boardentscheidungen verhindern konnten.

Aus der Fülle von Folgestudien sollen hier einige kurz referiert werden. So stellten Bebchuk et al. fest, dass für den verlängerten Zeitraum von 1990 bis 2008 (mit 1400 bis 2000 Unternehmen pro Jahr) durch Portfolioumschichtungen keine Überrenditen mehr möglich waren und es gab auch keine positiven Kapitalmarktreaktionen bei guter Transparenz (vgl. Bebchuk et al. 2012). Zwar wiesen Unternehmen mit guter Governance höhere Unternehmenswerte auf (gemessen an Tobin's Q), aber die Börsenwerte hatten die gute Governance bereits eingepreist, sodass die Renditen durch Lerneffekte verschwunden waren.

Sehr viel gravierender war die Kritik von Chou und Hardin III (2012). Sie überprüften für den Zeitraum 1990 bis 2008 das Investitionsverhalten von Mutual Funds, die sie als Prototypen von „sophisticated Investors" ansehen. Deren Anlagestrategie war durchgängig an Branchen orientiert, während Corporate Governance-Merkmale keine Rolle spielten. Zufällig waren Branchen und Governance aber stark korreliert. Die Verfasser gehen davon aus, dass die Überrenditen durch Portfolioumschichtungen von Gomper et al. ein schlichtes Artefakt sind. Für die Jahre nach 2002 fanden die Autoren sogar negative Renditen bei guter Corporate Governance. Sie folgern daraus, dass die Governancefaktoren zwar das Management disziplinieren und Agencykonflikte mildern, aber für Investoren keine Vorteile daraus erkennbar werden.

Cremers und Ferrell (2009) testen den G- und den E-Index für 1000 Unternehmen für den ausgeweiteten Zeitraum von 1978 bis 2006. Sie finden wiederum eine robuste und statistisch signifikante Korrelation zwischen guter Governance und den Unternehmenswerten (Tobin's Q). Auch mit positiven abnormalen Renditen gab es eine solche Verbindung, während Rechnungslegungsgrößen wie Return on Investment und Umsatzwachstum nicht beeinflusst wurden. Sie fanden zudem, dass die Governance besonders bei kleineren Unternehmen wichtig war und die Kausalität grundsätzlich von der Governance zum Unternehmenswert und nicht umgekehrt vorliegt. Für die Kapitalmarktrenditen gab es eine im Zeitablauf abschwächende Wirkung, die als Lerneffekt identifiziert wurde, der Kapitalmarkt hat die Segnungen der guten Governance eingepreist.

Die Branche spielte auch in der Arbeit von Cremers und Ferrell (2009) eine Rolle, aber nur mittelbar (siehe unten). Der Vorwurf, die Resultate von Gomper et al. (2003) seien nur durch Branchenbesonderheiten zu erklären, wurde sehr detailliert von Lewellen und Metrick (2010) untersucht. Dabei untersuchen sie verschiedene Klassifikationssysteme für Branchenabgrenzungen und verschiedene Untergliederungstiefen. Wird eine enge Branchendefinition gewählt, resultieren homogene Unternehmenssample, die aber klein sind und durch Besonderheiten weniger Unternehmen verzerrt sein können. In einer Reihe von Simulationsläufen fanden die Verfasser, dass eine nicht zu enge Abgrenzung der Branchen die besten Modellspezifikationen liefert und die Überrenditen kein Artefakt sind, sondern alleine Corporate Governance-Faktoren geschuldet waren.

Cremers et al. zeigen ebenfalls, dass die Überrenditen von Gomper et al. verschwinden, wenn man das Take-over-Risiko berücksichtigt (vgl. Cremers et al. 2005). Der vorhandene oder fehlende Take-over-Schutz war der einzig relevante Corporate Governance-Faktor. Angesichts der eher schwach ausgeprägten Aktionärsrechte ist es nicht unplausibel, dass die Take-over-Items ein wesentlicher Governance-Faktor sind. Die Aktionärsrechte sind dabei durch Kostenrisiken, prozessuale Hürden und (oftmals) staggered Boards eingeschränkt. Das letzte Merkmal impliziert, dass maximal ein Drittel der Boardmitglieder auf einmal abgewählt werden kann, sodass ein unfähiges Management bestenfalls partiell abgestraft werden kann (vgl. Bebchuk 2007).

Allerdings sind die negativen Effekte von Take-over-Hürden nicht immer nachweisbar. So wird besonders der fehlende Marktdruck befürchtet, der zu einer weniger transparenten Rechnungslegung, weniger Analystendeckung, zunehmender Informationsasymmetrie, weniger Forschung und Entwicklung usw. führen kann (vgl. Chang et al. 2013). Insgesamt: das Management führt ein „quiet life" (Armstrong et al. 2012). Chang et al. (2013) fanden aber, dass Take-over-Hürden mit qualitativ hochwertigen Finanzberichten einhergingen, das Management konnte negative Informationen und private Informationen ohne persönliche Nachteile publizieren. Sie folgern, dass Take-over-Möglichkeiten und Rechnungslegung substitutive Governancefaktoren sind. Chang et al. argumentieren, dass Manager mehr Innovationen wagen können, da sie weniger unter kurzfristigem Erfolgsdruck stehen.

Demgegenüber fanden Gu und Hackbarth (2013), dass sich positive Folgen einer guten Governance (ohne Take-over-Hürden) nur für Unternehmen zeigte, die transparent waren. Sie untersuchten dies für 2959 US-Unternehmen von 1990 bis 2006. Sie folgern, dass ein effektiver Take-over-Markt Transparenz voraussetzt, das Verhältnis sei nicht substitutiv, sondern komplementär.

In einer weiteren Arbeit wurde getestet, ob und wie sich die Qualität der Rechnungslegung auf die Übernahmeprämien auswirkt. Bei Intransparenz, so die Annahme, führt die Unsicherheit zu Preisabschlägen. Für 2341 Unternehmen (1990 bis 2009) zeigte sich ein paradoxes Ergebnis. Je besser die Rechnungslegung war, desto niedriger waren die Übernahmeprämien, das heißt umgekehrt, schlechte Rechnungslegung wurde mit hohen Übernahmeprämien belohnt (vgl. McNichols und Stubben 2012). Demnach scheinen die Zusammenhänge zwischen Rechnungslegung und Übernahmen alles andere als geklärt.

Die besondere Bedeutung von Übernahmehürden zeigen Cremers und Ferell (2009) in ihrer Langzeitstudie auf. Sie geben an, dass bei Übernahmen im Median Prämien von 38 % in den USA gezahlt würden. Durch Hürden zur Abwehr feindlicher Übernahmen könnten diese den Aktionären entgehen. Sogenannte Poison Pills sind teilweise sehr wirksam Mittel hierfür. Im höchst wichtigen Fall Moran versus Household International musste das höchste Gericht in Delaware entscheiden, ob solche Poison Pills mit den treuhänderischen Pflichten des Board gegenüber den Aktionären vereinbar seien. Dies wurde angenommen, wenn sie „the most relaxed form of judicial review possible, the business judgement rule" genügen. Diese überraschend niedrigen Anforderungen an die Legitimität solcher Absicherungsmöglichkeiten der Boards führten dazu, dass die Anzahl von Unternehmen mit Poison Pills von 4 % im Jahr 1985 auf 52 % im Jahr 1989 stieg. Eine Folge davon war, dass die Werte bei Unternehmen mit Poison Pills um 11,7 % gesunken sind. Der negative Einfluss zeigte sich besonders in Branchen mit einem hohen Niveau an M&A-Aktivitäten. Dies ist plausibel, da Übernahmen offenbar in Wellen und branchenbezogen auftreten.

Take-over-Hindernisse können (zumindest theoretisch) auch dazu dienen, Aktionäre zu schützen oder höhere Übernahmeprämien auszuhandeln. Rowoldt und Starke analysieren 180 feindliche Übernahmen von 2000 bis 2013 in den USA und Europa (vgl. Rowoldt und Starke 2014). Während in Europa im Grundsatz eine Neutralitätspflicht der Organe gilt, gibt es in den USA in diversen Bundesstaaten eher protektionistische, managementfreundliche Regelungen. Nicht überraschend ist es deshalb, dass in den USA wesentlich häufiger Abwehrmaßnahmen ergriffen wurden und die Übernahmewahrscheinlichkeit mit 28 % deutlich niedriger war als in Europa (50 %). Die Abwehrmaßnahmen waren demnach erfolgreich. Die Verfasser prüften zusätzlich, ob sich dies in erhöhten Übernahmeprämien niedergeschlagen hat, was nicht der Fall war. Es lag opportunistisch motiviertes Verhalten zulasten der Aktionäre vor.

Insgesamt muss aber angesichts der sehr geringen Anzahl feindlicher Übernahmen infrage gestellt werden, ob das Take-over-Recht wirklich so wesentlich für die Corporate Governance ist. Natürlich kann darauf verwiesen werden, dass die präventive Wirkung ausreicht und alleine die Übernahmegefahr das Management hinreichend discipliniert. Beweisbar ist diese Annahme aber kaum.

Fasst man die Resultate zusammen, so zeigen sich zwei erstaunliche Besonderheiten: der individuelle Schutz der Aktionäre durch Rechte und das Take-over-Recht sind in den USA nur schwach ausgeprägte Schutzinstrumente. Das Image des besten Investorenschutzes kann kaum alleine darauf beruhen. Insofern muss es noch weitere Faktoren geben.

Einen Anknüpfungspunkt, wo weitere Mechanismen ruhen könnten, liefern Bebchuk und Weisbach (2009). Sie zeigen für 4409 Unternehmen aus 29 Ländern, dass die Existenz von Blockholdern zu positiven Corporate Governance-Effekten führt: bessere Performance, rationalere Vergütungssysteme, Attraktivität für ausländische Investoren etc. Bei einer solchen Konstellation geht es aber nicht mehr um das Verhältnis von Streubesitzaktionären zu einem weitgehend unabhängigen Board, sondern die Eigentümerstruktur ist abweichend. Prägen Blockholder, Mehrheitsgesellschafter, Familiengründer das Erscheinungsbild der typischen AG, sind andere Agency-Konflikte relevanter. Deshalb behaupten LaPorta et al. (vgl. LaPorta et al. 2007), dass ihr Modell mit der Konstellation Mehrheitsgesellschafter versus Minderheiten das Modell von Berle und Means erfolgreich verdrängt habe.

4.3.3   Einfluss des Rechtssystems und des Investorenschutzes: das Modell von LaPorta et al.

Zentral für LaPorta et al. ist demnach die Frage, wie die Rechte von Minderheiten und Gläubigern gegen opportunistische Eingriffe zugunsten der Mehrheitsgesellschafter geschützt werden können. Als Ausgangspunkt wählen sie einen historischen Anknüpfungspunkt, nämlich die Frage, aus welchem Rechtskreis die Regelungen stammen, wobei sie Common Law und Code Law unterscheiden und in der Folge differenzierter untersuchen, wie Investorenschutz, Transparenzregeln usw. sich entwickelt haben. Im Prinzip widmen sie sich auch Fragen der Rechtsdurchsetzung, allerdings mehr auf der Ebene des geschriebenen Rechts, als auf der rechtstatsächlichen (vgl. ausführlich 4.3.4). Das Basismodell wurde im Zeitablauf mehrfach weiterentwickelt und in empirischen Studien getestet (vgl. Djankov et al. 2008; Johnson et al. 2000; vgl. LaPorta et al. 1998b).

Im Zentrum der Arbeiten stehen sehr umfassende internationale Rechtsvergleiche, die 49 Länder umfassen. Diese fassen sie zu drei Ländergruppen zusammen. 1) Common Law Länder, die geprägt sind durch weit entwickelte, liquide Kapitalmärkte und einen starken Investorenschutz, sowie umfassende Transparenzregeln. Die typische Unternehmensfinanzierung erfolgt durch Außenfinanzierung und Streubesitzaktionäre. Deshalb wird auch von einem Outsidermarkt-System gesprochen. Komplettiert wird dies durch starke Enforcementinstanzen. Als Musterländer gelten vor allem die USA und das UK. 2) Code Law Länder sind hingegen Insider-Economies mit wenig entwickelte Kapitalmärkten, hoher Eigentümerkonzentration und schwachem Investorenschutz. Da die Insider über private Informationskanäle verfügen, spielen Transparenz und Rechnungslegung nur eine unwesentliche Rolle. Es gibt aber ein starkes Enforcement für die vorhandenen gesetzlichen Vorgaben. Als Länder für die dies zutrifft, werden Deutschland und Schweden genannt. 3) Eine dritte Gruppe ist den Code Law Ländern zuzurechnen, sie unterscheiden sich von der Gruppe (2) durch ein schwaches Enforcementsystem zum Beispiel Italien, Indien (vgl. Leuz et al. 2003).

LaPorta et al. halten Streubesitz, Investorenschutz und Kapitalmarktmechanismen für erstrebenswert und stellen in das Zentrum ihrer Untersuchungen die Frage, wie einflussreiche Mehrheitsgesellschafter daran gehindert werden können, sich Sondervorteile anzueignen (vgl. Djankov et al. 2008; LaPorta et al. 1998b). Durch sogenanntes Tunneling sind sie im Grundsatz in der Lage, Reichtumstransfers zulasten von Minderheitsgesellschaftern und Gläubigern zu realisieren. Die entscheidenden Corporate Governance-Mechanismen sind Self-Dealing Rules, Anti Director's Rights, Transparenznormen und Pressefreiheit.

Angesichts der Fülle damit erfasster Faktoren stellt sich natürlich die Frage, in welchem Verhältnis die einzelnen Schutzinstrumente hierbei stehen. So findet Verriest (2014), für ein Unternehmenssample aus 42 Ländern (mit 26.445 Datenpunkten für die Jahre 1994 bis 2004), dass zwischen den politischen Institutionen eines Landes und einer starken Corporate Governance Substitutionsverhältnisse bestehen. Anders gewendet: verfügt ein Land über effiziente politische Strukturen, ist ein starker Investorenschutz nicht vonnöten. In einer Studie von Djankov et al. (2008) wurde hingegen als Ergebnis festgehalten, dass das Rechtssystem wichtiger ist als Politik und Pressefreiheit.

Für solche divergierenden Befunde gibt es sicherlich mehrere Gründe, die plausibel sind, um die Abweichungen zu erklären. Dies ist deshalb alleine kein Grund, die Grundstruktur des Modells als unbrauchbar zu verwerfen. Auffällig ist aber, dass Corporate Governance-Mechanismen wie Take-over-Recht, Bankenregulierung, Wettbewerbsrecht, Kapitalmarktinformationen außerhalb der Regelpublizität usw. überhaupt keine Beachtung finden (vgl. LaPorta et al. 2000). Es sieht fast so aus, als würden LaPorta et al. eine andere Realität untersuchen als Bebchuk et al. (vgl. Bebchuk et al. 2008, 2012; Bebchuk und Weisbach 2009). Insofern kann man bereits an dieser Stelle einen fundamentalen Kritikpunkt an der Konzeption formulieren: sie zeichnet ein unvollständiges Bild der Corporate Governance-Mechanismen und fokussiert nur bestimmte Interessenkonflikte.

Zentral für LaPorta et al. ist dabei das sogenannte Tunneling, das durch Regelungen zu den Related Party Transactions verhindert werden soll. Dabei ist durchaus nicht generell geklärt, was alles unter „Transactions" zu fassen ist. Tatsächlich wird in der angelsächsischen Literatur und in der Aktionärsschutzrichtlinie der EU der Begriff tendenziell weit gefasst. Trotzdem dürfte er nicht alle Sachverhalte einschließen, die gemäß §§ 311 ff. AktG in Deutschland für abhängige oder faktisch konzernierte AG gelten. Dort geht es um Rechtsgeschäfte und Maßnahmen, die sowohl getätigt als auch unterlassen wurden, wobei neben einer Veranlassung durch den herrschenden Gesellschafter auch eine Ausführung in dessen Interesse bereits schon genügt (vgl. Kühnberger 2016).

LaPorta et al. gehen der Frage, wie effektiv die unterschiedlichen Schutzsysteme in einzelnen Ländern sind, nach, indem sie Rechtsexperten aus den diversen Ländern einen hypothetischen Fall vorlegen. Dabei geht es um einen Großaktionär, der zugleich an zwei anderen Unternehmen beteiligt ist, die miteinander Geschäfte abwickeln. Solche RPT oder konzerninternen Geschäfte finden sicher in vielen Ländern der Welt statt und sind regelmäßig auch erlaubt (vgl. Engelen und Drefahl 2013; Tröger 2015). Im Grundsatz sind sehr verschiedene Schutzinstrumente einsetzbar (vgl. Djankov et al. 2008; Tröger 2015):

- Ex-ante-Zustimmungserfordernisse für solche Geschäfte, wobei es wichtig sein kann, dass nur unabhängige Boardmitglieder oder Minderheitsgesellschafter abstimmen oder sie zumindest ein Vetorecht haben (LaPorta et al. 2007). Dies dürfte ein sehr effektives Instrument sein, das solche Transaktionen schon im Vorfeld uninteressant machen kann. Allerdings würde dies auch kleinere Geschäfte belasten oder solche, die für alle Beteiligten ökonomisch sinnvoll sind.
- Keine Ex-ante-Vorgaben, aber Transparenzregeln, wie sie IAS 24 beispielsweise vorsieht.
- Vorgaben zu einer Prüfung durch unabhängige Dritte, zum Beispiel den Aufsichtsrat und den Abschlussprüfer nach §§ 313 f. AktG. Die Effektivität einer solchen Prüfung kann durchaus angezweifelt werden, da es um isolierbare Einzelmaßnahmen gehen muss und der Fall einer umfassenden Einbindung in eine Konzernstrategie nicht sinnvoll

bewertbar ist. Zudem ist es problematisch die Vollständigkeit der zu erfassenden Transaktionen abzusichern und adäquate Bewertungsmaßstäbe zu finden.

- Minderheitenrechte für die Erzwingung einer gerichtlichen oder gutachterlichen Überprüfung.
- Beweislast- und Haftungsregeln, die geeignet sind die Treuepflichten des Managements zu sichern und eventuelles Fehlverhalten aufzudecken. Beachtlich ist hierbei natürlich, ob die Treuepflichten durch die tendenziell „weiche" Business Judgement Rule konkretisiert werden oder schärfere Anforderungen zu erfüllen sind.

Welches dieser Modelle in der Praxis besonders effektiv ist, ohne erwünschte Synergieeffekte zu verhindern, dürfte nicht einfach feststellbar sein und sicher nicht nur von der Papierform, also dem geschriebenen Recht, abhängen.

Eine ganz wichtige Corporate Governance-Instanz in diesem Kontext stellt das Steuersystem dar. Aufgabe der nationalen Steuerbehörden ist es ja gerade, Vermögensverlagerungen zwischen Unternehmen zu verhindern, um das Steuersubstrat zu schützen (vgl. Desai et al. 2004). Umfassende Betriebsprüfungen, ob Geschäfte nach dem Arm's Length Principle abgewickelt wurden, sind der Regelfall. Dann hängt der Schutz vor Verlagerungen von Faktoren wie den nationalen Steuersystemen, der Qualität und Häufigkeit der Betriebsprüfungen etc. ab. Damit werden allerdings die zivilrechtlichen Verschiebungen nicht unbedingt verhindert, aber gegebenenfalls steuerlich abweichend behandelt und sanktioniert. Dies kann solche Tunneling-Maßnahmen aber auch insgesamt uninteressant machen. Zu den direkten und indirekten Folgen des Steuersystems findet sich meines Wissens nur eine relativ knappe Darlegung bei Djankov et al. (2008). Dies ist natürlich keine umfassende und tief gehende Analyse, geschweige ein Nachweis für die Irrelevanz des Steuersystems.

In einer Studie für den Zeitraum von 1988 bis 2000 mit Unternehmen aus 22 Ländern (mit 22.210 Firmyears) wurde festgestellt, dass ein effektives Steuersystem den größten Einfluss auf den Minderheitenschutz entfaltete, da die Regeln für die Setzung von Verrechnungspreisen durchgesetzt wurden (vgl. Haw et al. 2004). Soweit Handels- und Steuerbilanz verknüpft sind, kann es zusätzlich positive Effekte bezüglich der Rechnungslegungsqualität geben.

Insofern ist es eher etwas überraschend, dass LaPorta et al. bei ihren Studien regelmäßig zu einer eindeutigen Überlegenheit der Common Law Länder gelangen.

Interessant ist, womit LaPorta et al. die Überlegenheit des Common Law Systems belegen (vgl. LaPorta et al. 1998b, 2003, 2007). Sie unterstellen, dass ein starker Investorenschutz positive Folgen für die Wohlfahrt eines Landes hat, er die Breite und Tiefe des Kapitalmarktes befördert, die Anzahl der Börsengänge erhöht, zu höheren Dividendenauszahlungen führt, die Qualität der Finanzberichte steigert, zu erhöhten Realinvestitionen führt und letztlich in Streubesitz mündet (da Tunneling unattraktiv ist). Umgekehrt heißt dies dann wohl, dass Länder, die solche Ergebnisse liefern, offenbar einen starken Investorenschutz gewährleisten.

An dieser Kausalitätskette kann an vielen Stellen eingehakt werden, da die unterstellten Mechanismen keineswegs einfach und direkt sein werden und insbesondere eine empirische Absicherung schwer fallen dürfte (vgl. hierzu detaillierter die Ausführungen in Abschn. 4.3.4). Es soll aber an zwei Beispielen verdeutlicht werden, dass die positiven Ergebnisse keinesfalls als unumstritten positiv einzustufen sind.

Folgt man der Argumentation von LaPorta et al., so stellt Streubesitz ein ökonomisch wünschenswertes Resultat von starkem Investorenschutz dar, da sich ein Blockholderstatus oder gar Mehrheitsbesitz nicht lohnen. Damit werden aber auch Möglichkeiten, Synergien, Skalen- und Konzernvorteile zu erzielen, verhindert. Da ein Tunneling und eine Mehrheitsbeteiligung uninteressant sind, gibt es auch keine freundlichen oder feindlichen Take-overs. Warum es im Interesse der Aktionäre sein soll, wenn Übernahmeprämien nicht möglich sind (mangels Nachfrage nach Mehrheitsbesitz), ist schwer erklärbar. Streng genommen wären sogar Take-over-Hürden sinnvoll, damit eine Mehrheitsbeteiligung gleich gar nicht entsteht. Einen solchen Zustand wird man nicht als paretooptimal bezeichnen können, zumal bei Streubesitz zunächst einmal nur andere Agencyprobleme virulent werden, die das Verhältnis zwischen Management und Kleinaktionären oder Gläubigern betreffen (siehe oben Abschn. 4.3.2). Zudem hätten LaPorta et al. auch Probleme, die Überlegenheit der Common Law Länder zu belegen, da Streubesitz ja gerade nicht den nachgewiesenen Standardfall bilden.

Hohe Dividenden haben mehrere naheliegende Vorteile. Sie mindern Free Cashflowprobleme, Überinvestitionen und die entzogene Liquidität kann nicht mehr für Tunneling missbraucht werden (vgl. LaPorta et al. 1998a). Allerdings ist eine Gewinnthesaurierung für Aktionäre dann wünschenswert, wenn das Unternehmen über gute, profitable Wachstumsmöglichkeiten verfügt (sogenanntes Outcome Model). Für 4103 Unternehmen aus 33 Ländern wurde für das Jahr 2004 genau dies untersucht. Immerhin wäre es zudem möglich, dass Unternehmen mit einer schwachen Corporate Governance (niedrigem Investorenschutz) hohe Dividenden ausschütten, um sie als Bonding- oder Signaling-Instrument einzusetzen. LaPorta et al. fanden das Outcome Model bestätigt für Common Law Länder (vgl. Djankov et al. 2008).

Kritisch sind an dieser Studie mehrere Sachverhalte. Einmal wurden die Wachstumsmöglichkeiten gemessen, indem das Vorjahreswachstum als Proxy genutzt wurde. Die Repräsentanz des Vorjahres für die Zukunft ist alles, nur nicht sicher oder auch nur plausibel. Berücksichtigt wird zudem nicht, dass die Dividendenpolitik von einem ganzen Kranz von (nationalen) Randbedingungen abhängt. Hierzu zählen das jeweilige Steuersystem und ein möglicher Ersatz durch Aktienrückkaufprogramme, gesellschaftsrechtliche Vorgaben, Branchengepflogenheiten, Zusammensetzung der Aktionärsstruktur (Groß- und Kleinaktionäre, Pensionsfonds, Anlagehorizonte usw.), nationale Gepflogenheiten etc. (vgl. Fischer 2011, S. 34 ff.; Pellens und Schmidt 2014).

Für die USA selbst wäre zudem eine unter den Annahmen von LaPorta extrem bedenkliche Entwicklung festzustellen. Im Jahre 1978 zahlten noch rund 67 % der börsennotierten Unternehmen Dividenden aus. Im Jahre 1999 belief sich der Anteil Dividenden zahlender AG gerade noch auf 21 % (vgl. Skinner und Soldes 2011). Entweder die

Unternehmen verfügten über hervorragende Wachstumsmöglichkeiten (Outcome Model) oder der Investorenschutz hat sich in diesen rund 20 Jahren dramatisch verschlechtert. Plausibler ist wohl eher, dass sich die Randbedingungen für die Dividendenpolitik deutlich verändert haben.

4.3.4 Fazit: Schwächen der verbreiteten Scoring-Modelle

Betrachtet man die beiden zuletzt vorgestellten Scoringmodelle so fallen sofort drei Beschränkungen ihrer Tragweite auf. Einmal beziehen sie sich ausschließlich auf den engeren Fokus finanzieller Zielgrößen und lassen andere Stakeholderaspekte, insbesondere die ökologische und soziale Nachhaltigkeit außen vor. Zum zweiten betreffen sie durchgängig börsengehandelte Aktiengesellschaften. Diese stellen in Deutschland und in vielen anderen Ländern aber nur einen Bruchteil der Unternehmen dar. Schließlich nehmen beide Modelle sehr einseitige Kapitalstrukturen an: Streubesitz oder Mehrheitsbeteiligungen, mit den jeweils naheliegenden Agency-Problemen. Tatsächlich dürfte in den meisten Ländern eine sehr viel größere Vielfalt vorkommen (vgl. Abschn. 4.3.1).

Auch die Grundmodelle von reinen Outsidersystemen mit Marktsteuerungsmechanismen, effizienten und entwickelten Kapitalmärkten und strikten Transparenzregeln auf der einen Seite und Insidersystemen mit Mehrheitsbeteiligungen, privater Hausbankenfinanzierung und mangelhaften Rechnungslegungsregeln dürften die Realitäten in den entwickelten Ländern wie USA, UK, Deutschland usw. nicht mehr adäquat widerspiegeln (vgl. Leuz 2010; Ringe 2014 zur Abkehr von der „Deutschland AG").

LaPorta et al. (2007) wählen als Ausgangspunkt für ihre länderübergreifenden Studien die „legal origins" von Rechtssystemen, die eine Basis für viele Normen bilden, ohne direkt selbst zu wirken. Die Einteilung in Common Law und Code Law Länder bleibt dabei naturgemäß sehr grob, selbst wenn die Code Law Länder in zwei Untergruppen aufgespalten werden. Viele nationale Besonderheiten gehen damit bei der Analyse unter und viele Mischformen, die sich in unterschiedlichsten Varianten herausgebildet haben. Dabei darf vor allen Dingen nicht vergessen werden, dass zum Beispiel Länder wie Japan und China ebenfalls von der Code Law Tradition geprägt sind und die ehemaligen britischen Kolonien vom Common Law. Diese sind aber jeweils ökonomisch, politisch und bezüglich der Rechtssysteme nun kaum mehr als homogene Cluster anzusehen (vgl. Coffee 2007).

Gegen das Modell von LaPorta et al. wurden viele weitere, zum Teil auch gravierende Einwände formuliert. Sie messen die Rechtssysteme der Länder zu einem bestimmten Zeitpunkt bezüglich diverser Rechtsgebiete wie Corporate Law, Insolvenz- und Arbeitsrecht und können die vielen seither erfolgten Rechtsänderungen damit nicht einbeziehen (vgl. Ringe 2014). Zur Messung des Investorenschutzes alleine auf die genannten Gebiete zu bauen, lässt unberücksichtigt, dass es eine ganze Reihe von institutionellen Komplementaritäten und Alternativen in den verschiedenen Ländern geben kann.

Am Beispiel der Skalierung des Gläubigerschutzes wird dies sehr deutlich. LaPorta et al. kommen zu dem zunächst einmal überraschenden Ergebnis, dass der Gläubigerschutz in Common Law Ländern wie den USA und dem UK am Besten ist. Dies ist kontraintuitiv, da ja Deutschland bekannt dafür ist, einen besonders ausgeprägten Schutz vor allem zugunsten der Banken gewährleistet zu haben. Aufgrund deren starker und rechtlich abgesicherter Insiderstellung haben sich eine wenig transparente Rechnungslegung und ein unbefriedigender Aktionärsschutz so lange halten können, so die Kritik. Das Ergebnis von LaPorta et al. wird aber verständlich, wenn man sich ansieht, anhand welcher Items der Gläubigerschutz gemessen wird. Dies sind vor allen Dingen Regelungen aus dem Insolvenzrecht, ergänzt um Korruptionsfaktoren, Enteignungswahrscheinlichkeit und Rechtsprechung (aber nicht die Inhalte, siehe unten).

Es kann hier dahingestellt bleiben, ob das US-amerikanische Insolvenzrecht tatsächlich effizienter für die Gläubiger ist als das deutsche, französische oder japanische. Immerhin erlaubt das US-Recht es den von der Insolvenz bedrohten Unternehmen, unter einem Schutzschirm auch fällige Zahlungen an Gläubiger zu vermeiden. Viel entscheidender ist, dass durch den Ansatz das zentrale Gläubigerschutzsystem in Deutschland quasi mit Null Punkten bewertet wird, nämlich die vorsichtige Rechnungslegung und die Kapitalaufbringungs- und Kapitalerhaltungsregeln. Genauso wenig werden funktionale Äquivalente wie das Recht der Kreditsicherheiten, Vertragsrecht, Fragen der Durchgriffshaftung usw. nicht beachtet. Auch die Mechanismen, die ex ante verhaltenssteuernd wirken können oder wirken, bleiben ausgeklammert (vgl. Kilian 2011, S. 50 ff.). Dazu gehören zum Beispiel auch Debt Covenants, Haftungsregeln für Organträger, Abschlussprüfung usw. Auch Kontrollmärkte und informelle Institutionen werden ausgeklammert.

Falsche Codierungen im Scoringmodell sind auch für die gesellschaftsrechtlichen Schutzinstrument in Deutschland bekannt (vgl. Hitz 2014, S. 289 f.). Insgesamt dürfte es bei der Fülle an Ländern und Merkmalen eine beachtliche Fehlerquelle sein, alle Rechtssysteme korrekt einzuordnen. Der Modellierung kann auch durchaus ein „home country bias" (Kilian 2011, S. 56) angekreidet werde. Das US-Modell wird als Ausgangspunkt (Eichstrich) gewählt und Abweichungen sind als Minuspunkte zu sehen.

Kritisiert wird des Weiteren, dass sich die Autoren (fast ausschließlich) am geschriebenen Recht orientieren („Law in the Books") und die Rechtswirklichkeit ausblenden (vgl. Coffee 2007; Kilian 2011, S. 56; Leuz 2010). Formale Rechtspositionen werden in die Scoringmodelle übernommen, die aus juristischer Sicht als teilweise völlig irrelevant für einen Minderheitenschutz anzusehen sind. Coffee (2007) geht noch weiter. Er verweist darauf, dass die potenzielle Durchsetzbarkeit oder gar die tatsächliche Realisation des Schutzes gar nicht untersucht wird. Rechtsprechung spielt deshalb bei den Arbeiten keine Rolle.

Für die Rechtswirklichkeit sind hingegen zwei Faktoren von entscheidender Bedeutung. Einmal die Aufdeckungswahrscheinlichkeit für schädigende Verhaltensweisen, die u. a. davon abhängt, wie viel Ressourcen in die Enforcementinstanzen gesteckt werden (zum Beispiel Behörden, SEC usw.) und wie die Beweislast- und Prozessrisiken verteilt sind. Zum anderen sind das Sanktionssystem und die Rechtsprechung von großer

Bedeutung (vgl. Coffee 2007). Bereits oben wurde zum Beispiel mehrfach auf Studien verwiesen, die zeigen, dass das geschriebene Recht (die IFRS zum Beispiel für die Rechnungslegung) für die Qualität der Rechnungslegung und die Corporate Governance unwichtiger ist, als ein effizientes Enforcement (vgl. Coffee 2007; Jayaraman 2012; Leuz 2010; Shima und Gordon 2011).

Gerade bezüglich der Enforcementsysteme zeigen sich dann aber andere Qualitäts-cluster als bezüglich der Herkunft des Rechtssystems. Hierbei muss dann noch dif-ferenziert werden zwischen öffentlichen und privaten Enforcementinstanzen. Zu den erstgenannten gehören u. a. die SEC in den USA und die Deutsche Prüfstelle für Rech-nungslegung in Deutschland. Private Institutionen sind stark von Haftungs- und Scha-densersatzregelungen geprägt, inklusive der Möglichkeiten von D&O-Versicherungen. Coffee unterstellt zum Beispiel, dass es in den USA kaum (gesellschafts)rechtlichen Schutz für Minderheitsaktionäre gibt, aber diverse private und öffentliche Enforcemen-tinstanzen dies ausgleichen.

Bezüglich der Rechtsprechung unterstellen LaPorta et al., dass Richter in Code Law Ländern praktisch als Erfüllungsgehilfen des Obrigkeitsstaates agieren und dem Staat helfen, Unternehmen und Märkte zu steuern und reglementieren (argumentiert wird mit der Staatsräson von Bismarck und Napoleon; vgl. LaPorta et al. 1998b). In Common Law Ländern sind Richter hingegen die treibende Kraft der Entwicklungen. Sie sind hin-reichend frei und unabhängig, um ex post die strittigen Einzelfälle fair zu regeln. Die Richter haben Autorität und Charakter, die Property Rights gegen öffentliche Instan-zen zu verteidigen (vgl. Coffee 2007). Sie nutzen die „highly imprecise" Normen (vgl. LaPorta et al. 2007), um in der Tradition der britischen Richter, die das private Eigentum der Bürger gegen die Krone verteidigten, Recht zu sprechen. Unpräzise Normen sind demnach keine Schwäche des Rechts, sondern schaffen den erforderlichen Gestaltungs-raum für den effizienten Investorenschutz.

In der Masse der kritischen Fälle geht es aber bei Corporate Governance-Fragen und Problemen des Investorenschutzes um Streitfälle zwischen Privatparteien und weniger um das Verhältnis von Unternehmen zum Staat. Es dürfte schwer fallen, die teilweise sehr managementfreundliche Rechtsprechung zu Übernahmehürden in den USA als leuchtendes Beispiel für den Schutz der Eigentumsrechte der Aktionäre zu interpretieren. Für das UK gilt hingegen, dass es bezüglich der Kapitalmarktregeln ein umfassendes öffentliches Enforcement gibt, aber privatrechtliche Möglichkeiten des Selbstschutzes praktisch fehlen (vgl. Wundenberg 2012). Solche Einzelsachverhalte und Differenzierun-gen sind mit einem sehr einfachen System von Länder-Clustern kaum einzufangen.

Oben wurde angemerkt, dass die Corporate Governance-Qualität oftmals vom Ergeb-nis her beurteilt wird. Die Erfolgsmaßstäbe wie hohe Dividenden, Streubesitzanteile usw. sind dabei stark wertungsabhängig, während Faktoren wie Investitionen, Wachstum von Ökonomien, Entwicklungsstand der Kapitalmärkte etc. wohl eher konsensfähig sind. Es dürfte aber sicher kein gutes Abbild der Realität sein, wenn behauptet wird, dass Com-mon Law Länder diesbezüglich systematisch besser seien als Code Law Länder.

Auch die Kausalitätsrichtung der Einflussfaktoren ist nicht eindeutig. So klingt es zunächst plausibel, dass guter Investorenschutz zu besser entwickelten Märkten führt und deshalb positive Wohlfahrtseffekte entstehen. Plausibel ist aber auch der umgekehrte Weg. Unternehmen und mit steigender Anzahl auch Privataktionäre beeinflussen die Politik, einen besseren Investorenschutz einzurichten. Für Unternehmen wäre der Weg von Lobbyismus naheliegend und für Kleinaktionäre schlicht die Tatsache, dass sie als Wähler wichtig sind, wenn ihre Anzahl steigt. Investorenschutz kann deshalb durch unabhängige Richter oder durch Politik/Gesetze installiert werden (vgl. Bebchuk und Neeman 2007).

Angesichts der Fülle an möglichen Einflussfaktoren für eine umfassende Corporate Governance ist die Suche nach einer umfassenden Skalierung mit groben Clustern eher weniger hilfreich. Ein länderübergreifend taugliches allgemeines Scoringmodell dürfte nicht erreichbar sein. Es ist deshalb möglicherweise zweckmäßiger, kleinere Brötchen zu backen und Einzelaspekte zu behandeln. Dies kann natürlich ländervergleichend erfolgen, aber auch bei Rechtsänderungen innerhalb eines Systems. Der SOX stellt ein vielfach untersuchtes Beispiel aus den USA dar.

Zu bedenken ist auch, dass empirische Arbeiten stark von der Datenlage abhängen. Dies kann dazu verleiten, dass die Forschungsfragen teilweise von den verfügbaren Informationen bestimmt werden und weniger theoriegeleitet sind. Solchen Aspekten und den verbundenen Risiken wird in Kap. 6 nachgegangen. Im folgenden Abschnitt werden ergänzend zu den bisherigen Einflussfaktoren einige Determinanten vorgestellt, die mehr oder weniger regelmäßig als wichtig für die Messung der Qualität der Rechnungslegung und/oder Corporate Governance genutzt wurden. Zunächst wird aber noch die Institution Abschlussprüfung knapp beleuchtet, da dieser eine besonders wichtige Stellung in Recht und Forschung eingeräumt wird.

4.3.5   Rolle der Abschlussprüfung

Die Qualität der Rechnungslegung und Corporate Governance hängt stark von der Qualität und Ausgestaltung der Abschlussprüfungen ab. Natürlich haben auch der Aufsichtsrat, eventuell Prüfungsausschüsse oder unabhängige Sachverständige potenziell eine vergleichbare Funktion, die Glaubwürdigkeit der Rechnungslegung zu gewährleisten. Beachtlich ist zudem, dass ein enger Zusammenhang mit der Steuerbilanz ebenfalls die Qualität verbessert, da die Steuerbehörden die Rolle von Investoren bezüglich der Managementkontrolle übernehmen (vgl. van Tendeloo und Vanstraalen 2008). Für die hier im Fokus stehenden IFRS-Konzernabschlüsse ist die Verknüpfung mit der Steuerbilanz eher als gering einzustufen. Insofern kommt tatsächlich der Wirtschaftsprüfung zentrale Bedeutung zu, zumal der Prüfer zumindest in Deutschland oftmals als die wichtigste Informationsquelle des Aufsichtsrates gilt.

Bezüglich der Messung der Qualität der Abschlussprüfung haben DeFond und Zhang (2014) einen „heroically-comprehensive Review" der empirischen Prüfungsliteratur vorgelegt (vgl. Donovan et al. 2014). Allerdings kommen sie summarisch zu einem ernüchternden Befund: „Based on the understanding provided by DeFond and Zhang, the empirical audit literature is devoted to harpooning the white whale of audit quality. Each independent variable can be linked to some aspect of the policy conversation, but the aggregate effect of these studies on our understanding of audit and ist regulation disappoints" (vgl. Donovan et al. 2014).

DeFond und Zhang werteten wichtige Accounting Journals von 1996 bis 2013 aus und nutzten 560 Quellen, die das Themenfeld Prüfungsqualität betrafen (vgl. DeFond und Zhang 2014). Dabei blieben Experimentalstudien, Befragungsstudien und theoretische Arbeiten (wie Gleichgewichtsmodelle etc.) unberücksichtigt. Aus diesen 560 Studien extrahieren sie 17 abhängige und 33 unabhängige Variable, wobei manche Faktoren in den verschiedenen Arbeiten verschiedene Funktionen hatten. DeFond und Zhang kritisieren, dass einige dieser Faktoren und ihre Proxies eher schwach begründet werden und Donovan et al. werfen die Frage auf, ob es den Wissensstand wesentlich verändert, wenn man einen zusätzlichen Faktor aufnimmt oder weglässt. Es leuchtet natürlich ein, dass die Rechnungslegungs- und Prüfungsqualität von sehr vielen Einzelfaktoren abhängen kann, die Realität ist eben komplex und dynamisch. Gleichwohl sind verallgemeinerbare Befunde wichtig, insbesondere, wenn dem Gesetzgeber Hilfestellungen geboten werden sollen.

Stark vereinfacht sieht die Struktur der Modelle zur Prüfungsqualität wie folgt aus. Zu Bedenken ist, dass die Prüfungsqualität, genauso wie die Rechnungslegungsqualität, kein direkt beobachtbares Merkmal ist, sondern nur über Indikatoren festgestellt werden kann (Abb. 4.2).

Neben der möglichen Beliebigkeit der auszuwählenden Faktoren und der auf den ersten Blick nahezu beliebigen Kombinierbarkeit, sind einige inhaltliche Kritikpunkte zu vermerken, die exemplarisch angesprochen werden sollen.

Es ist sehr plausibel, dass Industrie- und Branchenexpertise die Qualität der Abschlussprüfung beeinflusst. Spezialwissen liegt vor, es lohnen sich für die Prüfer zusätzliche Investitionen in Know-how, es liegen Erfahrungen aus anderen Unternehmen vor, sodass Best-Practice-Wissen und Vergleichsdaten genutzt werden können

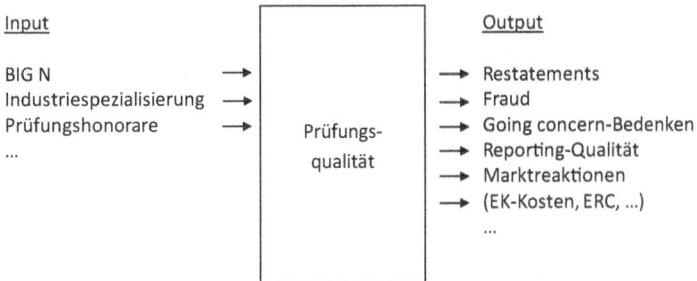

Abb. 4.2 Modellstruktur zur Messung der Prüfungsqualität. (Eigene Darstellung)

usw. (vgl. Gul et al. 2009). Für die USA (Zeitraum 1993 bis 2004 mit 32.777 Firmye-ars) wurde dies von den Autoren auch bestätigt. Allerdings kann man am Design der Studie Kritik üben. So untersuchten sie nur Unternehmen, die von den Big-N geprüft wurden. Dies schließt die Gefahr eines Sample Bias ein, da solche Unternehmen mög-licherweise bereits Sondereigenschaften erfüllen. Zudem steht das Merkmal Big-N für eine ganze Reihe von Eigenschaften: Unabhängigkeit, Know-how, Reputationskapital, „deep pockets" in Haftungsfällen etc., die auf recht verschiedene Weise mit der black-box „Prüfungsqualität" verbunden sind. Die Verfasser messen das Merkmal Spezialisie-rung, indem sie das Big-N-Unternehmen mit dem höchsten Marktanteil an der jeweiligen Branche identifizieren.

Dies hätte auch sehr viel detaillierter erfolgen können, zum Beispiel über regionale oder organisatorische Abgrenzungen. Auch das Kriterium der Marktanteile ist nicht selbsterklärend. Wendet man dieses Vorgehen auf die im Kap. 5 im Fokus stehenden Immobilienunternehmen an, so werden weitere Probleme deutlich. Das erste besteht in der Abgrenzung von Branchen und der hierfür genutzten Detaillierung. Ergänzend ist zu beachten, dass Immobilienbesitz keine Koppelung an eine Branche voraussetzt, sondern sehr viele Unternehmen vor dem Problem stehen, diese bilanzieren zu müssen. Dabei kann es um höchst heterogene Vermögenswerte wie Wohnimmobilien, Lagerhallen und Produktionsgebäude oder Gewerbeimmobilien für spezifische Nutzungen gehen. Ob für die Bewertung von Tankstellen eher Immobilien-Know-how erforderlich ist oder Wissen über die Mineralölindustrie oder Spätkaufhandelsunternehmen ist dann unklar. Ergän-zend können regionale Unterschiede sehr bedeutsam sein, insbesondere wenn es um ver-schieden Jurisdiktionen geht.

Deshalb ist auch die Annahme, nur die Big-N verfügten über Spezialwissen, nicht plausibel, da auf regionalen und/oder spezialisierten Märkten auch kleinere Prüfungs-unternehmen stark sein können. Hinzu kommt, dass gerade für Immobilienbewertungen eine Fülle von Wissen am Markt verfügbar ist, da es ausgeprägt viele private Transaktio-nen geben kann und viele spezialisierte Dienstleister (große Maklerbüros mit ihren Sta-tistiken, Verbände, vereidigte Sachverständige etc.).

Die Prüfungsqualität messen Gul et al. (vgl. Gul et al. 2009) durch die Qualität der Rechnungslegung (Earnings Quality). Wie in Kap. 3 ausführlich erläutert, ist diese selbst wiederum nicht direkt beobachtbar, sondern kann nur durch verschiedene Faktoren auf sehr unterschiedliche Weise gemessen werden. Noch bedenklicher ist, dass die Rech-nungslegungsqualität nicht nur von der Qualität der Prüfung abhängt, sondern auch von der Qualität der Rechnungslegungsstandards und deren Enforcement. Es liegt demnach ein Test verbundener Hypothesen vor, der keine eindeutige Zuordnung der Ergebnisse erlaubt. Viele der Faktoren, die wichtig für die Rechnungslegungsqualität sind, liegen außerhalb des Einflussbereiches der Prüfer.

Hinzu kommt, dass die Prüfer regelmäßig die Ordnungsmäßigkeit der Rechnungsle-gung zu prüfen haben. Dabei stehen weniger binäre Entscheidungen des Abschlusser-stellers zur Überprüfung an, als diskretionäre mit abgestuften Ermessensentscheidungen. Dabei muss testiert werden, ob das Ermessen des Erstellers noch normenkonform ist und kann nicht durch prüferisches Ermessen ersetzt werden. Verschärfend kommt hinzu, dass durch sachverhaltsgestaltende Abschlusspolitik die Außendarstellung massiv verändert werden kann (vgl. Abschn. 3.3.2) und der Prüfer hier regelmäßig kaum Einfluss hat (am ehesten noch Anhangerläuterungen erzwingen kann).

Es kann auch nicht ausgeschlossen werden, dass die gute Rechnungslegung unabhängig vom Abschlussprüfer geliefert wurde, sodass der prüferische Anteil am guten Ergebnis gar nicht erkennbar wird. Deshalb ist die Frage, ob die Mindest-Prüfungsqualität, die jeder Abschlussprüfer (durch Berufsrecht etc. abgesichert) liefern muss, für die Nutzer nicht ausreichend ist, berechtigt (vgl. Donovan et al. 2014 mit Indizien hierfür).

Insgesamt stellt das Merkmal Rechnungslegungsqualität jedenfalls einen schwachen Indikator (poor proxy) für die Prüfungsqualität dar. Dies gilt im Prinzip auch, wenn stattdessen auf Marktreaktionen wie Eigenkapitalkosten, Börsenkursschwankungen infolge testierter Abschlüsse (Earnings Response Coefficient) usw. abgestellt wird. Auch diese können schlicht Ausfluss der Rechnungslegungsqualität sein, die nicht unmittelbar von der Prüfungsqualität abhängen muss und die Folgen von Informationen außerhalb der Pflichtpublizität sind ebenfalls nicht abzugrenzen von den Anteilen der prüferischen Leistungen.

Sehr viel direktere Qualitätsmerkmale einer Abschlussprüfung stellen vom Prüfer verlautbarte Bedenken gegen die Going-Concern-Prämisse, spätere Restatements oder Accounting Fraud (Bilanzdelikte) dar. Diese binären Merkmale haben einen eher direkten Bezug zur Leistung des Prüfers. Allerdings sind solche Ereignisse eher selten. So geben Donovan et al. an, dass es im S&P 500-Index von 1964 bis 2012 gerade mal sieben Fraud-Fälle mit der Folge eines Delisting gab (vgl. Donovan et al. 2014). Beachtlich ist zudem, dass Prüfer bei Restatements, Fraud oder auch bei einer nicht beanstandeten Going-Concern-Annahme (mit folgender Insolvenz) nicht unbedingt eine schlechte Qualität abgeliefert haben müssen. Die zu leistende Qualität hängt eben von vielen Randbedingungen ab und nicht jedes missliebige ökonomische Resultat lässt sich verhindern oder liegt im Einflussbereich der Prüfung (vgl. DeFond und Zhang 2014).

International übliche Indikatoren wie Zusätze oder Einschränkungen zum Bestätigungsvermerk, Korrekturen alter Abschlüsse, Haftungsfälle etc. sind in Deutschland zu selten, um empirisch nutzbar zu sein (vgl. Maccuri-Peukert und Ratzinger-Sakel 2014). National könnten die Beanstandungen der DPR durchaus vergleichbare Indikatoren für Corporate Governance-Effekte liefern. So wurde für deutsche Unternehmen für den Zeitraum von 2006 bis 2011 gezeigt, dass die Prüferhonorare infolge von Beanstandungen signifikant gestiegen sind. Dies kann auf ein erhöhtes prüferisches Risiko hinweisen oder einen erweiterten Prüfungsumfang, da die Unternehmen in ihre Corporate Governance-Struktur investiert haben, insbesondere Rechnungslegungsprozesse (vgl. Laschewski et al. 2014).

Insgesamt zeigt sich zu diesem Problemfeld „Qualität der Abschlussprüfung" wie für viele Bereiche der evidenzbasierten Forschung das gleiche Bild: es ist schwierig, über Zeiträume, Branchen und Ländergrenzen hinweg robuste und verallgemeinerbare Resultate zu generieren.

4.4   Unternehmensbezogen und sonstige Einflussfaktoren

Die Fülle an empirischen Arbeiten zur Qualität der Rechnungslegung und Corporate Governance zeitigt demnach erwartungsgemäß sehr vielfältige und teilweise widersprüchliche Ergebnisse. Diese resultieren u. a. auch daraus, dass unterschiedliche Unternehmenssamples, aus verschiedenen Ländern, mit verschiedenen und teilweise sich ändernden Rechnungslegungsstandards für verschieden Zeiträume untersucht wurden. Zudem ergeben sich situationsabhängig unterschiedliche, auszubalancierende Anreize für Abschlusspolitik (vgl. Fields et al. 2001; Ramanna und Roychowdhury 2010). Neben der Fülle möglicher relevanter Ergebnisgrößen und Qualitätskriterien ist zusätzlich zu beachten, dass regelmäßig endogene (unternehmensinterne) und exogene (unternehmensexterne) Randbedingungen für die (Entwicklung der) Qualität der Rechnungslegung bedeutsam sein können. Hierbei ist die Trennung von exogenen und endogenen Faktoren zwar nicht immer trennscharf möglich, aber dies spielt für die Konzeption einer Untersuchung keine Rolle. Selbst in den Fällen, in denen Studien die gleiche Kontrollvariable nutzen, kann es zu unterschiedlichen Resultaten kommen, da diese durch unterschiedliche Proxies (Stellvertreter) operationalisiert werden (vgl. Sifi 2010, S. 53 ff.; Pomroy und Thornton 2008 mit scharfer Kritik an den Selektionsmechanismen für Publikationen, die zu systematischen Forschungsdefiziten führen können).

Für die spätere Analyse (in Kap. 5) ergeben sich bezüglich der Kontrollvariablen dadurch gewisse Erleichterungen, dass sie sich auf eine Branche bezieht, für die der Rechnungslegungsstandard für die wichtigste Assetgruppe im Betrachtungszeitraum keine gravierenden Änderungen erfahren hat. Außerdem handelt es sich um börsennotierte Unternehmen mit relativ homogenen Geschäftsfeldern. Insofern sind die Randbedingungen für die Unternehmen relativ gleichartig, sodass einige häufig zu berücksichtigende Kontrollvariable unbeachtlich sind. Interessant ist zudem, dass mit den REITs eine Gruppe von Unternehmen abgrenzbar ist, für die viele Randbedingungen Besonderheiten aufweisen, wie die Steuertransparenz, der Dividendenzwang etc. Dies erlaubt es, zu prüfen, ob und welche Spezifika relevant sind. Im Weiteren werden potenziell relevante Einflussfaktoren vorgestellt und ihre Berücksichtigung/Nichtberücksichtigung wird motiviert. Die Auswahl orientiert sich an vorliegenden Studien und Plausibilitätsüberlegungen, die bereits im Hinblick auf den Branchenfokus Immobilienunternehmen formuliert werden. Die Datenverfügbarkeit ist ebenfalls ein Entscheidungskriterium.

Kritisch sind aber drei Punkte anzumerken:

1. Einige Kontrollvariable wie zum Beispiel die Unternehmensgröße lassen sich mit unterschiedlichen Konzepten und Argumenten in Verbindung bringen, sodass sie sowohl positiv als auch negativ mit der Ergebnisqualität korrelieren kann. Insofern ist die Analyse nicht „theoretisch fundiert" in einem ambitionierten Sinne.
2. Die Ergebnisse weisen bestenfalls auf statistische Zusammenhänge hin und bilden keine Kausalitäten ab. Deshalb ist es durchaus strittig, ob die Resultate zum Beispiel geeignet sind, für die Standardsetzung geeignetes Wissen zu liefern.

3. Die Kontrollvariablen werden oftmals nicht unabhängig sein, sodass die statistische Auswertung die Robustheit der Ergebnisse fundieren muss.

Das **Rechtssystem** und die Qualität des Investorenschutzes (neben den o. a. Scoring-Modellen werden regelmäßig auch Einzelsachverhalte untersucht) sind ein häufig kontrollierter Einflussfaktor in Studien mit Unternehmen aus unterschiedlichen Ländern, um unterschiedliche Ergebnisqualität oder auch freiwillige Publizität zu erklären (vgl.Küting 2011, S. 186 ff.; Lapointe-Autunes et al. 2006; Tong und Miao 2011). So wird insbesondere die niedrige Wahrscheinlichkeit für unzutreffende Finanzdaten haften zu müssen für die schlechte Rechnungslegungsqualität in Deutschland verantwortlich gemacht (vgl. Knauer et al. 2012, S. 168 ff. mit Ergebnissen, die dies nicht bestätigen). Allerdings könnten Zweitnotierungen zum Beispiel in den USA zu einem unterschiedlichen Regulierungsumfeld und einer abweichenden Haftungslage führen (vgl. Gaio 2010). Empirisch lassen sich bei Unternehmen die ein solches Cross-Listing vorgenommen haben durchaus verbesserte Rechnungslegungsdaten finden, zum Beispiel in der Form, dass Gewinnprognosen von Analysten deutlich besser ausfielen. Allerdings ist die Kausalität der verbesserten Prognosen unklar, da diese auch auf die veränderte Zusammensetzung des Analystenkreises mit besseren Fähigkeiten zurückgehen kann (vgl. Nowland und Simon 2010).

Die **Offenlegungsneigung** wurde ebenfalls vielfach als Kontrollvariable untersucht. Hierzu wurden oftmals selbst entwickelte Indizes genutzt, die subjektiv sind und zu nicht verallgemeinerbaren Resultaten führten (vgl. Lapointe-Autunes et al. 2006; Pellens et al. 2008, S. 175 ff.; Sifi 2010, S. 60 f.; Völker 2014). Alternativ kann auch auf objektiv feststellbare Proxies zurückgegriffen werden. Hierbei scheidet für die in Kap. 5 untersuchten Unternehmen ein oft getestetes Merkmal, die freiwillige Anwendung eines qualitativ hochwertigen Rechnungslegungsstandards (wie der IFRS) aus (vgl. Muller et al. 2011), da sämtliche untersuchten Unternehmen zwingend IFRS anwenden (dies betrifft nur die Resultate für die eigenen Auswertungen für deutsche Immobilien AG). Ersatzweise kann auf die Ausübung wichtiger Wahlrechte abgestellt werden. Für die analysierten Unternehmen ist dies vor allem die Option, Anlageimmobilien nach dem Cost Model oder dem Fair Value Model zu bilanzieren. Zwar muss auch nach dem Cost Model der Fair Value im Anhang angegeben werden, sodass die relevante Information in beiden Fällen verfügbar ist, aber der Ort der Offenlegung (in Bilanz und GuV oder nur im Anhang) spielt für die Wahrnehmung durch Externe offenbar eine Rolle. Ein zweites Kriterium bietet sich an: Die Offenlegung des Ergebnisses nach EPRA-Vorgaben. Unterstellt wird, dass Unternehmen, die das Fair Value Model anwenden und freiwillig EPRA-Empfehlungen umsetzen eine bessere Ergebnisqualität erreichen. Es wird also keine Substitutions-, sondern eine Komplementaritätsbeziehung zwischen der pflichtgemäßen und der freiwilligen Rechnungslegung unterstellt.

Ein fast immer kontrolliertes Merkmal stellt die **Unternehmensgröße** dar. Dabei wird zum Teil angenommen, größere Unternehmen verfügten über mehr Ressourcen, ein professionelleres Management, ein besseres Risikomanagementsystem, verfolgen

Rechtsänderungen schon im Vorfeld und passen sich rechtzeitig an, haben oftmals in- und ausländische Investoren, die Druck auf das Management ausüben usw. (vgl. Dücker 2009, S. 38 ff.; Quick und Wiemann 2012; Sifi 2010, S. 84). Zudem weisen sie im Schnitt höhere Aktienrenditen auf (vgl. Dücker 2009, S. 152 f.; vgl. Graham et al. 2005). Auf einen weiteren Wettbewerbsvorteil weisen Von Nieuwerburgk et al. (2015) hin: Größe „…correlates strongly with co-investment invitations and other special deals for an investor".

Auf der anderen Seite kann ein professionelleres Management eventuell eine effizien- tere Bilanzpolitik betreiben und so die Rechnungslegungsqualität verschlechtern. Auch die Vermeidung politischer Kosten spielt für Großunternehmen vielleicht eine Rolle, zum Beispiel die Sichtbarkeit oder auch Überwachung durch Aufsichtsinstanzen (vgl. Hill 2011, S. 162 ff., 195 ff.). Immerhin zeigt die Auswertung eines Sample von börsenno- tierten großen Immobilien AG aus 16 Ländern, dass diese teilweise deutlich mehr Infor- mationen offen legten als vorgeschrieben war (vgl. Fortin et al. 2008; ähnlich Grüning 2011, S. 178 ff.). Dies könnte auch darauf beruhen, dass große Unternehmen sich besser vor Konkurrenz schützen können (vgl. Sifi 2010, S. 84).

Umgekehrt unterstellt Tran (vgl. Tran 2014), dass große Unternehmen durch Diver- sifikation und vermehrte Komplexität geprägt sind. Dies erhöhte Informationsasymme- trien, erschwert ein effektives Monitoring und ermöglicht somit auch, dass Insider sich private Benefits aneignen oder verdeckte Quersubventionen den Unternehmenswert beeinträchtigen. Er fand dies für die Jahre 2006 bis 2008 für Unternehmen aus den diver- sen DAX-Segmenten auch bestätigt. Für spanische Unternehmen wurden vergleichbare Befunde für den Zeitraum von 1992 bis 2002 erhoben (vgl. Rodriguez-Perez und van Hemmen 2010).

Es leuchtet sofort ein, dass Größe offenbar ein Chamäleon ist, das vieles „erklären" kann und mit mehreren anderen potenziell relevanten Kontrollgrößen in Verbindung gebracht werden kann, ohne dass hier ein strikter Zusammenhang besteht (zum Beispiel Größe und Investorenkreis oder Größe und Corporate Governance oder Management- qualität). Es kann deshalb nicht ausgeschlossen werden, dass einige empirische Befunde weniger dem Merkmal Größe als anderen, damit verknüpften Faktoren geschuldet sind.

Gerade für Großunternehmen wird in Studien für die USA oftmals auf die Vermei- dung politischer Kosten verwiesen. Eine typische Argumentation lautet zum Beispiel, dass ein Unternehmen, das gerade Personal entlassen hat, tendenziell Earningsmanage- ment betreibt, um einen Ausweis hoher Gewinne zu vermeiden. Auch bilanzpolitische Maßnahmen vor wichtigen Wahlen oder politischen Entscheidungen sind plausible Anlässe (vgl. Guay 2010; Ramanna und Roychowdhury 2010). Aber insgesamt sind Größe und Profitabilität ein Risiko der Visibility in den USA (vgl. Dechow und Schrand 2004, S. 59; Kang und Zhao 2009; Sifi 2010, S. 84; Tong und Miao 2011). Für deutsche Unternehmen sind solche Effekte zwar nicht auszuschließen, aber aufgrund des anders gearteten Lobbyismus weniger wahrscheinlich.

Eine andere Frage ist, wie man Größe misst. Da der Börsenwert auch stark von Marktschwankungen geprägt sein kann, die nichts oder wenig mit den angesprochenen

Effekten zu tun haben, bietet es sich an, auf die Bilanzsumme oder die Umsätze abzustellen. Bei Immobilienunternehmen dürften diese Größen in der Regel stark voneinander abhängen, sodass nichts gegen die Bilanzsumme spricht. Ein Nachteil wird aber erkennbar, wenn das Fair Value Model für die Immobilienbewertung zur Anwendung kommt: die Bilanzsumme kann starken Schwankungen unterliegen, ohne dass es neue Zugänge oder Abgänge gab.

Da die Abgrenzung von Umsatzerlösen und anderen Erträgen gerade unter IFRS wenig präzise definiert ist, hat die Bilanzsumme aber den Vorteil der Vergleichbarkeit zwischen den Unternehmen. Selbst nach HGB wurde mit dem BilRUG die Definition von Umsatzerlösen in § 277 Abs. 1 gerade angepasst, wobei die Folgen für die Höhe der künftigen Umsätze noch offen sind. Umsätze sind allerdings für manche Branchen deshalb nur eingeschränkt sinnvoll, weil Unternehmen am Ende der Wertschöpfungskette auch dann als groß gelten, wenn der eigene Wertbeitrag nur gering ist.

Alternativ könnte Größe auch durch die Anzahl der Immobilien und/oder Zweckgesellschaften gemessen werden. Dies ist aber eine offenbar für Adressaten unklare Definition, die zu uneinheitlichem Verständnis führen kann (vgl. Eder 2009, S. 81 f., 138 f., der dieses Merkmal deshalb aus einer Fragebogenaktion ausschloss) und ist prima facie auch kein Kriterium, das mit Earningsmanagement oder -qualität einleuchtend verknüpft ist.

Neben der Größe wird regelmäßig unterstellt, dass **Wachstum oder Wachstumsmöglichkeiten** relevant sind, da diese mit volatileren Ergebnissen und Cashflows einhergehen. Die Persistenz/Prognostizierbarkeit sollte demnach schlechter sein (vgl. Ahrens 2010, S. 77). Aus Untersuchungen zum Signaling wird gefolgert, dass die Wachstumsperspektive die Signalingstärke maßgeblich beeinflusst. Es wird unterstellt, dass bei stark wachsenden Unternehmen Dividenden weniger als Signal für nachhaltige Gewinne dienen, sondern eher ein Residuum sind, das ausgeschüttet wird, wenn es nicht vorteilhaft investiert werden kann (vgl. Basner und Hirthe 2011). Für die hier zu untersuchende Ergebnisqualität ließe sich folgern: Die Vermittlung privater Informationen durch angepasste Erfolgsmaße (wie EPRA-Ergebnis oder ein bereinigtes EBITDA) ist unbedeutend und eine ergebnisglättende Bilanzpolitik ist weniger wichtig, da die Ergebnisse und Cashflows sowieso stark schwanken und dies auch plausibel ist. Wachstum wird auch mit mehr Schätzunsicherheiten und höheren Accruals in Verbindung gebracht, die ceteris paribus zu einer verminderten Ergebnisqualität führen (vgl. Dechow und Dichev 2002; Dechow und Schrand 2004, S. 6 f.). Da Wachstum oftmals mit Anpassungskosten verbunden ist, kann zudem eher mit ergebnisverbessernder Bilanzpolitik gerechnet werden, wenn sie denn relevant ist. Vergleichbare Besonderheiten können auch bei Schrumpfungen auftreten.

Deshalb wird für Wachstumsunternehmen unterstellt, dass die Performancemaße weniger Persistenz und Prognoseeignung aufweisen und die Unternehmen weniger Gewinn glättende Bilanzpolitik realisieren.

Wachstumschancen werden oftmals durch die **Marktwert-Buchwert-Ratio** operationalisiert, die zugleich als Proxy für Informationsasymmetrien gilt. Dies ist in innovativen Branchen plausibel: Es kann unterstellt werden, der Marktwert eines Unternehmens liegt deutlich über dem Buchwert, weil immaterielle Vermögenswerte und (originäre) Firmenwerte nicht bilanziert sind. Für Immobilien-AG ist diese Maßgröße hingegen wenig sinnvoll. Werden die Immobilien mit den Anschaffungskosten bewertet, würde ein abweichender Marktwert stille Reserven und asymmetrische Informationen implizieren, aber nicht Wachstumschancen. Bei einer Fair-Value-Bewertung deutet ein Unterschied auf verschiedene Einschätzungen für die Verkehrswerte hin, aber ebenfalls nicht auf Wachstumspotenzial (vgl. Quagli und Avallone 2010, S. 479).

In der Immobilienbranche wird das Marktwert-Buchwert-Verhältnis als Net Asset Value Spread bezeichnet. Da NAV-Discounts bei den untersuchten Immobilienunternehmen vielfach auftreten, also die Kennzahl kleiner als 1 eins ist, ist sie als Wachstumsindikator unbrauchbar. Zumindest wäre es problematisch, in einem solchen Fall einfach eine Schrumpfungsphase (also negatives Wachstum) zu unterstellen. Auf die NAV-Spreads wird in Abschn. 5.2.2 sehr ausführlich eingegangen.

Die allgemeine Annahme, dass Wachstum mit Unsicherheit einhergeht gilt vor allen Dingen für forschungs- und entwicklungsintensive Unternehmen. Dies impliziert, dass die Folgen von Wachstum, zum Beispiel erhöhte Kapitalkosten (vgl. Barth et al. 2013), von der Vermögenszusammensetzung abhängen (vgl. Dinh et al. 2015). Bei einem reinen Bestandshalter von Wohnimmobilien wäre es auch wenig plausibel anzunehmen, dass ein horizontales Wachstum mit erheblichen Unsicherheiten verknüpft ist, zumindest nicht in dem Maße wie bei technischen Neuerungen im Anlagenbau oder bei der Motorenentwicklung in der Automobilindustrie.

Die Messung von Wachstum könnte analog zur Größe als Änderung der Bilanzsumme definiert werden. Hiergegen spricht jedoch, dass durch die Fair-Value-Bewertung von wesentlichen Vermögenswerten auch dann relativ große Änderungen der Bilanzsumme auftreten können, wenn das Mengengerüst der Aktiva unverändert bleibt. Deshalb sollte eher auf die Änderung der Umsatzerlöse (UE) abgestellt werden: UE (t) − UE (t−1)/UE (t−1) in Prozent.

Interessant wäre auch die Kontrolle anhand des **Gewinnwachstums** oder der Beschleunigung des Gewinnwachstums, da dies in US-amerikanischen Studien Informationsgehalt für Investoren und Analysten aufgewiesen hat (vgl. Cao et al. 2011 m. w. Nw.). Allerdings ist der untersuchte Betrachtungszeitraum hierfür eher lang zu wählen und durch die Finanzmarktkrise hat es wahrscheinlich verzerrende Sondereinflüsse gegeben.

Regelmäßig wird in den empirischen Studien auf **Branchenbesonderheiten** geachtet. Dies erfolgt u. a. dadurch, dass Finanzinstitutionen regelmäßig ausgeschlossen werden (Banken und Versicherungen). Dies kann mit zwei Argumenten gestützt werden. Einmal, dass diese Unternehmen aufgrund ihrer Geschäftsfelder atypische Jahresabschlussgrößen haben, die eine Durchschnittsbildung verzerren würden. Zum anderen unterliegen diese Unternehmen regulatorischen Vorgaben, die regelmäßig auch an Abschlussdaten anknüpfen. Insofern bestehen besondere Anreizstrukturen. Der zuletzt angesprochene Aspekt betrifft auch Unternehmen der Versorgungswirtschaft (Energie, Wasser, Abfall etc.), ebenfalls ein Grund diese in manchen Untersuchungen auszuschließen.

Werden explizit Branchenaspekte berücksichtigt, zeigen sich häufig praktische Probleme einer sauberen Zuordnung (vgl. Barth et al. 2013; Cremers und Ferrell 2009). In einer sehr ausführlichen Analyse haben Lewellen und Metrick (2010) die damit zusammenhängenden Probleme analysiert. Sie nutzen dazu drei verbreitete Klassifikationssysteme aus den USA (SIC = Standard Industrial Classification System), FF 48 = Fama/French 48-Classification und CIGS = Global Industry Classification Standard). Für diese gibt es jeweils weitere Untergliederungsebenen. Damit sind zwei Probleme verbunden. Einmal müssen Forscher festlegen, ob ein eher kleines, aber sehr homogenes Sample sinnvoller ist oder ein größeres, das weniger homogen ist. Zum anderen ist auch die Grobstruktur der Klassifikationssysteme nicht identisch, sodass Ergebnisse verschiedener Arbeiten nicht unmittelbar vergleichbar sind.

Obwohl die später analysierte Unternehmensgruppe schon recht homogen ist im Vergleich zu anderen Untersuchungen, bietet es sich an Unterschiede der Unternehmensstrategie zusätzlich zu kontrollieren. Die **Diversifikation** oder das Gegenteil, die **Fokussierung** von Unternehmen, kann ökonomische Vor- oder Nachteile bieten und entsprechend positive oder negative Folgen für den Börsenwert entfalten (vgl. Zajonz 2010 S. 60 ff. und 265 ff.). Für die USA wird bei Diversifikation üblicherweise ein Discount von durchschnittlich 15 % unterstellt. Allerdings sind bei der Erhebung Endogenitätsprobleme (Schwache Unternehmen diversifizieren) und Messprobleme (insbesondere beim Fremdkapital) nicht auszuschließen. Per saldo müsste die Diversifikation die Gläubigerrisiken mindern und zu einer verbesserten Verschuldungssituation führen, also geringeren Kosten, höherem Leverage und Tax Shield (vgl. Glaser und Müller 2010). Bei diversifizierten Unternehmen sollten sich tendenziell stabilere Gewinne und eine höhere Ergebnisqualität ergeben (vgl. Ahrens 2010, S. 78).

Für 75 US-REITs ergaben sich für den Zeitraum 1985 bis 1992 (mit 298 Datenpunkten) hingegen differenzierte Ergebnisse. Zwar erzielten diversifizierte Unternehmen höhere Projekt-Cashflows, mussten aber höhere Managementvergütungen und höhere Fremdkapitalkosten tragen. Die höheren Zinsen widersprechen der Annahme der Risikominderung für Gläubiger durch die Diversifikation (vgl. Capoza und Seguin 1999). Die Autoren unterstellen, dass dies durch höhere Bewertungs- und Monitoringkosten verursacht wird. Letztlich waren für den Minderwert diversifizierter Unternehmen aber nicht die Zahlungsströme, sondern der Zinssatz verantwortlich. Dabei spielte eine regionale Diversifikation (innerhalb der USA) keine Rolle, sehr wohl aber sektorale Merkmale.

Für 848 Unternehmen aus 36 Ländern konnte für den Zeitraum von 1996 bis 2007 festgestellt werden, dass internationale Diversifikation mit einer Under-Performance verknüpft war. Mit zunehmender Integration der Märkte wurden die Performanceunterschiede aber geringer (vgl. Eichholtz et al. 2011). Die Studie nutzt die politischen Randbedingungen und das Transparenzniveau des Immobilienmarktes als Kriterien für die Marktintegration. Als Transparenzindex wird dabei das qualitative Scoring-Modell von Jones/Lang/Lasalle genutzt (vgl. Eichholtz et al. 2011), das sehr subjektiv ist, sodass die Belastbarkeit der Ergebnisse nicht eingeschätzt werden kann.

Für spanische AG ist eine Bankenfinanzierung üblich und der CEO hat regelmäßig eine sehr starke und unabhängige Position, obwohl es regelmäßig starke Eigentümerkonzentration gibt. Bei einem hohen Verschuldungsgrad sind Covenant-Brüche eher zu erwarten, sodass das Management Diversifikationsanreize hat, um Risiken zu mindern, selbst wenn dies zulasten des Shareholder-Value geht. Diversifikation und die einhergehende Komplexitätserhöhung könnte aber ein stärkeres Monitoring durch die Kreditinstitute auslösen. Für 192 Unternehmen im Zeitraum von 1992 bis 2002 (mit 1953 Firmyears) fanden Rodriguez-Perez und van Hemmen (2010) einen Zusammenhang zwischen erhöhtem Leverage und Monitoringaktivitäten und zugleich weniger Bilanzpolitik. Die Diversifikation führte aber wegen unkorrelierter Periodenabgrenzungen sowieso zu eher ausgeglichenen Ergebnissen.

Ro und Ziobrowski (2011) untersuchten für die Jahre 1997 bis 2006, ob es Unterschiede zwischen diversifizierten und spezialisierten US-REITs gab. Der Leverage war für beide Gruppen mit 60 % gleich, die Diversifikation erhöhte also nicht die Kreditwürdigkeit. Zudem erzielten die diversifizierten REITs in keinem Jahr eine höhere Rendite. Praktisch heißt das, dass sie bei höherem Risiko nur die gleiche Verzinsung erreichten, also ökonomisch ineffizient waren. Die Verfasser fanden ein weiteres erstaunliches Ergebnis: „… REITs can become too large." Ab einer gewissen Größe, sanken die Renditen. Eine plausible Erklärung, warum dies bei REITs anders als anderen Unternehmen ist, ist nicht erkennbar.

Yu Hou (2015) fand dagegen einen positiven Einfluss der Diversifikation auf die Kapitalkosten, allerdings in Abhängigkeit von den Periodenabgrenzungsposten (Accruals). Untersucht wurden 47.854 Firmyears von 1982 bis 2010. Soweit die Periodenabgrenzungen nicht diskretionär waren, also auf dem Geschäftsmodell beruhten, führten sie zu einer Risikominderung und gesunkenen Kapitalkosten. Diskretionäre Abgrenzungsposten implizieren hingegen Ungewissheiten, die Anleger nicht wegdiversifizieren können und führten entsprechend nicht zu Risikoabschlägen. Wiederum setzte die Studie aber voraus, dass diskretionäre und „normale" (innate) Accruals sauber zu trennen sind (vgl. Abschn. 3.2.3).

Diversifikationseffekte können von Branchenusancen (zum Beispiel Wettbewerbsintensität, Strategien der Konkurrenz etc.) und der Konjunkturlage abhängen. So leuchtet es ein, dass diversifizierte Unternehmen in Krisenzeiten bessere Innenfinanzierungsmöglichkeiten haben können als fokussierte Unternehmen (vgl. Erdorf et al. 2012).

Problematisch ist es, Diversifikationspotenziale in Folge positiver oder negativer Korrelationen abzuschätzen. Immobilienmärkte sind insgesamt durch ein relativ geringes systematisches Risiko geprägt. Für verschiedene Märkte dürften teilweise ähnlich wirkende makroökonomische Einflussfaktoren relevant sein (zum Beispiel Arbeitslosigkeit, Zinsniveau etc.). Für den deutschen Immobilienmarkt gibt es meines Wissens nur wenige empirische Untersuchungen, sodass von gesicherten Grundlagen zu Diversifikationseffekten nicht auszugehen ist (vgl. Junius 2012; Thomas und Wellner 2007).

Fraglich ist natürlich, anhand welcher Merkmale das Kriterium gemessen werden soll, wodurch unterschiedliche Rendite-Risiko-Kombinationen besonders gut trennbar sind. Hier läge auf den ersten Blick auch ein Rückgriff auf die Segmentberichte nach IFRS 8 nahe. Allerdings erfolgt die Segmentierung unter IFRS nach dem Management Approach unternehmenssubjektiv und führt nicht zur überbetrieblichen Vergleichbarkeit. Zudem gab es eine Standardänderung (Übergang von IAS 14 zu IFRS 8) mit Unterschieden, die zusätzlich kontrolliert werden müssen. In der Praxis der Segmentberichte hat dies aber kaum eine Rolle gespielt. Bedenklich ist eher, dass die praktisch vorfindbaren Segmentberichte oftmals sehr wenige Aufgliederungen liefern.

Die Aufgliederung muss auf eine Rechengröße Bezug nehmen. Im Prinzip bietet sich die Summe des Vermögens je Geschäftsfeld an. Da aber nicht alle Bilanz- und GuV-Daten zu segmentieren sind, ist dies nicht möglich, zumindest nicht einheitlich für alle Unternehmen. Deshalb bietet sich der Rückgriff auf Umsätze an, die auf jeden Fall differenziert auszuweisen sind. Dabei würde es sich anbieten, aus Vereinfachungsgründen die publizierten Größen genutzt werden, insbesondere werden Intersegmentumsätze dann nicht korrigiert.

Für die Identifikation unterschiedlicher Geschäftsfelder liegen regionale Kriterien auf der Hand (vgl. Eder 2009, S. 85). Dann ist aber noch offen, ob zum Beispiel ganz Deutschland als homogen anzusehen ist oder eine Aufteilung zum Beispiel in Ballungsräume und eher ländliche Regionen erfolgen sollte. Auch die Entscheidung, ob andere Länder zusammengefasst werden können oder sollen (zum Beispiel EU-Länder oder westliche Industrienationen etc.) ist mit unterschiedlichen Argumenten zu rechtfertigen. Immobilienunternehmen betreiben nach Breuer ein lokales Geschäft, wobei sich Investoren an Ländern orientieren und im Wettbewerb lokale Kompetenz erwarten (vgl. Breuer 2008, S. 231). In einigen Studien wird pragmatisch nur eine Trennung in national und international aktive AG vorgenommen.

Ein zweites Differenzierungskriterium kann sektoral abgegrenzt werden, zum Beispiel Wohnungen, Büro-, Handels-, Industrieimmobilien, Spezialimmobilien, Projektentwicklung, sonstiges. Um eine zu kleinteilige Aufgliederung zu vermeiden werden oftmals nur drei Geschäftsfelder abgegrenzt: Wohnungen, gewerbliche Vermietung und Sonstiges. Kombiniert man die beiden Merkmale Region und Sektor ergeben sich maximal sechs Geschäftsfelder.

Empirisch ist es durchaus nur wenig abgesichert, welche Segmentierungskriterien wichtiger sind. Während Eichholtz et al. (1995) und Glascock und Kelly (2007) Ländereffekte für bedeutsamer halten, finden Schnelle und Rehkugler (2009, S. 224) das Gegenteil.

Sehr plausibel ist die Annahme, dass die **Erfolgslage** starken Einfluss auf die Bilanzpolitik hat (vgl. Hitz 2010; Hill 2011, S. 204 f.). Wesentlich schwieriger ist es jedoch, eindeutige Aussagen über die Zusammenhänge zu machen. So liegt es nahe, dass bei einer unterstellten Glättungsstrategie in schlechten Jahren Gewinn erhöhende Maßnahmen ergriffen werden und in sehr guten Gewinn mindernde. Erfolgsmindernde Bilanzpolitik kann auch auf den Wunsch, eine gute Wettbewerbsposition zu schützen, zurückgehen (vgl. Sifi 2010, S. 89). Für den ersten Fall gibt es empirisch aber keine Bestätigung. Dies kann zum Beispiel daran liegen, dass das Rechnungslegungssystem hierfür wenig Spielraum bietet (vgl. Dechow et al. 2010, S. 379; vgl. Höllerschmid 2010, S. 136 f., 156 f.: Aktivierung immaterieller Vermögenswerte als Ausnahme). Auch die Politik eines big Bath könnte dies erklären: eine gezielte Verlusthäufung in einem Jahr, um künftig das Risiko von Abschreibungen etc. zu mildern.

Auch die umgekehrte Situation der guten Ertragslage ist nicht eindeutig: statt Gewinnglättung könnte das Management auch anstreben, hohe Erwartungen von Dritten zu erfüllen (vgl. Sattler 2011, S. 380).

Sehr problematisch ist, wie die Erfolgssituation gemessen werden soll. Dies kann zum Beispiel durch das Market-Book-Verhältnis des Eigenkapitals abgebildet werden: eine hohe, positive Quote deutet auf eine vom Kapitalmarkt antizipierte hohe Ertragskraft hin (durch Goodwill, stille Reserven usw.). Schwierig wird die Situation bei einem Discount, der sich gerade bei Immobilien AG ergeben kann: Die Höhe dieses Abschlages wären spiegelbildlich als Badwill oder stille Lasten zu deuten, also eine schlechte Gewinnlage. Alternativ könnte das Delta natürlich auch als Fehler des Börsenkurses interpretiert werden, der zum Beispiel durch Noises und Bubbles verzerrt ist (vgl. Zajonz 2010, S. 289 ff. mit ausführlicher Analyse und Abschn. 5.2.2).

Die Ertragslage kann auch am aktuellen Gewinn gemessen werden. Dies ist nicht unproblematisch, da eigentlich die fundamentalen Daten interessieren, die durch Earningsmanagement vermutlich gestaltet werden. Der in der Rechnungslegung ausgewiesene Gewinn stellt dann ja gerade die manipulierte Größe dar, die unzutreffend ist. Stellt man auf die jährlichen Änderungen der Gewinne ab, so wäre dies ebenfalls angreifbar, da auch das Basisjahr gemanagt sein kann.

Eine andere Gruppe von Studien befasst sich mit der Frage, ob die Höhe der **Dividende** oder bereits der Status ein **Dividenden zahlendes Unternehmen** zu sein, mit der Rechnungslegungsqualität in Verbindung steht. Tatsächlich wurden positive Zusammenhänge festgestellt (vgl. Tong und Miao 2011). Tong und Miao untersuchten für den Zeitraum von 1993 bis 2004 8809 Firmyears. Interessant sind diese Ergebnisse insbesondere deshalb, weil aus dem Signaling-Ansatz abgeleitet werden kann, dass Dividendenzahlungen ohne Cashflows für das Management teuer sind, also eine Gewinnglättung sinnvoll ist, was ceteris paribus mit einer schlechteren Ergebnisqualität einhergeht. Nach der Agencytheorie hingegen führt die Ausschüttung hoher Free Cashflows zu verminderten Monitoringkosten, da Informationsasymmetrien abgebaut werden. Deshalb sind Gewinn glättende Maßnahmen nicht zielführend. In der Studie wurde der zweite Ansatz bestätigt.

Diese Kontrollvariable ist aber nicht nur im Hinblick auf die genannten Theorien interessant, sondern weil Dividendenzahlungen auch als Ausfluss einer guten Corporate Governance angesehen werden können (siehe oben 4.3.3) und Folgen für die Kapitalstruktur haben. Aufgrund der nationalen Traditionen bezüglich der Unternehmensfinanzierung und Dividendenpolitik dürften die US-amerikanischen Ergebnisse aber kaum auf Deutschland oder andere Länder übertragbar sein. Zu Spezifika kann es bei Unternehmen mit REIT-Status mit Dividendenzwang kommen (siehe ausführlich Abschn. 5.1.2.2.2).

Einige Einflussfaktoren können für die Untersuchung von Immobilien-AG a priori ausgeschlossen werden, da ihr Einfluss als gering einzustufen ist. Dies betrifft zum Beispiel den **Umfang des Umlaufvermögens** oder die **immateriellen Anlagewerte** (vgl. Ahrens 2010, S. 79 f.). Die **Dauer eines Geschäftszyklus** könnte ein wichtiges Merkmal sein, zum Beispiel für Projektentwickler. Hier liegt die Vermutung nahe, dass mit steigender Dauer die Unsicherheit der Gewinne steigt und Schätzunsicherheiten die Ergebnisqualität negativ beeinflussen (vgl. Ahrens 2010, S. 79; Dechow und Dichev 2002). Gleichwohl wird das Merkmal regelmäßig nicht gesondert erfasst, implizit ist es im Kriterium der Diversifikation mit abgebildet. Das liegt auch daran, dass die erforderlichen Daten für eine Messung im Allgemeinen nicht vorhanden sind, zumindest nicht für nach IFRS bilanzierende Immobilien-AG. Die üblichen Operationalisierungen als Anzahl der Tage, bis die Forderungen aus Lieferungen und Leistungen eingehen oder Lagerdauern für Vorräte (vgl. Chaney et al. 2010) sind für Immobilienunternehmen eher nichtssagend.

Schließlich ist der Einfluss des operativen Zyklus empirisch wenig belegt. In einer sehr umfassenden Studie fanden Kim und Kross keinen Zusammenhang zwischen der Dauer und der Prognoseeignung von Gewinnen. Für CFO gab es zwar einen Zusammenhang, aber überraschender Weise derart, dass die Prognosequalität mit verkürztem Zyklus besser wurde (vgl. Kim und Kross 2005).

Die **Kapitalintensität** (vgl. Ahrens 2010, S. 79) kann als Proxy für den Wettbewerb (Markteintrittsbarriere) und das operative Risiko (Fixkostenremanenz) gesehen werden. Zudem zwingt ein hoher Kapitalbedarf zum Abbau von Informationsasymmetrien, sodass mit einer guten Rechnungslegungsqualität zu rechnen ist (vgl. Sifi 2010, S. 89). Da die Kapitalintensität für alle Unternehmen der Immobilienbranche sehr hoch ist und sie sich im gleichen Wettbewerbsumfeld bewegen, wird von diesem Merkmal kein zusätzlicher Informationsgewinn erwartet. Außerdem werden die Agencyaspekte auch durch den Verschuldungsgrad und die Proxies für die Corporate Governance zum Teil abgegriffen.Soweit Immobilien-AG des später untersuchten Sample nicht Bestandshalter sind, sondern zum Beispiel Projektentwickler oder Händler, gilt diese Annahme natürlich nicht.

Das Gleiche gilt für die **Volatilität des operativen Geschäftes** (Umsätze, operative Cashflows), die Einfluss auf die Unsicherheit und Abgrenzungsfehler bei den Accruals hat. Die wohl häufigsten Ursachen von Volatilität werden durch die Merkmale Diversifikation und Wachstum aber schon mittelbar erfasst.

Abhängig vom **Unternehmensalter** wird unterstellt, dass die Erfolgslage stabiler und die Erwartungsbildung zuverlässiger wird (vgl. Ahrens 2010, S. 77). Auch dieses Merkmal wird hier nicht berücksichtigt. Die Annahme, dass junge Unternehmen zum Beispiel unerfahrene Manager haben, ist nicht unbedingt plausibel und es ist zu beachten, dass ein schon lange am Markt tätiges Unternehmen als jung gilt, wenn es durch Umwandlung o. ä. erst kürzlich seine aktuelle Rechtsform erlangt hat.

Als Proxy für die Reife eines Unternehmens kann man aber auch auf die **Gewinnrücklagen** abstellen. Mit zunehmenden Alter und Wachstum nehmen diese im Allgemeinen zu. Da sie zudem einen Puffer für stabile Dividenden bilden können, ist ein Einfluss auf die Ergebnisqualität nicht auszuschließen, wenn man dem Signaling-Ansatz folgt. Eine ergebnisverbessernde Bilanzpolitik wäre bei hohen Gewinnrücklagen dann auch in Verlustjahren nicht notwendig. Deshalb kann man die Vermutung rechtfertigen, dass Unternehmen mit hohen Gewinnrücklagen eine bessere Earningsqualität aufweisen.

Eine ganze Gruppe von einzelnen Kontrollvariablen knüpfen an die **Corporate Governance** und die damit zusammenhängende Finanzierungsstruktur der Unternehmen an. In einem Prinzipal-Agenten-Setting leuchtet es ein, dass eine schlechte Corporate Governance ceteris paribus einen Risikozuschlag auf das eingesetzte Kapital rechtfertigt. Dies könnte für die Ergebnisqualität mehrere Folgen haben, zum Beispiel für die Qualität und Quantität der Accruals (als Maß für Bilanzpolitik), die Stärke eines Signaling durch freiwillige Offenlegung, die Wertrelevanz der Daten etc. (vgl. Tran 2011 für einen umfassenden Überblick).

Zur Messung der CG-Qualität kann auf die in Abschn. 4.3.2 und 4.3.3 vorgestellten Scoring-Modelle zurückgegriffen werden. Dies hat zwar den Vorteil, dass die entsprechenden Ergebnisse auf vergleichbaren Forschungsdesigns beruhen. Der Nachteil besteht darin, dass diese Modelle erhebliche Schwächen aufweisen (vgl. ausführlich Abschn. 4.3.4). Deshalb sind die Resultate trotz des ähnlichen Aufbaus nicht ohne weiteres vergleichbar, da die Schwächen der Modelle für manche Unternehmen oder Länder andere Bedeutung haben als für andere.

Deshalb wird häufig auf Einzelkriterien wie die **Größe und Unabhängigkeit des Board** zurückgegriffen oder auf die Eignung von Mitgliedern des Audit Committee oder dessen Effektivität (vgl. Bryan et al. 2004 für die USA; Dechow und Schrand 2004, S. 64 ff. zu Einflüssen des SOX; Pomeroy und Thornton 2008). Die Einführung von Risikokontrollen durch das KonTraG in Deutschland führte zum Beispiel in der Folge zu einer verbesserten Ergebnisqualität. Diese kann durch eine Begrenzung der bilanzpolitischen Freiheitsgrade durch Überwachungsorgane oder auf weniger nicht intendierte Fehler in der Rechnungslegung zurückgehen. Selbst eine weniger risikoreiche und damit unsichere Unternehmenspolitik ist denkbar. Für den Zeitraum 1994 bis 2002 wurden 2148. Datenpunkte (436 Unternehmen) für deutsche AG und 12.984 Datenpunkte (für 2679 Unternehmen) für eine europäische Kontrollgruppe erhoben. Die Resultate waren statistisch signifikant (vgl. Brown et al. 2014).

Auch andere als die oben vorgestellten aggregierten Scoring-Maße, die mehrere Dimensionen abbilden, werden für die Immobilienbranche genutzt. Interessant für das untersuchte Sample wäre zum Beispiel der Global Real Estate Transparency Index (GRETI) von Jones Lang Lasalle. Allerdings ist dessen Messung extern nicht nachvollziehbar und sehr subjektiv (vgl. Jones Lang Lasalle 2010, S. 38). Auch der **Transparenzindex,** den Kohl auf Basis der EPRA Best Practice Recommendations entwickelt hat (vgl. Kohl 2009), wird später nicht genutzt, zumal die Datenerhebung zu aufwendig wäre. Der Commercial CG-Index, den Shearman & Sterling (vgl. Vintila und Ghergina 2012) verwenden ist auf US-amerikanische Verhältnisse zugeschnitten, hilft hier demnach nicht weiter.

Schließlich könnte auch der Transparenzindex der DVFA genutzt werden. Er basiert auf Einschätzungen von Buy- und Sell-Side-Analysten, die diverse Aspekte der Offenlegung subjektiv bewerten (vgl. Rehkugler und Goronczy 2009, S. 590 ff.). Auch dies wird nicht weiter verfolgt, da die Subjektivität des Modells kritisch gesehen wird und der Kreis der Nutzer von Finanzberichten recht eng abgegrenzt wird.

Ein besonders umfangreiches Publizitätsinstrument hat Grüning (2011) entwickelt, der in Empfänger- und Beobachteransätze differenziert. Zu den Empfängeransätzen gehören vor allem Analysten (besonders das Rating der Association for Investment Management and Research -AIMR- für die USA, Eventstudien und Ratings in Journals (zum Beispiel das Managermagazin in Deutschland). Beobachtermodelle arbeiten zum Beispiel mit Inhaltsanalysen. Grüning findet bei seinem sehr allgemeinen Ansatz, dass Deutschland und Europa bezüglich nicht finanzieller Zielgrößen und strategischer informationen ein besseres Transparenzniveau erreicht als die USA (S. 113 ff.). Der höhere Informationsgehalt der US-Rechnungslegung besteht dann nur bezüglich der engen Finanzberichterstattung.

Insgesamt ergibt sich, dass die Corporate Governance tendenziell eher über Einzelmerkmale abgegriffen werden kann und dies angesichts der Fülle an solchen Kriterien kaum umfassend möglich ist.

Das besondere Kriterium Qualität der Abschlussprüfung mit seinen Schwierigkeiten wurde bereits in Abschn. 4.3.5 behandelt. Für die Immobilienbranche ergeben sich insofern Besonderheiten, als viele von ihnen zusätzlich **externe Sachverständige** für die Bewertung einsetzen. Für solche Sachverständige gibt es zumindest teilweise Marken bildende Verbände und Anforderungen, sodass sie die Glaubwürdigkeit der Bewertung begründen können. Deren Zusammenwirken mit der Abschlussprüfung kann zu Besonderheiten führen.

Für Immobilien-AG aus dem UK ergaben sich durchaus überraschende Ergebnisse. Für 64 Unternehmen mit 255 Firmyears wurde der Zusammenhang zwischen den Kapitalkosten, gemessen durch die Bid-Ask-Spreads, und der Prüfung durch eine Big-6-Gesellschaft untersucht. Als zweites Merkmal für die Glaubwürdigkeit der Fair-Value-Schätzungen wurde darauf abgestellt, ob die Immobilienbewertung durch externe Sachverständige oder eigenes Personal erfolgte (vgl. Muller und Riedl 2001). Die Autoren unterstellen, dass für die Bewertung zwar beachtliches Fachwissen erforderlich ist, sie aber wegen des relativ aktiven Marktes für Immobilien und des geringeren Firmenbezuges insgesamt einfacher ist, als für andere Sachanlagen. Tatsächlich führte der Einsatz externer Sachverständiger zu geringeren Kapitalkosten, während die Größe der Prüfungsgesellschaft unabhängig von der Sachverständigenauswahl keine Relevanz hatte. Der fehlende Prüfereinfluss wird von den Verfassern mit der relativ geringeren Expertise der Prüfer bei der Bewertung von Investment Properties begründet.

Ob diese fehlende Expertise auch heute noch ein tragfähiges Argument ist, kann bezweifelt werden, da insbesondere die Big-N hier spezialisierte Abteilungen haben und auch das IDW in Deutschland hat einen Fachausschuss, der gerade jüngst wieder Verlautbarungen publizierte.

Bezüglich der Ergebnisse von Muller und Riedl ist zudem ein UK-Effekt nicht auszuschließen. Mit dem Royal Institute of Chartred Surveyors (RICS) verfügt das UK
über eine höchst renommierte, seit langem am Markt agierende Berufsorganisation. Ob
Sachverständigenorganisationen in anderen Ländern und in einem anderen Umfeld eine
vergleichbare Reputation haben, ist unklar. Zudem gibt es auf diesem Markt mehr Transaktionsdaten als in den meisten anderen europäischen Ländern. Insofern wird von dem
Merkmal interner oder externer Bewerter nicht unbedingt ein vergleichbarer Einfluss
erwartet. Gleichwohl wird erwartet, dass die Ergebnisqualität mit dem Einsatz externer
Bewerter zunimmt.

Besonders für die USA wird unterstellt, dass das **Risiko von Schadensersatzklagen**
Einfluss auf die Gewinnqualität hat. Dieses Risiko kann disziplinierend für das Management wirken, also zu einer höheren Qualität führen. Alternativ ist es auch plausibel,
dass dies einen Anreiz darstellt, bestimmte Informationen zu unterdrücken (vgl. Tong
und Miao 2011). Für deutsche (und die meisten europäischen) AG hat dieses Risiko in
der Vergangenheit keine wesentliche Bedeutung erlangt und eine Änderung ist meines
Erachtens nicht in Sicht.

Als sehr wesentlicher Einflussfaktor wird man die Kapitalherkunft ansehen können, die auch für CG-Merkmale entscheidend sein kann. Zahlungsansprüche und deren
Sicherheit werden von Kapitalgebern ja auch oftmals durch Rechnungslegungsdaten
begründet.

Bedeutsam kann sein, ob es Insider Ownership gibt, also das Management Aktien
hält oder durch **Aktienoptionsprogramme (AOP)** eine Bindung an Aktionärsinteressen erfolgt. So ergab eine Untersuchung von US-amerikanischen REITs (für 232 REITs
von 2000 bis 2006), dass die Stock Option-Vergütung der CEO vom FFO abhängt (vgl.
Griffith et al. 2011). Dies schafft natürlich einen Anreiz zur Gestaltung des FFO, einem
immobilienspezifischen Performancemaß (vgl. ausführlich Abschn. 5.3.5.3).

Werden Stock Options, wie vielfach üblich, an die Börsenkursentwicklung gekoppelt,
so wird eine langfristige, mit den Eigentümerinteressen vereinbare Unternehmenspolitik erwartet. In der Tat konnte für deutsche AG (nicht: Immobilien-AG) in der Krise
festgestellt werden, dass AOP positiv mit hohen Investitionen, besonders auch im F&E-
Bereich korrelierten. Letztere sind deshalb interessant, weil sie oftmals in der Rechnungslegung als Aufwand erfasst werden und besonders riskant sind. Sie weisen auf ein
langfristiges Interesse des Managements am Unternehmenswohl hin (vgl. Rapp et al.
2012).

Dieser Aspekt ist schwierig zu modellieren, da die ökonomische Anreizwirkung
von AOP extern kaum vernünftig eingeschätzt werden kann und das Verhalten des
Managements auch durch andere Faktoren geprägt sein wird (zum Beispiel Qualität, Reputationskapital etc.: vgl. ausführlich Bushman et al. 2006; für deutsche Unternehmen ausführlich Hill 2011, S. 188 f.). Optionsprogramme sind häufig zeitlich
gestaffelt, sodass sich die Anreizwirkung nicht identifizieren lässt (vgl. Hill 2011,
S. 151 ff., 188 ff.). Insgesamt sind einige US-amerikanische Studien zu den Boards von

Unternehmen nicht auf deutsche Verhältnisse oder das Unternehmenssample übertragbar. Dies gilt zum Beispiel für die Frage, ob es Outside Directors gibt (vgl. Hitz 2010, S. 145), ob der CEO wesentlicher Eigentümer ist und deshalb auch bei schlechten, nicht gemanagten Gewinnen kein Arbeitsplatzrisiko hat (vgl. Aboody et al. 2003) oder ob es sich um eine AG mit Founding Family Ownership handelt, also praktisch Familienunternehmen (vgl. Wang 2006).

Theoretisch könnte man die in Folge des Vorstandsvergütungs-OffenlegungsG transparenten Vergütungen, also die fixen und variablen Bestandteile analysieren, um potenzielle Einflüsse zu bestimmen. Plausibel ist die sogenannte Bonusplan-Hypothese: Manager mit variabler Vergütung verlagern Gewinne nach vorn (vgl. Hill 2011, S. 143 ff.), die entsprechende Bilanzpolitik verschlechtert die Ergebnisqualität. Auch dieses Merkmal ist schwer prüfbar, da die erforderlichen Daten zur Präzisierung der Anreizstruktur im Allgemeinen fehlen werden (zum Beispiel ist es sinnlos den Gewinn zu erhöhen, wenn die variable Vergütung gedeckelt und das Maximum bereits erreicht ist).

Eine theoretisch sehr interessante Größe stellt die **Book-to-Market Ratio** dar. Sie kann als Indikator für Wachstum gelten (siehe oben) oder als Proxy für die finanziellen Risiken verstanden werden und sollte deshalb positiv mit Aktienrenditen verknüpft sein (vgl. Penman et al. 2007). Penman et al. teilen das Risiko auf in eine Dimension für das operative Risiko (gemessen als Net Operating Assets zum Marktpreis der Net Operating Assets) und eine finanzielle Dimension (Nettoschulden zu Gesamtwert, was dem Leveragerisiko entspricht). Ihr Ergebnis ist, dass steigende operative Risiken zu höheren Aktienrenditen führen, also eine Risikoprämie eingepreist wird. Für ein zunehmendes finanzielles Risiko ergeben sich hingegen sinkende Renditen, ein unerwartetes, „perverses" Ergebnis, das auch dann auftritt, wenn für diverse Einflussgrößen (Größe, Branche, Volatilität, Messfehler beim Fremdkapital usw.) kontrolliert wird.

Das Vorgehen der Autoren ist sehr originell und gewinnt möglicher Weise demnächst an Aktualität. Bekanntlich will der IASB Bilanz, GuV und Kapitalflussrechnung in drei Funktionsbereiche aufteilen: Business, Finance und Investing, wobei die gleichen Abgrenzungsprobleme auftreten werden wie bei der Studie. So ist die Frage, welche Verbindlichkeiten zum operativen Geschäft und welche zum Finanzierungsbereich gehören, nicht einfach zu klären. Genauso ist es betriebswirtschaftlich sicher zu rechtfertigen, dass liquide Mittel als zum operativen Geschäft gehörig anzusehen sind, aber auch ein Abzug von den Finanzschulden ist inhaltlich zu vertreten. Es ist deshalb nicht überraschend, dass die Studie von Penman et al. stark kritisiert wurde, wobei sowohl auf Operationalisierungsdefizite, als auch die Spezifizierung der berücksichtigten Variablen abgestellt wurde. Außerdem gibt es durchaus auch alternative Erklärungen für die ausgewiesenen Resultate (vgl. Piotroski 2007).

Die Relation MTB wird auch selbst als Maß für die Qualität der Rechnungslegung verwendet, da stille Reserven als mögliche Ursache negativ einzuschätzen sind (vgl. Kang und Zhao 2009; Sifi 2010, S. 91). Eine niedrige Quote wird teilweise auch als Wachstumschance interpretiert, die mit einem hohen Kapitalbedarf einhergeht und deshalb eine bessere Ergebnisqualität verlangt (vgl. Gaio 2010; siehe oben). Die Kontrollgröße wird deshalb hier nicht verwendet, auch weil sie mit anderen Konzepten (als Ausmaß der Vorsicht) in Verbindung steht und die möglichen Ergebnisse nicht mehr vernünftig zu interpretieren sind. Außerdem ist die Kennzahl für die Immobilienbranche wenig aussagefähig, zumindest ist die übliche Interpretation unzulänglich (siehe oben und Abschn. 5.2.2).

Eine gerade für die Immobilienbranche sehr interessante Kontrollvariable stellt die **Nachhaltigkeit** dar, besonders die umweltbezogene Komponente. Der „grüne Anteil" einer Einzelimmobilie ist aber schon nicht oder kaum zu quantifizieren und für „grüne Immobilienunternehmen" gibt es ebenfalls kein allgemein akzeptiertes Markenzeichen. Es gibt einige Studien, die positive finanzielle Effekte für „grüne REITs" nahelegen. Diese können auf verminderten Risiken oder erhöhten Cashflows beruhen, zum Beispiel wegen niedrigeren Energiekosten, besseren Wiederverkaufspreisen etc. (vgl. Van Nieuwerburgk et al. 2015, S. 115; Schleich 2016, S. 977 ff.). Gleichwohl ist die Klassifikation als „grün" bisher wenig trennscharf und fundiert.

Theoretisch könnte man aus den vielfach vorgelegten Nachhaltigkeitsberichten einen Indikator gewinnen. Mangelnde Datenverfügbarkeit und -vergleichbarkeit sprechen gegen dieses Vorgehen. Insbesondere sind die Nachhaltigkeitsberichte wenig auf die Eigentümerinteressen und deren Entscheidungssituationen ausgerichtet (vgl. Lackmann 2010, S. 91 ff.). Lackmann misst deshalb die Entscheidungsrelevanz von Nachhaltigkeit indirekt, indem sie kurz- und langfristige Ereignisstudien vornimmt, die an die Aufnahme in einen Nachhaltigkeitsindex anknüpfen. Ohne auf die problembehaftete Abgrenzung nachhaltiger Indizes für Unternehmen einzugehen, kann das Merkmal schon deshalb nicht genutzt werden, weil es für das gewählte Unternehmenssample irrelevant ist.

Nicht gesondert erfasst werden Sondersituationen wie **IPO** oder andere Kapitalmarktmaßnahmen wie MBO, wesentliche M&A-Transaktionen, Insiderhandel etc. (vgl. Dechow und Schrand 2004, S. 47 ff.), die für das Sample aufgrund der geringen Beobachtungspunkte keine Rolle spielen dürften. Dies wird nicht weiter untersucht, obwohl zum Beispiel nach einem Börsengang erhebliche Anreize für Bilanzpolitik bestehen können und für den Abschlussprüfer erhebliche Anreize diese zu begrenzen, da eine besondere Haftungssituation vorliegen kann (vgl. Sattler 2011, S. 418 f.). Auch der Faktor **internationale Börsennotierung** (besonders in den USA), der mit einem verstärkten Offenlegungsdruck einhergehen kann, wird in Kap. 5 deshalb nicht aufgegriffen (vgl. Sifi 2010, S. 91).

Für G-REITs können sich allerdings Besonderheiten ergeben: Der Dividendenzwang führt dazu, dass Wachstum extern finanziert werden muss. Die Inanspruchnahme des Kapitalmarktes setzt eine gute Berichtsqualität voraus (vgl. Dempsey et al. 2010 für US-REITs). Da in Deutschland zudem Beteiligungsgrenzen und ein Mindestmaß an Streubesitz vorgeschrieben sind, sollte dies den Effekt stärken. Für REITs kann der Status quasi als Proxy für die Kapitalmarktkontrolle genutzt werden. Deshalb wird unterstellt, dass REITs eine bessere Ergebnisqualität aufweisen (vgl. ausführlich Abschn. 5.1.2).

Auch für das **Insolvenzrisiko** wird unten nicht direkt kontrolliert. Dies liegt an den unklaren Folgen, die mit einem erhöhten Risiko verknüpft sein können. So ist es plausibel, dass eine angespannte Situation durch ergebnisglättende Bilanzpolitik überdeckt werden soll, aber auch realistisch, dass durch eine besondere Aufsicht durch Gläubiger eine solche nicht mehr möglich ist (vgl. Sattler 2011, S. 381). Für das gewählte Sample dürfte auch die Anzahl relevanter Datenpunkte zu gering sein. Mittelbar spiegeln aber bereits der Verschuldungsgrad und die Profitabilität das Insolvenzrisiko wider. Nicht genutzt wird der in vielen Studien verwendete Z-Score nach Altman, der auf Abschlussdaten beruht (Umlaufvermögen, Kurzfristige Verbindlichkeiten, Bilanzsumme, thesaurierte Gewinne, EBIT, Marktwert des Eigenkapitals, Verbindlichkeiten, Umsätze; vgl. Quick und Wiemann 2012), da es an ausreichenden Vergleichsdaten mangelt, um eine belastbare Klassifikation der Unternehmen zu erreichen.

Immer wieder wird betont, dass die Werte von Immobilien und damit auch die Wertschwankungen sehr stark von exogenen **makroökonomischen Faktoren** abhängen, zum Beispiel der Arbeitslosigkeit, dem BIP, dem Zinsniveau, demografischen Entwicklungen usw. (vgl. Edelhoff 2011, S. 21 ff.; GDW 2010a, 2010b; Jedem 2006, S. 139 ff.). Zumindest für die Zeitreiheneigenschaften der Gewinne könnte eine Bereinigung um Konjunktur- oder Immobilienzykluswirkungen sinnvoll sein. Andererseits ist der gewählte Untersuchungszeitraum relativ kurz. Dies hat den Vorteil, dass die Ergebnismaße wahrscheinlich in relativ geringem Umfang von solchen nicht rechnungslegungsbezogenen Faktoren beeinflusst werden (vgl. Dücker 2009, S. 55), auch wenn sie natürlich nicht auszuschließen sind. Man muss aber auch sehen, dass Markterwartungen in die Bewertung der Einzelimmobilien in unterschiedlichem Maße eingehen, abhängig vom gewählten Fair-Value-Modell (Vergleichswert, DCF- oder Ertragswert). Insofern wird die GuV durch Fair-Value-Schwankungen sehr unterschiedlich beeinflusst. Die Erläuterungen zu den Bewertungsannahmen sind zu unterschiedlich und auch unvollständig, um solche Einflüsse zu kontrollieren.

4.5 Zusammenfassung

Das Themenfeld Corporate Governance kann eng interpretiert werden im Hinblick auf den Shareholder-Value-Ansatz oder eine primär finanzielle Perspektive für alle Investoren. Eine weitere Begriffsfassung, die einen Stakeholder-Ansatz abdeckt, hat mit dem Problem der Identifikation der relevanten Anspruchsgruppen zu tun. Zudem müssen deren Informationsbedürfnisse eruiert und bewertet werden.

Selbst bei einer für Rechnungslegungsfragen plausiblen Verengung auf finanzielle Interessen von Investoren zeigt sich eine nahezu unübersehbar Vielfalt an potenziellen Einflussfaktoren und vermuteten Kausalitäten bezüglich der Rechnungslegungsqualität.

Um eine gewisse Ordnung in die Fülle der Arbeiten zu bringen, wird im ersten Schritt untersucht, welche Folgen für die Corporate Governance und die Rechnungslegungsqualität sich aus der Finanzierungsstruktur ableiten lassen. Hierbei spielt sowohl die Höhe des Verschuldungsgrades eine Rolle, als auch die Zusammensetzungen der Gläubiger und Eigentümer. Bedeutsam ist hierbei vor allem, ob die Financiers Anreize und Kompetenzen haben, Monitoringaktivitäten zu realisieren. Naturgemäß zeigen sich höchst ausdifferenzierte Annahmen und Ergebnisse.

Da die Wirkungen der Finanzierungsalternativen bei AG stark davon geprägt sind, ob es sich um Unternehmen mit Streubesitzaktionären handelt (Publikums-AG) oder um Unternehmen mit einem Mehrheitsaktionär, werden zwei sehr prominente Scoring-Modelle vorgestellt, die für diese Ausprägungen typisierte Schutzinstrumente abgreifen. Damit soll untersucht werden, ob nationale Rechtsordnungen und Märkte jeweils angemessene Corporate Governance-Mechanismen bereitstellen. Obwohl diese Modelle in der empirischen Forschung sehr weit verbreitet sind, werden sie teilweise heftig, und aus meiner Sicht zu Recht, kritisiert.

Naheliegend ist zwar, dass mit diesen immer wieder verwendeten Modellen im Zeitablauf vergleichbare Studiendesigns anwendbar werden und eigene (subjektive) Modellspezifikationen nicht notwendig sind. Auf der anderen Seite sind die Modelle aber schon älter, primär auf Strukturen zugeschnitten, die so eher selten auftreten und vor allen Dingen sehr einseitig. Hinzu kommen erhebliche methodische Schwächen und die Auswahl der Items, die für eine gute Governance stehen sollen, ist vielfach fragwürdig. Insbesondere soweit die Modelle nur das geschriebene Recht erfassen und die Rechtswirklichkeit und Rechtsdurchsetzung ausblenden, sind sie nur von eingeschränktem Wert.

Verschärfend kommt hinzu, dass die Frage, was eine gute Governance ausmacht und anhand welcher Folgen sie zu beurteilen ist, unterschiedlich beantwortet werden kann. So ist die Annahme, Streubesitz oder hohe Dividendenzahlungen seien erstrebenswerte Ziele, sehr wertungsabhängig. Diese politischen Werturteile sind naturgemäß erforderlich, wenn ein weiter Stakeholderansatz verfolgt wird, aber auch schon, wenn es um die Interessen verschiedener Kapitalgeber geht.

Insofern ist es durchaus eine sinnvolle Alternative, eher auf weniger umfassende Scoring-Modelle und Governanceaspekte Bezug zu nehmen. Modelle, die ganze nationale oder gar noch umfassendere Systeme abgreifen wollen, müssen schon sehr vergröbern und laufen Gefahr, wesentliche Systemaspekte eines Setting nicht oder falsch zu erfassen. Für den vom Grundsatz her eher engen Bereich der Abschlussprüfung als Corporate Governance-Institution wird gezeigt, dass bereits dies ein weites Forschungsfeld mit vielen Varianten der Analyse ist.

Abschließend werden noch einige Einflussfaktoren referiert, die in vielen Studien zur Corporate Governance als Einflussfaktoren getestet wurden. Die Auswahl ist natürlich subjektiv und unvollständig. Es bleibt auch offen, ob diese Faktoren als abhängige oder unabhängige Variable genutzt wurden, da oftmals beides möglich ist, und auch realisiert wurde. Damit zeigt sich in der Summe ein beachtlicher Flickenteppich an Abbildungsmöglichkeiten für reale Systeme. Eine allgemeine Konzeption für eine gute Corporate Governance ist ein (unerreichbares) Fernziel. Einzelne Bausteine einer solchen, sind aber sehr wohl einer rationalen Diskussion und Analyse zugänglich.

Literatur

Aboody, D./Barth, M. E./Kasznik, R.: Factors Associated with Firms' Decisions to Improve Earnings Quality: The Voluntary Recognition of Stock-Based Compensation Expense, Research Paper No 1795, Stanford 2003

AbuGhazaleh, N, M./Al-Hares, O. M./Roberts, C.: Accounting Discretion in Goodwill Impairments: UK Evidence, Journal of International Financial Management & Accounting 2011, 165–204

Achleitner, A-K./Günther, N./Kaserer, C./Siciliano, G.: Real Earnings Management and Accrual-based Earnings Management in Family Firms, European Accounting Review 2014, 431–461

Ahrens, B.: Capital Market Implications of Earnings quality, Köln 2010

Arbeitskreis Externe Unternehmensrechnung der Schmalenbach-Gesellschaft für Betriebswirtschaft e. V.: Nichtfinanzielle Leistungsindikatoren – Bedeutung für die Finanzberichterstattung, zfbf 2015, 235–258

Armstrong, C. S./Balakrishnan, K./Cohen, D.: Corporate Governance and the Information Environment: Evidence from State Antitakeover Laws, Journal of Accounting and Economics 2012, 185–204

Armstrong, C.S./Guay, W. R./Weber, J. P.: The Role of information and financial reporting in corporate governance and debt contracting, Journal of Accounting and Economics 2010, 179–234

Badia, M./Duro, M./Penalva, F./Ryan, S.: Conditionally Conservative Fair Value measurements, Working Paper 2015

Ball, R./Brown, P. R.: Ball and Brown (1968): A Retrospective, Accounting Review 2014, 1–26

Barth, M. E./Konchitchki, Y./Landsman, W. R.: Cost of capital and earnings transparency, Journal of Accounting and Economics 2013, 206–224

Basner, R./ Hirth, H.: Signalisierung und Dividendenpolitik – Theorie und Empirie, BFuP 2011, 76–100

Bauer, A. M./O'Brien, P. C./Saeed, U.: Reliability makes Accounting Relevant: A Comment on the IASB Conceptual Framework Project, Accounting in Europe 2014, 211–217

Beasley, M. S./Carcello, J. V./Hermanson, D. R./Neal, T. L.: The Audit Committee Oversight Process, Contemporary Accounting Research 2009, 65–122

Bebchuk, L. A.: The Myth oft he Shareholder Franchise, Harvard Working Paper 2007 (SSRN=952078)

Bebchuk, L. A./Cohen, A./Ferrel, A.: What Matters in Corporate Governance?, Review of Financial Studies 2008, 783–827

Bebchuk, L. A./Cohen, A./Wang, C. Y.: Learning and the Disappearing Association between Governance and Returns, Working Paper 2012 (SSRN=158973)

Bebchuk, L. A./Neeman, Z.: Investor Protection and Interest Group Politics, Working Paper 2007

Bebchuk, L. A./Weisbach, M. S.: The State of Corporate Governance Research, Working Paper 2009 (SSRN=1508146)

Berle, A./Means, G.: The Modern Corporation and Private Property, New York 1932

Beyer, A./Cohen, D. A./Lys, T. Z./Walther, B. R.: The financial reporting environment: Review of the recent literature, Journal of Accounting and Economics 2010, 296–343

Breuer, W.: Investor Relations bei REITs, in: Bone-Winkel/Schäfers/Schulte (Hrsg.): Handbuch Real Estate Investment Trusts, Köln 2008, 215–232

Brickley, J. A./Zimmerman, J. L.: Corporate governance myths: Comments on Armstrong, Guay, and Weber, Journal of Accounting and Economics 2010, 235–245

Brown, N.C./Pott, C./Wömpener, A.: The effect of internal control and risk management regulation on earnings quality: Evidence from Germany, Journal of Accounting and Public Policy 2014, 1–31

Bryan, D./Liu, M.H.C./Tiras, S. L.: The Influence of Independent and Effective Audit Committees on Earnings Quality, Working Paper 2004

Bungert, H./de Raet, T.: Die Aktionärsrechterichtlinie im EU-Parlament: Die Auswirkungen der geplanten Regelungen zu Related Party Transactions auf das deutsche Konzernrecht, Der Konzern 2015, 289–297

Bushman, R./Engel, E./Smith, A.: An Analysis of the Relation between the Stewardship and Valuation Roles of Earnings, Journal of Accounting Research 2006, 53–83

Cao, Y./Myers, L. A./ Sougiannis, T.: Does Earnings acceleration convey information?, Review of Accounting Studies 2011, 812–842

Capozza, R. D./Seguin, P. J.: Focus, Transparency and Value: The REIT Evidence, Real Estate Economics, 1999, 587–619

Cascino, S./Clatworthy, M./Osma, B. G./Gassen, J./Imam, S./Jeanjean, T.: Who Uses Financial Reports and for What Purpose? Evidence from Capital Providers, Accounting in Europe 2014, 185–209

Cascino, S./Gassen, J.: What drives the Comparability Effect of Mandatory IFRS Adoption?, Review of Accounting Studies 2015, 242–282

Chaney, P. K./Faccio, M./Parsley, D.: The Quality of Accounting Information in Politically Connected Firms, Working Paper 2010

Chang, X./Hilary, G./Kang, J.-K./Zhang, W.: Does Accounting Conservatism Impede Corporate Innovation?, Working Paper 2013

Cheng, Q./Warfield, T./Ye, M.: Equity Incentives and Earnings Management: Evidence from the Banking Industry, Journal of Accounting, Auditing and Finance 2011, 327–349

Chikolwa, B.: Determinants of Capital Structure for A-REITs, Working Paper 2009

Chou, J./Hardin III, W. G.: The Corporate Governance Premium, Returns, and Mutual Funds, The Financial Review 2012, 299–326

Christensen, T. E./Pei, H./Pierce, S. R./Tan, L.: Non-GAAP Reporting following Debt Covenant Violations, Working Paper 5/2015

Coenenberg, A. G./ Haller, A./Schultze, W.: Jahresabschluss und Jahresabschlussanalyse, 23. Aufl., Stuttgart 2014

Coffee, J. C.: Law and Market: The Impact of Enforcement, Working Paper 2007 (SSRN=967482)

Cremers, M./Ferrell, A.: Thirty Years of Corporate Governance: Firms Valuations & Stock Returns, Yale ICF Working Paper No 09–09 (SSRN = 1413133), 2009

Cremers, M./Nair, V. B./John, K.: Takeovers and the Cross-Section of Returns, Working Paper 11/2005

Daily, C. M./Dalton, D. R./Cannella, A. A.: Corporate Governance: Decades of Dialogue and Data, Academy of Management Review 2003, 371–382

Dechow, P. M./Dichev, I. D.: The quality of accruals and earnings: The role of accrual estimation errors, Accounting Review 2002, 35–59

Dechow, P./Ge, W./Schrand, C.: Understanding Earnings Quality: A review of the proxies, their determinants and their consequences, Journal of Accounting and Economics 2010, 344–401

Dechow, P. M./Schrand, C. M.: Earnings Quality, 2004

DeFond, M./Zhang, J.: A review of archival auditing research, Journal of Accounting and Economics 2014, 275–326

Dempsey, S. J./Harrison, D. M./Luchtenberg, K. F./Seiler, M. J.: Financial Opacity and Firm Performance: The Readability of REIT Annual Reports, Journal of Real Estate Finance and Economics 2010, 1–21

Desai, M. A./Dyck, A./Zingales, L.: Theft and Taxes, Working Paper 2004

Dhaliwal, D./Li, O. Z./Tsang, A./Yang, Y. G.: Corporate social responsibility disclosure and the cost of equity capital: The roles of stakeholder orientation and financial transparency, Journal of Accounting and Public Policy 2014, 328–355

Dinh, T./Seitz, B.: "Vorsicht" in den IFRS am Beispiel von IFRS 9, IRZ 2015, 145–150

Djankov, S./LaPorta, R./Lopez-de-Silanes, F./Shleifer, A.: The Law and Economics of self-dealing, Journal of Financial Economics 2008, 430–465

Donovan, J./Frankel, R./Lee, J./Martin, X./Seo, H.: Issues raised by studying DeFond and Zhang: What should audit researchers do?, Journal of Accounting and Economics 2014, 327–336

Dücker, H.: Institutionelle Änderungen und die Ergebnisqualität von Finanzberichten deutscher Unternehmen, Frankfurt a. M. u. a. 2009

Edelhoff, D.: Zuverlässigkeit und Relevanz in der Immobilienbewertung, Köln 2011

Eder, M.: Immobiliencontrolling bei institutionellen Immobilieninvestoren, Köln 2009

Eichholtz, P. M. A./Hoesli, M./MacGregor, B. D./Nanthakumaran, N.: Real Estate Portfolio Diversification by Property Type and Region, Journal of Property Finance 1995, 39–59

Eichholtz, P. M. A./Gugler, N./ Kok, N.: Transparency, Integration, and the Cost of International Real Estate Investments, Journal of Real Estate Finance and Economics 2011

Engelen, C./Drefahl, C.: Berichterstattung und Determinanten der Geschäfte mit nahe stehenden Personen nach IAS 24, KoR 2013, 460–468

Erdorf, S./Hartmann-Wendels, T./Matz, M./Heinrichs, N.: Corporate Diversification and Firm Value:A Survey of Recent Literature, Working Paper (Universität Köln), 2012

Ernst, E./Gassen, J./Pellens, B.: Verhalten und Präferenzen deutscher Aktionäre, Frankfurt a. M. 2009

Ernst/E./Pellens, B./Gassen, J.: Verhalten und Präferenzen deutscher Aktionäre, Frankfurt a. M. 2004

Faccio, M.: Differences between Politically Connected and Non-Connected Firms: A Cross country Analysis, Financial Management 2010, 905–927

Fields, T. D./Lys, T./Vincent, L.: Empirical Research on Accounting Choice, Working Paper 2001

Fifka, M. S.: Zustand und Perspektiven der Nachhaltigkeitsberichterstattung, in: Schneider, A./Schmidpeter, R. (Hrsg.): Corporate Social Responsibiliry 2. Aufl., Berlin/Heidelberg 2015, 835–848

Fischer, F.: Der Zusammenhang zwischen Rechnungslegung und Ausschüttungsbemessung, Frankfurt a. M. 2011

Fleischer, H.: Investor Relations und informationelle Gleichbehandlung im Aktien-, Konzern- und Kapitalmarktrecht, ZGR 2009, 505–541

Florou, A./Kosi, U.: Does mandatory IFRS adoption facilitate debt financing? Review of Accounting Studies 2015, 1407–1456

Fortin, S./Tsang, D./Dionne, F.-P.: Performance Measurement and Recognition of the Real Estate Assets: An International Exploration of Reporting Practices Adopted in the Real Estate Industry, Research Paper, Montreal 2008

Gaio, C.: The Realtive Importance of Firm and Country Characteristics for Earnings Quality around the World, European Accounting Review 2010, 693–738

GDW: Den gesellschaftlichen und demographischen Wandel aktiv gestalten – Wohnungswirtschaft schafft Zukunft für sich änderndes Wohnen, Hamburg 2010 (a)

GDW: Wohnungswirtschaftliche Daten und Trends 2010/2011, Hamburg 2010 (b)

Glascock, J. L./Kelly, L. J.:The Relative Effect of Property Type and Country Factors in Reduction of Risk of Internationally Diversified Real Estate Portfolios, Journal of Real Estate Finance and Economics 2007, 369–384

Glaser, M./Müller, S.: Is the diversification discount caused by the book value bias of debt? Journal of Banking and Finance 2010, 2307–2317

Gompers, P./Ishii, J./Metrick, A.: Corporate Governance and Equity Prices, The Quaterly Journal of Economics 2003, 107–155

Graham, J.R./Harvey, C. R./Rajgopal, S.: The Economic Implications of Corporate Financial Reporting, Journal of Accounting and Economics 2005, 3–73

Griffith, J. M./Najand, M./Weeks, H. S.: What Influences the Change in REIT CEO Compensation? Evidence from Panel Data, Journal of Real Estate Research 2011, 209–232

Gros, M.: Rechnungslegung in Deutschland und den USA, Wiesbaden 2010

Grüning, M.: Publizität börsennotierter Unternehmen, Wiesbaden 2011

Gu, L./Hackbarth, D.: Governance and Equity Prices: Does Transparancy Matter?, Review of Finance 2013, 1989–2033

Guay, W.: Discussion of Elections and Discretionary Accruals: Evidence from 2004, Journal of Accounting Research 2010, 477–487

Gul, F. A./Fung, S. Y. K./Jaggi, B.: Earnings quality: Some evidence on the role of auditor tenure and auditor's industry expertise, Journal of Accounting and Economics 2009, 265–287

Haaker, A.: Ein kritischer Blick auf den Entwurf eines DSR-Thesenpapiers zur Zukunft des europäischen Gläubigerschutzes, ZGR 2010, 1055–1094

Han, S./Jagannathan, M./Krishnamurthy, S.: When does insider selling increase litigation risk?, Working Paper 2014 (SSRN=2495595)

Hartmann, M. D.: Shareholder Activism, Frankfurt a. M. 2014

Hartzell; J. C./Kallberg, J. G./Crocker, H. L.: The Role of Corporate Governance in Initial Public Offerings: Evidence from Real Estate Investment Trusts, Journal of Law and Economics 2008, 539–562

Hasche-Preuße, C.: Corporate Governance für Unternehmen mit staatlicher Beteiligung, WPg 2015, 1027–1032

Haw, I./Hu, B./Hwang, L./Wu, W.: Ultimate Ownership, Income Management, and Legal and Extra-Legal Institutions, Journal of Accounting Research 2004, 423–462

Herda, D. N./Taylor, M. E./Winterbotham, G.: The Effect of Country-Level Investor Protection on the Voluntary Assurance of Sustainanability Reports, Journal of International Financial Management & Accounting 2014, 209–236

Hill, V.: Rechnungslegungspolitik im Rahmen der Kaufpreisallokation, Frankfurt a. M. 2011

Hitz, J-M.: Enforcement der International Financial Reporting Standards in Deutschland und Europa, FS Ballwieser 2014, 271–300

Hitz, J-M.: Information versus adverse Anlegerbeeinflussung: Befund und Implikationen der empirischen Rechnungswesenforschung zur Publizität von Pro-forma-Ergebnisgrößen, Jab 2010, 127–161

Hoffmann, W./Kalss, S./Kampfl, C./Maidorfer, T.: Corporate Governance und Unternehmensperformance, ZCG 2012, 101–106

Höllerschmid, C.: Signalwirkungen und Bilanzpolitik mithilfe selbst erstellten technologiebezogenen immateriellen Vermögens, Frankfurt a. M. 2010

Hutchinson, M./Seamer, M./Chapple, L.: Institutional Investors, Risk/Performance and Corporate Governance, The International Journal of Accounting 2015, 31–52

Jahn, D. F./Rapp, M. S./Strenger, C./Wolff, M.: Die Wirkungen des Deutschen Corporate Governance Kodex aus Investorenperspektive: Ergebnisse einer Studie, ZCG 2011, 64–68

Jayaraman, S.: The effect of enforcement on timely loss recognition: Evidence from insider trading laws, Journal of Accounting and Economics 2012, 77–97

Johnson, S./LaPorta, R./Lopez-de-Silanes, F./Shleifer, A.: Tunnelling, Working Paper 1/2000

Jones Lang Lasalle: Mapping the World of Transparency. Uncertainty and risk in Real Estate, 2010

Junius, K.: Risikostreuung mit Immobilien, in: Rottke, N. u. a. (Hrsg): Immobilienwirtschaftslehre, Bd. 2: Ökonomie, Köln 2012, 643–673

Kang, S. H./Zhao, Y.: Information Content and Value Relevance of Depreciation: A Cross-Industry Analysis, 2009

Kilian, J-P.: Rechnungslegung als Instrument des Gläubigerschutzes, Frankfurt a. M. 2011

Kim, M./Kross, W.: The Ability of Earnings to Predict Future Operating Cash Flows Has Been Increasing – Not Decreasing, JAR 2005, 753–780

Kißler, M.: Corporate Governance und Controlling, in: Reichmann, T.: Controlling mit Kennzahlen, 8. Aufl., München 2011, 597–629

Knauer, T./Ledwig, C./Wömpener, A.: Zur Wertrelevanz freiwilliger Managementprognosen in Deutschland, zfbf 2012, 166–204

Kohl, N.: Corporate Governance and Market Valuation of Publicly Traded Real Estate Companies, Köln 2009

Kohl, C.R.G./Rapp, M.S./Wolff, M.: Akzeptanz des Deutschen Corporate Governance Kodex, ZCG 2013, 153–159

Köhler, A./Liu, Y.-H.: Internationale Prüfungsforschung – Überblick über aktuelle Entwicklungen im zweiten Halbjahr 2014, WPg 2015, 424–428

Kühnberger, M.: Corporate Governance, Investorenschutz und Rechnungslegung, in KoR 2016, 79–85 (Teil 1) und 143–148 (Teil 2)

Kühnberger, M./Thurmann, P.: Pro-forma Earnings bei Immobilien-AG, KoR 2013, 281–292

Kühnberger, M./Thurmann, P.: Bilanzielle Besonderheiten in den IFRS-Konzernabschlüssen bei deutschen Immobilien-AG, KoR 2014, 345–354 und 433–436

Küting, U.: Rückstellungsbilanzierung nach HGB und IFRS, Frankfurt a. M. 2011

Lackmann, J.: Die Auswirkungen der Nachhaltigkeitsberichterstattung auf den Kapitalmarkt, Wiesbaden 2010

Lapointe-Antunes,P./Cormier, D./Magnan, M./Gay-Angers, S.: On the Relationship between Voluntary Disclosure, Earnings Smoothing and the Value-Relevance of Earnings: The Case of Switzerland, European Accounting Review 2006, 465–505

LaPorta, R./Lopez-de-Silanes,F./Shleifer, A./Vishny, R.: Agency Problems and Dividend Policies around the World, Working Paper 1998 (a)

LaPorta, R./Lopez-de-Silanes,F./Shleifer, A./Vishny, R.: Law and Finance, Journal of Political Economy 1998 (b), 1113–1155

LaPorta, R./Lopez-de-Silanes,F./Shleifer, A./Vishny, R.: Investor Protection and Corporate Governance, Journal of Financial Economics 2000, 3–27

LaPorta, R./Lopez-de-Silanes,F./Shleifer, A.: What works in Securities Laws?, Working Paper 7/2003

LaPorta, R./Lopez-de-Silanes,F./Shleifer, A.: The Economic Consequences of Legal Origins, Working Paper 11/ 2007

Laschewski, C./Möller, M./Risse, M.: Eine empirische Analyse der Folgekosten des Enforcements der Rechnungslegung durch die Deutsche Prüfstelle für Rechnungslegung, KoR 2014, 307–312

Lentfer, T.: Einflüsse der internationalen Corporate Governance-Diskussion auf die Überwachung der Geschäftsführung, Wiesbaden 2005

Leuz, C.: Different Approaches to Corporate Reporting Regulation: How Jusidictions Differ and Why, Accounting and Business Research 2010, 229–256 (SSRN=1581472)

Leuz, C./Nanda, D./Wysocki, P. D.: Earnings Management and investor protection: an international comparison, Journal of Financial Economics 2003, 505–527

Leuz, C./Wysocki, P.: Economic Consquences of Financial Reporting and Disclosure Regulation: A Review and Suggestions for Future Research, Working Paper 2008 (SSRN=1105398)

Lewellen, S./Metrick, A.: Corporate Governance and Equity Prices: Are Results Robust to Industry Adjustments?, Working Paper 6/2010

Lopatta, K./Kaspereit, T./Jaeschke, R./Stockem, G.:The Effect oft he German Accounting Law Modernization Act (BilMoG) on the Earnings Quality of Private Firms, CF (Law) 2013, 234–242

Lorson, P./Kern, T./Mc Guigan, N.: Integrated Reporting: Ein Beitrag zur Transparenz und Richtungsfindung, ZCG 2014, 127–136

Lys, T./Naughton, J. P./Wang, C.: Signaling through corporate accountability reporting, Journal of Accounting and Economics 2015, 56–72

Maccari-Peukert, D./Ratzinger-Sakel, N.: Prüfungsqualität – Eine aktuelle Bestandsaufnahme vor dem Hintergrund internationaler Entwicklungen, WPg 2014, 249–257

Mayer-Friedrich, M. D./Schnier, O.: Director's Dealings im Kontext einer anreizkompatiblen Managementvergütung, ZCG 2011, 213–264

McNichols, M./Stubben, S. R.: The Effect of Target-Firm Accounting Quality on Valuation in Acquisitions, Working Paper 1/2012

Merkt, H.: Selbstkontrolle und Staatsaufsicht bei der Corporate Governance,in: Hommelhoff, P./ Hopt, K. J./von Werder, A. (Hrsg.): Handbuch Corporate Governance, 2. Aufl. Stuttgart 2009, 683–711

Muller III, K. A./Riedl, E. J.: External Monitoring of Property Appraisal Estimates and Information Asymmetry, Working Paper 2001

Muller III, K. A./Riedl, E. J./Sellhorn, T.: Mandatory Fair Value Accounting and Information Asymmetry: Evidence from the European Real Estate Industry, Management Science, 2011, 1138–1153

Müller, S./Stawinoga, M.: Das erste offizielle Rahmenwerk für das Berichterstattungskonzept des Integrated Reporting, ZCG 2014, 39–44

Nini, G./Smith, D. C./Sufi, A.: Creditor Control Rights, Corporate Governance, and Firm Value, Review of Financial Studies 2012, 1713–1761

Nowland, J./Simon, A.: The Effect of a Change in Analyst Composition on Analyst Forecast Accuracy: Evidence from U.S. Cross-Listings, Journal of International Accounting Research 2010, 23–38

Pedell, B./Sautter, J./Tappe, K.: Kennzahleneinsatz in der Nachhaltigkeitsberichterstattung, KoR 2014, 539–547

Pellens, B./Schmidt, A.: Verhalten und Präferenzen deutscher Aktionäre, Frankfurt a. M., 1. Aufl. 2014

Pellens, B./Sellhorn, T./Strzyz, A.: The role of conservatism in decision-useful financial reporting, in: Bruns u. a. (Hrsg.): Globale Finanzberichterstattung, FS Liesel Knorr, Stuttgart 2008, 167–193

Penman, S. H./Richardson, S.A./Tuna, I.: The Book-to-Price Effect in Stock Returns: Accounting for Leverage, Journal of Accounting Research 2007, 427–467

Petacchi, R.: Information asymmetry and capital structure: Evidence from regulation FD, Journal of Accounting and Economics 2015, 143–162

Piotroski, J.D.: Discussion of The Book-to-Price Effect in Stock Returns: Accounting for Leverage, Journal of Accounting Research 2007, 469–479

Pomeroy, B./Thornton, D. B.: Meta-analysis and the Accounting Literature: The Case of Audit Committee Independence and Financial Reporting Quality, European Accounting Review 2008, 305–330

Quagli, A./Avallone, F.: Fair Value or Cost Model? Drivers of Choice for IAS 40 in the Real Estate Industry, European Accounting Review 2010, 461–493

Quick, R./Wiemann, D.: Einfluss der Mandatsdauer des Abschlussprüfers auf ergebniszielgrößenorientierte Bilanzpolitik, ZfB 2012, 1107–1142

Ramanna, K./Roychowdhury, S.: Elections and Discretionary Accruals: Evidence from 2004, Journal of Accounting Research 2010, 445–475

Rapp, M.S./Schaller, P.D./Wolff, M.: Fördern aktienkursbasierte Vergütungsinstrumente langfristig orientierte Unternehmensentscheidungen? Lehren aus der Kreditkrise., ZfB 2012, 1057–1087

Rehkugler, H.: Messung und Beurteilung faktischer Transparenzniveaus, in: Rehkugler (Hrsg.): Die Immobilie als Kapitalmarktprodukt 2009, 403–410

Rehkugler, H./Goronczy, S.: Transparenz von Immobilienaktiengesellschaften – Messung durch einen neuen Index der DVFA, FB 2009, 590–596

Rieg, R.: Einflussfaktoren auf die freiwillige Berichterstattung immaterieller Werte, KoR 2014, 186–193

Ringe, W-G.: Changing Law and Ownership Patterns in Germany: Corporate Governance and the Erosion of Deutschland AG, Working Paper 6/2014 (SSRN = 2457431)

Ro, S./Ziobrowski, A. J.: Does Focus Really Matter? Specialized vs. Diversified REITs, Journal of Real Estate Finance and Economics 2011, 68–83

Rodriguez-Perez, G./van Hemmen, S.: Debt, diversification and earnings management, Journal of Accounting and Public Policy 2010, 138–159

Rowoldt, M./ Starke, D.: Abwehrmaßnahmen, Erfolgswahrscheinlichkeit und Übernahmeprämien – Eine vergleichende Analyse feindlicher Übernahmeangebote in Europa und den USA, CF 2014, 209–219

Sattler, M.: Vereinbarkeit von Abschlussprüfung und Beratung, Wiesbaden 2011

Shi, Y./Kim, J.-B./Magnan, M. L.: Voluntary Disclosure, Legal Institutions, and Firm Valuation: Evidence from U.S. Cross-Listed Foreign Firms, Journal of International Accounting Research 2014, 57–85

Shima, K. M./Gordon, E. A.: IFRS and the regulatory environment: The case of U.S. investor allocation choice, Journal of Accounting and Public Policy 2011, 481–500

Sifi, S.: Determinanten der Publizitätspolitik, Frankfurt a. M. u. a. 2010

Singer, Z./You,H.: The Effect of Section 404 of the Sarbanes-Oxley Act on Earnings Quality, Journal of Accounting, Auditing and Finance 2011, 556–589

Skinner, D. J./Soltes, E.: What do dividends tell us about earnings quality, Review of Accounting Studies 2011, 1–28

Thomas, M./Wellner, K.: Diversifikation nach Nutzungsarten und Regionen, In. Schult/Thomas (Hrsg.): Handbuch Immobilien-Portfoiliomanagement, Köln 2007, 107–120

Tong, Y.H./Miao, B.: Are Dividends associated with the Quality of Earnings?, Accounting Horizons 2011, 183–205

Tran, D. H.: Corporate Governance und Eigenkapitalkosten – Bestandsaufnahme des Schrifttums unter besonderer Berücksichtigung des Informationsaspektes und Forschungsperspektiven, ZfB 2011, 551–585

Tran, D. H.: Multiple corporate governance attributes and the cost of capital – Evidence from Germany, The British Accounting Review 2014, 179–197

Tröger, T.: Related Party Transactions mit Blockaktionären im europäischen Gesellschaftsrecht, AG 2015, 53–71

Van Nieuwerburgh, S./Stanton, R./de Bever, L.: A Review of real estate and infrastructure investments by the Norwegian Government Pension Fund Global, 12/2015

Van Tendeloo, B./Vanstraelen, A.: Earnings Management and Audit Quality in Europe: Evidence from the Private Client Segment Market, European Accounting Review 2008, 447–469

Veith, S./Werner, J.R.: Comparative Value Relevance Studies: Country Differneces versus Specification Effects, The Journal of International Accounting 2014, 301–330

Velte, P./Stawinoga, M.: Prüfung von Nachhaltigkeitsberichten, Der Konzern 2016, 13–19

Verriest, A. J. M.: Auditor Governance, Institutions and Analyst Forecast Properties: International Evidence, Journal of International Accounting Research 2014, 1–32

Vetter, J.: Regelungsbedarf für Related Party Transactions?, ZHR 2015, 273–329

Vintila, G./Gherghina, S. C.: An Empirical Examination of the Realtionship between Corporate Governance Ratings and Listed Companies' Performance, International Journal of Business and Management 2012, 46–61

Völker, A.: Das Offenlegungsverhalten börsennotierter Unternehmen während der Finanzmarktkrise, KoR 2014, 138–147

von Werder, A.: Ökonomische Grundfragen der Corporate Governance, in: Hommelhoff, P./Hopt, K. J./von Werder, A. (Hrsg.): Handbuch Corporate Governance, 2. Aufl. Stuttgart 2009, 3–37

Wallek, C.: Eine Analyse des deutschen Corporate Governance-Systems: Die Auflösung der Deutschland-AG, Der Konzern 2014, 193–202

Wang,D.: Founding Family Ownership and Earnings quality, Journal of Accounting Research 2006, 619–656

Welch, I.: Two Common Problems in Capital Structure Research: The Financial-Debt-To-Asset Ratio and Issuing Activity Versus Leverage Changes, International Review of Finance, 2011, 1–17

Windbichler, C.: Corporate Governance internationaler Konzerne unter dem Einfluss kapitalmarkt-rechtlicher Anforderungen, in: Hommelhoff, P./Hopt, K. J./von Werder, A. (Hrsg.): Handbuch Corporate Governance, 2. Aufl. Stuttgart 2009, 825–848

Wong, R. M. K./Kim, J-B./Lo, A. W. Y.: Are Related-Party Sales Value-Adding or Value-Destroy-ing? Evidence from China, Journal of International Financial Management & Accounting 2015, 1–38

Wundenberg, M.: Compliance und die prinzipiengeleitete Aufsicht über Bankengruppen, Tübingen 2012

Yu Hou: The Role of Diversification in the Pricing of Accruals Quality, Review of Accounting Stu-dies 2015, 1059–1092

Zajonz, R.: Die Bewertung europäischer Immobilienaktien, Köln 2010

Zeff, S. A.: The Objectives of Financial Reporting: A Historical Survey and Analysis, Working Paper 1/2013

Zülch, H./Siggelkow, L.: Bilanzpolitik im Rahmen der Entscheidung zur Erfassung einer Wertmin-derung gemäß IAS 36 – Empirische Analyse des Bilanzierungsverhaltens deutscher Unterneh-men im Zeitraum 2004 bis 2010, CF 2012, 383–39

Besonderheiten von Immobilienunternehmen und REITs

5

Kapitelübersicht

In diesem Kapitel stehen sogenannte Immobilienunternehmen im Vordergrund. Diese stellen in vielerlei Hinsicht einen besonderen Anwendungsbereich dar für die Rechnungslegung, Finanzierung und Corporate Governance ganz allgemein. Dies liegt primär an der mit Abstand wichtigsten Assetklasse, vermieteten Immobilien (Wohnen oder Gewerbe). Deren Besonderheiten wird zunächst nachgegangen (Abschn. 5.1.1), bevor die rechtlich und ökonomisch speziellen REITs behandelt werden. Diese unterliegen insgesamt einem sehr umfassenden und restriktiven Korsett an Regulierungen, die für Fragen der Rechnungslegung und Finanzierung bedeutsam sind (Abschn. 5.1.2). Sie stellen quasi ein natürliches Untersuchungsfeld für die potenziellen Auswirkungen einzelner Sonderbestimmungen dar, das (vor allem in den USA) sehr umfänglich empirisch untersucht wurde.

In Abschn. 5.2 werden dann ausgewählte bilanzielle Aspekte von Immobilienunternehmen behandelt. Im ersten Schritt geht es dabei um die Bewertung der Aktiva. Da diese unter IFRS mit dem Zeitwert (Fair Value) angesetzt werden, zeigt die Bilanz in etwa den aktuellen Substanzwert des Eigenkapitals. Oftmals wird angenommen, dass für die Immobilienbranche immaterielle Vermögenswerte und Synergieeffekte wenig bedeutsam sind. Dann sollte nach dem Prinzip der Wertadditivität dieser Substanzwert (Net Asset Value = NAV genannt) mehr oder weniger dem Marktwert des Eigenkapitals, dem Börsenwert, entsprechen. In der Praxis zeigen sich jedoch erhebliche Abweichungen (NAV-Spreads), für die es diverse Erklärungsversuche gibt, die meines Erachtens aber nach wie vor ökonomisch wenig befriedigend sind (Abschn. 5.2.2).

Immobilien als Assetklasse verfügen über Eigenschaften, die aus Gläubigersicht wünschenswert sein können, wie (relativ) einfache Bewertbarkeit, Wertbeständigkeit und Drittverwertbarkeit. Sie sind deshalb beliebte Kreditsicherheiten. Da Fremdkapital durch Steuereffekte regelmäßig attraktiver als die Aufnahme von neuem Eigenkapital ist, wäre deshalb prima facie zu vermuten, dass die Immobilienbranche einen hohen

© Springer Fachmedien Wiesbaden GmbH 2017
M. Kühnberger, *Kapitalmarktorientierte Rechnungslegung,*
DOI 10.1007/978-3-658-13205-7_5

Verschuldungsgrad aufweist. Allerdings lassen sich aus verschiedenen Kapitalstruktur-theorien (Pecking Order, Trade-off und Market Timing) situativ differenziertere Erwartungen ableiten. Ob diese empirisch fundiert werden können, wird in Abschn. 5.2.3 analysiert.

Unterstellt man, dass der Net Asset Value den Wert von Immobilienunternehmen nicht angemessen abbilden kann, liegt es nahe, die Bewertung auf Stromgrößen aufzubauen. In der Bewertungslehre ist es sowieso weitgehend Konsens, dass der Zeitwert von Unternehmen als Zukunftserfolgswert zu schätzen ist, in der Regel als Barwert künftiger Cashflows. Aber auch andere Stromgrößen wie das Net Income, das OCI oder bereinigte, nachhaltige Gewinne können Basis für die Schätzungen darstellen. Sei es, dass sie als Indikatoren für künftige Cashflows geeignet sind oder in Multiplikatorenmodelle eingehen. Diese stellen grob vereinfachte Varianten von Vergleichswerten dar.

Nahezu alle börsennotierten Unternehmen publizieren ergänzend und freiwillig weitere Performancegrößen. Berühmt-berüchtigt sind die sogenannten Pro-forma-Earnings aus der Earnings-before-Gruppe und die Street-Earnings in Form von Analystenschätzungen. Da diese Maßgrößen nicht standardisiert sind und subjektive Anpassungen erlauben, sind sie anfällig für Bilanzpolitik und Fehlinterpretationen durch Nutzer. Dem steht aber entgegen, dass ihnen vielfach empirisch ein deutlich höherer Informationswert als den Erfolgsgrößen aus der Pflichtpublizität bestätigt werden konnte (Abschn. 5.3.5.1). Ergänzend wird der Frage nachgegangen, ob Dividenden unter Signallinggesichtspunkten ebenfalls Informationsgehalt haben (Abschn. 5.3.5.2).

Für Immobilienunternehmen gibt es seit Jahrzehnten ein Performancemaß, Funds from Operations (FFO), das im Gegensatz zu den auf zwingenden Rechnungslegungsregeln beruhenden Gewinngrößen geeignet sein soll, die Leistungsfähigkeit adäquat abzubilden. Trotz starker Veränderungen im Zeitablauf und diverser Freiheitsgrade bei der Ermittlung sind die FFO in der Praxis von überragender Bedeutung und haben Größen wie das Net Income oder den CFO weitgehend verdrängt. Sollte sich bestätigen lassen, dass die Kennzahl tatsächlich informativer ist, wäre dies natürlich ein starkes Argument für branchenbezogene oder geschäftsmodellabhängige Rechnungslegungszahlen. Ob diese außerhalb der Pflichtpublizität entwickelt werden oder Bestandteil der IFRS oder anderer GAAP sein sollten, ist dann eine weitere Frage.

5.1 Immobilienunternehmen und Immobilienmärkte

5.1.1 Grundlagen

Die Frage, welche Unternehmen als Immobilienunternehmen zu qualifizieren sind, ist nicht einfach zu beantworten. Beachtlich ist, dass viele Unternehmen Immobilien in unterschiedlichem Umfang und für sehr unterschiedliche Zwecke halten, zum Beispiel als Vorratsvermögen, als Projektentwickler, als Selbstnutzer oder als Bestandshalter. Zudem kann man auch ohne eigene Immobilien als „Immobilienunternehmen" gelten, wenn zum Beispiel überwiegend immobilienbezogene Leistungen erbracht werden.

Es geht also keinesfalls nur um sogenannte Bestandshalter. Für die unten dargestellten eigenen Auswertungen wird auf einen Index des Bankhauses Ellwanger & Geiger zurückgegriffen (nähere Erläuterungen unten).

Unterstellt man gleichwohl, dass Immobilien im Regelfall die wichtigste Assetklasse der hier fokussierten Unternehmen darstellt, so tritt eine Besonderheit in den Vordergrund: „Immobilien weisen im Vergleich zu anderen Gütern das höchste Maß an Heterogenität auf, sodass „Outsider" die Vergleichbarkeit und Bewertung erschwert wird und folglich Probleme asymmetrischer Information besonders im Immobiliensektor" (Hohenstatt et al. 2010) bestehen. Demnach müssten die Agencykosten hoch sein, was durch eine vermehrte Fremdkapitalaufnahme gemindert werden könnte. Aber es gilt auch im Gegenzug: Aufgrund der „Asset Tangibility" und Prognosegüte für die künftigen (vertraglich fixierten) Cashflows sind weniger Agency-Konflikte plausibel. So heißt es auch zum Thema Bewertung von Anlageimmobilien mit dem Fair Value über die Datenlage zu Immobilienwerten „…which generally has more developed reference markets and valuation methodologies" (Muller et al. 2011).

Offenbar ist es nicht einfach möglich, die Branchenbesonderheiten zu strukturieren und bereits die Annahme der besonderen Bewertungsproblematik ist diskussionsbedürftig. Dies wird deutlich, wenn man sich vor Augen führt, wie wenig zuverlässig Immaterialgüter oder spezifische Produktionsanlagen zu bewerten sind. Auf der anderen Seite stehen nationale und internationale Organisationen von Sachverständigen (IVSB, RICS, TEGoVA usw., jeweils mit Bewertungshandbüchern am Markt), das IDW hat einen Bewertungsstandard S 10 verlautbart, es gibt in Deutschland ein ausgebautes Sachverständigenwesen und die ImmoWertV, die detaillierte Anleitungen für die Bewertung von Immobilien enthält etc. Deshalb kann man in der Tat wohl davon ausgehen, dass die Masse an Immobilien zwar mit vertretbaren Bandbreiten zu bewerten ist, aber diese Bandbreiten eben deutlich besser prüfbar sind als für viele andere Assetklassen.

Immobilieninvestitionen können sehr unterschiedlich strukturiert werden, wobei die grundsätzliche Unterscheidung in direkte und indirekte Form (Fonds) wesentlich ist. Direkte Anlagen sichern naturgemäß die Entscheidungsmacht über Nutzung und Belastungen der Immobilie, vermeiden diverse Agency-Probleme und weisen teilweise steuerliche Vorteile bei der Verrechnung zwischen verschiedenen Einkunftsarten auf. Indirekte Anlagen sind in Form offener oder geschlossener Fonds, GmbH, KG usw. möglich. Im Fokus dieses Kapitels stehen AG und die Sondergruppe der Real Estate Investment Trusts (REITs).

Fondskonstruktionen bieten naheliegende Vorteile wie Größentransformation (besonders für Kleinanleger, die standardisierte Titel erwerben können), Risikotransformation durch Diversifikation in verschiedene Assetklassen und Fristentransformation, die gerade bei Immobilien wichtig sein kann. Soweit die Beteiligungstitel liquide sind, ist dies ein beachtlicher Vorteil, der zudem mit stark verminderten Transaktionskosten verbunden sein kann (Grunderwerbsteuer, Notarkosten, Informations- und Verhandlungskosten). Fonds können als Kapitalsammelstellen auch Größenvorteile realisieren, die nur manchen Investoren bei direkter Anlage möglich wären, Spezialisierungswissen aufbauen und ein professionelles Management einstellen. Sind die Titel an Primär- oder Sekundärmärkten handelbar, liefert die laufende Bepreisung aktuelle Marktinformationen über die Vermögenswerte. Dem stehen aber geringere Einflussmöglichkeiten, zusätzliche Managementkosten und Agency-Probleme gegenüber und stärkere Wertschwankungen als bei einer direkten Immobilienanlage. Einigen Agency-Problemen kann und wird durch regulatorische Vorgaben wie AktG, REITG, Börsenordnungen, Transparenzpflichten etc. entgegengewirkt. Da diese Ausgestaltungen vom konkreten Investitionsvehikel abhängen und durch andere Corporate Governance-Institutionen ergänzt werden, resultiert letztlich eine beachtliche Komplexität.

Immobilien wird im Allgemeinen der Vorteil zugerechnet, dass sie Inflationsschutz bieten, u. a., weil Vertragsmieten oftmals an Preisindizes anknüpfen. Für den Zeitraum 1972 bis 2015 wurde dies für den globalen Immobilienmarkt untersucht (vgl. Van Nieuwerburgh et al. 2015, S. 53 f.). Die Verfasser stellen fest, dass dieser Schutz nur langfristig besteht und sich nicht von dem unterscheidet, den Aktien bieten. Insofern ist Inflationsschutz kein Kriterium, das für die Entscheidung zwischen direkter und indirekter Immobilienanlage bedeutsam ist.

Insgesamt ist hier festzuhalten, dass der globale Immobilienmarkt ein riesiges Volumen an Investitionen bietet, die in verschiedensten Formen realisiert werden können. Es finden sich private wie institutionelle Anleger, mit kurz- oder langfristigen Anlagezielen, mit sehr unterschiedlichen Rendite-/Risikoprofilen und entsprechenden Anlagestrategien (diversifiziert oder spezialisiert, eher Wohn- oder Gewerbeimmobilien usw.). Die weiterhin im Fokus stehenden AG und REITS bilden nur einen kleinen Teil des Marktes ab.

So befindet sich ein großer Teil des Immobilienvermögens in Deutschland in Privatbesitz. Es wird unterstellt, dass diesen Privatinvestoren regelmäßig der Zugang zu teuren Marktinformationen und Reports fehlt. Unter den institutionellen Anlegern finden sich neben AG/REITS auch viele Non-Property-Unternehmen, deren Kerngeschäft nicht immobilienbezogen ist. Dies betrifft vor allem selbst genutzte Immobilien. In Deutschland kommen besondere Eigentümer wie kommunale Unternehmen, Kirchen, eingetragene Genossenschaften etc. hinzu, die partiell andere als rein ökonomische Ziele verfolgen (vgl. Schulte et al. 2016a, S. 134 ff.). Für den globalen Immobilienmarkt stellen Van Nieuwerburgh et al. (2015, S. 15) fest, dass der Anteil privaten Immobilienbesitzes bei ca. 85 % des Gesamtmarktes liegt. Die Autoren unterstellen des Weiteren, dass börsennotierte Immobiliengesellschaften aufgrund der laufenden Transparenzpflichten und Bewertung durch Börsen eher den Fokus auf kurzfristige Erfolge legen als Anleger, die direkt in Immobilien investieren (2015, S. 31). Allerdings gilt auch für börsennotierte Unternehmen, dass familiendominierte AG oder AG mit einem großen Anteil an institutionellen Anlegern auch eine eher langfristige angelegte Politik verfolgen können.

Für indirekten Immobilienbesitz wie Aktien hängt das Investitionsrisiko der Anleger ab von den Marktrisiken der Beteiligungstitel, den Marktrisiken und der Spezifität der Immobilien und den Handlungsspielräumen des Managements (vgl. Sotelo 2006, S. 543 ff.). Demnach stellt sich die Frage, ob Aktien von Immobilien-AG eher Investitionen in den Aktienmarkt darstellen oder eher direkten Investitionen in Immobilien gleichen. Dies wird besonders deutlich, wenn man den Fall einer AG unterstellt, die nur über einen einzigen Vermögenswert verfügt, eine voll vermietete Immobilie. Die Cash-flows aus dieser Immobilie stellen dann nahezu alle Zahlungsströme der AG dar. Wird der Zeitwert der Immobilie als DCF-Wert ermittelt, so müsste er in etwa dem Zeitwert der AG entsprechen, wenn dieser als DCF-Wert ermittelt wird, es sei denn, es gäbe noch andere wesentliche Zahlungen oder es gibt Gründe den Diskontierungszins abweichend festzulegen. Unterstellt man, dass der Börsenwert der AG deren Zeitwert entspricht, so müsste er in etwa dem sogenannten Net Asset Value (NAV) entsprechen, dem Zeitwert der Immobilie abzüglich der Schulden der AG.

Tatsächlich zeigen sich in der Realität in vielen Ländern und über lange Zeiträume hinweg (auch mit wechselnden Vorzeichen) teilweise sehr hohe NAV-Spreads, sowohl als Discounts als auch als Premiums. Mögliche Ursachen können in den o. a. Unter-schieden zwischen direkten und indirekten Immobilieninvestitionen liegen, zum Bei-spiel bezüglich der Liquidität, der Agencykosten, des Informationsumfeldes (laufende Bepreisung von Aktien und Analystendeckung versus jährliche Bewertung), Anlegerty-pen etc. So sind REITs und Immobilien-AG oftmals auf Gewerbeimmobilien speziali-siert (vgl. EPRA/INREV 2014b; Ro und Ziobrowski 2011), deren Rendite-Risiko-Profil deutlich von Wohnimmobilien abweicht. Möglichen Ursachen für diese Spreads wird in Abschn. 5.2.2 detaillierter nachgegangen.

Gleichwohl zeigen diverse Studien weitgehend übereinstimmend, dass

- direkte und indirekte Immobilienanlagen langfristig vergleichbare Rendite-Risiko-Merkmale aufweisen, also Substitute darstellen. Dies hat Relevanz u. a. für ange-strebte Diversifikationseffekte bei einem Portfolio-Aufbau.
- Sie kurzfristig aber erheblich auseinanderfallen können, im Wesentlichen wegen der unterschiedlichen Volatilität und Liquidität, sowie Informationsunterschieden (vgl. Liu et al. 2012; Van Nieuwerburgh et al. 2015, S. 5 ff.).

Mehrheitlich wird in der Literatur angenommen, dass Immobilienaktien eher durch die Faktoren getrieben werden, die den Aktienmarkt beeinflussen als durch diejenigen, die auf dem Immobilienmarkt relevant sind (vgl. Boudry und Kallberg 2014, für US-REITs 1989 bis 2012: Gleichlauf der Renditen; Morawski und Rehkugler 2009, S. 251 ff.; Schnelle und Rehkugler 2009, S. 235 ff.). Dazu ist jedoch festzuhalten, dass es hierzu auch eine ganze Reihe von Gegenstimmen gibt, die eher mit Konjunkturzyklen, makro-ökonomischen und sonstigen Einflussfaktoren argumentieren, die eher immobilienspezi-fisch sind (vgl. Edelhoff 2011; Jedem 2006; Moll-Amrein 2009).

Dabei zeigte sich auch, dass die Immobilienrenditen den Aktienrenditen zeitversetzt folgten. Es wird allgemein unterstellt, dass der Wertpapiermarkt „tends to lead the direct real estate market, even after controlling for leverage and appraisal smoothing, which can make private real estate returns more predictabel in the short run than than those in listed estate" (Van Nieuwerburgh et al. 2015, S. 28). Das Auseinanderfallen im kurz-fristigen Bereich kann demnach vor allem auf Informationsdefiziten beruhen oder auch der Tatsache, dass bei direktem Immobilienbesitz Wertschwankungen gar nicht ermittelt werden und auffallen.

Des Weiteren wurde festgestellt, dass Immobilienaktien sich im Zeitablauf zunehmend dem allgemeinen Aktienmarkt angenähert haben, allerdings korrelieren Immobilien-AG und REITs vor allem mit Small Stocks, was durchaus plausibel ist, da es sich im Allgemeinen um eher kleinere Unternehmen handelt (vgl. Van Nieuwerburgh et al. 2015, S. 42: „Co-Movement").

Sehr bemerkenswert ist des Weiteren, dass die Renditen von Aktien in Immobilienunternehmen in den letzten Jahren deutlich gestiegen sind und spürbar über den Renditeforderungen des gesamten Aktienmarktes lagen. Die Risikozuschläge für Immobilien-AG sind demnach höher, was der allgemeinen Annahme, dass Immobilien besonders wertresistente und inflationsgeschützte Anlagen seien, widerspricht. Sowohl für das Zeitfenster 1992 bis 2014 als auch 1994 bis 2014 wurde dies für die USA erhoben. Die Autoren begründen dies damit, dass Immobilien-AG zusätzlich die Risiken von Immobilienpreiszyklen tragen und während der Finanzmarktkrise gerade Immobilien im Brennpunkt standen (vgl. Van Nieuwerburgh et al. 2015, S. 163). Die geringen Angebots- und Nachfrageelastizitäten können zu erheblichen Marktungleichgewichten führen.

Insgesamt stellen die Verfasser einige bemerkenswerte Merkmale für die Entwicklung der US-REITs fest, die allerdings durchaus als generalisierbar angesehen werden (vgl. Van Nieuwerburgh et al. 2015, S. 165 ff.):

- Häufig wird unterstellt, dass Immobilienaktien wegen der relativ stabilen Cashflows und Dividenden aus Anlegersicht wie Bonds seien (vgl. Boudry et al. 2012). Demgegenüber zeigen sie, dass die monatlichen Renditen stark mit Aktienrenditen korrelieren und überhaupt nicht mit Anleihen.
- Die Returns werden auch nicht dann weniger volatil, wenn längere Anlagehorizonte angenommen werden.
- REITs stellen insgesamt gute Hedges für Zinsänderungsrisiken dar.
- Der Immobilienkapitalmarkt wird zunehmend in den allgemeinen Kapitalmarkt integriert, sodass Diversifikationseffekte kaum noch realisiert werden können durch einen Zukauf von Immobilienaktien.
- Renditen für diverse Asset-Typen wie Hotels, Krankenhäuser, Büros, Self-Storage etc. weisen deutliche Unterschiede zum Gesamtmarkt an Immobilien auf.

Da es im Weiteren um Immobilien-AG geht, sollen knapp noch Besonderheiten der Rechnungslegung angesprochen werden, die auf der Branche oder dem Geschäftsmodell beruhen. IFRS-Abschlüsse spielen ja eine wesentliche Rolle im Corporate Governance-Gefüge, sodass es sich lohnt einige Eigenheiten festzuhalten.

Für die Immobilienunternehmen in Deutschland kann zwar nicht reklamiert werden, dass sie einheitliche Geschäftsmodelle verfolgen und auch die Einheitlichkeit der IFRS-Anwendung ist nicht eo ipso gegeben. Gleichwohl sind sie geprägt durch eine Assetklasse mit besonderen Merkmalen und es gibt mit der EPRA (European Public Real

Estate Association) eine Branchenorganisation, die sich um eine einheitlich Umsetzung der IFRS verdient gemacht hat. Zudem haben sich branchenweit diverse freiwillig entwickelte Schlüsselkennzahlen entwickelt, sodass die Auswertung dieses Unternehmenssample durchaus interessante Ergebnisse erwarten lässt.

Dies liegt einmal daran, dass es Brancheneigenheiten gibt, aber auch daran, dass die IFRS für typische Bestandshalter, die im Weiteren unterstellt werden, besonders viele bilanzielle Spielräume bieten. Einige Einzelaspekte verdeutlichen dies.

1. Zunächst ist festzuhalten, dass Immobilien unter IAS 2, IAS 16 und IAS 40, sowie IFRS 5 fallen können, je nach Nutzungsabsicht. In Folge der Klassifikation ergeben sich einmal unterschiedliche Vermögensstrukturen auf der Aktivseite. Sehr viel bedeutsamer ist jedoch, dass sich ganz erhebliche Unterschiede für die Folgebewertung ergeben, die Bilanz, GuV, OCI, Kapitalflussrechnung und Anhang beeinflussen. Auch wichtige Kennzahlen wie die Earnings per Share (IAS 33) können verändert werden. Die erforderlichen Klassifikationsentscheidungen sind dabei partiell ermessensbehaftet, sodass sich im Einzelfall auch spürbare Gestaltungsmöglichkeiten ergeben können.
2. Wird eine Immobilie als Vorratsvermögen eingeordnet, stellt IAS 2 zwar relativ umfassende Regelungen zur Verfügung. Bezüglich der Erfolgsrealisation ist aber wiederum eine Zuordnung erforderlich, ob es sich um Auftragsfertigung handelt oder nicht (IFRS 15). Die Unterschiede betreffen dann nicht nur die Bewertungs- und Erfolgsebene, da bei Fertigungsaufträgen keine Immobilien sondern Forderungen (oder Verbindlichkeiten) aus der bisherigen Abrechnung zu bilanzieren sind.
3. Fällt eine Immobilie unter das selbst genutzt Anlagevermögen (IAS 16), kann zwischen dem Cost Model und dem Neubewertungsmodell gewählt werden, ergänzt um den Impairmenttest nach IAS 36. Neben Anschaffungskosten, sind deshalb Zeitwerte (auch oberhalb der Zugangswerte) und Nutzwerte (Value in Use) mögliche Wertansätze. Je nach Modell sind die Wertänderungen in der GuV oder zumindest partiell im OCI (sonstiges Ergebnis) abzubilden. Ein Recycling bei endgültiger Realisation ist nicht vorgesehen.
4. Innerhalb des IAS 16 ist der sogenannte Komponentenansatz zwingend vorgesehen, allerdings mit beachtlichen Freiheitsgraden in der konkreten Umsetzung. Die jeweilige Ausgestaltung hat Folgen für die Frage, ob spätere Baumaßnahmen zu aktivieren sind oder nicht, was nicht nur Unterschiede in Bilanz und Erfolgsrechnung hervorruft, sondern auch in der Kapitalflussrechnung (operativer oder investiver Cashflow).
5. Fällt eine Immobilie unter IAS 40 (Anlageimmobilie, Investment Property), kann die Bewertung nach dem Cost Model oder dem Fair Value Model erfolgen. Wird das Cost Model gewählt, ist der Fair Value im Anhang anzugeben. Gerade bei Immobilien wurde das Fair Value Model scharf kritisiert, da es für diese Assetklasse in aller Regel keine aktiven Märkte im Sinne der IFRS gibt (homogene Güter, Vielzahl an Transaktionen, direkt beobachtbare und bekannte Marktpreise), sodass es um nur geschätzte Werte geht. Diese gelten zwar als entscheidungsrelevant, aber die Reliabilität wird

stark angezweifelt. IFRS 13 beseitigt diese Bedenken nur teilweise. Der Standard gibt keine bestimmte Bewertungsmethode vor, sodass verschiedenste Verfahren wie (adjustierte) Vergleichswerte (inklusive von Multiplikatorenmodellen), DCF-Methoden und die einjährige Ertragswertmethode nach der ImmoWertV zulässig sind. In der Praxis spielen zusätzlich nationale Gepflogenheiten und Informationsquellen eine beachtliche Rolle (vgl. Kühnberger 2012; Kühnberger und Werling 2012). Allerdings enthält IFRS 13 Vorgaben für die zu verwendenden Input-Parameter für die Bewertungsmodelle. Wiederum gilt aber, dass, da Level-1-Inputs (direkt beobachtbare Marktpreise) praktisch ausscheiden, die Bewertungsparameter eher mindere Qualitäten erreichen.

6. Theoretisch könnte dies durch Anhangangaben zumindest teilweise kompensiert werden. Der Umfang der Erläuterungen hängt allerdings vom erreichten Input-Level ab und auch hier bestehen Ermessensspielräume. Ob zum Beispiel ein Liegenschaftszinssatz oder ein Bodenrichtwert Level-2- oder Level-3-Inputs darstellen, ist vom Management zu entscheiden. Die Erläuterungspflichten haben zudem den Nachteil, dass zum Beispiel quantitative Sensitivitätsanalysen gerade nicht vorgesehen sind oder Veräußerungserfolge aus dem Verkauf von Anlageimmobilien nicht gesondert anzugeben sind. Solche Informationen könnten die Einschätzung der erreichten Bewertungsqualität meines Erachtens deutlich verbessern. Unterstellt werden müsste dabei allerdings, dass Anhanginformationen genauso sorgfältig erhoben, geprüft und ausgewertet werden, wie das Zahlenwerk. Hieran bestehen durchaus berechtigte Zweifel (Abschn. 2.2.2; Stichwort „Ort der Offenlegung").

7. In der Immobilienbranche werden seit Jahrzehnten Non-GAAP-Maßgrößen wie Funds from Operations (FFO), EPRA-Earnings, Net Asset Value (NAV) in großem Umfang publiziert und für Unternehmensanalysen genutzt. Diese branchen- oder geschäftsmodellbezogenen Kennzahlen gelten als wesentlich relevanter als die vergleichbaren GAAP-Größen wie Net Income, operativer Cashflow, Gesamtergebnis etc. Deshalb stellt sich natürlich die Frage, ob branchenbezogene Erfolgsmaße normiert werden sollten oder eine freiwillige Publizität zumindest in einen normativen Rahmen eingebunden wird (zum Beispiel Vergleichbarkeit, Transparenz der Herleitung, Prüfungspflicht). Letztlich steht dahinter auch die Frage, ob solche Möglichkeiten eher für opportunistische Bilanzpolitik missbraucht werden oder zur Offenlegung privaten Wissens (vgl. Abschn. 2.4).

8. Immobilien sind aufgrund der sogenannten Asset Tangibility, Wertstabilität und Drittverwertbarkeit regelmäßig beliebte Kreditsicherheiten (selbst wenn man die aufgezählten Eigenschaften anzweifelt). Insofern steht zu erwarten, dass auch die Passivseite von Immobilienunternehmen Besonderheiten im Vergleich zu anderen Branchen aufweisen kann.

9. Oben wurde darauf verwiesen, dass der Immobilienmarkt insgesamt sehr umfassend ist und sehr viele private wie institutionelle Investoren aktiv sind. Entsprechend bewegen sich Bestandshalter in einem relativ transparenten Geschäftsfeld. Dies sollte Informationsasymmetrien mildern und eine gute Corporate Governance befördern.

Bestärkt wird diese Vermutung dadurch, dass Erträge und Cashflows aufgrund mehr-
jähriger Mietverträge relativ gut planbar. Ökonomische Schocks eher nicht zu erwarten sind.

Insgesamt deuten die angeführten Aspekte darauf hin, dass die Auswertung der Bran-
chenabschlüsse und der empirischen Befunde zur kapitalmarktorientierten Rechnungslegung zu Besonderheiten führen können. Die genannten Einflussfaktoren sollten aber
nicht zu vorschnellen Urteilen oder Einschätzungen führen. So hat der kurze Überblick
über die Marktentwicklungen zum Beispiel gerade gezeigt, dass die Volatilität von
Immobilienaktien und die Risikozuschläge für solche Aktien größer sind als am Gesamtmarkt. Bezüglich der meisten Rechnungslegungsaspekte ist des Weiteren zu bedenken,
dass die angesprochenen bilanzpolitischen Spielräume nicht per se schlecht sind und die
Abschlussqualität mindern (vgl. Abschn. 2.3 und 3.3).

Für viele der in den folgenden Abschnitten vorzustellenden Studien sind zwei Besonderheiten zu beachten: Sie stammen ganz überwiegend aus dem angelsächsischen Raum
(vor allem den USA) und betreffen vielfach REITs, die eine ganze Reihe von untypi-
schen Eigenschaften im Vergleich zu anderen Rechtsformen aufweisen. Diese sollen
kurz vorgestellt werden, um eine Einordnung der Aussagen vornehmen zu können.

5.1.2 Besonderheiten von Real Estate Investment Trusts (REITs)

5.1.2.1 REIT-Regime und Entwicklungstrends

Sogenannte REITs sind inzwischen in sehr vielen Ländern der Welt zu finden. Ursprünglich aus den USA kommend, sind sie inzwischen in vielen Ländern erlaubt, wobei die
Vorgaben nicht einheitlich sind. Typisch ist jedoch für alle, dass sie steuertransparent
sind und im Gegenzug einigen Geschäftsstrukturnormen unterliegen. Diese betreffen
sowohl die Investitionsmöglichkeiten durch Vorgaben zur Vermögens- und Ertragsstruk-
tur, als auch Regelungen zum Anlegerkreis (typisch ist Streubesitz) und einen Dividendenzwang, der sicherstellen soll, dass die Gewinne der AG zeitnah bei den Aktionären
versteuert werden (vgl. ausführlich zum deutschen G-REIT Kühnberger et al. 2008,
S. 40 ff.). Aus diesen Randbedingungen ergibt sich eine Reihe von Besonderheiten, die
Einfluss auf die Bilanzpolitik (einschließlich von Sachverhaltsgestaltungen) und die
Qualität der Abschlüsse von REITs haben können.

Für die EU hat Müller (2010) diverse REIT-Regime untersucht und durchaus auch
deutliche Unterschiede in den konkreten Ausgestaltungen der Strukturvorgaben festgestellt. Er analysiert dann, welches Regime für unterschiedliche potenzielle Investorengruppen attraktiv sein könnte und kommt zu dem Ergebnis, dass weitgehend liberale
Konzepte am Attraktivsten seien. Allerdings berücksichtigt er bei seiner Analyse nicht
die diversen Wechselwirkungen zwischen rechtlichen Vorgaben, Anreizstrukturen, Rechnungslegung und Finanzierungsbedingungen. Ein Korsett, das eine fokussierte Unternehmensstrategie erzwingt, geht zum Beispiel mit wenig Informationsasymmetrie einher
und kann deshalb durchaus ein attraktives Anlagevehikel hervorbringen.

Tab. 5.1 Anteile REITs am Markt für Immobilien-AG. (vgl. Zabierek 2014)

	REITs (%)	Andere Immobilienunternehmen (%)
Anteil 12/2010	51	49
Anteil 3/2013	67,5	32,5

Am Real Estate Wertpapiermarkt weltweit haben REITs in den letzten Jahren deutlich an Bedeutung gewonnen, wie Tab. 5.1 zeigt (vgl. Zabierek 2014).

Während es in Deutschland derzeit (Stand 4/2016) gerade Mal 4 REITs gibt, notieren in den USA 221 Equity REITs, davon 192 an der NYSE. Börsengehandelte REITs hatten in den USA 6/2015 ein Marktvolumen von 839 Billionen US$ und schütteten 2014 42 Billionen US$ an Dividenden aus. Es gibt zwar auch nicht gelistete, private REITs, die aber nur einen kleineren Marktanteil ausmachen (vier Billionen US-Dollar Dividende im Jahr 2014; vgl. PWC 2015). Im Zeitraum 1990 bis 2007 verzeichneten REITs ein globales Wachstum von beachtlichen 13 % per annum (vgl. Edelstein et al. 2011). Für die Jahre 2004 bis 2006 zeigte es sich, dass es für Aktionäre nur niedrige Risikoprämien gab, was ceteris paribus auch Ergebnis einer guten Corporate Governance der REITs sein könnte. Allerdings galt dies gleichermaßen für Non-REITs des Immobiliensektors (vgl. Edelstein et al. 2011).

Während der Finanzmarktkrise verloren die US-REITs ausgehend von einem Börsenwert von 438 Billionen US$ rund 56 % ihres Wertes und erreichten noch 191 Billionen US$. Während die Dividendenrendite von 1990 bis 2002 noch bei 7,4 % per annum lag, erreichte sie 2009 gerade noch 3,7 % (vgl. Devos et al. 2013). Demnach gilt auch für REITs, dass die Aktien nicht risikoarm sind und (zumindest kurzfristig) den Entwicklungen des allgemeinen Aktienmarktes folgen. Für REITs und andere Immobilien-AG waren die Entwicklungen sogar besonders ausgeprägt, da die Assetklasse Immobilien im Brennpunkt der Krise stand.

REITs weisen, trotz gewisser nationaler Differenzierungen typischer Weise einige Gemeinsamkeiten auf. Dabei können die Unterschiede im Einzelfall auch gravierende Folgen haben. Dies liegt nicht nur an den spezifischen Vorgaben, sondern auch daran, dass die REITs insgesamt in nationale Corporate Governance- und Marktgegebenheiten eingebettet sind. Selbst identische REIT-Regime könnten so unterschiedliche Folgen hervorrufen. Hinzu kommt, dass die Entwicklung im Zeitablauf durch deutliche Anpassungen stark gefördert und verändert wurde. Für die Entwicklung des weltweit wichtigsten REIT-Marktes, die USA, sei dies beispielhaft skizziert:

1. In den USA dominierten zunächst REITs, die sich aus Familienunternehmen entwickelt hatten, wobei Familienmitglieder weiterhin wesentlichen Einfluss behielten (als Boardmitglieder). Bis 1986 war zudem ein externes Asset Management vorgesehen und komplexe UPREIT-Strukturen verbreitet. In diesen Fällen bestand das große Risiko, dass das Management REITs opportunistisch ausbeuten konnte. Erst ab 1986

wurde ein internes Management durch einen Board ermöglicht, sodass diesbezüglich eine Annäherung an andere AG erfolgte (vgl. Chung et al. 2012).

2. Ab 1994 erst wurden sogenannte Equity-REITs dominant und prägten das enorme REIT-Wachstum. Bis dahin waren Mortgage-REITs oder hybride REITs (Mischung von Mortgage- und Equity-REITs) üblich. Mortgage-REITs investieren nicht direkt in Immobilien, sondern finanzieren Immobiliendarlehen. Sie spielen kaum noch eine Rolle und fallen nur bei sehr weiter Deutung unter den Begriff Immobilienunternehmen.

3. Im Jahre 2000 hat die US-amerikanische Immobilienorganisation NAREIT (National Association of Real Estate Investment Trusts) eine Normierung der weit verbreiteten Kennzahl Funds from Operations (FFO) eingeführt. Der FFO wird für die gesamte Branche und insbesondere für REITs häufig als die wichtigste Steuerungs- und Performance-Kennzahl angesehen, die Größen wie Gewinne, Cashflows, EBITDA usw. in ihrer Bedeutung weit übertreffen. Durch die RegG 2003 wurde zudem eine zwingende Überleitung des FFO auf eine normierte GAAP-Größe (in der Regel das Net Income) vorgeschrieben. Dies hatte beachtliche Folgen für die Transparenz, Rechnungslegungsqualität und Bilanzpolitik der Unternehmen (vgl. ausführlich Abschn. 5.3.5.1).

4. Im Jahre 2001 wurden REITs in den Aktienindex S&P 500 aufgenommen. Damit wurden sie für eine breite Investorenschicht besser sichtbar und eine größere Analystendeckung resultierte. Dies sollte ceteris paribus zu einer verbesserten Transparenz und weniger Informationsasymmetrien führen. Gleichwohl ist zu beachten, dass REITs im Allgemeinen Small Caps sind und sich deshalb nur eingeschränkt in einem informationsfreundlichen Umfeld bewegen (vgl. Ghosh et al. 2011b).

5. Der SOX aus 2002 hatte auch für REITs als börsennotierte Unternehmen unmittelbar Geltung. Für das Zeitfenster 1999 bis 2005 wurde für 68 Equity-REITs untersucht, ob sich die Board-Zusammensetzung als Element der internen CG veränderte. Tatsächlich erfolgten teure Anpassungen, die sich aber nicht positiv auf die Unternehmensleistung auswirkten. Noguera (2012) folgert: „…REITs do not benefit from the additional regulations by SOX." Für die bereits regulierte REIT-Branche sei er verfehlt. Ob dies tatsächlich für sämtliche Neuerungen des SOX gilt oder auch bezüglich anderer regulierter Branchen (Banken, Versicherungen, preisregulierte Unternehmen etc.), wäre aber gesondert zu prüfen.

6. Die Finanzmarktkrise als externer Schock hat sich dramatisch auf die Börsenkurse und Renditen der REITs ausgewirkt. Dies ist zunächst nichts Besonderes. Da REITs von ihrer Struktur her aber darauf verwiesen sind, Wachstum in erster Linie extern zu finanzieren, ist es möglich, dass sich die Krise für diese Unternehmensgruppe besonders stark oder schwach ausgewirkt hat.

Insgesamt zeigt sich, dass Rechtsänderungen und ökonomische Einflüsse die Rahmenbedingungen für REITs permanent beeinflussen. Sowohl dies, auch als spezifische Ländereffekte, führen dazu, dass die Übertragbarkeit und Verallgemeinerbarkeit von empirischen Befunden kritisch zu prüfen sind. Insbesondere Ergebnisse vor 1994 aus den USA oder Resultate für Mortgage-REITs dürften diesbezüglich kaum noch eine tragfähige Basis liefern.

Welche Strukturmerkmale sind nun prägend für REITs? Zunächst einmal handelt es sich um börsennotierte Unternehmen, die steuertransparent sind. In Deutschland betrifft dies die Freistellung von der Körperschaft- und Gewerbesteuer. Allerdings gibt es auch REIT-Regime, die nur bestimmte Geschäftsvorfälle steuerlich privilegieren, aber andere Erfolge durchaus besteuern (wie in den USA und dem UK).

Die Steuertransparenz hat aber einen Preis: REITs unterliegen einem Dividendenzwang, sie müssen einen großen Teil ihrer (begünstigten oder auch sämtlicher) Gewinne ausschütten, damit diese zeitnah auf der Ebene der Anteilseigner besteuert werden können. Dabei bemisst sich die Pflichtdividende (oftmals 90 %) nicht nach dem im Jahres- oder Konzernabschluss publizierten Net Income oder Gesamtergebnis, sondern nach dem zu versteuernden Einkommen (USA) oder dem HGB-Jahresüberschuss (Deutschland).

Eine Folge des Dividendenzwanges ist, dass REITs nur in begrenztem Maße Gewinnrücklagen bilden können (zum Umfang, siehe unten). Wachstum basiert deshalb auf der Inanspruchnahme externer Finanzierungsquellen. Einige REIT-Regime machen auch Vorgaben zu Verschuldungsgraden, für andere REITs gibt es ökonomische Grenzen. Deshalb ist es plausibel, dass REITs relativ häufig Kapitalerhöhungen realisieren.

REITs enthalten regelmäßig Vorgaben zur Eigentümerstruktur. Diese verhindern, dass es einen Mehrheitsaktionär (Controlling Shareholder) geben kann und stellen ein Mindestmaß an Streubesitz sicher. Ein großer Free Float kann REITs attraktiv für verschiedene Anlegergruppen machen, also einen Wettbewerbsvorteil gegenüber anderen Immobilien-AG schaffen.

Die Steuertransparenz setzt schließlich voraus, dass REITs mehr oder weniger strengen Beschränkungen ihrer geschäftlichen Aktivitäten unterliegen. Im deutschen REITG wird dies beispielsweise durch folgenden Mix an Normen erreicht: 1) REITs dürfen nur bestimmte Geschäftsaktivitäten realisieren, vor allem den Erwerb und die Vermietung von Immobilien und nur begrenzt Konzernstrukturen aufbauen (§ 1 REITG). 2) Mindestens 75 % des Vermögens müssen Immobilien sein und 75 % der Erträge müssen aus qualifizierten, REIT-typischen Geschäften stammen (§ 12 REITG). 3) REITs unterliegen einem begrenzten Handelsverbot (§ 14 REITG).

Zusammen genommen führt dies dazu, dass REITs vom Charakter her tendenziell passive Bestandshalter sind. Auf den ersten Blick spricht auch einiges dafür, dass REITs über eine starke Corporate Governance verfügen. Auf der anderen Seite hat das Management auch Beschränkungen hinzunehmen und kann nicht flexibel auf aktuelle Entwicklungen reagieren. Zudem sprechen einige Vorgaben auch dafür, dass einige sonst wirkende Corporate-Governance-Mechanismen für REITs nicht wirken, sodass sich ein komplexes Gesamtbild ergibt (siehe unten).

In Deutschland wurde das REITG 2007 verabschiedet und mit einer Exit-Tax wurde der Verkauf von Immobilienvermögen an REITs steuerlich temporär privilegiert. Selbst dieser Anreiz reichte nicht aus, die seither katastrophale Marktentwicklung dieser Unternehmensgruppe zu befördern. Das ursprüngliche Ziel, Wettbewerbsnachteile des Standortes Deutschland zu verhindern, indem ein international verbreitetes Anlagevehikel geschaffen wurde, ist gescheitert. Mit dem G-REIT sollte gleich eine ganze Reihe von Vorteilen generiert werden. Schaffung einer indirekten Anlagemöglichkeit für Kleinanleger bei einem funktionierenden Sekundärmarkt, Professionalisierung des Immobilienmanagements, Minderung des Eigenbesitzanteils deutscher Industrieunternehmen und Fokussierung auf Kernkompetenzen, transparente Rechnungslegung nach den qualitativ hochwertigen IFRS usw. (vgl. ausführlich zu den Gesetzesmaterialien Kühnberger et al. 2008, S. 16 ff.). Da der Markt diese Vorteile bisher offenbar nicht (so gut wie nicht) haben wollte, muss das REIT-Modell auch einige Nachteile aufweisen. Warum diese die Entwicklung in Deutschland so bremsten, in anderen Ländern aber nicht, ist meines Wissens bisher nicht befriedigend erklärt worden. Im Folgenden werden die wichtigsten Bausteine für das REIT-Regime detailliert untersucht und die Folgen für die Corporate Governance herausgearbeitet.

5.1.2.2 Bausteine der Corporate Governance von REITs

5.1.2.2.1 Eigentümervorgaben und deren Folgen

Für US-REITs gilt die sogenannte „5-50-Rule", das heißt, dass die fünf größten Eigentümer maximal 50 % der Anteile halten dürfen und es muss mindestens 100 Aktionäre geben (vgl. Brounen et al. 2012). In Deutschland darf kein Aktionär direkt 10 % oder mehr der REIT-Anteile halten (§ 11 Abs. 4 REITG) und es gibt einen Mindestumfang an Streubesitz (§ 11 Abs. 1 REITG). Diese Vorgaben führen dazu, dass das Risiko eines (feindlichen) Take-over sehr gering ist (vgl. Alcock et al. 2013; Anglin et al. 2013). Theoretisch könnten die Obergrenzen durch Aufteilung der Anteile auf diverse Glieder eines Konzerns umgangen werden, aber ein solches Vorgehen wird in der Literatur weder diskutiert noch belegt.

Damit entfällt ein wichtiges Element der externen Corporate Governance, der Markt für Unternehmensübernahmen, der für eine Disziplinierung des Managements sorgen könnte. Zwar kann man füglich Zweifel anmelden, ob der Markt für Unternehmen praktisch wirklich so bedeutsam ist, da es auch außerhalb des REIT-Sektors wenige feindliche Übernahmen gibt (vgl. Abschn. 4.3.2), aber hier wird bereits die präventive Wirkung einer potenziellen Übernahme verhindert. Eine Folge dieser Situation ist, dass Corporate Governance-Indizes, die auf Take-over-Regelungen abstellen für REITs sinnlos sind (vgl. Bauer et al. 2010).

Ein zweiter externer Kontrollmarkt wird ebenfalls als wenig effizient eingestuft, der für Manager. Die Spezialisierung auf Immobilieninvestitionen bindet Manager stark an die Branche und potenzielle Herausforderer aus anderen Industrien sind eher selten (vgl. Brounen et al. 2012; Ghosh und Sirmans 2006). Die übliche Folgerung ist eine geschwächte Corporate Governance durch ein relativ unabhängiges Management. Auf der anderen Seite kann das hoch spezialisierte Management seine Position und seine Informationsvorteile natürlich auch dazu nutzen, Informationsasymmetrien gezielt abzubauen (vgl. Ghosh et al. 2011b). Die Veröffentlichung von Non-GAAP-Größen wie den

FFO oder dem NAV, die oftmals wenig oder gar nicht standardisiert sind, wären hierfür ein Musterbeispiel (siehe unten). Wie immer, dürfte die Frage, ob solche Informationen die Transparenz wirklich erhöhen, oder opportunistisch gefärbt publiziert werden, von der Anreizstruktur insgesamt abhängen. Hierzu gehört natürlich, dass ein kontrollierender Großaktionär bei REITs fehlt, also das Management relativ unabhängig ist. Dies kann opportunistisches Verhalten begünstigen (vgl. Anglin et al. 2013). Andererseits kann es eine langfristig orientierte Unternehmensstrategie ermöglichen, einem gerade in der Immobilienbranche problematischen Short Terminism begegnen.

Die fehlende Möglichkeit von Take-overs und starke Bindungen des Managements an das eigene Unternehmen wurden untersucht, um zu prüfen, welche Folgen sich für die Kapitalstruktur ergeben. Es wurde unterstellt, dass ein CEO, der keiner externen Marktkontrolle unterliegt und starke Anreize hat, seinen Arbeitsplatz zu sichern, eine Finanzierung wählt, die eher seinen Interessen entspricht, als denen der Shareholder. Da REITs aufgrund der Drittverwertbarkeit von Immobilien Fremdkapital günstig aufnehmen könnten, wäre es prima facie im Interesse der Aktionäre einen hohen Verschuldungsgrad anzustreben, um den Leverage Effect zu nutzen.Tatsächlich wurde aber die Finanzierung durch Einbehaltung von Free Cashflows präferiert, da dies zu weniger Monitoringaktivitäten führt und die Sicherheit für das Unternehmen und damit den eigenen Arbeitsplatz erhöht. Grundlage waren 51 börsennotierte REITs, die für den Zeitraum 1997 bis 2006 (mit 318 Datenpunkten) untersucht wurden. Zudem wählte das Management die tendenziell ungünstigere kurzfristige Finanzierung, um sich Flexibilität zu verschaffen. Diese Kapitalstrukturpolitik wurde auch dann umgesetzt, wenn das Management durch eigene Aktien oder Stock Options Anreize hatte, stärker im Sinne der Shareholder zu agieren (vgl. Ghosh et al. 2011a). Nicht berücksichtigt haben die Verfasser der Studie allerdings, dass REITs steuertransparent sind und deshalb durch die Fremdfinanzierung kein Tax Shield wirkt. Dies mindert die Vorteilhaftigkeit von Fremd- gegenüber Eigenkapital, sodass bei REITs mit einem niedrigeren Verschuldungsgrad als bei Non-REITs zu rechnen ist (siehe unten).

Eine zweite Studie befasste sich mit der Frage, ob das unabhängige Management seine Freiheitsgrade nutzt, Free Cashflows suboptimal zu investieren, indem M&A-Transaktionen ohne Wertsteigerung realisiert werden (Empire Building). Die Autoren (Campbell et al. 2011) gehen davon aus, dass Synergieeffekte aufgrund des Geschäftsfeldes der Immobilienunternehmen eher unwichtig sind, es geht primär um freundliche Übernahmen diversifizierter Unternehmen. Sie untersuchen 132 REIT-Mergers zwischen 1997 und 2006, wobei das Zielunternehmen in 70 Fällen börsennotiert war, in 62 Fällen ein privates Unternehmen. Für REITs mit Boardmerkmalen, die für eine starke Corporate Governance stehen, zeigte sich ein positiver Einfluss auf die Rendite des Bieters. Keine Rolle spielte ein staggered Board. Dieses Instrument ist ein in anderen Industrien sehr effektives Mittel, feindliche Übernahmen zu verhindern, da pro Jahr maximal ein Drittel des aktuellen Board abgesetzt werden kann. Für REITs zeigte sich hier kein Einfluss, da die Vorgaben für die Eigentümerstruktur bereits feindliche Take-over verhindern.

Ein großer Free Float kann ebenfalls einen Wettbewerbsvorteil darstellen, selbst wenn er keine Übernahmemöglichkeiten schafft. So wird angegeben, dass internationale Investoren Unternehmen mit einer großen Marktkapitalisierung und großem Streubesitzanteil präferieren. Bei einem liquiden Markt können dann auch größere Anteilspakete wieder veräußert werden, ohne den Börsenkurs stark zu beeinflussen. Zudem sollte die Analystendeckung größer sein und die laufende Marktbewertung sollte disziplinierend wirken und Informationsasymmetrien abbauen (vgl. Zabierek 2014). Der Autor unterstellt deshalb einen großen Free Float bei REITs. Für den deutschen Markt könnte dies eine Stärke von REITs im Vergleich zu anderen Immobilien-AG sein, da diese oftmals einen kontrollierenden Großaktionär haben oder in Familienbesitz stehen (vgl. Schäfers et al. 2016). Den deutschen REIT-Markt hat dies bisher aber nicht befeuert.

Der Argumentation wird insgesamt entgegengehalten, dass REITs weltweit typischer Weise eher Small Stocks sind mit wenig Analystendeckung und geringem Handelsvolumen (vgl. Van Nieuwerburgh et al. 2015, S. 31). Offenbar besteht im Schrifttum nicht einmal Einigkeit darüber, ob es einen großen Free Float im REIT-Segment gibt. Ergänzend ist zu beachten, dass die Annahme, Streubesitz sei positiv für die Corporate Governance und ein kontrollierender Aktionär negativ, keinesfalls bewiesen ist (vgl. Abschn. 4.3).

Früher wurde unterstellt, dass die REIT-Vorgaben insgesamt, und besonders der Ausschüttungszwang, zu einer relativ homogenen, dividendenorientierten Anlegerschaft führen (vgl. Hayunga und Stephens 2009). Diese Einschätzung ist (zumindest) inzwischen nicht mehr haltbar. So geben Devos et al. (2013) an, dass institutionelle Investoren ca. 50 % aller REIT-Anteile in den USA halten. Diese sind eher keine passiven Streubesitzaktionäre, sondern mehr oder weniger aktive Blockholder (vgl. Abschn. 4.3). Die Folgen für REITs wurden mehrfach untersucht.

Eine praktische Folge des hohen Anteils institutioneller Anleger bestand darin, dass der Informationsgehalt von Dividenden rückläufig war (sinkende abnormale Renditen bei Eventstudien). Gyamfi-Yeboah et al. (2012) testeten dies für 116 US-REITs 2004 bis 2006. Sie begründen dies damit, dass institutionelle Anleger weniger Wert auf Dividendenzahlungen legen als auf das Potenzial, Cashflows und Gewinne zu generieren. Zu beachten ist, dass trotz des Dividendenzwanges in den USA ein beachtlicher Anteil der Gesamtdividende unternehmensindividuell festgelegt werden kann, sodass Dividenden durchaus als Signal mit Informationsgehalt gelten können (siehe unten). Ein anderer Grund, den die Autoren aber nicht untersuchen, könnte darin liegen, dass institutionelle Anleger über besseres Wissen verfügen und Dividendensignale deshalb weniger Marktreaktionen auslösen.

In einer länderübergreifenden Studie mit 300 REITs (aus Australien, Frankreich, Japan, UK und den USA) für die Jahre 2008 und 2009 zeigte sich ebenfalls eine starke Zunahme von institutionellen Anlegern und großen Privatinvestoren. Dies ging einher mit einem deutlich gesunkenen Free Float, gesunkenen Dividendenrenditen und volatilen Börsenkursen. Deshalb stellte sich die Frage, ob diese Blockholder durch Monitoring den Unternehmen zu einer stärkeren Corporate Governance verhelfen oder ob sie strategische Allianzen mit dem Management bilden, durchaus zulasten der anderen Anleger. Brounen et al. (2012) fanden in Aufschwungphasen (bei positiven Marktereignissen) keinen Einfluss der Blockholder. In „Down Markets" wiesen REITs mit Blockholdern aber bessere Ergebnisse aus, wenn es sich um andere Unternehmen, Versicherungen oder Investment Advisors handelte. Demgegenüber verkauften Kreditinstitute, Pensionsfonds und private Großanleger in diesen Phasen und verschlechterten die Ergebnisse damit. Insgesamt stellen die Autoren eine sehr heterogene Einfluss-Landschaft vor, die differenzierte Konsequenzen in Abhängigkeit vom Land und der Anlegerschaft zeitigte.

Für US-REITs berichten Devos et al. (2013), dass institutionelle Anleger während der Finanzmarktkrise deutlichen Einfluss auf die Preise und Liquidität der Aktien hatten, aber nicht auf den Erfolg der Unternehmen. Wiederum gab es Unterschiede zwischen den Anlegergruppen, die sich aber erst nach der Krise zeigten. Besonders Versicherungen und Kreditinstitute präferierten alte und große REITs mit wenig Risiko. Die Autoren begründen dies mit der fiduziarischen Position dieser Anleger. Allerdings arbeiten auch andere Kapitalsammelstellen wie Pensionsfonds, Investment Advisors etc. mit fremden Geldern. Sie unterliegen aber einem anderen regulatorischen Rahmen. Potenziell wäre es auch möglich, dass Banken und Versicherungen anders agieren, weil sie mit den Beteiligungsunternehmen zusätzlich Geschäfte abwickeln (können).

Das zuletzt aufgeführte Argument untersuchen Chung et al. (2012), die den Einfluss institutioneller Investoren auf die Effizienz von 176 US-REITs im Zeitraum 1989 bis 2005 analysieren (mit 1075 Firmyears). Als Effizienzmaß wählen sie die Größe Tobin's Q der Unternehmen in Relation zu einer idealisierten Benchmarkgröße. Neben der möglichen Verquickung von Geschäftsinteressen unterstellen die Verfasser, dass der Anlagehorizont eine Rolle spielt. Sie erwarten von langfristig orientierten, aktiven Investoren positive und von kurzfristig orientierten Anlegern negative Folgen für die Effizienz. Interessant war, dass sich die positiven Effekte vor allen Dingen bei den REITs zeigten, die lang laufende, komplexe Mietverträge hatten (Gewerbeimmobilien, keine Wohnimmobilien). Das Know-how der Investoren spielte gerade in dieser eher mit Unsicherheit belasteten Lage eine positive Rolle. Ein weiterer Befund war bemerkenswert: Durch den SOX und eine zunehmende Analystendeckung wurde die Corporate Governance aller Unternehmen gestärkt, auch die der REITs. Dies führte dazu, dass die Einflüsse der Blockholder rückläufig waren. Die zunehmende Transparenz stellte ein Substitut für das Monitoring durch die institutionellen Investoren dar.

Einen insgesamt positiven Einfluss institutioneller Anleger auf 80 US-REITs in den Jahren 2000 bis 2005 (mit 300 Firmyears) stellten Chou et al. (2013) fest. Sie messen dies anhand höherer Unternehmenswerte und eines höheren Zinsaufwandes. Der hohe Zinsaufwand steht für sie als Proxy für geringe Free Cashflowprobleme und ein starkes externes Monitoring durch Gläubiger. Diese Begründung ist nicht unproblematisch, da Fremdkapitalzinsen aufgrund der Steuertransparenz keine Entlastung bei REITs bewirken und hohes Fremdkapital deshalb nicht optimal sein muss.

Der Einfluss institutioneller Anleger auf erstmalige Börsengänge oder nachfolgende Kapitalerhöhungen (IPOs und SEOs) von REITs wurde von Boudry und Kallberg (2014) analysiert. Sie unterstellen, dass institutionelle Investoren eher an großen REITs mit niedrigen Betas und niedrigen Renditen interessiert seien. Die Teilnahme dieser Investoren sollte dann zu steigenden Preisen führen, da sie einmal die Nachfrage erhöhen, aber auch, weil dies eine Signalwirkung haben könnte. Sie fanden allerdings niedrigere Emissionskurse.

Bezüglich der bereits oben angesprochenen 132 REIT- Mergers zwischen 1997 und 2006 zeigte sich ebenfalls ein Einfluss institutioneller Anleger. Die Annahme ist plausibel, dass sie für eine bessere Corporate Governance sorgen und eine Investition in Unternehmen mit negativen Net Present Values verhindern. Es müssten deshalb höhere Renditen beim Bieterunternehmen zu beobachten sein. Handelte es sich um Public Targets, die selbst gelistet waren, zeigten sich aber teilweise negative Einflüsse (vgl. Campbell et al. 2011). Die Verfasser begründen dies damit, dass bei Kapitalerhöhungen die Markttiefe zunimmt, sodass die Investoren auch größere Anteile verkaufen können, ohne den Börsenkurs negativ zu beeinflussen. Dies wäre ein eher opportunistisches Verhalten zulasten der anderen Aktionäre.

Schließlich wurde untersucht, ob sich veränderte Marktreaktionen auf überraschende FFO-Ankündigen ergeben. Diese entsprechen der Bedeutung von Gewinnprognosen in anderen Branchen. Zwei widersprüchliche Annahmen sind plausibel. 1) Institutionelle Anleger sind besser als andere informiert und verfolgen langfristige Anlageziele. Dann sollten sich nur niedrige abnormale Renditen ergeben. 2) Institutionelle Anleger haben einen kurzen Anlagehorizont und betreiben Herding. Dann sollten die Marktreaktionen stärker ausfallen. Für 139 Equity-REITs zeigten sich für den Zeitraum 2002 bis 2008 bei 2218 FFO-Ankündigungen insgesamt, dass institutionelle Investoren weniger abnormalen Handel betrieben haben, die Marktreaktion also dämpften. Wiederum ergaben sich aber Unterschiede zwischen den verschiedenen Anlegergruppen (vgl. Gyamfi-Yeboah et al. 2013).

Versucht man diese Befunde zu einem Gesamtbild zusammen zu fassen, zeigt sich für REITs ein ähnliches Bild wie für andere Unternehmen (vgl. Abschn. 4.3.1). Insgesamt zeigen sich eher positive Einflüsse institutioneller Anleger, aber eine nähere Analyse ist vonnöten, da kurzfristige Orientierung und/oder mögliche geschäftliche Verquickungen auch negative Folgen auslösen können.

5.1.2.2.2 Dividendenzwang als Disziplinierungsvehikel

Oben wurde ausgeführt, dass REITs einem Dividendenzwang unterliegen, der einmal eine zeitnahe Besteuerung der Gewinne sichern soll und zum anderen natürlich auch positive Corporate Governance-Effekte haben kann. In der Literatur gibt es hierzu aber eine ganze Fülle unterschiedlichster Erklärungsansätze für die gewählte (oder auch die optimale) Dividendenpolitik. Bevor auf die REIT-Besonderheiten detaillierter eingegangen wird, sollen diese Deutungsmuster kurz vorgestellt werden. Zu beachten ist dabei, dass sie sich nicht immer wechselseitig ausschließen, manchmal auf gleichen oder ähnlichen Begründungen beruhen und deshalb teilweise zu gleichen Voraussagen kommen können.

Exkurs: Erklärungen zur Dividendenpolitik

1. Basierend auf dem berühmten Beitrag von Lintner (1958) wird vielfach angenommen, dass das Management die Dividende nicht Jahr für Jahr in Abhängigkeit vom jeweiligen Ergebnis festlegt. Präferiert wird eine stabile, im Zeitablauf geglättete Ausschüttung (Smoothing). Dies kann mit zwei Argumenten gerechtfertigt werden. Einmal damit, dass Investoren einen stabilen Liquiditätszufluss bevorzugen. Zum anderen durch erwartete Börsenkursreaktionen: Unterstellt man, dass der Börsenkurs bei steigenden Dividenden zunimmt, aber bei sinkenden Dividenden abnimmt und zwar in deutlich stärkerem Maße, bietet sich eine Glättung an. Diese verhindert die asymmetrischen Börsenreaktionen und mildert die Volatilität der Börsenkurse (vgl. Case et al. 2012).

2. Die Signaling-Theorie unterstellt, dass Manager überlegenes Wissen über künftige Gewinne und Cashflows haben. Die Dividenden legen dann diese Erwartungen offen. Anders als Gewinngrößen stellen Dividenden teure Signale dar, da sie mit Liquiditätsabflüssen verbunden sind, das heißt, finanziell beschränkte Unternehmen können sich diese Signale gar nicht leisten. Eine Erhöhung der Dividende wäre unter diesen Umständen ein Beleg dafür, dass das Management auf Dauer damit rechnet, das neue Niveau halten zu können.

3. Die Prinzipal-Agenten-Theorie unterstellt ein opportunistisches Management, das dazu neigt, überflüssige liquide Mittel in Investitionen mit negativen Net Present Values zu stecken (Überinvestitionsproblem). Durch Dividendenauszahlungen werden solche Free Cashflowprobleme gemildert, was ceteris paribus zu niedrigeren Kapitalkosten führen sollte. Eine Konsequenz daraus wäre, dass Unternehmen bei großen Gewinnen und Cashflows die Dividende auch dann erhöhen, wenn das Management nicht damit rechnet, dass dieses Niveau in den nächsten Jahren zu halten ist. Nach dem Smoothing- und dem Signaling-Ansatz würde eine erhöhte Ausschüttung nur erfolgen, wenn diese auch auf Dauer zu erwarten ist. Bei Unternehmen mit volatilen Cashflows würde sich ein tendenziell niedrigeres Dividendenniveau ergeben, um potenzielle Kürzungen in der Zukunft nicht riskieren zu müssen.

   Der Abfluss liquider Mittel hat zwei weitere positive Folgen für die Milderung von Prinzipal-Agenten-Konflikten. Einmal wird unterstellt, dass Cash besonders anfällig für Tunneling (also: Bevorzugung von Controlling Shareholder) oder das sogenannte Consumption on the job durch das Management ist. Demnach wären typische Agencykonflikte abgeschwächt. Und der Entzug führt dazu, dass das Unternehmen sich verstärkt extern finanzieren muss, also einer Kapitalmarktkontrolle unterliegt.

4. Die Klienteltheorie unterstellt, dass das Management sich primär an der Eigentümerstruktur orientiert. Werden institutionelle Investoren zum Beispiel niedriger besteuert als Kleinanleger oder das Unternehmen selbst, werden Dividenden entsprechend ausgeschüttet. Die Besteuerung kann insgesamt eine zu berücksichtigende Komponente sein, insbesondere im Hinblick auf die Alternative Aktienrückkauf. Werden zum Beispiel Dividenden beim Aktionär versteuert, Kursgewinne hingegen nicht, ist es für die Aktionäre günstiger, auf Dividenden zu verzichten (von Transaktionskosten abgesehen). Die jeweilige Dividendenhöhe wäre dann abhängig davon, ob es wichtige Anlegergruppen mit solchen Möglichkeiten gibt.

5. Die Catering-Theorie unterstellt, dass Dividenden jeweils im Hinblick auf aktuelle Aktionärswünsche und deren Zielsetzungen festgelegt werden. Ergänzend können erwartete Kapitalmarktprämien von Dividendenänderungen in das Kalkül eingehen. Dies würde zum Beispiel implizieren, dass Unternehmen mit zunehmendem Insolvenzrisiko die Ausschüttungen erhöhen müssten, damit den Aktionären noch Zahlungen zufließen.

6. Die Life-Cycle-Theorie geht davon aus, dass große, reife Unternehmen hohe Gewinne und cashflows haben, aber über wenige Wachstumsmöglichkeiten verfügen. Bei ihnen bestehen wenige Informationsasymmetrien. Sie können ohne Beeinträchtigung der Strategie hohe Dividendenabflüsse verkraften. Junge Wachstumsunternehmen hingegen zahlen entsprechend weniger oder gar keine Dividende, um ein Wachstum überhaupt finanzieren zu können.

LaPorta et al. (2000) unterstellen mit dem Outcome Model, dass hohe Dividenden Ausfluss einer starken Corporate Governance sind. Nur wenn das Unternehmen Investitionsmöglichkeiten mit guten Renditen hat, kommt es auch bei einer starken Governance zu Thesaurierungen. Im Gegensatz dazu würde die Prinzipal-Agententheorie gerade bei einer schwachen Governance hohe Ausschüttungen unterstellen, um Konflikte und Informationsasymmetrien zu mildern.

7. Nach der Pecking Order Theorie hat das Management Finanzierungspräferenzen. An erster Stelle rangiert die Innenfinanzierung, die als billig gilt. Wenn zusätzlich eine externe Finanzierung vonnöten ist, wird Fremdkapital vorgezogen, da es flexibler ist als Eigenkapital und nicht die negative Signalwirkung hervorruft wie eine Eigenkapitalmaßnahme (vgl. Boudry 2011; Case et al 2012; Kalay 2014). Dividendenauszahlungen beeinträchtigen naturgemäß die präferierte Innenfinanzierung.

8. Die dividendenpolitischen Motive von US-amerikanischen CFO erhoben Brav et al. (2005) mittels einer Befragungsstudie mit 384 Financial Executives von 256 börsennotierten Großunternehmen und 23 ergänzenden Interviews. Zwar sind Sample Bias und verzerrte Aussagen, insbesondere auch aufgrund von Unsicherheiten für die Handlungen in den Unternehmen, keinesfalls auszuschließen, aber die Ergebnisse sind gleichwohl erhellend. Zu den wichtigsten Resultaten zählen:

- Nach wie vor sind Dividendenglättung (Smoothing) und das Vermeiden von Dividendenkürzungen dominante Ziele.
- Aktienrückkäufe (Share Buybacks) werden als Substitute von Dividenden gesehen und deutlich präferiert, um auf flexible Weise überschüssige Liquidität an die Aktionäre auszuschütten.
- Investitionen mit einem positiven Net Present Value werden zugunsten stabiler Dividenden unterlassen, nicht aber wegen Aktienrückkäufen.
- Steuerüberlegungen, auch auf der Ebene der Aktionäre, sind für das Management nachrangig.
- Free-Cashflowprobleme, Agencykonflikte und Signaling im akademischen Sinne spielen bei den Überlegungen eine geringe Rolle.

Angesichts der Tatsache, dass Dividendenglättung so bedeutsam ist und Rückkäufe volumenmäßig inzwischen mindestens so wichtig sind wie Dividenden, sind die wichtigsten Unterschiede der beiden aus Sicht des Managements höchst interessant. Tab. 5.2 zeigt diese Merkmale (Brav et al. 2005).

Auf den ersten Blick sieht es so aus, als seien die o. a. Dividendenerklärungen in der Literatur wenig bedeutsam für das praktische Handeln der Entscheidungsträger. Dem muss man nicht folgen. Einmal, weil es durchaus möglich ist, dass die Managerangaben gefärbt sind oder Unklarheiten bestehen. Zum anderen aber auch, weil die Qualität der Erklärungen (und ihre Prognoseeignungen) nicht unbedingt davon abhängen, ob sie die persönlichen Motive zutreffend abbilden. Eindeutig ist jedoch, dass die Aussagen über US-amerikanische Verhältnisse keinesfalls auf andere Rechtskreise übertagbar sind. In Deutschland sind der aktienrechtliche Rahmen und die Tradition völlig anders. So spielen in Deutschland beispielsweise Rückkaufprogramme immer noch eine höchst nachrangige Rolle.

Sowohl für die USA als auch einige andere Länder ist festzustellen, dass es oftmals nur wenige Großunternehmen sind, die überhaupt noch Dividenden zahlen oder zumindest den Löwenanteil hieran (vgl. Kalay 2014). Einige Erklärungsansätze begründen dies damit, dass eine verbesserte Transparenz (zum Beispiel durch IFRS-Anwendung, ein Cross-Listing oder freiwillige Mehrpublizität) oder eine verbesserte Corporate Governance dazu

Tab. 5.2 Vergleich zwischen Dividenden und Aktienrückkaufprogrammen. (Brav et al. 2005)

	Dividends	Repurchase
Historical level	Very important. Do not cut dividends expect in extrem circumstances	Not important
Flexibility	Sticky. Inflexible. Smooth throught time	Very flexible. No need to smooth.
Consequence if increased	Little reward for increasing	Stock price increase when repurchase plan announced
Consequence if reduced	Big market penalty for reducing or omitting	Little consequence to reducing from one year tot he next, though firms try to complete plans
Target	Most common target ist he level of dividend, followed by payout ratio and growth in dividends	Most common target is dollar amount of repurchases, a very flexible target
Relation to external funds	External funds would be raised before cutting dividends	Repurchases would be reduced before raising external refunds
Relation to investment	First maintain historic dividend level, then make incremental investment decisions	First investments decisions, then make repurchase decisions
Earnings quality	Dividend increases tied to permanent, stable earnings	Repurchases increase with permanent earnings but also with temporary earnings
Substitutes?	Hypothetical reduction in repurchases not used to increase dividends	Hypothetical reduction in dividends used to increase repurchases
Taxes	Tax disadvantage of dividends of second-order importance	Tax-advantage of repurchases of second-order importance
Convey information?	Dividends convey information	Repurchases convey information
Signal?	Dividends are not a self-imposed cost to signal firm quality or separate from competitors	Repurchases are not used as self-imposed cost to signal firm quality or separate from competitors
Retail investors	Retail investors like dividends even if tax disadvantaged. Retail investors like dividends about the same as institutions like dividends	Retail investors like repurchases less than they like dividends
Institutional investors	Institutions generally like dividends but institutions are not sought out to monitor firm	Institutions generally like repurchases about the same as they like dividends

(Fortsetzung)

Tab. 5.2   (Fortsetzung)

	Dividends	Repurchase
Stock price	Not important	Repurchases shares when stock undervalued by market
Earnings per share	Not important	Repurchases in an attempt to increase EPS is very important
Stock options	Not important	Repurchases to offset stock option dilution is important
Cash on balance sheet	Not important	Use to reduce cash holdings when cash is sufficiently high
Float or liquidity	Not important	Do not repurchase if float is not sufficient
Mergers and acquisitions	Not important	Important
Take-overs	Not important	Not important
Cash cows	Expected to pay dividends. Dividend growth is very important	Expected to return capital, including repurchasing shares
If we were starting over y	We could keep dividend commitment minimized	We would rely heavily on repurchachases to return capital to investors
Nonpayers will initiate when y	Earnings become positiv and stable	The market is undervaluing their stock
	Institutions demand dividends	They have extra cashon the balance sheet
	They have fewer profitable investments available	Institutions demand repurchases
		They have fewer profitable investments available
		They think that repurchases can increase EPS or offset stock option dilution

führen, dass Gewinnausschüttungen zur Disziplinierung des Managements obsolet werden (Substitutions-Hypothese). Andere unterstellen das Gegenteil: Dividenden sind Folge von Transparenz und starker Corporate Governance. Die empirischen Befunde hierzu sind sehr gemischt, sodass es bestätigende, widersprechende oder gar keine klaren Ergebnisse gibt (vgl. Boudry 2011; Case et al. 2012; Kalay 2014). Leider scheint eine gewisse Beliebigkeit der Resultate und Argumentationen vorzuliegen, zumindest ist eine situative Relativierung der Erklärungsansätze erforderlich.

Im Weiteren soll es um die besonderen Bedingungen für REITs gehen. Dabei werden ältere Arbeiten wie die von Bradley et al. (1998) und Ghosh et al. (2006) ausgeklammert,

da sich die rechtlichen und ökonomischen Randbedingungen seit den untersuchten Zeiträumen (bis zum Jahre 2000) deutlich verändert haben.

REITs unterliegen einem Dividendenzwang. In den USA sind 90 % des steuerlichen
Einkommens (früher 95 %) auszuschütten und in Deutschland 90 % des modifizierten
HGB-Jahresüberschusses (§ 13 REITG). Auf den ersten Blick führt dies dazu, dass es
wenig Free Cashflowprobleme gibt und dass Wachstum praktisch nur extern finanziert
werden kann. Beides sorgt für eine starke Corporate Governance, für Smoothing oder
Signaling verbleibt wenig Raum (vgl. Bauer et al. 2010; Brounen et al. 2012).

Bei genauerem Hinsehen zeigt sich jedoch, dass die Realitäten deutlich komplexer sind. So ist die Bemessungsgrundlage für die Gewinnausschüttung in Höhe von
90 % regelmäßig unbekannt. Für den G-REIT sind die Modifikationen in § 13 REITG
eine Ursache, aber vor allem die Tatsache, dass es um den handelsrechtlichen Jahresüberschuss der AG geht. Der publizierte Abschluss ist aber der Jahres- oder Konzernabschluss nach IFRS. Zwischen der Ausschüttungsbasis und dem IFRS-Erfolg bestehen
keine systematischen Verknüpfungen. Auch in den USA haben die Gewinne nach den
US-GAAP wenig mit der Bemessungsgrundlage für die Zwangsdividende gemein (siehe
unten).

Die Gewinngrößen für die Dividende sind zudem durch die planmäßigen und außerplanmäßigen Abschreibungen auf die Immobilien vermindert. Diese sind typischer
Weise sehr hoch, sodass den Unternehmen relativ hohe Cashflows nach der Ausschüttung verbleiben. In den USA sind deshalb sogenannte „excess dividends" (diskretionäre Dividenden) üblich, um Free Cashflowprobleme zu mildern. Es besteht durchaus
ein beachtlicher Spielraum für eine Ausschüttungspolitik. Dies würde bedeuten, dass die
pauschale Annahme, REITs hätten eine starke Corporate Governance, unzutreffend wäre.
Der Dividendenzwang wäre kein Substitut für andere Mechanismen, um die Free Cashflowprobleme zu lösen (vgl. Bauer et al. 2010).

Dieser Spielraum für die Dividendenpolitik wird dadurch vergrößert, dass es zudem
möglich ist, durch konventionelle oder sachverhaltsgestaltende Abschlusspolitik die
Bemessungsgrundlage zu beeinflussen. Für REITs erfüllen Abschlüsse ex definitione
eine Contracting Role und sind entsprechend mit Anreizwirkungen verbunden. Dies gilt
für den G-REIT auch bezüglich des IFRS-Konzernabschlusses. Wichtige Geschäftsstrukturnormen wie die Vermögens-, Ertrags- (§ 12 REITG) oder Handelsbegrenzungen
(§ 14 REITG) beruhen auf den Daten dieses Abschlusses.

Für den US-Markt wird insgesamt unterstellt, dass Dividenden und Aktienrückkäufe
in einer Substitutionsbeziehung stehen und in etwa gleiche Volumina erreichen (vgl.
Chen et al. 2010). Auch für REITs ist nicht auszuschließen, dass das Instrument der
Share-Buybacks zum Einsatz kommt.

Die disziplinierende Wirkung des Ausschüttungszwanges hängt demnach davon ab,
inwieweit die Bemessungsgrundlage beeinflusst werden kann, wie stark ausschüttbare
Gewinne und Cashflows verknüpft sind und ob es Zusatzausschüttungen gibt.

Für 109 US-REITs im Zeitraum 1999 bis 2009 (mit 519 Firmyears) stellten Ghosh
und Sun (2013) fest, dass durchschnittlich 150 % des Net Income ausgeschüttet wurden,

excess dividends spielten eine große Rolle. Sie fanden, dass die Höhe von mehreren Faktoren abhing. Größere REITs und solche mit einem großen Anteil institutioneller Anleger schütteten weniger aus. Dies kann so interpretiert werden, dass diese Unternehmen stabilere Cashflows und weniger Informationsasymmetrien hatten. Institutionelle Anleger sind weniger an der Verteilung des Erfolges des letzten Jahres interessiert als am Ertragspotenzial. Zudem zeigte sich ein auf den ersten Blick paradoxes Resultat. Hohe Zusatzdividenden vergrößern ceteris paribus das Gläubigerrisiko, sodass erhöhte Kosten für Fremdkapital zu erwarten sind. Bei den untersuchten REITs sanken die Fremdkapitalkosten bei höheren Dividenden. Als mögliche Gründe kommen verringerte Free Cashflowprobleme und ein verstärktes externes Monitoring durch die Gläubiger in Betracht (vgl. Ghosh und Sun 2013). Bezüglich der Free Cashflowprobleme ist dies nicht eindeutig und überzeugend. Geht es um die Verminderung der Überinvestitionsprobleme, sind primär Aktionäre schutzbedürftig. Für Gläubiger stellen zusätzliche Investitionen in Immobilien zusätzliche Kreditsicherheiten dar. Liegt die Investitionsrendite über den Fremdkapitalkosten, verbessern solche Investitionen ihre Position, selbst wenn der Net Present Value negativ wäre.

Vergleichbar stellten Chou et al. (2013) bei 80 US-REITs für die Jahre 2000 bis 2005 fest, dass die excess dividends bei REITs mit einem großen Anteil institutioneller Investoren niedriger ausfielen. Sie sehen in der freiwilligen Zusatzdividende ein Substitut für die schwache Corporate Governance beim Fehlen solcher Investoren.

Eine Folge dieser differenzierten Befunde stellten Gyamfi-Yeboah et al. (2012) fest. Die Dividenden hatten insgesamt einen rückläufigen Informationsgehalt, es gab weniger ausgeprägte Kapitalmarktreaktionen bei unerwarteten Dividendenanpassungen. Sie untersuchten dies für 116 US-REITs in den Jahren 2004 bis 2006. Sie begründen dies mit dem zunehmenden Anteil an institutionellen Anlegern, die weniger dividendenorientiert seien. Allerdings zeigten sich bei großen REITs stärkere Reaktionen. Über größere Unternehmen sind im Allgemeinen mehr Informationen bekannt und sie haben mehr Analystendeckung. Der Überraschungseffekt der angepassten Dividende war deshalb größer. Gleichwohl konstatieren die Verfasser, dass Dividenden im Vergleich zu den FFO einen deutlich geringeren Informationsgehalt aufwiesen, die Zwangsdividende erfüllte die Funktion eines Signals immer weniger.

Die angegeben Befunde sind aber nur mit Vorsicht zu interpretieren. Dies liegt daran, dass die Bestimmung der freiwilligen Komponente an der Gesamtdividende nicht zuverlässig erfolgte. Dies analysierte Boudry (2011) sehr detailliert. Zwei Störgrößen sind zu beachten. Einmal ist das zu versteuernde Einkommen nicht mit dem Gewinn nach den US-GAAP gleichzusetzen. Zudem sind US-REITs nicht tatsächlich steuerbefreit, sondern einige Erfolge, insbesondere die aus dem Verkauf von Vermögen, unterliegen durchaus der normalen Besteuerung. Der Ausschüttungszwang umfasst natürlich nur die steuerfreien Erfolge. Werden über die Pflichtdividenden hinaus auch steuerpflichtige Kapitalgewinne ausgeschüttet, werden sie nicht auf der Ebene des REITs besteuert, der damit seine Steuerlast senkt, sondern bei den Aktionären. Boudry weist nach, dass die in den meisten Studien erfolgte Rückrechnung der Dividendenquote aus den US-GAAP-Gewinnen auch stark verfälscht sein kann. Deshalb kann dann die Höhe der freiwilligen Dividende gar nicht zuverlässig bestimmt werden. Da der Anteil der zu versteuernden Gewinne aber regelmäßig nicht oder nur mit sehr großem Aufwand extern geschätzt werden kann, bleiben die Ergebnisse der meisten Studien mit diesem Manko belastet.

Boudry ermittelt für 113 US-REITs im Zeitraum 1997 bis 2007 eine excess dividend von 18 % bis 35 % der Gesamtausschüttung, mit einer im Zeitablauf zunehmenden Bedeutung. Er fand zudem, dass die Gesamtdividende im Zeitablauf geglättet war, das heißt, die Excess Dividends waren der Puffer, um die volatilen Zwangsdividenden abzufedern. Ergänzend konnte er feststellen, dass auch bei REITs diskretionäre Dividenden und Aktienrückkäufe als Substitute eingesetzt wurden.

Die Finanzmarktkrise führte besonders für REITs zu sehr unangenehmen Folgen. Die Börsenwerte brachen dramatisch ein, was Kapitalerhöhungen unattraktiv machte. Die externen Finanzierungsmöglichkeiten durch Fremdkapital verschlechterten sich für alle Unternehmen. Ein Wachstum war unter diesen Bedingungen erschwert oder gar nicht möglich. Eine temporäre gesetzliche Anpassung erlaubt es deshalb REITs, unter bestimmten Voraussetzungen die Dividenden zu kürzen (unter die 90 %-Schwelle) oder ersatzweise Stock Dividends auszugeben (vgl. Lee et al. 2012). Für die Aktionäre sind Stock Dividends relativ einfach in Cash zu wandeln, während der REIT dadurch keine Liquiditätsabflüsse erleidet. Im Vergleich zu einer Gewinnausschüttung mit anschließender Kapitalerhöhung ist das Verfahren sehr viel einfacher und billiger und es werden eventuell sogar die üblichen negativen Marktreaktionen einer Eigenkapitalerhöhung vermieden (vgl. Case et al. 2012).

Es zeigte sich, dass alleine die Ankündigung, dass es solche Erleichterungen geben wird, positive Marktreaktionen für alle REITs hervorrief. Lee et al. (2012) stellten fest, dass in der Folge gerade einmal sechs von 173 REITs die Bardividende durch Stock Dividends ersetzten. Dabei griffen besonders hoch verschuldete REITs auf diese Möglichkeit zurück, mussten in der Folge aber mit negativen Börsenkurseffekten leben.

Demgegenüber fanden Case et al. (2012) für die Jahre 2007 bis 2009 insgesamt 41 Fälle von Dividendenkürzungen und 15 Fälle von Stock Dividends. Auch hier waren insbesondere REITs mit einem hohen Verschuldungsgrad betroffen und Unternehmen mit guten Wachstumsmöglichkeiten (gemessen durch die Market-to-Book-Quote). Durch die verminderten Liquiditätsabflüsse wurde das Insolvenzrisiko trotz der hohen Verschuldung vermindert und die Möglichkeiten, Wachstum zu finanzieren, verbessert. Die Autoren fanden deshalb positive Börsenkursreaktionen aufgrund der ergriffenen Maßnahmen.

Die unterschiedlichen Befunde von Lee et al. und Case et al. sind wenig plausibel. Unterschiede in der Grundgesamtheit der Unternehmen und der Zeiträume sind mögliche Erklärungen.

Der Informationsgehalt der REIT-Dividende kann auch dadurch beeinträchtigt werden, dass sowohl die Pflichtdividende als auch der Zusatzdividende durch bilanzpolitische Maßnahmen beeinflusst werden kann.

Für US-amerikanische REITs wurde festgestellt, dass mit der Normierung des FFO und der seit dem RegG verpflichtenden Überleitung auf GAAP-Maße (im Allgemeinen das Net Income) die Transparenz zunahm, sodass Earningsmanagement spürbar rückläufig war. Allerdings nahmen im Gegenzug Sachverhaltsgestaltungen zu (vgl. Edelstein et al. 2009). Diese Wirkung zeigte sich nicht nur für REITs, sondern allgemein (vgl. Abschn. 3.3.2.2). Als relevante Sachverhaltsgestaltungen bei REITs wurden das Verschieben von Erträgen oder Aufwendungen und Verkäufe von Anlagevermögen identifiziert. Da REITs einem Ausschüttungszwang in Höhe von 90 % des Steuerbilanzgewinns unterliegen, waren insbesondere auch Verkäufe mit Buchverlusten zu beobachten: Die Verluste mindern den Ausschüttungszwang und trotzdem fließt Liquidität zu. Besonders Unternehmen mit einem hohen Verschuldungsgrad und hohem Kapitalbedarf realisierten solche Transaktionen. Grundlage war eine Untersuchung mit 330 Firmyears im Zeitraum von 2000 bis 2005.

In einer anderen Erhebung mit 68 US-REITs für die Jahre 2004 bis 2008 (mit 216 Firmyears) wurde der Zusammenhang zwischen einer starken/schwachen Corporate Governance und Bilanzpolitik analysiert. Die Governance wurde anhand bestimmter Board-Merkmale und des Prüfungsausschusses (audit committee) operationalisiert. Es zeigte sich, dass eine schwache Governance keine Bedeutung für Earningsmanagement oder FFO-Management hatte, also konventionelle Bilanzpolitik. FFO-Management wurde gemessen durch den Unterschied zwischen dem aktuell publizierten FFO der Unternehmen und dem FFO, das sich aufgrund der standardisierten NAREIT-Definition ergeben hätte. Als Ursache für die unwesentliche Bedeutung der Corporate Governance wurden die geringen Spielräume zur Gestaltung genannt (vgl. Anglin et al. 2013). Allerdings zeigte sich auch, dass Unternehmen in beträchtlichem Umfang auf Sachverhaltsgestaltungen (REM) zurückgriffen, besonders die Unternehmen mit einer schwachen Corporate Governance und sogenannte „suspect firms", die Probleme hatten, die 90-%-Grenze für die Pflichtdividende zu erreichen.

Insgesamt kann die disziplinierende Wirkung des Ausschüttungszwanges nicht eindeutig abgeschätzt werden. Dies liegt an Messproblemen, verbleibenden diskretionären Spielräumen und den Einflüssen anderer Corporate Governance-Mechanismen (leverage, Eigentümerstruktur usw.).

5.1.2.2.3 Finanzierungs- und sonstige Besonderheiten

Unterstellt man, dass REITs aufgrund des Dividendenzwangs im Durchschnitt nur zwischen 50 und 65 % des FFO (oftmals als Proxy für den eigentlich bedeutsamen Cashflow genutzt) ausschütten müssen (vgl. Wu 2014), ist die disziplinierende Wirkung der Liquiditätsabflüsse nicht eindeutig. Deshalb ist die Annahme, dass eine externe Marktkontrolle für die Liquiditätsaufnahme vorliegt (vgl. Anglin et al. 2013), nicht selbstverständlich.

In zwei Studien wurde festgestellt, dass REITs über eine sehr niedrige Liquidität verfügen. Wu (2014) stellt einen Anteil liquider Mittel von 1,57 % des Vermögens fest, während im Durchschnitt aller Unternehmen 18,48 % vermeldet werden. Hill et al. (2012) stellen für 144 US-REITs im Zeitraum 1999 bis 2009 ebenfalls nur eine Quote von 2,5 % (liquide Mittel/Net Assets) fest. Dieser sehr niedrige Anteil an Cash kann mit verschiedenen Argumenten plausibilisiert werden. Das Geschäftsfeld der REITs (typisch: passive Bestandshalter) führt zu relativ stabilen, gut planbaren Cashflows. Ein niedriges Working Capital reduziert den Bedarf an Liquiditätsreserven zusätzlich. Andererseits wäre eine hohe Liquidität kein Argument, ein erhöhtes Take-over-Risiko anzunehmen.

Ergänzend ist zu bedenken, dass zwischen Cash und Kreditlinien eine Substitutionsbeziehung bestehen kann. Wenn Fremdkapital aufgrund der guten Governance von REITs oder anderen Faktoren (vgl. ausführlich Abschn. 5.2.3) relativ billig ist, so wären höhere Cashbestände nicht notwendig. Da die Fremdkapitalkosten oftmals von Cashflow-basierten Kennzahlen abhängen, hängt die Höhe der erforderlichen Liquidität letztlich von den Cashflows ab (vgl. An et al. 2012; Wu 2014).

Eine Studie von Hill et al. (2012) zeigte aber, dass die Substitutionsbeziehung nur begrenzt vorliegt. Sie ermitteln, dass ein US-Dollar mehr Cash den Unternehmenswert von REITs um 1,34 bis 1,88 US$ erhöht, in der Finanzmarktkrise gar um 2,18 US$. Demgegenüber erhöhte 1 US$ nicht ausgeschöpfte Kreditlinie den Unternehmenswert um 0,27 bis 0,41 US$. Demzufolge sind Liquidität und Flexibilität auch für REITs sehr wertvoll, besonders in Krisenzeiten mit beschränkten Möglichkeiten der Finanzierung.

Unterstellt man, dass Ersatzinvestitionen in Höhe der Abschreibungen durch laufend erwirtschaftete Cashflows finanziert werden können, da insoweit kein Dividendenzwang greift, stellt sich die Frage, wie zusätzliche Investitionen bezahlt werden können. Nach der Pecking Order Theorie wäre eine zusätzliche Rücklagenbildung durch Thesaurierung von Gewinnen die erste Präferenz des Managements, eine für REITs nur begrenzt verfügbare Option. Für 273 US-REITs im Zeitraum 1990 bis 2008 (mit 2121 Firmyears) stellten An et al. (2011) fest, dass REITs insgesamt im Vergleich zu anderen Branchen ein starkes Wachstum zu verzeichnen hatten. Aggregiert wurden dabei 93 % der Investitionen extern finanziert, in anderen Industrien rund 30 %.

Die Aufnahme von Fremdkapital wäre die nächstbeste Option nach der Pecking Order Theorie. Gerade für REITs könnte dies auf günstige Weise möglich, mithin attraktiv sein. Das liegt daran, dass Immobilien beliebte Kreditsicherheiten darstellen und das Insolvenzrisiko abschwächen. Das beschränkte Geschäftsfeld der REITs vermindert die Risiken zusätzlich. Auf der anderen Seite sind REITs steuertransparent, sodass Fremdkapital nicht durch Tax-Shield-Effekte begünstigt wird. Unterstellt man für REITs eine starke Governance, so würde ein höherer Verschuldungsgrad trotz zusätzlichem Monitoring wenig Vorteile bezüglich der Disziplinierung des Managements bieten. Demnach scheint es eine empirische Frage zu sein, welche Vor- oder Nachteile überwiegen (für die gesamte Immobilienbranche vgl. hierzu Abschn. 5.2.3).

Vergleicht man REITs mit Immobilienunternehmen, die auf einem vergleichbaren Geschäftsfeld agieren, allerdings ohne den REIT-Status (REOCs = Real Estate Operating Companies), ergibt sich ein deutliches Bild. Niskanen und Falkenbach (2012) führten eine solche Gegenüberstellung für 14 europäische Länder durch, wobei die REITs ca. 22 % des Weltmarktes aller REITs umfassten. Der Betrachtungszeitraum war 2005 bis 2009. Die wichtigsten Resultate zeigt Tab. 5.3.

Tab. 5.3 Fremdkapitalanteile Immobiliengesellschaften. (Niskanen und Falkenbach 2012)		REITs	REOCs
	Fremdkapital/Bilanzsumme	39 %	51 %
	Kurzfristiges Fremdkapital	15 %	17 %
	Market-to-Book-Ratio (MTB)	1,12	1,07

Die Market-to-Book-Ratio nutzen die Verfasser als Proxy für die Wachstumsmöglich-keiten, die für REITs demnach höher wären. Die Anteile an kurzfristigem Fremdkapi-tal waren in etwa gleich und insgesamt rückläufig. Bezüglich des Verschuldungsgrades erreichten die REOCs einen wesentlich höheren Wert. Der fehlende Steuerentlastungs-effekt der REITs ist die naheliegende Erklärung. Eine im Vergleich zu den REOCs bes-sere Kreditwürdigkeit durch begrenzte Handlungsspielräume spiegelt sich hingegen nicht wider, genauso wenig wie die eingeschränkte Möglichkeit der REITs zur Bildung von Gewinnrücklagen.

Demgegenüber stellen Harvey und Cheigh (2011) für REITs und andere Fonds in den USA fest, dass REITs eine deutlich bessere Performance aufweisen. Sie begründen dies damit, dass die REITs einen höheren Verschuldungsgrad hatten. Beachtlich ist, dass der Leverage-Effekt, so er denn als Begründung dienen soll, durch das Fehlen des Tax Shield eher abgeschwächt sein müsste. Zudem kommen Ghosh et al. (2011a) ebenfalls zu einem widersprechenden Ergebnis: sie stellen fest, dass gerade profitable Unternehmen niedrige Fremdkapitalquoten aufzuweisen hatten.

Vergleicht man hingegen REITs mit Unternehmen aus anderen Branchen, so zeigt sich ein irritierendes Bild. So stellen Boudry et al. (2010) für US-REITs im Zeitraum 1997 bis 2006 fest, sie hätten einen niedrigen Verschuldungsgrad: „…standard wisdom that REITs maintain low leverage." Campbell et al. (2011) hingegen: „…anecdotal evi-dence reveals that leverage ratio of real estate investment trusts is relatively high compa-red to conventional firms." Dies stellten auch Alcock et al. (2013) für 147 US-REITs im Zeitraum 1991 bis 2009 (mit 21.955 Monatsdaten) fest. Dabei wurde sogar in großem Umfang kurzfristiges Fremdkapital genutzt, das die Flexibilität des Managements wenig einschränkt. Die Verfasser schließen auf ein opportunistisches Managementverhalten, das zur Manipulation der Performance genutzt wurde. Allerdings ist die Antwort auf die Frage, ob eher kurz- oder langfristiges Fremdkapital mit mehr Marktkontrolle verknüpft ist, durchaus umstritten (vgl. Abschn. 4.3.1.2).

Zumindest nach der Logik der Pecking Order Theorie, stellt die Aufnahme von zusätzlichem Eigenkapital die letzte und unattraktivste Form der Finanzierung dar (zur Begründung vgl. Abschn. 5.2.3). Für REITs wäre aufgrund des Dividendenzwanges eine solche Inanspruchnahme des Kapitalmarktes dann häufiger als für andere Unternehmen zu erwarten. Da bei Eigenkapitalaufnahmen die Gefahr von Fehlinvestitionen oder Asset Shifts größer als bei Fremdkapital ist, müssten REITs besonders daran interessiert sein, Informationsasymmetrien abzubauen, um Investoren gewinnen zu können. Hierzu gehö-ren zum Beispiel wenig Bilanzpolitik und eine insgesamt gute Rechnungslegungsqualität (vgl. An et al. 2011).

Bei erstmaligen Börsengängen und späteren Kapitalerhöhungen (IPOs und SEOs) ist es allgemein üblich, im Vorfeld eine Gewinn erhöhende Bilanzpolitik zu realisieren, mit der Folge einer schlechteren Performance danach (vgl. Zhu et al. 2010). Da REITs den Kapitalmarkt regelmäßig in Anspruch nehmen, ist es möglich, dass der Spielraum für Bilanzpolitik im Zeitablauf bereits ausgeschöpft wurde, und es verstärkt erforderlich ist, Reputationskapital aufzubauen. Für 251 Kapitalerhöhungen von US-REITs in den Jahren 2001 bis 2006 stellten Zhu et al. fest, dass es keine verstärkte konventionelle Bilanzpolitik (Earningsmanagement) gab. Trotz der Standardisierung durch die NAREIT gab es aber ein sehr starkes FFO-Management. Es wurde also die Non-GAAP-Größe manipuliert, die nicht unter die zu prüfenden GAAP-Maße fielen, aber in der praktischen Signalwirkung für die Branche sehr viel wichtiger sind als das Net Income. Die FFO haben zudem den Vorteil, dass sich, anders als bei Gewinnen, in den Folgejahren keine Umkehreffekte ergeben. Andererseits sind die Unterschiede zwischen dem vom Unternehmen publizierten FFO und dem FFO nach der Systematik der NAREIT zumindest in etwa extern zu erkennen. Das FFO-Management ist insofern zu decodieren. Eine Verhaltensbeeinflussung von Anlegern wäre dann nur möglich, wenn der Kapitalmarkt nicht informationseffizient in einem halbstrengen Sinne ist.

Der Zwang, Wachstum durch externe Finanzierung in Form von Eigenkapitalerhöhungen zu sichern, führt dazu, dass REITs relativ häufig Altaktionäre oder neue Investoren überzeugen müssen. Das Management kann dann versuchen, die Kapitalerhöhungen zu realisieren, wenn die Aktien aus seiner Sicht überbewertet sind, um die Altaktionäre zu bevorzugen und möglichst viel Geld einzunehmen. Für den Zeitraum von 1990 bis 2007 wurden Kapitalerhöhungen von insgesamt 183 US-amerikanischen REITs analysiert und mit einer Peer Group verglichen (REITs ohne Kapitalmaßnahmen). Tatsächlich wiesen die Unternehmen, die die Börse in Anspruch nahmen vor der Kapitalerhöhung gute und steigende Erfolge auf (Net Income, FFO und CFO), die anschließend deutlich abfielen (vgl. Ghosh et al. 2011b).

Neben den besonderen Finanzierungsbedingungen spielt die Transparenz oder Intransparenz eine wichtige Rolle für die Qualität der Corporate Governance. Für REITs, die als eher passive Bestandshalter konzipiert sind (vgl. Boudry et al. 2014), werden zwei Extrempositionen vertreten. Einmal geht es darum, dass für die besondere Assetklasse Immobilien sehr wenig Markttransparenz herrsche und ein großes Maß an privaten Informationen erforderlich sei, um sie angemessen zu bewerten (vgl. Alcock et al. 2013). Die Autoren nehmen aber an, dass dies durch das REIT-Regime in den USA kompensiert werde.

Die Gegenposition stellt darauf ab, dass

- aufgrund der Mietverträge gut planbare Cashflows vorliegen (vgl. Anglin et al. 2013; Zhu et al. 2010);
- wegen der Asset Tangibility niedrige Insolvenzkosten gegeben sind (vgl. Wu 2014);
- aufgrund des riesigen privaten und öffentlichen Immobilienmarktes ein effektives Benchmarking und Monitoring möglich ist (vgl. Niskanen und Falkenbach 2012);

- Forschungs- und Entwicklungsaufwendungen oder Marketingaufwendungen unbedeutend sind (vgl. Bauer et al. 2010; Wu 2014). Diese Aufwendungen sind in vielen Industrien sehr hoch, sehr volatil und ein beliebtes Mittel für sachverhaltsgestaltende Bilanzpolitik (REM, vgl. Abschn. 3.3.2).

Meines Erachtens spricht einiges für die zweite Position. Dies wird zum Beispiel durch die Studie von Aboody et al. (1999) bestätigt. Für Immobilienunternehmen im UK hatte selbst die stark ermessensbehaftete Neubewertung der Immobilien Informationsgehalt für die Börsenkurse und die Returns (operatives Ergebnis und operativer Cashflow) der nächsten drei Perioden.

Für REITs ergeben sich im Vergleich zu anderen Immobilien-AG zusätzliche Restriktionen, da nur bestimmte geschäftliche Aktivitäten überhaupt zugelassen werden. Diese sollten eine Empire Building und ausufernde Diversifikation verhindern (vgl. Brounen et al. 2012). Selbst innerhalb der recht homogenen REITs zeigte sich, dass Diversifikation zu weniger Transparenz, einer schwächeren Corporate Governance und einer niedrigeren Performance führten. Bauer et al. (2010) fanden dies bei US-REITs für die Jahre 2003 bis 2005 (mit 509 Firmyears).

Das eingeschränkte Handelsverbot für REITs ruft zwei Effekte hervor. Auf der einen Seite nimmt es dem Management Spielräume, zu günstigen Zeiten durch größere Portfolioumschichtungen auf Marktentwicklungen zu reagieren. Auf der anderen Seite reduziert dies Ungewissheit und Risiko der Anleger und sollte deshalb mit niedrigeren Kapitalkosten einhergehen (vgl. Sotelo 2006, S. 551). Meines Wissens fehlen bislang Untersuchungen zu den Folgen des Handelsverbotes. Es ist nicht einmal selbstverständlich, dass dieses die unternehmenspolitischen Möglichkeiten in der Praxis tatsächlich spürbar beschränkt. Zumindest für die großzügigen Schwellenwerte in § 14 REITG kann man dies bezweifeln (vgl. Kühnberger et al. 2008, S. 105 ff.).

Für zusätzliche Glaubwürdigkeit und verminderte Risiken kann naturgemäß die Institution Abschlussprüfung sorgen. Da REITs den Kapitalmarkt sehr viel häufiger als andere Unternehmen in Anspruch nehmen, muss ihnen dies ein besonders wichtiges Anliegen sein. Hohe Prüferhonorare können in diesem Fall ein Indiz für eine besonders umfassende Prüfung sein oder eben für ein besonders großes Risiko für die Prüfer, also für wenig Glaubwürdigkeit stehen. Hohe Honorare für Nicht-Prüfungsleistungen können die Unabhängigkeit (besser: die Wahrnehmung derselben) beeinträchtigen oder zu nützlichem Zusatzwissen führen, also qualitätssteigernd wirken.

Für US-REITs in den Jahren 2001 bis 2003 (mit 300 Firmyears) zeigte sich eine deutliche Entwicklung. Der Anteil der Prüfungshonorare stieg in diesem kurzen Zeitfenster von 45 % auf 93 %, der Anteil der Nicht-Prüferhonorare ging entsprechend zurück. Dies ging einher mit einer verbesserten Marktliquidität (verminderten Bid-Ask-Spreads), also einer erhöhten Glaubwürdigkeit der Informationen (vgl. Danielsen et al. 2009).

In einer weiteren Studie zu 251 Kapitalerhöhungen von US-REITs im Zeitraum 2001 bis 2006 bei 140 Unternehmen, zeigte sich zudem ein positiver Big-N-Effekt, es gab im Vorfeld weniger Bilanzpolitik (Earningsmanagement; vgl. Zhu et al. 2010).

Eine der wenigen nachhaltigen Anomalien der Kapitalmarktuntersuchungen stellt der sogenannte Post-Earnings-Announcement-Drift (PEAD) dar, ein Effekt, der die Effizienz des Kapitalmarktes infrage stellt. Bei einem effizienten Kapitalmarkt im halbstrengen Sinne, müssten alle öffentlich verfügbaren Informationen sofort vollständig eingepreist werden und eben nicht zeitverzögert (in Form eines Drift). Als mögliche Ursachen für dieses Phänomen werden vor allem irrationales Verhalten der Kapitalmarktteilnehmer oder die Unsicherheit der Information genannt. Für REITs gibt es nun einige Besonderheiten, die diese Drift beeinflussen sollten, wenn man unterstellt, er gehe auf die Ungewissheit der Informationen zurück. Zum einen unterstellen Price et al. (2012), dass die wichtigste Asset-Klasse Immobilien auf relativ transparente Art bewertet wird und viel Wissen über die Immobilienmärkte vorhanden ist. Dies sollte zu einer geringeren Drift führen. Dies sollte durch den Dividendenzwang und der resultierenden externen Finanzierung am Markt und der damit verbundenen erhöhten Transparenz und Marktkontrolle verstärkt werden. Da sich die rechtlichen Rahmenbedingungen für US-REITs ab 1990 stark verändert haben, wurde die Analyse für zwei Zeitfenster getrennt durchgeführt. Ab 1990 wurde ein externes Management durch einen unabhängigen Board ermöglicht und die tendenziell intransparenten UPREIT-Strukturen zugelassen.

Dies sollte annahmegemäß die Unsicherheit der Informationen erhöhen und damit den Drift verstärken. Eine weitere Differenzierung stellte auf die Unternehmensgröße ab, da bei kleinen REITs ebenfalls mit mehr Unsicherheit, also einer höheren Drift zu rechnen ist. Insgesamt umfasste das Zeitfenster die Jahre 1982 bis 2008 (mit den Subsample 1982 bis 1989 und 1990 bis 2008) wobei 8484 Datenpunkte für REITs und 203.971 Beobachtungen für Non-REITs einbezogen wurden (aus Quartalsberichten). Tatsächlich stellten die Verfasser aber fest, dass bei REITs entgegen ihren Erwartungen ein höherer Drift festzustellen war als bei Non-REITs, das heißt, die neuen Informationen über die Gewinne wurden langsamer in den Preisen abgebildet, die Reaktionen auf die Erstinformationen waren stärker gedämpft.

Vor dem Hintergrund, dass die Renditen von REITs weniger volatil als die der anderen Unternehmen waren, was auf geringere Unsicherheit hinweist, ist dieses Ergebnis schwer verständlich. Bestätigt wurde hingegen die Hypothese, dass nach den Änderungen 1990 die Ungewissheit gestiegen ist und der Drift sich verstärkt hat. Im Kern: die Kapitalmarkteffizienz hat abgenommen aufgrund der Liberalisierungen des rechtlichen Umfeldes. Freiheitsgrade führen offenbar nicht per se` zu besseren ökonomischen Randbedingungen für Investoren.

Per Saldo ergibt sich: „The combined effect of these provisions on monitoring is unclear" (Ghosh und Sirmans 2006). Da einige Defizite in der Corporate Governancestruktur zudem durch andere Mechanismen ersetzt werden können, ist der Nettoeffekt unklar. Damit zeigt sich insgesamt, dass nicht unbedingt mit verallgemeinerbaren Ergebnissen zu rechnen ist, sondern tatsächlich eher idiosynkratisches Wissen vorliegt. Versucht man, stark vergröbernd, die REIT-Eigenheiten bezüglich ihrer positiven oder negativen Folgen für die Corporate Governance einzuschätzen, ergibt sich trotz partiell unterschiedlicher Befunde folgendes Raster (Tab. 5.4).

Tab. 5.4 Corporate Governance – Faktoren von REITs. (Eigene Darstellung)

	Positiv	Negativ
Vorgaben zur Eigentümerstruktur	Streubesitz garantiert Mindestliquidität. Institutionelle Anleger sind stark vertreten.	Keine Take-over
Managermarkt		Wenig Alternativen
Börsennotierung	Grundsätzlich starke Visibility.	Small Stocks weniger beachtet.
Dividendenzwang	Verringert FCF-Probleme, erzwingt Externe Finanzierung.	
Geschäftsfeldbeschränkungen	Vermindert Informationsasymmetrien.	

Obwohl in der Summe mehr positive als negative Aspekte im Tableau auftreten, ist dies mangels möglicher Gewichtung kein eindeutiges Ergebnis derart, dass REITs über eine ausgeprägt starke Governance verfügen. Dies ist schon deshalb kaum möglich, weil es zu den Einzelaspekten auch Gegenevidenz gibt.

5.2 Bilanzielle Besonderheiten bei Immobilien-AG

5.2.1 Struktur der Aktivseite und Bewertungsaspekte

Das Gesamtbild der Bilanz zeigt, dass der IASB einen Mixed Model Approach normiert hat. Dies hat nicht nur für die Bilanz, sondern natürlich auch für die Erfolgsrechnung Bedeutung, da gerade nicht jede Wertänderung in der GuV erfasst wird. Deshalb wird auch kritisiert, dass die resultierenden Werte und Erfolge nur schwer interpretierbar sind, da eine Trennung in wirtschaftlich begründete und nur methodisch hervorgerufene Ursachen nicht möglich ist. Ein Full Fair Value Accounting (inklusive der Aktivierung des originären Firmenwertes) würde zwar die stärksten Schwankungen bei Eigenkapital und Erfolg hervorrufen, aber auch die beste Datenbasis für ein Unternehmensrating liefern, Rationalität der Adressaten unterstellt.

Auch wenn ein „reines" Konzept auf den ersten Blick überzeugend aussieht und einem Asset Liability Approach entspricht, gibt es doch gute Gründe für eine differenzierte Bewertung. So zeigen empirische Studien, dass professionelle Investoren und Finanzanalysten Fair Values präferieren, soweit Marktpreise oder gut erprobte Bewertungsmethoden zugrunde liegen. Für Vermögenswerte, für die Fair Values nur geschätzt werden können, insbesondere operativ genutztes Vermögen gilt dies nicht. Die mangelnde Verlässlichkeit der Werte und die Möglichkeit bilanzpolitisch motivierter Verzerrungen stören die Entscheidungsnützlichkeit (vgl. Pellens et al. 2008a; Küting und Kaiser 2010).

Zudem ist darauf hinzuweisen, dass jedenfalls das Cost Model ebenfalls keine relevanten Informationen liefert und durch selektive Verkäufe stille Reserven gehoben werden können (Gains Trading). Welches Bewertungsmodell für Contracting-Zwecke der
Rechnungslegung am besten geeignet ist, ist eine ganz andere Frage und kann durch die
Vertragsparteien festgelegt werden. Die Festlegung von regulatorischem Eigenkapital
(zum Beispiel für Banken, Versicherungen) oder insgesamt die Risikoeinschätzung auf
der Basis von historischen Anschaffungskosten dürfte aber eher verzerrt sein. Das Risiko
ungezügelt überhöhter Fair Values ist außerdem in vielen Ländern aufgrund des asymmetrischen Haftungsrisikos begrenzt. Während zu optimistische Schätzungen zu negativen Überraschungen und gegebenenfalls Klagen führen, ist dies bei einer tendenziell
vorsichtigen Bewertung eher nicht zu erwarten. Deshalb kann die Frage, ob unzuverlässige Fair Values ein Laster der IFRS-Rechnungslegung sind, nicht einfach beantwortet
werden (vgl. Laux und Leuz 2009).

Es gibt hierzu entsprechend unterschiedliche Evidenz. So zeigt eine sehr umfassende
Studie mit 2298 Datenpunkten aus 14 EU-Ländern, dass die Bilanzierung von Firmenwerten, von selbst erstelltem immateriellem Anlagevermögen und die Neubewertung
von Sachanlagen nach IAS 16 wertrelevante Informationen liefern. Der Wertzuwachs
bei der erstmaligen Anwendung der IFRS hängt dabei u. a. von der Nähe zu den vorher
angewandten nationalen GAAP ab (vgl. Aharony et al. 2010). Alle drei als wertrelevant
eingestuften Sachverhalte gelten als sehr anfällig für Ermessensentscheidungen/Bilanz-
politik, mithin als wenig verlässlich.

Für zwei Gruppen von Unternehmen im UK weisen Danbolt und Rees (2008) für den
Zeitraum von 1993 bis 2002 genau das Gegenteil nach: Sie untersuchen 446 Immobi-
lienunternehmen und 915 Investment Companies. Beide weisen den größten Teil ihres
Vermögens (Immobilienunternehmen 75 %, Investmentunternehmen 92 %) mit den Fair
Values in der Bilanz aus. Der zentrale Unterschied zwischen den Gruppen besteht darin,
dass für die Vermögenswerte der Investmentunternehmen Fair Values im Wesentlichen
als direkt beobachtbare Marktpreise vorlagen, während für die Immobilien unsichere
Schätzwerte zu ermitteln waren. Für beide Gruppen zeigte sich, dass Fair Values im Ver-
gleich zum Anschaffungskostenmodell mehr Wertrelevanz hatten, aber das Ausmaß für
Immobilienunternehmen war wesentlich niedriger. Dies passt zu Vorgängerstudien, die
ebenfalls zu dem Ergebnis kamen, dass vor allem die Zuverlässigkeit der Bewertung und
Anreize für Bilanzpolitik (Earningsmanagement) entscheidend für die Wertrelevanz sind.

Für börsennotierte Unternehmen in der Schweiz ergaben semi-strukturierte Interviews
mit acht Analysten, die sich auf Immobilien- und Investment-AG spezialisiert haben,
einen anderen Befund (vgl. Meyer und Dünhaupt 2011). Die Fragestellungen zielten
auf NAV-Dicounts ab. Als Ergebnis ergab sich, dass die Bewertungsunsicherheit für die
Investment Properties als unwesentlich eingestuft wurde, während die mangelnde Zuverlässigkeit der Bewertung der Finanzinstrumente als wichtiger Grund für den Abschlag
vom Börsenkurs bei Investmentgesellschaften angegeben wurde. Konsequenter Weise
gaben die Befragten an, dass sie sich bei Immobilien-AG eher am NAV orientieren und
bei Investment-AG eher am Börsenkurs. Der NAV-Spread bei den Immobilien-AG wurde

auf Klumpenrisiken der Portfolios (Konzentration auf Warenhäuser), Stimmrechtsbe-
schränkungen, irrationales Anlegerverhalten etc. zurück geführt, ohne dass ein Motiv
dominiert.

Gerade bezüglich der Ermittlung von Fair Values für Immobilien gibt es eine sehr
umfangreiche Diskussion, inwieweit die Kriterien der Relevanz und Zuverlässigkeit bei
den diversen Bewertungsmethoden erfüllt sind. Nach IAS 40.46 (alte Fassung vor der
Reform durch IFRS 13) waren praktisch das Vergleichswertverfahren, das (einjährige)
Ertragswertverfahren und DCF-Kalküle grundsätzlich zulässig. Am Vergleichswertverfahren wird kritisiert, dass die Anzahl der vergleichbaren Transaktionen und deren
zeitliche Nähe unzureichend sind und deshalb kaum objektivierbare Adjustierungen
notwendig sind. Die bekannten Kaufpreise, die zugrunde zu legen sind, bilden zudem
Nebenabreden wie Garantien, Earn-out-Klauseln etc. nicht ab und bei Portfoliokäufen ist
eine Kaufpreisallokation erforderlich.

Das normierte Ertragswertverfahren nach der ImmoWertVO erfüllt nach Ansicht einiger Autoren die Merkmale der Zuverlässigkeit und Relevanz in besonderem Maße und
DCF-Kalküle werden als reine Prognoserechnungen als unbrauchbar eingestuft (vgl.
Kleiber 2014, S. 1625 ff.), während dies von anderer Seite gerade umgekehrt gesehen
wird (vgl. Edelhoff 2011, S. 135 ff., 167 ff.). Diese Diskussion muss hier nicht nachgezeichnet werden. Führt man sich vor Augen, dass der Fair Value eine Schätzung des
potenziellen Absatzmarktwertes darstellt, so geht es beim Fehlen von direkt beobachtbaren Marktpreisen darum, den Wert zu ermitteln, den ein hypothetischer Investor zahlen
würde. Dieser abzubildende Kalkül kann, abhängig von Datenlage, nationalen Gepflogenheiten und anderen Faktoren, sowohl die eine als auch die andere Methode zulassen
(vgl. Kühnberger 2012).

Nach dem früheren Stand von IAS 40 gab es für die Simulation des Investorenkalküls
allerdings noch eine Beschränkung, die primär als Objektivierungsrestriktion zu verstehen war: Investive Auszahlungen für die Immobilie und daraus resultierende (erhöhte)
Einzahlungen durften nicht berücksichtigt werden (IAS 40.51 a. F.). Dies dürfte, wenn
es kleinlich umgesetzt wurde, dazu führen, dass ein Investorenkalkül gerade nicht zutreffend simuliert wird (vgl. Schäfers und Matzen 2010, S. 552). Durch IFRS 13 wurde
diese Restriktion ab 2013 abgeschafft. Allerdings erhöht diese Lockerung natürlich die
Subjektivität der Bewertung. Dies wird durch die Highest-and-best-Use-Annahme des
IFRS 13 noch zusätzlich verstärkt.

Akzeptiert man, dass die Wahl einer bestimmten Bewertungsmethode durch IAS 40
(und auch durch IFRS 13) nicht eindeutig vorgegeben wird, so wird die Qualitätsein-
schätzung durch Nutzer letztlich zu einer empirischen Frage. Hierzu gibt es auch schon
einige Anhaltspunkte: So ergab die Studie von Danbolt und Rees (2008), dass Fair
Values für Immobilien bei britischen Unternehmen wenig Wertrelevanz hatten. Andererseits wurde auch ermittelt, dass durch die Fair Values Informationsasymmetrien abgebaut
wurden, was zu signifikant niedrigeren Geld-Brief-Spannen führte (vgl. Muller et al.
2011). Klar ist aber meines Erachtens, dass die Glaubwürdigkeit von Fair Values gerade
bei Immobilien auch davon abhängt, ob zusätzliche Informationen über die Annahmen

und Parameter der Bewertung, Bandbreiten und die Verteilungen von Schätzwerten usw. publiziert werden (vgl. Koelen 2009, S. 96 ff., 105 ff.; Kraus 2008).

Hier kann der ab 2013 anzuwendende IFRS 13 zu Verbesserungen führen. Bekanntlich sind die Unternehmen verpflichtet, die für die Fair-Value-Ermittlung verwendeten Inputfaktoren in Level 1 bis Level 3 zu gruppieren, wobei das Maß an Unzuverlässigkeit und Subjektivität zunimmt. Entscheidend für die Einstufung des gesamten Fair Value ist der schlechteste verwendete Level. Für US-amerikanische Unternehmen gilt ein vergleichbarer Fair Value Standard (SFAS 157) schon seit Jahren, allerdings sind dort Immobilien grundsätzlich nach dem Cost Model zu bewerten. Für 467 Kreditinstitute wurden für die Jahre 2007 bis 2008 Quartalsberichte ausgewertet (mit 952 Datenpunkten). Untersucht wurde, ob die Level-Einstufung der Bewertung von Wertpapieren tatsächlich als Risikomaßstab verwendet wurde und zu unterschiedlichen Kapitalkosten führte. Dabei wurde unterstellt, dass Level-3-Risiken nicht durch Investoren wegdiversifiziert werden können. Im Ergebnis ergab sich tatsächlich der erwartete Zusammenhang, dass die Unsicherheit der Bewertung (höhere Input-Level) zu höheren Kapitalkosten führten (vgl. Riedl und Serafeim 2011). Dieser Zusammenhang konnte durch ein positives Informationsumfeld aber abgeschwächt werden. Dieses wurde durch Corporate Governance-Merkmale, Transparenzpolitik, Analystendeckung, Marktkapitalisierung, Streuung und Fehlerhaftigkeit von Analystenschätzungen etc. operationalisiert.

Für Immobilien-AG, die unter IFRS 13 Fair Values schätzen wird bestenfalls auf Inputfaktoren Level 2, möglicher Weise auch überwiegend nur Level 3 zurück zu greifen sein, was die Unsicherheit der Bewertung offenlegt und eben auch zu entsprechenden Risikozuschlägen führen kann. Dies kann durch Offenlegung von zusätzlichen Informationen gemildert werden. Obwohl IFRS 13 und IAS 40 eine Fülle von Anhangangaben verpflichtend vorsehen, ist das Aggregationsniveau doch sehr unbestimmt. So führt die Angabe, dass für Gewerbeimmobilien in Deutschland mit einem Diskontierungsfaktor von 6 bis 11 % gearbeitet wurde, nicht gerade zu deutlichem Wissenszuwachs bei Adressaten. Wenn das Volumen und die Art der mit den verschiedenen Zinssätzen bewerteten Immobilien angegeben werden, wäre dies deutlich anders.

Neben den pflichtgemäß zu veröffentlichenden Jahres- oder Konzernabschlüssen legen viele börsennotierte Unternehmen auf freiwilliger Basis Informationen offen, die darauf abzielen, eine wertorientierte Kapitalmarktberichterstattung zu realisieren (sogenanntes Value Reporting; vgl. Dirrigl 2008; Ruhwedel und Meurer 2011; Sifi 2010, mit einer detaillierten ökonomischen Analyse von Determinanten einer freiwilligen Publizität). Für Immobilien-AG sind hier insbesondere die Empfehlungen der EPRA bedeutend, die sich auf Bilanz- und GuV-Größen beziehen können. Die Empfehlungen der EPRA haben den Vorteil, dass sie weitgehend akzeptiert sind und eine gewisse Standardisierung vorgeben. Die Offenlegung dieser Informationen kann innerhalb der Finanzberichterstattung erfolgen oder außerhalb. In diesem Fall unterliegen sie nur einer prüferischen Durchsicht nach IDW PS 900 oder sind nach IDW PS 202 kritisch zu lesen. Damit genießen diese Zusatzinformationen nicht die gleiche Glaubwürdigkeit, wie die geprüften Abschlussbestandteile. Darüber hinaus kann der Ort der Offenlegung für die Wahrnehmung durch Adressaten Bedeutung erlangen.

Auch bezüglich der freiwilligen Publizität stellt sich die Frage der Entscheidungs-nützlichkeit. Einerseits könnte man unterstellen, das Management nutzt seine diskretionären Spielräume, um Adressaten gezielt zu beeinflussen. So gaben die von Graham et al. befragten Financial Executives zum Beispiel an, dass sie Bilanzpolitik machen (Gewinnglättung) und dies nicht „…to communicate true economic performance to outsiders …" (Graham et al. 2005). Auf der anderen Seite kann die freiwillige Offenlegung auch dazu dienen, das private Wissen der Manager zu kommunizieren, um Informationsasymmetrien abzubauen. Genau dies gaben die gleichen Befragten auch als wichtigstes Motiv an. Der offenbare Widerspruch, im geprüften Pflichtteil der Publizität werden Informationen verzerrt, und im Rahmen der freiwilligen Publizität werden Investoren besonders mit wertrelevanten Daten versorgt, wurde in der Studie allerdings nicht adressiert. Letztlich wird man auch hier akzeptieren müssen, dass die Nützlichkeit der Informationen eine empirische Frage ist.

Speziell für die Bewertung von Immobilien werden immer Bewertungsmodelle notwendig sein, da kein aktiver Markt gegeben ist. Der resultierende Fair Value berücksichtigt dann immer private Informationen des Managements oder des Bewerters und nicht mehr nur die aggregierten Erwartungen aller Marktteilnehmer. Entsprechend haben die Fair Values genau dann Informationswert, wenn das Management das private Wissen offenlegt, um zu informieren und nicht, um verzerrende Bilanzpolitik zu betreiben (vgl. Hitz 2007). Für solche diskretionären Spielräume hat eine Vielzahl von Studien gezeigt, dass die Informationshypothese (die privaten Informationen führen zu einer verbesserten Information) bestätigt werden konnte (vgl. Hitz 2007). Es gibt aber auch gegenteilige Evidenz: Danbolt und Rees (2008) ziehen aus ihrer Untersuchung den Schluss, dass bei unzuverlässigen Fair Values der Informationsgehalt durch Bilanzpolitik gemindert wird. Sie stellen diese Vermutung (kein Nachweis) durch Tests bezogen auf die bedingte Vorsicht nach Basu und die Häufigkeit von Verlustausweisen auf. Allerdings sind diese beiden Qualitätsmaße sehr umstritten; sie sind ausführlich in Kap. 3 vorgestellt worden.

5.2.2 Sogenannte NAV-Spreads

Für Immobilien-AG wird manchmal unterstellt, dass sie im Wesentlichen Bestandshalter sind, also ein Großteil ihres Vermögens aus Renditeliegenschaften nach IAS 40 besteht. Daraus lässt sich dann folgern, dass die Summe der Fair Values dieser Immobilien zuzüglich der sonstigen Vermögenswerte und abzüglich der Schulden, also der Buchwert des Eigenkapitals, in etwa dem Gesamtwert oder Marktwert des Eigenkapitals entspricht. Unterstellt wird dabei, dass es wenig Synergieeffekte gibt und ein Good oder Bad Will keine wichtige Rolle spielt.

Dies entspricht auch der Definition von Anlageimmobilien nach IAS 40: diese werden als Art Cash Generating Unit verstanden, sie generieren weitgehend unabhängig von anderen Vermögenswerten Zahlungsströme (IAS 40.7). Deshalb werden Wertänderungen wie realisierte Erfolge direkt in die GuV übernommen, da die Immobilien ex definitione jederzeit veräußert werden könnten, ohne die übrigen Cashflows zu beeinflussen. Das Prinzip der Wertadditivität wäre einigermaßen erfüllt und bei transparenter Herleitung der Fair Values müssten Buchwert und Marktwert einigermaßen passen (vgl. Volkart et al. 2005, S. 525).

Idealtypisch wird der Marktwert eines Unternehmens als Gesamterfolgswert bestimmt (Ertrags- oder DCF-Wert). Bei börsennotierten Unternehmen kann alternativ auf den Börsenwert zurückgegriffen werden, der auch in der Rechtsprechung des BVerfG zumindest als Untergrenze akzeptiert ist, wenn es keine Anhaltspunkte für Marktstörungen gibt. Der Börsenkurs resultiert aber aus dem Kauf und Verkauf von einigen Aktien und im Allgemeinen nicht aus dem Erwerb ganzer Unternehmen. In den USA wurde für den Zeitraum 1982 bis 2000 aus Transaktionsdaten abgeleitet, dass eine durchschnittliche Kontrollprämie von 40 % (!!) auf den Börsenwert bezahlt wurde. Für Deutschland sind keine vergleichbaren Daten veröffentlicht (vgl. Ballwieser 2011). Solche Zuschläge können allerdings viele Ursachen haben, die nicht unbedingt darauf beruhen, dass der Börsenwert den „richtigen" Unternehmenswert approximiert. Beispielsweise könnten überbewertete eigene Aktien als Transaktionswährung die exorbitanten Firmenwerte teilweise erklären (vgl. Kuhner und Lüdtke-Handjery 2005). Neben den nicht berücksichtigten Kontrollprämien gibt es sicher noch viele Gründe mit denen man bestreiten kann, dass die Börsenwerte gute Indikatoren für den Unternehmenswert sind. Allerdings ist dies zumindest auf Dauer eine unseres Erachtens trotzdem tragfähige Annahme, da ein nachhaltig informationsineffizienter Kapitalmarkt wenig plausibel ist.

Der Marktwert einer Immobilien-AG könnte wie folgt aufgegliedert werden (vgl. Rehkugler und Goroncy 2009, S. 78 ff.; Schäfers und Matzen 2010, S. 550 f.):

(1) Summe der Fair Values von Anlageimmobilien
(2) Summe der Vermögenswerte nach IFRS 5
(3) Summe des Finanzanlagevermögens
(4) Summe des sonstigen Vermögens
(5) Abzüglich Summe der Schulden
(6) Zuzüglich/abzüglich Good Will/ Bad Will

Die Positionen (1) bis (5) entsprechen dem Buchwert des Eigenkapitals. Annahmegemäß sollte die Position (6) klein sein, zumindest bei einem Bestandshalter. Zudem würde man prima facie einen Good Will erwarten, also positive Verbundeffekte, da sonst eine Einzelveräußerung der Anlageimmobilien rational wäre. Außerdem sind bei einer Immobilien AG Spezialisierungs- und Diversifikationsvorteile, sowie eine hohe Liquidität der Aktien plausibel, die zu einem positiven Firmenwert führen sollten.

Die Market-to-Book-Ratio, also die Relation des Börsenwertes des Eigenkapitals zum Buchwert desselben, wird für Immobilienunternehmen Net Asset Value (NAV) genannt. Hierbei ist in vielen Branchen eine Kennzahl > 1 zu erwarten, also ein Premium. Dies liegt vor allem daran, dass einige Bilanzposten nicht mit Zeitwerten angesetzt werden. In der Hauptsache geht es aber zurück auf nicht oder nicht mit dem Fair Value angesetzte immaterielle Vermögenswerte und einen Goodwill. Deshalb wird eine Kennzahl größer als 1 auch als Indikator für künftiges Wachstum interpretiert. Der Börsenkurs berücksichtigt bereits die künftigen Cashflows aufgrund dieser noch nicht bilanzierten Faktoren (vgl. Abschn. 4.4). Für bestandshaltende Immobilien-AG ist diese Interpretation so nicht anwendbar, da immaterielles Anlagevermögen und Firmenwerte relativ bedeutungslos sein sollten.

Für die meisten Studien zum NAV ist jedoch zu berücksichtigen, dass sie auf Abschlüssen nach US-GAAP oder sonstigen nationalen GAAP beruhen und in der Bilanz die Immobilien deshalb nach dem Cost Model zu bewerten sind. Die Zeitwerte oder Verkehrswerte werden dann von den Unternehmen freiwillig publiziert oder extern geschätzt. Die Datenqualität ist dann nur schwer nachvollziehbar. Vielfach werden für die USA Schätzungen von Green Street Advisors genutzt, die als spezialisierte Fachleute gelten, denen deshalb gute Schätzerqualitäten attestiert werden (vgl. Gentry et al. 2004). Allerdings gibt es zur Qualität der Bewertungen auch sehr kritische Stimmen (siehe unten).

Unter IFRS sind dagegen die Fair Values explizit der Bilanz oder dem Anhang zu entnehmen. Es liegen somit standardisierte und geprüfte Werte vor. Allerdings ist selbst innerhalb der Gruppe der IFRS-Anwender zu berücksichtigen, dass der aktuelle Standard IFRS 13 erst seit wenigen Jahren anzuwenden ist und durchaus zu Änderungen im Vergleich zu den Bewertungsvorgaben des vormaligen IAS 40 auftreten können (vgl. Köhling 2011a).

Die EPRA hat mit ihren Best Practice Recommendations (2014) drei NAV-Größen standardisiert. Der Net Asset Value geht vom bilanziellen Eigenkapital des Unternehmens aus, wobei die Anlageimmobilien mit dem Fair Value anzusetzen sind (sonst: Korrektur mithilfe der Anhangangaben) und selbst genutztes Immobilienvermögen ebenfalls, wenn es wesentlich ist. Allerdings kann es sein, dass dieser Wert dem Abschluss gar nicht zu entnehmen ist. Im nächsten Schritt werden latente Steuern eliminiert, soweit sie auf die Immobilien bezogen sind oder andere EPRA-Anpassungen. Diese Korrektur wird vorgenommen, da unterstellt wird, dass die Unternehmen Bestandshalter sind und die latenten Steuern deshalb auch in Zukunft nicht zu realisierten Zahlungen führen werden. Des Weiteren werden Hedgeinstrumente und Finanzinstrumente, die bis zur Fälligkeit gehalten werden nicht nach dem Fair Value Model, sondern nach dem Cost Model bewertet, da wiederum nicht mit einer vorzeitigen Realisierung gerechnet wird. Der NAV stellt so gesehen eine Art Fair Value auf Fortführungsbasis dar.

Das NNAV korrigiert das NAV insoweit, als auf die Anpassungsmaßnahmen für das bilanzielle Eigenkapital nach EPRA zusätzlich latente Steuern abgegrenzt werden (vgl. Wendlinger 2012, S. 234 f.).

Zusätzlich hat die EPRA ein Triple NAV (NNNAV) definiert. Dieser stellt eher einen „Spot Fair Value" dar. Deshalb sind sämtliche Posten mit dem Fair Value anzusetzen, also auch das Fremdkapital und Hedgeinstrumente. Beim Fremdkapital kann der wenig plausible Effekt auftreten, dass die verschlechterte Unternehmensbonität zu niedrigen Zeitwerten der Schulden führt, also den NNNAV erhöht. Allerdings warnt EPRA davor, diesen Stichtagswert als Liquidationswert zu betrachten, da kein Liquidationsszenario unterstellt wird. Es geht um Fair Values im Rahmen einer freiwilligen Transaktion ohne Druck. Insolvenzkosten und andere bei einer tatsächlichen Liquidation anfallende Ausgaben werden nicht als Rückstellung berücksichtigt.

Ob eine Abgrenzung latenter Steuern für Immobilien-AG sinnvoll ist und in welchem Umfang, ist durchaus diskutabel. So kann es sein, dass bei einer Höherbewertung der Bestandsimmobilien vom Cost Model auf Zeitwerte keine passiven latenten Steuern abgegrenzt werden, da keine Veräußerungsabsicht besteht und die latenten Steuern deshalb nicht zu künftigen Auszahlungen führen werden oder erst in weiter Zukunft. Dann wäre eine (willkürliche?) Diskontierung notwendig, obwohl dies nach IAS 12 derzeit nicht zulässig ist. Ein anderer Grund, der gegen eine Steuerabgrenzung spricht gilt für REITs. Da diese steuertransparent sind, fallen auch bei Veräußerungsgewinnen gar keine Steuerzahlungen an.

Werden die Börsenwerte in Relation zum NAV oder NNNAV gesetzt, so ist dies nicht, wie in anderen Branchen, als Indikator für ein künftiges Wachstum zu deuten. Ist der Börsenkurs kleiner als der NAV wird dies aber als Indikator für künftig steigende Gewinne angesehen und umgekehrt stellt ein Premium des Börsenwertes einen Indikator für sinkende Renditen dar (vgl. Gentry et al. 2004). Es gibt allerdings gute Gründe die sogenannten NAV-Spreads genauer unter die Lupe zu nehmen, da diese Interpretation nicht zutreffen muss.

Hierbei wird im Weiteren nicht differenziert, welche konkrete NAV-Variante zugrunde liegt. Dies liegt daran, dass die Fülle an Studien diesbezüglich sonst nicht vergleichbar wäre und insgesamt mit mehr oder weniger unzuverlässigen und beeinflussbaren NAV-Größen zu rechnen ist. Selbst bei ausgewiesenen Experten finden sich durchaus exotische Definitionen, wie zum Beispiel: „Nettoinventarwert, der aus der Summe der Verkehrswerte der Immobilien und sonstiger Vermögensgegenstände abzüglich der (Finanz-)Schulden resultiert" (Schäfers et al. 2016, S. 487). Demnach wären die Schulden, die Nicht-Finanzschulden sind wie Eigenkapital einzurechnen. Solche Variationen ändern aber nichts an der Tatsache, dass dem NAV eine wesentliche Bedeutung für die Erklärung der Börsenkurse und der Unternehmenslage eingeräumt wird (vgl. Zajonz 2010, S. 140 f.).

Empirisch lassen sich über längere Zeiträume deutliche NAV-Spreads feststellen. Hierbei wären die Premiums noch einfacher mit den angedeuteten Erwartungen vereinbar, aber kaum die zeitweise sehr hohen Discounts. In einer Studie über 546 Immobilienunternehmen aus dem UK für den Zeitraum 1993 bis 2002 wurden erhebliche Bewertungsabschläge ermittelt. Die Autoren können einen Teil davon durch steuerliche Aspekte, Erfolgsentwicklung, Unternehmensgröße oder Verschuldungsgrad rational rekonstruieren, greifen im Übrigen auf Erkenntnisse der Behavioral Finance zurück (Noisetrader und Sentiments). Insgesamt gehen sie jedoch davon aus, dass diese Erklärungen unzureichend sind und sprechen von einem ungelösten Rätsel (vgl. Danbolt und Rees 2003; Clayton und MacKinnon 2000 und 2002 mit weiteren Erklärungsversuchen).

Im Grundsatz gibt es drei mögliche Erklärungen, warum der Zeitwert als Substanzwert nicht dem Börsenwert entspricht. Einmal kann der Fehler in der Ermittlung des NAV liegen, der Börsenwert ist richtig. Oder der NAV spiegelt den fundamentalen Wert des Unternehmens zutreffend und der Börsenwert ist verfälscht. Schließlich kann natürlich auch kritisiert werden, beide Größen seien verzerrt und würden den wirklichen Unternehmenswert (was immer dies dann sein sollte) nicht korrekt erfassen.

Wie oben schon angedeutet, könnte man ein solches Delta damit begründen, dass die Aktien unzutreffend bewertet sind. So weisen Spremann und Scheuerle (2010, S. 95 ff.) darauf hin, dass es auch langfristig keine Parallelität von finanz- und realwirtschaftlichen Renditen gibt und die Aktienrenditen ungewöhnlich hoch seien. Sie führen an, dass Investoren eine unrealistisch hohe Risikoaversion haben müssten, um die Risikozuschläge für die geforderten Eigenkapitalrenditen zu begründen. Gleichwohl wird hier die letztlich kaum belegbare Annahme unterstellt, dass die Börsenwerte zumindest auf Dauer zutreffend sind, dass realisierte Marktpreise den echten „Wert" von Aktien reflektieren. Zudem kann für Immobilieninvestitionen unterstellt werden, dass die Renditen von direkten und indirekten Anlagen sich langfristig nähern, wobei Renditen von Immobilien-AG kurzfristig volatiler sind (vgl. Abschn. 5.1.1).

Sucht man die Erklärung für die angesprochenen Spreads hingegen im NAV, so zeigt sich ein komplexes Bild. Die Schulden bestehen aus Verbindlichkeiten und Rückstellungen, die nicht durchgängig mit dem Fair Value zu bewerten sind. Gleichwohl dürften sie in der Summe kaum wesentlich davon abweichen und wenn, dann eher mit zu hohen Beträgen, was einen Discount noch weniger rechtfertigen würde.

Auf der Aktivseite kann es sehr wohl Vermögenswerte geben, die nicht mit dem Fair Value bilanziert werden, was insbesondere dann bedeutsam werden kann, wenn ein Unternehmen kein Bestandshalter ist. So könnten bei einem Projektentwickler wesentliche Vermögenswerte unter IAS 16 (selbst genutzte Sachanlagen), IAS 2 oder 11 (Vorräte oder Auftragsfertigung; nunmehr IFRS 15) fallen. Dann sind sie nur wahlweise oder gar nicht mit Fair Values anzusetzen, sondern eher mit niedrigeren Werten (Cost Model oder POC-Methode). Das Gleiche gilt für Vermögen, das unter IFRS 5 fällt, also zur Veräußerung bestimmt ist. Auch hier ist entweder mit dem Fair Value oder einem niedrigeren Buchwert zu rechnen, sodass ein Premium auf den Buchwert wegen stiller Reserven plausibel ist, aber kein Discount.

Verfügt ein Unternehmen über Finanzanlagen hängt es von der Art der Anlage ab, mit welchen Werten zu rechnen ist. Die Bandbreite reicht von einfachen Anteilen bis zu At Equity bewerteten Beteiligungen. Soweit Anteile konsolidiert werden, sind sie dagegen im Konzernabschluss nicht mehr erfasst und im Einzelabschluss nach dem Cost Model. Auch hier zeigt sich die allgemeine Regel: Maximal ist eine Bewertung mit dem Fair Value möglich oder mit einem niedrigeren Buchwert.

Ein weiterer Störfaktor kann systematisch nicht abgeschätzt werden: Der Börsenwert spiegelt die Preise für Aktien der Muttergesellschaft wider. Damit enthält er jedenfalls keine Kontrollprämie, die für den Erwerb des gesamten Unternehmens oder eine Mehrheitsbeteiligung eventuell anfallen würde. Demgegenüber stellt der NAV, wenn er aus dem IFRS- oder US-GAAP-Konzernabschluss abgeleitet wird, das Reinvermögen sämtlicher konsolidierter Unternehmen dar. Dies dürfte der Regelfall sein, da die zugehörigen Einzelanschlüsse nicht vorliegen oder auf der Basis von nationalen GAAP. Die beiden Größen Marktwert der Mutter-AG und Buchwert des Konzern-Eigenkapitals korrespondieren nicht direkt.

Schließlich könnte der Unterschied zwischen NAV und Börsenwert darauf zurückgehen, dass die Fair Values von Anlageimmobilien aus Sicht der Marktteilnehmer unzutreffend sind. Der Fair Value ist zwar definitionsgemäß für alle Marktteilnehmer gleich und müsste zumindest zusammen mit den Anhangangaben zu gleichen Cashflowerwartungen führen (vgl. Dargenidou und McLeay 2010). Allerdings eröffnen die (dürftigen) Bewertungsvorgaben in IAS 40 und den anderen Standards beachtliche Spielräume, sodass durchaus recht unterschiedliche Wertansätze resultieren können.

Es ist aber zu bedenken, dass der NAV zwar ganz überwiegend als Barwert oder Ertragswert ermittelt wird, allerdings für Einzelobjekte. Hierfür kommen immobilienspezifische Zinssätze zur Anwendung (Liegenschaftszins, Cap Rate, Initial Year Rent etc., je nach Bewertungsmethode), während für die Ermittlung von Unternehmenswerten regelmäßig Kapitalmarktzinsen verwendet werden (vgl. Rehkugler und Goroncy 2009, S. 88 f.). Die immobilienbezogenen Zinssätze sind typischer Weise niedriger als Kapitalmarktrenditen (vgl. Kühnberger und Werling 2012). Selbst wenn für die Bewertung gleiche Zahlungsströme unterstellt würden, ergäbe sich durch ein DCF-Verfahren mithin ein niedrigerer Wert als der NAV. Allerdings muss man sich fragen, warum für Immobilien-AG der Kapitalmarktzins höher sein soll, als für einzelne Immobilien. Letztlich muss geklärt werden, ob der Wert von Immobilienaktien eher durch die Entwicklung von Aktien oder von Immobilienwerten oder von beidem getrieben wird. Aber auch für einen aktiven Aktien- oder Immobilienmarkt wäre der direkt beobachtbare Preis kein Beleg dafür, dass alle Marktteilnehmer die gleichen Erwartungen bezüglich der Cashflows oder der Risiken (und damit des Zinssatzes) haben, sondern der Preis zeigt nur, dass es einen Konsens für das Ergebnis der Kalküle gab.

Betrachtet man zunächst den Extremfall einer Immobilien-AG mit nur einem Vermögenswert, einer voll vermieteten Immobilie, so kann dies helfen, potenzielle Ursachen für NAV-Spreads zu analysieren. Unterstellt man, dass die Cashflows der Immobilie den wesentlichen Bestandteil der Unternehmens-Cashflows darstellen, so müssten die Werte nahe bei einander liegen, da Synergie- oder Diversifikationseffekte und ähnliches nicht vorliegen können.

Tatsächlich können die Zahlungsströme der Immobilie (für eine direkte Anlage) und der AG trotzdem auseinanderfallen. Ein Grund könnte in den Managementkosten der AG liegen, die bei einer Einzelbewertung der Immobilie nicht vollständig erfasst werden. Steuerliche Unterschiede und (bei Aufgabe der Annahme eines Unternehmens mit nur einem Objekt) auch Größen-, Spezialisierungs- und Diversifikationseffekte können eine Rolle spielen.

Dass solche möglichen Unterschiede der Zahlungsströme Spreads von 40–50 % erklären können, erscheint aber zweifelhaft. Plausibler sind meines Erachtens eher die Stellschraube des Diskontierungsfaktors und Corporate Governance-Aspekte.

Für den Zinssatz ist zunächst bedeutsam, dass für Investoren die indirekte Anlageform liquider ist, was ceteris paribus zu einem Abschlag auf immobilienbezogene Zinssätze wie die Cap Rate oder den Liegenschaftszins führen sollte. Harvey und Cheigh (2011) geben an, dies würde einen Abschlag von 300 Basispunkten auf den Immobilienzins rechtfertigen. Hiergegen kann man einwenden, dass Immobilien-AG im Allgemeinen Small Caps mit geringem Free Float sind, also auch Aktientransaktionen relativ teuer werden (vgl. Gentry et al. 2004). Da Aktien zudem volatiler sind als Immobilienwerte könnte man auch einen Risikozuschlag begründen (vgl. Chen et al. 2011).

Ein weiterer Unterschied der Renditen kann durch Transparenzmerkmale begründet werden. Für Immobilien auf dem Public Market besteht aufgrund der laufenden Bewertung der Anteile eine bessere Markttransparenz als auf dem privaten Immobilienmarkt. Entsprechend sollten die Kapitalkosten auf dem Public Market geringer sein (vgl. Gentry et al. 2004). Im UK wurde die Einführung von REITs gerade damit begründet, dass dieses Geschäftsmodell (eines passiven Bestandshalters) aufgrund seiner Transparenz zu einer besseren Synchronisation von Fundamentaldaten und Börsenwerten führen soll. Patel et al. (2009) stellen für das UK und die USA allerdings NAV-Discounts von 50 %, respektive 60 % fest. Sie führen dies auf die extrem niedrigen Risikozuschläge auf dem privaten Immobilienmarkt in Höhe von 1,68 % zurück, während der Public Market 3,72 % aufwies, was den üblichen Risikozuschlägen auf dem Kapitalmarkt entsprach. Sie unterstellen, dass die Zinssätze für Einzelimmobilien die Risiken für Leerstände, Mietausfälle und Optionen aus den Mietverträgen unzulänglich abbildeten.

Für den privaten Immobilienmarkt wird vielfach die These vertreten, dass die für die Bewertung eingesetzten Transaktionsdaten veraltet sind und auf zu wenigen Geschäftsvorfällen beruhen, sodass Sondereinflüsse nicht auszuschließen sind (vgl. Patel et al. 2009; Van Nieuwerburgh et al. 2015, S. 38 und 63). Dies begünstigt niedrige Risikozuschläge und ein sogenanntes „Appraisal Smoothing". Boudry und Kallberg (2014) machen geltend, dass bei privaten Transaktionen unklar bleibe, ob Käufer und Verkäufer über repräsentatives Wissen über die zukünftige Entwicklung der Einzelimmobilie verfügen. Dies markiert für sie einen wesentlichen Unterschied zum Wertpapiermarkt und begründet die Gefahr von Smoothing.

Für den US-amerikanischen Markt haben Cannon und Cole (2011) die Qualität der Bewertung von Gewerbeimmobilien durch sachverständige Gutachter untersucht. Für die Jahre 1984 bis 2010 vergleichen sie die geschätzten Fair Values mit den Verkaufspreisen, die im übernächsten Quartal erreicht wurden. Das direkt der Bewertung folgende Quartal halten sie für nicht aussagefähig, da sie unterstellen, dass die Gutachterwerte die Kaufpreisvorstellungen des Verkäufers zu stark prägen. Für den zwischen der Bewertung und den realisierten Transaktionen vergangenen Zeitraum nehmen sie Anpassungen vor. Für 7214 Transaktionen stellen sie fest, dass die Bewertungen im Durchschnitt um 12 % über oder unter dem späteren Preis lagen. Bei steigenden Marktpreisen waren die geschätzten

Werte wesentlich niedriger und bei fallenden Preisen wesentlich höher als die Transaktionswerte. Sie unterstellen deshalb ein ausgeprägtes Smoothing, die Marktentwicklungen wurden stark zeitversetzt in die Bewertung eingepreist. In Phasen mit stark volatilen Immobilienpreisen und mit vielen Transaktionen waren die Abweichungen noch größer als 12 %.

In einer anderen Studie von Downs und Güner (2013), sank in solchen Phasen die Nachfrage nach den Leistungen der Sachverständigen. Dies kann bedeuten, dass deren Wissen dann aufgrund der am Markt vorhandenen Informationen substituiert werden kann, aber auch, dass deren Bewertung eben als weniger gut angesehen wird, als die Marktinformation. Keine Anhaltspunkte für ein Appraisal Smoothing in den USA stellen hingegen Cheng et al. (2011) fest. Insofern ist auch hier kein eindeutiges Ergebnis zu konstatieren.

Obwohl die tendenziell niedrigen Immobilienzinssätze und der Rückgriff auf teilweise auch ältere und schwer vergleichbare Transaktionsdaten durch Sachverständige den Verdacht von Smoothing plausibel erscheinen lassen, wäre es lohnenswert die Anreizstruktur für die Bewerter systematisch zu analysieren. Hier wäre zum Beispiel zu berücksichtigen, inwieweit ethische Berufsstandards und Abhängigkeiten von Auftraggebern wirken, welche Bedeutung die Bewertungsstandards der diversen Sachverständigenverbände haben, wie sich die Wettbewerbssituation und die Karriereanreize auf das Verhalten auswirken, ob es mächtige Drittparteien oder Kontrollinstanzen gibt (zum Beispiel Banken oder Abschlussprüfer), die für eine hohe Qualität sorgen, usw. Meines Wissens fehlen hierzu Erhebungen während sie für Wirtschaftsprüfer und Finanzanalysten sehr wohl vorliegen.

In der bereits angesprochenen Studie von Cannon und Cole (2011) zur Qualität der durch Sachverständige vorgelegten Bewertungen zeigte sich, dass die externen Bewerter noch sehr viel schlechtere Schätzungen (in Relation zu den späteren Preisen) vorlegten, als interne Bewerter des Unternehmens. Dies kann potenziell mit einem besseren Informationsstand begründet werden oder einer unzureichenden Unabhängigkeit der externen Gutachter. Letzteres wäre hochgradig bedenklich, da der Einsatz der Externen gerade damit begründet werden kann, dass sie qualitativ hochwertige und zuverlässige Schätzungen abgeben.

Eine Verbesserung der Glaubwürdigkeit durch den Einsatz externer Sachverständiger in Form geringerer Bid-Ask-Spreads konnte in einer anderen Erhebung allerdings nachgewiesen werden (vgl. Muller et al. 2011; Promper 2011b). Die Bedeutung der Verfahrensweisen der einzelnen Unternehmen könnte durch zusätzliche Erläuterungen zur Auswahl und Unabhängigkeit der Bewerter ergänzt werden, da sich durchaus vergleichbare Probleme ergeben können, wie sie bezüglich der Abhängigkeit von Abschlussprüfern von ihren Auftraggebern seit Jahrzehnten diskutiert werden. Da der Berufsstand der Wirtschaftsprüfer durch einen zunehmend rigideren Rechtsrahmen und Haftungsrisiken beachtliche Anreize für eine unabhängige Prüfung haben, dürften diesbezüglich für Immobiliensachverständige wesentlich niedrigere Anforderungen bestehen. Dies könnte einen möglichen Glaubwürdigkeitsgewinn mindern.

Schließlich können NAV-Spreads auch mit Corporate Governance- und Marktrisiken begründet werden, die nur bei AG auftreten, aber nicht bei Investitionen in Einzelimmobilien. Aktien sind besonderen Börsenrisiken wie Sentiment und Noise Tradern ausgesetzt, die erhöhte Risikozuschläge auf indirekte Anlagen rechtfertigen (vgl. Zabierek 2014). Gegenläufig sind Spezialisierungsvorteile zu beachten und bei Immobilien-AG der Einfluss institutioneller Investoren. Diese sollten weniger anfällig für Sentiment oder suboptimale Anpassungsreaktionen sein (vgl. Gentry et al. 2004; Clayton und MacKinnon 2000).

Rehkugler et al. (2012) haben die beachtlichen NAV-Spreads bei europäischen Immobilien-AG untersucht. Neben endogenen und exogenen unternehmensbezogenen Faktoren (Größe, Leverage, Diversifikation, Steuerstatus, Dividendenniveau usw.) berücksichtigen sie explizit einen Marktfaktor, der den Einfluss von Sentiment abbilden soll. Zudem werden Noise Trader-Einflüsse geprüft. Sie nennen ihr Modell semirational. Die Marktstimmung operationalisieren sie durch drei Proxies. Neben einem allgemeinen Sentiment-Index und einem Länderfaktor ist insbesondere ein branchenbezogenes Maß interessant (Bewertungsgewinne nach IAS 40). Für ein Sample von 40 europäischen Bestandshaltern aus einem Aktienindex für Immobilienunternehmen (EPIX-50) für den Zeitraum 2000 bis 2007 (mit 283 Datenpunkten) kommen sie zu dem Ergebnis, dass ohne den Marktfaktor keine befriedigende Erklärung der NAV-Spreads gelingt. Neben diesem ist es nur der REIT-Status (Steuertransparenz) und die Volatilität der Börsenkurse, die statistisch Erklärungskraft erreichten. Trotz abweichender Erwartungen spielten Unternehmensfaktoren wie Leverage, Diversifikation etc. keine Rolle.

Für eine Gruppe deutscher Immobilien-AG aus dem DIMAX-Index des Bankhauses Ellwanger und Geiger haben Kühnberger und Thurmann (2014) die Aktivseite der Bilanz und die NAV-Spreads untersucht. Für die Jahre 2005 bis 2012 wurde eine Grundgesamtheit von 45 Unternehmen ausgewertet (mit 294 Firmyears) und eine Untergruppe von 22 AG, bei denen die Anlageimmobilien nach IAS 40 mindestens 80 % der Bilanzsumme betrug (=Bestandshalter). Die Zeitreihe begann 2005, da ab diesem Zeitpunkt für alle Unternehmen IFRS-Abschlüsse vorlagen. Störungen der zeitlichen Vergleichbarkeit sind weitgehend auszuschließen, da erst mit IFRS 13 (ab 2013) wesentliche Änderungen bezüglich der Immobilien-Fair Values möglich wurden. Allerdings liegt die Finanzmarktkrise im gewählten Zeitfenster.

Tab. 5.5 listet die Unternehmen auf, wobei die sogenannten Bestandshalter besonders hervorgehoben werden.

Für die Aktivseite waren einige beachtenswerte Besonderheiten festzustellen. Zum einen haben sämtliche Unternehmen das Fair Value Model gewählt, also nicht die Alternative des Anhangausweises genutzt. Die Branche hält sich insoweit an die EPRA-Empfehlungen. Es wurden fast ausschließlich auf DCF-Bewertungen genutzt, das heißt, das sogenannte Vergleichswertverfahren ist für die Praxis nachrangig. Dies ist durchaus nicht selbstverständlich, da es eher direkt auf die Schätzung von Marktpreisen abzielt, als der subjektivere DCF-Wert. Auch das deutsche, einjährige Ertragswertverfahren nach der ImmoWertV, das sicher zulässig wäre und für die deutsche Bewertungspraxis außerhalb

Tab. 5.5 Unternehmen der Grundgesamtheit. (Kühnberger und Thurmann 2014, S. 347)

1st RED AG
a. a. a. aktiengesellschaft allgemeine anlageverwaltung
ADLER Real Estate AG
AGROB Immobilien AG
AIRE GmbH & Co. KGaA
Alstria office REIT-AG
AMIRA Verwaltungs AG
ANTERRA Vermögensverwaltungs-AG
AVW Immobilien AG
Bastfaserkonter AG
Bau-Verein zu Hamburg AG
BBI Bürgerliches Brauhaus Immobilien AG
Colonia Real Estate AG
CWI Real Estate AG
Deutsche EuroShop AG
Deutsche Real Estate AG
Deutsche Wohnen AG
DIC Asset AG
ESTAVIS AG
Fair Value REIT-AG
Franconofurt AG
GAG Immobilien AG
GBW AG
GRUEEZI Real Estate AG
GSW Immobilien AG
HAHN-Immobilien-Beteiligungs-AG
Hamborner REIT AG
Hasen-Immobilien AG
HELMA Eigenheimbau AG
IC Immobilien Holding AG
IFM Immobilien AG
IMW Immobilien AG
Informica real invest AG
IVG Immobilien AG
KWG Kommunale Wohnen AG
Patrizia Immobilien AG
POLIS Immobilien AG
PRIMAG AG
RCM Beteiligungs-AG
SINNER AG
TAG Immobilien AG
VIB Vermögen AG
VIVACON AG
WESTGRUND AG

der Rechnungslegung besonders verbreitet ist, spielt hier keine wesentliche Rolle (vgl. Kleiber 2010, S. 11 ff.; Kühnberger 2012).

Zudem zeigte sich ein deutlicher Trend. Der Anteil der IAS40-Immobilien am Gesamtvermögen stieg insgesamt und stetig von ca. 57 % im Jahr 2005 auf rund 90 % in 2011. Nur im Jahr 2012 war der Anteil rückläufig (83 %). Da der Anteil auf der Basis der Bilanzwerte, also der Fair Values, gemessen wurde, sind Wert- und Mengenänderungen nicht getrennt.

Ergänzend wurde ermittelt, ob es in wesentlichem Umfang Vermögen nach IFRS 5 gab (Abgangsgruppe, zur Veräußerung vorgesehene Vermögenswerte). Da IFRS 5 für eine Zuordnung von Assets in diese Klasse sehr rigide Anforderungen formuliert, wurde dies nicht erwartet. Tatsächlich wiesen nicht alle Unternehmen überhaupt Vermögen dieser Klasse aus, aber die Anzahl der Betroffenen stieg von 8 in 2005 auf 26 in 2012 an. Der relative Anteil am Gesamtvermögen betrug in 2005 immerhin 25 % und sank bis 2010 auf ca. 11 %, stieg danach wieder auf 15 %. Diese Größenordnung ist meines Erachtens durchaus erstaunlich, angesichts der Annahme, es handle sich um Bestandshalter, und der hohen Transaktionskosten für Immobilienverkäufe.

Böcking und Worret (2016) unterstellen, dass der IFRS 5 aufgrund der Auslegungsspielräume ein Musterbeispiel für den Management Approach ist. Sie werten die ergebnisse der Fehlerfeststellungsverfahren der DPR aus und kommen zu dem Ergebnis, dass der Standard trotz seiner Komplexität nicht überdurchschnittlich fehleranfällig war.

Für Bestandshalter ist es nicht direkt plausibel, dass die Klassifikation bilanzpolitisch motiviert ist. Würde es sich um abnutzbares Anlagevermögen handeln, würde ein positiver Effekt darin bestehen können, dass planmäßige Abschreibungen nicht mehr vorzunehmen sind, ein offensichtliches Missbrauchspotenzial. Werden aber vormalige Anlageimmobilien, die mit dem Fair Value bewertet wurden, umgegliedert, ändert sich an der Bewertung nichts. Bei den untersuchten Immobilien-AGs ist es durchaus plausibel, dass dies zumindest überwiegend der Fall war. Ein weiterer Vorteil könnte darin bestehen, dass Erfolge und Cashflows aus IFRS-5-Vermögen in der GuV und der Kapitalflussrechnung gesondert auszuweisen sind. Werden Verluste erwartet, könnten diese somit als quasi „außerordentlich", nicht nachhaltig, deklariert werden.

Untersucht wurde des Weiteren, ob es Firmenwerte in spürbarem Umfang gab. Voraussetzung wäre eine Transaktion, die unter IFRS 3 fällt und nicht nur ein Portfoliokauf, der ohne Firmenwert abzubilden wäre. Obwohl es bei dieser Unterscheidung und auch bei der Ermittlung des Goodwill im Rahmen der Kaufpreisallokation erhebliche Ermessensspielräume gibt, zeigen die Daten deutlich, dass erworbene Firmenwerte praktisch irrelevant sind (der Maximalwert im Untersuchungszeitraum war 1,3 % der Bilanzsumme). Das Resultat kann natürlich auch dadurch bedingt sein, dass es nur wenige Transaktionen gab, die zu Firmenwerten führten oder dass diese sofort durch große Abschreibungen nach IAS 36 vermindert wurden, was kaum plausibel ist. Man kann die Daten auch (mit Vorsicht) so deuten, dass Firmenwerte in der Immobilienbranche tatsächlich nur eine untergeordnete Bedeutung haben.

Insgesamt werden damit nahezu sämtliche Vermögenswerte mit dem Fair Value bewertet und geringe Verbundeffekte sind zumindest nicht unwahrscheinlich. Das dem NAV-Konzept zugrunde liegende Prinzip der Wertadditivität wäre demnach für die Aktivseite im Wesentlichen erfüllt. Für die Passivseite ist es natürlich schwer einzuschätzen, inwieweit der Buchwert und der Marktwert des Fremdkapitals beieinander liegen. Da es sich primär um Verbindlichkeiten gegenüber Kreditinstituten handelt, sollte der Unterschied ebenfalls eher gering sein.

Für das Unternehmenssample ergab sich für das Jahr 2005 ein Premium von 138 %, das in 2006 sogar den Wert von 183 % erreichte. Dies bedeutet, dass der Börsenwert nahezu drei Mal so hoch war wie der NAV der Unternehmen, wobei dieser auf der Basis von Fair Values nach IAS 40 gemessen wurde. In den Folgejahren war dann ein dramatischer Rückgang auf 14 % bis 2012 zu verzeichnen. Diese Daten beruhten auf den Mittelwerten des Sample. Für die Mediane, die weniger durch Ausreißer verzerrt sind, ergaben sich etwas niedrigere Premiums, aber dafür in Einzeljahren sogar Discounts auf den NAV (vgl. Kühnberger und Thurmann 2014). Obwohl in diesen Jahren gravierende Einflüsse der Finanzmarktkrise plausibel sind, und diese nahe liegender Weise die Börsenkurse dramatischer schwanken ließ, als die Substanzwerte (NAV), sind die Relationen insgesamt wenig plausibel. Dies gilt auch, weil die NAV auf Insiderschätzungen beruhten, die geprüft wurden.

Kritisch kann man die NAV-Qualität grundsätzlich sehen: sie entsprechen nicht den Anforderungen des IDW an Unternehmensbewertungen, sind zu wenig standardisiert und teilweise aus einer schwachen Datenbasis abgeleitet (vgl. Pape 2013, Rdn. 133 ff.; Rehkugler und Goroncy 2009, S. 78 ff.; Wollny 2012). Gleichwohl gilt, dass für Immobilienbewertungen bessere Daten und mehr Wissen am Markt verfügbar sind als für viele andere Assetklassen. Durch professionelle Bewerter sind spürbare Begrenzungen der Wertbandbreiten plausibel.

Insgesamt sind die NAV-Spreads aus meiner Sicht nach wie vor eher unbefriedigend erklärt. Dies betrifft die Höhe, die Vorzeichen, die oftmals fehlende Erklärungskraft von Einflussgrößen, die prima facie Relevanz haben müssten, usw. Zwar mag man die Ansicht vertreten, dass die Marktdaten auf lange Sicht die „richtigen" sind: „Indeed, empirical evidence shows that the securtized market leads the direct real estate market (…)" (Oikarinen et al. 2009; vgl. auch die Ausführungen unter Abschn. 5.1.1). Dies ändert aber nichts daran, dass die empirisch feststellbaren NAV-Spreads nur schwer zu erklären sind und wenig zum Bild eines informationseffizienten Marktes passen.

5.2.3 Kapitalstruktur

5.2.3.1 Kapitalstrukturtheorien: Grundlagen

Die Kapitalstrukturen von Unternehmen sind seit langem Objekt von wissenschaftlichen Studien. Dabei werden verschiedenste Zusammenhänge zwischen unternehmensbezogenen Merkmalen, Marktfaktoren und den realisierten oder zu optimierenden

Kapitalstrukturen analysiert. Zu den unternehmensbezogenen Faktoren gehören Corporate Governance-Faktoren ebenso wie die Unternehmensgröße, das Unternehmensrisiko, die Assetstruktur, Profitabilität usw. Als externe Faktoren sind die Marktlage, der Entwicklungsstand der Kapital- und Kreditmärkte, das Steuersystem etc. bedeutsam (vgl. Kühnberger 2015).

In Abschn. 5.1 wurden diverse spezifische Merkmale von Immobilien-AG und REITs im Besonderen behandelt. Dazu gehören zum Beispiel ein relativ geringes Risiko, wenig Informationsasymmetrien, viel Immobilienvermögen, das als Kreditsicherheit fungieren kann, Dividendenerfordernisse usw. Es ist plausibel, dass diese Eigenschaften nicht nur auf der Aktivseite der Bilanzen Spuren hinterlassen, sondern auch auf der Passivseite. In Abschn. 4.3.1.1 wurden verschiedene Varianten vorgestellt, wie der Verschuldungsgrad von Unternehmen gemessen werden kann, wobei vor allen Dingen die Unterscheidung in Messungen auf Buchwertbasis und auf Marktwertbasis bedeutsam ist. Dabei ist zu beachten, dass Marktwerte von Fremdkapital im Allgemeinen nicht verfügbar sind und der Börsenwert als Marktwert des Eigenkapitals auch nicht ganz unumstritten ist, da er auf dem Wert einzelner Aktien basiert. Paketzuschläge etc. werden damit nicht erfasst.

Da bei den hier im Fokus stehenden Immobilien-AG die wichtigste Assetklasse, die Immobilien nach IAS 40 regelmäßig mit Fair Values bewertet werden, entspricht der Buchwert des Eigenkapitals nicht dem, das sich bei einer Bewertung auf Basis des Cost Model ergibt, sondern es sollte näher am Zeitwert des Eigenkapitals liegen. Allerdings haben die Ausführungen zu den NAV-Spreads (Abschn. 5.2.2) Zweifel begründet, dass die Markt- und Buchwerte des Eigenkapitals nahe beieinander liegen.

In Abschn. 4.3 wurde schließlich bereits untersucht, welche Zusammenhänge zwischen der Kapitalstruktur, dem Investorenschutz und der Corporate Governance von Unternehmen bestehen können. Im Folgenden soll untersucht werden, ob sich für Immobilienunternehmen Spezifika ergeben und ob diese auch theoretisch erklärt werden können. Als mögliche Erklärungsmuster werden die Trad-off-Theorie (TOT), die Pecking-Order-Theorie (POT) und die Market-Timing-Theorie (MTT) berücksichtigt, da diese die am Häufigsten untersuchten Theorien sind (vgl. zum Folgenden ausführlich Kühnberger 2015).

Die TOT basiert auf dem Irrelevanztheorem von Miller-Modigliani, das postuliert, dass die Kapitalstruktur in einer sehr idealisierten Welt keinen Einfluss auf den Unternehmenswert hat. Lockert man die Prämissen des Modells und arbeitet mit realistischeren Annahmen, so zeigt es sich, dass die Kapitalstruktur sehr wohl wertbeeinflussend sein kann (vgl. Volkart und Wagner 2014, S. 629 ff.). Naheliegend sind steuerliche Vorteile einer Fremdfinanzierung aufgrund der Abzugsfähigkeit der Zinsaufwendungen als Betriebsausgabe. Dieser Effekt führt dazu, dass mit steigendem Verschuldungsgrad die Eigenkapitalrendite steigt. Allerdings steigen zugleich das Insolvenzrisiko und die Insolvenzkosten, die den Unternehmenswert mindern. Deshalb ist eine Zielkapitalstruktur anzustreben, die diese gegenläufigen Effekte zum Ausgleich bringt. Daher der Name Trade-off-Theorie.

Im Laufe der Zeit zeigte sich dann, dass es noch andere Einflussfaktoren geben kann, die für den optimalen Verschuldungsgrad zu beachten sind, zum Beispiel Flexibilität, Agency-Kosten etc. (vgl. Brealey et al. 2011, S. 469 ff.; Hohenstatt et al. 2010; Morri und Beretta 2008). Angesichts der Fülle potenzieller Einflussfaktoren wird die Modellierung und Messung des optimalen Verschuldungsgrades deutlich erschwert, weshalb Frank und Goyal (2009) resignierend feststellen: „…the trade-off theory is really only a statement of optimization – such as a value maximization or managerial maximazation."

Betrachtet man nur den ursprünglich unterstellten Trade-off zwischen Steuerentlastung und Insolvenzrisiko, wird deutlich dass zum Beispiel für REITs der Steuereffekt nicht gilt und das Insolvenzrisiko branchenbedingt und aufgrund der Transparenz des Geschäftsfeldes eher gering sein dürfte. Insofern wären hier besondere Ausprägungen plausibel.

Nach der POT besteht hingegen keine optimale Kapitalstruktur, sondern diese ergibt sich aus einer „Hackordnung". Das Management verfügt über einen Informationsvorsprung und nutzt die Wahl der Finanzierungsform als Signal an Außenstehende. Die erste Präferenz des Managements besteht in der Thesaurierung von Gewinnen also der Innenfinanzierung, da dies billig, risikolos und schnell geht. In einer Befragungsstudie mit US-amerikanischen CFO gaben diese an, dass die eigene Flexibilität das wichtigste Kriterium für die Wahl der Finanzierungsform ist (vgl. Graham und Harvey 2001). Eine Außenfinanzierung wird dann nur erforderlich, wenn die Innenfinanzierungskraft nicht ausreicht. Dabei wird unterstellt, dass dazu zunächst Fremdkapital aufgenommen wird, da dieses einmal steuerlich privilegiert ist und das Management signalisiert, dass es den Schuldendienst leisten kann. Zugleich werden damit Free Cashflow-Probleme gemildert. Erst wenn Rücklagenbildung und Fremdfinanzierung nicht ausreichen, wird zusätzlich Eigenkapital aufgenommen. Diese gilt als Signal für eine negative Entwicklung, da die Innenfinanzierungskraft offenbar nicht gereicht hat. Auch eine erwartete Kapitalverwässerung kann die negativen Marktreaktionen erklären.

Auf der anderen Seite sind Verwässerungseffekte nicht unbedingt notwendige Folgen, zum Beispiel wenn neue Aktien begeben werden, um ein Unternehmen zu erwerben (ökonomisch: Kapitalerhöhung gegen Sacheinlagen). Zudem kann die nicht ausreichende Innenfinanzierungskraft auch daran liegen, dass Wachstumsmöglichkeiten bestehen. Haben diese positive Net Present Values, spricht nichts gegen eine Eigenkapitalerhöhung.

Folgt das Management der POT, so bedeutet dies auch, dass die disziplinierende Wirkung der Außenfinanzierung vermieden wird. Dies mag man positiv beurteilen, da die eigene Finanzkraft ausreicht und das Management flexibel bleibt. Andererseits ist dies unter Corporate-Governance-Aspekten nicht unkritisch. Für Immobilienunternehmen kann unterstellt werden, dass die Innenfinanzierungskraft im Allgemeinen groß ist, da bereits die laufenden Abschreibungen (beim Cost Model) beachtlich sind. Für REITs ist der Ausschüttungszwang wichtig, der eine Bildung von Gewinnrücklagen beschränkt. Insofern sind Außenfinanzierungen in Wachstumsphasen zumindest plausibel.

Nach der MTT greift das Management auf die Finanzierungsquellen zurück, die gerade günstig sind. Dies hängt von der Marktlage, der Konjunktur und anderen Faktoren ab, es geht aber nicht um die Realisierung einer bestimmten Kapitalstruktur. Demnach würde günstiges Kapital auch dann aufgenommen, wenn eine konkrete unmittelbare Verwendung noch nicht geplant ist (vgl. Chikolwa 2009). Für Fremdkapital kann unterstellt werden, dass dieses zum Beispiel günstig ist, wenn das Management mit steigenden Zinsen oder zunehmender Inflation rechnet (vgl. Li et al. 2008). Ein gutes Timing für die Aufnahme von Eigenkapital wird unterstellt, wenn das Management die Aktien des eigenen Unternehmens für überbewertet hält. Die Kapitalerhöhung führt dann zu hohen Emissionserlösen und Alt-Aktionäre werden begünstigt. Die oben bereits zitierte Befragungsstudie mit den US-amerikanischen CFO ergab allerdings, dass diese die eigenen Aktien für unterbewertet hielten (vgl. Graham und Harvey 2001).

Günstig könnte die Kapitalaufnahme auch in Zeiträumen sein, die durch geringe Informationsasymmetrien geprägt sind, in denen das Management glaubwürdig günstige Investitionsmöglichkeiten signalisieren kann (vgl. Hohenstatt et al. 2010).

Die MTT hat gegenüber den anderen Theoriekandidaten allerdings einen Nachteil, da in den Unternehmensphasen, in denen die Aufnahme von Fremdkapital günstig ist, regelmäßig auch Eigenkapital günstig sein dürfte und vice versa. Insofern ist die Finanzierungspräferenz dann nicht einfach festzulegen.

Insgesamt weisen alle drei genannten Theorien eine Gemeinsamkeit auf, sie beruhen auf Cost-Benefit-Überlegungen, die sehr allgemein sind und deshalb ist eine situative Präzisierung notwendig. Zur Erklärung wird deshalb im Allgemeinen auf Prinzipal-Agenten- oder Signaling-Ansätze zurückgegriffen oder auch auf Erkenntnisse der Behavioural-Finance-Literatur. Die Erklärungskraft dieser Ansätze wird allerdings dadurch begrenzt, dass es keine gesicherten Erkenntnisse über mögliche Beziehungen gibt. So kann unterstellt werden, dass Fremdkapitalgeber das Management stark disziplinieren, oder auch, dass Blockholder ein effektiveres Monitoring realisieren. Die ökonomischen und sonstigen Folgen einer gewählten Kapitalstruktur oder Finanzierungsvariante sind nicht eindeutig abzuleiten.

Welche Einflussfaktoren hierfür berücksichtigt werden oder werden sollten, wird sehr unterschiedlich präzisiert. Im Weiteren werden einige solcher Determinanten untersucht, die a) in bisherigen Studien regelmäßig genutzt wurden und b) Besonderheiten bei Immobilienunternehmen erwarten lassen. Das Risiko, nicht alle wesentlichen Einflussfaktoren abzugreifen, ist aber kaum vermeidbar. Zudem ist zu beachten, dass die vorgestellten Parameter wie Größe, Profitabilität, Wachstum etc. in den verschiedenen Erhebungen nicht gleich operationalisiert wurden, sodass die Erklärungsmuster nicht unbedingt stimmig sind. Außerdem sind diverse Merkmale nicht unabhängig von einander. Augenfällig ist dies zum Beispiel bei den Merkmalen Unternehmensgröße und Unternehmensrisiko, da allgemein plausibel ist, dass größere Unternehmen diversifizierter und älter sind usw., sodass sie weniger risikoanfällig sind.

5.2.3.2 Zusammenhang zwischen Profitabilität und Verschuldungsgrad

Es ist plausibel, dass der realisierte Verschuldungsgrad von der (bisherigen) Profitabilität eines Unternehmens abhängt. Ob ein Unternehmen profitabel ist oder nicht, kann anhand verschiedenster Erfolgsmaße ermittelt werden wie Gewinnen, CFO, Pro-forma Earnings, FFO oder ROA (Return on Assets). Nach der POT wird unterstellt, dass profitable Unternehmen die Überschüsse zunächst für die Bildung von Gewinnrücklagen nutzen, was ceteris paribus zu einem niedrigeren Verschuldungsgrad führen sollte. Nur wenn zusätzlich externer Finanzbedarf besteht, wäre die Aufnahme von Fremdkapital erforderlich, während eine Aufnahme von Eigenkapital wegen der erwarteten negativen Signalwirkung vermieden wird (vgl. Striewe et al. 2010). Aus der MTT lassen sich hingegen keine direkten Schlüsse ziehen, da für profitable Unternehmen jede Finanzierungsform günstig möglich sein kann.

Die TOT legt den Schluss nahe, dass aufgrund der hohen Gewinne hohe und sichere Steuerersparnisse durch eine Fremdkapitalaufnahme möglich und die Insolvenzkosten niedrig sind. Profitable Unternehmen unterliegen zusätzlich Free Cashflowrisiken, die durch hohe Dividenden und die Aufnahme von Fremdkapital gemildert werden können (vgl. Morri und Beretta 2008). Nach der gegenteiligen Ansicht von Zabreski (2014) ist gerade bei profitablen Unternehmen aber ein externes Monitoring nicht erforderlich und das Management selbst schätzt die dadurch induzierten Beschränkungen der Flexibilität nicht. Diese Begründung deutet schon an, dass eine solche Strategie, die Vermeidung von Monitoring, nicht unbedingt im Interesse der Investoren ist.

Eine Erhebung für den Zeitraum 2001 bis 2006 für 336 Immobilien-AG aus 24 Ländern zeigte insgesamt, dass profitable Unternehmen weniger Gewinn ausschütten mussten, also in relativ großem Umfang Eigenkapital bilden konnten (vgl. Liow 2010). Dies deckt sich mit der POT, aber nur eingeschränkt mit der TOT, da Steuervorteile nicht realisiert wurden. Allerdings galt der negative Zusammenhang zwischen Profitabilität und Leverage nicht für die Immobilienunternehmen aus Deutschland und Frankreich. Dies kann daran liegen, dass die Dividendenpolitik und Finanzierungsusancen national geprägt sind, sodass möglicherweise sogenannte Länderfaktoren zu beachten sind.

Solche fanden Acedo-Ramirez und Ruiz-Cabestre (2014) bestätigt. Sie stellten für den Zeitraum 1998 bis 2008 Unternehmen aus Frankreich, Spanien, Italien und Deutschland einer Gruppe von Unternehmen aus dem UK gegenüber. Sie unterstellten für die erste Ländergruppe, dass es sich um Unternehmen in einem bankenorientierten System handelt, das wenig Investorenschutz und Transparenz bietet, während das UK für ein marktorientiertes Oustsidersystem mit starkem Investorenschutz und umfassender Transparenz steht (bereits in Abschn. 4.3 wurde detailliert begründet, dass und warum diese einfache Klassifikation nicht unproblematisch ist). Sie erfassten insgesamt 888 Unternehmen (allerdings nicht nur aus der Immobilienbranche) mit 6528 Firmyears (UK 337 Unternehmen mit 2431 Firmyears). Sie fanden, dass Unternehmen mit hohen CFO in großem Umfang Rücklagen bildeten (wie die POT unterstellt), während im UK eine Außenfinanzierung durch Eigenkapital aufgrund der niedrigen Informationsasymmetrien günstig war.

Brown und Marble (2006) fanden bei Unternehmen mit hohem EBITDA (profitable Unternehmen) für den Zeitraum 1985 bis 2004 mit 64.791 Firmyears, dass vorwiegend unbesichertes Fremdkapital aufgenommen wurde. Auch diese Erhebung war nicht branchenbezogen.

Für deutsche Immobilienunternehmen, die Bestandshalter sind, fanden Kühnberger und Thurmann (2014) hingegen keinen signifikanten Zusammenhang zwischen Profitabilität und Verschuldungsgrad. Dies ist unter Shareholder-Value-Gesichtspunkten nicht ganz unproblematisch, da potenzielle Steuervorteile aus der Fremdfinanzierung nicht genutzt wurden und ein externes Monitoring durch Fremdkapitalgeber verhindert wurde. Auf der anderen Seite schafft dies natürlich Flexibilität für das Management, günstige Investitionsmöglichkeiten zügig nutzen zu können.

Für REITs ergeben sich insofern Besonderheiten, dass sie durch den Dividendenzwang bezüglich der Rücklagenbildung begrenzt sind und durch die Aufnahme von Fremdkapital keine Steuereffekte realisieren können. Nach der POT könnte dies zu einem hohen Verschuldungsgrad führen, da Fremdkapital gegenüber einer Außenfinanzierung mit Eigenkapital präferiert wird. Nach der TOT könnte die Vorteilhaftigkeit der Fremdfinanzierung aufgrund der Steuertransparenz hingegen Eigenkapital attraktiver machen.

Insgesamt zeigt die Mehrheit der Studien einen negativen Zusammenhang zwischen Leverage und Profitabilität. Die POT begründet dies primär mit der Möglichkeit der Rücklagenbildung, die TOT mit Steuervorteilen. Allerdings ist nicht auszuschließen, dass die Zusammenhänge in den empirischen Studien zumindest partiell ein Artefakt sind. Wird der Leverage auf der Basis von Marktwerten bestimmt, so steigt mit der Profitabilität ceteris paribus der Marktwert des Eigenkapitals auch ohne jede weitere Finanzierungsmaßnahme, sodass der Verschuldungsgrad sinkt, wenn der Wert des Fremdkapitals unverändert bleibt. Wird hingegen auch das Fremdkapital mit dem Marktwert angesetzt, führt eine sinkende Profitabilität (die Bonität des Unternehmens verschlechtert sich) zu sinkendem Fremdkapital. Da unter diesen Bedingungen auch der Marktwert des Eigenkapitals abnehmen wird, ist der Nettoeffekt für den Verschuldungsgrad offen. Wird das Eigenkapital hingegen auf Buchwertbasis bewertet, kann das paradoxe Ergebnis resultieren, dass durch die Verminderung der Schulden Erträge und damit steigendes Eigenkapital auftritt.

5.2.3.3 Zusammenhang zwischen Assetklassen und Verschuldungsgrad

Die Abhängigkeit des Verschuldungsgrades von der Zusammensetzung des Vermögens liegt nahe. Nach der TOT spielt es insbesondere eine Rolle, dass bestimmte Assetklassen, insbesondere Sachanlagen das Insolvenzrisiko mindern können oder als Kreditsicherheiten die Insolvenzkosten senken. Diese Vermögenswerte gelten als einfacher zu bewerten und unterliegen einem geringen Risiko von Asset Shifts also Vermögensumschichtungen zulasten von Gläubigerinteressen. Deshalb ist es plausibel, dass hohes Anlagevermögen mit einem hohen Leverage und tendenziell langfristigem Fremdkapital verbunden ist (vgl. Chikolwa 2009). Dies gilt nicht für immaterielles Anlagevermögen und sehr spezifische Sachanlagen, die nur eingeschränkt oder gar nicht drittverwertbar sind.

Nach der POT ist der Einfluss der Asset Tangibility hingegen weniger eindeutig bestimmbar. Dies liegt daran, dass das Merkmal nicht oder nur begrenzt verknüpft ist mit der Möglichkeit, Gewinnrücklagen zu bilden. Führt die Verrechnung der (planmäßigen) Abschreibungen aber zu ausreichendem Volumen an Innenfinanzierung, so ist eine externe Fremdfinanzierung, die zweite Priorität, eventuell vermeidbar. Ein steigender Verschuldungsgrad hängt deshalb von der Fähigkeit zur Innenfinanzierung ab.

Die MTT erlaubt nur beschränkt eine eindeutige Aussage. Soweit sich Vermögen zuverlässig und transparent bewerten lässt, gibt es wenige Informationsasymmetrien und dann sollte sowohl Fremd- als auch Eigenkapital zu günstigen Bedingungen aufzunehmen sein. Insofern wären hier zusätzlich Randbedingungen einzubeziehen, um Präferenzen formulieren zu können.

Die Sichtweise, dass hohes Sachanlagevermögen mit einem hohen Leverage einhergeht ist aber nicht ganz unumstritten. Dies liegt daran, dass Fremdkapital im Allgemeinen zu laufenden Auszahlungen führt. Um die oftmals in Kreditverträgen vorgesehenen Liquiditätsgrade einhalten zu können, müssen Unternehmen dann relativ hohes Umlaufvermögen halten. Da dieses insgesamt liquiditätsnäher ist und weniger Fixkosten hervorruft als Sachanlagen, kann auch dies für Gläubiger attraktiv sein (vgl. Gill et al. 2009; Siahaan et al. 2014). Für REITs wurde zum Beispiel in zwei Studien festgestellt, dass Unternehmen mit niedrigen liquiden Mitteln (die üblich sind, zumindest im Vergleich mit Unternehmen aus anderen Branchen) einen geringen Leverage aufwiesen und eher kurze Kreditlaufzeiten (vgl. Chikolwa 2009; Hao 2012).

Für Immobilienunternehmen wird mehrheitlich angenommen, dass die wichtigste Assetklasse Immobilien gut bewertbar ist und im Krisenfall hohe Liquidationserlöse erbringt (Asset Tangibility). Die hohen Transaktionskosten führen dazu, dass Vermögensumschichtungen in riskantere Investitionen eher nicht möglich sind, zumal dies durch die Eintragung von Grundschulden oder die Vereinbarung von entsprechenden Debt Covenants wirksam verhindert werden kann. Entsprechend sind Insolvenzkosten, Informationsasymmetrien und Agencykosten niedrig. Dies legt einen hohen Leverage und langfristiges Fremdkapital nahe (vgl. Ghosh et al. 2011a; Harrison et al. 2011; Wu 2014).

In mehreren Studien konnte sogar gezeigt werden, dass innerhalb der Assetklasse Immobilien noch Differenzierungen zwischen Wohn- und Gewerbeimmobilien festzustellen sind. Gewerbeobjekte sind anfälliger für ökonomische Schocks und die Drittverwertbarkeit ist eingeschränkter. Entsprechend wiesen Bestandshalter mit hohem Anteil an Wohnimmobilien einen höheren Verschuldungsgrad auf (vgl. Hohenstatt et al. 2010; Li et al. 2008; Morri und Beretta 2008).

Für Australien stellte Zabreski (2014) fest, dass die Finanzmarktkrise zu Wertverlusten der Immobilien führte und die Eignung als Kreditsicherheiten minderte und der Leverage daraufhin auch abnahm. Analog (aber nicht nur für Unternehmen der Immobilienbranche) stellten Balakrishnan et al. (2014) fest, dass der Verschuldungsgrad positiv mit dem Wert der Kreditsicherheiten verknüpft war. Sie untersuchten dies für den

Zeitraum 1993 bis 2009 für 2795 Unternehmen mit und ohne Immobilien (mit 25.797 Datenpunkten). Dabei mussten sie allerdings die Wertänderungen der Immobilien schätzen, indem sie das Alter und Inflationsraten unterstellten. Neben dem Einfluss auf die Kapitalstruktur stellten die Verfasser fest, dass der Wert der Kreditsicherheiten negativ mit der Qualität der Rechnungslegung verknüpft war. Mit anderen Worten: werthaltige Kreditsicherheiten verschlechtern die Informationsqualität und sinkende Werte zwingen die Unternehmen zu mehr Transparenz. Rechnungslegungsqualität und Kreditsicherheiten sind Substitute.

Gilt dieser Zusammenhang allgemein, so könnte dies die Diskussion um die sogenannten Länderfaktoren um einen Aspekt bereichern. Für Deutschland wurde ja traditionell unterstellt, dass die übliche Bankenfinanzierung zum geringen Transparenzniveau der Rechnungslegung geführt hat. Deutsche Unternehmen verfügen aber über relativ große Bestände an Immobilien im internationalen Vergleich, die mit großer Wahrscheinlichkeit auch als Kreditsicherheiten eingesetzt werden. Die schwache Rechnungslegungsqualität wäre aber dann weniger durch die Bankenfinanzierung bedingt als durch die Tatsache, dass Kreditsicherheiten vorliegen.

Insgesamt kommt die Mehrheit der empirischen Studien zum Ergebnis, dass die Assetklasse Immobilien positiv mit dem Leverage verbunden ist und dies noch mehr gilt, wenn diese als Kreditsicherheiten eingesetzt werden (vgl. Brown und Marble 2006; Wu 2014). Das gegenteilige Ergebnis von Boudry et al. (2010) stellt eher eine Ausnahme dar. Sie kommen zu dem Ergebnis, dass US-REITs einen niedrigen Verschuldungsgrad aufweisen. Dies könnte REIT-Besonderheiten geschuldet sein (zum Beispiel kein Steuereffekt), aber auch andere Studien zu REITs kommen zu dem Befund, diese seien hoch verschuldet (vgl. Chikolwa 2009; Li et al. 2013; Wu 2014).

5.2.3.4 Zusammenhang zwischen Unternehmensrisiko und Verschuldungsgrad

Wie oben angegeben haben die Vermögensklassen Einfluss auf den Leverage, da sie in unterschiedlichem Maße Sicherheiten bieten können. Andere Risikofaktoren stellen die Volatilität von Gewinnen, Cashflows oder Börsenkursen dar, die regionale oder sektorale Diversifikation von Unternehmen oder die Einstufung durch Rating-Agenturen.

Ein erhöhtes Unternehmensrisiko führt zu steigenden Insolvenzkosten und die möglichen Steuervorteile durch Fremdkapital sind gefährdet. Aus der TOT lässt sich dann folgern, dass der Verschuldungsgrad niedrig sein müsste. Dies würde den zusätzlichen Vorteil schaffen, dass das Management noch einen gewissen Spielraum für die Aufnahme von Fremdkapital hat, wenn sich günstige Investitionsmöglichkeiten eröffnen (vgl. Morri und Beretta 2008).

Aus der POT würde folgen, dass in Jahren mit hohen Gewinnen eine Thesaurierung angestrebt wird, was ceteris paribus zu einem niedrigeren Verschuldungsgrad führt. Da bei volatilen Entwicklungen von Zeit zu Zeit auch eine Außenfinanzierung erforderlich sein kann, wäre nach der unterstellten Hackordnung zusätzliches Fremdkapital aufzunehmen, sodass der Leverage erhöht wird (vgl. Li et al. 2008). Welcher Effekt dominiert, hängt vom Einzelfall ab. Ein höherer Verschuldungsgrad kann aus Sicht des Managements durchaus unerwünschte Folgen haben: stärkeres Monitoring durch Gläubiger und ein erhöhtes Insolvenz- und Arbeitsplatzrisiko (vgl. Zabreski 2014). Für europäische Immobilienunternehmen stellten Goncharov et al. (2014) erhöhte Abschlussprüferhonorare fest. Als Begründung geben die Verfasser an, dass die Unternehmensrestriktionen das prüferische Risiko steigern.

Die Mehrheit der Studien für Immobilienunternehmen stellten in Übereinstimmung mit der TOT einen negativen Zusammenhang zwischen dem Unternehmensrisiko und dem Verschuldungsgrad fest (vgl. Chikolwa 2009; Hao 2012; Haron 2014; Morri und Christianzi 2009; Zabreski 2014). Für US-REITs fand Wu (2014) hingegen einen positiven Zusammenhang. Nach der POT wird eher mit einem solchen Effekt gerechnet, wenn eine Außenfinanzierung erforderlich ist.

Der Einfluss von einer regionalen oder sektoralen Diversifikation ist gespalten. Auf der einen Seite führt sie ex definitione zu einem verringerten Unternehmensrisiko und geringeren Insolvenzkosten. Dies sollte nach der TOT zu einem steigenden Verschuldungsgrad führen. Durch die Diversifikation steigt allerdings auch die Komplexität und Intransparenz der Unternehmen, was zu erhöhter Informationsasymmetrie und Agency-Konflikten führen kann. Nach der POT wäre dann die Rücklagenbildung das geeignete Mittel für eine günstige Finanzierung.

Teilweise wird angenommen, Diversifikation führe zu einer geringeren Profitabilität, passend zum verminderten Unternehmensrisiko. Hohenstatt et al. (2010) und Capozza und Seguin (1999) fanden hingegen eine höhere Rentabilität, die zu einer vermehrten Rücklagenbildung führte und damit zu einem niedrigeren Verschuldungsgrad. Gleichwohl wird mehrheitlich unterstellt, dass eine Diversifikation mit einem geringeren Risiko und niedrigeren Renditen einhergeht (vgl. Eichholtz et al. 2011; Erdorf et al. 2012; Glaser und Müller 2010; Zajonz 2010, S. 265 ff.). Zu beachten ist jedoch, dass es hierzu insgesamt noch relativ wenige Studien gibt und die Immobilienbranche insgesamt als durchaus risikoarm und homogen eingestuft werden kann, sodass zusätzliche Diversifikationseffekte gering sein können. Insofern ist das Ergebnis von Rehkugler et al. (2012), die keinen Einfluss der Diversifikation feststellen konnten, nicht ganz überraschend, während der negative Zusammenhang bei Morri und Beretta (2008) eher Ausnahmecharakter hat.

Kreditratings können einen deutlichen Einfluss haben, da unabhängige Ratingagenturen eine externe Risikoeinschätzung vornehmen. Zweifellos dürfte ein positives Kreditrating die finanzielle Flexibilität der Unternehmen spürbar erhöhen, insbesondere auch eine externe Kapitalaufnahme. Ghosh et al. (2011b) fanden entsprechend einen positiven Zusammenhang mit dem Verschuldungsgrad. Insbesondere wurde vermehrt langfristiges Fremdkapital in Form von Anleihen aufgenommen. Dies ist wenig überraschend, da Ratings oftmals dazu da sind, für Gläubiger wichtige Signale zu liefern.

In einer anderen Studie führte ein gutes Rating zu einer vermehrten Aufnahme von Eigenkapital (vgl. Ooi et al. 2008). Dabei wurde aber nicht untersucht, ob es auch Veränderungen bei den Fremdkapitalposten gab. So könnte das Rating zum Beispiel auch dazu geführt haben, dass altes, ggf. teures Fremdkapital durch billigeres neues (zum Beispiel in Form von Anleihen) ersetzt wurde.

Für US-REITs, die sich stark über öffentliche Anleihen finanzieren, stellten Li et al. (2013) fest, dass Unternehmen, denen aufgrund des Verschuldungsgrades eine schlechteres Kreditrating drohte, den Leverage vermindert haben, um einen solchen Abstieg zu vermeiden.

5.2.3.5 Zusammenhang zwischen Unternehmensgröße und Verschuldungsgrad

Unternehmensgröße kann auf verschiedenste Art gemessen werden, wobei für Immobilienunternehmen insbesondere die Bilanzsumme, die Umsatzerlöse oder auch die Anzahl an vermieteten Einheiten in Betracht kommen. Im Allgemeinen wird aus der TOT abgeleitet, dass große Unternehmen einen höheren Verschuldungsgrad erreichen. Hierfür gibt es eine ganze Reihe von Gründen. So wird unterstellt, sie seien älter, diversifizierter und verfügten über mehr Vermögen, das gut als Kreditsicherheit geeignet ist (vgl. Brealey et al. 2011, S. 490). Es ist sofort erkennbar, dass Größe hier mit den bereits behandelten als risikomindernd eingestuften Qualitätsmerkmalen partiell gleichgesetzt wird.

Ergänzend wird unterstellt, dass große Unternehmen mehr Analystendeckung und mehr Debt Covenants ausgesetzt und insgesamt transparenter sind, nicht zuletzt, weil sie oftmals einen weiteren Anlegerkreis (insbesondere ausländische Investoren) haben (vgl. Brounen und ter Laak 2005; Ooi et al. 2008). Plausibel ist des Weiteren, dass Großunternehmen über ein professionalisiertes und spezialisiertes Management verfügen. Ein ausgebautes Risikomanagementsystem verringert dann Insolvenzkosten, genauso wie die schiere Größe bereits vor Angriffen der Konkurrenz schützen kann. Es wird sogar angenommen, große Unternehmen seien deshalb profitabler (vgl. Liow 2010) und könnten potenzielle Steuervorteile (aus der Verschuldung) besser sichern (vgl. Hill 2011, S. 162 ff.; Quick und Wiemann 2012). All dies spricht für einen positiven Zusammenhang zwischen Größe und Leverage.

Akzeptiert man die Annahme, dass die Unternehmensgröße mit einem professionelleren Management verbunden ist, könnte man auch folgern, dass eine besseres Market Timing möglich ist. Dies gilt vor allen Dingen für die Möglichkeiten der externen Finanzierung, die für kleinere Unternehmen insgesamt beschränkter zur Verfügung stehen (vgl. Gill et al. 2009; Morri und Christianzi 2009). Tatsächlich fanden Ooi et al. (2008) für US-REITs, dass Großunternehmen das Instrument des Aktienrückkaufes gezielt einsetzten, um die Kapitalstruktur anzupassen, wenn die Marktlage günstig war. Eine andere Erhebung von Li et al. (2008) konnte hingegen kein besseres Timing bei Großunternehmen feststellen. Dies scheint wenig verwunderlich, da eine günstige Marktlage für Fremdkapital häufig auch für die Aufnahme von Eigenkapital günstig ist.

Die POT unterstellt dagegen, dass Größe und Verschuldungsgrad tendenziell negativ verknüpft sind. Nimmt man an, dass große Unternehmen auch alt sind und profitabel, so gab es in der Vergangenheit hinreichend Gelegenheit, Gewinnrücklagen zu bilden, externes Fremdkapital wird eher in geringerem Umfang benötigt (vgl. Brealey et al. 2011, S. 290).

Nur wenn die Innenfinanzierungskraft nicht ausreicht, wäre eine Erhöhung der Schulden plausibel. Zwar haben große Unternehmen auch die Möglichkeit zusätzliches Eigenkapital aufzunehmen und das damit verbundene negative Signaling eventuell zu vermeiden. Dies ist aber nicht belegt. Kurzrock et al. (2011) stellten fest, dass Immobilienunternehmen eher auf Public Debts zurückgriffen (sie untersuchten nicht börsennotierte deutsche Wohnungs-baugesellschaften).

Mehrheitlich wurde empirisch der positive Zusammenhang zwischen Größe und Ver-schuldungsgrad entsprechend der TOT bestätigt (vgl. Hao 2012; Haron 2014; Li et al. 2013; Li et al. 2008; Morri und Beretta 2008; Morri und Christianzi 2009; Ooi et al. 2008). Keinen Größeneffekt fanden Kurzrock et al. (2011) und einen negativen Zusam-menhang Zabreski (2014). Er begründet dies mit dem Dividendenzwang der australi-schen REITs, der eine externe Finanzierung erzwingt.

5.2.3.6 Zusammenhang zwischen Marktbedingungen und Verschuldungsgrad

Die TOT und die MTT unterstellen einen Optimierungskalkül bei der Wahl zwischen den verschiedenen Finanzierungsmöglichkeiten. Eine angestrebte Zielkapitalstruktur kann dann durch die Aufnahme oder Rückzahlung von Fremd- oder Eigenkapital (Dividenden, Aktienrückkäufe, Kapitalherabsetzungen) erfolgen. Wird der anzustrebende Leverage bilanziell gemessen, was zum Beispiel im Kontext von Debt Covenants nicht unplausibel ist, so kann durch Bilanzpolitik zusätzlich Einfluss genommen werden. Demgegenüber wird bei der POT eine durchgängige Reihung erwünschter Finanzierungen angenommen ohne eine Zielstruktur anzunehmen.

Die Frage, wann Eigenkapital günstig ist, wird regelmäßig dahin gehend beantwortet, dass dies der Fall ist, wenn das Management die eigenen Aktien für überbewertet hält. Auch nachhaltig hohe Börsenkurse oder hohe Marktwert-Buchwert-Quoten können dar-auf hindeuten, wobei die letzte Quote bei Immobilienunternehmen in Form einer NAV-Prämie vielleicht anders zu deuten ist. Wird zusätzlich Eigenkapital aufgenommen, kann dies auf zwei Ursachen beruhen.

1. Es gibt günstige Investitionsmöglichkeiten, die nicht durch Innenfinanzierung zu rea-lisieren sind (vgl. Ghosh et al. 2011b), was zunächst einmal positiv wäre. Dies kann aber auch so interpretiert werden, dass die laufenden Cashflows niedriger als erforder-lich sind, dass die Finanzkraft schwächer als erwartet ist.
2. Die Aktien sind aus Managementsicht überbewertet, das Management gibt neue Anteile aus, um hohe Emissionserlöse zu erzielen. Diese könnten dann für (Über-) Investitionen verwendet werden.

Im 2. Fall sollten die Börsenkurse und die Performance nach der Kapitalerhöhung absin-ken, ein vielfach bestätigter Effekt (vgl. Chikolwa 2009; Haron 2014; Ooi et al. 2008).

Allerdings wurde auch in zwei Studien von Harrison et al. (2011) und Zabreski (2014) festgestellt, dass hohe Börsenwerte nicht für die Aufnahme von neuem Eigenkapital genutzt wurden, sondern für eine zusätzliche Verschuldung. In beiden Fällen handelt es sich allerdings um REITs, die insgesamt eher kleine Unternehmen sind und für die eine Inanspruchnahme des Marktes für Eigenkapital deshalb sehr teuer wäre.

Sehr viel schwieriger ist es festzustellen, wann Fremdkapital günstig ist. Dies kann man anhand von Zins- oder Inflationserwartungen, Creditspreads, erwarteten Steueränderungen etc. abschätzen. Ist das Zinsniveau für Fremdkapital hingegen hoch, ist umgekehrt das Fremdkapital teuer, aber Eigenkapital wahrscheinlich auch. Insgesamt ist davon auszugehen, dass makroökonomische Randbedingungen eine große Rolle für die Finanzierungsentscheidungen von Immobilienunternehmen haben (vgl. Morri und Chritianzi 2009). Dazu gehört zum Beispiel auch der Entwicklungsstand der Märkte für Eigen- und Fremdkapital. Unternehmen in Ländern mit einem ausgebauten Bankensystem und entwickelten Bond-Märkten weisen zum Beispiel einen relativ hohen Verschuldungsgrad auf (vgl. Le et al. 2012). Insgesamt dürfte es aber schwierig sein aus den Kapitalstrukturtheorien eindeutige und gut messbare Aussagen über Finanzierungspräferenzen abzuleiten.

5.2.3.7   Zusammenhang zwischen Wachstumsmöglichkeiten und Verschuldungsgrad

Stellt man im ersten Schritt auf das Wachstum (oder die Schrumpfung) der einzelnen Unternehmen ab und nicht der Branche oder einer Volkswirtschaft insgesamt, sind gleichwohl noch weitere Präzisierungen geboten. Zunächst muss geklärt werden, ob es hierbei um Wachstumsmöglichkeiten der Vergangenheit oder der Zukunft geht, wobei ökonomisch die Zukunftsaussichten naturgemäß interessanter sind (vgl. Morri und Beretta 2008). Zudem muss unterschieden werden in internes Wachstum, das sich in Form eines aktiven Managements der Bestandsobjekte manifestieren kann, und externes Wachstum in Form von Zukäufen von Immobilien(portfolios) (vgl. Schäfers et al. 2016, S. 545). Bilanziell wird internes Wachstum oftmals als laufender Aufwand erfasst, während externes Wachstum zu einer Bilanzverlängerung führt und eher externen Kapitalbedarf auslöst.

Externer Kapitalbedarf kann – wie oben schon ausgeführt – ein positives Signal sein für Investitionschancen mit einem positiven Net Present Value oder ein negatives Signal: die laufenden Cashflows fallen hinter die Erwartungen zurück. Dies gälte sogar bei möglichen Investitionen mit positivem Barwert (vgl. Gu 2008). Nimmt man an, dass Fremdkapital leichter als Eigenkapital aufgenommen werden kann, stellt ein erhöhter Leverage dann eine Information über unzulängliche Cashflows der abgelaufenen Periode dar (vgl. Dimitrov und Jain 2008).

Tatsächlich konnte in einer sehr umfassenden Studie für die USA (1973–2004; mit 67.823 Datenpunkten) gezeigt werden, dass die Aufnahme von Fremdkapital die nachfolgende Performance negativ beeinflusste und die Aktienrenditen in der Folge abnahmen (vgl. Dimitrov und Jain 2008). In einer kleineren Folgestudie für Hongkong (2007–2012, 297 Firmyears) fanden Ting und Emma (2013) ebenfalls negative Folgen bei Wachstum und zunehmendem Leverage. Dies widerspricht zunächst der TOT, die aufgrund der Steuerfolgen und des geringeren Risikos von Fremdkapital eher eine Steigerung der Eigenkapitalrendite erwarten lässt.

Allerdings wurden an der Erhebung massive Operationalisierungsdefizite kritisiert und die Kausalität bezweifelt. So ist nicht auszuschließen, dass Unternehmen mit einem hohen Verschuldungsgrad schon deswegen eine schlechtere Performance aufweisen, weil sie nicht alle rentablen Investitionsmöglichkeiten ausschöpfen können (vgl. Gu 2008). Allerdings sollten dann doch die besten Investitionschancen realisiert werden, sodass dies verschlechterte Ergebnisse nicht vollständig erklärt.

Wird das Thema Wachstum auf einer aggregierten Ebene (Branchen- oder Konjunkturaufschwung) betrachtet, so kann aus der TOT gefolgert werden, dass in Wachstumsphasen das Insolvenzrisiko (aufgrund der Unsicherheit) und die Informationsasymmetrien steigen, sodass Fremdkapital unattraktiv und teuer wird (vgl. Hohenstatt et al. 2010). Wird tatsächlich investiert, mindert dies auch Free Cashflowprobleme, sodass externes Monitoring durch Gläubiger nicht erforderlich ist (vgl. Morri und Cristianzi 2009).

Wachstumsmöglichkeiten stellen keine Kreditsicherheit dar, sehr wohl aber realisierte Investitionen, besonders wenn es um Immobilien geht. Insofern ist es nicht unplausibel, dass die Aufnahme von Fremdkapital mit Wachstum einhergeht. Zudem sollten bei konjunkturellem Wachstum Börsenkurse, Vermögenswerte und Steuerersparnisse höher ausfallen, was nach den Annahmen der TOT mit einem höheren Leverage verknüpft sein sollte.

Nach der POT ergibt sich zunächst, dass Wachstum so weit wie möglich durch einbehaltene Gewinne finanziert wird, und bei externem Kapitalbedarf Fremdkapital eingesetzt wird. Dieses dient zugleich der Disziplinierung des Managements, die in den unsicheren Wachstumsphasen besonders erwünscht ist (vgl. Chikolwa 2009). Führt das Wachstum in der Folge zu steigenden Gewinnen, kann wiederum mehr thesauriert werden. Für 336 Immobilienunternehmen aus 24 Ländern (für die Jahre 2001 bis 2006) wurde festgestellt, dass hohes Wachstum und Profitabilität zur Rücklagenbildung genutzt wurden.

Schwierig stellt sich die Beantwortung der Frage dar, wie Wachstumsmöglichkeiten bei Immobilienunternehmen überhaupt gemessen werden können. In anderen Branchen wird hier regelmäßig auf eine große Marktwert-Buchwert-Quote abgestellt, die überwiegend durch immaterielle Vermögenswerte und Synergieeffekte hervorgerufen wird. Beide sind potenzielle Wachstumsfaktoren. Für Immobilienunternehmen kann ein NAV-Premium eher nicht im Sinne von Wachstumsmöglichkeiten interpretiert werden (vgl. Abschn. 5.2.2).

Gleichwohl gibt es eine ganze Fülle von Studien, die die Zusammenhänge zwischen NAV, NAV-Spreads und dem Verschuldungsgrad untersucht haben. Die Ergebnisse sind nicht unmittelbar vergleichbar, da die gewählten Operationalisierungen verschieden ausfielen. Unbefriedigend ist zudem, dass die Zusammenhänge positiv, negativ oder gar nicht vorhanden waren, sodass sich hier kein (auch nur überwiegendes) Resultat feststellen lässt (vgl. Kühnberger 2015).

Es kann aber auch ein anderer Zugang gewählt werden: man kann im Nachhinein untersuchen, wie vergangenes Wachstum finanziert wurde. Zumindest summarisch lassen sich die Zahlungsströme zuordnen. Ott et al. (2005) untersuchten für US-REITs im Zeitraum 1981 bis 1999 (mit 1837 Firmyears) die Mittelherkunft für die Investitionen. Dabei zeigte sich, dass wegen des Dividendenzwangs nur 7 % durch Gewinnrücklagen finanziert wurden, 9 % durch kurzfristiges Fremdkapital und Vorzugsaktien. Vorzugsaktien werden in der US-Literatur zumindest teilweise wie Fremdkapital behandelt. 46 % des Wachstums wurde durch langfristiges Fremdkapital und 38 % durch die Aufnahme von Eigenkapital finanziert. Dieser Befund kann aus verschiedenen Gründen keinesfalls verallgemeinert werden. Einmal, weil die Ergebnisse durch REIT-Besonderheiten geprägt sind und weil der untersuchte Zeitraum lange zurück liegt. Die vielen rechtlichen und ökonomischen Änderungen seither dürften auch das Finanzierungsverhalten deutlich beeinflusst haben.

5.2.3.8 Zusammenfassende Übersicht

Die Sichtung der Studien hat gezeigt, dass sowohl die Messung der verschiedenen Einflussfaktoren uneinheitlich ausfiel als auch die resultierenden Ergebnisse. Aus den genutzten Kapitalstrukturtheorien wurden teilweise auch widersprüchliche Aussagen abgeleitet oder es waren keine eindeutigen Prognosen möglich. Die Begründungen beruhten oftmals auf der Prinzipal-Agententheorie oder Signaling-Ansätzen. In Tab. 5.6 werden deshalb die summarischen Zusammenhänge vereinfacht abgebildet, um zumindest eine Tendenz der Aussagen vorzustellen.

Berücksichtigt man die oben genannten Einschränkungen, so sieht es am ehesten so aus, als ob die TOT die Finanzierungsrealität der untersuchten Immobilien-AG am besten erklären kann.

Tab. 5.6 Kapitalstrukturtheorien und Einflussfaktoren. (Eigene Darstellung)

	TOT	POT	MTT	Empirie
Profitabilität und Leverage	negativ	negativ	–	tendenziell negativ
Asset Tangibility und Leverage	positiv	offen	–	positiv
Unternehmensrisiko und Leverage	negativ	tendenziell positiv	–	negativ
Unternehmensgröße und Leverage	positiv	negativ	positiv	positiv
Marktbedingungen und Leverage	–	differenziert	differenziert	tendenziell POT
Wachstum und Leverage	differenziert	differenziert	differenziert	gemischt

5.2.4 Befunde für deutsche Immobilien-AG

Der vorhergehende Abschnitt verdeutlichte, dass die pauschale Annahme, Immobilien-AG müssten einen hohen Verschuldungsgrad aufweisen, da geringes Risiko und werthaltige Sicherheiten einen Leverage-Effekt begünstigen (vgl. Harvey und Cheigh 2011) zu einfach ist. Es gibt eine ganze Reihe weiterer Einflussfaktoren für die Finanzierungspolitik von Unternehmen.

Für das oben angesprochene Sample an deutschen Immobilienunternehmen aus dem DIMAX Haben Kühnberger und Thurmann (2014) die Kapitalstrukturen für den Zeitraum 2005 bis 2012 untersucht.

Aus den Monatsberichten der Deutschen Bundesbank (12/2012 und 12/2013) lassen sich für deutsche Unternehmen insgesamt (ohne Banken und Versicherungen) für die letzten Jahre folgende Trends ablesen (2009 bis 2012):

- Die Eigenkapitalquoten stiegen von 25,4 auf 27,4 % an, eine Entwicklung, die auch auf Basel II/III beruhen kann.
- Der Umfang der Bankenfinanzierung war rückläufig und betrug in 2012 gerade noch 12,4 % der Bilanzsumme. Alleine diese Zahl macht nochmals deutlich, dass in Ländervergleichen die Einstufung Deutschlands als Insidersystem mit dominantem Bankeneinfluss (vgl. Abschn. 4.3) nicht (mehr) überzeugend ist, die „Deutschland-AG" gibt es nicht mehr.
- Der Anteil der Rückstellungen sank von 16,7 % (2010) auf 15, % (2012). Damit setzte sich ein Trend fort, der durch das BilMoG stark beeinflusst wurde. Einmal wurden mit dieser Reform die Aufwandsrückstellungen bis auf zwei (eher kleine) Ausnahmen verboten und die Bewertung erfolgt mit dem abgezinsten Erfüllungsbetrag (bei Laufzeiten über einem Jahr, § 253 Abs. 1 und 2 HGB). Bezüglich der Pensionsrückstellung führt dies in der Summe eigentlich zu höheren Rückstellungsbeträgen. Gegenläufig wirkt die Möglichkeit der Auslagerung von Pensionsrückstellungen, die insbesondere von Großunternehmen stark genutzt wurde.

Für die Immobilien-AG wurden zwei Fremdkapitalquoten ermittelt. Einmal die Relation Verbindlichkeiten gegenüber Kreditinstituten zur Bilanzsumme und zum anderen, die Relation gesamtes Fremdkapital zur Bilanzsumme (jeweils auf Buchwertbasis, allerdings auf der Grundlage der IFRS-Konzernabschlüsse). Tab. 5.7 zeigt die Entwicklung.

Auffällig, und wenig überraschend, ist, dass die Verbindlichkeiten gegenüber Kreditinstituten sehr viel höher sind, als für die von der Deutschen Bundesbank angegebe-

Tab. 5.7 Die Finanzierungsstruktur der Immobilien-AG. (Kühnberger und Thurmann 2014, S. 435)

	2005	2006	2007	2008	2009	2010	2011	2012
FK-Quote I	54	45	50	54	55	54	50	48
FK-Quote II	64	67	64	67	69	66	62	62
EK-Quote	36	33	36	33	31	34	38	38

nen Relationen für den Gesamtbestand an Unternehmen. Die Quote blieb im Zeitablauf auch ziemlich konstant. Dies liegt daran, dass die bankenseitige Fremdfinanzierung unter Bestellung von Grundschulden üblich ist und zu niedrigen Fremdkapitalkosten führt. Zu beachten ist aber, dass Grundlage der IFRS-Abschluss war, in dem die Immobilien (als wichtigste Assetgruppe) mit Fair Values bewertet wurden. Geht man davon aus, dass die Werte mehr oder weniger deutlich über denen liegen, die nach dem Anschaffungskostenmodell anzusetzen wären, so zeigt sich, dass der Anteil der Bankenfinanzierung in der Branche noch stärker vom Gesamtdurchschnitt abweicht, als es die Quoten andeuten.

Unterstellt man angesichts dieses Volumens, dass die finanzierenden Banken genug motiviert und befähigt sind, sollte aus dieser Konstellation ein intensives Monitoring folgen. Eine qualitativ hochwertige Finanzberichterstattung wäre hingegen nicht unbedingt zu erwarten, da die wichtigen Financiers wahrscheinlich über private Informationskanäle ausreichend unterrichtet sind. Durch die jährliche Offenlegung der Fair Values der Immobilien, wird sogar ein aktueller Betrag der Kreditsicherheiten ersichtlich.

Der Anteil der anderen Gläubiger am Gesamtkapital schwankt zwischen 10 und 15 %, ist also vergleichsweise niedrig. Aufgrund des Geschäftsmodells der Immobilien-AG ist dies plausibel (zum Beispiel niedrige Verbindlichkeiten aus Lieferungen und Leistungen).

Erstaunlich ist meines Erachtens die sehr hohe und vor allem im Zeitablauf ziemlich stabile Eigenkapitalquote. Wie hoch sie auf Basis einer Bewertung der Immobilien mit Anschaffungskosten wäre, kann nicht abgeschätzt werde, sie wäre aber auf jeden Fall niedriger. Die Konstanz der Quote, auch während der Finanzmarktkrise, ist überraschend. Die erwarteten oder befürchteten Schwankungen der Fair Values der wesentlichen Vermögenswerte hat sich zumindest nicht auf die Eigenkapitalquote spürbar ausgewirkt. Die Annahme, dass dies nur durch die bilanzpolitisch motivierte Ausnutzung der Schätzspielräume für die Fair Values erreicht wurde, ist meines Erachtens wenig plausibel (zum Beispiel wegen der erforderlichen Methodenstetigkeit und dem partiellen Rückgriff auf Daten, die außerhalb des Einflussbereiches der Unternehmen liegen, wie Bodenwerte, Mietverträge, Immobilienzinssätze).

In Abschn. 5.2.3.2 wurde angegeben, dass zwischen dem Leverage und der Profitabilität der Unternehmen Beziehungen bestehen können. Eine hohe Profitabilität lässt entsprechende steuerliche Vorteile aus einer Fremdfinanzierung erwarten und der sogenannte Leverage Effekt verspricht zusätzliche Vorteile. Für die Immobilienunternehmen wurden zwei Arten einer Eigenkapitalrendite berechnet. Die Relation des Net Income zum durchschnittlichen Eigenkapital (Anfangs- plus Endbestand geteilt durch zwei) und des Gesamtergebnisses (Net Income + Other Comprehensive Income) zum durchschnittlichen Eigenkapital. Die Ergebnisse zeigt Tab. 5.8.

Tab. 5.8 Eigenkapitalrenditen der Immobilien-AG. (Kühnberger und Thurmann 2014, S. 436)

	2006	2007	2008	2009	2010	2011	2012
Net-Income-Rendite	16,2	14,9	−6,5	−0,1	0,9	5,2	13,0
Gesamt-Rendite	19,5	18,5	−5,6	2,8	7,0	6,5	11,5

Die Zahlenreihen belegen auf den ersten Blick, dass sich die Finanzmarktkrise sehr deutlich auf die Ergebnisse ausgewirkt hat, während die Spuren in der Bilanz (auf der Passivseite) nicht erkennbar wurden. Es zeigt sich zudem, dass das Gesamtergebnis weniger volatil war als das Net Income, das durch die jährlichen Fair-Value-Schwankungen der Anlageimmobilien geprägt wird. Erkennbar wird auch, dass das OCI in vielen Jahren eine beachtliche Größenordnung in Relation zum Net Income erreicht. Dies ist nicht selbstverständlich aufgrund des Geschäftsmodells.

In Korrelationsanalysen (nur für die 22 Unternehmen, die als Bestandshalter gelten, da der Anteil an Immobilien mindestens 80 % der Bilanzsumme beträgt) wurde ergänzend untersucht, ob sich statistisch auffällige Verbindungen zwischen den Verschuldungsgraden und den Renditen zeigten. In keinem Jahr ergab sich ein Hinweis hierauf, die Vorzeichen der Korrelationskoeffizienten wechselten sogar mehrfach. Der Verschuldungsgrad und die Rentabilität entwickelten sich demnach völlig unabhängig voneinander. Die Aussagefähigkeit dieses Befundes ist aufgrund der geringen Anzahl von Unternehmen aber eingeschränkt.

In den letzten Jahren wird die Kapitalstruktur von Immobilienunternehmen zunehmend dadurch geprägt, dass Unternehmensanleihen begeben wurden. Allein in den Jahren 2011 bis 2013 zeigte sich dabei eine Zinsbandbreite von 1,5 % (Grand City AG 2011) bis zu 8,75 % (Adler Real Estate 2013). Die Unterschiede hängen dabei nicht (nur) von der Bonität der Schuldner ab, da auch für das gleiche Unternehmen in diesem relativ kurzen Zeitfenster erhebliche Unterschiede feststellbar waren. Unklar ist zunächst einmal, warum bei dem in diesem Zeitraum (und danach) sehr niedrigen Zinsniveau teilweise sehr hohe Coupons eingeräumt wurden. Auch die vielfach fehlende Besicherung ist erklärungsbedürftig, da sie die Zinsbelastung wahrscheinlich gesenkt hätte.

Ein Grund für diese Finanzierungsform könnte darin liegen, dass die Unternehmen den Besicherungsspielraum bereits ausgeschöpft haben. Unterstellt man sehr grob, dass die Fair Values mit rund 60 % erstrangig besichert werden können, so wären Unternehmen am Limit, bei denen das Verhältnis von Anlageimmobilien zu Verbindlichkeiten ca. 167 % beträgt. Für das DIMAX-Sample (nur die Bestandshalter) ergaben sich im Zeitablauf Mittelwerte von 128,1 % bis 204,1 %, im Zeitablauf steigend. Demnach ist die Annahme für die Gesamtgruppe nicht unplausibel. Allerdings zeigte eine händische Auswertung (ohne Anspruch auf Vollständigkeit oder Repräsentativität), dass gerade die Unternehmen, die mehrfach Anleihen begeben haben, noch Puffer hatten.

Ein weiterer Grund könnte darin bestehen, dass es angestrebt wird, (teure) Altkredite abzulösen. So haben die Deutsche Annington und die TAG Finanzverbindlichkeiten getilgt. Zudem wurde offenbar mehrfach starkes Wachstum auf diese Weise finanziert (Grand City, Deutsche Annington) oder Liquidität aufgebaut (TAG 2010, Deutsche Annington). Diese Liquidität kann für künftige Investitionen geplant sein, was darauf hindeuten würde, dass dem Management Flexibilität sehr wichtig ist. Unter Corporate Governance-Aspekten sind weite Handlungsspielräume des Managements hingegen nicht unproblematisch, insbesondere wenn sie durch eine teure Finanzierung erkauft wurden. Anleihen haben bezüglich der Flexibilität auch den Vorteil, dass sie nicht zu laufenden Tilgungszahlungen führen und trotzdem zu frei wählbaren Zeitpunkten zurückgekauft werden können.

Insgesamt wäre eine umfassendere und systematische Analyse der Finanzierungspolitik mittels Anleihen ein vielversprechendes Problemfeld. Durch Ex-post-Auswertungen der Kapitalflussrechnungen könnte auf Ziele geschlossen werden.

5.3 Stromgrößen von Immobilienunternehmen und deren Besonderheiten

5.3.1 Unternehmensbewertung und Stromgrößen

Zeigt die Bilanz aus verschiedenen Gründen den Marktwert eines Unternehmens nicht direkt (Stichtagsbezug, unzuverlässige Fair Values, Mixed Model Approach, fehlender Firmenwert etc.), kann der IFRS-Abschluss gleichwohl genutzt werden, um ein Unternehmen (fundamental) zu bewerten. Zwar werden in der Praxis oftmals NAV genutzt, zum Beispiel für die Ermittlung von Kurszielen, aber das scheint auch stark pragmatisch begründet (vgl. Kanders 2009, S. 413 ff.). So wird darauf verwiesen, dass Verkäufe, Investitionen und unregelmäßige Ereignisse die Brauchbarkeit von Erfolgsgrößen stören. Dies lässt außer Acht, dass NAV als Stichtagswerte sehr viel mehr von Zufallseinflüssen abhängen können als die Zahlungs- oder Erfolgsgrößen einer Periode, die man ergänzend um Sondereinflüsse bereinigen kann.

In der bereits zitierten Studie von Danbolt und Rees (2008) unterstellen die Autoren, dass Fair Values in der Bilanz Wertrelevanz im Vergleich zu historischen Kosten aufweisen. Sie gehen davon aus, dass darüber hinaus gehende Effekte auf das Net Income und Eigenkapital keinen Informationswert haben. Sie testen dies für Immobilien- und Investmentunternehmen auf einer sehr günstigen Datenbasis. Diese Unternehmen mussten neben den Anschaffungskosten und Fair Values des Vermögens auch die Gewinne nach dem Cost Model (= entspricht HGB), dem Fair Value Model (= entspricht IAS 40: sämtliche Bewertungserfolge gehen in das Net Income ein) und dem UK-GAAP Model offenlegen. Bei dem zuletzt genannten Modell werden Bewertungserfolge nicht in die GuV übernommen sondern direkt in eine Rücklage gebucht. Auch bei endgültiger Realisation wird nicht über die GuV recycelt, sondern es erfolgt eine Umbuchung in Gewinnrücklagen. Dies entspricht dem Neubewertungsmodell nach IAS 16 für Sachanlagevermögen. Die Autoren kommen zu dem Ergebnis, dass für Investmentfonds die Erfolgs- und Eigenkapitaländerungen tatsächlich Informationsgehalt haben, aber bei den Immobilienunternehmen praktisch nicht. Plausibler wäre eher gewesen, wenn sich für Immobilienunternehmen aufgrund der Bewertungsunsicherheiten ein zusätzlicher Informationswert ergeben hätte.

In der Bewertungslehre ist es üblich, den Unternehmenswert als Barwert künftiger Erfolge oder Cashflows zu bestimmen (vgl. Keller 2007, S. 95 ff.; Pellens et al. 2008a; Pronobis et al. 2010; Schildbach 2015, S. 60: dem Substanzwert -NAV- fehlt der Bezug zu künftigen finanziellen Überschüssen!). Deshalb ist es auch nicht überraschend, wenn Abschlussnutzer die GuV für das wichtigste Berichtsinstrument halten (vgl. Küting und Kaiser 2010), was zum Beispiel durch eine Befragung von 50 Investment Professionals durch PWC bestätigt wird, die GuV und Kapitalflussrechnung priorisieren (vgl. PWC 2007, S. 5, 8). Wappenschmidt zufolge betonen Ratingagenturen zwar die besondere Bedeutung von Cashflows, aber Replikationsstudien legen eine GuV-Orientierung nahe (2009, S. 83, 117).

Alternativ kann auch mit Multiples gerechnet werden, zum Beispiel einem Vielfachen von Gewinn, FFO, Ergebnis nach DVFA usw. An diesen Methoden wird ihre Undifferenziertheit kritisiert (vgl. Schäfers und Matzen 2010, S. 543 ff.) und dass sie nur unter sehr vereinfachenden Annahmen als Äquivalent zu DCF-Kalkülen angesehen werden können. Dann beruhen sie aber auch auf impliziten DCF-Annahmen, stellen also weder eine Objektivierung noch einen geeigneten Wert dar, um anderweitig gewonnene Ergebnisse zu plausibilisieren (vgl. Ballwieser 2011, S. 211 ff., 216).

Zu beachten ist, dass die Erfolgsgrößen und ihre Eignung stark davon abhängen können, ob eine eher retrospektive oder prospektive Analyse erfolgen soll. Geht es primär darum, den Erfolg des abgelaufenen Geschäftsjahres und die Leistung des Managements zu beurteilen, so bietet es sich eher an, planmäßige Abschreibungen auf der Basis historischer Anschaffungskosten zu verwenden und Fair-Value-Schwankungen nicht einzubeziehen, um Bewertungserfolge nicht mit dem erwirtschafteten operativen Ergebnis zu vermischen. Vorräte wären sinnvoller Weise nach der Lifo-Methode zu bewerten, um zeitliche Verwerfungen bei den Ertrags- und Aufwandsgrößen zu verringern. Geht es hingegen um das künftige Potenzial, sind Fair Values und die Fifo-Methode zweckmäßiger, da sie die künftigen Zahlungen besser indizieren (vgl. Coenenberg et al. 2014, S. 1033 f.).

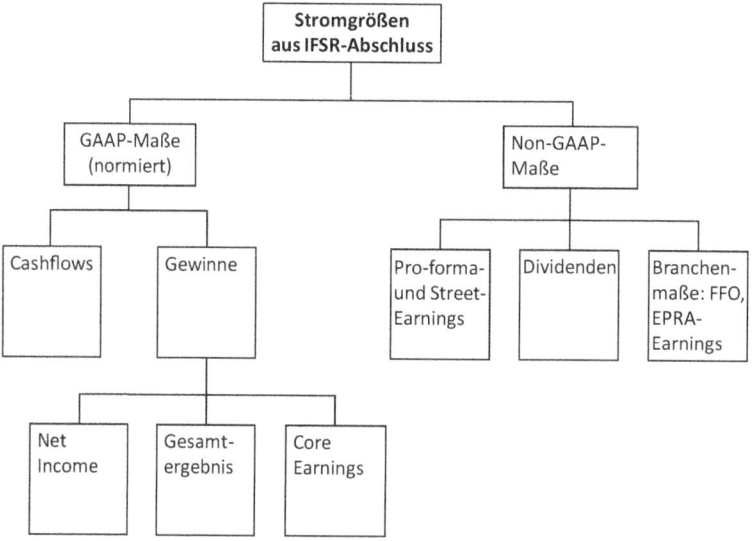

Abb. 5.1 Basisgrößen für eine Unternehmensbewertung. (Eigene Darstellung)

Für die Bilanz wäre demnach eine andere Bewertung sinnvoll als für die GuV. Eine solche Form der Abkoppelung haben die internationalen Standardsetter partiell und ohne systematisches Konzept durch das sogenannte OCI eingeführt.

Wird ein Zukunftserfolgswert gesucht, muss geklärt werden, welche Erfolgsgröße(n) am Besten geeignet sind, Schlüsse auf die Höhe, zeitliche Verteilung und Risiko der künftigen Cashflows zu ermöglichen. Abb. 5.1 zeigt die im Weiteren untersuchten Möglichkeiten.

Auch bei den Erfolgsmaßen wird auf die IFRS-Konzernabschlüsse zurückgegriffen. Dies ist mit Schwächen behaftet:

1. Die rechtliche Struktur der abgebildeten Unternehmen wird vereinfacht als Einheit abgebildet (vgl. Abschn. 2.3.1).
2. Den IFRS-Abschlüssen kann meines Erachtens nicht per se ein höheres und vergleichbareres Informationsniveau für zwischenbetriebliche Vergleiche attestiert werden (vgl. Abschn. 1.2.3). Da hier nur ein inländisches Unternehmenssample aus einer Branche untersucht wird, sollte die Heterogenität gleichwohl stark abgeschwächt sein.

5.3.2 Gewinne oder Cashflows als Basis

„Profits are someone's opinion (…) whereas cash is a fact" (Smith, zit. nach Bösser et al. 2013). Dies drückt einen Nachteil der periodisierten Gewinnermittlung aus, der aber auch Vorzüge nicht abzusprechen sind.

Soll eine externe Unternehmensbewertung simuliert werden, so bietet es sich an, auf Free Cashflows (FCF) des Unternehmens oder gezahlte Dividenden als Cashflows an die Aktionäre zurückzugreifen und diese zu extrapolieren. Allerdings ist zu bedenken, dass die Ausschüttungsmöglichkeiten zumindest in Deutschland eine Funktion der Gewinne sind. Sowohl für Erfolgs- als auch Cashflowgrößen ist natürlich zu beachten, dass sie durch Bilanzpolitik verzerrt sein können und unvollständig sind, soweit die Bilanz unvollständig ist. Dies wird am originären Firmenwert deutlich: Wird dieser nicht aktiviert, sind Investitionen in den Firmenwert als operative Aufwendungen und Auszahlungen im Abschluss erfasst und spätere Minderungen des Goodwill nicht als Aufwand.

Operative und Free Cashflows haben eine zentrale Bedeutung für Insolvenzprognosen und die Beurteilung der Finanzlage eines Unternehmens. Als Erfolgsmaß sind sie hingegen nur begrenzt sinnvoll, da sie auch echte Wertminderungen nicht als Abzugsposten erfassen (vgl. Behringer 2010, S. 164). Außerdem unterliegen Cashflows starken Schwankungen, die durch Accruals im Sinne des Matching Principles geglättet werden, um die „tatsächliche" Performance periodengerecht darzustellen. Typische Accruals wie Änderungen des Net Working Capital, Abschreibungen, Rückstellungsänderungen können durchaus eine bessere Prognosebasis für die Schätzung künftiger Cashflows liefern als die aktuellen Cashflows selbst (vgl. Pellens et al. 2008a). Im Rahmenkonzept betont der IASB ausdrücklich, dass abgegrenzte Zahlungsströme (= Erträge und

Aufwendungen in der Erfolgsrechnung) eine bessere Basis zur Abschätzung der künftigen Performance sind als Zahlungen (OB 17). Ergänzend wird auf die Bedeutung einer Erfolgsquellenanalyse für die Beurteilung der Fähigkeit des Unternehmens, in der Zukunft Zahlungsmittel zu erwirtschaften, verwiesen (RK 4.27). Nach Ansicht des Board führen nachhaltige Gewinne zu nachhaltigen Cashflows.

Ob diese Cashflows der Unternehmen dann auch zu Cashflows für die Investoren (Dividenden an Eigentümer) führen, wird nicht thematisiert. Einbehaltene Gewinne können aber andere Wohlfahrtseffekte für Anleger haben als Auszahlungen.

Zwei Befragungsstudien von CFO und Finanzanalysten zeigten, dass diese eindeutig die Gewinne und insbesondere die Größe Earnings per Share (EPS) für die wichtigste Zielgröße halten. Zwei Aussagen aus den Interviews mit den Finanzanalysten: „This (Gewinn, d. V.) is the metric the investment community has dictadet." Und: „When I think of the Street, net income is most important." (vgl. De Jong et al. 2014; Graham et al. 2005). Dies erstaunt vor allem vor dem Hintergrund, dass aus Befragungen von Abschlussnutzern in den USA bereits in 1980 von 67 % angegeben wurde, sie würden Cashflowinformationen den Gewinninformationen vorziehen (vgl. Coenenberg et al. 2014, S. 1332).

Allerdings ist auch auf die empirisch bestätigte „Accrual Anomaly" zu verweisen (vgl. Abschn. 3.2.2): Von Kapitalmarktteilnehmern wird die Prognoseeignung von Accrualkomponenten oftmals überschätzt, während Änderungen von Cashflows diesbezüglich unterschätzt werden. Im Kern sind Gewinne, die auf Cashflows beruhen nachhaltiger als Gewinne die durch Abgrenzungsbuchungen generiert werden. Ob und in welchem Ausmaß diese Fehleinschätzungen auftreten hängt aber u. a. vom Rechnungslegungsstandard ab (vgl. Dechow und Schrand 2004, S. 16 ff.; Kaserer et al. 2008, S. 202 f., 214 f.).

Auch der FCF stellt aber offenbar keine homogene Größe dar: Freie Cashflows können zur Tilgung von Fremdkapital, zu Zahlungen an Eigentümer (Dividenden, Aktienrückkauf) oder zum Aufbau von Liquidität genutzt werden. Die Einschätzung der Persistenz und die Bepreisung der unterschiedlichen FCF-Komponenten erfolgt durch Kapitalmarktteilnehmer differenziert, wobei insbesondere einbehaltene Cashflows unzutreffend gewürdigt werden (vgl. Dechow et al. 2008).

Ergänzend ist darauf zu verweisen, dass es mehrere Begriffsvarianten von FCF gibt. Eine fasst ihn zum Beispiel als Saldo zwischen dem CFO und dem (gesamten) Investitions-Cashflow und eine andere als Saldo von CFO und dem Cashflow für Ersatzinvestitionen. Im zuletzt angesprochenen Fall werden Erweiterungsinvestitionen als Verwendung des FCF interpretiert. Dieses Verständnis lässt dann die Erweiterungs-Investitionen erkennen, die aus der Sicht der Shareholder zu rechtfertigen sind. Sie sind nur sinnvoll aus deren Sicht, wenn sie eine bessere Verwendung darstellen als die Alternativen, zum Beispiel Dividenden oder Aktienrückkäufe. Ein Empire Building durch das Management wäre erkennbar.

Der Nachteil dieser FCF-Variante besteht darin, dass die Trennung in Ersatz- und Erweiterungsinvestitionen nicht einfach ist. Schätzt man die Höhe der Ersatzinvestitionen durch die Geschäftsjahresabschreibungen und die Abgänge (zum Zeitwert, nicht zum Buchwert!), so werden Faktoren wie der technische Fortschritt, Inflation usw. nicht erfasst.

Bedeutsam ist auch, wie die Accruals abgegrenzt werden. Insgesamt ergab sich aber für eine ganze Reihe ausdifferenzierter Modelle, dass sowohl Gewinne als auch CFO persistent sind und Prognoseeignung für Gewinne/CFO der Folgeperiode haben, sowohl bei branchenübergreifenden als auch bei unternehmensbezogenen Untersuchungen (vgl. Francis und Smith 2005).

Ein schwer erklärbares Ergebnis ermitteln Kim und Kross (2005) in einem umfassenden Review. Für den Zeitraum 1973 bis 2000 werten sie 756 US-Firmen aus (insgesamt 100.266 Firmyears) und stellen zunächst fest, dass der Erklärungsgehalt der Gewinne für den Aktienkurs abnimmt. Zugleich steigt der Erklärungsgehalt der Gewinne für den CFO des Folgejahres deutlich stärker, als der der CFO für das Folgejahr. Unterstellt man, dass der Aktienkurs den Barwert künftiger Cashflows abbildet, ist dies wenig plausibel. Die Ergebnisse blieben aber robust, wenn zusätzliche Faktoren wie Unternehmensgröße, Dividendenzahlungen, Profitabilität usw. kontrolliert wurden. Als mögliche Ursachen können unterschiedliche Zinssätze, Risikoeinschätzungen oder Wachstumserwartungen in Betracht kommen, die den Börsenwert beeinflusst haben, aber nicht die kurzfristige CFO-Erwartung für das Folgejahr. Ein weiterer Grund könnte in der Ermittlung des CFO liegen. Die Verfasser greifen nicht auf den eigentlich interessierenden FCF zurück, da weder durchgängig standardisierte KFR vorlagen, noch eine Trennung der Investitionen in Erhaltungs- und Erweiterungsauszahlungen möglich war. Der extern geschätzte CFO kann aber deutlich vom tatsächlichen CFO (bei genauer, originärer Ermittlung) oder dem FCF abweichen, sodass die Beziehung zum Börsenwert verzerrt sein kann.

Ist der Kapitalmarkt informationseffizient in einem halbstrengen Sinne, so müssten sich Korrelationen zwischen Erfolgsmaßen und Aktienrenditen ergeben, wenn die IFRS-Erfolgsgrößen entscheidungsnützlich sind. Dies war auch der Hintergrund einer Analyse von EURO STOXX 50-Unternehmen für die Jahre 2006 bis 2011 (vgl. Hawranek und Öppinger 2014). Das Gesamtsample wurde auf 31 Unternehmen reduziert. Geprüft wurde, ob die Aktienrendite einen statistisch signifikanten Zusammenhang mit diversen Erfolgsmaßen aus den IFRS-Abschlüssen aufgewiesen hat. Dabei wurden Umsatz-, Eigenkapital- und Gesamtkapitalrenditen als unabhängige Variable genutzt, und ein Netto- und ein Brutto-Cashflow. Die Cashflows wurden allerdings (sehr grob) aus der GuV abgeleitet (Gewinn + Abschreibungen…). Als Erfolgsmaße wurden ergänzend das Gewinn- und das Umsatzwachstum eingesetzt. Insgesamt zeigte sich, dass nur das Gewinnwachstum Erklärungskraft hatte und alle anderen Kennzahlen statistisch geringen oder gar keinen Informationsgehalt hatten. Dieses ernüchternde Ergebnis für die IFRS kann natürlich auch darauf beruhen, dass private und sonstige Informationskanäle unberücksichtigt blieben, dass Länderfaktoren zu einem heterogenen Sample (das noch dazu kleinzahlig war) führten und Einflüsse der Finanzmarktkrise nicht kontrolliert wurden.

Wird auf den Zusammenhang von Kapitalmarktrenditen und Abschlussdaten abgestellt, so ist zu beachten, dass Marktdaten sich durch veränderte CF-Erwartungen oder veränderte Risikoschätzungen und damit Zinssätze ergeben können. Für aggregierte Größen von Unternehmensgesamtheiten zeigte eine Längsschnittstudie, dass der „Discount rate channel" die Marktrenditen besser erklärt, als aus den Abschlüssen abgeleitete Cashflows. Auf der Ebene einzelner Unternehmen galt dieser Zusammenhang aber nicht. Insgesamt ist die Erklärungskraft von Fundamentalgrößen aus der Rechnungslegung aber offenbar begrenzt (vgl. Kang et al. 2010).

Für börsennotierte deutsche AG wurde für den Zeitraum von 2005 bis 2009 der Einfluss der Finanzmarktkrise auf Kennzahlen untersucht. Während die IFRS-Konzernabschlüsse ab 2008 stark rückläufige Gewinne und Erfolgsgrößen (EBIT etc.) zeigten, blieben die CFO weitgehend unbeeinflusst. Die FCF hingegen nahmen wegen der schwankenden Investitions-Cashflows ab (vgl. Frey 2011). Dies könnte man durchaus so interpretieren, dass der ökonomische Schock durch Gewinne adäquater abgebildet wurde als durch die CFO. In einem Gesamtbewertungsmodell wäre aufgrund des erhöhten Risikos mit einem höheren Abzinsungsfaktor zu rechnen, sodass bei unveränderten CF-Erwartungen ein niedriger Kapitalwert resultiert.

Die Frage, welche Größe für Adressaten wichtiger ist, Gewinne oder Cashflows kann aber auch zu im Zeitablauf veränderten Antworten führen. Viele der älteren Studien, die einen Vorrang der GuV belegen, sind darauf angewiesen, den operativen Cashflow indirekt aus Bilanz- und GuV-Daten abzuleiten. Extern kann der Cashflow so nur sehr grob abgeschätzt werden. Auch von Unternehmen veröffentlichte KFR wurden oftmals derivativ ermittelt. Mit zunehmender Ausgestaltungsqualität und Standardisierung werden die Cashflows zutreffender und zuverlässiger (vgl. Antonnakopoulos 2010; Banker et al. 2009). So zeigen Hribar und Collins (2002), dass Accruals, die bilanzbezogen berechnet werden (zum Beispiel als Veränderung des Working Capital oder der Verbindlichkeiten aus Lieferungen und Leistungen) zu einer systematischen Fehleinschätzung der Bilanzpolitik führen, wenn M&A-Transaktionen, Desinvestitionen oder Währungsumrechnungen auftreten. Deshalb ist die Qualität der Accruals besser, wenn sie aus der Kapitalflussrechnung entnommen werden und diese keine Fehler enthält.

Auf den ersten Blick plausibel ist die Annahme, dass die Prognosequalität von Analysten steigt, wenn sie sowohl Gewinne als auch Cashflows prognostizieren, es ergeben sich persistente Schätzwerte (vgl. Call et al. 2009). Dies kann damit begründet werden, dass dadurch sowohl GuV und Kapitalflussrechnung als auch die Bilanz abgestimmt und strukturiert geschätzt werden müssen, was eine bessere analytische Durchdringung voraussetzt. Zweifel werden von Lehavy (2009) geltend gemacht, der sehr umfassend die Literatur zu Cashflow-basierten Prognosen untersuchte. Die intuitiv plausible, komplexe Informationsverarbeitung, die Call et al. unterstellen zeichnet ein unzutreffendes Bild der Realität: Die Schätzungen der operativen Cashflows (CFO) erfolgte weniger auf der Grundlage ausgeklügelter Modelle als auf Gewinnprognosen, die um Abschreibungen korrigiert wurden (Gewinn + Abschreibung = CFO).

Zu bedenken ist letztlich, dass auch Kapitalflussrechnungen Objekte von Bilanzpolitik sein können. Zwar wird zu Recht unterstellt, dass die bilanzpolitischen Möglichkeiten bei KFR insgesamt geringer als bei Erfolgsrechnungen sind, sie also vergleichsweise reliabel sind (vgl. Dechow und Schrand 2004, S. 11). Gleichwohl gibt es diverse Zuordnungsfreiheiten zu den Bereichen CFO, Investitions- und Finanzierungs-Cashflow (zum Beispiel Dividenden, Ertragsteuern etc.), unklare Abgrenzungen (Finanzverbindlichkeiten versus zum operativen Geschäft gehörende Verbindlichkeiten) und die Fondsabgrenzungen sind disponibel (vgl. Bösser et al. 2013 zu Unterschieden bei den DAX-Unternehmen 2012; Eiselt und Müller 2014 zu DRS 21; Haller und Groß 2014 zu IAS 7). Zudem beruhen KFR auf dem Bilanzkonzept (vgl. Penman und Yehuda 2004). Werden Auszahlungen aktiviert (zum Beispiel Herstellungs- oder Anschaffungsvorgänge) sind sie als Investitionszahlungen auszuweisen. Erfolgt keine Aktivierung (zum Beispiel Erhaltungsvorgänge, Herstellung bestimmter immaterieller Vermögenswerte, Investitionen in den eigenen Firmenwert), so mindern die Zahlungen den CFO.

5.3.3 Net Income oder Other Comprehensive Income

Wenig überraschend ist deshalb die Ansicht, dass Cashflows und disaggregierte Accruals die beste Informationsbasis für Externe bieten (vgl. Keller 2007, S. 350 ff.). Unter IFRS stellt sich die Aufgliederung in Komponenten komplex dar. Dies hat mit dem mehrfach angesprochenen Mixed Model Approach zu tun, der dazu führt, dass einige Wertänderungen nur auf Anschaffungskostenbasis bewertet werden und andere nach dem Fair Value Model. Zudem gehen diese Wertänderungen teilweise in die GuV ein und teilweise in das OCI, von wo sie bei endgültiger Realisation entweder recycelt werden oder auch nicht. Insofern kann man die Ansicht vertreten, dass die Performance nach IFRS nicht konsistent definiert ist (vgl. Nobes 2012).

Wie bereits ausführlich in Abschn. 2.1.2 erörtert, könnte die Aufgliederung der Gesamterfolgsrechnung in eine GuV mit dem Saldo Net Income und ein Sonstiges Ergebnis (OCI) damit begründet werden, dass dies eine Entkoppelung der Bilanz von den Erfolgswirkungen erlaubt. Idealtypisch könnte die Bilanz dann zum Beispiel Fair Values enthalten und die Wertänderungen könnten dann in die GuV übernommen werden, wenn dies die Jahresleistung des Unternehmens oder des Managements adäquat spiegelt. Ansonsten würden die Erfolge im OCI geparkt und bei endgültiger Realisation in die GuV übernommen oder in die Gewinnrücklagen umgebucht. Es wurde aber auch deutlich gemacht, dass sowohl für die IFRS als auch die US-GAAP gerade keine konzeptionelle Grundlage ausgearbeitet wurde. Die Trennung von Erfolgen, die in die GuV oder das OCI eingehen, erfolgt nicht nach klaren Kriterien, genauso wie die differenziert geregelten Recycling-Sachverhalte.

Zudem besteht die Gefahr, dass Daten von Nutzern nicht korrekt interpretiert werden. Für US-amerikanische Unternehmen wurde dies für den Sonderfall von Cashflow-Hedges festgestellt. Hauptursache für die Fehleinschätzungen war, dass es extern praktisch nicht möglich ist, eine Trennung von Sicherungs- und Spekulationsgeschäften vorzunehmen (vgl. Gigler et al. 2007). Für IFRS-bilanzierende Unternehmen gilt mit IAS 39 eine den US-GAAP vergleichbare Regel.

Bei der gesamten Diskussion um das komplexe Erfolgskonzept ist vorab festzuhalten:

1. „The original logic for OCI was that it except income-relevant items that possessed low reliability from contaminating the earnings number" (Holt 2014). Von einem solchen klaren Konzept kann nicht mehr die Rede sein.
2. „An assumption that an unrealized loss has little effect on the business is an incorrect one" (Holt 2014). Allgemein: das Realisationsprinzip ist ungeeignet, nachhaltige und informative von anderen Erfolgen zu trennen.
3. Offenbar spielt auch die äußere Form und Datenaufbereitung eine Rolle für den Informationsgehalt: Darstellung in Ergebnisrechnung oder (Verstecken) in einem Eigenkapitalspiegel.
4. Es dürfte angesichts des Volumens und der Heterogenität der OCI-Sachverhalte notwendig sein, die einzelnen Komponenten getrennt zu analysieren.

Brouwer et al. (2014) stellen eine ausführlichen Literaturübersicht vor und fassen zusammen, dass das Net Income bezüglich der Gütemerkmale Wertrelevanz und Vorhersagekraft deutlich vor dem OCI liegt. Sie begründen dies mit dem bislang konzeptionslosen Vorgehen des IASB, der die Regulierung Standard-by-Standard vornimmt. Brouwer et al. gehen zudem davon aus, dass die zunehmende Bedeutung der Pro-forma-Earnings durch diese Unzulänglichkeiten der GAAP-Maßgrößen verursacht wurden.

Nachdem im DP 2013 zum RK diese unbefriedigende Situation durch ein systematisches Konzept ersetzt werden sollte, ist der ED 2015 gerade wieder auf diesen kritisierten Weg zurückgekehrt. Die Trennung der Erfolge und die Regeln für oder gegen ein Recycling sollen auch in Zukunft auf Standardebene festgelegt werden.

In einer Untersuchung für alle HDAX-Unternehmen für den Zeitraum 1998 bis 2007 (insgesamt 96 Unternehmen mit 463 Beobachtungspunkten = Firmyears) zeigte sich, dass das Gesamtergebnis und die einzelnen im OCI erfassten Komponenten im Vergleich zum Net Income eine sehr geringe Prognoseeignung für Erfolge des nächsten Jahres aufwiesen. Versicherungstechnische Gewinne und Verluste aus der Bilanzierung der Pensionsrückstellungen, die ebenfalls im OCI abgebildet wurden, führten gar zu Verzerrungen (vgl. Zülch und Pronobis 2010). Basis der Studie war die dem Rahmenkonzept des IASB und FASB entnommenen Annahme, dass Gewinne es erlauben sollen, künftige Cashflows zu prognostizieren. Da zumindest bei einigen OCI-Komponenten, zum Beispiel den Fair-Value-Schwankungen von Wertpapieren Available-for-Sale unterstellt wird, sie seien „transitory" (flüchtig), sollte die Persistenz von Erfolgsbestandteilen analysiert werden. Untersucht wurde, ob es einen statistisch messbaren Zusammenhang zwischen dem Net Income, dem OCI, dem Gesamtergebnis oder den OCI-Komponenten und dem künftigen Net Income, dem künftigen OCI oder künftigen CFO gibt. Die Ergebnisse zeigten eine insgesamt rückläufige Qualität der Daten, eine Zunahme von Pro-forma-Earnings (als Ersatz!?), und ein quantitativ bedeutsames OCI, das im Durchschnitt negativ war. Insgesamt: die deutlich höhere Rechnungslegungskomplexität gegenüber einer einfachen GuV ist mit diesen Daten zumindest kaum zu rechtfertigen.

In einer Auswertung für 80 IFRS-Konzernabschlüsse von Unternehmen des DAX und MDAX für das Jahr 2012 zeigte sich, dass fast alle Unternehmen den Two-Statement-Approach nutzen (statt der einstufigen, eher unübersichtlichen Gesamterfolgsrechnung in einem Statement). Das OCI war überwiegend positiv und belief sich im Durchschnitt auf 16 Mio. € und bezogen auf das Gesamtergebnis 22 % (Vorjahr 17 %). Die wichtigsten Einzelkomponenten betrafen (Zahlen im 4-Jahresdurchschnitt): Versicherungstechnische Erfolge 13,45 Mrd. $, AfS-Erfolge 9,7 Mrd. $, Währungserfolge 8,34 Mrd. $, Cashflow Hedges 7,23 Mrd. $. Letztere gab es bei 85 % (Vorjahr 90 %) der Unternehmen (vgl. Zülch und Höltken 2014).

Diese Auswertung macht deutlich, dass die OCI-Sachverhalte in spürbarem Umfang das betriebliche Kerngeschäft betreffen können und deshalb ein besonderer Branchenbezug nicht zu erwarten ist. Darüber hinaus zeigt sich, dass das OCI nicht genutzt wurde, um die GuV von Verlusten freizuhalten (die Erfolge waren im Durchschnitt positiv). Dies kann zwar auch daher rühren, dass die Unternehmen gar nicht die Möglichkeit hatten, zwischen GuV und OCI zu wählen. Zudem wird deutlich, dass diese Unternehmen ein durchaus beachtliches Potenzial aufgebaut haben, um durch Recyclingsachverhalte in Zukunft die GuV positiv beeinflussen zu können. Diese können auch durch bewusste bilanzpolitisch motivierte Transaktionen ausgelöst werden, wie den Verkauf von Wertpapieren, eine Umgliederung von Wertpapieren oder die Beendigung von Hedge-Zusammenhängen.

In einer sehr viel umfassenderen Studie mit Unternehmen aus 16 europäischen Ländern für den Zeitraum 1991 bis 2005 mit bis zu 56.700 Datenpunkten ergab sich, dass das Gesamtergebnis aufgrund des OCI sehr viel volatiler als das Net Income war und das OCI im Durchschnitt mit rund einem Drittel des Gesamtergebnisses einen sehr wichtigen Anteil erreichte (vgl. Goncharov und Hodgson 2011). Zwar korrelierten das Net Income und das Gesamtergebnis positiv mit Preisänderungen, aber die Erklärungskraft des OCI war deutlich niedriger und hing von der Art der Darstellung ab (eine aggregierte Abbildung zusammen mit der GuV reduzierte den Informationsgehalt!). Die Autoren führen dies darauf zurück, dass die Wertänderungen des OCI nicht realisiert sind (sie bezogen die Fair-Value-Erfolge von Wertpapieren, Fremdwährungsdifferenzen und Neubewertungsänderungen für Vermögenswerte ein) und als nicht dauerhaft, volatil, ungewiss und wenig verständlich für Investoren einzustufen sind. Auch dieses Ergebnis nährt Zweifel an der Informationseffizienz des Kapitalmarktes. Zwar ist es durchaus rational, die Zuverlässigkeit der Daten abhängig von der Einordnung in die GuV oder das sonstige Ergebnis einzuschätzen. Ob die Darstellung selbst als einheitliche Gesamtergebnisrechnung oder in Form von zwei getrennten Dokumenten erfolgt, sollte bei sachverständigen Nutzern hingegen keine Bedeutung haben.

In einer Experimentalstudie mit 200 Studenten ergaben sich allerdings ebenfalls Formateffekte. Für die Bewertung von Unternehmen wurden die nachhaltigen und die volatilen Erfolgsbestandteile nicht zutreffend unterschieden. Werden die nachhaltigen Erfolge besonders hervorgehoben, ergab sich eine bessere Preisbildung bei gesunkenen Auswertungskosten (vgl. Elliott et al. 2012). Nun mag man kritisieren, dass die Probanden und die Versuchssituation die Realität unzutreffend spiegeln. Es ist aber auch zu beachten, dass die Probanden über erforderliche Vorkenntnisse verfügten und mit Experimenten gezielt bestimmte Aspekte getestet werden können, da Störgrößen gut kontrollierbar sind.

Eine Erhebung mit 56 US-amerikanischen Finanzanalysten (Buy-Side-Equity Security Analysts) zeigte ebenfalls Fehleinschätzungen zu den Risiken, denen eine Bank ausgesetzt ist. Als Begründung für die unzutreffenden Beurteilungen wurden Zeitdruck und fehlende Expertise genannt. Insbesondere wurde nicht berücksichtigt, dass nicht alle Fair-Value-Schwankungen ausgewiesen werden, nur bei einem fiktiven Full Fair Value Accounting gab es gute Ergebnisse. Zudem spielte das Darstellungsformat eine Rolle für die Bewertungen (vgl. Hirst et al. 2004).

Auch deutsche Studenten der BWL zeigten signifikante Fehleinschätzungen der Unternehmensleistung infolge des Mixed Model Approach. Insbesondere die (kontraintuitiven) Gewinne aus einer Verschlechterung der eigenen Bonität führten zu Missverständnissen. Bekanntlich werden Verbindlichkeiten ergebniswirksam vermindert, wenn deren Fair Value sinkt. Morgan Stanley erzielt auf diese Art in einem Quartal (3/2009) einen Gewinn von 5 Mrd. US$. Bei einem vollständigen Ansatz aller Immateriellen Anlagegüter und des Goodwill mit Zeitwerten wäre dieser Bewertungsgewinn durch Abschreibungen wahrscheinlich (über-)kompensiert worden. Da dies nicht vorlag, wurden die Leistungen falsch gedeutet (vgl. Lachmann et al. 2010).

In einer anderen Arbeit wurden ebenfalls Formateffekte angenommen, es zeigten sich aber auch Lerneffekte im Zeitablauf, insbesondere, wenn eine transparente Überleitungsrechnung vorgeschrieben wurde (vgl. Basini und Kasperzak 2013).

Für 75 kanadische Unternehmen (keine Banken, Versicherungen), die auch in den USA gelistet waren, wurden für 1998 bis 2003 insgesamt 203 Datenpunkte erhoben, um den Informationsgehalt von OCI-Bestandteilen zu testen (vgl. Kanagaretnam et al. 2009). Geprüft wurde, ob der Börsenkurs der Aktien durch den Buchwert des Eigenkapitals, das Net Income und OCI-Komponenten erklärt werden kann. Zum Zweiten wurde geprüft, ob die Aktienrenditen mit dem Net Income und/oder OCI-Bestandteilen im Zusammenhang stehen. Als OCI-Komponenten (nach US-GAAP) wurden Fair-Value-Schwankungen von Wertpapieren Available-for-sale und Cashflow hedges erfasst und Währungsumrechnungsdifferenzen.

Die Studie zeigte eine ganze Reihe durchaus beachtlicher Ergebnisse. So hatten sowohl das Net Income als auch die Fair-Value-Änderungen von Wertpapieren im OCI Informationsgehalt und erklärten die Unternehmensperformance, während die Cashflow hedges und Währungsumrechnungsergebnisse eher „noises" produzierten, also den Informationsgehalt verminderten. Für die Prognose des künftigen Net Income ist das aktuelle Net Income geeigneter als das aktuelle Gesamtergebnis, da das OCI auch nicht nachhaltige Erfolge aufweist.

Wenn es darum geht, künftige CFO zu prognostizieren, ist das Net Income alleine weniger geeignet als das Gesamtergebnis (vor allem geprägt durch Fair-Value-Schwankungen der Wertpapiere). Die Begründung hierfür sieht in Kürze so aus: Erwirtschaftet ein Unternehmen hohe Free Cashflows kann es diese für die Tilgung von Fremdkapital oder die Anlage in Wertpapiere nutzen. Erwartet das Management künftig keine Free Cashflows mehr, würde es in Wertpapiere des Handelsbestandes investieren, ansonsten in Wertpapiere Available-for-sale. Der Ausweis als AfS-Securities und deren Fair-Value-Schwankungen drücken deshalb Informationen über künftige Cashflows aus.

Insgesamt zeigte sich, dass das Comprehensive Income eng verknüpft war mit den Börsenkursen und den Aktienrenditen, aber – wegen des transitorischen Charakters des OCI – weniger mit dem künftigen Net Income. Deshalb ist es durchaus zweckmäßig zwei Ergebnisquellen (Net Income und OCI) zu zeigen und getrennt zu halten, da damit zugleich die Prognoseeignung des Net Income erhalten bleibt und die Wertrelevanz beider Erfolgsgrößen.

Für 200 US-amerikanische Banken wurden Recyclingsachverhalte von AfS-Wertpapieren im Zeitraum 1998 bis 2006 untersucht. Die Begründung für die Abbildung im OCI bestand in einer befürchteten Unzuverlässigkeit der Bewertung und der fehlenden Eignung, die Managementleistung mittels der Fair-Value-Änderungen zu messen. Dabei zeigte sich, dass die transparente Darstellung der Recyclingsachverhalte die Wertrelevanz der Informationen verbesserte. Zudem zeigte sich, dass die Realisation der OCI-Erfolge durch Verkauf ebenfalls Informationsgehalt hatte. Demnach war nicht nur die Wertschwankung selbst bedeutsam, sondern auch die Realisation später. Als Grund wurde angegeben, dass der aktuelle Liquiditätszufluss durch den Verkauf mit dem OCI in künftigen Jahren positiv verknüpft ist, insbesondere bei Banken mit hoher Liquidität und großem Wachstumspotenzial (vgl. Dong et al. 2011).

Mechelli und Cimini (2014) fanden bei 3377 Unternehmen aus 15 EU-Ländern für die Jahre 2006 bis 2011 (mit 16.511 Firmyears) das übliche Ergebnis, dass das Net Income mehr Wertrelevanz hatte als das OCI. Obwohl das OCI als transitorisch eingestuft wurde, hatte es aber inkrementalen Nutzen, verbesserte den Informationsgehalt demnach. Formateffekte konnten die Verfasser insgesamt nicht feststellen, aber die Wertrelevanz war in Ländern mit starken Eigenkapitalgebern und starkem Investorenschutz höher.

Eine weitere Unterteilung wurde in zwei Studien für US-Unternehmen vorgenommen. Dabei wurden sogenannte Special Items gesondert ausgegliedert. Diese entsprechen vom Charakter her den außerordentlichen Erfolgen nach HGB. Da die Special Items transitorisch sind, wurde teilweise vermutet, sie seien ähnlich wie das OCI zu sehen. Tatsächlich zeigte sich in der Studie von Gordon et al. (2015), dass die Persistenz wie erwartet Null war. Das Net Income zeigte die höchste Ergebnisqualität, die Special Items aber eine deutlich bessere als das OCI.

Jones und Smith (2011) untersuchten für die Jahre 1986 bis 2005 die Abschlüsse von 236 Unternehmen. Sie fanden insbesondere, dass

- bezüglich der Persistenz das Net Income ohne Special Items und der CFO gute Qualität aufwiesen, die Special Items einen Wert von Null, und das OCI war negativ mit den künftigen Erfolgen verknüpft (aufgrund von Umkehreffekten);

- die Special Items eine wesentlich größere Prognoseeignung aufwiesen als das OCI (für fünf Jahre!!);
- bezüglich der Wertrelevanz das Net Income, die Special Items, Teile des OCI und der CFO positive Resultate zeitigten.

Die meines Wissens detaillierteste Analyse von OCI-Komponenten stammt von Black (2013), der die Volatilität von Aktienrenditen und OCI-Bestandteilen gegeneinander stellt. Er geht dabei davon aus, dass sich für OCI-Posten mit und ohne Recycling unterschiedliche Resultate ergeben können. Hierbei unterstellt er, dass durch OCI-Posten, die recycelt werden bei endgültiger Realisation, Bilanzpolitik (Income Smoothing) möglich ist, da der Verkauf von Wertpapieren Available-for-sale oder die Beendigung von Hedge-Zusammenhängen vom Management gesteuert werden können. Durch diese Art von sachverhaltsgestaltender Bilanzpolitik kann das Net Income beeinflusst werden.

Ergänzend untersucht er den Einfluss des Präsentationsformates auf den Aussage-wert. Dabei Unterscheidet er, ob das OCI in einem gesonderten Performance Statement (ein- oder zweistufig) dargestellt wird oder im Eigenkapitalspiegel. Die Aufbereitung im Eigenkapitalspiegel ist dabei aufgrund der Fülle an weitergehenden Informationen und der fehlenden Formatvorgabe im Allgemeinen schwerer nachvollziehbar, sodass die Gefahr besteht, dass die Daten nicht korrekt interpretiert werden. Deshalb unterstellt der Verfasser, dass der Zusammenhang zwischen den Rechnungslegungsdaten und den Akti-enrenditen bei einer gesonderten Erfolgsrechnung stärker ist.

Für ein Sample mit 298 US-Banken (mit 2229 Datenpunkten) für die Jahre 2002 bis 2012 untersuchte der Verfasser die o. a. Zusammenhänge, für die Recyclingsachverhalte griff er auf ein Subsample von 121 Banken mit 893 Datenpunkten zurück. Insgesamt sollte damit getestet werden, ob das OCI für die Aktienrenditen unwichtig ist, da es nicht nachhaltige Posten umfasst und die Leistung des Managements nicht reflektiert. Oder: es ist zumindest teilweise relevant, da es die Leistung des Unternehmens vollständiger abbildet. Um dies detaillierter prüfen zu können unterscheidet er zwei Gruppen von OCI-Komponenten:

- Fair-Value-Schwankungen von AfS-Wertpapieren und Cashflow hedge adjustments bezeichnet Black als Fair-Value-Bestandteile, die praktisch vom Management nicht beeinflusst werden können.
- Fremdwährungserfolge und versicherungstechnische Erfolge aus Pensionsverpflich-tungen nennt Black „accounting calculations", die aus einem Mix von Manage-mentschätzungen, aktuarischen Annahmen und technischer Anwendung der Kalkulationsvorgaben bestehen.

Insgesamt zeitigte die Studie einige (überraschende) Resultate: So hatte lediglich die OCI-Komponente Fremdwährungsumrechnung Informationsgehalt, während die Fair-Value-Bestandteile negativ mit dem Unternehmensrisiko (der Volatilität der Aktienren-diten) verknüpft waren. Demgegenüber waren realisierte (recycelte) Fair-Value-Posten positiv korreliert, das heißt, sie enthielten Informationen über das Risiko des Unternehmens.

Keinen Einfluss hatte hingegen das Präsentationsformat, sodass insoweit die Annahme, der Kapitalmarkt sei informationseffizient im halbstrengen Sinne für diese Untersuchung bestätigt wurde.

Beachtlich ist meines Erachtens auch das Ergebnis, dass das Recycling von OCI-Komponenten offenbar nicht dazu genutzt wurde, das Net Income zu glätten. Insofern haben die komplexen IFRS-Regelungen hier keinen Anreiz für Bilanzpolitik geschaffen. Allerdings könnte der Grund natürlich auch darin bestehen, dass das Management unterstellt, dass solche Maßnahmen für Externe erkennbar und deshalb sinnlos wären. Auch nationale oder sektorale Einflussfaktoren sind nicht auszuschließen.

Für Immobilienunternehmen ist aber zu vermuten, dass das OCI zumindest bei Bestandshaltern eher weniger bedeutsam ist und das Net Income deutlich von den nicht realisierten Erfolgen aus den Renditeimmobilien geprägt ist oder auch von Veräußerungserfolgen solcher Assets. Für die oben angesprochene Auswertung von deutschen Bestandhaltern für die Jahre 2005 bis 2012 traf dies aber nicht zu (vgl. Abschn. 5.2.4).

Der Mixed Model Approach hat neben der Komplexität noch einen Nachteil: Er bietet Anreize für Bilanzpolitik zum Beispiel durch die Zuordnung von Vermögenswerten zu bestimmten Klassen. Bei Immobilien könnten dadurch IAS 2, 11, 16, 40 oder IFRS 5 einschlägig für die Bewertung und Abbildung von Erfolgen sein. Bedeutsam ist dies für die Gewinngrößen vor allen Dingen dann, wenn es um prominente, viel verwendete Größen (in der Regel sogenannte Bottom Line Numbers) geht. Das bekannteste Beispiel dürfte der Gewinn je Aktie (EPS) nach IAS 33 sein, der auf das Net Income abstellt. Dies kann dazu führen, dass eine Klassifikation als selbst genutzte Sachanlage nach IAS 16 für das Management risikoloser ist als ein Ausweis als Renditeliegenschaft, bei der alle Fair-Value-Schwankungen in das Net Income eingehen. Da solche diskretionären Spielräume oftmals nicht ausreichen, um angestrebte Erfolgsziele zu erreichen, kann es zusätzlich zu Rückwirkungen auf realwirtschaftliches Verhalten kommen, sogenannten Sachverhaltsgestaltungen (vgl. Landsman 2006). Dies wäre besonders dann bedenklich, wenn solche Maßnahmen den Unternehmenswert senken. Es stellt durchaus eine rationale Verhaltensannahme dar, dass Earningsmanagement betrieben wird, wenn es Anreize für die Unternehmensleitung gibt und diese Annahme ist empirisch fundiert. Ergänzend können das Präsentationsformat und die Erläuterungspraxis bedeutsam für den Informationsgehalt der Abschlüsse sein.

In einer tief gehenden Analyse weisen Rees und Shane (2012) nach, dass es derzeit kein systematisches Kriterium für die Trennung von OCI und GuV gibt und dass das OCI bezüglich Persistenz und Wertrelevanz keinesfalls mit außerordentlichen Erfolgen gleichgestellt werden darf. Für verschiedene OCI-Komponenten weisen sie sowohl positive als auch negative Beziehungen zum Unternehmenswert nach. So stellen zum Beispiel Hedge Losses ein positives Signal für ein effektives Risiko-Management dar und Währungsverluste führen aufgrund von Preissteigerungen bei den Umsätzen der Auslandsgesellschaften und gleichzeitig nur wenig steigenden

Löhnen zu einer verbesserten Wettbewerbsfähigkeit. Auch hier wurden Einflüsse der Darstellung identifiziert. Dabei zeigte sich, dass Unternehmen, die viel Bilanzpolitik realisierten, also tendenziell schlechtere Abschlussqualität erreichten, auch bei den Überleitungen eher intransparent blieben.

Der IASB hat ein sehr umfassendes DP veröffentlicht. In diesem werden diverse Sachverhalte sehr selbstkritisch und tief gehend analysiert. So wird zum Beispiel infrage gestellt, ob es sinnvoll ist, Vermögen, das für die Produktion, Verwaltung etc. genutzt wird mit Absatzmarktpreisen zu bewerten oder besser auf Kostenbasis. Dies wird damit begründet, dass dieses Vermögen eben nicht zum direkten Absatz bestimmt ist. Ein Full Fair Value Accounting scheint damit in weite Ferne gerückt. Ergänzend wird ausdrücklich betont, dass Bilanz, GuV/OCI, Kapitalflussrechnung und Eigenkapitalspiegel primäre und gleichrangige Berichtsinstrumente sind (vgl. Kirsch et al. 2014).

Für OCI und Recycling werden Vorschläge entwickelt. Dabei wird unterstellt, dass alle Erfolge in die GuV eingehen müssen, es sei denn eine Darstellung im OCI sei informativer. Zudem sind alle OCI-Komponenten zu reklassifizieren, es sei denn, eine Umgliederung in das Eigenkapital sei informativer. Ob diese Vorgaben tatsächlich eine brauchbare Leitplanke liefern, ist meines Erachtens zweifelhaft. Misst man den Informationsgehalt von Rechnungslegungsregeln wie in der kapitalmarktorientierten Forschung zum Beispiel durch Wertrelevanz, Zeitreiheneigenschaften etc., so sind die bisherigen Resultate keineswegs so, dass sich einfache Empfehlungen ableiten lassen. Immerhin sind die Aufgaben klarer formuliert als bis dato und die Vorstellung durch

a) die partielle Abkoppelung von Bilanz und GuV und
b) die Vorgaben zu Formaten und Überleitungen

die Qualität der Abschlüsse zu verbessern, kann durchaus erfolgreich sein. Im ED 2015/3 hat der JASB einer konzeptionellen Grundlage für die Erfolgsaufgliederung aber wiederum eine Absage erteilt.

Allerdings zeigten die bisherigen Befunde eher gemischte Ergebnisse, die insgesamt folgende Schwerpunkte aufweisen:

- GAAP-Erfolgsmaße und deren Komponenten zeigen insgesamt eine abnehmende Qualität.
- Am ehesten ist das Net Income geeignet, nach den üblichen Gütekriterien positive Resultate zu zeigen.
- Das OCI schneidet diesbezüglich am Schlechtesten ab. Bei einzelnen Bestandteilen zeigten sich aber positive Effekte, andere verschlechterten gar die Ergebnisqualität.
- Obwohl Special Items wie das OCI transitorischen Charakter hat, weisen beide unterschiedliche Qualitäten auf.
- Offenbar hängt es von den angestrebten Rechnungslegungszielen und den zugrunde gelegten Qualitätskriterien ab, welche Aufgliederungen der Erfolgsbestandteile zweckmäßig sind. Dies sollte meines Erachtens eher auf einer systematischen Grundlage normiert werden (im Rahmenkonzept) und nicht kasuistisch.

Da die bisherige Analyse im Kern auch darauf abzielte, nachhaltige, betriebstypische Performancemaße zu identifizieren, die – falls möglich – sogar noch geeignet sind, die Leistung des Managements abzubilden (stewardship function), sollen im Folgenden noch Alternativen hierzu vorgestellt werden. Hierzu zählt das Konzept der Core Earnings (Abschn. 5.3.4) und diverse Nicht-GAAP-Maße, also Größen, die nicht durch die Standards vorgegeben, normiert sind. Hierzu zählen die Pro-forma-Kennzahlen, die von vielen Unternehmen zusätzlich veröffentlicht werden und Street-Earnings, die auf Analystenschätzungen beruhen (Abschn. 5.3.5). Da Analysten auch vom Management durch Informationen gesteuert werden können, liegen Maße vor, bei denen das Management Bilanzpolitik betreiben kann. Dies stellt aber meines Erachtens auch die Chance dar, durch privates Wissen die tatsächliche Performance besser abbilden zu können und bezüglich der Nicht-Normierung gibt es eher graduelle Unterschiede zu den GAAP-Größen Net Income und OCI.

Demgegenüber stellen Dividenden streng genommen die Ergebnisverwendung dar, können aber als Signalinstrument durchaus eingesetzt werden, um die künftige Performance zu indizieren (Abschn. 5.1.2.2.2.2). Schließlich werden noch Performancemaße behandelt, die branchenbezogene Besonderheiten berücksichtigen sollen, die Größen Funds from Operations (FFO) und EPRA-Earnings (Abschn. 5.3.5.3).

5.3.4   Konzept nachhaltiger Gewinne (Core Earnings)

Konzeptionell werden seit Jahren zwei Erfolgsabgrenzungen diskutiert. Nach dem All-inclusive Income Concept sind sämtliche Erfolge, auch außerordentliche und periodenfremde, Bestandteil der Leistung und deshalb zu berücksichtigen. Nach dem Current operating Performance Concept soll hingegen eine normalisierte, bereinigt Erfolgsziffer das zutreffende Performancemaß sein und bessere Prognoseeignung haben. Allerdings ist die Definition von Core Earnings stark ermessensbehaftet und die Annahme der Nachhaltigkeit ist bei nicht stabiler Umwelt kritisch zu sehen. Für die Ausgrenzung außerordentlicher oder periodenfremder Erfolgsbestandteile gibt es weder nach IFRS noch nach HGB klare Definitionen. Zwar könnte man durch Analyse des Anhangs versuchen ein nachhaltiges Ergebnis zu schätzen, ähnlich wie die DVFA dies für das HGB vorgeschlagen hat, aber typischerweise fehlen hierzu Informationen, sodass Bereinigungen unvollständig und vor allen Dingen subjektiv sind (vgl. Wagenhofer 2009, S. 602). Problemlos dürfte unter IFRS nur die Bereinigung um Erfolge nach IFRS 5 sein, die gerade so definiert sind, dass eine Wiederkehrvermutung unzutreffend ist.

Eine differenzierte Analyse schlagen Fairfield et al. (2009) vor, die davon ausgehen, dass außerordentliche Posten (Special Items) nicht per se`die Prognoseeignung von Gewinnen oder Pro-forma-Earnings stören. Hierbei werden außerordentliche Erfolge nach US-GAAP und Erfolge aus discontinued Operations als Special Items unterstellt. Die Autoren nehmen verschiedene Ursachen für solche Sondereinflüsse an. Einmal können sie veränderte ökonomische Randbedingungen signalisieren, zum Beispiel

Restrukturierungskosten. Sie können auch Bestandteil eines Big-Bath-Accounting sein, also einer einmaligen Verlust- oder Aufwandsmaximierung, um die Bilanz von künftigen Risiken zu entlasten. Schließlich kann es sich auch um reguläre Aufwendungen oder Erträge handeln, die schlicht falsch klassifiziert wurden. Deshalb ist eine Eliminierung solcher Posten nicht immer sinnvoll, um die Prognoseeignung zu erhöhen. Selbst wenn dies für das Folgejahr noch zweckmäßig sein kann, ist bei einem revolvierenden längeren Zeitfenster von fünf Jahren vielleicht doch eine Wiederkehr möglich (vgl. Fairfield et al. 2009; kritisch hierzu Frankel 2009: für diese Annahme fehle jegliche ökonomische Intuition („Story")).

Die Studie unterscheidet im Weiteren ein Unternehmenssample in profitable und nicht profitable Unternehmen, da diese unterschiedlichen Anreizen und Randbedingungen unterliegen. So ist für wenig rentable Unternehmen ein Big-Bath-Accounting plausibel und für sehr profitable Unternehmen Fehlklassifikation von Erträgen, um die hohe Rentabilität zu verstecken. Analysiert wurden US-amerikanische Unternehmen für den Zeitraum 1998 bis 2003 (mit 24.262 Datenpunkten). Dabei ergab sich, dass positive Sondereinflüsse von 10 bis 15 % im Zeitablauf stabil auftraten, während negative Beträge stark zunahmen (von 12 % auf 45 % in 2003). Als Ergebnis stellten die Autoren fest, dass bei wenig profitablen Unternehmen sämtliche Sonderposten irrelevant für die Folgeperioden (einschließlich revolvierender längerer Zeitfenster) waren. Für die profitablen Unternehmen waren zwar positive Sonderposten ohne Informationswert, aber negative Posten hatten mit zunehmendem Voraussagehorizont zunehmenden Informationsgehalt. Die Verfasser unterstellen deshalb, dass es sich um fehlklassifizierte, reguläre Aufwendungen handelt. In diesem Fall, wäre es falsch, die Posten zu eliminieren.

In einer Erhebung bei US-Unternehmen für die Jahre 1972 bis 2005 (mit 36.364 Datenpunkten) wurde die Persistenz von Ergebniskomponenten analysiert. Dabei wurde unterstellt das das operative Ergebnis der GuV (ohne OCI) nachhaltig ist und den Unternehmenswert treibt, während das Finanzergebnis einen Net Present Value von Null hat und weniger persistent ist (vgl. Esplin et al. 2014). Die Nachhaltigkeit wird davon geprägt, dass das operative Ergebnis nach US-GAAP vorsichtig ermittelt wird und das Finanzergebnis nicht. Das außerordentliche und nicht wiederkehrende Ergebnis wurde demgegenüber als nicht nachhaltig angenommen. Insgesamt zeigte sich jedoch, dass die Aufspaltung in Betriebs- und Finanzergebnis die Prognoseeignung nicht verbesserte, es sei denn es gab Wachstumsphasen. Demgegenüber führte die Aussonderung unüblicher Größen zu besseren Ergebnissen und eine Kombination beider Kriterien ist am besten.

Der FASB hat in 2008 ergänzend verlautbart, dass für Investoren eine Trennung nach Persistenz und den Unsicherheiten bei der Schätzung von Werten am wichtigsten sei und nicht nach der Unüblichkeit. In der Tat hat der Board dies mit dem Fair-Value-Standard und dem Zwang, die Bewertungsunsicherheit durch Erläuterungen zu den Input-Level offen zu legen, auch praktisch umgesetzt. Ob dies für eine verbesserte Erfolgsspaltung hilfreich ist, wäre nach den Resultaten der zitierten Studie offen.

Curtis et al. (2014) analysieren Erfolge aus discontinued operations, die ex definitione keine Persistenz haben. Für die analysierten US-Unternehmen unterscheiden sie zwei Zeitfenster. Von 1995 bis 2000 galt APB 30, der eine tendenziell weite Definition enthielt, also auch eine opportunistisch gefärbte, umfassende Zuordnung von Erfolgen erlaubte. Von 2002 bis 2007 war SFAS 144 anzuwenden, der in etwa dem sehr eng gefassten IFRS 5 entspricht. Die Analyse umfasste 39.469 Firmyears. Die Verfasser stellen fest, dass durch die Einengung der Definition die Persistenz deutlich abgenommen hat. Sie fanden keinen Hinweis auf einen opportunistischen Missbrauch einer Zuordnung von Aufwendungen aufgrund der vormals weiten und unbestimmten Definition. Dies spricht dafür, den Spielraum des Managements nicht zu beschneiden, die regulatorische Verschärfung minderte die Abschlussqualität. Allerdings ist der Befund mit Vorsicht zu betrachten. Einmal kann das in den USA besonders ausgeprägte Informationsumfeld das Resultat beeinflusst haben und das Zielkriterium Persistenz ist nur eines von vielen Qualitätsmerkmalen für eine gute Rechnungslegung, aus meiner Sicht sogar ein eher nachrangiges (vgl. Kap. 3).

Für das hier im Weiteren untersuchte Sample von Immobilien-AG käme zunächst eine Bereinigung um Erfolge nach IFRS 5 (Discontinued Operations) infrage, da unter IFRS ein Ausweis außerordentlicher Erfolge verboten ist. Eine händische Auswertung der Notes, um atypische Sachverhalte zu identifizieren, würde zu nicht vergleichbaren und mehr oder weniger willkürlichen Bereinigungen führen.

Wird eine nachhaltige Gewinngröße gesucht, stellt sich gerade bei Immobilien-AG die Frage, ob Fair-Value-Schwankungen von Anlageimmobilien zu eliminieren sind oder nicht. Die Relevanz dieser Frage wird deutlich, wenn man sich die Zahlen einer Untersuchung für das Jahr 2005 vor Augen hält. Bei 33 sehr großen Immobilien-AG aus 16 Ländern machten die Bewertungserfolge nach IAS 40 rund 54 % des Net Income aus und über 91 % der Unternehmen erzielten Bewertungsgewinne. Die Verteilung der Werte war nicht größenabhängig (vgl. Fortin et al. 2008).

Gleichwohl kann man durchaus geteilter Ansicht sein. Für eine Einbeziehung spricht jedenfalls, dass Renditeliegenschaften ex definitione auch gehalten werden, um Wertsteigerungen zu erzielen (IAS 40.7), diese also Bestandteil des Kerngeschäfts sind. Einzuwenden ist, dass die Fair-Value-Ermittlung unter Umständen so ermessensbehaftet ist, dass sie extern als unzuverlässig eingestuft wird. Dann hätte auch die jährliche Änderung des Wertes geringen oder keinen Informationswert. Werden Fair-Value-Änderungen aus dem Ergebnis eliminiert, müssen konsequenter Weise auch Veräußerungserfolge bereinigt werden, da sonst (wie nach HGB) durch Verkauf ausgewählter Vermögenswerte Ergebnispolitik getrieben werden könnte. Allerdings muss man deutlich sehen, dass es zwischen den unrealisierten Wertänderungen in der GuV und den realisierten Veräußerungserfolgen deutliche Unterschiede gibt: Letztere sind nicht nur durch das Management geschätzt, sondern durch Markttransaktionen belegt, entfalten steuerliche Folgen und führen in der Regel auch zu Einzahlungen.

Für Immobilienunternehmen stellt die Veräußerung von Immobilien die wahrscheinlich wichtigste Sachverhaltsgestaltung dar, mit der Bilanzpolitik betrieben werden kann. Dies wurde für die USA auch empirisch gezeigt. Besonders für US-amerikanische REITs konnte festgestellt werden, dass solche Verkäufe zum Teil sogar gezielt mit Verlusten realisiert wurden, um den Ausschüttungszwang von 90 % des Steuerbilanzgewinns zu mildern (vgl. Ambrose und Biau 2010; Edelstein et al. 2009).

Veräußerungserfolge aus Anlageimmobilien sind aber auch aus einem anderen Grund interessant für Externe. Durch die laufende Fair-Value-Ermittlung ist davon auszugehen, dass diese Erfolge tendenziell niedrig sind, jedenfalls deutlich niedriger als sie auf Basis des Cost Model wären. Haben sich die ökonomischen Randbedingungen seit dem letzten Bilanzstichtag nur unwesentlich geändert, drücken die Veräußerungserfolge aus, wie zutreffend der letzte Fair Value geschätzt wurde. Für Notverkäufe oder überraschend hohe Verkaufspreise gilt dies allerdings nicht. IAS 40 sieht aber leider keine Pflichtangabe für Veräußerungserfolge aus dem Verkauf von Anlageimmobilien vor.

Kritisiert wird am Einfluss der Fair Values auf den Gewinn vor allem auch deren unterstellte Volatilität, die sich negativ auf die Prognoseeignung der Gewinne auswirke. Auch die Tatsache, dass nicht alle Bilanzposten ergebniswirksam zum Fair Value angesetzt werden, führe zu Verzerrungen des Gewinns. Umgekehrt ist damit aber auch nicht ausgeschlossen, dass es kompensatorische Erfolgswirkungen bei verschiedenen Bilanzposten gibt, nur sind diese nicht systematisch und umfassend normiert (vgl. Hitz 2007).

Insgesamt kann die Volatilität der Gewinne bei Fair-Value-Ansätzen auf drei Ursachen zurückgehen: 1) tatsächliche ökonomische Änderungen. 2) Schwankungen aufgrund des Mixed-Measurement Accounting. 3) Schwankungen aufgrund von Schätzfehlern oder Bilanzpolitik, wenn Fair Values nicht am Markt beobachtbar, sondern zu schätzen sind (vgl. Barth und Landsman 2010). Die erste Art von Volatilität ist gerade erwünscht und macht die Rechnungslegung informativ. Die zweite Ursache kann störend sein oder erwünschte Kompensationen beinhalten. Die dritte Ursache wird im Allgemeinen kritisch gesehen, da sie die Zuverlässigkeit der Informationen beeinträchtigt. Ob dies in wesentlichem Umfang gegeben ist, hängt von der Art des Vermögenswertes und der Rigidität der Standards und deren Enforcement ab. Zudem ist zu beachten, dass die vorhandenen diskretionären Spielräume bei der Bewertung nicht per se` negativ sind, da sie dem Management die Möglichkeit eröffnen, private Informationen offen zu legen. Insgesamt ist festzustellen, dass der IASB zwar das Fair Value Accounting verteidigt, zugleich aber dem subjektiven, unternehmensbezogenen Management Approach weite Anwendungsfelder eröffnet, was durchaus zulasten der Reliabilität der Finanzberichterstattung gehen kann (vgl. Maier 2009). Insofern ist das Thema Zuverlässigkeit von Informationen kein alleiniges Merkmal von geschätzten Fair Values, sondern durchzieht die gesamte Rechnungslegung.

Noch gravierender ist der Einwand, dass der Begriff der verzerrten Volatilität voraussetzt, es gäbe eine zutreffende, natürliche Volatilität. Diese wird regelmäßig assoziiert mit einem Erfolg auf der Grundlage von Realisations- und Abgrenzungsgrundsätzen (zum Beispiel Matching Principle). Hitz zeigt an zwei Beispielen, dass diese Annahme problematisch ist (vgl. Hitz 2007): 1) Werden Wertsteigerungen durch einen Verkauf realisiert, ergeben sich die gleichen Gewinne wie bei einem Fair Value Accounting ohne Verkauf. Die Verkaufsgewinne werden aber nicht als „verzerrt" verstanden. Gleichwohl kann man sie natürlich als nicht nachhaltig bei einer

Erfolgsanalyse eliminieren. 2) Es gibt Wertsteigerungen beim Vermögen, weil das Zinsniveau gesunken ist und deshalb der Barwert der erwarteten Cashflows steigt. Dieser rein ökonomische Effekt ändert nichts an den Cashflows selbst und wäre im Cost Model nicht abzubilden. Im Fair Value Model ergibt sich ein einmaliger Gewinnsprung zum Zeitpunkt des ökonomisch relevanten Ereignisses und zwar in Höhe der gesamten erwarteten Wertsteigerung (die nicht zahlungswirksam ist). In den Folgeperioden ergeben sich dann niedrigere Renditen als beim Cost Model, die aber dem aktuellen Marktniveau entsprechen. Deshalb hält Hitz (2007) das Fair Value Income für umfassender und informativer als das Income nach dem Cost Model, zumindest wenn Fair Values zuverlässig messbar sind. Gerade deshalb favorisiert der IASB das Fair Value Accounting zunehmend, da die Werte Zukunftsinformationen für Cashflows für alle Unternehmen in hinreichend vergleichbarer Qualität liefern sollen (vgl. Dargenidou und McLeay 2010).

Sollte ein Unternehmen das (zulässige) Cost Model für seine Renditeimmobilien wählen, sind zusätzliche Implikationen zu beachten. Die Höhe eines Veräußerungsgewinnes hängt dann natürlich von den kumulierten Abschreibungen des verkauften Vermögenswertes ab. Übersteigen die buchhalterischen Abschreibungen den ökonomischen Werteverzehr, was gerade von Immobilienunternehmen behauptet wird, so zeigen die Gewinne dann mittelbar das Ausmaß der Unterbewertung an. Für ein Sample US-amerikanischer REITs und vergleichbar kapitalintensive AG anderer Branchen ergab sich denn auch, dass die jährlichen Abschreibungen bei REITs keinen Informationsgehalt hatten, während die kumulierten Abschreibungen signifikant wertrelevant waren. Bei der Vergleichsgruppe war dies nicht beobachtbar. Zudem gab es bei REITs wesentlich häufiger Veräußerungen von Investment Properties als bei der Vergleichsgruppe für deren Vermögenswerte des Anlagevermögens und die Veräußerungsgewinne lagen deutlich höher. Zwar muss man berücksichtigen, dass die Verkaufserfolge bei Investment Properties auch auf das nicht abnutzbare Land und dessen Preisentwicklungen beruhen können. Für die konkrete Untersuchung konnte dies ausgeschlossen werden (vgl. Kang und Zhao 2009).

Es ist intuitiv plausibel, dass eine standardisierte und umfassende Definition von Core earnings kaum möglich ist und eine solche wäre auch nicht per se als qualitätsverbessernd anzusehen. Hierbei wäre unter anderem entscheidend, welche Gütekriterien zugrunde gelegt werden und welche Ziele der Performancemessung unterstellt werden. Kriterien der Persistenz und Prognoseeignung führen nicht selbstverständlich zu gleichen Resultaten wie Wertrelevanz und Informationsgehalt. Die Informationsfunktion der Rechnungslegung erfordert andere Ergebnisbestandteile als die Koordinationsaufgabe. Jedenfalls kann festgestellt werden, dass allfällige Zuordnungsfreiheiten zu Ergebniskomponenten nicht durchgängig opportunistisch missbraucht wurden.

Angesichts der eher gemischten Befunde erscheint es zumindest zweifelhaft, ob die jüngste HGB-Reform (BilRUG 2015) eine Verbesserung der Rechnungslegung erwarten lässt. Bisher sah § 277 Abs. 4 HGB vor, dass außerordentliche Erfolge gesondert in der GuV auszuweisen waren. Wesentliche Bestandteile waren im Anhang zu erläutern, genauso wie wesentliche periodenfalsche Erträge und Aufwendungen. Nach dem BilRUG sind sämtliche Erträge und Aufwendungen innerhalb des Betriebs- oder

Finanzergebnisses auszuweisen. Im Anhang sind aber Ertrags- und Aufwandsposten von außergewöhnlicher Größenordnung oder außergewöhnlicher Bedeutung gesondert anzugeben (§ 285 Nr. 31 HGB n. F.).

Demnach sind die bisher unbestimmten Begriffe außerordentlich und periodenfremd, die in der Praxis keineswegs einheitlich interpretiert wurden, durch den unbestimmten Begriff des außergewöhnlichen ersetzt worden. Dies belässt dem Management die Möglichkeit einer zweckmäßigen Aussonderung von Sachverhalten. Ob die Neuerungen hingegen geeignet sind, befürchtetes opportunistisches Verhalten zu beschneiden, erscheint meines Erachtens eher zweifelhaft.

Beachtlich ist zudem, dass ein Sonderausweis in der GuV entfällt. Unterstellt man, dass GuV und Anhang keine gleichwertigen Informationsinstrumente sind, wäre dies kein Fortschritt. Zudem sind die außergewöhnlichen Aufwendungen und Erträge je GuV-Posten zu erläutern. Dies kann kompakt an einer Stelle erfolgen oder im Anhang verteilt bei der Erörterung der einzelnen GuV-Posten. Dies könnte die Lesbarkeit und Interpretation des Abschlusses sogar erschweren.

In einer ersten Auswertung ermitteln Frieden und Zieseniß (2016), dass sich in der Folge wichtige Abschlusskennzahlen wie Betriebsergebnis, Eigen- und Gesamtkapitalrendite und Zinsdeckung dadurch ändern werden und zeigen typische Effekte für große und kleine Unternehmen auf. Die zeitliche Vergleichbarkeit der Abschlussinformationen ist jedenfalls einmalig beeinträchtigt. Angesichts der bisherigen Heterogenität der praktischen Umsetzung der vormaligen Vorgaben, dürfte auch für die neue Rechtslage nicht zu erwarten sein, dass sich informative und einheitliche Darstellungspraktiken kurzfristig herausbilden.

5.3.5 Qualität freiwillig publizierter Erfolgsmaße

5.3.5.1 Pro-forma-Earnings und Street-Earnings

Die Ergebnisqualität wird als seit 40 Jahren rückläufig eingestuft, wobei ganz überwiegend auf US-amerikanische Studien Bezug genommen wird. Gemessen wird die Ergebnisqualität in der Regel durch das Verhältnis zum Börsenkurs. Es muss also unterstellt werden, dass dieser nicht durch Noises, Bubbles etc. verzerrt ist. Als Gründe für den nachlassenden Informationsgehalt der Ergebnisse werden u. a. neue Geschäftsmodelle, für die die GAAP nicht passen, eine veränderte Rechnungslegungsphilosophie, eine stärkere Betonung des Vorsichtsprinzips etc. genannt (vgl. Dechow und Schrand 2004, S. 100 ff.; Gordon et al. 2015). So wird zum Beispiel geltend gemacht, dass die Zunahme der Bedeutung von Immateriellem Vermögen und Forschung und Entwicklung dazu führt, dass aufgrund der immanenten Unsicherheit Investitionen wahlweise oder zwingend in der GuV statt in der Bilanz auszuweisen sind. Dies führt zu volatilen Erfolgen und einem Mismatch von Erträgen und Aufwendungen in der GuV. Für den langen Zeitraum 1970 bis 2009 mit 2460 bis 6635 US-Unternehmen pro Jahr stellt Srivastave (2014) fest, dass die abnehmende Ergebnisqualität durch die jährlich neu in der Unternehmensgesamtheit erfassten Unternehmen verursacht wurde. Demnach nahm nicht die Rechnungslegungsqualität für den ursprünglichen Unternehmensbestand mit seinen Geschäftsmodellen ab, sondern die GAAP passen schlechter zu den neuen Geschäftsmodellen, die zunehmend die Unternehmen prägen. Für die USA ist zudem beachtlich, dass das verbreitete Anschaffungskostenmodell für viele Bilanzposten zu Verzerrungen führen kann, sodass die Abschlussgrößen für die Bewertungsfunktion der Rechnungslegung ungeeignet sind (vgl. Young 2014).

Zugleich publizieren die meisten börsennotierten Unternehmen freiwillig sogenannte Pro-forma-Ergebnisgrößen wie um Sondereinflüsse bereinigte oder betriebstypische Ergebnisse oder EBT/EBIT/EBITDA usw. (vgl. Bradshaw und Sloan 2002 zu dieser Entwicklung in den USA, die zeitlich viel früher als in Deutschland zu beobachten war.). Diese Pro-forma-Größen stellen den Erfolg so dar, als ob es gewisse Sachverhalte oder Einflüsse nicht gegeben hätte. Die Größe EBT (Gewinn vor Steuern) misst zum Beispiel den Erfolg, als ob es keine Ertragsteuern gegeben hätte. Damit wird ein Erfolgsmaß gezeigt, das unabhängig von einem konkreten Steuersystem die Leistungsfähigkeit eines Unternehmens spiegeln soll. Es werden nationale und Rechtsformunterschiede eliminiert, eventuell auch Einflüsse die sich aus einer (unvollständigen) Abgrenzung latenter Steuern ergeben könnten.

Eine Schwäche dieser Größen ist, dass sie nicht normiert sind. Werden zum Beispiel auch Zinsen (Interest) korrigiert, kann dies sowohl der Zinsaufwand, als auch das Zinsergebnis (=Zinserträge abzüglich Zinsaufwendungen) oder das gesamte Finanzergebnis sein. Werden Abschreibungen korrigiert, kann es um planmäßige oder um sämtliche Abschreibungen gehen, etc. Da hinter den bereinigten Größen partiell echte Aufwendungen oder auch Auszahlungen stecken, handelt es sich jedenfalls nicht um den „richtigen" Gewinn oder gar Cashflow aus dem operativen Geschäft.

Diese Pro-forma-Größen werden regelmäßig wenig erläutert, unternehmensspezifisch abgegrenzt und um (nicht nachvollziehbare) Sondereinflüsse bereinigt. Häufig handelt es sich um Ausschlüsse von Aufwendungen, die als nicht nachhaltig eliminiert werden. Insofern sind die Größen zwischenbetrieblich und sogar im Zeitablauf nur wenig vergleichbar. Zudem besteht die Gefahr, dass diese Performancegröße so gestaltet wird, dass das Management besonders gut aussieht (vgl. Bieker und Moser 2011; Wagenhofer 2009, S. 603), besonders wenn die Informationen außerhalb des prüfungspflichtigen Abschlusses veröffentlicht werden (vgl. Volkart et al. 2005, S. 531). Deshalb besteht natürlich die Möglichkeit, dass bilanzpolitisch verzerrte Größen publiziert werden oder auch schwer deutbare. So könnte man die Größe „Ergebnis vor Marketingaufwand" durchaus mit dem Motto: „If you can`t convince èm, confuse èm." charakterisieren (vgl. Leibfried und Venzin 2014, die Harry, S. Truman zitieren). Aber selbst dieses fast schon etwas skurrile Beispiel kann inhaltlich noch gerechtfertigt werden: Wenn ein Unternehmen in einer Branche tätig ist, in der Investitionen in die Marken (oder den eigenen Firmenwert) extrem wichtig sind, so stellt die insoweit korrigierte Größe Vergleichbarkeit mit Wettbewerbern her, die Marken und Firmenwert nicht selbst aufbauen, sondern extern zukaufen. Bei externem Wachstum wäre eine Korrektur des Erfolges um Firmenwertabschreibungen ja auch kaum zu beanstanden.

Tatsächlich sind die Ratio der Bereinigungen und die Möglichkeit, durch privates Wissen zusätzliche Informationen zu publizieren, positiv zu sehen. Dies hängt dann davon ab, ob das (annahmegemäß bessere) Wissen zur besseren Information und nicht opportunistisch genutzt wird. Besonders relevant ist dies zum Beispiel bei nur schwer verifizierbaren Informationen, der Isolation nachhaltiger Erfolge, der Berücksichtigung von Besonderheiten von Geschäftsmodellen etc. (vgl. Lee et al. 2007; Kim 2007). Auch die Bereinigung um verzerrende Einflüsse des Vorsichtsprinzips kann zweckmäßig sein oder eine angestrebte Kennzahlenausprägung, die die Managementleistung spiegelt.

Es kann sich auch ein erfreulicher Nebeneffekt ergeben: Pro-forma-Größen können einen Ersatz für Bilanzpolitik darstellen, das heißt, GAAP-Größen müssen nicht mehr gesteuert werden, um Informationswirkungen zu erzielen (vgl. Leibfried und Venzin 2014). Dies ist besonders für die Fälle interessant, in denen ansonsten auf teure bilanzpolitische Maßnahmen zurückgegriffen werden müsste, speziell auf sachverhaltsgestaltende Maßnahmen.

Bei der Diskussion über die Pro-forma-Earnings ist beachtlich, dass der Ort der Offenlegung eine Rolle spielt, zum Beispiel im Jahresabschluss oder freien Berichtsteilen, da davon die Qualität der Prüfung abhängt. Auch die Art der Darstellung, zum Beispiel in Anhang oder Bilanz, oder einfügen in die GuV und gegenüber dem Net Income hervorheben spielt für die Informationsaufnahme offenbar eine Rolle. Letzteres führt bei Kleinanlegern teilweise zu Fehlinterpretationen (vgl. Aboody et al. 2003; Hitz 2010). Allerdings hängen Qualität und Art der Präsentation (zum Beispiel Hervorhebung gegenüber den GAAP-Größen) der Pro-forma-Earnings offenbar von eher als irrational einzustufenden Sentiments von Investoren und der Rechnung legenden Manager selbst ab (vgl. Brown et al. 2012).

Die Frage, ob solche Pro-forma-Größen die Informationsbedürfnisse von Investoren besser befriedigen können, wurde in einer Experimentalstudie untersucht. Schwedischen Finanzanalysten wurden negative GAAP-Ergebnisse präsentiert und zugleich stark positive Non-GAAP-Größen. Getestet wurden die in der Psychologie bekannten Anker- und Framing-Effekte, die das Entscheidungsverhalten beeinflussen können. Tatsächlich wurde die künftige Entwicklung der Unternehmen durch die freiwillige Offenlegung der positiven Non-GAAP-Maße deutlich besser eingeschätzt als ohne diese Angabe. Die Autoren folgern: „We suggest that standard setters should be concerned about the proliferation of pro forma earnings and about the presentation by various parties" (Andersson und Hellman 2007).

Auf der anderen Seite wurde für solche Größen auch eine höhere Repräsentativität nachgewiesen: Sie signalisieren Core Earnings besser als das Net Income oder das Gesamtergebnis nach IFRS (vgl. Pellens et al. 2008a, S. 288). Demnach kann nicht per se unterstellt werden, diese Größen seien bilanzpolitisch verzerrt, sondern die Publikation deckt durchaus privates Wissen des Managements über die Leistungsfähigkeit des Unternehmens auf. In der Literatur wurden die unterschiedlichen Verhaltensweisen als Performance Measure Hypothesis und Opportunistic Management Hypothesis vielfach getestet. Für die freiwillige Aktivierung immaterieller Anlagewerte unter IFRS wurde zum Beispiel die Performance-Hypothese verworfen und die Opportunismus-Hypothese (schwach) bestätigt (vgl. Höllerschmid 2010, S. 136 f., 156 f.). Einige Studien zeigten, dass die Qualität der Non-GAAP-Maße von firmenbezogenen Faktoren und stark vom regulatorischen Umfeld abhängt. Für 4246 Vierteljahresberichte US-amerikanischer Unternehmen (1998 bis 2005) hing die Qualität zum Beispiel von der Anzahl der Outside Directors und dem Überleitungszwang (= Transparenz) auf GAAP-Maße ab. Auch die Unternehmensgröße, Wachstumsmöglichkeiten und die Profitabilität spielte eine Rolle (vgl. Frankel et al. 2011).

Auch Young (2014) fand, dass Non-GAAP-Maße mehr Persistenz, Prognoseeignung und Wertrelevanz aufweisen als US-GAAP-Erfolge (sowohl Net Income als auch OCI). Zudem stellt er fest, dass für Non-GAAP-Maße des Managements und Street Earnings sehr ähnliche Anpassungen vorgenommen wurden. Dies kann man wohlwollend so deuten, dass diese Non-GAAP-Kennzahlen eben rationale Antworten auf Marktnachfragen aufgrund von Unvollkommenheiten der GAAP darstellen. Es kann natürlich auch daran liegen, dass die Street Earnings durch eine erfolgreiche Analystensteuerung geprägt sind. Young macht auch deutlich, dass die regelmäßig Gewinn erhöhenden Anpassungen zu erwarten und nicht unbedingt verdächtig sind. Dadurch werden auch negative Folgen des Vorsichtsprinzips und der Accrual Anomaly für die Qualität der Ergebnisgrößen gemildert. Die Frage, ob Anleger durch die Anpassungen tendenziell getäuscht werden, beantwortet er (wie üblich) differenziert: da eine Decodierung der Anpassungen grundsätzlich möglich ist, unterstellt er, dass professionelle Anleger nicht irregeführt werden, Kleinanleger sehr wohl.

Für 47 Schweizer AG, die börsennotiert sind, untersuchten Leibfried und Venzin (2014) den Einsatz von Pro-forma-Earnings im Jahr 2011 (2010/2011). Im Durchschnitt wurden 2,26 Kennzahlen je Unternehmen publiziert. Die Anpassungen gegenüber den IFRS-GAAP-Größen betrafen vor allen Dingen Wertänderungen von Immateriellem Anlagevermögen und Finanzinstrumenten, sowie Sondereinflüsse aus Restrukturierungen, Unternehmenszusammenschlüssen und Verkäufen. Dabei zeigte sich, dass überwiegend Aufwendungen eliminiert wurden, die Umsatzrendite in Folge der Korrekturen lag um zwei Prozentpunkte höher als bei den GAAP-Earnings. Besonders ausgeprägt war diese positivere Darstellung bei Unternehmen mit Verlusten oder rückläufigen Ergebnissen. Die Transparenz durch Überleitungen und/oder umfassende Erläuterungen wurde als mangelhaft eingestuft. Damit ergab sich für dieses Sample insgesamt, dass alle negativen Befürchtungen bezüglich der Pro-forma-Earnings bestätigt wurden. Allerdings wurden andere Qualitätsmerkmale wie Prognoseeignung der Größen oder Wertrelevanz nicht untersucht. Zudem ist es plausibel, dass die Kennzahlen aus der Earnings-before-Gruppe größer als die GAAP-Maßgrößen sind.

In einer anderen (US-amerikanischen) Studie wurde nicht die Nachhaltigkeit oder Persistenz der Pro-forma-Earnings gemessen, sondern ihr Informationswert. Dabei wurden die Korrelationen zu (späteren) abnormalen Renditen erhoben. Insgesamt ergab sich seit dem Zwang einer Überleitung auf GAAP-Größen in 2003 ein vermindertes „Mispricing", das heißt, die Preisbildung am Aktienmarkt war korrekter.

Der Umfang der Qualitätsverbesserung hing allerdings von der Qualität der Überleitungsrechnung selbst ab. Diese konnte sehr nichtssagend sein (im Prinzip wird nur der Unterschied beziffert) oder es erfolgt eine postengenaue, detaillierte Überleitung anhand eines Tableaus (vgl. Zhang und Zheng 2011).

Ebenfalls für US-amerikanische Unternehmen aus dem S&P-500-Index wurden für die Jahre 2001 bis 2003 vierteljährliche Presseveröffentlichungen analysiert. Dabei wurde untersucht, wie verbreitet Pro-forma-Earnings sind und ob sie besonders hervorgehoben werden, wenn sie positiver als die GAAP-Maße sind. Zusätzlich wurde der Einfluss der seit 2002 durch die SEC vorgeschriebenen Überleitung auf GAAP-Größen untersucht und der Informationsgehalt im Vergleich zu den GAAP-Ergebnissen (vgl. Marques 2010).

Die Ergebnisse der Studie sind durchaus beachtlich: So reduzierte die Überleitungspflicht durch den SOX/RegG die Prominenz der Pro-forma-Earnings spürbar, auch wenn dieser Effekt geringer war, wenn es Anreize für Bilanzpolitik gab. Dies wurde angenommen, wenn die Non-GAAP-Erfolge größer als die GAAP-Erfolge waren oder wenn die Non-GAAP-Erfolge Analystenschätzungen erreichen oder übertreffen konnten. Die Qualität der Überleitungsrechnungen selbst nahm im Zeitablauf ebenfalls zu. Per saldo bedeutet dies, dass die möglicher Weise bilanzpolitisch motivierte Betonung der Pro-forma-Größen zulasten der GAAP-Maße nur durch Normierung zurückgedrängt werden konnte.

Auf der anderen Seite sagt dies natürlich nichts über die Qualität der Pro-forma-Earnings aus. Diese wurden durch abnormale Renditen in einem Dreitagesfenster um den Veröffentlichkeitstermin gemessen (Eventstudie). Dabei zeigte sich, dass die Non-GAAP-Maße den Informationsgehalt vergrößern konnten. Sehr unerwartet war hingegen, dass der Informationsgehalt sank, wenn zusätzlich eine Kapitalflussrechnung publiziert wurde (vgl. Marques 2010). Die inhaltliche Deutung der Befunde ist nicht einfach: Der Zwang zur transparenten Überleitung auf GAAP-Größen verbessert offenbar die Qualität der Pro-forma-Earnings, was darauf schließen lässt, dass die Relevanz und/oder Zuverlässigkeit besser eingeschätzt werden kann. Dass die Kapitalflussrechnung sich dann negativ auswirkt, könnte vielleicht daran liegen, dass damit bereits entscheidungsnützliche Informationen für Kapitalmarktteilnehmer vorliegen, die durch die freiwilligen Erfolgsgrößen eher vernebelt werden. Dies würde bedeuten, dass (da Kapitalflussrechnungen nach IFRS und US-GAAP für Abschlüsse zwingend sind) die Pro-forma-Kennzahlen eher untersagt werden sollten. Diese starke Schlussfolgerung ist allerdings nicht durch eine einzige Studie zu rechtfertigen. Zumal auch andere Deutungen geprüft werden müssten.

Young (2014) stellte fest, dass in der Folge von RegG die Non-GAAP-Maße nur noch um außerordentliche Posten (special items) korrigiert wurden, während zuvor wesentlich umfassendere Anpassungen erfolgten. Die zunehmende Transparenz bewirkte, dass sich Bilanzpolitik diesbezüglich nicht mehr lohnte. Allerdings führte dies auch zu einer schlechteren Qualität der Non-GAAP-Kennzahlen.

Entwistle et al. (2010) untersuchten für den Zeitraum 2000 bis 2004 Unternehmen aus dem S&P-500-Index (1486 Firmyears). Sie stellten fest, dass die Non-GAAP-Größen durch Eliminierungen von Non-Cash-Aufwendungen und durch das Vorsichtsprinzip geprägte Aufwendungen über den GAAP-Größen lagen und auch über den Street Earnings (I/B/E/S-Schätzungen). Für die Analystenschätzungen zeigten sich nach der Verabschiedung des SOX Verbesserungen.

C-Y. Chen (2010) fand, dass Analysten die fehlende Persistenz von opportunistischen Ausschlüssen von Aufwendungen vor dem SOX falsch einschätzten und danach besser oder zumindest weniger falsch. Er untersuchte dies für den Zeitraum 1992 bis 2005 mit durchschnittlich 100.000 Datenpunkten vor RegG und 20.000 danach.

Demgegenüber stellten Doyle et al. (2011) für die Jahre 1988 bis 2009 weniger positive Effekte fest. In der Vergangenheit waren Gewinn erhöhende Anpassungen üblich, was aber allen Marktteilnehmern bekannt war. In den Jahren 2001 bis 2003 überwachte die SEC die Anpassungen in der Praxis sehr sorgfältig, mit der Folge eines deutlichen Rückganges der positiven Adjustierungen. Nach Verabschiedung von RegG nahmen diese aber wieder stark zu, was die Autoren zu dem Urteil führt: „…calling into question the long-term effectiveness of Regulation G." Allerdings zeigten die Börsenkursreaktionen sehr wohl, dass in erster Linie diejenigen Unternehmen abgestraft wurden, die Aufwendungen ausgeschlossen haben.

Der Einfluss freiwilliger Informationen auf Kapitalmarktreaktionen wurde durch eine Eventstudie (3-Tages-Zeitfenster) für Gewinnprognosen in 70.700 Quartalsberichten von 2747 Unternehmen in den Jahren 1994 bis 2007 untersucht. Es zeigte sich, dass zwei Drittel der Rechnungslegungsinformationen, die Kursreaktionen auslösten, freiwilliger Natur waren und nur 12 % auf Pflichtangaben entfielen. Den Gewinnen nach den US-GAAP kam nur ex post bestätigende, das Management disziplinierende Funktion zu (vgl. Beyer et al. 2010).

Ergänzend wurde getestet, welche Bedeutung Informationsasymmetrien und der Corporate Governance-Struktur zukamen. Dies führte zu differenzierten Resultaten. So wurde bezüglich der Notwendigkeit, Informationsasymmetrien abzubauen festgestellt, dass die Qualität der freiwillig publizierten Daten stieg, wenn Kapitalmaßnahmen geplant wurden oder Kapitalkosten gesenkt werden sollten. Bezüglich der Offenlegung aktienbasierter, variabler Vergütungen wurde hingegen die Opportunismushypothese bestätigt. Für Publikumsgesellschaften (mit schwacher interner Corporate Governance) wurde die Komplementaritäts-Hypothese bestätigt, das heißt, der Einfluss von starken Eigentümern u. ä. auf die Qualität der Offenlegung war nicht festzustellen. Insgesamt erwiesen sich die Non-GAAP-Größen (trotz teilweiser Gegenevidenz) als Informativer und persistenter als die normierten Gewinngrößen. Durch die Vorgaben des SOX verbesserte sich die Qualität.

Während für die USA gilt, dass solche Pro-forma-Größen nur zulässig sind, wenn sie durch eine Überleitung auf GAAP-Größen nachvollziehbar sind, hat der IASB hierzu noch keinerlei Restriktionen vorgesehen. Allerdings darf die Darstellung innerhalb des geprüften Pflichtbestandteils der Finanzberichterstattung natürlich nicht irreführend sein.

Insgesamt ist aber zu bedenken: erfolgt eine Ableitung von Pro-forma-Earnings in der Weise, dass sie jeder Externe aus der GuV selbst entwickeln kann, wird keine zusätzliche Information zur GuV publiziert, das private Wissen des Managements fließt nicht ein.

Für die 500 größten Unternehmen Europas wurde für den Zeitraum 2003 bis 2009 (mit 2212 Firmyears) untersucht, ob Non-GAAP-Größen und Impression Management überhaupt zu Kapitalmarktreaktionen führen (vgl. Guillamon-Saorin et al. 2014). Aufgrund der fehlenden Normierung und (potenziellen) Haftung ist dies nicht selbstverständlich. Für Unternehmen, die auch nachhaltige Aufwendungen eliminierten, also eine aggressive Form der Bilanzpolitik realisierten, zeigten sich negative abnormale Renditen (für Dreitageszeitfenster im Rahmen einer Eventstudie). Dies galt vor allem in Ländern mit einem großen Anteil an „sophisticated" Marktteilnehmern (Analysten, Investoren) und mit starkem Investorenschutz. Dies bestätigt wiederum im Umkehrschluss, dass Klein- oder Streubesitzaktionäre durchaus anfällig für irreführende Non-GAAP-Anpassungen sind.

Ebenfalls für ein Sample aus 500 großen europäischen Unternehmen wurden für die Jahre 2003 bis 2007 Pressemitteilungen (1301 Stück) ausgewertet und nicht Pro-forma-Maße aus den Abschlüssen (vgl. Isidro und Marques 2015). Sie stellen im ersten Schritt fest, dass Non-GAAP-Größen überwiegend höher als die GAAP-Erfolge waren (72 %) und gleiche oder erhöhte Prominenz in der Darstellung erreichten (93 %). Sie fanden zudem, dass insbesondere Unternehmen, die bestimmte Schwellenwerte (Targets: Analystenschätzungen, Verlust von Null, Gewinnschwellen) mit den GAAP-Gewinnen nicht erreichten, die Non-GAAP-Erfolge aggressiv positiv berechneten. Dies kam vor allem in Ländern mit einem effizienten Rechtssystem, starkem Investorenschutz und entwickelten Kapitalmärkten (= viel Streubesitzaktionäre) vor. Hier wurden insbesondere auch wiederkehrende Aufwendungen (Abschreibungen, F&E-Aufwand, aktienbasierte Vergütungen etc.) eliminiert. Die starke Corporate Governance führte offenbar dazu, dass die Manager einem stärkeren Performancedruck unterlagen und weniger Möglichkeiten zur Zielerreichung im regulierten Rechnungslegungssystem hatten. Da Analystenprognosen oft auf solchen Non-GAAP-Größen beruhen, ist dies natürlich bedenklich (vgl. Isidro und Marques 2015). Berücksichtigt man zudem, dass gerade Streubesitzaktionäre eher dem Risiko ausgesetzt sind, Pro-forma-Größen unzutreffend zu bewerten oder von Analystenprognosen abzuhängen, ist dies noch beunruhigender.

In einer sehr umfassenden Auswertung der empirischen Rechnungswesenforschung, vorwiegend aus den USA, hat Hitz (2010) im Ergebnis festgestellt, dass Wertrelevanz im Allgemeinen vorliegt und die Ergebnisziffern zusätzlichen oder gar höheren Informationsgehalt als GAAP-Größen haben. Auf der anderen Seite betont er die Gefahr von Fehlinterpretationen und der falsch eingeschätzten Prognoseeigenschaften der Ergebnisse. Ob diese Befunde auf andere Länder mit einem anderen regulatorischen Umfeld übertragbar sind, bedarf der Untersuchung. Eine solche ist auch aus weiteren Gründen zweckmäßig: Dies betrifft einmal den Aspekt, dass IFRS und US-GAAP durchaus noch bedeutende Unterschiede aufweisen. Unterstellt man, dass die Notwendigkeit und der Informationswert von Pro-forma-Größen auch von der Qualität der reglementierten Daten abhängen, leuchtet dies sofort ein. Bezüglich der regulierten Informationen ist zu beachten, dass auch GAAP-Größen unter Normierungs- und Enforcementdefiziten leiden können (vgl. Hail et al. 2009). Insofern unterscheiden sie sich nur graduell von Pro-forma-earnings.

Gleichwohl scheint die Qualität der freiwillig veröffentlichten Informationen eher eine Komplementär- als eine Substitutionsbeziehung zur Qualität der Abschlüsse zu haben. Für ein Sample US-amerikanischer Unternehmen (677 Unternehmen in 2001) zeigte sich, dass bei hoher Ergebnisqualität auch die freiwillige Offenlegung informativ war, während schlechte Abschlüsse nicht durch freiwillige Informationen ergänzt wurden. Bei guter Abschlussqualität ergaben sich auch keine gesunkenen Kapitalkosten durch die Zusatzpublizität (vgl. Francis et al. 2008). Diese Resultate sind allerdings zwei Einwendungen ausgesetzt: Sie betreffen die USA und damit ein stark von Deutschland abweichendes regulatorisches Umfeld. Und die Publizitätsneigung wurde anhand eines subjektiven, selbst entwickelten Scores operationalisiert, sodass die Resultate eben auch nur für diese Gütekriterien gelten können.

Christensen et al. (2015) untersuchten, ob die Verletzung von Debt Covenants Einfluss auf die von den Unternehmen publizierten Pro-forma Earnings hatten. Sie unterstellen, dass sowohl für die Pro-forma Earnings als auch die Kennzahlen in den Covenants Bereinigungen vorgenommen werden, um die tatsächliche Ertragskraft besser einschätzen zu können. Sie untersuchten die Quartalsberichte von 2244 US-Unternehmen im Zeitraum 1998 bis 2006 (45.541 Datenpunkte). Nach solchen Vertragsverletzungen wurden die Non-GAAP-Maße weniger optimistisch und aggressiv bereinigt und es wurden weniger wiederkehrende Aufwendungen eliminiert. Dies wurde letztlich durch positive Kapitalmarktreaktionen und bessere Analystenschätzungen honoriert.

Während Pro-forma-Earnings von den Unternehmen selbst publiziert werden, sind die sogenannten Street-Earnings Analystenschätzungen für Performancegrößen (vgl. Christensen 2012). Auch für Street Earnings wurde für US-Unternehmen festgestellt, dass deren Informationsgehalt seit Jahrzehnten zunimmt, während der von GAAP-Größen sich rückläufig entwickelte. Für den Zeitraum 1985 bis 2000 wurden Quartalsberichte ausgewertet (mit 155.559 Datenpunkten). Der Informationsgehalt wurde anhand von Kapitalmarktreaktionen (abnormale Renditen, Handelsvolumina oder Volatilitäten) auf überraschende Informationen gemessen (vgl. Collins et al. 2009). Die Verfasser kommen zu dem Ergebnis, dass offenbar die Investoren mehr Vertrauen in die Street-Earnings entwickelten und dies nicht durch eine umfassendere Finanzberichterstattung begründet werden kann, die Korrekturen von früheren Prognosen rechtfertigen würden.

Heflin et al. (2015) fanden, dass Street Earnings insbesondere dadurch geprägt waren, dass sie Einflüsse der bedingten Vorsicht aus der GuV eliminierten. Diese sind nicht persistent und beeinträchtigen den Informationsgehalt des Net Income. Für den Zeitraum 1995 bis 2009 stellten sie fest, dass die Korrektur um außerordentliche Erfolge den Informationswert tatsächlich verbessert hat. Der Börsenkurs enthielt mehr Informationen über die künftigen Gewinne. Allerdings ist das Ergebnis angreifbar. So sind die außerordentlichen Aufwendungen bei weitem kein umfassendes Maß für alle Aufwendungen in Folge der bedingten Vorsicht, sodass nur ein mehr oder weniger großer Anteil korrigiert wurde.

Außerdem ist es durchaus umstritten, ob bedingte Vorsicht überhaupt negative Folgen für den Informationsgehalt der Rechnungslegung hat (vgl. Abschn. 1.3.5), während dies für außerordentliche Aufwendungen eher gilt.

Eine Besonderheit konnte durch eine Studie für US-Unternehmen für die Jahre 2003 bis 2007 mit 15.209 Datenpunkten festgestellt werden. Auch hier ergab sich für die Street-Earnings ein höherer Informationsgehalt als für die GAAP-Größen. Auffällig war, dass die Street-Earnings bereinigt wurden, um nachhaltige Maßgrößen (core earnings) zu erhalten. Dazu wurden Sonderposten (Special Items) eliminiert, was plausibel ist, aber auch wiederkehrende Größen wie F&E-Aufwand, Abschreibungen, Zinsen, Steuern und Vergütungen durch Aktienoptionen, was stark begründungsbedürftig ist (vgl. Christensen et al. 2011). Ihr Ergebnis begründen die Verfasser damit, dass das Management die Analystenschätzungen und deren Ausschlüsse steuerten (Guidance). Dies folgern sie weil für Unternehmen der gleichen Branche sehr unterschiedliche Eliminierungen erfolgten.

Trifft dies zu hätte dies zwei Implikationen: 1) Es würde sich eher um Pro-forma-Earnings als um Street-Earnings handeln. 2) Das private, unternehmensbezogene Wissen des Managements floss in diese informativen Prognosen ein.

Ebenfalls Street Earnings untersuchten Brown und Christensen (2014), wobei sie I/B/E/S-Daten nutzten, die nach der Majority Rule abgeleitet wurden (also der Mehrheitsschätzung). Konkret ging es um CFO-Prognosen für die nicht nachhaltige Zahlungen eliminiert wurden, um die Persistenz und den Informationsgehalt zu verbessern. Für den Zeitraum 1993 bis 2008 ergab sich für 3385 US-Unternehmen (8518 Firmyears) ein eher unerwartetes Ergebnis. Die Finanzanalysten ermittelten die CFO (vor der Publikation von standardisierten Kapitalflussrechnungen) naiv, indem sie das Net Income nur um Abschreibungen korrigierten oder in anderen Fällen Änderungen des Working Capital oder von Perdiodenabgrenzungen sehr unzulänglich berücksichtigten. Entsprechend schlechte Qualität hatten die Analystenschätzungen für die CFO, da zusätzlich auch nachhaltige Zahlungen zu Unrecht eliminiert wurden. Für Analysten, die potenziellen Interessenkonflikten ausgesetzt waren, da sie Folgegeschäfte durch Investmentbanking oder ähnliches erwarten konnten, zeigte sich eine noch schlechtere Qualität. Die Qualität der von den Unternehmen selbst publizierten Cashflow Statements war insgesamt besser. Dieses Ergebnis widerspricht den überwiegenden Erfahrungen mit Gewinnschätzungen.

Für deutsche Unternehmen, die bereits aufgrund der Vorgaben zur Lageberichterstattung zur Publizität von Prognosen verpflichtet sind und die einem geringen Haftungsrisiko bei Falschinformationen ausgesetzt sind, ergab sich trotzdem, dass freiwillig offen gelegte Prognosen in nicht geprüften Publikationen Wertrelevanz hatten. Zwar führen negative Prognosen zu stärkeren Kursreaktionen, aber auch positive oder neutrale Prognosen hatten Informationswert (asymmetrisches Reaktionsmuster; vgl. Knauer et al. 2012).

Die Subjektivität der Pro-forma-Größen alleine dürfte demnach auch für Deutschland nicht alleine ausreichen, um eine schlechte Datenqualität zu unterstellen. So konnte Helpenstein (2014) zeigen, dass Prognosen und sehr subjektive Informationen aus Lageberichten durchaus Informationsgehalt hatten.

Nicht nur das regulatorische Umfeld ist wichtig, auch eine branchenbezogene Analyse erscheint sinnvoll, da die Adäquanz der Rechnungslegungsdaten auch vom Geschäftsmodell abhängen kann. Für Immobilienunternehmen wird seit Jahrzehnten zum Beispiel schon reklamiert, dass planmäßige Abschreibungen zu einer verzerrten Leistungsmessung führen. Deshalb wird unten ein branchenbezogenes, nicht gesetzlich normiertes Performancemaß (FFO = Funds from Operations) vorgestellt (Abschn. 5.3.5.3).

Nicht berücksichtigt wird hingegen das EVA-Konzept, das aus den Rechnungslegungsdaten ein wertorientiertes Performancemaß ableitet. Für das EVA (Economic Value Added) wurde zwar für US- und UK-Unternehmen für einen längeren Zeitraum eine bessere Informationsqualität als für die GAAP-Maße ermittelt (vgl. Forker und Powell 2008). Allerdings setzen die Korrektur um Eigenkapitalkosten und auch die weiterführenden Bereinigungen nach Stern/Stewart die Kenntnis einiger Sachverhalte voraus, die schwer zu erheben und/oder subjektiv sind. Deshalb ist es auch wenig verwunderlich, dass es zu den wertorientierten Performancemaßen recht wenige empirische Studien gibt. Obwohl diese von der Intention her genau darauf abzielen, aus Investorensicht sinnvolle Erfolgsgrößen zu liefern (vgl. Gladen 2014, S. 113 ff.), also ein sich mit der Bewertungsfunktion der IFRS deckendes Ziel aufweisen.

5.3.5.2 Dividenden als Erfolgsmaßstab

Eine vergleichbare Funktion wie den Pro-forma-Größen wird oftmals Dividenden beigemessen. Mit dem Ausweis einer (konstanten oder stetig wachsenden) Dividende signalisiert das Management zum Beispiel die nachhaltig ausschüttbare Zieldividende, für die kurzfristige Erfolgsschwankungen unbeachtlich sind (vgl. Basner und Hirthe 2011). Die bereinigten Erfolgsmaße unterscheiden sich allerdings vom Dividendensignal deutlich. So kann die stabile Dividende durch Einstellungen oder Entnahmen von Rücklagen oder durch Ergebnisvorträge dargestellt werden, ohne Erfolgsgrößen bilanzpolitisch zu färben. Noch entscheidender ist, dass Dividendensignale direkte Kosten hervorrufen in Form von Liquiditätsabflüssen.

Gegen die Verwendung von Dividenden, Dividendenrenditen oder Dividendensteigerungen als Art von nachhaltigem Performancemaß kann eingewendet werden, dass es in einigen Jurisdiktionen rechtliche Beschränkungen (nach oben und/oder unten) gibt oder Begrenzungen durch Debt Covenants, besondere Branchenvorgaben (wie REITs) etc. Deshalb hat das Management gar keinen ausreichenden Spielraum für die Gestaltung dieser Performancegröße. Dem ist entgegenzuhalten, dass durch Bilanzpolitik und den oftmals weiten Spielraum für Ausschüttungsbeträge ausreichend Potenzial für die Festlegung der Dividenden besteht.

In einer Langzeitstudie über 50 Jahre (1952 bis 2001 für US-amerikanische Unternehmen) fand Sadka (2007), dass die Börsenkurse sowohl firmenbezogen als auch aggregiert von Gewinnen und Accruals abhingen, aber nicht von den Dividenden oder Cashflows, wobei primär die Änderungen von Gewinnen relevant waren. Zwar entwickeln sich langfristig Gewinn- und Dividendenwachstum vergleichbar, aber nicht in Wachstumsphasen. Investitionen reduzieren Cashflows und Dividenden, nicht aber die Gewinne. Der Autor unterstellt, dass Investoren ein Performance-Maß interessiert, das nicht durch Investitionen in künftiges Wachstum (negativ) beeinflusst wird. Er sieht Dividenden nicht als Erfolgsmaßstab an, sondern eher als Folge einer Finanzierungsentscheidung: Sind frühere Gewinne auszuschütten oder zu investieren.

Diese Ergebnisse stehen aber in Widerspruch zu einer Studie von Bradley et al. (1998). Für den Zeitraum 1985 bis 1992 untersuchen sie 75 US-amerikanische Equity-REITs (mit insgesamt 416 Datenpunkten). Dabei untersuchen sie den Zusammenhang zwischen Dividenden und der erwarteten Cashflow-Volatilität. Sie unterstellen, dass Dividendenkürzungen nicht nur zu einem Kursverlust durch angepasste Zahlungsstromschätzungen führen, sondern zu einem zusätzlichen Strafabschlag. Tatsächlich finden sie einen solchen Börsenkursverlust in Höhe von 11 % und zwar unabhängig von der Höhe der Dividendenkürzung. Vor diesem Hintergrund stellen sie zwei Vermutungen auf: 1) Nach der Agency-Theorie werden FCF ausgeschüttet, um Agencykosten zu mildern und gerade bei Unternehmen mit volatilen Cashflows sind auch die Agencykosten hoch. Dies müsste zu höheren Dividenden führen (in Gewinnjahren). 2) Nach dem Signaling-Ansatz wird dagegen ein Dividendenniveau gewählt, das unter dem erwarteten Gewinn liegt, um Einbrüche zu vermeiden. Sowohl Ereignisstudien für ein Dreitagesfenster um die Dividendenankündigung, als auch Jahresanalysen zeigen ein deutliches Ergebnis, das mit dem Signaling-Ansatz übereinstimmt. Demnach haben Dividenden Informationswert und es gibt einen Zusammenhang mit künftigen Investitionen, da diese die Volatilität erhöhen und deshalb zu einer tendenziell niedrigeren Dividende führen müssen, wenn Kürzungen in Zukunft vermieden werden sollen.

Für den Zeitraum 1871 bis 2004 ergab eine andere Studie für die USA hingegen, dass die Signalwirkung von Dividenden unwichtig sei (kein Zusammenhang zwischen Gewinnen und Dividenden), da es andere Formen der Kapitalmarktinformation gibt, die ein Signaling mittels Dividende obsolet machen und zunehmend Unternehmen gar keine Dividenden zahlten (vgl. Skinner 2004).

Die Abhängigkeit der Dividenden von Kontrollinstanzen wie dem Kapitalmarkt, Wachstumsmöglichkeiten (gemessen als Marktwert-Buchwert-Relation) oder dem Vorhandensein von Großaktionären (blockholder) konnten Lee und Slawson für US-REITs für die Jahre 1989 bis 1998 nachweisen (mit 332 Beobachtungspunkten). Abhängig von verschiedenen Bedingungen passte die Dividendenpolitik zum Agency- oder Signaling-Ansatz.

Auch Ball et al. (2009) zeigen, dass Dividenden geglättet und von Analysten wenig verwendet werden. Die Glättung hängt vom Rechtssystem und der Steuersituation ab. Empirisch sind sie kaum als Prognoseindikator geeignet.

In einer Studie zu 116 US-amerikanischen REITs für die Jahre 2004 bis 2006 ergaben sich ebenfalls keine Kursreaktionen auf Dividendenankündigungen oder -änderungen. Von den Verfassern wird dies auf den hohen Anteil institutioneller Anleger zurückgeführt, die mehr am Cashflowpotenzial als an aktuellen Dividenden interessiert seien (vgl. Gyamfi-Yeboah et al. 2012).

Ebenfalls für US-REITs zeigten andere Autoren eine Abhängigkeit der Dividenden von der Ertragskraft der Unternehmen und Corporate Governance-Merkmalen. Eine wesentliche Erkenntnis bestand darin, dass ertragsschwache Unternehmen mit geringen Wachstumsmöglichkeiten deutlich mehr ausschütten mussten, um Agencykonflikte zu mildern, als ertragsstarke Unternehmen. Grundlage waren 236 Datenpunkte für 1999/2000 (vgl. Ghosh und Sirmans 2006).

Trotz des Dividendenzwanges wird unterstellt, dass die Cashflows aus dem laufenden Geschäft deutlich größer sind, was in den USA darauf zurückgeht, dass die Immobilien nach dem Cost model bewertet und Gebäude planmäßig abgeschrieben werden. Die resultierenden Free Cashflows könnte das Management ohne externe Marktkontrolle reinvestieren, nach der Free Cashflow-These von Jensen auch zum Nachteil der Shareholder. Da gerade bei REITs die Corporate Governance schwach ausgestaltet ist, nutzte das Management freiwillige Mehr-Dividenden, um potenzielle Agencykosten zu senken und den Marktwert der Unternehmen zu steigern (vgl. Chou et al. 2013). Kritisch sei angemerkt, dass die Annahme, dass REITs über eine schwache Governance verfügen keinesfalls allgemein akzeptiert wird (vgl. Abschn. 5.1.2.2).

Ebenfalls für die USA ergab eine Befragung für den Zeitraum 1990 bis 1999, dass drei Dividendenstrategien zum Einsatz kamen: 1) Der FCF nach notwendigen Investitionen wird zur Milderung von Agencyproblemen ausgeschüttet. 2) Geglätteter Dividendenstrom zur Vermeidung von Kursabschlägen bei Senkungen. 3) Ein Mix aus beidem (vgl. Baker und Smith 2002).

Für einen sehr langen Zeitraum (1974 bis 2005; mit 3000 bis 5000 Beobachtungspunkten je Jahr) haben Skinner und Soldes die Dividendenpolitik in den USA verfolgt. So stellten sie fest, dass 1978 noch 67 % aller Unternehmen aus der Compustat-Datenbank Dividenden zahlten, während es 1999 nur noch 21 % waren. In diesem Zeitraum nahm der Anteil an Firmen, die einen Verlust ausgewiesen haben, sehr stark zu, und nur noch wenige Unternehmen erwirtschafteten Gewinne. Parallel zu den rückläufigen Dividenden nahm aber die Zahl der Aktienrückkäufe im Zeitablauf zu (vgl. Skinner und Soldes 2011). Obwohl ein Aktienrückkauf teilweise als Ersatz für Dividendenzahlungen angesehen wird (in beiden Fällen erfolgen Zahlungen an die Eigentümer), ergaben sich doch Unterschiede. So gab es bei Verlustunternehmen eher seltener Dividenden als Rückkäufe. Dividenden zahlende Unternehmen wiesen insgesamt eine höhere Rechnungslegungsqualität auf und Dividendenzahler hatten auch nachhaltigere Gewinne als Nichtzahler. Aktienrückkäufe stellten insgesamt ein schwächeres Signal für die Nachhaltigkeit der Gewinne dar als Dividenden.

Insgesamt sind Dividenden und Dividendenpolitik offenbar national geprägt und viele Studien in den USA aus der Immobilienbranche beziehen sich auf REITs, für die ein Ausschüttungszwang gilt (vgl. Abschn. 5.1.2.2.2). Die konkurrierenden Erklärungsansätze, Signaling versus Milderung von Agencyproblemen, wurden unterschiedlich bestätigt oder verworfen (vgl. Fischer 2011, S. 34 ff., 42 ff.). Auch für deutsche Unternehmen ist von einem „…vielschichtigen Zielsystem mit teilweise sehr restriktiven Nebenbedingungen" (Waschbusch und Loewens 2013) auszugehen. Insofern kann bezweifelt werden, dass Dividenden ein international verbreitetes und vergleichbares Performancemaß darstellen.

5.3.5.3 Funds from Operations (FFO) als Branchenmaßstab

Für Immobilienunternehmen gibt es seit Längerem eine branchenspezifische Erfolgsgröße, die inzwischen nahezu weltweit akzeptiert ist. Die NAREIT (=National Association of Real Estate Investment Trusts) hat in den USA mit Unterstützung des AICPA, AIMR und der SEC einen „Industry Standard" entwickelt, die Funds from Operations (FFO). Dieses Performancemaß soll die Leistungsfähigkeit von Immobilienunternehmen adäquater als das Net Income abbilden. Die erstmals 1991 veröffentlichte Empfehlung für die Ermittlung des FFO ließ den Unternehmen erhebliche Spielräume für die Ermittlung, weshalb die praktische Umsetzung durch die Unternehmen durch bilanzpolitische Vorgaben sehr unterschiedlich erfolgte und letztlich zu massiver Kritik führte (vgl. Higgins et al. 1999). Nach klarstellenden Hinweisen 1995 wurde 2002 das „White Paper on Funds from Operations" veröffentlicht. Damit wurde das FFO weitergehend normiert, sodass eine einigermaßen wohldefinierte Erfolgsgröße vorliegt. Zusätzlich ist ein AFFO (= Adjusted Funds from Operations) zulässig, das ergänzend firmenbezogene, nicht normierte Anpassungen ermöglicht. Damit werden wiederum diskretionäre Spielräume für Bilanzpolitik oder die Offenlegung privater Informationen eingeräumt.

Obwohl in den USA die Pro-forma- und Street-Earnings wegen einiger Missbrauchsfälle in Verruf geraten sind, sind FFO/AFFO weiterhin zulässig. Sie müssen aber als nicht durch die US-GAAP normierte Maße auf GAAP-Größen übergeleitet werden, im Regelfall auf das Net Income. Dies macht die Anpassungen transparent und hat die Qualität der Größen offenbar deutlich verbessert (vgl. Baik et al. 2006; Kang und Zhao 2009; Tsang 2006).

Für kanadische Unternehmen hat REALpac mit dem „White Paper on Funds From Operations" (Stand 2009) einen ähnlichen Standard veröffentlicht (Erstfassung 2004), der sich praktisch nur in wenigen Punkten vom US-amerikanischen Maß unterscheidet.

In Europa hat die EPRA eine vergleichbare Größe, das EPRA-Ergebnis mit und ohne unternehmensbezogene Anpassungen, empfohlen. Die EPRA ist ein Branchenverband der an Börsen gelisteten europäischen Immobilien-AG. Auch Finanzanalysten, institutionelle Anleger, Berater und Prüfer können Mitglied sein. Die Organisation hat Best Practice Recommendations entwickelt, besonders für die Anwendung der IFRS bei Immobilienunternehmen und für immobilienspezifische Kennzahlen. Ziel ist eine standardisierte Kapitalmarktinformation (vgl. Breuer 2009, S. 382; Promper 2011b), vergleichbar mit der Transparenz von US-REITs. Es wird sogar unterstellt, dass Unternehmen mit Kursabschlägen rechnen müssten, wenn sie sich nicht an diese Empfehlungen halten (vgl. Breuer 2008, S. 230). Allerdings gibt die EPRA selbst an (in ihrem Annual Survey), dass die Befolgung nur unvollständig erreicht wurde.

Ein eigener europäischer Standard ist notwendig, da dieser nicht auf den US-GAAP aufsetzt, sondern den IFRS. Der wichtigste Unterschied besteht darin, dass nach den US-GAAP die Immobilien planmäßig auf der Basis des Cost Model abgeschrieben werden, während Investment Properties nach IAS 40 auch nach dem Fair Value Model bewertet werden können, das Cost Model ist für Immobilienunternehmen eher nachrangig. Das EPRA-Ergebnis eliminiert aus dem Net Income nach IFRS vor allen Dingen alle Fair-Value-Schwankungen von Immobilien nach IAS 40 und die Veräußerungserfolge aus Anlageimmobilien. Dies entspricht praktisch dem Erfolg auf der Basis des Cost Model ohne planmäßige und außerplanmäßige Abschreibungen oder Wertaufholungen. Damit wird natürlich die Jahresleistung der Unternehmen unvollständig abgebildet, wobei sogar zahlungswirksame Bestandteile des Gewinns (Veräußerungsgewinne) eliminiert werden. Entsprechend verweist die EPRA (2014a) ausdrücklich auf mehrere Aspekte: Das EPRA-Ergebnis ist vor allem wichtig für Investoren, um festzustellen, ob die Dividenden durch wiederkehrende Gewinne gedeckt sind, es ist ein Maß für den operativen Erfolg aus dem Kerngeschäft. Ungewöhnliche Erfolge, die in das Net Income nach IFRS eingehen, werden nicht eliminiert. Es handelt sich auch nicht um eine Cashflowgröße („not a pure cash flow measure", EPRA 2014, Tz. 3) und es deckt sich von der Konzeption her mit dem FFO, weicht aber ab aufgrund der IFRS-Ausgangsbasis.

Trotzdem wird das Maß vor allem in der US-amerikanischen Literatur oftmals als Proxy für den CFO angesehen (vgl. Downs und Güner 2006; Gyamfi-Yeboah et al. 2012). Selbst die Annahme, dass die Größe Net Income zuzüglich planmäßiger Abschreibungen näher am CFO ist als das Net Income selbst, ist nicht immer selbstverständlich. Deshalb wird auch kritisiert, die Größen seien zu stark auf reine Bestandshalter zugeschnitten (vgl. Schäfers und Matzen 2010, S. 550), für die Verkäufe eher selten sind. Für REITs könnte man dies möglicherweise noch akzeptieren, da für diese im Allgemeinen ein eingeschränktes Handelsverbot gilt (vgl. Kühnberger et al. 2008, S. 105 ff. für den G-REIT.). Das EPRA-Ergebnis/FFO soll aber grundsätzlich für alle Immobilienunternehmen anwendbar sein, nicht nur für die steuertransparenten REITs. Für das EPRA-Ergebnis ist schließlich zu beachten, dass anders als in den USA keine Überleitung auf eine GAAP-Größe vorgeschrieben wird.

Trotz der unstrittig vorhandenen Unterschiede im Detail und den durchaus noch möglichen Spielräumen aufgrund einer nicht vollständig normierbaren Ermittlung, kann man davon ausgehen, dass ein praktisch weltweit akzeptiertes Performancemaß für die Immobilienunternehmen existiert, das zumindest als dem Net Income gleichwertig angesehen wird, genauso wie die Größe FFOPS (FFO per Share) mindestens genauso gebräuchlich ist wie die Größe EPS (vgl. Higgins et al. 2006; Kang und Zhao 2009).

Dass Immobilienunternehmen eine vom Net Income abweichende Größe benötigen, um ein nachhaltiges operatives Leistungsmaß offen zu legen wurde mit vielen Argumenten, aber auch empirisch untermauert.

Mit der Verrechnung planmäßiger Abschreibungen wird unterstellt, dass Immobilien im Zeitablauf auf systematische, in Grenzen vorhersehbare Weise an Wert verlieren, wobei die Abschreibungsdauern in der Rechnungslegung im Allgemeinen kurz bemessen werden. Für Gebäude ergeben sich die Wertänderungen aber aus den aktuellen Marktbedingungen. Planmäßige Abschreibungen auf der Basis historischer Anschaffungskosten sind deshalb wenig informativ, besonders bei volatilen Marktpreisen und/oder inflationären Bedingungen.

Anders als bei anderen Sachanlagen haben die planmäßigen Abschreibungen auch keinen Bezug zu künftigen Cashflows, da sie keine Ersatzinvestitionen indizieren (vgl. Ben-Shahar et al. 2011).

Da die Einordnung von Immobilien in diverse Assetklassen mit unterschiedlichen Abschreibungsmodalitäten und unterschiedlichen Folgen für die Abbildung von Investitionen als Zugang oder Erhaltungsaufwand Spielräume eröffnet, ergeben sich Gestaltungsmöglichkeiten für Bilanzpolitik. Insgesamt sind die planmäßigen Abschreibungen sehr viel größer als bei Unternehmen anderer Branchen, sodass sich durch Abschreibungsfehler sehr viel größere Verzerrungen bei Immobilienunternehmen ergeben. Dabei spielt es keine Rolle, ob die Abschreibungen wegen Schätzfehlern oder aufgrund bilanzpolitischer Entscheidungen verzerrt sind.

Anders als die üblichen linearen Abschreibungen schwanken die Mieterträge und die anderen Aufwendungen in der GuV. Deshalb passen die linearen Abschreibungen nicht zu den volatilen Erfolgs- und Cashflowkomponenten. Diese Argumentation ist angreifbar, da sie ein quasi zutreffendes, unbeeinflusstes Ergebnis voraussetzt, das durch die linearen Abschreibungen verfälscht wird. Zudem muss man berücksichtigen, dass das FFO (wenn man es aus Vereinfachungsgründen auf die wesentlichen Größen Net Income + planmäßige Abschreibungen reduziert) aufgrund der relativ hohen Abschreibungen nur gering schwankt, wenn sich zum Beispiel die Mieterträge ändern. Das Net Income reagiert auf solche Schwankungen sensibler.

Aufgrund der Zielsetzung im Framework von IASB und FASB (Abschreibungen sollen nach Maßgabe der ökonomischen Benefits des Vermögenswertes verrechnet werden) folgern Ben-Shahar u. a., dass letztlich ein Abschreibungsverlauf zu wählen sei, der proportional zu den Barwerten der CFO ist (vgl. Ben-Shahar et al. 2009). Diese auf einer dynamischen Bilanzkonzeption beruhende Sicht der Aufwandsperiodisierung (es geht nicht um die Bewertung der Vermögenswerte!) dürfte mit den inhaltlichen Prioritäten des IASB nicht übereinstimmen. Eine solche Verrechnung setzt zudem voraus, dass dem abzuschreibenden Vermögenswert Ein- und Auszahlungen zurechenbar sind, sodass ein Total Net Present Value und ein periodischer Cashflow ermittelbar sind. Selbst wenn dies für Anlageimmobilien sogar noch eher als bei anderen Sachanlagen möglich ist, resultiert hieraus nur ein zusätzliches Performance-Maß, das weder zum Net Income, noch dem FFO oder CFO passt und extern auch nicht abgeschätzt werden kann.

Zur Frage, inwieweit die Immobilienbranche tatsächlich Besonderheiten aufweist, die ein eigenes Performancemaß rechtfertigt, kann auf zwei aktuelle Studien verwiesen werden. Für die USA geben Kang und Zhao von 1977 bis 2006 Steigerungen der Fair Values von Gewerbeimmobilien von durchschnittlich 1,98 % pro Jahr an. Durch die planmäßigen Abschreibungen wurde die Marktwert-Buchwert-Lücke vergrößert (vgl. Kang und Zhao 2009). Dabei betrugen die Abschreibungen auf Sachanlagen bei REITs im Durchschnitt 15 % der Umsatzerlöse (bei 5245 Datenpunkten), während sie in anderen Branchen bei 4 % lagen (234.403 Datenpunkte).

Bei den Nicht-REITs stellen die Sachanlagen typischerweise auch keine Finanzinvestition dar, sondern Gebrauchsgüter, die wenig liquide und firmenspezifisch sind, was eine Drittverwertung erschwert. Bei REITs ergaben sich deshalb sehr viel häufiger Verkäufe von Anlagevermögen, in der Regel mit Gewinnrealisation, im Schnitt von über 9 % des Net Income. Bei den Non-REITs ergab sich ein Durchschnitt von 0,36 % des Net Income. Die planmäßigen Abschreibungen bei den REITs lagen um 54,5 % über den ökonomisch gerechtfertigten Abschreibungen bei den REITs und um 2,7 % bei den Non-REITs.

Für 33 sehr große, börsennotierte Immobilien-AG aus 16 Ländern wurde für das Jahr 2005 ermittelt, dass die Fair Values der Immobilien 144 % der fortgeführten Anschaffungskosten und immerhin 134 % der historischen Anschaffungskosten betrugen (vgl. Fortin et al. 2008). Selbst wenn die Fair Values aufgrund von Bewertungsunsicherheiten deutlich zu hoch geschätzt wurden, dürften die Daten eine Verrechnung planmäßiger Abschreibungen als Abbildung realer Wertminderungen nicht rechtfertigen.

Unabhängig davon, wie die FFO/EPRA-Ergebnisse berechnet werden, ist festzuhalten, dass ein Maß für ein nachhaltiges operatives Ergebnis gesucht wird. Die Größen sind nicht als Cashflow zu interpretieren und signalisieren auch nicht direkt das Niveau der künftigen Dividenden. Diese hängen vom nationalen Rechtsrahmen der Unternehmen ab und knüpfen eher an das Net Income an (vgl. Kang und Zhao 2009; REALpac 2009, II). Die abweichende Ansicht von Edelstein et al. (2009) wird damit begründet, dass der Steuerbilanzgewinn als Basis der Dividende mehr mit dem FFO als dem Net Income korreliert, da Letzteres durch Abschreibungen stärker manipulierbar ist als der Steuergewinn. Diese Aussage dürfte nur aufgrund der speziellen Verhältnisse in den USA berechtigt sein.

Neben den planmäßigen Abschreibungen werden auch Veräußerungsgewinne oder -verluste aus dem Net Income eliminiert. Dies kann man damit begründen, dass ungewöhnliche oder außerordentliche Erfolge nichts mit der aktuellen Performance zu tun haben (vgl. Kang und Zhao 2009). Die Veräußerungsgewinne ergeben sich auch dadurch, dass früher Abschreibungen verrechnet wurden. Da diese aber in das FFO eingingen, dürften sie nicht nochmals als Gewinn gezeigt werden (vgl. Winterstein 2011, S. 8 f.). Beide Argumente sind prima facie nicht ganz überzeugend: So gehören Veräußerungen durchaus zum normalen Geschäft von Immobilienunternehmen, die Qualifikation als nicht nachhaltig ist problematisch. Die befürchtete Doppelerfassung im FFO unterstellt hingegen ein Kongruenzprinzip, das man für ein Non-GAAP-Maß nicht akzeptieren muss. Werden Veräußerungserfolge aus dem FFO eliminiert (auch wenn er als Unterschied zwischen den Zugangs- und Abgangswerten definiert wird), ergibt sich insgesamt ebenfalls ein Verstoß gegen das Kongruenzprinzip. Der Veräußerungserfolg kann durchaus auch als Leistung der Verkaufsperiode eingestuft werden. Da er im Allgemeinen auch mit Liquiditätszuflüssen verknüpft ist und der FFO oftmals als Art Cashflow gedeutet wird, wäre eine Einbeziehung in den FFO plausibel. Allerdings ist die Interpretation des FFO als Cashflowgröße sehr fragwürdig.

Nach der NAREIT-Version des FFO werden außerplanmäßige Abschreibungen auf abnutzbare Immobilien nicht korrigiert, obwohl sie nichts mit den aktuellen Cashflows zu tun haben (vgl. Tsang 2006). In der Version von REALpac werden sie hingegen korrigiert, da sie künftige Veräußerungsverluste vorwegnehmen. Werden diese dem Net Income zugefügt, sind die Abschreibungen ebenfalls zu addieren (vgl. REALpac 2009, III D). Ergänzend kann man hinzufügen, dass außerplanmäßige Abschreibungen auch die künftigen planmäßigen Abschreibungen mindern, was ebenfalls zu einem veränderten FFO führt. Nach EPRA sind hingegen alle Fair-Value-Änderungen von Anlageimmobilien aus dem Ergebnis zu eliminieren, sodass sich immer dann ein Unterschied zum FFO nach NAREIT ergibt, wenn einer Wertminderung eine außerplanmäßige Abschreibung nach den US-GAAP entsprechen würde.

Tab. 5.9 stellt die Ermittlung des FFO/der EPRA-Earnings (unvollständig) gegenüber. Die Unterschiede beruhen im Wesentlichen darauf, dass das EPRA-Schema auf einem IFRS-Abschluss beruht in dem die Immobilien nach dem Fair Value Model bewertet werden (also keine planmäßigen Abschreibungen verrechnet werden) und die anderen Schemata auf dem Cost Model. Des Weiteren ist erkennbar, dass der kanadische Standardsetter die detailliertesten Vorgaben macht.

Betrachtet man nur die wichtigsten Stellschrauben, so sieht es aus, als ob die Logik der Kennzahlen weitgehend identisch ist. Dies darf aber nicht darüber hinwegtäuschen, dass sich in Einzelfällen auch spürbare Unterschiede ergeben können. Dies betrifft sämtliche Erträge und Aufwendungen, die unter IFRS und US-GAAP verschieden ausfallen können und in das Net Income eingehen. Auffällig ist zudem, dass die Größe aus dem Net Income abgeleitet wird und sämtliche OCI-Komponenten unberücksichtigt bleiben. Angesichts der Größenordnung des OCI in Relation zum Gesamterfolg (siehe oben), ist dies keineswegs eine Selbstverständlichkeit.

Das FFO wurde in der Vergangenheit oftmals als Maßgröße für die ausschüttbare Dividende interpretiert, als Art Cashflow, was aus Sicht der NAREIT unzutreffend ist. Deshalb werden im White Paper zwei Ersatzgrößen angesprochen. Einmal einen Fund available for Distributiones (FAD = Cashflowgröße) und ein Adjusted Funds from Operations (AFFO). Das Letztgenannte soll es ermöglichen, dass das Management unternehmensindividuelle Anpassungen zusätzlich vornimmt, um ein aussagefähigeres, nachhaltigeres Performancemaß darstellen zu können. Dabei ist das Management grundsätzlich frei, welche Adjustierungen angestrebt werden sollen, aber das White Paper gibt zwei Anregungen.

Die erste betrifft aktivierte Bestandteile wie Mietereinbauten, Teppichböden etc., die die Nutzungsdauer des Gebäudes nicht oder nur unwesentlich verändern. Abschreibungen auf diese Bestandteile werden wieder eliminiert.

Der zweite Sachverhalt betrifft Anpassungen bei nicht gleichmäßiger Mietbelastung. Nach den US-GAAP sind Mieten gleichmäßig über die Mietdauer zu verteilen, das heißt, mietfreie Zeiten, degressive oder progressive Mietraten sind zu glätten. Für das AFFO kann dieser Effekt wiederum zurückgerechnet werden, um die Größe eher an den Zahlungsströmen auszurichten (vgl. Krolle 2003, S. 42). Dies entspricht einer Interpretation des AFFO als Art Cashflow-Größe. Wird es eher als nachhaltiges Erfolgsmaß gedeutet, wäre die Rückrechnung falsch, da die Periodisierung dieser Sicht besser Rechnung trägt.

Tab. 5.9   FFO/EPRA-Earnings: Berechnungsschemata. (Eigene Darstellung)

Adjustments auf das Net Income	NAREIT	REALpac	EPRA
+ Planmäßige Abschreibungen auf Immobilien	X	X	
+ Planmäßige Abschreibungen auf Mietereinbauten und Mietforderungen	X	X	
./.+ Gewinne/Verluste aus der Fair-Value-Bewertung von Investments Properties, Immobilien im Bau und zur Veräußerung gehaltenen Immobilien sowie anderen Beteiligungen		X	X
./.+ Gewinne/Verluste aus der Veräußerung von Immobilien	X	X	X
+/./. laufende Steuern, die mit der Veräußerung im Zusammenhang stehen		X	X
./.+ Ergebnisse aus Bewertungsänderungen (Finanzanlagen)	X	X	X
./.+ Gewinne/Verluste aus der Aufgabe nicht fortgeführter Geschäftsbereiche	X	X	
+/./. negativer Geschäfts- oder Firmenwert, Wertberechtigung auf einen Geschäfts- oder Firmenwert		X	X
+/./. latente Steuern		X	X
+/./. Anteile auf Minderheiten	X	X	X
+ Amortisation auf aktivierte IVG		X	
+ Transaktionskosten im Zusammenhang mit dem Immobilienerwerb bei Unternehmenszusammenschlüssen		X	
./.+ Kursgewinne/-verluste aus fremder Währung		X	
+/./. Effekte aus kündbaren Finanzverbindlichkeiten		X	
+/./. Berichtigungen aus dem Equity-Ansatz von Beteiligungen		X	
+ Kosten für Personalleasing		X	

Das AFFO ist insofern beachtlich, als es dem Management ermöglicht, private Informationen zu publizieren, ohne durch Standardisierungen Vorgaben zu haben (vergleichbar den Freiheiten der Earnings-before-Gruppe). Bei der Recherche und Auswertung des Fachschrifttums ist mir keine einzige Studie bekannt geworden, die das AFFO einbezieht. Insofern ist die theoretische (und wahrscheinlich auch die praktische) Bedeutung eher gering.

Für US-amerikanische Unternehmen gibt es eine Reihe von Studien zum FFO. Diese sind nicht ohne weiteres auf europäische/deutsche Verhältnisse übertragbar, da das EPRA-Ergebnis nicht identisch ist und sich vor allem das regulatorische und ökonomische Umfeld deutlich unterscheiden.

Insbesondere sind in den USA oftmals steuertransparente REITs untersucht worden, die aufgrund der gesetzlichen Rahmenbedingungen nur begrenzt mit Nicht-REITs vergleichbar sind. Hierzu zählen vor allen Dingen die sogenannten Geschäftsstrukturnormen für die Vermögens- und Erfolgsstruktur, das begrenzte Handelsverbot und der Ausschüttungszwang. Per saldo führen diese Normen dazu, dass REITs weniger Handlungsoptionen als andere Unternehmen haben und tendenziell eher auf sachverhaltsgestaltende Bilanzpolitik zurückgreifen müssen, wenn sie mit der Finanzierung der Dividende Probleme haben (vgl. Edelstein et al. 2009). Es wird insgesamt unterstellt, dass bei REITs diverse Marktunvollkommenheiten im Vergleich zu anderen Unternehmen gemildert sind: Keine steuerlichen Überlegungen, eine homogene, dividendenorientierte Eigentümerschaft, bekanntes Investitionsprogramm, wenig Einfluss des technischen Fortschritts auf den Immobilienmarkt, standardisierte Immobilienbewertungen etc. Der Ausschüttungszwang und die Notwendigkeit laufender Kapitalmaßnahmen bei Wachstum führen zu Monitoring-Aktivitäten der Kapitalmarktteilnehmer und entsprechendem Zwang, Informationsasymmetrien abzubauen (vgl. Hayung und Stephens 2009). Für die (wenigen) deutschen REITs sind durchaus vergleichbare Strukturmerkmale vorhanden, es gibt aber zusätzlich Eigenkapitalvorgaben und Handelsbegrenzungen, die zusätzlich das Verhalten steuern und beeinflussen können (vgl. Abschn. 5.1.2). Gleichwohl sind die Resultate interessant, da es um freiwillig publizierte Erfolgsgrößen handelt, die keinen direkten Bezug zu Rechtsfolgen haben.

Ältere Studien von Vincent (1999) und Gore und Stott (1998) ergaben gemischte Ergebnisse: teilweise war das FFO prognosegeeigneter und relevanter als das Net Income oder der CFO oder EBITDA, teilweise nicht. Dieses heterogene Bild dürfte auch durch die fehlende Standardisierung des FFO bedingt sein, die erst 2002 behoben wurde.

Fields u. a. unterstellen zunächst, dass das FFO für REITs verbreiteter und wichtiger als das Net Income ist, und zwar schon vor der stärkeren Normierung durch die NAREIT und den Überleitungszwang auf GAAP-Größen (vgl. Fields et al. 1998). Für 77 REITs ergab sich von 1991 bis 1995 (mit 201 Firmyears), dass das Net Income zwar das künftige Net Income besser erklären konnte, FFO und CFO aber besser den künftige FFO und den künftigen CFO. Allerdings zeigte sich auch, dass das Net Income und die verrechneten Abschreibungen für die Aktienrenditen Informationswert hatten, was die Eignung des FFO einschränkt. Für ein Sample aus 44 REITS (mit 104 Firmyears) konnten die Autoren zudem eine aggressive, ergebnisverbessernde Bilanzpolitik für FFO feststellen, insbesondere, wenn Unternehmen wahrscheinlich demnächst den Kapitalmarkt in Anspruch nehmen müssen und die Profitabilität gering ist. Schließlich wurde noch eine Unternehmensgruppe isoliert (mit 63 Firmyears für die Jahre 1984 bis 1995), die freiwillig Current Values (in etwa Fair Values) der Immobilien publizierten. Die als wenig verlässlich eingestuften Zeitwerte hatten Erklärungsgehalt für den Börsenkurs. Da deren Wertänderungen weder durch das Net Income noch den FFO abgebildet werden, folgern die Autoren zu Recht, dass der Informationsgehalt dieser Erfolgsgrößen beschränkt ist.

Den Einfluss von 1233 FFO-Ankündigungen und 1045 Dividendenankündigungen für die Jahre 1995/1996 auf Bid-Ask-Spreads untersuchten McDonald et al. (2000). Der Bid-Ask-Spread wurde als Risikomaß für den Market Maker verwendet und soll das Risiko, gegen besser informierte Trader spielen zu müssen, messen. Während Dividendenankündigungen die Informationsasymmetrie abbauten, wurde diese infolge der FFO-Ankündigungen größer. Die Autoren folgern: „FFO announcements muddy the waters, suggesting investors have different abilities for processing REIT FFO information (…)" (vgl. McDonald et al. 2000). Die Studie bezog sich allerdings auf die Situation vor der weiteren Normierung des FFO durch die NAREIT.

In einer anderen Studie (vgl. Higgins et al. 2006) wurde der Einfluss der Ankündigung der Normierung des FFO durch NAREIT auf die Kapitalkosten untersucht. Als Proxy für die Kapitalkosten wählten die Verfasser Bid-Ask-Spreads. Obwohl die bloße Ankündigung noch keine Änderung in der Ermittlung und der Qualität der FFO implizierte, verringerte sich der Spread deutlich. Die Autoren werten dies als Ausdruck dafür, dass Spezialisten und Market Maker Probleme der adverse selection als verringert einstuften, die Bewertungsunsicherheit durch Informationsasymmetrien verringerte sich.

Downs und Güner (2006) untersuchten die Qualität von Analystenprognosen für REITs und Non-REITs zwischen 1998 und 2001. Werden die FFO-Prognosen für REITs mit Net-Income-Prognosen von Non-REITs verglichen, zeigen sich deutlich bessere Ergebnisse für das FFO, auch bei diversen Tests auf Robustheit der Ergebnisse. Innerhalb der REITs schnitt FFO ebenfalls deutlich besser als das Net Income ab, was die Autoren mit der Nähe des FFO zum CFO begründen.

In einer Studie mit 1205 Firmyears für die Jahre 1995 bis 2006 stellten Baik et al. (2006) fest, dass die Qualität des FFO nach der Normierung durch die NAREIT deutlich zugenommen hat und der FFO mehr Erklärungskraft als das Net Income oder das Net Income ohne außerordentliche Erfolge erreichte. Dies galt insbesondere nachdem die Überleitung auf normierte GAAP-Größen verbindlich und transparent wurde. Dabei konvergierten FFO und GAAP-Maße nicht, das heißt, die qualitative Verbesserung des FFO ging nicht auf eine Annäherung an die US-GAAP-Maße zurück. Die Autoren folgern, dass die Wertrelevanz der Non-GAAP-Maße stark von Regulierungen und Überwachungsmaßnahmen abhängen, die opportunistisches Verhalten begrenzen und die Glaubwürdigkeit des FFO verbessern. Die naheliegende Frage, warum der eigentlich berufene Standardsetter nur schlechtere Erfolgsindikatoren liefern kann, mag man mit Branchenbesonderheiten erklären, auch wenn dies meines Erachtens eher unbefriedigend ist.

Tsang (2006) untersuchte ein Sample mit 309 Firmyears von 2001 bis 2003. Er stellte fest, dass der CFO im Durchschnitt größer als das FFO und dieses größer als das Net Income war. Die Unterschiede zwischen CFO und FFO nennt er Accrual-Komponente des FFO und die zwischen CFO und Net Income Accrual-Komponente des Net Income, die im Schnitt größer ausfiel. Als Ergebnis zeigte sich, dass die Accrual-Komponente des FFO signifikant mehr Informationsgehalt als die des Net Income hatte und zwar auch, wenn verschiedene Einflussfaktoren kontrolliert wurden. Der Hauptunterschied zwischen FFO und Net Income betraf die Abschreibungen, während die Eliminierungen von unregelmäßigen weiteren Komponenten (einschließlich von Veräußerungserfolgen) keinen zusätzlichen Informationswert hatten. Als weiteres wichtiges Ergebnis stellte er fest, dass die Abschreibungen stark bilanzpolitisch verzerrt waren, wenn es sich für die Unternehmen lohnte, das heißt, wenn es Anreize für Earnings-Management gab (Verschuldungsgrad, Dividendenpolitik etc.). Die Fehler in der Abschreibungshöhe wurden als Abweichungen vom Vorjahr, korrigiert um Vermögenswertänderungen, berechnet, das heißt, es wurde ein unmanipuliertes Basisjahr unterstellt. Tsang folgert, dass das Net Income natürlich weniger Erklärungskraft als das FFO haben muss, wenn der Hauptunterschied (= die Abschreibungen) manipuliert wird.

In einer ähnlich aufgebauten Folgestudie mit 590 Firmyears für die Jahre 2001 bis 2008 ergaben sich leichte Modifikationen (vgl. Ben-Shahar et al. 2011). Wiederum bestand der Hauptunterschied zwischen den FFO- und den Net Income-Accruals in den Abschreibungen. Die sonstigen Eliminierungen aus dem Net Income bestanden vor allem aus einmaligen Erträgen. Dies ist insofern überraschend, als bei den freiwilligen Publizitätsmaßen eher unterstellt wird, dass einmalige Aufwendungen eliminiert werden, um eine bessere Ertragslage darstellen zu können. Insgesamt ergab sich, dass das Net Income keine Prognoseeignung für künftige Dividenden hatte, wenn das FFO bekannt war. Dieses Resultat galt aber nicht, wenn die Abschreibungen selbst nicht fehlerbehaftet (= qualitativ gut) waren. Die im Durchschnitt festgestellte Überlegenheit des FFO hing damit von der intendierten oder zufälligen Fehlerhaftigkeit der Abschreibungen ab. Auch hier sorgt die Bilanzpolitik dafür, dass die FFO-Qualität als self fulfilling prophecy eintritt.

Kang und Khao (2009) untersuchten 468 Firmyears für REITs und 14.188 Firmyears von Non-REITs. Als wichtigstes Resultat ergab sich, dass planmäßige Abschreibungen für REITs quantitativ sehr viel wichtiger als für andere Branchen sind und diese keinen Informationswert haben, weshalb das FFO dem Net Income überlegen ist. Zudem sind Veräußerungserfolge von Sachanlagen für REITs bedeutsamer als für andere Unternehmen. Kumulierte Abschreibungen haben, anders als die laufenden Abschreibungen, Informationswert, da sie es erlauben, die Buchwerte zu korrigieren. Dahinter steckt die Annahme, dass den Abschreibungen insgesamt keine Wertminderungen entsprechen.

Für 232 REITs im Zeitraum von 2000 bis 2006 stellten Griffith et al. (2011) fest, dass die Vergütung des CEO mit der Änderung der FFO korrelierten. Dieses Resultat zeigt, dass das FFO auch für Koordinationszwecke der Rechnungslegung Bedeutung hat. Einerseits kann dies als Vertrauensbeweis in die Qualität des FFO als Maß für den operativen Erfolg interpretiert werden. Auf der anderen Seite ist das Zustandekommen des

FFO damit möglicherweise von opportunistischem Verhalten beeinflusst und zwar unabhängig von der angestrebten Informationsfunktion.

In einer Studie für 116 REITs für die Jahre 2004 bis 2006 wurde untersucht, ob unerwartete FFO zu anormalen Kursreaktionen führen (vgl. Gyamfi-Yeboah et al. 2012). Grundlage waren 546 Beobachtungspunkte, für die Kursreaktionen nach dem üblichen Vorgehen von Eventstudien innerhalb weniger Tage (drei Zeitfenster) ermittelt wurden. Tatsächlich fielen diese deutlich höher aus als bei Gewinnänderungen, was auf die Nähe des FFO zu den Cashflows zurückgeführt wurde. Auch Analysten hatten FFO und nicht das Net Income im Fokus ihrer Vorhersagen. Zudem führten Dividendenänderungen oder Ankündigungen von solchen nicht zu vergleichbaren Kapitalmarktreaktionen. Die Autoren begründen dies mit der Zunahme institutioneller Eigentümer, die auch in anderen Branchen zunehmend weniger auf Dividendensignale reagieren.

Für sämtliche Dividenden zahlenden REITs in den Jahren 1992 bis 2003 wurde untersucht, ob Gewinnglättung eine Rolle spielt. Aufgrund des Ausschüttungszwangs von 90 % des steuerlichen Gewinnes und der relativ guten Transparenz (= geringe Informationsasymmetrien, wenig Marktunvollkommenheiten) wurde unterstellt, dass US-REITs geringe Anreize für Bilanzpolitik hätten und eine strategische Dividendenpolitik nur sehr begrenzt möglich sei (vgl. Hayunga und Stephens 2009). Tatsächlich ergab sich jedoch, dass der Umfang an Gewinnglättung genauso groß war, wie in anderen Branchen, während die Kursreaktionen auf Dividendenänderungen sehr viel niedriger ausfielen.

Das FFO ist für US-REITs auch stärker mit dem Steuerbilanzgewinn korreliert, als das Net Income. Für die Jahre 2000 bis 2005 wurde für 330 Firmyears dieser Zusammenhang untersucht. Hintergrund ist der Ausschüttungszwang von mindestens 90 % des steuerlichen Gewinnes, dessen Ermittlung durch die Steuernormen relativ streng determiniert wird. Das US-GAAP-Ergebnis ist hingegen viel umfassender durch diskretionäre Spielräume geprägt, besonders auch bezüglich der Abschreibungen. Entsprechend wurde die Hypothese aufgestellt, dass das FFO, aus dem die GAAP-Abschreibungen eliminiert sind, besser zum Steuerergebnis passt (vgl. Edelstein et al. 2009).

Für 104 REITs mit 655 Firmyears (von 1999 bis 2006) wurde festgestellt, dass Earningsmanagement bedeutungslos war, wenn der Börsenkurs einen guten Informationsstand reflektierte. Da Anleger Bilanzpolitik durchschauen, lohnt sie sich nicht (vgl. Ambrose und Bian 2010). Wurden firmenbezogene Einflussfaktoren kontrolliert, ergaben sich aber differenziertere Ergebnisse. So zeigten Firmen mit günstigen Investitionsmöglichkeiten oder finanziellen Restriktionen (hoher Verschuldungsgrad, geringe Unternehmensgröße) eher eine Gewinn schmälernde Bilanzpolitik, um Liquiditätsabflüsse aufgrund des Dividendenzwangs zu vermeiden. Bei guten Investitionsmöglichkeiten wurden auch Sachverhaltsgestaltungen mit Verlustwirkung realisiert, während dies bei großen Unternehmen oder niedrig verschuldeten Unternehmen nicht zu beobachten war.

Für 80 US-REITs ergab sich für den Zeitraum 2000 bis 2005 (bei 300 Datenpunkten), dass der FFO signifikant mit dem Marktwert der Unternehmen verknüpft war und ein besseres Maß für die operative Performance lieferte als das Net Income. Die Verfasser begründen dies damit, dass der Marktwert der Unternehmen stark von den künftigen

Auszahlungen an die Aktionäre abhängt (Dividenden). Da bei REITs die Dividenden eher vom FFO oder CFO abhängen als vom Net Income, ist der Zusammenhang plausibel (vgl. Chou et al. 2013).

Für Deutschland haben Kühnberger und Thurmann (2013a) eine Auswertung für die Jahre 2007 bis 2011 vorgenommen. Die Auswahl umfasste alle REITs (4 Unternehmen) und die 7 größten Immobilien-AG aus dem DIMAX-Index des Bankhauses Ellwanger & Geiger. Tab. 5.10 zeigt, welche Unternehmen ein FFO im fraglichen Zeitraum angegeben haben.

Demnach gaben ca. 87 % der Unternehmen diese Größe an. In 31 % der Fälle wurde ein EPRA-Ergebnis publiziert und in 27 % der Fälle beides. Sehr vereinzelt wurde sogar ein zweites FFO angegeben.

Der Ort der Offenlegung war nicht einheitlich. Anhang, Lagebericht, Integration in die Kapitalflussrechnung oder außerhalb der geprüften Finanzberichterstattung waren zu finden. Genauso heterogen war auch die Ermittlung der Größen. Diese passten im Kern häufig nicht zu den Vorgaben der NAREIT und der EPRA. Da das FFO aber auch nicht näher als die spezielle Variante nach NAREIT bezeichnet wurde, hat das Management insofern auch nicht direkt „Etikettenschwindel" betrieben. Gleichwohl muss man fragen, welchen Sinn ein branchen- und unternehmensbezogenes Performancemaß für die Kapitalmarktnutzer haben soll, wenn die Datenherkunft völlig unklar bleibt.

Erstaunlich ist auch, dass sich bei den Unternehmen, die sowohl ein FFO als auch ein EPRA-Ergebnis ausgewiesen haben, nur schwer erklärbare Resultate zeigten (Tab. 5.11).

Oben wurde dargelegt, dass das FFO und die EPRA-Earnings konzeptionell ähnlich sind. Weder die Absolutbeträge aus der Tabelle, noch die zeitliche Entwicklung lassen dies auch nur im Ansatz erkennen. So ist beim Prime Office REIT das EPRA-Ergebnis deutlich höher als der FFO und nimmt von 2008 zu 2009 ab, während der FFO deutlich zunimmt.

Tab. 5.10 Veröffentlichung eines FFO im Zeitraum 2007 bis 2011. (Kühnberger und Thurmann 2013a, S. 290)

	2007	2008	2009	2010	2011
Deutsche Wohnen AG	+	+	+	+	+
IVG Immobilien AG	−	−	+	+	+
GAGFAH S.A.	+	+	+	+	+
Deutsche Euroshop AG	+	+	+	+	+
DIC Asset AG	+	+	+	+	+
GSW Immobilien AG	−	−	+	+	+
Polis Immobilien AG	+	+	+	+	+
Alstria Office REIT-AG	+	+	+	+	+
Hamborner REIT-AG	+	+	+	+	+
Prime Office REIT-AG	−	−	−	+	+
Fair Value REIT-AG	+	+	+	+	+

Tab. 5.11 FFO und EPRA-Ergebnis ausgewählter Immobilien AG. (Kühnberger und Thurmann 2013a, S. 290)

IVG Immobilien AG	2008	2009	2010	2011
FFO I	–	36,6	15,0	14,9
FFO II	–	43,5	10,0	14,9
EPRA-Ergebnis	−145,3	−121,0	−25,6	−140,8
Prime Office REIT-AG				
FFO	10,2	15,3		
EPRA-Ergebnis	26,3	21,8		
Fair Value REIT-AG				
FFO	3,5	2,9		
EPRA-Ergebnis	5,7	6,0		

(Angaben in Mio. Euro)

Angesichts der sehr heterogenen und kaum nachvollziehbaren Publizitätspraxis muss man festhalten, dass von einem standardisierten und vergleichbaren Branchenmaß in Deutschland noch wenig zu sehen war. Allerdings war die Stichprobe sehr klein und Besserungen im Zeitablauf sind natürlich möglich.

Kühnberger und Thurmann (2013a) haben ergänzend getestet, ob die publizierten FFO- oder EPRA-Größen mit anderen Erfolgsmaßen korreliert sind. Als Referenzmaße wurden das Net Income, der operative Cashflow und das EBIT genutzt. Ergänzend wurde die Aktienrendite herangezogen. Selbst wenn sich die Branchenmaße völlig unabhängig von den anderen aus dem Abschluss abgeleiteten Leistungsmaßen entwickelt haben, könnten sie ja Informationsgehalt für den Kapitalmarkt haben. Man könnte sogar unterstellen, dies sollte so sein, da ja gerade Defizite der üblichen Erfolgsgrößen kompensiert werden sollten. Leider zeigte sich für keines der untersuchten Unternehmen ein statistisch signifikanter Zusammenhang, egal welche Maßgrößen korreliert wurden. Bei diesem ernüchternden Resultat sind aber zwei Einschränkungen zu betonen. Einmal war die Untersuchungsgruppe sehr klein. Zum anderen sind Einflüsse der Finanzmarktkrise möglich, die nicht kontrolliert wurden.

5.4 Zusammenfassung

Bezüglich der Rechnungslegung und Finanzierung ist bei sogenannten bestandshaltenden Immobilien-AG mit einigen Besonderheiten zu rechnen. Dies liegt auch daran, dass die dominierende Asset-Klasse Immobilien mit dem Fair Value bewertet werden kann (und wird) und diese nur geschätzt werden können, sodass ein komplexer Anwendungsfall des Fair Value Accounting vorliegt. Für die Eigenkapitalgeber stellt sich zudem die Frage, ob sie eher in Immobilien oder Aktien investiert haben. Für die Sonderform REITs gibt es eine ganze Fülle ergänzender rechtlicher und ökonomischer

Randbedingungen, die insbesondere unter Corporate Governance-Gesichtspunkten interessant sind. Diesen Themen wird zunächst nachgegangen.

Für die Bilanz sind für beide Seiten atypische Muster im Vergleich zu anderen Branchen festzustellen. Die Aktivseite ist stark geprägt von den Immobilien, während Vorräte, immaterielles Anlagevermögen und Firmenwerte unwesentlich sind. Die zuletzt genannten Posten spielen in vielen innovativen Branchen eine entscheidende Rolle als Werttreiber. Deshalb ist es in einem ersten Zugriff plausibel zu unterstellen, dass der Substanzwert der Immobilienunternehmen auf Zeitwertbasis (der Net Asset Value) in etwa dem Zeitwert der AG, dem Börsenwert, entspricht. Empirisch lassen sich jedoch erheblich NAV-Spreads auch dauerhaft feststellen. Hierfür gibt es eine ganze Reihe von Erklärungsversuchen im Schrifttum, die den „Fehler" in der mangelhaften Informationseffizienz des Kapitalmarktes suchen, in den unzuverlässigen Fair Values der Bilanzen, Steuer- und sonstigen Faktoren. Alles in allem betrachtet, bleiben die Erklärungen aber eher unbefriedigend.

Für die Kapitalstruktur von Unternehmen gibt es einige Theorien, mit denen das Finanzierungsverhalten erklärt werden kann. Aus diesen Theorien lassen sich unterschiedliche Finanzierungspräferenzen ableiten, die jedoch situativ zu relativieren sind. Für Bestandshalter zeigen sich wiederum Besonderheiten im Vergleich zu anderen Branchen. Insgesamt muss aber konstatiert werden, dass die Erklärungsversuche keinesfalls zu durchgängig befriedigenden und empirisch fundierten Aussagen gelangen.

Unternehmensbewertungen werden seit Jahrzehnten als Barwertberechnungen realisiert. Der IASB verspricht im RK, dass die IFRS Schlüsse auf die Höhe, zeitliche Verteilung und das Risiko künftiger Cashflows ermöglichen. Da bilanzielle Substanzwerte (der NAV) offenbar ungeeignet sind, den Unternehmenswert abzuschätzen, bietet es sich an, die Cashflows auf der Grundlage von Stromgrößen zu schätzen.

Offen ist damit aber noch, welche Größen aus der IFRS-Rechnungslegung hierfür besonders geeignet sind. Neben diversen Cashflowvarianten (CFO, Free CF) kommen diverse Gewinngrößen und Performancemaße in Betracht. Das Net Income, das OCI, eine bereinigte und nachhaltige Gewinngröße werden genauso untersucht, wie sogenannte Non-GAAP-Maße. Diese gewinnen in Theorie und Praxis zunehmende Bedeutung, da die GAAP-Performance-Maße im Zeitablauf eine eher rückläufige Ergebnisqualität aufweisen.

Die sogenannten Pro-forma- und Street-Earnings werden branchenunabhängig sehr häufig genutzt. Sie werden zwar vielfach kritisch beäugt, da sie gerade nicht standardisiert und entsprechend für Bilanzpolitik anfällig sind. Auffällig ist, und befürchtet wird im Wesentlichen, dass die Größen nicht hinreichend nachvollziehbar sind und überwiegend negative Ergebnisbestandteile eliminiert werden, um die Ertragslage positiv zu verfälschen. Empirisch kann diese pessimistische Sicht nicht bestätigt werden, auch wenn es Gegenbeispiele gibt.

Dividenden könnten ebenfalls Signalfunktion für die Schätzung künftiger Cashflows (oder Gewinne) haben, allerdings nur unter eher restriktiven Bedingungen.

Für Immobilienunternehmen von herausragender Bedeutung sind hingegen branchen-bezogene Performancemaße (FFO, EPRA-Earnings), die andere Ergebnis- und Cash-flowmaßgrößen weitgehend verdrängt haben. Obwohl auch hier subjektive Einflüsse bei der Ermittlung nicht auszuschließen sind, deuten viele Studien darauf hin, dass sie eine bessere Prognosebasis liefern als GAAP-Größen. Für das kleine deutsche Sample an Bestandshaltern zeigt sich allerdings eine sehr unbefriedigende Berichtsqualität.

Alles in allem zeigt der Anwendungsfall Immobilien-AG, dass es überlegenswert ist, Standards nach Branchen oder Geschäftsmodell zu differenzieren. Zumindest auf der Ebene der Auswertung von Unternehmensdaten sind Besonderheiten zu berücksichtigen und/oder eigene Kennzahlen zu entwickeln. Solche Differenzierungen könnte natürlich der Standardsetter selbst vornehmen oder nur allgemeine Prinzipien normieren und die Ausdifferenzierungen der Praxis überlassen. Obwohl man die IFRS meines Erachtens nicht als prinzipienbasiert bezeichnen kann, werden Branchenbesonderheiten bislang noch nicht detailliert normiert.

Literatur

Aboody, D./Barth, M. E./Kasznik, R.: Revaluations of fixed assets and future firm Performance: Evidence from the UK, Journal of Accounting and Economics 1999, 149–178

Aboody, D./Barth, M. E./Kasznik, R.: Factors Associated with Firms`Decisions to Improve Ear-nings Quality: The Voluntary Recognition of Stock-Based Compensation Expense, Research Paper No 1795, Stanford 2003

Acedo-Ramirez, M. A./Ruiz-Cabestre, F. J.: Determinants of Capital Structure: United Kingdom Versus Continental Eauropean Countries, Journal of International Financial Management and Accounting 2014, 237–270

Aharony,J./Bar-Niv,R./Falk, H.: The impact of mandatory IFRS adoption on equity valuation of accounting numbers for security investors in the EU, European Accounting Review 2010, 535–578

Alcock, J./Glascock, J./Steiner, E.: Manipulation in U.S. REIT Investment Performance Evalua-tion: Empirical Evidence, Journal of Real Estate Finance and Economics 2013, 434–465

Ambrose, B.W./Bian, X.: Stock Market Information and REIT Earnings Management, Journal of Real Estate Research 2010, 101–137

An, H./Cook, D. O./Zumpano, L. V.: Corporate Transparency and Firm Growth: Evidence from Real Estate Investment Trusts, Real Estate Economics 2011, 429–454

An, H./Hardin III, W./Wu, Z.: Information Asymmetry and Corporate Liquidity Management: Evidence from Real Estate Investment Trusts, Journal of Real Estate Finance and Economics 2012, 678–704

Andersson, P./Hellman, N.: Does Pro Forma Reporting Bias Analyst Forecast?, European Accoun-ting Review 2007, 277–298

Anglin, P./Edelstein, R./Gao, Y./Tsang, D.: What is the Relationship Between REIT Governance and Earnings Management? Journal of Real Estate and Financial Economics 2013, 538–563

Antonakopoulos, N.: Unabhängigkeit der Cashflow-Analyse nach neuem Handelsrecht?, in: Fink/Schultze/Winkeljohann (Hrsg.): Bilanzpolitik und Bilanzanalyse nach neuem Handelsrecht, Stuttgart 2010, 349–369

Baik, B./Billings, B.K./Morton, R. M.: The Effect of Increased Transparency on Manipulation and Value Relevance of Non-GAAP Disclosures by Real Estate Investment Trusts (REITs), Wor-king Paper 2006

Baker, H. K./Smith, D. V.: In Search of a Residual Dividend Policy, Working Paper 2002

Balakrishnan, K./Core, J. E./Verdi, R. S.: The Relation between Reporting Quality and Financing and Investment: Evidence from Changes in Financing Capacity, Journal of Accounting
Research 2014, 1–36

Ball, R.: Market and Political/Regulatory Perspectives on the Recent Accounting Scandals, Journal
of Accounting Research 2009, 277–323

Ballwieser, W.: Unternehmensbewertung, 3. Aufl., Stuttgart 2011

Banker, R. D./Huang, R./Natarajan, R.: Incentive Contracting and Value Relevance of Earnings
and Cash Flows, Journal of Accounting Research 2009, 647–678

Barth, M. E./Landsman, W. R.: How did Financial Reporting Contribute to the Financial Crisis?,
European Accounting Review 2010, 399–423

Basner, R./ Hirth, H.: Signalisierung und Dividendenpolitik – Theorie und Empirie, BFuP 2011,
76–100

Bastini, K./Kasperzak, R.: Erkenntnisfortschritt in der Rechnungslegung durch experimentelle Forschung? – Diskussion methodischer Grundsatzfragen anhand der Entscheidungsnützlichkeit des
Performance Reporting, zfbf 2013, 622–660

Bauer, R./Eichholtz, P./Kok, N.: Corporate Governance and performance: the REIT effect, Real
Estate Economics 2010, 1–29

Behringer, S.: Cash – flow und Unternehmensbeurteilung, 10. Aufl., Berlin 2010

Ben-Shahar, D./Margalioth, Y./Sulganik, E.: The Straight-Line Depreciation is Wanted, Dead or
Alive, Journal of Real Estate Research 2009, 351–370

Ben-Shahar, D./Sulganik, E./Tsang, D.: Funds From Operations Versus Net Income: Examining
The Dividend-Relevance Of REIT Performance Measures, Journal of Real Estate Research
2011, 415–441

Beyer, A./Cohen, D. A./Lys, T. Z./Walther, B. R.: The financial reporting environment: Review of
the recent literature, Journal of Accounting and Economics 2010, 296–343

Bieker, M./Moser, J.J.: Earnings Before What? – Zur babylonischen Sprachverwirrung in deutschen Geschäftsberichten, PiR 2011, 163–170

Black, D. E.: Returns Voaltility and Other Comprehensive Income Components, Working Paper,
2013

Bösser, J./Pilhofer, J./Lessel, M.: Kapitalflussrechnung nach IAS 7 in der Unternehmenspraxis,
PIR 2013, 359–366

Boudry, W. I.: An Examination of REIT Dividend Payout Policy, Real Estate Economics 2011,
601–634

Boudry, W. I./Coulson, E./Kallberg, J. G./Liu, C. H.: On the Hybrid Nature of REITs, Journal of
Real Estate Finance and Economics 2012, 230–249

Boudry, W. I./Kallberg, J. G./Liu, C. H.: An Analysis of REIT Security Issuance Decisions, Working Paper 2010

Boudry, W. I./Kallberg, J. G.: REITs: Structure and Performance, in: Baker, H. K./Chinloy, P.
(Hrsg.) Public Real Estate Markets and Investments, New York 2014, 195–212

Bradley, M./Capozza, D.R./Seguin, P.J.: Dividend Policy and Cash Flow Uncertainty, Real Estate
Economics 1998, 555–580

Bradshaw, M. T./Sloan, R. G.: GAAP versus The Street: An Empirical Assessment of Two Alternative Definitions of Earnings, Journal of Accounting Research 2002, 41–66

Brav, A./Graham, J. R./Harvey, C. R./Michaely, R.: Payout policy in the 21st century, Journal of
Financial Economics 2005, 483–527

Brealey, R. A./Myers, S. C./Allen, F.: Principles of Corporate Finance, New York, 10. Aufl. 2011

Breuer, W.: Investor Relations bei REITs, in: Bone-Winkel/Schäfers/Schulte (Hrsg.): Handbuch
Real Estate Investment Trusts, Köln 2008, 215–232

Breuer, W.: Freiwillige Transparenz: Die EPRA Best Practices Policy Recommendations, in: Reh-kugler (Hrsg.): Die Immobilie als Kapitalmarktprodukt, München 2009, 381–402

Brounen, D./ Laak, M. ter: Understanding the Discount: Evidence from European Property Shares, Journal of Real Estate Portfolio Management 2005, 241–251

Brounen, D./Kok, N./Ling, D. C.: Shareholder Composition, share turnover, and returns in volatile markets: The case of international REITs, Journal of International Money and Finance 2012, 1867–1889

Brouwer, A./Faramarzi, A./Hoogendoorn, M.: Does the New Conceptual Framework Provide Adequate Concepts for Reporting Relevant Information about Performance?, Accounting in Europe 2014, 235–257

Brown, D. T./Marble, H.: Secured Debt Financing and Leverage: Theory and Evidence, Working Paper 2006 (SSRN=923476)

Brown, N. C./Christensen,T. E./Elliott, W. B./Mergenthaler, R. D.: Investor Sentiment and Pro Forma Earnings Disclosure, Journal of Accounting Research 2012, 1–40

Brown, N. C./Christensen,T. E.: The quality of street cash flow from operations, Review of Accounting Studies 2014, 913–954

Call, A. C./Chen, S./Tong, Y.H.: Are analyst`s earnings forecasts more accurate when accompanied by cash flow forecasts?, Review of Accounting Studies 2009, 358–391

Campbell, R. D./Ghosh, C./Petrova, M./Sirmans, C. F.: Corporate Governance and Performance in the Market for Corporate Control: The Case of REITs, Journal of Real Estate and Financial Economics 2011, 451–480

Cannon, S. E./Cole, R. A.: How Accurate are Commercial-Real-Estate Appraisals? Evidence from 25 Years of NCREIF Sales Data, Working Paper 2011 (SSRN=1824807)

Capozza, R. D./Seguin, P. J.: Focus, Transparency and Value: The REIT Evidence, Real Estate Economics 1999, 587–619

Case, B./Hardin III, W. G./Wu, Z.: REIT Dividend Policies and Dividend Announcement Effects During the 2008-2009 Liquidity Crisis, Real Estate Economics 2012, 387–421B

Chen, C-Y.: Do analysts and investors fully understand the persistence of the items excluded from street earnings?, Review of Accounting Studies 2010, 32–69

Chen, L./Da, Z./Priestley, R.: Dividend Smoothing and Predictability, Working Paper 2010 (= SSRN 1280833)

Cheng, P./Lin, Z./Liu, Y: Heterogeneous Information and Appraisal Smoothing, Journal of Real Estate Research 2011, 443–469

Chikolwa, B.: Determinants of Capital Structure for A-REITs, Working Paper 2009

Chou, W-S./Hardin III, W. G./Hill, M. D./Kelly, G. W.: Dividends, Values and Agency Costs in REITs, Journal of Real Estate Finance and Economics 2013, 91–114

Christensen, T. E.: Discussion of "Why do pro forma and street earnings not reflect changes in GAAP? Evidence from SFAS 123 R", Review of Accounting Studies 2012, 563–571

Christensen, T. E./Merkley, K. J./Tucker, J. W./Venkataramen, S.: Do managers use earnings guidance to influence street earnings exclusions?, Review of Accounting Studies 2011, 501–527

Christensen, T. E./Pei, H./Pierce, S. R./Tan, L.: Non-GAAP Reporting following Debt Covenant Violations, Working Paper 5/2015

Chung, R./Fung, S./Hung, S.-Y., K.: Institutional Investors and Firm Efficiency of Real Estate Investment Trusts, Journal of Real Estate Finance and Economics 2012, 171–211

Clayton, J./Mac Kinnon, G.: Explaining the Discount to NAV in REIT Pricing: Noise or Information? Working Paper 2000 (SSRN= 258268)

Clayton, J./Mac Kinnon, G.: Departures from NAV in REIT Pricing: The Private Real Estate Cycle, the Value of Liquidity and Investor Sentiment, Working Paper 2002

Coenenberg, A. G./ Haller, A./Schultze, W.: Jahresabschluss und Jahresabschlussanalyse, 23. Aufl., Stuttgart 2014

Collins, D. W./Li, O. Z./Xie, H.: What drives the increased informativeness of earnings announcements over time?, Review of Accounting Studies 2009, 1–30

Curtis,A./McVay, S./Wolfe, M.: An Analysis of the implications of discontinued operations for continuing income, Journal of Accounting Public Policy 2014, 190–201

Danbolt,J./Rees, W.: Mark-toMarket Accounting and Valuation: Evidence from UK Real Estate and Investment Companies, Working Paper 2003

Danbolt, J./Rees, W.: An Experiment in Fair Value Accounting: UK Investment Vehicles, European Accounting Review 2008, 271–303

Danielsen, B. R./Harrison, D. M./Van Ness, R. A.: REIT Auditor Fees and Financial Market transparency, Real Estate Economics 2009, 515–557

Dargenidou, C./McLeay, S.: The Impact of Introducing Estimates of the Future on International Comparability in Earnings Expectations, European Accounting Review 2010, 511–534

Dechow, P. M./Richardson, S. A./Sloan, R.G.: The Persistence and Pricing of the Cash Component of Earnings, Journal of Accounting Research 2008, 537–566

Dechow, P. M./Schrand, C. M.: Earnings Quality, 2004

De Jong, A./Mertens, G./van der Poel, M./van Dijk, R.: How does earnings management influence investor`s perceptions of firm value? Survey evidence from financial analysts, Review of Accounting Studies 2014, 606–627

Devos, E./Ong, S.-E./Spieler, A. C.: REIT Institutional Ownership Dynamics and the Financial Crisis, Journal of Real Estate Finance and Economics 2013, 266–288

Dimitrov, V./Jain, P. C.: The Value-Relevance of Changes in Financial Leverage Beyond Growth in Assets and GAAP Earnings, Journal of Accounting, Auditing and Finance 2008, 191–222

Dirrigl, H.: Unternehmenswert – Orientierung in Rechnungslegung, Value Reporting und Controlling, in: FS Streim 2008, 75–107

Dong, M./Ryan, S. G./Zhang, X.: Preserving Amortized Costs within a Fair Value-Accounting Framework: Reclassification of Gains and Losses on Available-for-Sale Securities upon Realization, Working Paper 3/2011

Downs, D. H./Güner, Z. N.: On the Quality of FFO Forecasts, Journal of Real Estate Research 2006, 257–274

Downs, D. H./Güner, Z. N.: Commercial Real Estate, Information Production and Market Activity, Journal of Real Estate Finance and Economics 2013, 282–298

Doyle, J. T./Jennings, J./Soliman, M. T.: Do Managers Define Non-GAAP Earnings to Meet or Beat Analyst Forecasts?, Working Paper 8/2011

Edelhoff, D.: Zuverlässigkeit und Relevanz in der Immobilienbewertung, Köln 2011

Edelstein, R./Liu, P./Tsang, D.: Real Earnings Management and Dividend Payout Signals: A Study for U.S. Real Estate Investment Trusts, Working Paper 2009

Edelstein, R./Qian, W./Tsang,D.: How do Institutional Factors Affect International Real Estate Returns? Journal of Real Estate Finance and Economics 2011, 130–151

Eichholtz, P. M. A./Gugler, N./ Kok, N.: Transparency, Integration, and the Cost of International Real Estate Investments, Journal of Real Estate Finance and Economics 2011, 152–173

Eiselt, A./Müller, S.: DRS 21 "Kapitalflussrechnung": kein ganz großer Wurf – Update zu BB 2013, 2155–2158, BB 2014, 1067–1070

Elliott, W. B./Hobson, J. L./White, B.: Earnings Metrics, Motivated Reasoning and Market efficiency, Working Paper, 12/2012

Entwistle, G./Feltham, G./Mbagwu, C.: The Value Relevance of Alternative Earnings Measures: A Comparison of Pro Forma, GAAP, and I/B/E/S Earnings, Journal of Accounting, Auditing and Finance 2010, 261–288

EPRA (European Public Real Estate Association): Reporting: Best Practices Recommendations, Januar 2014 (a)

EPRA/Inrev: Real Estate in the Real Economy. Technical Report 1/2014 (b)

Erdorf, S./Hartmann-Wendels, T./Matz, M./Heinrichs, N.: Corporate Diversification and Firm Value: A Survey of Recent Literature, Working Paper (Universität Köln), 2012

Esplin, A./Hewitt, M./Plunlee, M./Yohn, T. L.: Disaggregating Operating and Financial Activitites: Implication for Forecasts of Profitability, Review of Accounting Studies 2014, 328–362

Fairfield, P. M./Kitching, K. A./Tang, V. W.: Are special items informative about future profit margins?, Review of Accounting Studies 2009, 204–236

Fields, T. D./Rangan, S./Thiagarajan, S. R.: An Empirical Evaluation of the Usefulness of Non-GAAP Accounting Measures in the Real Estate Investment Trust Industry, Review of Accounting Studies 1998, 103–130

Fischer, F.: Der Zusammenhang zwischen Rechnungslegung und Ausschüttungsbemessung, Frankfurt a. M. 2011

Forker, J./Powell, R.: A Comparison of Error Rates for EVA, Residual Income, GAAP-earnings and Other Metrics Using a Long-Window Valuation Approach, European Accounting Review 2008, 471–502

Fortin, S./Tsang, D./Dionne, F.-P.: Performance Measurement and Recognition of the Real Estate Assets: An International Exploration of Reporting Practices Adopted in the Real Estate Industry, Research Paper, Montreal 2008

Francis, J./Nanda, D./Olsson, P.: Voluntary Disclosure, Earnings Quality, and Cost of Capital, Journal of Accounting Research 2008, 53–99

Francis, J./Smith, M.: A Reexamination of the Persistence of Accruals and Cash Flows, Journal of Accounting Research 2005, 413–451

Frank, M. Z./Goyal, V. K.: Capital Structure Decisions: Which Factors are Reliably Important? Working Paper 2009

Frankel, R.: Discussion of "Are special items informative about future profit margins?", Review of Accounting Studies 2009, 237–245

Frankel, R./McVay, S./Soliman, M.: Non-GAAP earnings and board independence, Review of Accounting Studies 2011, 719–744

Frey, H.: Konzernabschlussanalyse großer Unternehmen am deutschen Kapitalmarkt auch vor dem Hintergrund der Finanzkrise, KoR 2011, 194–202

Frieden, M./Zieseniß, R.: BilRUG: Entfallen des außerordentlichen Ergebnisses, WPg 2016, 450–453

Gentry, W. M./Jones, C. M./Mayer, C. J.: Do Stock Prices really reflect fundamental Values? The Case of REITs, Working Paper 2004

Ghosh, S./Giambona, E./Harding, J. P./Sirmans, C. F.: How Entrenchment, Incentives and Governance Influence REIT Capital Structure, Journal of Real Estate Finance and Economics 2011 (a), 39–72

Ghosh, S./Roark, S./Sirmans, C. F.: On the operating Performance of REITs Following Seasoned Equity Offerings: Anomaly Revisited, Journal of Real Estate Finance and Economics 2011 (b), 1–31

Ghosh, C./Sirmans, C. F.: Do Managerial Motives Impact Dividend Decisions in REITs?, Journal of Real Estate Finance and Economics 2006, 327–355

Ghosh, C./Sun, L.: Agency Cost, Dividend Policy and Growth: The Special Case of REITs, Journal of Real Estate and Financial Economics 2013

Gigler, F./Kanodia, C./Venugopalan, R.: Assessing the Information Content of Mark-to-Market Accounting with Mixed Attributes: The Case of CashFlow Hedges, Journal of Accounting Research 2007, 257–276

Gill, A./Biger, N./Pai, C./Bhutani, S.: The Determinants of Capital Structure in the Service Indus-
   try: Evidence from the United States, The Open Business Journal 2009, 48–53
Gladen, W.: Performance Measurement, 6. Aufl., Wiesbaden 2014
Glaser, M./Müller, S.: Is the diversification discount caused by the book value bias of debt? Journal
   of Banking and Finance 2010, 2307–2317
Goncharov, I./Hodgson, A.: Measuring and Reporting Income in Europe, Journal of International
   Accounting Research 2011, 27–59
Goncharov, I./Riedl, E. J./Sellhorn, T.: Fair Value and audit fees, Review of Accounting Studies
   2014, 210–241
Gordon, E. A./Bischof, J./Daske, H./Munter, P./Saka, C./Smith, K. J./Venter, E. R.: The IASB`s
   Discussion Paper on the Conceptual Framework for Financial Reporting: A Commentary
   and Research Review, Journal of International Financial Management and Accounting 2015,
   72–110
Gore, R./Stott, D. M.: Towards a more informative measure of operating performance in the reit
   industry: Net Income vs Funds from Operations, Accounting Horizons 1998, 323–339
Graham, J. R./Harvey, C. R.: The theory and practice of corporate finance: evidence from the field,
   Journal of Financial Economics 2001, 187–243
Graham, J.R./Harvey, C. R./Rajgopal, S.: The Economic Implications of Corporate Financial
   Reporting, Journal of Accounting and Economics 2005, 3–73
Griffith, J. M./Najand, M./Weeks, H. S.: What Influences the Change in REIT CEO Compensa-
   tion? Evidence from Panel Data, Journal of Real Estate Research 2011, 209–232
Gu, F.: Discussion of "The Value-Relevance of Changes in Financial Leverage Beyond Growth in
   Assets and GAAP Earnings", Journal of Accounting, Auditing and Finance 2008, 223–231
Guillamon-Saorin, E./Isidro, H./Marques, E.: Impression Management and Non-GAAP Disclosure
   in Earnings Announcements, Working Paper 2014
Gyamfi-Yeboah, F./Ziobrowski, A. J./Lambert, L. S.: REIT`s Price Reaction to Unexpected FFO
   Announcements, Journal of Real Estate Finance and Economics 2012, 622–644
Gyamfi-Yeboah, F./Ziobrowski, A. J./Seagraves, P.: Institutional Ownwership and the Dynamics of
   Trading Volume around FFO Announcements, Journal of Real Estate Finance and Economics
   2013, 73–90
Hail, L./Leuz, C./Wysocki, P.: Global Accounting Convergence and the Potential Adoption of
   IFRS by the United States: An Analysis of Economic and Policy Factors,Working Paper 2009
   (SSRN=1357331)
Haller, A./Groß, T.: Notwendigkeit und Ansatzpunkte für eine Reform des Statement of Cashflows
   nach IAS 7, KoR 2014, 298–306
Hao, Y.: On Influence of Global Financial Crisis to U. S. REITs Market and Determinants of Capi-
   tal Structure, Amsterdam 2012
Haron,: Key FactorsInfluencing Target Capital Structure of Property Firms in Malaysia, Asian
   Social Science 2014, 62–69
Harrison, D. M./Panasian, C. A./Seiler, M. J.: Further Evidence on the Capital Structure of REITs,
   Working Paper 2011
Harvey, J./Cheigh, J.: The Truth about Real Estate Allocations, http://www.epra.com/body.jsp
   (September 2011)
Hawranek, B./Öppinger, C.: Wertrelevanz rechnungswesenbasierter Erfolgskennzahlen, KoR 2014,
   95–102
Hayunga, D. K./Stephens, C. P.: Dividend Behavior of U.S. Equity REITs, Working Paper 2009
Heflin, F./Hsu, C./Jin, Q.: Accounting Conservatism and Street Earnings, Review of Accounting
   Studies 2015, 674–709
Helpenstein, T.: Die Entscheidungsrelevanz von Managementprognosen, Wiesbaden 2014

Higgins, E.J./Ott, R.L./Van Ness, R.A.: The Information Content of the 1999 Announcement of Funds from Operations Changes for Real Estate Investment Trusts, Journal of Real Estate Research 2006, 241–255

Hill, M. D./Kelly, G. W./Hardin III, W. G.: Market Value of REIT Liquidity, Journal of Real Estate Finance and Economics 2012, 383–401

Hill, V.: Rechnungslegungspolitik im Rahmen der Kaufpreisallokation, Frankfurt a. M. 2011

Hirst, D. E./Hopkins, P. E./Wahlen, J. M.: Rair Values, Income Measurement, and Bank Analysts' Risk and Valuation Judgements, Accounting Review 2004, 453–472

Hitz, J-M.: The Decision Usefulness of Fair Value Accounting – A Theoretical Perspective, European Accounting Review 2007, 323–362

Hitz, J-M.: Information versus adverse Anlegerbeeinflussung: Befund und Implikationen der empirischen Rechnungswesenforschung zur Publizität von Pro-forma-Ergebnisgrößen, Jab 2010, 127–161

Hohenstatt, R./Offer, P./Schäfers, W.: Auswirkungen der Kapitalstruktur auf die Performance von börsennotierten Immobilienunternehmen, Zeitschrift für Immobilienökonomie 2010, 27–42

Höllerschmid, C.: Signalwirkungen und Bilanzpolitik mithilfe selbst erstellten technologiebezogenen immateriellen Vermögens, Frankfurt a. M. 2010

Holt, G.: Profit, Loss and OCI, www.accaglobal.com (Abruf 4/2014)

Hribar, P./Collins, D. W.: Errors in Estimating Accruals: Implications for Empirical Research, Journal of Accounting Research 2002, 105–134

Isidro, H./Marques, A.: The Role of Institutional and Economic Factors in the Strategic Use of Non-GAAP Disclosures to Beat Earnings Benchmarks, European Accounting Review 2015, 95–128

Jedem, U.: Immobilienrating, Freiburg i. Br. 2006

Jones, D. A./Smith, K. J.: Comparing the Value Relevance, Predictive Value, and Persistence of Other Comprehensive Income and Special Items, The Acounting Review 2011, 2074–2073

Kalay, A.: International Payout Policy, Information Asymmetry, and Agency Costs, Journal of Accounting Research 2014, 457–472

Kanagaretam, K./Mathieu, R./Shehata, M.: Usefulness of comprehensive income reporting in Canada, Journal of Accounting and Public Policy 2009, 349–365

Kanders, G.: Kurszielermittlung bei der WestLB: Orientierung am NAV, in: Rehkugler (Hrsg.): Die Immobilie als Kapitalmarktprodukt, München 2009, 413–427

Kang, Q./Liu, Q./Qi, R.: Predicting Stock Market Returns with Aggregate Discretionary Accruals, Journal of Accounting Research 2010, 815–858

Kang, S. H./Zhao, Y.: Information Content and Value Relevance of Depreciation: A Cross-Industry Analysis, Working Paper 2009 (SSRN=1394765)

Kaserer, C./Knoll, L./Klingler, C./Gegenfurtner, B.: Die Wechselwirkung von Rechnungslegungsstandards, Informationsverarbeitung und Corporate Governance – Das Beispiel der Accrual Anomaly, in: FS Streim 2008, 201–218

Keller, K.: Finanzwirtschaftliche Analyse von US-GAAP-Jahresabschlüssen, Frankfurt a. M. 2007

Kim, I.: Discussion – Organizational Structure and Earnings Management, Journal of Accounting, Auditing and Finance 2007, 333–338

Kim, M./Kross, W.: The Ability of Earnings to Predict Future Operating Cash Flows Has Been Increasing – Not Decreasing, Journal of Accounting Research 2005, 753–780

Kirsch, H.-J./Schoo, L./Kraft, A.: Das Discussion Paper zum Conceptual Framework des IASB – Ein Überblick über Inhalte und Neuerungen, WPg 2014, 301–310

Kleiber, W.: Wertermittlungsverfahren, in: Kühnberger, M./Wilke, H. (Hrsg.): Immobilienbewertung, Stuttgart 2010, 11–128

Kleiber, W.: Verkehrswertermittlung von Grundstücken. Kommentar und Handbuch, 7. Aufl., Köln 2014

Knauer, T./Ledwig, C./Wömpener, A.: Zur Wertrelevanz freiwilliger Managementprognosen in Deutschland, zfbf 2012, 166–204

Koelen, P.: Investitionstheoretische Bewertungskalküle in der IFRS-RechnungslegungKöln 2009

Köhling, K.: Barwertorientierte Fair Value – Ermittlung für Renditeimmobilien in der IFRS-Rechnungslegung, 2011

Kraus, C.: Immobilienbewertung nach IFRS – Spannungsfeld von Entscheidungsrelevanz und Objektivierung, Regensburg 2008

Krolle, S.: Bewertung der Immobilien-AG über das Unternehmensergebnis, in: Rehkugler (Hrsg.): Die Immobilien-AG, München/Wien 2003, 33–53

Kühnberger, M.: Der Ertragswert nach ImmoWertVO als fair value i. S.von IAS 40?, KoR 2012, 217–223

Kühnberger, M.: Theoretische und empirische Aspekte der Anwendung von Kapitalstrukturtheorien bei Immobilienunternehmen, Corporate Finance 2015, 231–241.

Kühnberger, M./Brenig, M./Maaßen, H.: REITs-Rechnungslegung, Berlin 2008

Kühnberger, M./Thurmann, P.: Pro-forma Earnings bei Immobilien-AG, KoR 2013 (a), 281–292

Kühnberger, M./Thurmann, P.: Die Abgrenzung des Konsolidierungskreises in der nationalen und internationalen Rechnungslegung unter besonderer Berücksichtigung der Neuregelungen zu Investmentgesellschaften, DK 2013 (b), 540–547

Kühnberger, M./Thurmann, P.: Bilanzielle Besonderheiten in den IFRS-Konzernabschlüssen bei deutschen Immobilien-AG, KoR 2014, 345–354 und 433–436

Kühnberger, M./Werling, U.: Praktische Probleme der Fair-Value-Ermittlung für Anlageimmobilien – Auswirkungen von IFRS 13 auf die Bewertungsmethodik, WPg 2012, 988–998

Kuhner, C./Lüdtke-Handjery: Unwägbarkeiten durch die Aktivierung eigenen Börsenwertes im Zuge von aktienfinanzierten Unternehmensaquisitionen, BFuP 2005, 546–565

Kurzrock, B.-M./Mokinski, F./Schindler, F./Westerheide, P.: Do residential property companies systematically adjust their capital structure? The case of Germany, ZEW Discussion Paper N0 11–014, 2011

Küting, K./Kaiser,T.: Fair Value Accounting – Zu komplex für den Kapitalmarkt?, Corporate Finance 2010, 375–386

Lachmann, M./Wöhrmann, A./Wömpener, A.: Investorenreaktionen auf die Fair Value-Bilanzierung von Verbindlichkeiten – eine experimentelle Untersuchung, ZfB 2010, 1179–1206

Landsman, W.R.: Fair Value Accounting for Financial Instruments: Some Implications for Bank Regulation, BIS Working Papers No 209, 2006

LaPorta, R./Lopez-de-Silanes,F./Shleifer, A./Vishny, R.: Investor Protection and Corporate Governance, Journal of Financial Economics 2000, 3–27

Laux, C./Leuz, C.: The Crisis of Fair Value Accounting: Making Sense of the Recent Debate, Working Paper 2009 (SSRN=1392645)

Le, T. T. T./Ooi, J. T. L.: Financial Structure of property companies and capital market development, Journal of Property Investment and Finance 2012, 596–611

Lee, K. W./Lev, B./Yeo, G.: Organizational Structure and Earnings Management, Journal of Accounting, Auditing and Finance 2007, 293–331

Lee, M.-L./Chiang, K. C. H./Lin, C.-W.: REIT stock dividends: the policy and intra-industry wealth effects, Journal of Property Investment & Finance 2012, 563–582

Lee, M-L./Slawson, V. C.:Monitoring and Dividend Policies of REITs under Asymmetric Information (Working Paper for the 10th PRRES annual conference)

Lehavy, R.: Discussion of "Are analyst's earnings forecasts more accurate when accompanied by cash flow forecasts?", Review of Accounting Studies 2009, 392–400

Leibfried, P./Venzin. A.: Earnings Before Bad Stuff: Pro-forma-Kennzahlen am Schweizer Aktien-markt, IRZ 2014, 61–65

Li, Q./Chow, Y. L./Ong, S. E.: Do Changes in Credit Ratings of REITs Affect Their Capital Structure Decisions?, IRES Working Paper 2013

Li, Y./Ibrahim, M. F./Ong, S. E./Ooi, J. T. L.: Market Timing and REIT Capital Structure Changes, IRES Working Paper 2008

Lintner, J.: Distribution of Incomes of Corporations among Dividends, Retained Earnings, and Taxes, The American Economic Review 1958, 97–117

Liow, K. H.: Firm Value, Profitability and Capital Structure of listed Real Estate Companies: an international Perspective, Journal of Property Research 2010, 119–146

Liu, J./Loudon, G./Milunovich, G.: Linkages Between US and Asia-Pacific REITs: the Role of Economics and Financial Factors, Journal of Property Investment and Finance 2012, 473–492

Maier, M., T.: Der Management Approach, Herausforderungen für Controller und Abschlussprüfer im Kontext der IFRS-Finanzberichterstattung, Frankfurt a. M. 2009

Marques, A.: Disclosure strategies among S&P 500 firms: Evidence on the disclosure of non-GAAP financial measures and financial statements in earnings press releases, The British Accounting Review 2010, 119–131

McDonald, C. G./Nixon, T.D./Slawson, V. C.: The Changing Asymmetric Information Component of REIT Spreads: A Study of Anticipated Announcements, Journal of Real Estate and Economics 2000, 195–210

Mechelli, A./Cimini, R.: Is Comprehensive Income Value Relevant and Does Location Matter? A European Study, Accounting in Europe 2014, 59–87

Meyer, C./Dünhaupt, L.: Fair Value Accounting von Immobilien- und Investmentgesellschaften, Schweizer Treuhänder 2011, 31–39

Moll – Amrein, M.: Der Liegenschaftszinssatz in der Immobilienwertermittlung, Wiesbaden 2009

Morawski, J./Rehkugler, H.: Risikoverstärkende Effekte bei börsennotierten Immobiliengesell-schaften: Repräsentieren verbriefte Immobilien den Aktien- oder den Immobilienmarkt?, in: Rehkugler (Hrsg.): Die Immobilie als Kapitalmarktprodukt 2009, 251–283

Morri, G./Beretta, G.: The capital structure determinants of REITs. Is it a peculiar industry?, Journal of European Real Estate Research, 2008, 6–57

Morri, G./Cristanziani, F.: What determines the capital structure of real estate companies?, Journal of Property Investment and Finance 2009, 318–372

Müller, M. G.: Komparative Untersuchung der EU-REIT-Regime, Arbeitspapiere zur immobilien-wirtschaftlichen Forschung und Praxis (TU Darmstadt), Band 20, 2010

Muller III, K. A./Riedl, E. J./Sellhorn, T.: Mandatory Fair Value Accounting and Information Asymmetry: Evidence from the European Real Estate Industry, Management Science, 2011, 1138–1153

Niskanen, J./Falkenbach, H.: Eauropean Listed Real Estate: The Capital Structure Perspective, Nordic Journal of Surveying and Real Estate Research 2012, 76–97

Nobes, C.: On the Definitions of Income and Revenue in IFRS, Accounting in Europe 2012, 85–94

Noguera, M.: The Impact oft he Sarbanes-Oxley Act on the Structure of REIT Boards of Directors, Journal of Real Estate Finance and Economics 2012, 869–887

Oikarinen, E./Hoesli, M./Serrano, C.: Linkages Between Direct and Securitized Real Estate, Working Paper 2009

Ooi, T. L. J./Ong, S. E./Li, L.: An Analysis of the Financing Decisions of REITS: From a Capital Market Perspective, IRES Working Paper 2008

Ott, S. H./Riddiough, T. J./Yi, H.-C.: Finance, Investment and Investment Performance: Evidence from the REIT Sector, Real Estate Economics 2005, 203–235

Pape, C.: Bewertung im Immobiliensektor, in: Petersen/Zwirner/Brösel (Hrsg.): Handbuch der Unternehmensbewertung, Köln 2013, 988–999

Patel, K./Pereira, R. A. M. G./Zavodov, K. V.: Mean Reversion in REITs Discount to NAV & Risk Premium, Journal of Real Estate Finance and Economics 2009, 229–247

Pellens, B./Crasselt, N./Schmidt, A./Sellhorn, T.: Fair Value – Bilanzierung und Ergebnisspaltung, in: FS Streim 2008 (a), 279–295

Penman, S. H./Yehuda, N.: The Pricing of Earnings and an Affirmation of Accrual Accounting, Working Paper 2004, Review of Accounting Studies 2009, 453–479

Price, S. M./Gatzlaff, D. H./Sirmans, C. F.: Information Uncertainty and the Post-Earnings-Announcement Drift Anomaly: Insights from REITs, Journal of Real Estate Finance and Economics 2012, 250–274

Promper, N.: Zeitwertbilanzierung bei Immobilien unter Berücksichtigung der EPRA-Kennzahl „Diluted EPRA net asset value", IRZ 2011 (b), 439–445

Pronobis, P./Schwetzler, B./Sperling, M./Zülch, H.: Trends in der Ergebnisqualität (earnings quality) deutscher Jahresabschlüsse. Corporate Finance 2010, 93–99 und 165–169

PWC: Measuring Assets and Liabilities. Investment Professionals` Views, 2007

PWC: Compare and Contrast. Worldwide Real Estate Investment Trust (REIT) Regimes 2015.

Quick, R./Wiemann, D.: Einfluss der Mandatsdauer des Abschlussprüfers auf ergebniszielgrößenorientierte Bilanzpolitik, ZfB 2012, 1107–1142

Realpac (Real Property Association of Canada): White Paper on Funds from Operations, 2009

Rees, L./Shane, P.: Academic Research and Standard Setting: The Case of Other Comprehensive Income, Working Paper 3/2012

Rehkugler, H./Goronczy, S.: Vergleichende Bewertung von verbrieften Immobilienprodukten, in: Rehkugler (Hrsg.): Die Immobilie als Kapitalmarktprodukt, München 2009, 59–94

Rehkugler, H./Schindler, F./Zajonz, R.: The net asset value and stock prices of European real estate companies, ZfB Special Issue 1/2012, 53–77

Riedl, E. J./Serafeim, G.: Information risk and fair values: An examination of equity betas, Journal of Accounting Research 2011, 1083–1122

Ro, S./Ziobrowski, A. J.: Does Focus Really Matter? Specialized vs. Diversified REITs, Journal of Real Estate Finance and Economics 2011, 68–83

Ruhwedel, F./Meurer, S.: Value Reporting bei Immobilienaktiengesellschaften – eine empirische Analyse, Immobilien & Finanzierung 2011, 16–20

Sadka, G.: Understanding Stock Price Volatility: The Role of Earnings, Journal of Accounting Research 2007, 199–228

Schäfers, W./Holzmann, C./Schulte, K.-M./Lang, S./Scholz, A.: Immobilienfinanzierung, in: Schulte, K.-W./Bone-Winkel, S./Schäfers, W. (Hrsg.): Immobilienökonomie I, 2016, 481–577

Schäfers, W./Matzen, F.J.: Bewertung von Immobilienunternehmen, in: Drukarczyk, J./Ernst, D. (Hrsg.): Branchenorientierte Unternehmensbewertung, 3. Aufl., München 2010, 523–569

Schildbach, T.: Fair Value Accounting. Konzeptionelle Inkonsistenzen und Schlussfolgerungen für die Rechnungslegung, München 2015

Schnelle, P./Rehkugler, H.: Diversifikationseffekte verbriefter Immobilienprodukte, in: Rehkugler, H. (Hrsg.): Die Immobilie als Kapitalmarktprodukt, München 2009, 205–250

Schulte, K.-W./Bone-Winkel, S./Schäfers, W. (Hrsg.): Immobilienökonomie I, 5. Aufl., Berlin/Boston 2016 (a)

Siahaan, U. M./Suhadak/Handayani, S. R./Solimun: The Influence of Company Size and Capital Structure towards Liquidity, Corporate Performance and Firm Value, for Large and Small Group Entities, European Journal of Business and Management 2014, 148–156

Sifi, S.: Determinanten der Publizitätspolitik, Frankfurt a. M. u. a. 2010

Skinner, D. J.: What do Dividends tell us about Earnings Quality?, Working Paper 2004

Skinner, D. J./Soltes, E.: What do dividends tell us about earnings quality, Review of Accounting Studies 2011, 1–28

Sotelo, R.: Real Estate Investment Trusts: Immobilien-Anlageprodukte als Herrschaftsform, in: Handbuch Real Estate Private Equity (Hrsg. Von Rottke/Rebitzer), Köln 2006, 543–560

Spremann, K./Scheurle, P.: Finanzanalyse, München 2010

Srivastava, A.: Why have measures of earnings quality changed over time?, Journal of Accounting and Economics 2014, 196–217

Striewe, N. C./Rottke, N. B./Zietz, J.: Corporate Governance and the Leverage of REITs: The Impact Of The Advisor Structure, Working Paper 2010

Ting, W. W./Emma, L. W. L.: The Value Relevance of Changes in Leverage: Evidence from Hong Kong Listed Companies, Working Paper 2013

Tsang, D.: Comparing the Quality of Accruals for Alternative Summary Performance Measures in the Real Estate Investment Trust (REIT) Industry, Working Paper 2006

Van Nieuwerburgh, S./Stanton, R./de Bever, L.: A Review of real estate and infrastructure investments by the Norwegian Government Pension Fund Global, 12/2015

Vincent, L.: The information content of funds from operations (FFO) for real estate investment trusts (REITs), Journal of Accounting and Finance 1999, 69–104

Volkart, R./Schön, E./Labhart, P.: Fair Value-Bewertung und value reporting, in: Bieg/Heyd (Hrsg.): Fair Value, München 2005, 517–541

Volkart, R./Wagner, A. F.: Corporate Finance, 6. Aufl., Zürich 2014

Wagenhofer, A.: Internationale Rechnungslegungsstandards – IAS/IFRS, 6. Aufl., München 2009

Wappenschmidt, C.: Ratinganalyse durch internationale Ratingagenturen, Frankfurt a. M. 2009

Waschbusch, G./Loewens, J.: Monofunktionalität der IFRS zwischen Theorie und Praxis, KoR 2013, 252–255

Wendlinger, P.: Immobilienkennzahlen, Wien 2012

Winterstein, M.:FFO, AFFO und FAD als Kennzahlen zur Beurteilung von Immobilien-AGs, München 2011

Wollny, C.: Die Bewertung von Immobiliengesellschaften, Bewertungspraktiker 2012, 102–107

Wu, Z.: REITs: Capital Structure, in: Baker, H. K./Chinloy, P. (Hrsg.) Public Real Estate Markets and Investments, New York 2014, 230–245

Young, S.: The Drivers, Consequences and Policy Implications of Non-GAAP Earnings Reporting, Accounting and Business Research 2014, 444–465

Zabierek, P.: Real Estate Operating Companies, in: Baker, H. K./Chinloy, P. (Hrsg.) Public Real Estate Markets and Investments, New York 2014, 246–267

Zabreski,: Agency Issues surrounding A-RETIs and the Global Financial Crisis, 2014

Zajonz, R.: Die Bewertung europäischer Immobilienaktien, Köln 2010

Zhang, H./Zheng, L.: The Valuation impact of reconciling pro forma earnings to GAAP earnings, Journal of Accounting and Economics 2011, 186–202

Zhu, Y. W./Ong, S.E./Yeo, W. Y.: Do REITs Manipulate Their Financial Results Around Seasoned Equity Offerings? Evidence from US Equity REITs, Journal of Real Estate and Financial Economics 2010, 412–445

Zülch, H./Höltken, M.: Das other comprehensive income, PIR 2014, 114–119

Zülch, H./Pronobis, P.: The Predictive Power of Comprehensive Income and Its Individual Components under IFRS, HHL Working Paper No 95, 2010

Zusammenfassung und Ausblick: Stärken und Schwächen der evidenzbasierten Forschung

6.1 Grundsatzentscheidungen des IASB und Anknüpfungspunkte für die empirische Forschung

Erklärtes Ziel des IASB ist eine Harmonisierung der Finanzberichterstattung weltweit. Durch eine transparente und vergleichbare Rechnungslegung wird die Funktionsfähigkeit der Eigen- und Fremdkapitalmärkte verbessert. Dies führt zu verminderten Kapitalkosten, einer verbesserten Ressourcenallokation, mehr Auslandsinvestitionen und Unternehmenswachstum. Letztlich resultieren positive makroökonomische Wachstums- und Beschäftigungseffekte (vgl. Brüggemann et al. 2013; IFRS Foundation 2013). Demnach sind direkt für die Rechnungslegung positive Folgen zu erwarten, mittelbar für Kapitalmärkte und ganze Volkswirtschaften. Am Beitrag zu diesen angestrebten Konsequenzen müssen sich die Standards letztlich messen lassen.

Dabei hat der Standardsetter allerdings eine komplexe Aufgabe: „...because accounting standards are public goods; only standard setters, as regulators, can make the necessary social welfare trade-offs..." Und: „...standard setters take into account an array of factors" (Barth 2007). Der IASB berücksichtigt demnach die positiven und negativen ökonomischen Folgen der Rechnungslegung für mehrere Stakeholder.

Voraussetzung ist ein transparenter Entstehungsprozess von Standards, der eine große Bandbreite von interessierten Parteien berücksichtigt und eine faire Einbeziehung garantiert. Dies setzt eine Analyse der intendierten und auch der unintendierten Folgen für Betroffene voraus. Dies soll im Vorfeld erfolgen und anschließend im Rahmen eines Post-implementation Review (PIR), der in der Folge die Auswirkungen auf Ersteller, Investoren und Abschlussprüfer erheben soll (IFRS Foundation 2013, Tz. 3.74 und 6, 52 ff.). Ein Beispiel stellt das Staff Paper PIR IFRS 3 „Business Combinations 9/2014" dar. Für diesen Review wurde akademische Forschung aus den Jahren 2000 bis

© Springer Fachmedien Wiesbaden GmbH 2017
M. Kühnberger, *Kapitalmarktorientierte Rechnungslegung,*
DOI 10.1007/978-3-658-13205-7_6

2014 ausgewertet. Im Fokus standen vor allem Wertrelevanzstudien. Inhaltlich wurden vor allem Corporate Governance- und Anreizstrukturen thematisiert.

Ausgeklammert blieben bislang aber sogenannte nicht-finanzielle Leistungsindikatoren, obwohl bei einem umfassenden Stakeholderansatz auch soziale und ökologische Aspekte einzubeziehen wären. Dies kann durchaus auch positiv gesehen werden, da der derzeitige Wissensstand über Kosten-Nutzen-Aspekte solcher Berichtsteile und Kausalbeziehungen zu positiven Folgen empirisch eher noch schwach fundiert sind (vgl. Arbeitskreis Externe Unternehmensrechnung der Schmalenbachgesellschaft 2015). Gleichwohl ist kritisch anzumerken, dass es dem weit gefassten Versprechen, eine große Bandbreite möglicher Betroffener zu berücksichtigen, nicht gerecht wird. Der IASB hat zu diesem Themenbereich bislang weder Befragungsstudien initiiert, noch solche Aspekte explizit in der Entwicklung von neuen Standards oder der Überarbeitung des RK explizit verankert.

Gleichwohl bleiben soziale und ökologische Themen eine offene Flanke für den Board. Dies liegt daran, dass sie einen mehr oder weniger direkten Einfluss auf die ökonomische Entwicklung von Unternehmen haben können, sowohl bezüglich der erwarteten Cashflows, als auch der Risikoposition der Unternehmen. Dann kann sich durchaus die Notwendigkeit ergeben, Kennzahlen oder Erläuterungspflichten vorzugeben, zum Beispiel zum Vergütungssystem, zu F&E-Entwicklungen, zu potenziellen Umweltschäden etc. (vgl. Barbu et al. 2014 mit weiteren Anknüpfungspunkten).

Eine zweite Schnittstelle kann sich dadurch ergeben, dass viele Unternehmen solche Themenfelder freiwillig aufgreifen und außerhalb oder innerhalb der Finanzberichte Informationen publizieren. Es ist ein diskussionsbedürftiges Anliegen, ob den Unternehmen nicht die Möglichkeit gegeben werden sollte, in einem umfassenden Dokument eine geschlossene Unternehmensdarstellung zu geben (Integrated Reporting). Der IASB hat bisher Abstand davon genommen, Normierungen (positiver oder negativer Art) zu freiwilliger Offenlegung insgesamt vorzugeben. Es wurde bisher auch darauf verzichtet, empirische Befunde zu positiven oder negativen Effekten solcher Publizität explizit zu diskutieren.

Folgt man dem IASB bei seiner Fokussierung auf die Adressatengruppe Investoren, so ist zunächst einmal festzuhalten, dass lange Zeit vor allen Dingen die Eigenkapitalgeber im Zentrum des Interesses standen (vgl. Barth 2007; dies gilt auch für den FASB). Dies erklärt, warum oftmals Wertrelevanzstudien im Fokus der Forschung stehen, bei denen die Verknüpfungen von Marktwerten und Marktwertänderungen des Eigenkapitals und Rechnungslegungsgrößen analysiert werden.

Dies widerspricht explizit dem Anspruch, die Interessen weiter Kreise zu berücksichtigen. Dann müssten neben allen möglichen Eigentümergruppen (Groß-, Kleinaktionäre, Blockholder, private und institutionelle Anleger etc.) auch sämtliche Gläubigerpositionen berücksichtigt werden. Es ist wenig plausibel, dass die Interessenlagen dieser Financiers homogen sind (vgl. Abschn. 4.3). Bislang hat der IASB aber keinerlei Bemühungen erkennen lassen, die Informationsinteressen diesbezüglich zu ermitteln, zum Beispiel in Form von Befragungsstudien oder auf der Grundlage der umfangreichen empirischen Studien hierzu.

Stattdessen wird deklariert, dass Höhe, Risiko und zeitliche Verteilung der künftigen Cashflows für alle wichtig seien. Auch die Ausflucht darauf, dass die IFRS darauf abzielen „underlying economics" oder „economic fundamentals" (Barth und Schipper 2008) abzubilden, hilft nicht weiter. Es ist nämlich völlig unklar, was die ökonomischen Fundamentalgrößen sind, die durch die Rechnungslegungsregeln ja gerade erst konstruiert werden sollen. Die Fragen, was Eigen- oder Fremdkapital ist, wann Sachverhalte ähnlich sind oder nicht, usw. können nicht durch eine Apriori-Einschätzung geklärt werden.

Akzeptiert man den verengten Adressatenkreis Investoren, ist des Weiteren zu klären, ob es nur oder primär um die Informations- oder Bewertungsfunktion der Rechnungslegung gehen soll, oder auch oder gar vorrangig um Koordinations- oder Vertragsaspekte. Schildbach (2015) hat sich jüngst für eine multifunktionale Rechnungslegung stark gemacht, die Synergie- und Kosteneinsparungseffekte ermöglicht. Explizit geht es ihm um die Bemessung von Dividenden, die Ausgestaltung von Vergütungssystemen, die Anknüpfung der Besteuerung und die Nutzung für Kreditverträge. Dies führe zu einem umfassenden Datenkranz für die Unternehmensleitung und letztlich zu erwünschten Disziplinierungen.

Auf den ersten Blick ist dies überzeugend, zumal damit einem weiten Kreis an Investoren explizit Rechnung getragen wird, ein Ziel des IASB. Da Rechnungslegungszahlen in sehr vielen Ländern für solche Zwecke auch genutzt werden, sind damit verbundene positive oder negative Folgen (beabsichtigte oder unbeabsichtigte) für das Arbeits- und Regulierungsprogramm von wesentlicher Bedeutung.

Gegen eine solche multifunktionale Rechnungslegung gibt es aber auch gravierende Bedenken. Zunächst ist zu bedenken, dass an die Qualitätsmerkmale von Rechnungslegungsdaten teilweise unterschiedliche Ansprüche resultieren können. Viel diskutiert sind insbesondere das Spannungsverhältnis von Relevanz und Zuverlässigkeit von Informationen und der Status des Vorsichtsprinzips (vgl. Abschn. 1.2 und 1.3). Bei einem multifunktionalen Zielsystem müssten Vorfahrtsregeln im RK oder auf der Ebene von Einzelstandards immer wieder austariert werden.

Noch gravierender ist die Tatsache, dass die IFRS als transnationales Rechnungslegungssystem auf Themen wie Vertragsklauseln in Kreditverträgen, Ausgestaltung von Vergütungssystemen, Einbindung in nationale gesellschaftsrechtliche Schutzsysteme (zum Beispiel Deutschland: Kapitalerhaltungs- und Ausschüttungsregeln für Kapitalgesellschaften) oder gar die nationalen Steuersysteme, keine umfassende Rücksicht nehmen kann, solange diese Sachverhalte länder- oder rechtsformspezifisch geprägt sind.

Es spricht auch wenig dagegen, dass das Vergütungssystem für einen Vorstand von einem sachkundigen Aufsichtsrat ausgearbeitet wird, der versucht dies an Maßgrößen auszurichten, die die Leistung des Managements messen. Da eine solche Festlegung hochgradig subjektiv und unternehmensabhängig ist, kann kaum ernsthaft erwartet werden, dass die Erfolgsrechnung oder ein anderes Berichtsinstrument direkt die erforderlichen Daten liefert.

Vergleichbar wird man die Ausarbeitung von Kreditvertragsklauseln primär als Aufgabe der Vertragsparteien ansehen können. Wenn Rechnungslegungsdaten hierbei helfen, ist dies erfreulich. Die Praxis zeigte jedoch deutlich, dass die Entwicklung der Debt Covenants auch national geprägt und nicht zeitstabil war. Nationale Finanzierungsgewohnheiten, private Informationskanäle, Recht der Kreditsicherheiten und andere Faktoren sind ebenso wie die Rechnungslegungsstandards selbst zu beachten. Wiederum ist die Idee „one size fits all" eher nicht realisierbar, Anpassungen von Rechnungslegungsgrößen sind üblich. Dabei ist die Ansicht von Schildbach, es gehe immer nur um Anpassungen in Richtung mehr Vorsicht, empirisch nicht (mehr) zutreffend (vgl. Abschn. 1.3).

Schließlich ist eine Nutzung von Rechnungslegung für politische Steuerungszwecke (zum Beispiel Eigenkapitalvorgaben für Banken und Versicherungen), Umkehrmaßgeblichkeit und Investitionssteuerung, Einsatz in preisregulierten Branchen usw. nur auf den ersten Blick mit Kostenvorteilen verbunden. Die langjährige Tradition der Umkehrmaßgeblichkeit hat den Informationsgehalt deutscher Abschlüsse wesentlich beeinträchtigt. Es werden insgesamt Anreize für (unvermeidbare) Bilanzpolitik gesetzt, die nichts mit der Bereitstellung relevanter Informationen zu tun haben.

Insgesamt ist zu bedenken, dass erwartete positive Folgen nicht generell greifen werden. Gassen und Fülbier (2015) haben für 708.990 Unternehmen aus 24 europäischen Ländern untersucht, dass die Zusammenhänge von Rechnungslegung und Kapitalkosten bei nicht börsennotierten Unternehmen durch unterschiedliche Corporate Governance-Regime geprägt sind. Eine IFRS-Harmonisierung könnte für diese Unternehmen teuer werden. Vergleichbar finden Ball et al. (2015), dass die IFRS-Einführung in vielen Ländern dazu führte, dass die Rechnungslegungszahlen nicht mehr für Darlehensverträge genutzt wurden. Dies führte zu teuren Ersatzmaßnahmen.

Erschwert wird die praktische Vereinheitlichung der IFRS-Rechnungslegung schließlich dadurch, dass der IASB explizit einen prinzipienbasierten Ansatz verfolgt (IFRS Foundation 2013), auch wenn man bezüglich der Zielerreichung geteilter Ansicht sein kann. Unstrittig ist jedoch, dass die IFRS ein beachtliches Maß an Subjektivität und Ermessensentscheidungen ermöglichen, der Management Approach findet weithin Anwendung (Nutzwertschätzungen nach IAS 36, Fair Value Schätzungen bei Level-2- oder Level-3-Daten, Segmentberichte etc.). Deshalb ist Bilanzpolitik in beachtlichem Umfang und mit verschiedensten Mitteln (EM und REM) möglich.

Soll trotz der Vielfalt an Problemfeldern ein rationaler und unabhängiger Entwicklungsprozess von Rechnungslegungsstandards realisiert werden, so ist zu beachten, dass der IASB sich ausdrücklich zu einer evidenzbasierten Forschung bekannt hat. Im Idealfall werden Kosten-Nutzen-Abwägungen für eine Regelung durch belastbare empirische Befunde begründet (vgl. Barth 2007). Im Vorfeld einer Standardsetzung ist dies nur möglich, wenn eine Regelung bereits irgendwo Gültigkeit hat.

Der IASB gibt für die Standardentwicklung ein aufwendiges Procedere mit Discussion Papers, Exposure Drafts, Einarbeitung von Stellungnahmen etc. vor. Selbstverständlich kann man auch hier Schwachstellen finden, aber das Verfahren ist transparent und die Entscheidungen für oder gegen eine im Prozess diskutierte Regelung, sind (in Grenzen) nachvollziehbar. Zumindest im Vergleich zu den Materialien aus deutschen HGB-Reformen ergibt sich eine höhere Transparenz.

Ansonsten sind Ex-Post-Studien hilfreich, wie die o. a. Post Implementation Review (vgl. Boennen und Glaum 2014). Auch die sehr umfängliche Auswertung des ICAEW (2015a, b) ist diesbezüglich vorbildlich. Der ICAEW ist eine Vereinigung von Rechnungslegungsexperten im UK, die im öffentlichen Interesse arbeiten (über 144.000 Mitglieder aus vielen Nationen, Regierungsvertretern, nationalen Regulierern etc.).

Insgesamt gibt es schon bei der Frage, welche Rechnungslegungsprobleme überhaupt bedeutsam sein können und der Analyse der Gewichtungen in diversen organisatorischen Kontexten Bedarf an evidenzbasierter Forschung. Im Folgeschritt einer möglichen Generalisierung aufgrund von Ursache-Wirkungsmechanismen, ist insbesondere bedeutsam, dass Kausalbeziehungen identifiziert werden. Hierzu sind theoretische Annahmen und die Kontrolle diverser Einflussfaktoren erforderlich. Schließlich bietet sich die Analyse praktischer Folgen bestehender Standards an, sowohl der intendierten als auch der nicht intendierten (vgl. Gassen und Günther 2014, S. 187 ff. zu einem solchen Phasenmodell und Brüggemann et al. 2015 zu einem Referenzrahmen).

6.2   Forschungsmethoden und Kritikpunkte

Soll die IFRS-Entwicklung empirisch fundiert und begleitet werden, kann die Fachwissenschaft auf verschiedene Arten Hilfestellungen anbieten.

Als Grundlage kommen analytische (Gleichgewichts)Modelle infrage, die allerdings regelmäßig so idealisiert und abstrakt sind, dass sie bislang nur selten (direkte) Wirkung zeigten, indem sie für die Regulierer umsetzbares Wissen produzierten. Allerdings schärfen solche Modelle den Blick für mögliche Zusammenhänge.

Befragungsstudien sind von der Ausrichtung besonders geeignet, Interessen und Ansprüche von Betroffenen zu erheben. Sie setzen aber eine Abgrenzung der entsprechenden Verkehrskreise voraus und haben aufgrund der eingeschränkten Rücklaufquoten und methodischer Aspekte oftmals nur einen eingeschränkten Nutzen. Sie werden eher seltener eingesetzt.

Experimentalstudien erlauben zwar gezielt, einzelne Aspekte zu analysieren, finden aber in einem Laborkontext statt, der die Übertragbarkeit auf reale Sachverhalte beeinträchtigen kann. Neben der eingeschränkten Problemstellung ist zudem beachtlich, dass die Teilnehmer (nicht selten Studierende) nicht unbedingt mit den realen Entscheidungsträgern vergleichbar sind. Auch sie werden eher selten in den einschlägigen Fachjournals publiziert. Dies ist durchaus nicht selbstverständlich, da sie in anderen sozialwissenschaftlichen Forschungsgebieten viel verbreiteter sind.

Häufig sind Wertrelevanzstudien, die Beziehungen zwischen Rechnungslegungsgrößen und Kapitalmarktdaten (Börsenkurse, Kursänderungen) untersuchen. Dies kann in Form von Eventstudien mit kurz- oder längerfristigen Zeitfenstern erfolgen oder Regressionsanalysen.

Insgesamt kann der Erfolg oder Misserfolg von Rechnungslegungsregeln anhand der Erreichung angestrebter Ziele gemessen werden. Dazu würden zum Beispiel positive

Effekte auf dem Kapitalmarkt gehören wie gesunkene Kapitalkosten, verbesserte Bond-Ratings, zunehmende Liquidität der Märkte, der Abbau von Informationsasymmetrien (geringere Bid-Ask-Spreads, bessere Analystenprognosen etc.), vermehrte Auslands-investitionen, ein höheres Investitionsniveau aufgrund vergleichbarer und transparenter Rechnungslegung usw. Allerdings setzt dies voraus, dass die Ziele jeweils als positiv akzeptiert werden, was nicht immer selbstverständlich ist. So können gesunkene Eigen-kapitalkosten nicht nur Folge einer verbesserten Rechnungslegung sein, sondern auch darauf beruhen, dass die Gläubiger höhere Risiken tragen müssen (zum Beispiel weil aufgrund eines Fair Value Accounting höhere Gewinne anfallen, die ausgeschüttet wer-den können).

Im Weiteren werden einige vielfach vorgetragene Argumente gegen die Qualität und Nutzbarkeit der Ergebnisse der evidenzbasierten Forschung aufgefächert.

1. Bereits das Forschungsdesign vieler Studien legt Sample Bias nahe. Regelmäßig geht es um börsennotierte Unternehmen, die zumeist auch noch groß sind. In der gesamten EU ging es in der Erstanwendungszeit 2005 um 7250 Unternehmen (vgl. ICAEW 2015b). Die Übertragbarkeit auf Unternehmen mit anderen Charakteristika ist fraglich (keine Börsennotierung, kleinere Unternehmen). Auch bei den vielen Studien, die sich mit freiwilliger Publizität befassen (freiwillige IFRS-Anwender, Publikation von Zusatzinformationen) ist mit einem Self-Bias zu rechnen.

2. Zudem greifen viele Erhebungen auf eher kleine Unternehmensgesamtheiten zurück und/oder kurze Untersuchungszeiträume. Dies beeinträchtigt naturgemäß die statis-tische Mächtigkeit der Resultate. Auch die Auswahl von geeigneten Kontrollgrup-pen, stellt häufig eine Schwierigkeit dar. Dazu gehört, dass diverse Ausschlüsse aus den untersuchten Unternehmen (zum Beispiel Banken und Versicherungen oder US-amerikanische Unternehmen, da sie die Gesamtergebnisse prägen kön-nen) zwar durchaus positiv begründet werden können, sie reduzieren aber auch die Verallgemeinerbarkeit der Befunde (vgl. Brüggemann et al. 2013; ICAEW 2015a). Insgesamt gibt es nur relativ wenige Arbeiten, die gezielt Branchen oder Geschäfts-modelle analysieren. Die im Kap. 5 vorgestellte Immobilienbranche stellt eher eine Ausnahme dar.

3. Ein schwer in den Griff zu bekommendes Problem resultiert aus der verbreiteten Tatsache, dass IFRS-Änderungen oftmals einhergehen mit anderen Rechtsänderun-gen. Die Zurechnung von positiven oder negativen Folgen auf die Änderung oder Einführung der IFRS ist dann nicht oder kaum möglich.

4. Die verbreiteten Wertrelevanzstudien zeigen einmal eine starke Fokussierung auf die Aktionäre als Zielgruppe, was nicht unbedingt mit dem breiteren Ansatz des RK und den Festlegungen der IFRS Foundation (2013) übereinstimmt. Zudem zeigen Bör-senkursreaktionen zunächst einmal nur, welche Erwartungen bei Marktteilnehmern mit bestimmten Informationen verbunden sind. Ob diese zutreffend sind oder nicht, ist offen. Insgesamt werden Effizienzannahmen bezüglich des Kapitalmarktes vor-ausgesetzt.

5. Sehr kritisch haben sich Veith und Werner (2014) mit dem Aussagewert solcher Relevanzstudien befasst. Damit wird vor allem die Funktionsfähigkeit des Kapitalmarktes in einem Land gemessen und weniger die Qualität der Rechnungslegung, so ein Kernargument. Werden Rechnungslegungsdaten erst 8 oder gar 15 Wochen nach dem Bilanzstichtag veröffentlicht, sind die Marktreaktionen naturgemäß zeitlich verschieden, unabhängig davon, wie aussagefähig die Informationen sind. Den betrachteten Zeitfenstern für Marktreaktionen kommt deshalb wesentliche Bedeutung zu, um solche Störeffekte zu vermeiden (vgl. Wilkens 2014). Ergänzend sei hinzugefügt, dass zusätzlich kontrolliert werden müsste, ob es nicht normierte Vorabinformationen gab oder private Informationen für ausgewählte Nutzer (Banken, Analysten etc.).

6. Empirische Studien tragen immer das Risiko der Endogenität und von Omitted Variables, das heißt, die Modellspezifikationen sind angreifbar. Die Minderung dieser Risiken setzt erheblichen statistischen Aufwand voraus (vgl. Kohl und Schaefers 2012; Witzleben 2013, S. 65 ff. mit Beispielen). Zudem zeigen Regressions- und Korrelationsanalysen zunächst einmal nur, dass es statistische Zusammenhänge gibt, aber nicht die Wirkungsrichtung. Gassen (2014) wertet 30.097 Studien für den Zeitraum 2000 bis 2012 aus 45 Journals aus und kommt zum Ergebnis, dass nur rund 3 % davon explizit als Kausalitätsstudien angelegt waren. Da er dies in Form einer Content Analyse erhoben hat, konnte er damit aber Studien mit den „falschen" Schlagworten, die aber Kausalitäten untersuchten, nicht identifizieren.

7. Die Fülle an Studien, die bezüglich der Zeitfenster, der Unternehmensgruppen und der Modellspezifikationen unterschiedlich sind, führen vielfach zu „kleinteiligen" Befunden, die nicht vergleichbar sind und/oder widersprüchliche Resultate nahelegen. Publikationsanreize, die neue Erkenntnisse und positive Befunde präferieren verschärfen das Problem. Replikationsstudien und Metaanalysen sind eher selten. Zudem prägen oftmals eher die Datenverfügbarkeit und methodische Aspekte die Arbeiten und weniger die praktische Relevanz der Problemstellung (vgl. Ernstberger und Werner 2015).

8. Die Datenverfügbarkeit hat noch eine weitere Folge. Solche Daten liegen vor allen Dingen für die USA vor, sodass viele Studien stark durch die dortigen Verhältnisse geprägt sind (vgl. Witzleben 2013, S. 61 ff., die fast ausschließlich US-Studien für ihre Arbeit zur bedingten Vorsicht vorfand). Werden Kontrollvariable in die Studien eingebaut, so gilt dies auch für diese. Am Beispiel der am meisten verwendeten Scoringmodelle für Corporate Governance-Merkmale wird deutlich, dass diese Daten teilweise nicht aktuell oder gar fehlerbehaftet sind. Solche etablierten Modelle prägen aber die Arbeiten (vgl. Kohl und Schaefers 2012), da sie einmal verfügbar sind, und zum anderen, weil eigene Konstrukte wiederum den Nachteil fehlender Vergleichbarkeit aufweisen.

9. Unbefriedigend ist zudem die Fülle, fast könnte man sagen Beliebigkeit, an Faktoren, die als abhängige oder als unabhängige Variable oder als Kontrollvariable genutzt werden. Die Bandbreite reicht von Persönlichkeitsfaktoren wie Alter, beruflicher

Hintergrund von Entscheidungsträgern, Reputation, Geschlecht, Religiosität usw. (vgl. Allen und Ramanna 2012; DeFond und Zhang 2014; Köhler und Liu 2015), über makroökonomische Faktoren wie Demografie, Bruttosozialprodukt, Entwicklungsstand der Märkte, Sentiment etc. (vgl. Hribar und McInnis 2012; Wagenhofer 2011) bis hin zu Sondersituationen (Krisen, Börsengänge, Vorstandswechsel usw.). Dass hieraus eine Fülle disparater Detailbefunde resultieren kann, liegt nahe.

10. Verschärft wird das Problem dadurch, dass für die untersuchten Größen im Allgemeinen Proxies und Operationalisierungen zu nutzen sind, die ebenfalls zu Unterschieden führen können. Teilweise werden sie gar als irreführend oder widersprüchlich charakterisiert (vgl. Witzleben 2013, S. 67 ff.). So kann die Rechnungslegungsqualität durch Zeitreiheneigenschaften oder die Wertrelevanz gemessen werden, was durchaus zu völlig verschiedenen Aussagen führen kann. Bilanzpolitik kann die Prognoseeignung von Rechnungslegung verbessern (Smoothing), aber auch den Informationsgehalt mindern. Die Marktwert-Buchwert-Ratio steht oftmals für Wachstumsmöglichkeiten, aber auch für stille Reserven und bei Immobilienunternehmen als Net Asset Value für etwas wiederum anderes.

11. Teilweise wird befürchtet, dass eine Entfremdung zwischen Theorie und Praxis stattfindet. Statt einer kritischen Reflexion der normativen Grundlagen der Rechnungslegung, gehe es in der Theorie nur noch um verkürzte Fragestellungen, die mit formalem und statistischem Rigorismus bearbeitet werden. Fundamentale Kritik und Weiterentwicklungen blieben auf der Strecke. Der wissenschaftliche Nachwuchs und die Spielregeln für einen Reputationsaufbau (Publikationsdruck) befördern dies. Tatsächlich haben nahezu alle hochrangige internationale Journals aus dem Bereich Accounting Schwerpunkte auf empirischen Arbeiten. Insofern ist die Kritik der Einseitigkeit und der fast fehlenden normativen Arbeiten verständlich (vgl. Basu 2012; Brüggemann et al. 2013; Ernstberger und Werner 2015).

12. Normative Fragestellungen sind aber aus vielen Gründen wesentlich, nicht zuletzt auch deshalb, weil der Standardsetter selbst politische Wertentscheidungen treffen muss und entsprechende wissenschaftliche Beiträge auch hierbei helfen können (vgl. Gassen und Günther 2014, S. 193). Hierzu ist auch zu bedenken, dass Lerneffekte für Nutzer durchaus nachgewiesen sind. Dies bedeutet, dass der IASB durch die Regulierung von Informationen teilweise erst die Grundlagen schafft, wie Nutzer damit umgehen können. Die Analyse potenzieller Folgen ist ebenfalls ein nicht unbeachtliches Arbeitsfeld.

Der ICAEW (2015b, S. 9) hat seine sehr umfassende Auswertung wissenschaftlicher Studien zur IFRS-Anwendung in der EU wie folgt zusammengefasst:
„….readers who look to such research evidence for clear and simple answers to complex policy questions will be disappointed." Und: „Perhaps the most significant point to emerge from the research is the importance of institutions and incentives."
Dem ist nichts hinzuzufügen.

Literatur

Allen, A./Ramanna, K.: Towards an understanding of the role of standard setters in standard setting, Working Paper 2012 (SSRN=1617398).

Arbeitskreis Externe Unternehmensrechnung der Schmalenbach-Gesellschaft für Betriebswirtschaft e. V.: Nichtfinanzielle Leistungsindikatoren – Bedeutung für die Finanzberichterstattung, zfbf 2015, 235–258.

Ball, R./Li, X./Shivakumar, L.: Contractibility and transparency of financial statement information prepared under IFRS: Evidence from debt contracts around IFRS adoption, Working Paper 2015.

Barbu, E. M./Dumontier, P./Feleaga, N.: Mandatory environmental disclosures by companies complying with IAS/IFRS: the cases of France, Germany, and the UK, The International Journal of Accounting 2014, 234–247.

Barth, M. E.: Research, Standard Setting, and Global Financial Reporting, Foundations and Trends in Accounting 2007, 71–165.

Barth, M. E./Schipper, K.: Financial Reporting Transparency, Journal of Accounting, Auditing and Finance 2008, 173–190.

Basu, S.: How Can Accounting Researchers Become More Innovative?, Accounting Horizons 2012, 851–870.

Boennen, S./Glaum, M.: Goodwill Accounting: A review of the literature, Working Paper 2014.

Brüggemann, U./Hitz, J.-M./Sellhorn, T.: Intended and Unintended Consequences of Mandatory IFRS Adoption: A Review of Exteant Evidence and Suggestions for Future Research, European Accounting Review 2013, 1–37.

Brüggemann, U./Hitz, J.-M./Sellhorn, T.: Ökonomische Konequenzen der verpflichtenden IFRS-Einführung in der EU, DB 2015, 1789–1794 und 1849–1855.

DeFond, M./Zhang, J.: A review of archival auditing research, Journal of Accounting and Economics 2014, 275–326.

Ernstberger, J./Werner, J. R.: Die empirische Revolution in der akademischen Forschung: Folgen für das Verhältnis zwischen Wissenschaft und Praxis in der Rechnungslegung und Wirtschaftsprüfung, WPg 2015, 383–393.

Gassen, J.: Causal inference in empirical archival financial accounting research, Accounting, Organization and Society 2014, 535–544.

Gassen, J./Fülbier, R. U.: Do Creditors Prefer Smooth Earnings? Evidence from European Private Firms, Journal of International Accounting Research 2015, 151–180.

Gassen, J./Günther, J.: Evidenzbasierte Rechnungslegungsregulierung, FS Ballwieser 2014, 183–199.

Hribar,P./McInnis, J.: Investor Sentiment and Analysts' Earnings Forecast Errors, Management Science 2012, 293–307.

ICAEW: The effects of mandatory IFRS adoption in the EU: a review of empirical research, 2015 (a).

ICAEW: IFRS in the EU: what research tells us. A briefing paper, 2015 (b).

IFRS Foundation: Due Process Handbook, 2/2013.

Kohl, N./Schäfers, W.: Corporate Governance and Market Valuation of Publicly Traded Real Estate Companies: Evidence from Europe, Journal of Real Estate and Finance Economics 2012, 362–393.

Köhler, A./Liu, Y.-H.: Internationale Prüfungsforschung – Überblick über aktuelle Entwicklungen im zweiten Halbjahr 2014, WPg 2015, 424–428

Schildbach, T.: Fair Value Accounting. Konzeptionelle Inkonsistenzen und Schlussfolgerungen für die Rechnungslegung, München 2015.

Veith, S./Werner, J.R.: Comparative Value Relevance Studies: Country Differneces versus Specification Effects, The Journal of International Accounting 2014, 301–330.

Wagenhofer, A.: Towards a theory of accounting regulation: A discussion oft he politics of disclosure regulation along the economic cycle, Journal of Accounting and Economics 2011, 228–234.

Wilkens, T.: „Comparative Value Relevance Studies: Country Differences versus Specification Effects" by Stefan Veith and Jorg R. Werner, The Journal of International Accounting 2014, 331–334.

Witzleben, A.: Anreiz- und Entscheidungsnützlichkeit der bedingten Vorsicht, Frankfurt a.M. u. a. 2013.

The manufacturer's authorised representative in the EU is Springer
Nature Customer Service Centre GmbH, Europaplatz 3, 69115 Heidelberg,
Germany. If you have any concerns regarding our products, please
contact ProductSafety@springernature.com

Printed and bound by CPI Group (UK) Ltd, Croydon, CR0 4YY
27/04/2026
02097643-0010